国家双万一流本科建设计划
国际经济与贸易新系

INTERNATIONAL TRADE
IN SERVICES

国际服务贸易

陈霜华 主编

复旦大学出版社

前言
FOREWORD

自本教材 2010 年出版以来,国际服务贸易得到长足发展。WTO《2019 年世界贸易报告》显示,自 2005 年以来,世界服务贸易额年均增长 5.4%,高于货物贸易的 4.6%。自 2011 年以来,世界货物贸易年均增速仅为 1%,但服务贸易却以 3 倍的速度增长,年均增速达到 3%。服务贸易在世界贸易中的比重从 1970 年的 9%,增加到 2018 年的 20% 以上。报告预测,到 2040 年,服务贸易或可占世界贸易的 1/3。这意味着,在短短的 20 年内,服务贸易在全球贸易中的份额将提升 50%。毫无疑问,国际服务贸易已经成为全球贸易最具活力的组成部分和最关键的驱动因素。尤其是技术变革所带来的数字化、互联网和低成本电信,使许多曾经不可贸易的服务变得具有高度贸易性,并且正在从根本上改变商业和贸易模式。这种巨大的转变,反过来又使许多服务部门面临相同的专业化、竞争和规模经济的进程,而这些正是先前推动制造业生产率大规模增长的因素。事实上,服务业全球化的发展速度可能比预想的更快,因为新技术不仅可以使现有服务越来越多地实现跨境交易,而且还推动新的服务部门的产生与发展,以助于服务交付新方式的产生。因此,全球化有望因服务贸易的快速发展而再次提速。

在服务贸易这样的发展背景下,我们对本教材进行了全面修订,使其既可作为高等院校本专科国际贸易、国际商务等相关经济管理类专业学生的教科书,又可为从事国际商贸工作的从业人员提供实用的参考价值。本教材修订时,在体系结构、内容安排和写作体例上基本沿袭初版教材,同时,结合服务贸易最新研究前沿与发展态势对框架结构和内容进行调整。总体来看,具有以下三个特点。

(1) 体系完整。本书体系完整、布局合理,不仅从理论上介绍了国际服务贸易的基本概念、基本理论、国际惯例和国别政策,还从产业及新业态等角度进行了阐述,使读者能在较短的时间内全面掌握国际服务贸易的基本内容。

(2) 结构严谨。本书脉络清楚、阐释透彻,各章节之间紧密衔接、层层递进,各知识点之间的联系切实做到条理清晰。

(3) 实用性强。本书将传统的国际服务贸易理论政策与最新发展动态相结合,在行文上力求简明通俗、深入浅出,有助于读者在掌握国际服务贸易基本知识的同时,了解世界范围内国际服务贸易的最新发展动态,真正做到理论与实际相结合。

本教材在初版的体系结构上精简原理篇、调整产业篇、增加新业态篇,全书扩展至十五章。第一章概括国际服务贸易的形成和发展现状,介绍国际服务贸易的基本概念及分类,以及国际服务贸易的统计方法。第二章系统介绍比较优势理论在国际服务贸易领域的适用性、迪尔多夫模型和伯格斯模型等修正的服务比较优势理论模型、服务贸易的竞争优势理论、生产区段和服务链理论、内部专业化理论和外部专业化理论以及服务外包的相关理论,补充克鲁格曼模型在服务贸易理论中的拓展与应用。第三章讨论 GATS 产生的背景及谈判历程、主要内容,并对 GATS 的局限进行评述;新增 TISA 诸边规则的产生及谈判进展情况。第四章介绍 USMCA/EU/ASEAN/APEC/RCEP 产生的背景及谈判历程,以及服务贸易规则的主要内容。第五章梳理国际服务贸易政策的演变,比较分析服务贸易自由化政策和保护政策。第六章利用最近 10 年的数据重新考察美国、欧盟、日本、澳大利亚、韩国、新加坡、中国香港、墨西哥、印度、俄罗斯、南非等不同发展水平经济体的服务贸易发展现状及其国际竞争力。第七章重点分析中国服务贸易发展及其国际竞争力,介绍中国服务贸易发展的主要政策及战略。第八章概括运输服务贸易的基本概念、特点和主要类型,考察中国及国际运输服务贸易市场的发展现状与趋势。第九章介绍国际金融服务贸易的基本概念、相关业务范围和多边法律架构,以及中国及国际金融服务贸易发展的特点。第十章厘定旅游服务贸易的相关概念,考察中国及国际旅游服务贸易发展现状及特点。第十一章介绍电信服务贸易的基本概念和特征,考察国际电信服务贸易自由化进程及其相关内容,剖析中国电信服务贸易的发展现状及政策选择。第十二章阐述国际文化服务贸易的主要内容及基本理论,介绍世界主要国家的文化服务贸易促进政策及中国文化服务贸易发展现状及特点。第十三章概括医疗、教育、体育等其他领域服务贸易发展的主要特点及政策选择。第十四章和第十五章是本教材新增新业态篇的内容,涉及服务外包和数字服务贸易,在介绍相关概念及核心范畴的基础上,聚焦其发展现状并剖析未来发展趋势与发展策略。

  本教材由陈霜华担任主编,负责全书的框架设计;孔炯炯、查贵勇担任副主编;陈霜华、孔炯炯负责统稿。参加修订的人员及任务分工如下:陈霜华、张秋菊修订第一章,陈霜华修订第三章,孔炯炯修订第二章,孔炯炯、张秋菊修订第八、第十一章,潘辉修订第四章,孙蕾修订第五章,查贵勇修订第六、第七、第十四、第十五章,宁学敏修订第九、第十、第十三章,舒杏修订第十二章。教材中各部分文责由作者自负。

  本教材能够最终交付出版社出版以飨读者,离不开复旦大学出版社经管分社总编、编辑、校对员、排版、美编等工作人员的辛勤工作和大力支持,也离不开教育部、上海市教委对上海立信会计金融学院国际经济与贸易专业获批国家级一流本科专业建设点,以及上海立信会计金融学院建设高水平地方应用型高校人才培养项目的支持,在此一并表示诚挚的谢意。

  尽管编者追求精益求精,各位修订老师也秉着认真负责的态度努力付出,但再版教材仍然可能存在疏漏、欠妥或不足之处,衷心欢迎专家同行和读者予以批评指正。

陈霜华

2020 年 9 月 30 日

目录
CONTENTS

第一章　国际服务贸易导论 001
第一节　国际服务贸易的定义 002
第二节　国际服务贸易的分类 007
第三节　国际服务贸易的统计方法 019
第四节　国际服务贸易的形成与发展 023
第五节　当代国际服务贸易发展的特征 027
本章小结 030
基本概念 031
复习思考题 031

第二章　国际服务贸易理论 032
第一节　服务贸易的比较优势理论 033
第二节　服务贸易的竞争优势理论 045
第三节　规模报酬递增和不完全竞争条件下的服务贸易理论 054
第四节　克鲁格曼模型在服务贸易理论中的拓展与应用 057
第五节　服务外包的相关理论 064
本章小结 071
基本概念 072
复习思考题 073

第三章　国际服务贸易多边与诸边规则 074
第一节　GATS产生的背景及谈判历程 075
第二节　GATS的主要内容 087
第三节　GATS的局限和评述 107
第四节　TISA谈判及进展 111
本章小结 120
基本概念 123

复习思考题 ... 124

第四章　主要经济一体化组织的服务贸易规则　125

第一节　北美自由贸易区的服务贸易规则 ... 125
第二节　欧盟的服务贸易自由化规则 ... 131
第三节　东南亚国家联盟的服务贸易规则 ... 137
第四节　亚太经济合作组织的服务贸易规则 ... 145
第五节　RCEP的服务贸易自由化规则 ... 152
本章小结 ... 163
基本概念 ... 164
复习思考题 ... 166

第五章　国际服务贸易政策　167

第一节　服务贸易政策的演变 ... 167
第二节　服务贸易自由化政策 ... 168
第三节　服务贸易保护政策 ... 171
本章小结 ... 178
基本概念 ... 178
复习思考题 ... 179

第六章　主要经济体的服务贸易发展分析　180

第一节　发达经济体的服务贸易发展分析 ... 180
第二节　新兴工业化经济体的服务贸易发展分析 ... 207
第三节　发展中经济体的服务贸易发展分析 ... 230
本章小结 ... 253
基本概念 ... 253
复习思考题 ... 254

第七章　中国服务贸易的发展历程与政策分析　255

第一节　中国服务贸易的发展历程分析 ... 255
第二节　中国服务贸易的发展趋势分析 ... 266
第三节　中国的服务贸易发展政策和战略分析 ... 273
本章小结 ... 291
基本概念 ... 291
复习思考题 ... 292

第八章　国际运输服务贸易　293

第一节　国际运输服务贸易概述 ·········· 293
第二节　海运服务贸易 ·········· 297
第三节　其他运输服务贸易 ·········· 304
第四节　中国的运输服务贸易发展分析 ·········· 310
本章小结 ·········· 318
基本概念 ·········· 319
复习思考题 ·········· 320

第九章　国际金融服务贸易　321

第一节　国际金融服务贸易概述 ·········· 321
第二节　国际金融服务贸易发展 ·········· 327
第三节　中国金融服务贸易发展 ·········· 331
本章小结 ·········· 336
基本概念 ·········· 337
复习思考题 ·········· 338

第十章　国际旅游服务贸易　339

第一节　国际旅游服务贸易概述 ·········· 339
第二节　国际旅游服务贸易发展 ·········· 343
第三节　中国旅游服务贸易发展 ·········· 349
本章小结 ·········· 354
基本概念 ·········· 354
复习思考题 ·········· 355

第十一章　国际电信服务贸易　356

第一节　国际电信服务贸易概述 ·········· 356
第二节　国际电信服务贸易自由化 ·········· 363
第三节　中国的电信服务贸易发展 ·········· 370
本章小结 ·········· 378
基本概念 ·········· 378
复习思考题 ·········· 379

第十二章　国际文化服务贸易　380

第一节　国际文化服务贸易概述 ·········· 381

第二节	国际文化服务贸易发展	390
第三节	中国文化服务贸易发展	396
本章小结		403
基本概念		403
复习思考题		404

第十三章　其他领域的国际服务贸易　405

第一节	医疗卫生服务贸易	405
第二节	教育服务贸易	414
第三节	体育服务贸易	421
本章小结		429
基本概念		429
复习思考题		430

第十四章　国际服务外包　431

第一节	服务外包的界定	431
第二节	国际服务外包的发展	437
第三节	国际服务外包在中国	444
本章小结		456
基本概念		456
复习思考题		457

第十五章　数字服务贸易　458

第一节	数字服务贸易的内涵	458
第二节	数字服务贸易政策	462
第三节	全球数字服务贸易发展	468
第四节	中国数字服务贸易发展	473
本章小结		485
基本概念		486
复习思考题		486

参考文献　487

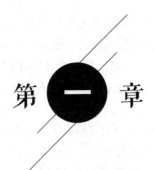

国际服务贸易导论

学习目标

- 掌握国际服务贸易的定义。
- 理解国际服务贸易的分类。
- 熟练运用国际服务贸易的统计方法。
- 了解国际服务贸易的形成和发展。
- 熟悉当代国际服务贸易发展的特征。

《2019年全球贸易报告》指出,服务贸易成为全球贸易中最具活力的贸易形式,并将在未来几十年发挥越来越重要的作用,可以显著地促进各国的经济增长,优化资源配置,创造就业岗位,增强企业竞争力并增加发展的包容性。报告显示,自2005年以来,世界服务贸易额年均增长5.4%,高于货物贸易的4.6%。服务贸易在世界贸易中的比重已从1970年的9%,增加到2018年的20%以上。报告预测,到2040年,服务贸易将占世界贸易的1/3,在全球贸易中的份额有望提升50%。世贸组织总干事罗伯特·阿泽维多指出,服务贸易已成为全球经济不可或缺的支柱,服务业占经济产出的比重超过2/3,为发展中国家贡献了超过2/3的就业岗位,为发达国家提供的就业岗位更是高达4/5。随着服务全球化的深入发展,服务贸易在各国经济发展中的战略地位越来越显著,已经成为贸易战略、贸易规则、利益贸易竞争的核心,也成为重塑未来全球贸易新版图的关键因素。新一轮科技革命和产业变革将重塑全球产业生态,为全球服务贸易发展奠定了产业基础。

改革开放40多年来,随着我国经济和对外贸易的发展,服务贸易得到快速增长。商务部服务贸易统计数据显示,服务贸易总额从2008年的3 045亿美元,上升到2019年的7 434亿美元,年均增长率达到8.5%。其中,出口由1 465亿美元增加到2 420亿美元,进口由1 580亿美元增加到5 014亿美元,年均增长率分别达到4.7%和11.1%。服务贸易进出口总额连续6年位列全球第二,成为第二大服务贸易进口国和第五大出口国,服务贸易占全球的比重由2011年的5.2%上升至2018年的6.9%,其中,出口占比4.6%,进口占比

9.4%。"十四五"期间,我国服务贸易发展面临的环境将更加严峻,逆全球化思潮抬头,保护主义升级,贸易摩擦增多,经济增长与成本、能源、资源、环境的矛盾加剧,转方式、调结构、促创新、稳就业、稳外贸、稳外资的任务更加艰巨,服务贸易将成为引领外贸转型升级和创新发展的主要动力,成为推动经济高质量发展和国际分工进入全球价值链高端的重要引擎。

1986年9月,世界贸易组织(World Trade Organization,WTO)的前身——关税及贸易总协定(General Agreement on Tariffs and Trade,GATT)在乌拉圭的埃斯特角城召开缔约国部长级会议,启动第八轮多边贸易谈判,即乌拉圭回合多边贸易谈判,国际服务贸易、知识产权以及与国际贸易有关的投资措施成为三大中心议题。经过多年多边的磋商,在1994年4月完成的乌拉圭回合多边贸易谈判最后文本中,终于在货物贸易多边协议之外,达成《服务贸易总协定》(General Agreement on Trade in Services,GATS),为今后世界各国的国际服务贸易发展提供了一项国际准则。

国际服务贸易是什么?为什么会引起世界各国的高度关注?以下将结合国际服务贸易的定义、特征、分类、统计、形成与发展来讨论这些问题。

第一节　国际服务贸易的定义

一、服务的概念

人们在日常生活中总是有着这样或那样的需要,那种在数量上不受限制,人们可以自由地得到并且用来满足自己需要的物品,如阳光、自由呼吸的空气等,不是经济上有重要性的物品,被称作非经济物品。只有那些在数量上有限,人们得付出代价或某种努力才能获得的物品,才是经济上有重要性的物品,被称作经济物品。作为能够满足人们生活需要的事物,经济物品有两种基本的存在形态:实物形态和非实物形态。实物形态的经济物品通常被人们称作商品或货物(goods),非物质实体形态的经济物品则通常被人们称作服务(Services)。按照世界各国通用的国民经济核算体系(The System of National Accounts,SNA),一国国民生产总值或国民收入所计量的就是这个国家在一定时期里(如一年)所生产或提供的商品和服务的总增加值。就像我们对于商品的理解多半来自生活经验一样,我们对于服务概念的认识也源于日常生活。身体为病痛所困扰时,我们需要医生的服务;路上自行车爆胎了,我们需要修车师傅的服务;孩子到了上学的年龄,家长开始关注教师和学校提供的服务。显而易见,一个正常发展的社会对于各种类型的服务,在数量上和质量上都有着与对商品的需要完全一样的需求。

然而,与商品不同,在经济学中从来都没有存在过一个为学者们普遍接受的"服务"定义。造成这方面困难的主要原因来自"服务"本身的以下三个特点。

(1) 服务的生产和消费通常是同时发生的。

(2) 服务是难以贮存的。

(3) 服务是非实物形态的,即服务一般是无形的。

学术界关于服务的定义主要有以下四种。

1. 服务是一种产品

《企鹅经济学词典》认为,服务主要是不可捉摸的,往往在生产的同时就被消费的消费品或生产品。萨伊(1803)认为,无形产品(服务)是人类劳动的果实,同时又是资本的产物,获得一种技能,总须先做一番钻研,而从事钻研就非预付资本不可。

2. 服务是一种效用

穆勒(1848)认为,服务是指劳动产生的效用并未固定或体现在任何物体中,即给予一种快乐,消除不便或痛苦,时间可长可短,但不会使人或物的性质得到永久性改善。在这里,劳动是用于直接产生一种效用,而不是提供某种别的东西来给予效用。

3. 服务是一种使用价值

马克思(1862)给服务下的定义是:"服务不过是指这种劳动所提供的特殊使用价值,就像其他一切商品也提供自己的特殊使用价值一样;但是这种劳动的特殊使用价值在这里取得了'服务'这个特殊名称,是因为劳动不是作为物,而是作为活动提供服务的。"

4. 服务是一种劳务

美国市场营销协会(AMA,1960)认为,服务是"用于出售或者是同产品连在一起进行出售的活动、利益或满足感"。这一定义在此后的很多年里一直被人们广泛采用。斯坦通(Stanton,1974)指出:"服务是一种特殊的无形活动。它向顾客或工业用户提供所需的满足感,它与其他产品销售和其他服务并无必然联系。"希尔(T. P. Hill,1977)提出了为理论界所公认的服务的概念。希尔指出:"服务是指人或隶属于一定经济单位的物在事先合意的前提下,由于其他经济单位的活动所发生的变化。服务的生产和消费同时进行,即消费者单位的变化和生产者单位的变化同时发生,这种变化是同一的。服务一旦生产出来,必须由消费者获得而不能储存,这与其物理特性无关,而只是逻辑上的不可能。"[1]莱特南(Lehtinen,1983)认为:"服务是与某个中介人或机器设备相互作用并为消费者提供满足的一种或一系列活动。"巴格瓦蒂(J. N. Bhagwatti,1984)、桑普森和斯内普(G. Sampson & R. Snape,1985)相继根据服务的生产和消费必须同时进行的特性,对服务的提供可能产生的影响进行了分析,从而扩展了希尔对"服务"的定义,把服务分为两类:一类为需要物理上接近的服务;另一类为不需要物理上接近的服务。格鲁诺斯(Gronroos,1990)认为:"服务是以无形的方式,在顾客与服务职员、有形资源等产品或服务系统之间发生的,可以解决顾客问题的一种或一系列行为。"当代市场营销学泰斗——菲利普·科特勒(Philip Kotler)给服务下的定义是:"一方提供给另一方的不可感知且不导致任何所有权转移的活动或利益,它在本质上是无形的,它的生产可能与实际产品有关,也可能无关。"[2]

由此可见,学术界给服务下的定义包括产品、效用、使用价值、劳务等内容。因此,我们可以把服务理解为:服务就是为别人提供方便或帮助,对其他经济单位的个人、商品或

---

[1] T. P. Hill. On goods and services[J]. Review of Income and Wealth, 1977,23(4):315-338.

[2] 孟旭,张树青.关于服务定义研究视角的探讨[J].商业时代,2009(15):17-18.

服务增加价值,并主要以活动形式表现的使用价值或效用。

二、国际服务贸易的定义

(一) 西方学者对国际服务贸易的定义

西方学者对国际服务贸易概念的探讨是从"服务"概念本身开始的,在此基础上,桑普森和斯内普(1985)将国际服务贸易分为以下四类。

(1) 生产要素和服务接受者不移动的国际服务贸易。

(2) 生产要素移动,但服务接受者不移动的国际服务贸易。

(3) 服务接受者移动,但生产要素不移动的国际服务贸易。

(4) 生产要素和服务接受者都移动的国际服务贸易,该类国际服务贸易将发生在第三国,其中,服务接受者既可以是人(如医疗服务),也可以是商品(如绘画作品),还可以是资源。①

巴格瓦蒂(1984)将国际服务贸易分为以下四类,前三类必须物理接近。

(1) 提供者移动、使用者不移动的国际服务贸易。

(2) 使用者移动、提供者不移动的国际服务贸易。

(3) 使用者和提供者都移动的国际服务贸易。

(4) 不需要两者移动的"远程"国际服务贸易。②

格鲁伯(H. G. Grubel,1987)则将国际服务贸易划分为以下两大类。

(1) 要求人、资本、公司或物临时跨越国境。这一类又分为两种情况:人或物到国外接受服务;人到国外提供服务、公司到国外提供纯资本或其他资本资产服务,或者是物到国外提供服务,如运输等。

(2) 为非要素服务,即当包含这类服务的货物的国际贸易发生时,该类国际服务贸易就会发生。③

桑普森和斯内普于1985年试图为国际服务贸易下一个性质定义。他们从服务的生产和消费是否必须物理接近的角度出发,对国际服务贸易进行了分类定义,然而,这些定义却使后来的国际服务贸易规则国际谈判中的一些议题出现了模糊不清的情况。接着他们又试图采用国民收入中的"居民"概念从根本上进行探讨,认为"国际交易就是指一国居民与另一国居民之间的交易,从地理上说,该交易完全可以发生在一国之内"。

纳雅(D. Nayyar,1988)认为,希尔的服务定义仍难于达到从概念层面上理解服务本身。为此,他将国际服务贸易定义为"一国居民与另一国居民之间就服务进行的国际交易,而不管该交易发生于何地"。据此,他将国际服务贸易分为以下四类。

(1) 生产者移动到消费者处的国际服务贸易。

---

① G. Sampson, R. Snape. Identifying the issues in trade in services[J]. The World Economy. 1985(8):171-182.

② J. N. Bhawatti. Splintering and disembodiment of services and developing nations[J]. The World Economy. 1984(7):133-144.

③ H. G. Grubel. All trade services are embodied in materials or people[J]. The World Economy. 1987(10):119-130.

(2) 消费者移动到生产者处的国际服务贸易。

(3) 生产者或消费者移动到对方所在地的国际服务贸易。

(4) 消费者和生产者都不移动的国际服务贸易。

前三类国际服务贸易的发生都需要生产者和消费者的物理接近,这一点与服务的特性相符合。第四类国际服务贸易则无需物理接近,该类国际服务贸易与国际货物贸易相似。

以上对国际服务贸易的定义抓住了国际服务贸易的特征,即服务和贸易不可分,从而可以把国际服务贸易与传统的货物贸易清楚地区别开来。但是,关于国际服务贸易的定义,仅仅探讨至此是不够的,因为它存在明显的缺陷,即无法把国际服务贸易与生产要素的国际流动区别开。为了弥补这一缺陷,巴格瓦蒂等人把生产要素的国际流动分为暂时流动和永久流动,认为生产要素在国际上的暂时流动为国际服务贸易,生产要素的永久流动则不属于国际服务贸易——资本在国际上的永久流动是国际直接投资,人力在国际上的永久流动则是国际移民。

(二) 我国学者对国际服务贸易的定义

我国学者对国际服务贸易的探讨是从 20 世纪 90 年代开始的,落后于西方发达国家十几年。我国学者主要从服务与贸易的性质层面来定义国际服务贸易。最早研究国际服务贸易的是汪尧田、周汉民(1992),他们就国际服务贸易的概念明确指出:"国际服务贸易在概念上有广义和狭义之分。狭义的国际服务贸易是无形的,是指发生在国家之间符合严格服务定义的直接服务输出与输入活动。而广义的国际服务贸易既包括有形的劳动力的输出输入,也包括无形的提供者与使用者在没有实体接触的情况下的交易活动,如卫星传送与传播、专利技术贸易等"。[①] 薛荣久教授(1993)在《国际贸易》一书中指出:"国际服务贸易是指国家之间相互提供的作为劳动活动服务的特殊作用价值"。[②] 陈宪(1995)对国际服务贸易的定义为:"一般都将无形贸易划分为要素国际服务贸易和非要素国际服务贸易,在无形贸易中扣除要素国际服务贸易即为通常所说的国际服务贸易,国际服务贸易是国与国之间服务业的往来,各国服务的总出口构成了国际服务贸易"。[③] 丁维香(1995)从贸易发生的过程方面对国际服务贸易进行定义,她认为"国际服务贸易就是一国的个人或团体,向另一国的个人或团体购买服务的过程"。[④] 与此相似的还有杨圣明教授(1999)对国际服务贸易的定义:"国际服务贸易是指服务在国家之间的等价交换过程,或者说,服务在国家之间的有偿流动过程。"[⑤]

(三) 主要国际组织对国际服务贸易的定义

1. GATS 对国际服务贸易的定义

1986 年 9 月,GATT 乌拉圭回合谈判第一次把国际服务贸易列入多边贸易谈判的重

---

① 汪尧田,周汉民.关税和贸易总协定[M].中国对外经济贸易出版社,1992:175.
② 薛荣久.国际贸易[M].四川人民出版社,1993:162.
③ 陈宪.国际服务贸易:原理、政策、产业[M].立信会计出版社,1995:162.
④ 丁维香等.国际服务贸易与中国服务业[M].中国对外经济贸易出版社,1995:4.
⑤ 杨圣明等.服务贸易——中国与世界[M].民主与建设出版社,1999:5.

要议程中,并设立单独的谈判组与货物贸易谈判分轨进行。在谈判初期,发展中国家坚持认为国际服务贸易仅仅是跨境国际服务贸易,即不涉及消费者和生产者物理接近才能发生的国际服务贸易。发展中国家之所以坚持这种观点,主要是由于发展中国家在国际服务贸易,尤其是在资本和技术密集型国际服务贸易上处于劣势地位,担心国际服务贸易的范围过宽会增加本国贸易自由化的负担,对国内经济和政治造成不利影响。发达国家出于扩大本国在国际服务贸易,尤其是在资本和技术密集型国际服务贸易上绝对优势的目的,强烈要求把涉及生产要素流动的国际服务贸易、服务业的国际直接投资也包括在内。为了打破僵局,印度提出定义国际服务贸易的四个标准,即服务和支付的过境流动、目的的具体性、交易的不连续性以及有限的服务时间。1988年的蒙特利尔会议接受了印度的意见,既肯定国际服务贸易包括生产要素的国际流动,又明确规定,只有在生产要素的流动"目的明确、交易不连续和持续时间有限"的前提下,才能被视为国际服务贸易。这就明确把国际直接投资和移民排除在国际服务贸易的范畴之外。[①] 1990年年底,经历了近4年的艰苦谈判,乌拉圭回合的国际服务贸易谈判组于布鲁塞尔部长级会议上达成GATS草案。后又经过若干次修正,于1993年年底形成正式协定,并作为乌拉圭回合谈判"最后文本"的一揽子协议之一,于1994年4月15日在摩洛哥的马拉喀什正式签署生效。

GATS第一部分第一条对国际服务贸易的范围和定义作了明确规定,服务贸易是指服务提供者在本国境内向他国境内消费者提供服务或在本国境内向其他国家消费者提供服务,或通过在其他国家设立商业存在或自然人的商业现场向消费者提供服务,并概括为服务贸易的四种方式。

(1) 跨境交付。从一成员境内向另一成员的境内提供服务。

(2) 境外消费。从一成员的境内向另一成员的服务消费者提供服务。

(3) 商业存在。一成员在其他任何成员境内通过提供服务的商业存在而提供服务。

(4) 自然人流动。由一成员的自然人在另一成员境内提供服务。

这个定义已成为国际服务贸易的权威性定义,被各国普遍接受。

此外,GATT对服务的概念作出如下规定:服务包括任何部门的任何服务,但在行使政府职权时提供的服务除外。行使政府职权时提供的服务指既不依据商业基础提供,也不与一个或多个服务提供者竞争的任何服务。可见,多边贸易谈判所规范的国际服务贸易,重点是突出其相对特殊的贸易形式和国际经济往来的属性。对服务本身所涵盖的内容,则除了将"为政府当局实施职能的服务"排除之外,未作具体的说明和界定。由于WTO注重的是贸易规则和公平,因此,对服务贸易的定义更侧重于贸易方式,以各种不同的交易方式制定贸易规则,并通过减让表规则处理市场准入和国民待遇问题。

2. 联合国贸易与发展会议(UNCTAD)的定义

联合国贸发会议利用过境现象阐述服务贸易,将国际服务贸易定义为:货物的加工、装配、维修以及货币、人员、信息等生产要素为非本国居民提供服务并取得收入的活动,是一国与他国进行服务交换的行为。狭义的国际服务贸易是指有形的,发生在不同国家之

---

① 杨圣明,刘力.服务贸易理论的兴起与发展[J].经济学动态,1999(5):50-55.

间,并符合严格定义的、直接的服务输入与输出,也包括服务提供者与使用者在没有实体接触的情况下发生的无形的国际服务交换。一般情况下,服务贸易都是广义的概念,只有在特定的情况下,"国际服务贸易"或"服务贸易"才是狭义的"国际服务贸易"概念。①

3. 国际货币基金组织(IMF)的定义

IMF 在国际收支表中,对服务贸易有明确的定义,即服务项目涉及居民与非居民之间发生的服务交易,同货物生产所不同的是,服务并不生产某种有形的物质产品;而且在服务的生产发生之前,一国的服务生产者与另一国经济体的服务消费者就已事先作出安排。IMF 关于服务贸易的定义,更注重于由国际服务贸易在一个国家或地区产生的外汇收入与支出的数额,而忽略服务的不同交易方式。

综上所述,我们可以把国际服务贸易定义为:国际服务贸易是一国(地区)与其他国家(地区)之间进行的服务进出口活动。服务贸易总额由各国(地区)服务出口加总而得。国际服务贸易具有贸易标的无形性、不可贮存性、生产和消费分离、贸易保护更具隐蔽性、贸易统计更为复杂等特点。

第二节　国际服务贸易的分类

根据不同的分类标准,人们对国际服务贸易进行了多种分类。然而直到今天,无论是在实际贸易活动中,还是在学术界的讨论中,人们关于国际服务贸易的分类依然没有形成较为统一的意见。本节根据实用性和理论性两个层次介绍有关国际服务贸易的两种主要分类——操作性统计分类和理论性逻辑分类。

一、国际服务贸易的统计分类

国际服务贸易的统计分类是一种操作性的应用分类,其根据是国际货币基金组织统一规定和统一使用的各国国际收支账户形式。这种国际收支账户的格式和项目构成为世界上的绝大多数国家所采用,是衡量一国经济在一定时期内同世界上其他国家发生经贸往来所共同遵循的标准。国际服务贸易流量在各国的国际收支账户中占有重要位置,根据该项目所包含的统计内容,我们可以对国际服务贸易做统计性的分类。

国际服务贸易统计分类的要点是将国际收支账户中的国际服务贸易流量划分成两种类型:一类是同国际收支账户中的资本项目相关,即同国际上的资本流动或金融资产流动相关的国际服务贸易流量,称作要素服务贸易(trade in factor services)流量;另一类是只同国际收支账户中的经常项目相关,而同国际资本流动或金融资产流动无直接关联的国际服务贸易流量,称作非要素服务贸易(trade in nonfactor services)流量。下面分别加以说明。

---

① 张骞.国际服务贸易与国际文化服务贸易之辨析[J].江南大学学报(人文社会科学版),2011(2):70-76.

(一)要素服务贸易及其基本形式

1. 要素服务贸易的含义

要素服务的概念源于传统的生产力三要素理论。该理论认为,经济中所有财富的产生都是劳动、资本和土地(自然资源)提供服务的结果。劳动服务的报酬是工资,资本服务的报酬是利息及利润,土地服务的报酬是地租。在国际经济和贸易关系的领域,显而易见,土地由于有流动性的限制,传统观点一般认为它不能够提供跨国的要素服务,所以,国际服务贸易一般不考虑土地要素所提供的服务及报酬流量。而短期的或长期的劳动跨国服务则是人们司空见惯的,如国际工程的承包和建设、一些教师或专家向国外提供某些专门知识、空中服务人员在飞机上照顾国际旅客、外国技术人员在我国南海石油钻探平台上工作等,这些劳动服务所得到的报酬自然要作为国际服务贸易流量的一个成分反映在国际收支的账户中。但是,正如刚才我们所指出的那样,统计分类关于要素服务贸易和非要素服务贸易的区分是以同国际收支账户的资本项目是否直接相关为标准的。劳动要素的服务及其报酬同国际资本流动或金融资产流动只有间接的关系,没有直接的关系,因此,劳动服务所引起的国际收支增减不属于国际服务贸易统计分类的要素服务贸易。这样,在国际服务贸易领域,要素服务贸易的含义专指资本服务的收益流量的跨国转移。①

2. 要素服务贸易的基本形式

在现代世界经济体系中,国际资本流动的基本形式是国际金融资产的跨国输出和输入,主要的实现方式有两种:国际投资和国际信贷。

(1) 国际投资。包括国际直接投资和国际间接投资两种主要方式。①国际直接投资。如果本国公司在外国设厂、开店、建立分支机构或购买现有的生产经营设施,就通过金融资本的国外输出而对这些国外资产拥有了管理控制权。当一国居民(公司、企业或个人)因为某项海外投资而获得对国外资产的管理控制权时,我们就称这种投资为国际直接投资。严格说来,直接投资的收益流量并非单纯的资本要素报酬,对外直接投资其实是经营管理技能同金融资产跨国转移相结合的国际投资方式,因此,国际直接投资的收益流量实际包含两种成分:一是资本要素的报酬流量——利息或股息;二是经营管理技能的报酬流量——利润。国际直接投资收益流量的这两种成分都作为要素服务收益的内容记入国际收支账户的国际服务贸易项目。②国际间接投资。假如在另一国的一项产权或债权的投资并不获得管理控制权,则这种投资叫作国际间接投资,也叫国际证券投资。间接投资的方式是在国际证券市场上购买外国政府发行的债券或购买外国企业发行的股票或债券。买入证券是资本流出,卖出证券是资本流入。证券投资的主要目的在于获得金融资产的利息或股息收益。因此,直接投资收益是一种较为纯粹意义上的要素服务报酬,理所当然地记入国际收支账户的国际服务贸易项目。

(2) 国际信贷。同国际间接投资一样,国际信贷的利息收入也是一种较为纯粹的要素服务报酬。国际信贷的方式主要有三类:①民间国际信贷。主要有商业信贷和银行信贷两种类型。商业信贷是企业与企业间的国际信贷往来,主要形式有进出口信贷、租赁信

---

① 刘东升.论服务产品市场价值和国际价值的决定[D].对外经济贸易大学,2004(4).

贷和补偿贸易信贷等。银行信贷是商业银行的国际贷款，主要有单一行贷款和银团贷款（consortium loan）两种形式。单一行贷款与一般国内贷款的形式没有多少差别，当代国际金融市场上中长期贷款的主要形式是银团贷款。银团贷款是由一家银行牵头，组织若干家银行联合起来向借款国的政府、企业、银行或某项工程项目提供大额外汇贷款。由于大型项目需要的外汇资金量大，一家银行的资金有限，满足不了大额资金贷款的需要，因此，组织多家银行联合起来发放贷款，一方面可以提供大额资金，另一方面多家银行共同分担贷款风险和汇率风险，风险相对小一些。②国际金融机构信贷。包括世界性和区域性的国际金融机构贷款。前者如世界银行、国际货币基金组织对会员国提供的信贷，后者如亚洲开发银行、拉丁美洲开发银行等对本地区国家和地区提供的信贷。③政府间贷款。一般由贷款国政府或政府机构，如美国的国际开发署、日本的海外经济协力基金组织以及一些国家的进出口银行等，以优惠利率对外国政府提供。这类贷款由贷款国对贷款的建设项目或专门用途进行严格审查，并由借款国政府或中央银行做担保，以保证投资安全。所有以上这些类型的国际信贷，其收益流量均作为金融资产的要素报酬记入国际收支账户的国际服务贸易项目。

总而言之，一切与国际收支的资产项目直接相关的金融资产收益流量，无论其表现形式是利息、股息还是利润，在国际服务贸易操作性统计分类的标准之下，都划归国际服务贸易的要素服务贸易类型。

（二）非要素服务贸易及其基本内容

有了一个比较清楚的要素服务贸易的概念，根据国际服务贸易操作性统计分类的标准，我们不难界定非要素服务贸易的概念和范围。只是由于非要素服务贸易包含的内容太过庞杂，以致我们很难用一两个正面尺度或标准来把它们贯穿起来，因此，在规范定义或统计分类的前提下，采用剩余法或排除法来界定非要素国际服务贸易或许是一种较好的选择。

一个国家的经济在一段时期同其他国家经济的往来可以通过国际收支账户加以统计。国际收支账户统计的基本流量有两类：一类是国际经济往来的金融资产方面，称作国际资本流动；另一类是国际经济往来的实际资产方面，包括商品和服务以及它们单方面的转移，称作国际经常项目流动。由于国际资本流动所产生的净值（或增值），即利息、股息、利润等都在统计上记入国际服务贸易流量，因此，从统计分类的角度看，所谓非要素服务贸易的流量就是国际收支统计的经常项目流量的一个剩余，即经常项目流量减去商品贸易（货物进出口）流量，再减去单方转移流量和要素服务贸易流量的剩余。我们借助国际收支统计的基本结构来具体显示这个剩余（见表1-1）。

表1-1的统计结构反映一定时期（通常为一年）一个经济体系同世界上其他经济体系之间的经济流量往来。撇开主要作为补偿性交易的"平衡或结算项目"不论，该表所统计的国际经济流量实际是由两类流量所组成的——经常性项目和资本性项目。显而易见，根据这种统计规范，国际服务贸易的所有内容都作为经常性项目的基本组成部分而加以统计。这样，从统计的角度看，国际服务贸易的项目应该是经常性项目的一个剩余，即：国际服务贸易项目＝经常性项目－商品贸易项目－单方转让项目。再从这个作为经常性项目剩余的国际服务贸易项目中减去要素服务贸易项目，即减去同国际资本流动相联系的

净收益项目,便可以得到国际服务贸易的非要素服务贸易项目:非要素服务贸易项目＝国际服务贸易项目－要素服务贸易项目。更具体一点看,国际服务贸易的统计分类关系可以概括如图 1-1 所示。

表 1-1　国际收支统计的基本结构(IMF 格式)

1. 经常性项目(Current Account)
　(1) 商品(货物)贸易(Visible Trade)
　(2) 国际服务贸易(Invisible Trade)
　(3) 单方转让(UnilateraI Transfers)
2. 资本性项目(Capital Account)
　(1) 长期资本流动(Long-term Capital)
　(2) 短期资本流动(Short-term Capital)
3. 平衡或结算项目(Balancing or Settlement Account)
　(1) 错误和遗漏(Errors and Omissions)
　(2) 官方储备变动(OfficiaI Reserves)

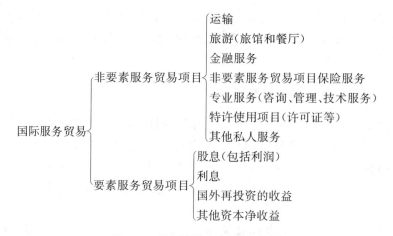

图 1-1　国际服务贸易统计分类

二、国际服务贸易的逻辑分类

国际服务贸易操作性统计分类的立足点是现实的国际经贸往来。它的分类指导思想是,尽可能便利地利用作为国际收支流量的一个重要组成部分的无形贸易流量的统计。至于它同国内经济分类的联系以及在经济学逻辑上是否合理的问题,这一分类都未做认真的考虑。所以,操作性的统计分类在原则上是经验性的或者实用性的。与国际服务贸易统计分类不同,国际服务贸易的逻辑分类是一种理论分类,这种分类的思想原则是经济理论的无矛盾性和国内与国际服务贸易分类标准的统一性。

（一）国际服务贸易的产业分类和产品分类

1. 产业分类

国际服务贸易理论分类的思想出发点是国内经济。对于一个舍弃了对外经济往来和政府经济职能的国内经济来说,在一段时期(如一年)内所形成的经济物品增量就是该经济体系的国内总产值(GDP)。如果用 Y 代表国民总收入,依据不同的经济分析背景,可以用以下三类经济变量之和来表示其量值和形式:

$$Y=W+R+L+P \tag{1.1}$$

$$Y=C+I \tag{1.2}$$

$$Y=G+S \tag{1.3}$$

式(1.1)是以经济中各生产要素所有权者的要素服务报酬总和来计量国民总收入的:W 是劳动者提供劳动服务的工资报酬,R 是资本所有者提供资本服务的利息报酬,L 是土地(资源)所有者的土地服务报酬,P 是经营阶层提供经营管理服务所得的利润报酬。所有这些要素服务报酬的总和构成这一时期的国民总收入。式(1.2)是以国民总支出的方式来表明这一时期国民总收入是如何运用的:C 表示各个要素或阶层的总消费支出,I 表示各个要素或阶层的总投资支出,这一时期的国民总收入是这两种总支出之和。式(1.3)表示的是这一时期国民收入总价值或者经济体系产品总增量的感性形态:G 是有形的可以贮存的商品(货物)总价值,S 是无形的难以贮存的服务总价值,一定时期的国民总收入是这两种经济物品形态的价值之和。

把以上价值流量关系与产品形态交易关系结合起来考虑,我们就对一个经济体系中的商品贸易概念和国际服务贸易概念有了清晰的理解。由于现代经济的根本特征是产品必须在市场上销售出去,因此,一个封闭的经济体系的商品贸易流量与国际服务贸易流量之和就是该经济体系一定时期的国民收入流量。由此可见,商品和服务在国民总收入中的不同比重反映一个经济体系属于商品市场主导型经济还是服务市场主导型经济。

由于一个经济体系的总产品由商品(货物)与服务两部分构成,因此,我们自然要分析这个经济体系生产这些产品的产业分类。布朗宁(Browning)和辛格尔曼(Singleman)于1975年据联合国标准产业分类法(SIC)的规则,将商品产业与服务产业加以分类(见表1-2)。

表1-2　商品产业与服务产业的分类

1. 商品生产部门
   农业、制造业、建筑业、采矿业、石油与煤气业、公共事业、林业、渔业与捕挟业。
2. 服务生产部门
   (1) 消费者服务业
       招待与食品服务、私人服务、娱乐与消遣服务、杂项服务。
   (2) 生产者服务业
       企业管理服务、金融服务、保险与房地产。
   (3) 分配服务业
       运输与贮藏、交通与邮电、批发与零售交易。

表1-2的分类把建筑业和公共事业(主要是电力、供水和煤气)划归商品生产部门,而在相当多的应用性统计分类中都把它们作为服务生产部门的产业。就商品与服务的产品性质而言,布朗宁和辛格尔曼对这两个产业的处理是合理的,因为它们的产品是实物形态

的东西。

2. 产品分类

考虑到服务与服务业之间的产品与产品生产关系,暂时搁置以上产业分类当中的商品生产部门,我们将作为服务业产品的服务在经济学的逻辑上加以分类。可以认为一个省略政府职能的经济体系所产出的服务共有三类。

(1) 消费者在消费者服务业市场上购买的服务,叫作消费性服务。

(2) 生产者在生产者服务业市场上购买的服务,作为中间投入服务,用于商品和服务的进一步产生,叫作生产性服务。

(3) 消费者和生产者为获得商品或供应商品而必须购买的服务,叫作分配性服务。

按照服务生产部门的产业分类,消费性服务的供给是包罗万象的,覆盖个人生活的各个方面。直到现在,大部分人都认为消费性服务是经济社会提供的最主要的服务。这种认识是可以理解的,因为人们实际上只是作为这些服务业产出的消费者才同服务业打交道的。在某种意义上,消费性服务在服务业生产活动中的确应占据中心的位置,因为依据现代经济学理论,商品和服务的消费是所有经济活动的起点和终点。

生产性服务是围绕着企业生产进行的,包括经营管理、计算机应用、会计、广告设计和保卫等,也包括一些相对独立的产业服务,如金融业、保险业、房地产业、法律和咨询业等。生产性服务的特征是被企业用作商品或其他服务的生产过程的投入。生产性服务的重要性来自它对经济增长效率的影响。在现代经济中,技术和科学对经济发展水平的提高起到了关键的作用,而它们在生产过程中被实际应用大都是通过生产性服务的投入来实现的。生产性服务业拥有了日益增多的专家人才和科技精英,作为知识密集型服务的投入,这个过程推动生产向规模经济和更高的效率发展。

分配性服务是一种连带性服务或追加性服务。这类服务的提供和需求都是因为对商品的直接需要而派生出来的。按分配性服务与有形商品(货物)供给的紧密程度区分,分配性服务可以分为"锁住型"分配服务和"自由型"分配服务。"锁住型"分配服务是指不可能与商品生产的特定阶段相分离,只能作为商品生产过程或其延伸阶段的一部分,从而其价值或者其成本完全附着在有形商品价值之上,不成为市场上独立交易的对象,如企业内商品库存的仓储、搬运、分配等。"自由型"分配服务在性质上同"锁住型"分配服务一样,同有形商品紧密联系,但这种服务可以外在化为独立的市场交易对象,比较典型的例子是运输业、仓储业、交通通信业等。

除以上三种基本类型的服务之外,如果考虑政府的经济职能,还必须加上政府服务的类型。政府服务主要是由国防、社会保障、公共教育和一般行政等构成的,一般行政包括外交、警察保护和司法等。另外,对于政府服务我们还要看经费来源。比如说教育,如果其经费来源由政府提供,而政府的资金又来自向国民征税和国有企业的收益,这种教育就是政府服务的项目;相反,如果某所学校的经费直接来自民间,则这一类教育就属于市场体系的范畴。

(二) 服务贸易逻辑分类的国际化

在开放经济条件下,原先局限于国内市场体系的商品(货物)贸易和服务贸易自然会拓展至国际市场,于是形成国际商品(货物)贸易和国际服务贸易。如果依然关注生产产品与生产要素的逻辑区别,关注生产产品与生产产业的逻辑区别,我们就会发现,经济学逻辑的国际服务贸易概念是完全狭义的,逻辑分类的范围只是作为生产要素和生产产业的产品的服务。按照不同的标准,国际服务贸易的理论分类可以有多种方法,最常见的分类是以国际服务贸易同货品的国际转移(或者因商品贸易形成,或者因国际投资形成)的关联程度为标准的分类。

1. 国际核心服务贸易

国际核心服务贸易是同有形货品的国际投资和国际贸易无直接关联的国际服务贸易,在国际服务贸易市场上,这类服务本身是市场需求和市场供给的核心对象。国际核心服务供给者与需求者的接触形式有两种——远距离服务和面对面服务。远距离服务(long distance service)是指无需提供者和需求者的实际接触而跨越国界交易的服务。由于这种服务可以像有形商品一样进行交易而无需人员的移动,因而被视作比较纯粹的国际服务贸易。显然,远距离服务得以传递,需通过一定的媒介体。这种媒介体主要有国际通信、电子计算机国际联网等电信技术。面对面服务(face to face service)是需要供给者与需求者实际接触才能实现的服务。这种实际接触方式可以是供给者流向需求者,也可以是需求者流向供给者,也可以是两者之间的双向流动。但无论是哪一种实际接触方式,通常都伴随着人员或生产要素的跨国界流动。

以作为产品的服务的国内分类为依据,国际核心服务贸易可以划分成生产性国际服务贸易和消费性国际服务贸易。其中,前者构成国际核心国际服务贸易的主要部分。消费性服务进入国际贸易领域,在逻辑上是由于国内消费性服务业的供给(生产)能力的增长和国外对该国消费性服务需求的扩大,在实践上则是由于随着现代科学技术的发展,世界各国人民的交往越来越频繁。外国人在客居国花钱买食品、登记住宿、旅游、娱乐等为各国人民所熟悉,本国人在外国也以同样的方式享受他国服务业所提供的消费服务。显而易见,世界各国的人们对于外国消费性服务的需求,一方面取决于自己的收入水平,另一方面取决于服务供应的相对价格。这同人们对商品的需求是完全一样的。在科技革命的推动下,富有人力资本、知识资本和技术资本的国家,把经济信息、生产知识、技术诀窍和科学管理作为同他国进行交易的服务项目,涉及市场、交通、能源、金融、投资、通信、建筑、矿业、农业、经营等同生产有关的一切领域,使得生产性服务成为国际核心贸易的主体。由于生产性服务是作为其他商品和服务进一步生产的中间投入,因此,这种服务实际上是人力资本、知识资本和技术资本进入生产过程的桥梁。生产性服务的国际贸易的扩大必然全面提高世界各国的总生产效率和能力。生产性服务的国际贸易形式主要有金融国际服务贸易、企业管理知识与技能国际服务贸易、国际咨询、国际技术贸易和国际人才交流与培训等。

2. 国际追加服务贸易

国际追加服务同有形商品的国际贸易和国际投资之间有着不可分离的密切联系。在逻辑上,国际追加服务贸易其实是分配服务的国际化延伸,它本身并不向其需求者提供直接的、独立的服务效用,是围绕着商品的核心效用而衍生、追加或附加的派生效用。所以,国际追加服务贸易市场的需求和供给都属于派生的需求和供给。不过,在现代科技革命的推动下,在国际货品竞争日益激烈的条件下,追加服务往往在很大程度上影响着消费者对其所需核心效用的选择,对产品的服务的要求已变得比商品的价格更加重要了。与此相适应,各国企业都大力发展这类服务,尤其是知识密集型的追加服务,这类服务正在被广泛地应用于有形商品的各个阶段。

从国际投资涉及的跨国货品流动看,国际追加服务可分为三个阶段。

(1) 上游阶段。要求有先行的追加服务投入,包括可行性研究、风险资本筹集、市场调研、产品构思和设计等项服务。

(2) 中游阶段。一方面,要求有与有形商品融为一体的追加服务,包括质量控制与检验、设备租赁、后期供给以及设备保养和维修等;另一方面,要求与有形商品生产平行的追加服务投入,包括财务会计、人员聘用和培训、情报和图书资料等软件的收集整理与应用、不动产管理、法律、保险、通信、卫生安全保障以及职工后勤供应等诸项内容。

(3) 下游阶段。要求的追加服务项目包括广告、运输、商品使用指导、退货索赔保证以及供应替换零件等一系列售后服务。

以上这些追加服务很难与某一特定的生产阶段脱离,只能与一定比例的生产要素相结合,从而完全附着于有形商品价值体,而并不形成一种独立的市场交易对象。另外一些追加服务虽然与有形商品有关,但可以外在化而成为独立的市场交易对象。随着社会分工的深入发展,追加服务的这两种形式之间的界线已变得很难划分了。从国际商品贸易涉及的跨国货品流动看,最主要的国际追加服务项目仍然是运输业,包括海运、空运和陆运。随着国际贸易、运输方式的发展,国际货运代理已渗透到国际贸易的每一领域,成为国际贸易中不可缺少的重要组成部分。市场经济的迅速发展,使社会分工更加趋于明显,单一的贸易经营者或者单一的运输经营者都没有足够的力量亲自经营处理每一项具体业务,他们需要委托代理人为其办理一系列商务手续,从而实现各自的目的。国际货运代理的基本特点是受委托人的委托或授权,代办各种国际贸易、运输所需要服务的业务,并收取一定的报酬,或作为独立的经营人完成并组织货运、保管等业务,因而被认为是国际运输的组织者,也被誉为国际贸易的桥梁和国际货物运输的设计师。此外,作为国际运输服务体系的基本要素,原属于生产性服务的保险服务、银行服务以及信息服务也越来越深入地渗入国际货物贸易,成为国际追加服务的一个组成部分。

国际核心服务和国际追加服务的国内经济模型是两部门经济,即政府的职能被排除在分析范围之外。实际上,即使把政府的经济职能作为模型的内在因素,在市场体系主导经济的条件下,政府服务越过国界而形成贸易的范围和流量也是有限的,在国际服务的分类中可以忽略不计。

3. 国际劳动力流动和国际服务贸易

在我国,国际服务贸易和国际劳动力流动结合在一起组成劳务合作的概念,有许多人将这个概念混同国际服务贸易,实际上这两者是有本质区别的。国际劳动力流动指的是劳动力在国与国之间的迁移,它一般涉及劳动力国籍身份的改变,这种改变可以是永久性的(如移民),也可以是暂时的(称作临时劳动力流动)。因此,国际劳动力流动一定会涉及人员在国与国之间的流动,虽然在我国理论界有不少人主张将外资企业在东道国雇用的人员以及加工装配业务等也归入国际劳动力流动的范畴,但国际上通常不将此类业务纳入国际劳动力的流动。

国际服务贸易仅是"服务"这一无形商品的国际贸易,它不一定涉及人员的国际流动。如某些国际银行服务、信息服务、通信服务等就是如此。不过,绝大多数的国际服务贸易会涉及人员的国际流动,但这种人员的国际流动与国际劳动力流动引起的人员国际流动有很大的不同。

（1）国际劳动力流动引起的人员流动是单向的,即由劳动力流出国流入劳动力的输入国。国际服务贸易所涉及的人员流动则是双向的,既可以是服务的提供者到服务的接受国提供服务,而服务的接受者在本国享受服务,如歌唱演员的出国演出；也可以是服务的提供者在本国提供服务,而服务的接受者出国消费服务,如国际旅游。

（2）国际服务贸易导致的人员流动不像国际劳动力流动那样涉及流动者雇佣身份的改变,服务提供者是以本国劳动力的身份为外国居民提供服务的,所以,此时的人员流动具有业务性质,举例来说,一名工程师若被国外一家公司雇用,出国为该公司工作,此为国际劳动力流动,因为此时该工程师至少是暂时成了外国的劳动力,但是如果该工程师仅是去国外某公司提供一些咨询或技术培训服务,则是国际服务贸易。

（3）由于国际服务贸易引起的人员国际流动具有业务性质,这种流动持续的时间自然也就会大大地短于国际劳动力流动涉及的人员流动时间。一般认为,只有所涉及的人员流动持续的时间在6个月以下的才可以被视为国际服务贸易。实际上,国际劳动力流动导致的人员流动时间一般在1年以上（这也是国际收支统计中判断"居民"与"非居民"的时间标准）,而国际服务贸易所涉及的人员流动时间大多只有几天或数月。

从历史上看,国际劳动力流动的出现要远远早于国际服务贸易。因为人类的地理迁移史几乎与人类历史同样悠久。在第二次世界大战之前,移民也始终是国际劳务合作的主要方式,并曾对世界经济的发展作出过巨大的贡献。然而在战后,尽管国际劳动力流动（无论是移民形式的还是临时劳动力流动形式的）较过去仍有迅速的发展,但相对于国际服务贸易而言,其地位正不断下降,特别是20世纪70年代以来,由于世界经济衰退,各主要的劳动力输入国（如美国、西欧、中东等）均对外国劳动力采取了种种限制措施,使得国际劳动力流动（特别是普通劳动力流动）很不景气,从目前情况看其前景也十分黯淡。与之相反的是,战后国际服务贸易的发展却一直十分迅速。

国际服务贸易的统计分类和逻辑分类之间的差异,反映出现阶段人们关于国际服务贸易的经验认识和理论认识之间存在着差距。在某种意义上,这表明对国际服务贸易的概念、范围、内容及意义的认识,人们还存在着经验上、理论上以及政策取向与界定上的困难和模糊。以下通过对国际服务贸易的分类做简单评价,来说明人们对国际服务贸易的经验认识和理论认识的不统一。

三、对国际服务贸易分类的评价

（一）对国际服务贸易统计分类的评价

国际服务贸易的操作性统计分类是目前世界各国普遍接受的国际服务贸易分类法。

这种分类方法的优点和缺点都是比较明显的。从便于一个国家或经济体比较准确、迅速地掌握其外汇收支状况的角度看,国际服务贸易操作性分类的优点在经验上是显而易见的。作为同有形的单纯商品贸易相区别的国际服务贸易,其具体的国际往来流量很难从实体形式上加以确定,因此,作为一种统计规范,最恰当的方式就是通过价值流量的方式来确定国际服务贸易流量的规模及其在国际经贸往来中的比重。统计分类在这方面是成功的,也是便于各国以及国际组织进行实际应用的。

1. 国际服务贸易统计分类的优点

(1) 统计分类依据的国际服务贸易概念所涵盖的内容是全面的。以有形与无形(visible and invisible)的感性标准为界线,国际上所有可能的非实体的价值流量往来,在原则上都不会脱离国际服务贸易的范围。这一点在国际经贸往来日益高科技化、形式多样化以及规模越来越大的条件下,在统计上有着特别的重要意义。

(2) 把国际资本流动所形成的各种收益流量(报酬流量)概括到"要素国际服务贸易"项下,一方面,使得各国国际收支账户的资本流动项目统计简单化;另一方面,使得国际服务贸易的投资收益统计不被国际投资流量和国际信贷流量的各种形式干扰,成为相对独立的价值统计流量。

(3) "要素服务贸易"和"非要素服务贸易"都是对未来开放的统计分类,只要国际流动的"要素"的定义明确,未来新的国际价值往来或者可以因其作为要素价值的增值而划归"要素国际服务贸易"的名目之下,或者可以因其同要素流动无关而归属"非要素服务贸易"的名目之下。

(4) 由于对国际服务贸易的操作性分类存在着广义和狭义的理解,因此,在国际服务贸易的多边谈判中就存在着较大的弹性,谈判各方比较容易在坚持自己原则立场的同时,与对方的观点达成一定程度的妥协,有利于国际服务贸易的国际规则的达成。

2. 国际服务贸易统计分类的缺点

统计分析所依据的前提同经济学理论所遵循的逻辑有所不同,因此,在操作性统计核算体系中合理的国际服务贸易分类在经济学逻辑上被认为是不完备的。

(1) 按照经济物品供给的三要素理论,要素服务与非要素服务的划分在经济学理论上是不尽合理的。资本(金融资本或实际资本)只是提供生产服务的要素之一,操作性分类只把国际资本流动所形成的收益流量(资本服务报酬流量)界定为要素国际服务贸易流量,而把劳动服务的报酬流量、土地服务的报酬流量排斥在要素服务贸易流量之外,完全是任意的和人为约定的,不符合经济学的流行观念。典型的劳动要素跨国服务的项目是国际工程和建筑的承包、劳务输出以及航运维修服务等,劳动力要素通过向国外支出劳动而换回劳动服务报酬。这在经济学逻辑上显然是要素服务贸易的项目,但是在操作性的统计分类中,它却被列入非要素服务贸易流量的范围。土地要素由于缺乏流动性,特别是缺乏国际流动性,因此在国际经济分析中一直不被人们十分关注。但是,在世界经济越来越趋向一体化、国际化的现代社会中,土地要素的流动性也开始增强,表现为土地要素的国际批租、开发区建设、保税区设立以及境外金融市场形成等。作为土地要素服务的报酬,土地租金流量从经济学逻辑上看,自然要划归到要素服务贸易流量的范畴,但是根据现行的国际收支账户体系和操作性分类标准,这一项目由于同国际资本流动不存在直接的关联，因此不可能进入要素服务贸易的范围。

（2）操作性统计分类模糊了服务业产品（服务）的进出口（贸易）与服务业本身跨国投资以及生产要素的跨国流动（投资）的界线。从理论上说，国际服务贸易同国际商品贸易一样，其严格的界定只能是服务业产品的进出口。但是，由于服务产品通常是生产与消费同时的，是无形的，不易保存的，其统计规范无法像国际商品贸易那样严格区别贸易与投资的界线。由于国际服务贸易操作性统计分类的理论逻辑不充分，具体项目内容复杂，人为划分，因此，在国际多边贸易谈判中，各种持不同政策立场的国家都可以从这种分类标准中找出对自己的立场有利的依据。就发达国家与发展中国家的立场差异而言，不同的观点主要表现在两个问题上。①要素服务的重心是资本服务还是劳动服务。发达国家认为，既然要素服务的收益流量计入国际服务贸易，因此，同这些收益相关的国际投资的各个方面也必须包含到国际服务贸易的定义中，成为国际服务贸易谈判的一项议题。发展中国家则认为，就要素服务而言，劳动力的跨国流动是最基本的要素流动，国际服务贸易谈判应把这方面的内容作为重点。显然，双方的不同立场是由于发达国家通常是资本输出国而发展中国家通常是劳动力输出国造成的。②贸易与投资是否应当结为一体。在当今的国际服务贸易中，相当多的交易不是通过国界进行的，而是通过那些设立在国外的子公司或分公司来进行的。因而发达国家认为，服务贸易谈判不仅要覆盖服务的跨国界的贸易，还应包括为促进这种贸易而进行的投资。但对发展中国家来说，发达国家的提议无疑是以服务业的自身优势，以"服务"投资于东道国市场，取得与东道国企业平等的国民待遇，利用东道国的信息服务为跨国公司在服务业领域的发展打开方便之门，这一点是发展中国家最难以接受的。因此，发展中国家坚持要求谈判只限于服务的跨国界贸易。显而易见，国际服务贸易的统计分类实际上给不同国家的谈判立场都提供了一片操作上的含混地带，各国都在服务贸易的多边谈判中充分利用这种含混来讨价还价。

（二）对国际服务贸易逻辑分类的评价

1. 国际服务贸易逻辑分类的优点

国际服务贸易逻辑分类的优点主要表现在以下四个方面。

（1）在国际经贸往来领域，明确区分了服务贸易、服务业投资以及一般投资收益往来的概念差别。根据逻辑分类的理论观点，国际服务贸易同国际商品贸易一样，是各国服务业产品的国际交换，"服务"在一个国家的出口总额中所占的比重大小，取决于该国国内的产业结构和服务业产出的国际竞争比较优势。服务业的海外投资则是一个国家的服务性产业跨出国门，是产业的国际发展，而不是产品的国际交换，所以，逻辑分类对服务贸易和服务业投资的区分是明晰的。认识到服务贸易与服务业投资的概念区别，一般海外投资收益（报酬）的国际流动同服务贸易及服务业投资的区别就是显而易见的。所以，服务贸易的逻辑分类的理论观点符合一般经济学思想。

（2）以一个封闭经济体的产业结构模型来作为国际服务贸易产品分类的逻辑起点，符合一般国际经济学理论的分析原则。就一般经济学研究对象而言，无论其现代形式有多么复杂，内容有多么具体，范围有多么广阔，但归根到底，其原始的对象仍然只是一个舍弃了对外经济关系的经济体。作为现实经济过程的抽象,这个封闭的经济体代表了一般经济学的基本研究领域,包含着一般理论经济学的基本问题。把国际服务贸易分类的出发点设置在国内经济模型中,而不是设置在感性的对外经贸往来中,这是逻辑分类在经济分析观念上比操作性统计分类的深刻之处。

(3) 有一种观点认为,国际经贸往来中所形成的对于"服务"的需求,完全来自对于商品(货品)的需求,即服务贸易是由货品贸易派生出来的,服务贸易的规模取决于货品贸易的规模。然而,国际服务贸易的逻辑分类实际上否定了这样的观点,因为按照这种分类思想,国际服务贸易可以划分成国际核心服务贸易和国际追加服务贸易。只有追加服务贸易才同有形商品的贸易规模有正比例的关系,国际核心服务实现的国际贸易是"服务"本身,同有形货品的贸易无关。而且从国际服务贸易历史发展的总趋势来看,随着科技发展和知识水平的日益提高,国际核心服务贸易将越来越在比重上取代国际追加服务贸易,成为未来国际服务贸易的主体。

(4) 尽管具体的国际服务贸易进出口流量总是表现出综合流量的特点,即几乎不存在某种单一属性的服务贸易流量的进口和出口,但国际服务贸易的逻辑分类把这些流量的源头归结到国内服务业的部门分类上,因此,国际服务流量同国内服务贸易流量在逻辑上能够协调一致,即国际分类同国内分类相协调。

2. 国际服务贸易逻辑分类的缺点

与国际服务贸易的操作性统计分类相比较,逻辑分类的实际应用性不强。大部分有关国际服务贸易的研究和讨论,都不以理论性的逻辑分类的概念和定义作为实际分析的工具。造成这种情况的原因是多方面的,其中最重要的有两点。

(1) 作为逻辑分类的出发点,学术界对于一个封闭经济体之中的"服务"产品,在理论上并没有真正形成统一的认识,关于"服务"的价值与价格问题的不同理解和争论远没有结束,因此,同有形商品的情况不一样,"服务"作为一种产业的产品,其供给和需求的规律并没有很完备的理论阐释。

(2) 逻辑分类虽然明晰了国际服务贸易的理论含义,但是单纯贸易性质的国际服务贸易范围十分狭窄,因而使其在国际经贸关系中的实际作用降低。

逻辑分类的内在原则要求分类标准的明确性,同属一类的事物同另一类事物之间有着十分清楚的界线。依据这一原则,逻辑分类的国际服务贸易概念同国际投资、国际要素流动收益等严格区分,只涉及交易或互换类项目。因此,从国际经贸往来总流量看:

(1) 这种分类的国际服务贸易在其中所占的比重较之操作性统计分类的国际服务贸易显著降低,其作为国际经济分析对象的重要性也因此降低。

(2) 这种分类的国际服务贸易不能现实地反映当代国际经贸关系的综合性特点,随着国际生产关系的发展变化和科技革命的推动,国际资本输出和国际贸易的关系日益密切,呈现出相互综合的特点。硬要从逻辑上将贸易与投资加以区分原本在商品(货物)贸易中就已十分困难,更何况国际服务贸易的交易对象是消费与生产同时性的服务,因此,在国际服务贸易发展的现阶段,将服务业跨国投资与服务贸易严格区分的实际意义非常有限。

第三节　国际服务贸易的统计方法

国际服务贸易的统计是随着服务贸易的产生发展而建立的。但由于服务贸易自身所具有的不同于货物贸易的特点以及各国服务贸易发展水平和统计状况的不同,长期以来一直缺乏统一的服务贸易概念和统计标准。这使得国际服务贸易的统计问题始终困扰着理论研究专家和WTO各国谈判代表。目前在有关领域,一是缺乏统一的服务贸易统计体系;二是对已有的统计数据缺乏系统的收集和整理,使许多研究成果的科学性受到一定的质疑,也影响了各国政府和企业的正确决策。根据《服务贸易总协定》对服务贸易的定义,服务贸易的统计体系应提供包括跨境提供、境外消费、商业存在和自然人存在四种类型的服务贸易统计数据。遗憾的是,1995年《服务贸易总协定》生效时,只有美国编报的服务贸易统计基本涵盖了上述四种提供方式,即使到今天,除了个别发达国家,世界各国的统计体系仍然不具备这样的功能。

目前各国对服务贸易的统计方法主要有两类。

一、国际服务贸易的传统统计方法:BOP统计

BOP(balance of payment,国际收支平衡统计)统计,即跨境国际服务贸易统计,是国际收支平衡表中所记录的经常项目下居民和非居民之间的服务交易,具有跨境消费和跨境交易的特征。现存较为成熟的,在世界各国运行的服务贸易体系属于国际收支统计的一部分。BOP口径的服务贸易统计,只能收集和整理跨境提供、境外消费两类服务贸易的数据,以及一些自然人存在提供的服务,无法涵盖商业存在提供的服务。

目前,国际货币基金组织和WTO这两大国际经济组织对服务贸易的统计数据都来源于各国的BOP统计,但两者提供的数据并不完全相同。国际货币基金组织的统计包括政府服务,WTO的统计则不包括此项内容。

BOP所做的服务贸易分类是目前国际上比较通行的服务贸易统计分类,各国目前的服务贸易统计体系主要是根据BOP所做的分类设立的。BOP将国际服务贸易划分为11个部分:①运输服务;②旅游服务;③通信服务;④建筑服务;⑤保险服务;⑥金融服务;⑦计算机和信息服务;⑧特许权使用和许可费用;⑨其他商业服务;⑩个人、文化和娱乐服务;⑪别处未包括的政府服务。

世界各国虽然对服务贸易有各自的统计方式,但由于经济发展水平、服务门类划分等差异,统计方式也千差万别。国际收支统计申报具有自身独有的数据资源优势,为今后打开形势分析局面奠定了坚实的基础。在目前的国际服务贸易统计中,BOP统计发挥着不可替代的作用,但从国际服务贸易的发展趋势来看,BOP统计存在两大明显的不足。

(1)按照BOP统计的原则,国际服务贸易只是居民与非居民间的服务性交易,其反

映的主要是跨境交易(包括过境交付、国外消费及自然人流动),而对当前世界服务贸易中占主导地位的以商业存在形式提供的服务贸易却没有反映。

(2) BOP虽然提供了一种对服务贸易进行分类的标准,但它与《服务贸易总协定》中所规定的分类标准存在较大的差距。《服务贸易总协定》将国际服务贸易具体划分为商业服务、通信服务、建筑及有关工程服务、销售服务、教育服务、环境服务、金融服务、健康与社会服务、与旅游有关的服务、文化与体育服务、运输服务以及别处未提及的服务12大类,共计155个部门,这与BOP的划分无论在项目个数还是在统计内容上都存在明显的差别,传统的BOP统计显然无法适应《服务贸易总协定》下新的划分方法的统计需要。

二、国际服务贸易统计新领域:FAT统计

FAT(foreign affiliates trade,外国附属机构贸易)统计,反映了外国附属机构在东道国发生的全部国际商品、服务贸易情况,记录的是外国商业存在的交易活动,着重记录外国投资所形成的商业存在的经营情况,包括与投资母国之间的交易、与东道国居民的交易以及与其他国家之间的交易,核心是其中的非跨境商品和服务交易(见图1-2)。

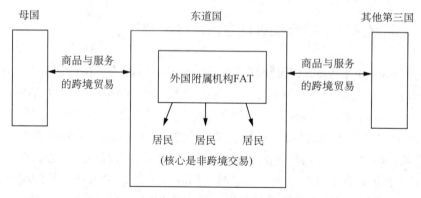

图1-2　FAT统计图示

对绝大多数国家来说,直接投资都是双向的,既有外国在本国的直接投资,也有本国在外国的直接投资。这种投资的双向流动反映在统计上,就形成了FAT的外向统计和内向统计。就报告国而言,记录外国附属机构在本国的交易情况的统计,称为内向FAT统计;记录本国在国外投资形成的附属机构在投资东道国的交易情况的统计,称为外向FAT统计。

FAT统计有以下五个特点。

(1) 从统计范围看,FAT统计实际上包括外国附属机构的全部交易——跨境交易和非跨境交易,但核心是非跨境交易,即企业的国内销售。

(2) 从统计对象看,只有对方绝对控股并且绝对能够控制的企业,即外方投资比例在50%以上的企业才列入FAT的统计范围,这与直接投资统计的对象不同,后者外资比重达到10%以上为标准。

(3) 从统计内容来看，FAT 统计既包括投资的流量和存量，也包括企业经营状况和财务状况及对东道国经济的影响，但最主要的内容是企业的经营活动状况。因此，FAT 统计反映的中心内容是：外国附属机构作为东道国的居民，与东道国其他居民之间进行的交易，即其在东道国进行的非跨境交易的情况，以及这种交易对东道国经济和市场产生的影响。

(4) FAT 统计在实践中的区别。按照 WTO 的要求，将外国附属机构的当地服务销售作为国际服务贸易的内容，所以，一般将对非跨境的服务销售进行 FAT 统计，作为广义国际服务贸易统计的内容；对外国附属机构的当地商品销售进行的 FAT 统计，则被认为是外国直接投资统计的进一步深化，也是对商品贸易统计的有效补充。因此，当 FAT 统计应用于国际贸易统计时，一般是用在广义国际服务贸易统计之中。

(5) 从作用来看，FAT 统计弥补了国际商品贸易统计、跨境服务贸易统计和外国直接投资统计的不足，将外资企业的生产和服务对贸易流动的影响以及由此产生的利益流动反映出来。假定三个国家，投资国 A 原来直接向第三国 C 出口商品或服务，现改为通过在东道国 B 投资进行生产和经营并对 C 出口，从而导致国际商品贸易流和跨境服务贸易流的流向发生变化。但在这种贸易流的背后，利益分配的格局未变，东道国在其中只是起了利益传递作用。投资及贸易利益最终仍是流向投资国 A 的。FAT 统计反映这种利益流动的真实情况（见图 1-3）。

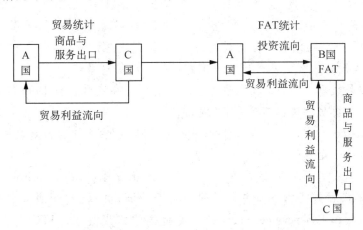

图 1-3　FAT 统计对贸易统计与投资统计的补充

FAT 统计是对设立在引资国家境内、为外国公司所拥有的企业的服务贸易和其他基本经济指标进行的统计。它通过企业销售指标和雇员报酬指标涵盖了商业存在服务提供和自然人存在服务提供。FAT 统计是对 BOP 口径服务贸易统计的补充，它从另一个角度对后者不能全面描述服务贸易总体数量特征的缺憾加以弥补。两者的统计数据不能简单地加总，因为有重复的地方。FAT 统计也并不是十全十美，它依然无法提供《服务贸易总协定》四种服务提供方式的各部分详细、确切的统计数据，特别是目前还没有能对自然人移动所提供的这部分服务贸易进行统计的具体方法。

我国的官方统计一向实行集中和分散相结合的体制。国家统计局及地方各级政府综合统计机构构成综合统计系统，负责关于国计民生基本统计数据的采集、加工和发布；国务院和各级政府部门下设统计机构构成部门统计系统,负责本部门或本行业的统计数据的采集、加工和发布。我国正在积极建立国际服务贸易统计制度,并力图使之具有统计标准国际化、统计范围全面化和统计范围综合化的特点;统计资料来源以国际收支间接申报制度为基础,范围包括运输、保险、旅游、金融服务、通信和邮电、建筑安装和劳务承包、计算机和信息服务、专有权使用费和特许费、咨询、教育医疗保健、广告宣传、电影音像、其他商业服务12大类,涵盖了服务贸易的所有行业,从而能够比较全面地反映我国国际服务贸易的发展状况。

为了加以比较,专栏1-1中列出了美国服务贸易统计体系。

专栏1-1

美国服务贸易统计体系

作为服务贸易自由化的倡导者,美国一贯重视服务贸易的统计工作,并且积累了较为成熟的经验,在服务贸易统计领域居世界领先地位。

一、美国的服务贸易统计机构

根据美国《国际投资和服务贸易调查法》(International Investment and Trade in Services Survey Act)的授权,美国商务部经济分析局(Bureau of Economic Analysis, BEA)是美国服务贸易统计的主要机构,也是服务贸易统计数据首要的发布机构。BEA的核心职能包括:编纂美国国民经济账户、国际交易账户(国际收支账户)、投入产出账户,管理美国跨国公司及外国在美国跨国公司的信息系统。

在服务贸易数据方面,BEA主要依靠自己的调查和统计。自1990年开始,BEA开始编写美国服务贸易的进出口数据,并发布在每年最后一期的《现行企业调查》(Survey of Current Business)中。数据涵盖两种服务贸易提供方式:一是跨境贸易;二是通过当地设立的直接投资企业(附属机构)的销售。

除BEA外,美国国际贸易委员会(US International Trade Commission, ITC)自1994年起每年都对美国服务贸易趋势进行综合分析,并以《美国服务贸易最新趋势》(Recent Trends in US Services Trade)年度报告的方式发表。ITC的资料来源主要是BEA。

二、美国的服务贸易统计方法

(1) 统计途径。BEA主要通过调查问卷来搜集美国的服务贸易数据,包括跨境贸易和附属机构销售。根据法律,被调查企业必须报告其服务贸易数据。

(2) 统计范围。美国的服务贸易统计范围涵盖跨境贸易和附属机构销售两种服务贸易方式。近年来,BEA关于服务贸易的统计方法日益参照国际上有关服务贸易的指导原则和规则,主要是国际货币基金组织的《国际收支手册(第6版)》(BMP6,2009年发布)和欧洲共同体委员会、国际货币基金组织、经济合作与发展组织、联合国、联合国贸易和发展会议及WTO于2002年发布的《国际服务贸易统计手册》(MSITS)。

三、美国的服务贸易统计数据发布方式和时间

(1) 每月新闻公报《美国货物和服务的国际贸易》(US International Trade in Goods and Services)以概要形式发布月度服务贸易数据(指跨境服务贸易)。每年月度数据的发布时间如下:1月份数据在当年3月份发布,2月份数据在当年4月份发布,依此类推。12月份数据则在下一年的2月份发布。

(2) 季度《国际交易账户》发布美国服务贸易(指跨境服务贸易)的季度详细数据。每季度BEA发布时间为:每年3月份发布上一年第四季度和上年全年统计数据,每年6月份发布当年第一季度的数据,每年9月份发布当年第二季度的数据,每年12月份发布当年第3季度的数据。

(3) 由BEA出版的月度报告《现行企业调查》(Survey of Current Business)在每年10月都刊登一篇详细提供和分析上年度美国服务贸易全年数据的文章(包括跨境和附属机构销售两种数据)。

美国服务业的发达程度及在世界服务贸易中的领先地位,奠定了其在服务贸易统计方面的先导地位,美国完善的服务贸易统计体系进一步促进了美国服务贸易的发展。

我国在发展服务贸易的同时,应不断完善服务贸易的统计体系,从而更好地掌握服务贸易的发展状况,更好地发展服务贸易。

资料来源:商务部服务贸易司.美国服务贸易统计体系[EB/OL].http://fms.mofcom.gov.cn/article/ag/200701/20070104239099.shtml,2006-12-29.

第四节 国际服务贸易的形成与发展

一、国际服务贸易的产生和初期发展

国际服务贸易是在一国生产力发展和产业结构调整的基础上逐渐发展起来的。随着经济生活的国际化和国际分工的发展,各国经济活动的相互依赖程度不断提高,国内市场逐渐连接在一起,形成统一的国际市场,国民经济活动越来越呈现出国际化趋势,在传统的商品贸易的基础上,服务贸易开始形成和发展。国际分工和对外经济交流是导致国际服务贸易产生和发展的基本动因。社会生产力的发展引起各国产业结构的不断调整,各国经济发展的中心逐渐从第一产业过渡到第二产业,再从第二产业过渡到第三产业。而第三产业就是以服务业为主,第三产业的发展为服务贸易的发展奠定了客观基础。

最早的服务贸易起源于原始社会末期、奴隶社会早期。在简单商品经济条件下的国际贸易以货物贸易为主,主要是物物交换。这时,也会伴随产生一些服务贸易,主要是追加服务,如运输、仓储、商业、饮食业等。这些服务贸易在国际贸易中的比重相当小,还不能称之为真正意义上的国际服务贸易。具有一定规模的国际服务贸易始于15世纪世

航运业的发展和新大陆的发现。从此,资本主义殖民性质的大规模移民得到进一步发展,服务输出主要以移民形式出现。到了17世纪,欧洲殖民统治者加紧对亚洲和非洲的商业掠夺,也加强了对美洲的开拓。殖民主义者开发新大陆需要大量廉价的劳动力,因此形成了历史上大规模的远距离劳动力移动的开端,产生了劳务输出和输入的服务贸易。当时的劳务贸易自然也就打上了强烈的殖民主义烙印。

从18世纪工业革命开始到第二次世界大战之前,是服务经济发展的第二阶段,也是国际服务贸易的重要转折时期。18世纪后期的产业革命促进了产业结构的调整,以英国为代表的早期工业化国家急需利用国际市场弥补国内市场的不足,即从国际市场获得原材料,倾销其国内相对过剩的产品。这样就刺激了国际贸易的迅速发展,同时,国际交换和国际支付体系的建立,又标志着世界市场的形成。在这一时期为商品贸易服务的国际金融和运输服务得到了迅猛发展,促进了国际服务贸易的发展,各国在其国内建立了更具效率的服务基础设施。例如,19世纪初欧洲的金融服务和运输网络已初具规模,国际服务交换的内容和形式更加丰富,国际服务贸易的范围不断扩大。在资本主义进入自由竞争时期,世界市场范围扩大,科技革命改变了传统服务业的内容。铁路、海运、金融、通信和教育等服务基础设施得到加强,并且发生了革命性的变化。特别是电话、电报的发明,使远距离通信成为现实,缩短了人们经济活动的时空距离。运输和通信业的发展,使国际服务贸易交换的规模变成了真正的全球性活动。可以说,在这一时期,跨境交付、商业存在、自然人移动等服务贸易的形式已经基本具备。

19世纪末20世纪初,自由竞争的资本主义进入垄断阶段,世界市场的范围和规模迅速扩展,为世界各国的经济发展提供了更广阔的场所、更丰富的资源。同时,产业革命的不断深入,使一些国家从农业社会进入所谓的工业社会,第二产业在国民经济中占据更为重要的地位。制造业的发展使运输业、批发业、零售业、金融业、保险业和房地产业等也得到了迅猛发展。经济的发展和居民人均收入水平的提高,使社会成员的消费结构发生了变化,用于家庭基本生活支出的部分开始下降,服务消费逐渐增加,这就刺激了为个人及家庭服务的行业的发展,如旅游业、汽车服务业、修理业及文化娱乐、医疗保健等。以国际分工为基础,一些资本主义国家借助于国际交通运输和通信工具,以国际市场为依托,通过商品输出和资本输出,把越来越多的国家卷进了世界经济运行的洪流,资本主义商品经济关系扩展到世界各地,国际商品贸易的扩大直接带动了其所追加的服务的扩张,从而也就刺激了世界服务贸易的发展。

两次世界大战期间,由于战争的需要,出现了军需产品的生产和运输、军事培训、伤病救护、情报信息传递等多种国际服务交换,并且发展速度很快。这一时期的服务贸易尽管具有临时性的特征,但其交换方式却具有现代国际服务贸易的重要特征。

二、第二次世界大战后国际服务贸易的发展

第二次世界大战后,由于第三次科技革命的发展,劳动生产率得到了普遍提高。1948—1973年,世界工业生产年平均增长率为6.1%,劳动生产率年增长为3%。生产力水平的提高使国际分工越来越细,混合型分工迅速发展,并带动了国际贸易的发展,国际服务贸易也

随之增长。第二次世界大战后,世界经济迅速发展,个人收入水平不断提高,居民的消费倾向以高消费为特征,刺激了对高消费的服务产品的需求,使战后服务贸易有了惊人的增长。到 1970 年,国际服务贸易已达 662 亿美元,占整个世界贸易总额的 17.6%。

自 20 世纪 70 年代起,以美国为代表的主要资本主义国家进入了长达十多年的"滞涨"阶段。世界经济发展步履艰难,增长速度缓慢。但国际贸易,特别是国际服务贸易却保持较高的增长速度。从 20 世纪 70 年代开始,国际服务贸易的年平均增长速度超过了国际商品贸易的年平均增长速度,两者分别是 14% 和 13%。如果按照 GATT《1990—1991 年度国际贸易报告》,1980—1990 年的货物贸易年平均增长速度仅为 5.5%,而服务贸易为 7.5%,1990 年达 17%。按照 IMF 的统计,国际服务贸易在国际贸易中的份额已从 1970 年的 29% 升到 1987 年的 34%,而国际商品贸易的比重从 1970 年的 71% 下降到 1987 年的 66%。这期间,首先是劳务输出、技术贸易、国际旅游、银行保险等服务部门发展速度较快,使国际服务贸易的整体增长速度提高。例如,在劳务输出方面,1985 年全世界劳务输出达 2 000 万人次,其中,菲律宾、韩国、印度、巴基斯坦、埃及等国的劳务出口均在 140 万人次以上,尤其是埃及的劳务出口高达 350 万人次以上,几乎约占埃及全国人口的 9%;巴基斯坦的劳务出口人数约占该国总人口的 10.7%。而发达国家的劳务输出主要是技术人员和管理人员,虽然输出人数并不大,但劳务创收额比发展中国家高得多。例如,在 20 世纪 80 年代,美国的劳务创收额高达 375 亿美元,占世界服务贸易总额的 10% 左右。其次是技术贸易保持较快的发展速度,在 20 世纪 60 年代中期,全世界技术贸易额为 27 亿美元,到了 70 年代中期增长到 110 亿美元,10 年间平均增长 15%。到了 80 年代中期,国际技术贸易额已超过 400 亿美元。再次是国际旅游业的发展。旅游业作为新兴的无烟产业,是许多国家和地区重点鼓励发展的产业之一,1950—1980 年,参加国际旅游的人数由每年的 2 500 万人次猛增到 2.7 亿人次,增长了 44 倍,年均增长率在 14% 左右,大大高于世界商品贸易的年增长率。世界银行业和保险业也伴随着世界经济贸易的发展而异常活跃,出现了若干个世界性的金融市场中心,如纽约、伦敦和中国香港等。

第二次世界大战后,国际服务贸易发展最为迅速并占据主导地位的是发达的工业化国家。据国际货币基金组织的统计资料显示,全世界 10 大服务出口国几乎全是发达国家,它们的服务贸易约占国际服务贸易出口总额的 65%。以 1990 年的统计数据为例,美国的服务贸易出口额为 1 190 亿美元,加拿大为 151 亿美元,法国为 819 亿美元,德国为 518 亿美元,意大利为 408 亿美元,英国为 552 亿美元,欧共体为 3 446 亿美元。

进入 20 世纪 90 年代后,国际服务贸易继续保持增长,发达国家在世界服务贸易中仍占有主导地位。据 WTO 秘书处的统计资料,全球 1994 年的服务贸易总额为 10 800 亿美元,1996 年的服务贸易总额达 12 600 亿美元,占世界货物贸易总额的 1/4,比 1995 年增长 5%,2002 年已高达 15 400 亿美元。国际服务贸易一直是以发达国家为中心而发展的,在全球近 200 个国家和地区中,位居世界服务贸易前 25 名的国家和地区,占世界服务贸易总额的 80%,而这前 25 名的国家和地区主要是发达国家和地区。在发展中国家里,亚洲尤其是东亚地区的服务贸易发展速度较快,亚洲国家在世界服务出口中所占的比重已超过所有发展中国家和地区服务出口的一半。在亚洲服务出口中,海上运输、旅游、金融服务、劳务输出等占据重要的地位。

三、服务贸易迅速发展的原因

（一）第二次世界大战后，科技革命的发展和社会生产力的提高是服务贸易快速发展的基本动因

生产力的发展从两方面产生影响：一方面，由于物质产品生产效率的迅速提高，国际交换关系日益频繁，交换的规模、范围和方式发生巨大变化，使国际服务贸易得到快速发展；另一方面，从需求的角度而言，居民收入的增长和生活水平的不断提高，使人们对服务的社会化及国际化产生了更高的要求，要求国际服务贸易有更快的增长速度。在生产资料服务领域，由于市场竞争和企业生产规模的扩张，也扩大了对专业服务的需求，如会计服务、管理咨询、保险、法律和金融服务等。随着社会生产力的发展，社会分工和技术分工也不断加强和深化，生产社会化程度日益提高。原先在企业经营过程中的一些环节逐渐市场化，许多服务性机构逐步分离出来并进入社会，成为社会上的专业性服务公司，如市场调查公司、市场营销公司、咨询公司、广告公司等，这些专业性公司在市场经济中发挥着重要的作用，也为服务贸易的发展提供了客观基础。

（二）世界经济发展的不平衡性是促进服务贸易发展的重要原因

世界经济发展的这种不平衡性导致世界经济的分工与协作。由于发达国家的物质生活水平比较高，对社会服务的要求也比较高，因而发达国家的服务业产业也比较发达，为了在世界范围内获取经济利益，便向广大的发展中国家开拓市场。如商业银行、工程承包、技术转让、保险业向发展中国家的渗透。与此同时，发展中国家具有优势的廉价劳动力进入发达国家，这种发达国家与发展中国家在经济上的互补性，导致两者之间服务市场的扩散和对流，因而是促进国际服务贸易在世界范围内迅速发展的重要原因。

（三）跨国公司的迅速发展推动了服务的国际化

跨国公司的发展，大大加快了服务贸易的国际化进程。跨国公司在世界范围内扩张过程中所派生的大量服务产品，即使是跨国公司内部发生的，也属于服务产品的国际贸易活动，促进了服务贸易的发展。据联合国统计，20世纪70年代中叶，全世界的跨国公司有7 000家，到了20世纪90年代初，便增长到36 600家，海外分公司超过17万家。跨国公司为了促进自身发展，在海外设立为本公司服务的专业性服务公司，这些服务子公司在立足本公司的自身需要之外，也向东道国的消费者提供服务，这样既有利于跨国公司的发展，又促进了东道国的服务贸易市场的发展。由于信息技术的高度发达，进入20世纪80年代后，在世界市场上出现了大量的服务性跨国公司，在80年代中叶，美国、日本和欧洲的服务性跨国公司已经有231家，其分支机构逾万家，这些服务性跨国公司有能力在几个不同市场提供多种服务，如银行、保险、会计、法律、咨询。另外，它们还凭借其在金融、信息、技术等方面的优势，把商品与服务结合起来进行交易，在为客户提供商品的基础上提供更多的追加服务。跨国公司的直接投资也促进了服务贸易的发展。随着跨国公司的直接投资、设备技术的转移,其技术人员和管理人员也随着发生转移,因而带动了服务的出口和转移,促进了国际服务贸易的发展。

(四) 国际服务合作的扩大促进了服务贸易的发展

国际服务合作是指拥有工程技术人员及劳动力的国家和地区向缺乏工程技术人员和劳动力的国家和地区提供所需要的服务,并由接受服务的一方支付报酬的一种国际经济合作。如国际工程承包、劳务输出等。这种合作方式扩大了国际服务市场,促进了国际服务贸易的迅速发展。

第五节　当代国际服务贸易发展的特征

一、国际服务贸易整体发展迅速,但各主要贸易区发展不平衡

20世纪70年代以前,国际服务贸易在世界经贸关系中还不是一个引人注目的领域,GATT的多轮谈判也没有涉及这一议题。进入20世纪70年代,国际服务贸易有了突飞猛进的发展,规模不断扩大,国际服务贸易的发展潜力和重要性才开始为人们所重视。随着经济全球化的深入发展和国际分工格局的转型重组,全球价值链深入发展,产品生产链条被逐渐拉长,中间品贸易成为国际贸易的主流,全球分块化生产过程愈发凸显,服务业除了服务于基础设施建设和提升本国居民的生活质量外,更重要的作用在于参与价值链的中间环节。①

据联合国贸易和发展会议(UNCTAD)的数据显示,1970年,世界国际服务贸易出口额仅为710亿美元,到1980年则猛增至3 830亿美元,10年间增长5倍多。1980—2011年,全球服务贸易规模以年均10%的速度增长。世界国际服务贸易额从1980年的8 428亿美元扩大到1993年的10 300亿美元,在全球贸易总额中的比重从20%增至20世纪90年代的25%以上;到2011年,服务贸易额高达82 575亿美元,30余年间足足增长了9.8倍,增速远超货物贸易。② 2019年度UNCTAD服务贸易报告显示,国际服务贸易在2019年突破62 000亿美元,占国际货物与服务贸易总额的24%,同比增长2%。其中,出口6 144亿美元,进口5 826亿美元,占比分别为24.8%和24.2%,同比增长分别为1.9%和2.1%。

服务贸易的发展在世界各地区是不平衡的。据UNCTAD的数据显示,2019年,各大洲服务贸易出口都呈现增长态势,其中,亚洲和大洋洲增幅最大,高达3.1%,非洲增幅达到2.3%,北美、欧洲、加勒比海和拉丁美洲增幅也都超过了1%,分别为1.5%、1.4%和

---

① 姚星,梅鹤轩,蒲岳.国际服务贸易网络的结构特征及演化研究——基于全球价值链视角[J].国际贸易问题,2019(4):109-124.
② 根据联合国贸易和发展会议官网数据整理,https://unctad.org。

1%。从进口增长的情况来看,地区发展不均衡问题较为明显,欧洲进口增长率高达5%,北美和非洲的增幅也分别达到3.8%和2.7%;但其他地区则出现了不同程度的下降,其中,加勒比和拉美同比下降4%,亚洲及大洋洲下降1.4%。①

二、国际服务贸易中发展中国家的地位不断上升,但发达国家仍占主导地位

由于世界经济发展的不平衡性,各主要地区的服务贸易额在世界服务贸易中所占的比例也有很大差别。据WTO统计,在1990年,西欧服务进口和出口分别占世界服务贸易进口和出口总额的48.8%和53.7%,为世界最大的服务进出口地区,且长期保持顺差地位,自20世纪90年代以来,该地区进出口份额都有所下降,1999年分别下降至44.9%和47%。服务贸易第二大进出口地区为亚洲地区,除日本以外,该地区多是发展中国家,虽然总体发展水平低于西欧,但经济发展速度快,服务贸易发展速度居世界首位。1990年,亚洲地区进口和出口额分别占世界服务贸易进口和出口总额的22.1%和16.7%,1999年则分别上升到25.2%和19.9%,地位不断上升,进入21世纪后,这一比重进一步提高。在服务贸易进出口方面,20世纪90年代以来的大部分年份,亚洲是净进口地区,显示出发展中国家服务贸易的发展特征。WTO发布的《2019年世界贸易报告》显示,发展中经济体服务贸易占比已有提高,但并不均衡。最不发达国家服务贸易占比自2005年以来显著提高,但依然很小。2005—2017年,发展中国家在世界服务贸易中的份额增长超过10%,分别占世界服务出口额和进口额的25%和34.4%。截至目前,发达国家仍在世界服务贸易中占据主导地位。

WTO的数据显示,2014年进出口前9位发达国家服务贸易进出口分别占世界服务贸易进出口总额的49.5%和51.6%。美国是世界服务贸易的超级大国,进出口额均位列世界第一。2017年,美国以13 189.85亿美元的服务贸易进出口排名第一,中国以6 956.79亿美元排名第二,其后依次为德国、英国、法国、荷兰、爱尔兰、日本、印度、新加坡等国。在20个国家中,瑞典以1 411.85亿美元的服务贸易进出口总额排名最后。其中,服务贸易出口排名前5位的国家分别是美国、英国、德国、法国、中国;进口排名前5位的国家分别是美国、中国、德国、法国和英国。美国商务部的数据显示,2019年,美国服务贸易总额达到14 442.01亿美元,其中,服务出口总额为8 467.15亿美元,服务进口总额为5 974.86亿美元。据UNCTAD《2019年度服务贸易报告》显示,美国服务贸易进出口总额占全球服务贸易总额比重的23%;服务贸易顺差达2 492.29亿美元,同比下降4.0%。

三、国际服务贸易结构进一步优化,服务贸易领域扩大

第二次世界大战之前,传统服务贸易占据主导地位,服务贸易主要集中在劳务的输出

---

① 根据联合国贸易和发展会议官网数据整理,https://unctad.org。

输入上。第二次世界大战以后，由于第三次产业革命，电信、金融以及各种信息产业、高新技术产业得以迅速崛起，并快速进入服务贸易领域，以运输、旅游为代表的传统服务贸易出口的比重由1980年的64.8%降至2011年的46.9%，而金融、计算机和信息服务等新兴服务贸易出口的比重，由1980年的35.2%逐年递增至2011年的53.3%，成为国际服务贸易竞争的重要领域。①

在世界服务贸易构成中，1970年，国际运输服务贸易占38.5%，旅游服务占28.2%，其他服务比重则由20世纪70年代的30.8%上升至90年代的40.8%，上升了10%。其他服务大多是资本密集型服务项目，主要包括电信服务、建筑服务、金融服务、保险服务、信息服务、专利或许可、其他商业服务和文化娱乐服务等可统计项目，在新的科技浪潮推动下，增长速度很快，远远超过在服务贸易中一直占比重较大的运输和旅游业的增长，在世界服务贸易中的重要性越来越强。1998—2000年，全球运输服务贸易、旅游服务贸易的年均增长率分别为2%、6.5%，而金融、电信服务贸易则高达7.4%。自2000年以来，全球服务贸易结构进一步优化，作为服务贸易重要组成部分的金融服务贸易，在2000—2010年，其占世界服务贸易比重的平均值达到8%。②

WTO发布的《2019年世界贸易报告》指出，目前分销和金融服务是全球贸易额最大的服务，各占服务贸易的近1/5，分销服务、金融服务以及电信、视听和计算机服务等占世界服务贸易总额的一半以上。2005—2017年，计算机服务和研发业务的年平均增速最快，超过10%。教育、卫生和环境服务等尽管贸易额相对较小，但其增长速度明显加快。

四、国际服务贸易呈现全球化、自由化趋势

以美国为代表的发达国家的经济结构已经基本实现服务化，服务业产值占GDP的比重2015年就已高达75%，服务业就业人数占就业总人数的比重达到80%。③ IMF公布的《国际收支统计年鉴》显示，2019年美国服务贸易额占GDP的比重达6.72%，服务贸易额占全球服务贸易总额的比重高达23%。④ 发达国家在服务贸易中的比较优势是服务贸易发展的主要动力，获取贸易利益和提高整体经济竞争能力是服务贸易发展的动机，它们通过WTO和区域性贸易组织，积极提倡和推动服务贸易的自由化和全球化。与此同时，从人类社会产业结构的演变趋势来看，由以第一产业为主的农业经济向以第二产业为主的工业经济以及以第三产业为主的服务经济发展是历史必然，各国产业结构的升级必将不断推动服务贸易的发展，服务贸易的全球化、自由化是大势所趋。

---

① 安德烈斯·施瓦曾伯格,王宇.美国商品贸易和服务贸易:变化与挑战[J].金融发展研究,2020(7):23-24.
② 陈永强,徐成贤.国际服务外包促进服务贸易的途径分析[J].国际贸易问题,2013(12):108-116.
③ 彭成雷.国际服务贸易协定(TISA)谈判与中国路径选择[J].亚太经济,2015(2):39-44.
④ 根据世界银行官网数据整理,https://data.worldbank.org.cn.

本章小结

1. 由于服务具有生产和消费分离、难以贮存和无形的特点,因而在经济学中没有形成为人们普遍接受的服务以及服务贸易定义。GATS对国际服务贸易的范围和定义界定为跨境交付、境外消费、商业存在和自然人移动四种方式。

2. 人们根据不同的分类标准对国际服务贸易进行了多种分类,但没有形成较为统一的意见。我们根据应用型性和理论性两个层次,把国际服务贸易分成操作性统计分类和理论性逻辑分类两大类。

3. 国际服务贸易统计分类是一种操作性的应用分类,依据是IMF统一规定和统一使用的各国国际收支账户形式。这种国际收支账户的格式和项目为世界上绝大多数国家所采用,成为衡量一国经济在一定时期内同世界上其他国家发生经贸往来所共同遵循的标准。国际服务贸易逻辑分类是一种理论分类,这种分类的思想原则是经济理论的无矛盾性和国内与国际服务贸易分类标准的统一性,其思想出发点是国内经济。由于逻辑分类的实用性较差,大部分有关国际服务贸易的研究和讨论,都不以逻辑分类的概念和定义作为分析工具。

4. 目前,各国对服务贸易的统计方法主要有BOP统计和FAT统计两大类。BOP口径的服务贸易统计只能收集和整理跨境提供、境外消费两类服务贸易的数据,以及一些自然人存在提供的服务,没有涵盖商业存在提供的服务。BOP统计由于在项目个数和统计内容上与GATS都存在明显差别,因而无法适应GATS下新的划分方法的统计需要。

5. FAT统计是对BOP口径服务贸易统计的补充,它从另一个角度对后者不能全面描述服务贸易总体数量特征的缺憾加以弥补。两者的统计数据有重复的地方,因而不能简单地加总。但FAT统计无法提供GATS 4种服务提供方式各部分详细、确切的统计数据,特别是目前还没有能对自然人移动所提供的这部分服务贸易进行统计的具体方法。

6. 国际服务贸易是在一国生产力发展和产业结构调整的基础上逐渐发展起来的,发达国家在世界服务贸易中一直占有主导地位。最早的服务贸易起源于原始社会末期、奴隶社会早期。19世纪末20世纪初,国际商品贸易的扩大直接带动了其所追加的服务的扩张,从而也就刺激了世界服务贸易的发展。第二次世界大战后,由于第三次科技革命的发展和生产力水平的提高,使国际分工越来越细,国际服务贸易也随之增长。20世纪80年代中期以来,国际技术贸易、旅游业、银行业和保险业伴随着世界经济贸易的发展而异常活跃,出现了若干个世界性的国际贸易中心。

7. 第二次世界大战后,科技革命的发展和社会生产力的提高是服务贸易快速发展的基本动因;世界经济发展不平衡是促进服务贸易发展的重要原因;跨国公司的迅速发展加强了服务的国际化;国际服务合作的扩大也促进了服务贸易的发展。

8. 当代国际服务贸易发展呈现以下特征:整体发展迅速,但各主要贸易区发展不平衡;发展中国家地位不断上升,但发达国家仍占主导地位;国际服务贸易结构进一步优化,服务贸易领域扩大;国际服务贸易呈现全球化、自由化的趋势。

基本概念

1. 国际服务贸易

国际服务贸易是指一国(地区)与其他国家(地区)之间进行的服务进出口活动。它由各国(地区)服务出口加总而得。

2. 要素服务贸易

要素服务贸易是指资本服务收益流量的跨国转移。

3. 消费性服务

消费性服务是指消费者在消费者服务业市场上购买的服务。

4. 生产性服务

生产性服务是指生产者在生产者服务业市场上购买的服务,它是一种中间投入服务。

5. 分配性服务

分配性服务是指消费者和生产者为获得商品或供应商品而必须购买的服务。

6. 国际服务合作

国际服务合作是指拥有工程技术人员及劳动力的国家和地区向缺乏工程技术人员和劳动力的国家和地区提供所需要的服务,并由接受服务的一方支付报酬的一种国际经济合作。

 复习思考题

1. 请阐述你对服务、服务贸易定义的理解。
2. 国际服务贸易有哪些特点?试举例说明。
3. 国际服务贸易的统计方法有哪些?各自有哪些优缺点?
4. 简述当代国际服务贸易发展的原因及特征。

第二章

国际服务贸易理论

> 🎯 **学习目标**
>
> - 熟悉比较优势理论在国际服务贸易领域的适用性。
> - 了解迪尔多夫模型和伯格斯模型等修正的服务比较优势理论模型。
> - 掌握服务贸易条件下比较优势的特殊性。
> - 熟悉服务贸易的竞争优势理论。
> - 理解生产区段和服务链理论。
> - 了解马库森理论和弗兰克斯理论。
> - 理解克鲁格曼模型在服务贸易理论中的拓展。
> - 熟悉服务外包的概念。
> - 掌握服务外包的相关理论。

20世纪80年代以来,最引人注目的经济现象是,以美国为首的发达国家显现出经济服务化的趋势,这种本质性的变化源于技术革命引发的全球产业结构的重大调整。服务贸易持续超过商品贸易的增长,服务业、服务贸易与服务业国际投资良性互动带动经济迅速增长已是不争的事实。相对于实践的迅猛发展,服务贸易理论研究相对滞后,尚未形成系统的并能使各国普遍接受的服务贸易理论体系。

毫无疑问,服务贸易理论的核心应当是有关服务贸易的基本特征和基本原理。但如何围绕这一核心,构建相对完整的服务贸易理论体系?理论界存在两种选择:一种选择是依据国际服务贸易的实践和特点,借鉴相关学科领域的研究成果,开创出相对独立的服务贸易理论;另一种选择是将传统的商品贸易理论进行延伸,扩展到服务贸易领域,用相应的逻辑和概念来阐述服务贸易,从而实现商品贸易理论和服务贸易理论的对接。从服务贸易理论的实际发展来看,理论界更青睐于第二种选择。这不仅是因为第一种选择存在实际的困难,更为重要的是,服务贸易理论其实是无法与传统的商品贸易理论彻底决裂的,因为服务贸易和商品贸易在产生原因及贸易模式特征等方面存在许多共同之处。因此,迄今为止的服务贸易理论研究基本上都是围绕着现有以商品贸易为基础的国际贸易理论是否适用于服务贸易这个焦点来进行的。

第一节 服务贸易的比较优势理论

1817年李嘉图提出比较优势论后,这一理论不断得以充实和完善,成为研究国际贸易问题的逻辑起点,也是服务贸易理论研究的出发点。然而,传统的比较优势理论在服务贸易中是否适用,即服务贸易发生及贸易模式形成的原因能否用比较优势理论来解释,是尝试建立服务贸易纯理论的基本和首要问题。

一、比较优势理论在国际服务贸易领域的适用性

随着服务业日益成为产业进步的标志,服务贸易增长速度超过商品贸易的增长,西方理论界对这一问题的研究从界定服务与服务贸易的内涵与外延到商品贸易理论在服务贸易领域的适用性研究。综合众人的研究成果,基本上存在三种观点。

(一) 比较优势理论适用于国际服务贸易

持有这一观点的学者认为,服务贸易与商品贸易无本质差别,因而不存在两套理论,比较优势论合乎逻辑地适用于服务贸易。代表人物有辛德利(B. Hindley)、史密斯(A. Smith)、萨皮尔(A. Sapir)、卢茨(E. Lutz)、劳尔(S. Lall)等人。

1981年,萨皮尔和卢茨根据国家间要素禀赋和技术的差异,对货运、客运和其他民间服务作了一系列的实证研究,发现"传统的贸易理论不仅适用于货物贸易,也适用于服务贸易,要素禀赋在货物贸易和服务贸易模式的决定上都具有重要作用。"[①]1982年,萨皮尔又通过对美国商业部1980年无形账户中服务贸易数据的实证分析,再次证明比较优势理论对货物贸易和服务贸易同样适用。1985年,他专门对南北之间的服务贸易问题进行了实证研究,并认为发展中国家可以在与发达国家之间的服务贸易中,通过获得技术转让、建立基础设施等方式,积累起自己在某些服务领域的比较优势。1986年,他对一些典型发展中国家的与投资有关的技术服务的发展情况进行了研究,特别是通过对韩国和印度在建筑和工程服务方面积累比较优势的过程进行深入的实证研究,再次证明了发展中国家可以通过努力在某些服务领域积累起比较优势。萨皮尔提出的服务贸易比较优势的动态性观点,对发展中国家开展服务贸易的动因提供了较为合理的解释。

1984年,辛德利和史密斯认为,在理论和经验分析中没有必要在概念上严格区分商

---

① A. Sapir, E.Lutz. Trade in Services: Economic Determinants and Development-related Issues[J]. World Bank Staff Working Paper, 1981(480).

品和服务,因为比较优势理论强有力的逻辑超越了这些差别。① 1986年,劳尔就海运和技术服务的国际贸易,对部分发达国家和发展中国家进行了实证研究,结果也表明比较优势理论适用于服务贸易。他认为,比较优势可以通过长期经验(如海运服务)或学习(如具体技术)积累起来,发展中国家可以在具体技术的掌握或以更低的价格提供标准化服务等方面积累起比较优势。②

美国著名的国际经济学家理查德·库伯(Richard Kumpe)则明确指出,作为一个简单明了的思想,比较优势理论普遍有效。斯特恩(Stern)和霍克曼(Hokman)也认为,传统比较优势理论的完全竞争、技术均等化和无经济扭曲等假设在服务业中遇到困难,尽管如此,当充分考虑这些因素后,也没有理由认为需要改变比较优势理论的具体标准;虽然技术移动将产生各种差异,但服务流动与要素移动都将依然符合比较优势理论的要求。

(二) 比较优势理论不适用于国际服务贸易

这一观点认为,服务贸易与商品贸易源于不同的概念范畴,应有不同的理论渊源。R.迪克(R.Dick)和 H.迪克(H.Dicke)(1979)是最早解释服务贸易模式的学者,他们运用显示性比较优势指标(RCA)对18个OECD国家的数据进行跨部门回归分析,考察要素禀赋对服务贸易的影响,得出结论:在知识密集型服务贸易的现实格局中,没有证据表明比较优势决定着服务贸易模式。③

桑普森和斯内普(1985)认为,由于服务贸易不同于商品贸易的特点,会出现服务的生产者与消费者时空存在的一致性,就有可能出现生产者的跨国移动,其实质就是生产要素的国际流动,而H—O理论的基本前提假定之一——没有要素的国际流动就限制了服务贸易,如不放弃这一基本假定,该理论就不能用于服务贸易。④

菲克特库(Feketekuty,1988)认为,服务贸易与商品贸易有着不同的特性,如服务贸易是劳动与货币的交换,而非物品与货币的交换;服务贸易中服务的生产与消费同时发生、同时结束;服务具有不可储藏性;服务贸易的统计方式与商品贸易不同,前者反映在各国的国际收支平衡表中,而后者反映在各国海关的进出口统计中。由于服务贸易相对于商品贸易的无形性,使用来分析商品贸易的比较优势理论不足以用来分析服务贸易。⑤

也有学者(如安·赫尔曼等)认为,目前用于解释商品贸易比较优势的理论,如要素禀赋论、规模经济学说、技术差距与生产周期论等的适用性都有待讨论。

---

① B. Hindley, A. Smith. Comparative Advantage and Trade in Service[J]. The World Economy, 1984(7):369.
② S. Lall, F. Stewart. The Third World and Comparative Advantage in Trade Services, Theory and Reality in Development[M]. Macmillan, 1986:122-138.
③ R. Dick, H. Dicke. Patterns of Trade in Knowledge[M]//H.Giersch. International Economic Development and Resources Transfer. J.C.B. Mohr,1979:98-105.
④ G. Sampson, R.Snape. Identifying the Issues in Trade in Services[J]. The world Economy, 1985,2(8):171-181.
⑤ G. Feketekuty. International Trade in Services: an Overview and Blueprint for Negotiations[M]. Ballinger Publishing. 1988:12-18.

（三）应对比较优势理论进行适当的修正

大多数国际经济学家秉承这一观点，认为科学技术革命已改变或正在改变传统服务商品的特性，虽然国际贸易原理的合理内核适用于服务贸易，但由于服务自身客观存在的特性确实使得商品贸易理论的解释力不足，存在一定的局限性，因此，不能完全套用，需要进行模型的扩展和修正。事实上，许多学者也在不断地对比较优势理论在服务贸易领域的应用进行检验，结果发现服务贸易领域同样存在比较优势的合理内核，只不过对服务贸易的某些特征不能提供令人满意的答案。主要是许多商品和服务的投入往往交织在一起，比较成本难以获得，从这个角度看，把比较优势应用到服务贸易中，存在明显的度量问题。①

克莱维和巴格瓦蒂等人（Kravis，Heston，Summers，1982；Bhagwati，1984）在探讨服务价格国际差异时，得出低收入国家的服务价格低于高收入国家的结论，按照这一结论，低收入国家应该是服务贸易的出口者，但这与现实并不相符。② Bhagwati 对这一结论进行了反思，认为这种并不令人满意的结论是由前提假定的缺陷导致的，因为上述分析均假定低收入国家和高收入国家的生产率相等，并存在一个隐含的假定：服务部门为劳动密集型的。事实上，高收入国家在许多部门的生产率比低收入国家高；并且随着技术进步和服务业的发展，现代服务业的核心和主体（尤其是生产者服务）大多是技术、人力资本和资本密集型部门。于是，巴格瓦蒂对上述假定进行了修正，假定服务为技术和资本密集型部门，建立了一个服务价格国际差异模型，得出了高收入国家技术和资本密集型服务价格较低，而低收入国家劳动密集型服务价格较低的结论。从而解释了发达国家在金融、工程咨询、信息处理等资本、技术密集型的服务上相对价格较低，具有比较优势，而发展中国家在工程承包等劳动密集型服务上具有比较优势的现实。服务价格国际差异模型及其结论，意味着价格差异是服务贸易与商品贸易产生的共同基础。③

迪尔多夫（A. Deardorff，1985）在经典的"2×2×2" H—O 模型框架内，将各国均生产两种商品的假设改为生产一种商品和一种服务，并假定一国在封闭经济中商品和服务的价格高于世界价格，证明进行自由贸易时，若该国仍按照封闭经济下的价格进行贸易，则商品和服务的进口将多于出口，这个结论意味着一国的商品和服务贸易都遵循基于价格差异的比较优势原则。这一结论隐含的理论意义是：服务贸易研究的起点是对服务贸易中比较优势的分析。另外，迪尔多夫还着重强调了基于要素禀赋的比较优势对服务贸易模式的决定作用。但是他没有意识到要素禀赋带来的比较优势并不是比较优势的唯一源泉，基于技术差异的比较优势同样对服务贸易的模式起着重要的决定作用。④

---

① 韶泽等.国际服务贸易的相关理论[J].财贸经济，1996(11):53.

② I. Kravis, A. Heston, R. Summers. World Product and Income: International Comparisons of Real Gross Product[M]. Johns Hopkins University Press，1982.

③ J. Bhagwati. Why Are Services Cheaper in the Poor Countries? [J]. Economic Journal，1984，94:279-286.

④ A. Deardorff. Comparative Advantage and International Trade and Investment in Services[M]//Robert M. Stern. Trade and Investment in Services: Canada/U. S. Perspectives. Ontario Economic Council，1985:39-71; reprinted in Bernard Hoekman. The WTO and Trade in Services[M]. Edward Elgar，2012.

对于这一点,琼斯(Jones,1990)认识得更为透彻,他认为由于劳动生产率的差异,将导致服务价格的差异,最终影响到服务的进口和出口,这实质上就是比较优势的决定作用。所以,将迪尔多夫和琼斯的分析综合起来,就形成了一个基本认识:服务贸易领域同样存在着比较优势的"合理内核",比较优势理论在服务贸易中仍然适用。①

辛德利和史密斯(1984)经过分析后得出:政府对服务业市场的干预和管理、各国对服务业的外国直接投资的种种顾虑及由此引发的各种限制政策、在保护幼稚产业的指导思想下政府拒绝开放国内服务市场等现实政策因素是影响比较优势理论在服务贸易领域适用性的主要原因。而这恰恰从反面证明了比较优势理论在服务贸易中的适用性,因为导致比较优势理论不完全适用于服务贸易的障碍是外生于市场机制的政策因素,在商品贸易中同样存在这个问题,所以,比较优势和服务贸易两者没有内在的矛盾。他们认为,不论进行理论分析还是经验分析,都没有必要过分严格地区分商品和服务。他们还指出,应用国际经济学的标准理论及模型分析服务贸易不存在什么困难,真正的困难来自服务贸易的测度和统计。②

塔克和森德伯格(Tucker & Sundberg,1988)则认为,与有形商品相比,服务产品的质量不稳定且不能标准化,而消费者对消费服务的效用评价主观性较强,标准不一,导致需求对服务产品供给的影响远远大于有形商品;且由于服务产品的差异性较强,易形成不完全竞争的市场格局。因此,尽管大体上可以用国际贸易理论、厂商理论和消费者理论对服务贸易进行分析,但是还存在许多局限性,例如,赫克谢尔—俄林模型及多数由此演变的模型主要是从供给角度分析国际贸易,然而,当可贸易服务的生产函数与主要的要素投入相结合时,任何国际服务贸易将依赖于需求因素而不是生产成本。运输成本、消费者收入、服务的种类和消费环境等因素都构成服务的贸易条件;商品与服务在研究与发展投入和广告效用上存在差别;许多服务通常是作为中间投入(如金融、咨询和电信服务)出现在贸易与非贸易品的生产过程中,因而出现两个阶段的生产函数,先是服务生产函数,再是使用服务投入的商品生产函数,而且这两个阶段的要素投入不是同质的;相对于商品而言,市场结构和国内管制环境对服务的生产与分配具有更为重要和直接的影响。因此,分析时应更多地关注市场结构和需求特征与服务贸易模式的关系。③

萨格瑞(Sagri,1989)认为,国家间存在技术差异,并且技术转移日益成为服务贸易的主要内容。他在放松国家间技术相同假定的基础上,将技术差异引入 H—O—S 理论框架中对服务贸易进行分析,证明一国先进的技术将引起服务贸易中投入要素的节约。他还运用最小二乘法对 1977 年世界 44 个国家的金融服务进行了实证分析,结果证明技术差异和熟练劳动是各国金融服务贸易比较优势的来源。④

伯格斯(Burgess,1990)对 H—O—S 模型做了一个简单的修正,将生产者服务作为一种投入要素放入商品生产的成本函数中,发现各国生产者服务的技术和质量差异将影

---

① R. Jones, H. Kierzkowski. The Role of Services in Production and International Trade: A Theoretical Framework[M]//J. E. Art, et al. The Political Economy of International Trade. Basil Blackwell Inc., 1996:31-48.
② B. Hindley, A. Smith. Comparative Advantage and Trade in Service[J]. The World Economy, 1984(7):369.
③ K. Tucker, M. Sundberg. International Trade in Services[M]. Routledge, 1988.
④ S. Sagri. International Trade in Financial Services[J]. Policy Research Working Paper, 1989.

响该国商品生产的比较优势和贸易模式,这个结论实质上证明了服务的比较优势对商品比较优势和模式的影响作用。[①]

根据以上学者的观点,可以看出对传统比较优势理论模型进行修正以适应服务贸易的模型多种多样,各有特色,下面仅就具有典型性的迪尔多夫模型和伯格斯模型进行介绍。

1. 迪尔多夫模型

在辛德利和史密斯排除了对比较优势理论的适用性顾虑后,迪尔多夫(1985)率先成功地利用传统的 $2\times2\times2$ 赫克谢尔—俄林模型探讨服务贸易比较优势。在他的含有一种商品和一种服务的模型中,迪尔多夫认为,可从下述三方面对服务贸易的比较优势进行剖析。

(1) 商品和服务贸易的互补性。

许多服务贸易是为了方便国际商品贸易而逐渐发展起来的,如运输业、保险业等生产性服务业。这样,我们不妨假设存在以下三种情形。

Ⅰ. 全封闭情形,以 a 表示,表明没有任何商品和服务贸易发生。

Ⅱ. 自由贸易情形,以 f 表示,表明商品和服务都实现自由贸易。

Ⅲ. 半封闭情形,以 s 表示,表明只有商品可以自由贸易。

这样,封闭情形下的市场均衡可以表示为 (p^a, q^a, x^a),p^a 和 q^a 分别表示商品和服务的均衡价格,x^a 表示商品的均衡产量,由于禁止贸易而没有服务需求,所以,服务的均衡产量为零,即 $s^a=0$。假设已实现利润最大化,那么,对于所有可能的 (x, s),有:

$$p^a x^a \geqslant p^a x + q^a s \tag{2.1}$$

自由贸易情形下的市场均衡为 (p^d, q^w, x^f, s^f),p^d 表示本国商品价格,q^w 表示国际服务市场价格,如前述,商品国际市场价格 $p^w=p^d+q^w$。如果 T, V 和 U 分别表示商品、服务的净出口和本国的服务消费量,那么,自由贸易情形下的均衡条件为:

对于所有可能的 (x, s),有:

$$p^d x^f = q^w s^f \geqslant p^d x + q^w s \tag{2.2}$$

对于所有可能的 T 和 U,有:

$$(p^w - p^d)T^f - q^w V^f \geqslant (p^w - p^d)T - q^w U \tag{2.3}$$

$$p^w T^f + q^w V^f = 0 \tag{2.4}$$

式(2.2)表示在均衡价格状态下实现收益最大化;式(2.3)表示服务的出口达到利润最大化;式(2.4)为贸易平衡方程。

依据显示性偏好弱定理,通过比较上述两种情形,可以证明:

$$p^a T^f + q^a V^f \leqslant 0 \tag{2.5}$$

[①] D. Burgess. Services as Intermediate Goods: The Issues of Trade Liberalization, Political Economy of International Trade[M]. Basil Blackwell Icn., 1990:122-139.

式(2.5)表明,按封闭情形下的价格出口商品和服务不如进口商品和服务。这说明商品和服务贸易与传统的比较优势理论相符。

对于半封闭情形下的商品和服务贸易状况,如果将 T^f 替换成 T^s,且由于没有服务贸易,故 $V=0$,那么,同样可以推出: $p^a T^s \leqslant 0$。这意味着,即使互补性服务不可贸易,也不会影响传统的比较优势理论在服务贸易分析中的适用性。

(2) 服务要素贸易。

传统意义上的某些服务往往被看成非贸易品,例如,巴黎"钱之旅"(La Tour d'Argent)提供的独家三星级餐饮服务无法在柏林享用,但是,一般都承认生产要素可以跨国移动。如果假设"钱之旅"这种三星级餐饮服务需要两种要素,即技术劳动力(厨师)和非技术劳工(服务员);又假设法国有丰富的技术劳动力,且该项服务为非技术劳动密集型部门。这样,在封闭情形下,"钱之旅"提供的服务价格将会较高。然而,一旦允许厨师跨国移动,法国的厨师可能到纽约并与当地充裕的非技术劳工结合,就能以较低的价格提供餐饮服务。显然,这是由比较优势决定的,因为实际上进行贸易的不是这种三星级餐饮服务,而是服务的生产要素之一——厨师。

(3) 不可移动要素的贸易。

假设有两个国家 A 和 B,它们均生产两种产品,一种产品为贸易品 x,一种产品为非贸易品 s,且两国对它们的需求一致。又假设这两种产品的生产都只需要劳动 L 和管理要素 M,而管理要素 M 即使不可移动,也能够进行国际贸易,因为一个经理可以通过电话和传真等通信工具控制千里之外的生产活动。如果在封闭情形下,A 国的服务价格低于 B 国,这样,诱发价格差异的情形可能有以下三种。

① 两国的要素禀赋不同,A 国的管理要素丰富,且 s 属于管理要素密集型服务部门的产品。

② A 国的劳动力充裕,且恰好 s 属于劳动密集型服务部门的产品。

③ A 国在 s 的生产中具有希克斯中性技术优势。

若实现自由贸易,A 国将出口 M 和进口 x(情形Ⅰ),或出口 x 进口 M(情形Ⅱ),这与比较优势理论相符合,因为此时我们考虑的是可贸易品 x 和管理要素 M 的价格,而不是 x 和 s 的价格。显然,要素禀赋决定了服务贸易的模式。迪尔多夫认为,比较优势理论在情形Ⅲ中遇到障碍。因为在封闭情形下,以 x 计算的 A 国管理者的工资额将比 B 国同行高,但低于 A 国技术优势所要求的工资额,允许贸易将使 A 国的管理者向 B 国 s 的生产提供管理服务,这意味着要素价格较高的一方也可能成为该要素的净出口国,这与比较优势原理相矛盾。迪尔多夫对这一矛盾的解释是,问题的关键在于 A 国与 B 国的管理者工资差异没有完全体现技术差异。琼斯(1985)则认为,导致这一矛盾的原因在于迪尔多夫隐含地假定两国管理者对两国生产提供的服务存在质量差异,因此,上述矛盾实际上并不影响比较优势在服务贸易中的适用性。

我们认为,迪尔多夫从要素价格出发,在比较优势理论的适用性上取得突破性进展,但是,他过于相信要素。实际上,在情形Ⅲ中,最终决定要素出口与否的是服务的价格。只要 A 国向 B 国提供的同质服务价格较低,即使 A 国的管理要素价格较高,也一定会出口管理要素。此外,迪尔多夫对国际服务贸易比较优势理论的另一个主要贡献,是进一步证明了商品与服务贸易的不可分性。

2. 伯格斯模型

伯格斯(1990)认为,对标准的赫克谢尔—俄林—萨缪尔森(H—O—S)模型做简单修正,就可以获得适用于描述服务贸易的一般模型,从中揭示不同国家在提供服务技术上的差别如何形成比较优势和商品贸易模式。

假设在一个独立生产两种产品和一种服务的完全竞争经济中,生产规模收益不变,且只使用资本和劳动力两种要素。这样,该经济可由下述三个单位成本等于价格的方程来表示:

$$\Phi^1(w, r, p_s) = p_1 \quad (2.6)$$

$$\Phi^2(w, r, p_s) = p_2 \quad (2.7)$$

$$\Phi^3(w, r) = p_s \quad (2.8)$$

其中,$\Phi^i(\cdot)$ 表示生产一单位商品 i 的最小成本,w 和 r 分别表示在完全竞争条件下的工资和租金,p_i(其中,$i=1, 2$)是两种可贸易商品的价格,p_s 表示服务价格。显然,(2.6)至(2.8)式描述了技术的结构形式。

将式(2.6)代入式(2.7)和式(2.8),可以得到使用两种最初投入生产两种最终产出的简单模型。由于该模型与标准的 H—O—S 模型相同,因此,可以认为,传统的 H—O—S 模型在一定程度上可以解释服务贸易。应当指出,服务部门的产出应作为中间投入参加最终产品的生产,而服务部门使用的全部要素同样可以用于产品生产部门。

利用谢泼德引理,可得到以下劳动与资本要素市场的均衡条件:

$$y_1\Phi^1_w(\cdot) + y_2\Phi^2_w(\cdot) + y_s\Phi^3_w(\cdot) = \bar{L} \quad (2.9)$$

$$y_1\Phi^1_r(\cdot) + y_2\Phi^2_r(\cdot) + y_s\Phi^3_r(\cdot) = \bar{K} \quad (2.10)$$

其中,$y_i(i=1, 2, s)$ 表示两个生产部门和一个服务部门的产出水平。

如果技术和政策壁垒阻碍国际服务贸易,服务的供给必须等于部门需求的总和,即:

$$y_1\Phi^1_{ps}(\cdot) + y_2\Phi^2_{ps}(\cdot) = y_s \quad (2.11)$$

假设一国经济并没有集中生产一种产品,那么,式(2.6)—(2.8)可以单独决定相对于世界市场贸易品价格中任何组合的竞争要素价格和国内服务价格。由于商品价格决定要素价格,同时决定各部门对每种要素和服务单位成本的最低需求。这里,式(2.9)—(2.11)构成一个含有三个未知数的三个线性方程的方程组,从中可以得出唯一一组作为要素禀赋函数的部门产出。若考虑产品价格,如果经济保持分散化,那么,要素存量的任何变化只会导致部门产出的变化,而不会影响要素价格和国内服务价格的变化。并且,如果技术相同的两国商品可以自由贸易,即使没有一种要素能够在国际上流动,且服务不可贸易,两国的要素价格和国内服务价格的差异也会缩小。如果没有运输成本,这种价格差异则会完全消失。因此,在服务存在于消费者的效用函数而不是存在于厂商的生产函数内的情况下,商品贸易壁垒的减少,将降低市场参加者从事服务贸易的欲望。

按照伯格斯模型,一个厂商选择合约经营而不是自身进行服务,取决于服务的市场价格与要素价格孰高孰低。如果服务价格相对地超出工资和租金率越高,生产厂商就越少依赖服务部门,但用于服务的支出将由于要素间替代程度的不同而会上升或下降。如果技术或政策壁垒阻碍服务贸易,各国提供服务的技术差别将成为一国商品比较优势的重要决定因素。诚然,对此做完整的分析存在困难,但是,考虑到作为各部门中间投入的服务需求,如果两个部门的要素密集程度与两种产品的要素密集程度相反,且各国只在服务技术上存在差别,具有服务技术优势的国家将获得相对昂贵的服务而不是相对低廉的服务。服务技术优势反映在较高的要素报酬上,这种较高投入成本的损失可能比技术优势带来的收益更高,即使服务在技术先进国家相对低廉,但是,它们也可能不会给相对密集使用服务的部门带来比较优势。

事实上,较低廉的服务意味着服务密集部门相对于其他部门而言将会扩张规模,同时意味着那些大量使用服务部门中密集使用的要素的部门也将扩大规模。当然,这两种部门的扩张不尽相同。例如,如果服务部门只使用劳动这一种要素,而技术符合列昂惕夫条件,即投入—产出系数不受投入价格的影响,那么,无论哪种产品密集使用服务,服务部门的中性技术进步都将导致劳动密集型产品的增加和资本密集型产品的减少。如果技术符合柯布—道格拉斯函数,即各部门的要素分配与投入价格无关,那么,相对其他部门产品,密集使用服务部门的产品将会得到增加。

故而,伯格斯认为,即使服务部门的产出不可贸易,服务技术的国际扩散也将对收入分配和贸易条件产生影响。这一结论导致一个问题的出现,即一国通过许可证贸易或免费向外国转让其具有优势的服务技术是否削弱其竞争优势?如果服务技术优势是服务贸易比较优势的唯一来源,或服务技术优势加强服务贸易比较优势的其他决定因素,如相对要素存量的差别等,那么,答案将是肯定的。然而,如果一国服务技术优势抵消了其他更重要的比较优势的决定因素,即使该国无偿转让技术,它也可以通过转让技术改善贸易条件而获得某些收益。

如果具有服务技术优势的国家也是资本丰富的国家,且资本丰富就可以提高资本密集型产品的比较优势,这样,如果服务部门密集使用劳动,且服务被密集使用于劳动密集型产品的生产中,服务技术优势将增强劳动密集型产品的比较优势。如果相对要素存量差别是比较优势和服务贸易的决定因素,且服务技术优势可无偿转让给外国,外国劳动密集型产品的生产将会增加,资本密集型产品的生产将会减少。一旦萨缪尔森强要素密集条件成立,服务技术出口国的贸易条件将会得到改善。因此,服务技术的出口未必会损害服务出口国的比较优势。相反,由于服务是作为中间产品参与国际贸易,因而服务贸易自由化可能损害服务进口国的利益。

二、关于服务贸易比较优势决定因素的讨论

当迪尔多夫对服务贸易比较优势做了系统阐述后,比较优势是否适用于服务贸易纯理论研究,或在多大程度上适用于这种研究的争论似乎已经结束,学者们开始注重于从不同角度讨论服务贸易比较优势的决定因素。

迄今为止,这方面的讨论较为零散。有的学者认为,鉴于服务业经常处于政府严格管制之下,管理体制优劣松紧可能是比较优势的来源之一。某些学者认为,比较优势是行业特有的,各个行业的比较优势来源不同。例如,旅游业主要取决于自然资源,金融服务业则与国际时区制的地理位置相关。考察工业发达国家的服务业竞争情形,可以发现,服务行业的不同类别决定各国服务业的竞争地位。

某些学者针对发展中国家服务出口量的增加,认为比较优势可能来源于文化。由于市场适宜,发展中国家(地区)能够不断地向市场提供具有高文化素质的服务人员。例如,在技术转让方面,中国香港已处于工业国与发展中国家(地区)之间的中介地位。在专业服务的有关领域,第三世界的跨国公司似乎已经赚得能够更有效地吸引顾客的优势。此外,一些学者认为,服务业的投入要素以人力资本为主,人力资本的发展和配置方式也能决定一个国家服务业的比较优势。因此,教育质量可能是一个决定因素。

凯卡巴斯(1987)认为,在理解一国比另外一国有什么样的服务贸易比较优势,或在一国内和国家间这些优势将如何变化等问题上,传统的要素分析模式已不适用。因此,研究服务贸易需要超越具体的传统比较优势理论,至少,应当在传统的自然资源禀赋、劳动力熟练水平、工资水平和资本成本等要素之外,增加考虑公司策略与新服务基础设施两项要素。的确,由于当代跨国公司几乎占据着世界贸易的 2/3,且其竞争优势在一定程度上反映着比较优势,正如赖特(1989)所指出的那样,组织技术是公司竞争优势的源泉之一。麦当劳公司的优势在于出色的广告设计、图案与色彩的组合、购买程序、质量控制、餐厅布局、产品标准化和联营战略等多方面。

需要指出的是,随着信息技术的迅猛发展,信息技术对服务业的影响往往超过对商品生产的影响。波特和米勒(1985)认为,信息技术可从以下三个方面给企业带来竞争优势:①改变公司的成本结构,降低生产成本。由于产品中信息处理的含量越来越高,运用信息技术可以降低生产成本。②扩大产品差别。信息往往是产品的包装,信息含量越高的服务,其服务质量的差别就越加明显,而产品差别也是一种比较优势的来源。③信息技术可以提高一个公司的地区和全球协调能力,使该公司可以在更广阔的范围内和更复杂的环境下开展跨国经营。显然,比较优势已经逐渐加强对技术创新的依赖程度,而不仅由纯粹的要素禀赋和低成本决定。服务部门信息技术的使用,已经成为国际服务贸易竞争力的一个重要因素。

总之,虽然迪尔多夫等学者证实在完全竞争条件下比较优势理论仍然适用于国际服务贸易,但是,由于服务业大都处于不完全竞争和规模收益递增的经济环境中,或处于政府的严格管制之下,服务贸易比较优势对服务贸易活动的影响将远远低于比较优势对商品贸易活动的影响。于是,琼斯和克尔茨考斯基(1990)等学者主张,不应将目标集中在探讨服务业比较优势的决定因素上,也不必试图确定哪些国家最终会生产或出口服务,而应集中力量探讨服务部门的发展在何种程度上促进并提高国际商品贸易的总体水平。①

---

① R. Jones, H. Kierzkowski. The Role of Services in Production and International Trade: A Theoretical Framework[M]//J. E. Art, et al. The Political Economy of International Trade. Basil Blackwell Inc., 1996:31-48.

三、 国际服务贸易比较优势理论的适用性和特殊性分析

将比较优势理论这种以货物贸易为基础的理论用于分析服务贸易,在考虑其适用性的同时,也应该考虑到它的特殊性。

(一) 比较优势对服务贸易的适用性

1. 自然条件和基础设施制约服务贸易的产生和发展

自然条件是一切经济活动的基础,没有一定的自然条件,任何经济活动无从谈起。自然条件必然对服务贸易产生一定的影响,尤其是服务基础设施对服务贸易的方式、规模及质量更是具有重要影响。所谓服务基础设施,是指能提供服务的基本资源,在现代的条件下,它主要指信息技术、电信、交通运输、维修、旅游等设施,其中的前三项最为重要,它们在较大程度上决定或抑制着现代国际服务贸易的方式、规模和质量。

2. 比较优势决定了服务贸易的格局

当前,地理环境、资源、劳动力价格等这些相对稳定的因素在决定成本方面的作用呈现下降趋势,而资本和技术因素的作用不断上升。资本和技术是决定国际竞争力的主要因素,是决定当前贸易格局的基本原因。服务贸易本身就是一种资本积累和技术转让的渠道,它可以通过影响技术和其他生产条件改变原来的比较优势,形成新的国际贸易格局,也可以强化原来的比较优势,使原来的国际贸易格局固定化。

3. 比较优势影响服务贸易的国际价格

从比较优势的角度来讲,国际贸易产生的一个重要原因是国际价格差异,如果两种商品的相对价格在两国之间不相等,在信息完全和不存在交易成本的前提下,一个国家可以通过出口其贸易前相对价格较低的商品和进口其贸易前相对价格较高的商品而获得好处。这就是最基本的比较优势原则,一个国家的比较优势表现为贸易前相对价格较低的商品。显然,这种比较优势原则不仅适用于货物,也适用于服务。

(1) 技术条件对服务价格的影响。

服务和贸易一样,都是在一定技术条件下使用各种生产要素生产出来的。因此,商品的相对价格差异的主要来源之一就是技术条件的不同。由于服务部门是多种多样的,它的技术含量的差异也是很大的,这就使得发展程度不同的国家都可能在某些服务的生产上拥有比较优势。两个国家在生产商品上使用的技术差异反映在劳动生产率的差异上,劳动生产率的差异不仅可以解释货物之间的价格差异,而且可以解释货物与服务之间以及服务与服务之间的价格差异。一个国家的比较优势表现为生产率较高的商品(服务或货物),通过出口其生产率相对较高的商品和进口其生产率相对较低的商品,每个国家都可以从中获得利益。

(2) 要素成本对价格的影响。

商品的相对价格差异的另一个主要来源是要素成本的不同。如果不考虑技术因素,货物和服务的成本取决于生产所需的要素密集程度和要素价格。如果两个国家不

存在生产技术方面的差异,劳动密集型货物和服务的相对价格在劳动丰富的国家较低,在劳动缺乏的国家较高;资本密集型货物和服务的相对价格在资本丰富的国家较低,在资本缺乏的国家较高。就一般情况而言,一个国家的比较优势表现为密集使用其禀赋相对较丰富的生产要素的商品(货物或服务)。通过出口密集使用其禀赋相对较丰富的生产要素的商品和进口密集使用其相对较缺乏生产要素的商品,一个国家从中可获得利益。

(二) 服务贸易条件下比较优势的特殊性

尽管比较优势原则不仅适用于货物,而且也在一定条件下适用于服务,但是比较优势的实现对货物和服务来说却是不同的。在不考虑交易成本的情况下,货物的比较优势通过贸易或投资都可以实现,贸易与投资是完全可相互替代的;而对于要求生产者移动到消费者所在地的服务,比较优势的实现只能通过直接投资来实现。交易成本的存在,使这些服务的国际贸易完全类似于非贸易货物的国际贸易,即它们的比较优势只能通过直接投资来实现。比较优势原则适用于服务贸易时,要考虑到某些服务行业具有的一定特征,这些特征会使某些服务或某些服务部门的具体比较优势与货物有一定的区别。归纳起来,这些特殊性有以下三点。

1. 服务贸易中的比较优势比较短暂

现代服务贸易以人力资本密集型服务为主。由于人力资本是通过教育、培训及研究与开发获得的,因此,人力资本所产生的比较优势完全取决于一个国家提供教育、培训和研究与开发等基础设施的能力,而这种由人力资本所产生的比较优势与其他因素产生的比较优势相比相对短暂,原因主要有两个:一是与人力资本有关的知识和技能体现在可自由流动的人员身上,这些专业技术人员流动到哪个国家,就可能把相关的比较优势带到该国;另一个是与人力资本相关的比较优势可通过教育和培训取得。

2. 某些服务行业具有一些自身独有的特征

例如,政府管制或要求要素移动,会影响比较优势的观察。由于政府对许多服务行业实行发放许可证和其他管制,虽然世界贸易呈现自由化的趋势,但壁垒依然存在,因此,某些经济原理需要加以发展才能进行解释。

3. 许多服务实际上是不可以贸易的,生产者必须移动去提供服务而不是出口服务

尽管实证贸易理论也许不能预测比较优势将表现为贸易流动、投资流动或劳动流动,但比较优势原理本身是成立的。因此,如果一个服务在某个国家的贸易前的价格较高,该国通过进口该服务、允许劳动者进入或外国直接投资来提供该服务,就可获得好处。

在现实经济活动中,许多货物与服务是以组合的形式进行交易的。如果只看到其中的货物部分或服务部分,就可能会违反比较优势原则,此时,应该考察的是组合商品的比较优势。

另外,传统上的国际贸易一般是货物与货物之间的交易,而实际上,国际贸易还可以是货物与要素之间、服务与服务之间、服务与要素之间、要素与要素之间的交换。所以,此时考虑的比较优势应该是所交换对象之间的比较优势。

四、比较优势理论在国际服务贸易领域中的局限性

由于服务贸易和商品贸易之间的差异,应用比较优势理论时应注意其存在着较大的局限性。

(一) 仅从资源禀赋角度探讨服务贸易的比较优势

H—O模型及多数由此演变而来的模型主要从供给角度分析国际贸易,强调一国生产力水平及供给源结构,最终的商品流动源于一国富足生产要素禀赋的成本竞争性出口。然而,当可贸易服务的生产函数与主要要素投入相结合时,任何国际服务贸易将依赖于需求因素而不是生产成本,强调需求因素导致的成本增量或消费者选择、运输成本、信息成本、消费者收入及偏好、服务种类、消费环境等因素都构成服务的贸易条件。所以,西方经济学家认为仅从资源禀赋角度探讨服务贸易优势是不够的,更应注重从服务贸易的流向、相关的市场结构以及需求特征角度来检测服务贸易性质。

(二) 服务贸易比较优势难以获得长期的独占性

现实中,人力资本因素对一国服务贸易比较优势的形成和保持起着根本性的作用,这就决定了服务贸易中的比较优势具有短期性。首先,从空间上看,决定服务业比较优势的人力资本与其他要素相比具有较大的流动性和不稳定性,不同国家和地区的环境及政策必然引起高技术人才的流动;其次,从时间上看,由于人力资本可以通过教育、培训而获得,因人力资本而来的比较优势就难以获得长期的独占性。

(三) 与商品贸易相比,服务贸易中的比较优势具有不确定性

不同国家商品的比较优势可以按相同的标准通过成本计算而确定,但在服务贸易中却难以通过成本计算而肯定比较优势。首先,服务产品的标准问题会因时、因地而有争论,从而影响服务产品的成本计算;其次,服务贸易中现存的大量限制使服务产品的比较优势难于计算。这些限制主要来源于三个方面:①各国政府出于不同的目的,对服务业实行特别管制和市场干预;②各国对服务业引进外资的限制;③政府出于保护幼稚工业的需要,拒绝开放国内服务市场。

(四) 传统比较优势理论的前提条件在服务贸易领域难以成立

服务贸易的发生往往伴随着要素的移动。无论是过境交付、商业存在还是境外消费或自然人移动,都要涉及劳动力、资本或技术信息中的一项或多项移动。所以,服务要素的过境移动往往成为服务贸易实现的要件。相对货物贸易而言,服务贸易的生产要素移动要频繁得多,而传统的比较优势理论往往以生产要素不能在国际上自由流动为前提条件,这也是比较优势理论在服务贸易领域应用时需要解决的一个问题。

此外,服务贸易不是通过海关措施,而是通过立法和国内规章来实现管理,也就是说,影响服务贸易的主要因素是国内法规而非关税。相对商品而言,市场结构和国内管制环

境对服务的生产与分配有更为重要的直接影响。

由于上述种种原因,虽然传统比较优势理论在很大程度上可以解释服务贸易的发生,但却难以指导服务贸易的发展。国际服务贸易的迅速发展,客观上要求必须有不断发展的理论来指导实践,我们认为,对服务贸易的理论分析应从比较优势原则出发,着眼于服务业的决定因素分析。

第二节　服务贸易的竞争优势理论

如前所述,中外国际经济理论界对国际服务贸易的研究时间较短,理论零散;而对国际商品贸易、国际投资的研究已历经几个阶段,理论发展相对充分,所以,国际商品贸易与国际投资中的竞争优势理论可作为研究国际服务贸易竞争优势的借鉴。

关于现代竞争优势理论的研究始于20世纪80年代初世界经济论坛组织的达沃斯年会,1986年初步形成相对独立的体系。冷战结束以后,国际竞争转移到以经济为核心的综合国力的较量上,从而各国对国际竞争力、国家竞争优势的关注日益高涨。对国家竞争优势进行最为系统研究的是哈佛大学教授迈克尔·波特(Michael E. Porter)。[1] 1990年,他在《国家竞争优势》一书中提出了著名的国家竞争优势理论。该理论为我们研究国际服务贸易提供了崭新的思路,拓宽了理论视野,能用来合理地诠释一国国际服务贸易的现状,预测一国国际服务贸易的发展前景。

一、国际商品贸易与国际投资中的竞争优势

(一)国际商品贸易中的竞争优势

国际商品贸易中的竞争优势实际上可分为三个方面。

1. 由资源禀赋决定

这里说的资源是指经济资源、主要是生产要素,包括土地等自然资源、劳动力、资本以及人才、技术、管理等新要素。良好的资源禀赋可给商品生产带来成本低廉的优势。一方面,自然资源是初级产品国际分工的基础,不同的土壤肥力、地质条件、气候,适应不同的农产品生长;不同的矿床与水利条件,是发展不同的原材料工业的基本因素;不同的区位与地理条件,也在很大程度上影响着对运输要求高的产业的发展。另一方面,已具备的社会性资源的禀赋直接影响商品的成本价格,从而影响其产业的竞争力。先是资源的量,丰裕的资源使其价格低。例如,劳动力资源丰裕使劳动力工资成本低廉,资金丰裕使资本利率低。再就是资源的质,如高素质的劳动者、先进技术、先进的管理。这些因素主要对产业间贸易起决定作用。

---

[1] 迈克尔·波特.国家竞争优势[M].华夏出版社.2002.

2. 由产业的规模经济决定

在那些规模经济效益递增的产业（一般是工业化较高水平的资金密集型产业），产业规模大就会使成本降低，规模经济成为出口竞争的优势因素。此外，有规模经济优势的大公司一般技术开发能力强，可实现产品系列化，对满足外国市场的需求有更大的适应性。这些因素对产业内贸易起决定作用。

3. 由企业的营销条件决定

在这方面的因素包括企业积累的营销经验、创造的品牌名声、已创立的世界销售网络以及对营销渠道的垄断。跨国公司无论在发展外部市场还是内部市场，都有这些方面的竞争优势。

（二）国际投资中的竞争优势

对于国际投资中的竞争优势，从上述三个方面来看，内容侧重点有所不同。

1. 垄断优势或所有权优势

在资源禀赋方面，首先是资金的丰裕，另外，最重要的是以产品生产技术为核心的"知识资产"，最关键的企业家的经营管理能力。西方国际经济学把它们称为垄断优势或所有权特定优势。

2. 区位优势

在产业条件方面，按照东道国的区位条件不同，可转移到东道国的产业类型也不同。在发达国家之间的投资竞争优势，是本国边际产业的相对性，即对本国是相对劣势而对东道国是相对优势。归根结底，国际投资这方面的竞争优势，是由转移到国外的产业所赢得的市场来决定的。

3. 企业的经营权优势

企业的经营优势，不仅取决于企业家经营管理能力这一单个的生产要素，更取决于企业本身的组织形式，及其可采取内部化经营战略的能力，而跨国公司恰好具有这种能力。

二、国际服务贸易与国际商品贸易、国际投资在竞争方面的对比

上述有关国际商品贸易与国际投资中的竞争优势分析对国际服务贸易领域的适应性如何呢？我们先要从三个领域竞争的对比开始。前两者与后者既有相同之处，又有不同之处。

（一）共同之处

1. 国际服务贸易与国际商品贸易的共同之处

国际服务贸易与国际商品贸易的共同之处体现在：贸易对象都是劳动产品，其使用价值都应符合市场需要，迎合消费者，其价值都要在降低成本的基础上有竞争性。商品与劳务的生产者和消费者来自不同的国度，都需要运用各种推销手段来争取更多的消费者。在这些方面，国际商品贸易理论中有关资源禀赋和企业营销条件的竞争优势分析是适用

于国际服务贸易的。

2. 国际服务贸易与国际投资的共同之处

国际服务贸易与国际投资的共同之处是：一部分服务贸易必须采取国际投资的途径，在东道国有"商业存在"。这一点表明，有关国际投资竞争因素的分析也适用国际服务贸易，可以把服务产业作为进行国际投资的各种产业之一。

（二）不同之处

1. 国际服务贸易与国际商品贸易的不同之处

国际服务贸易与国际商品贸易的不同之处体现在：①对服务产品的消费有一个与商品不同的特性，即服务提供者与服务消费者之间大多没有中介物，他们直接接触，双方的行为、心理、情绪等对服务质量和成效关系极大，服务提供者要因人而异。②商品进入他国要经过商检，商品的品质在进入市场时就可得到测定；服务销售则只能凭经营者的资格、信誉。③商品适应不同国家消费的差异要远远小于劳务适应不同国家消费的差异。④不同的自然或社会环境对服务产品的要求有微妙的区别。⑤商品出口前其生产地可以完全放在本国，有的服务出口则要把生产地放在消费者所在地。

2. 国际服务贸易与国际投资的不同之处

国际服务贸易与国际投资的不同之处是：①除进行"商业存在"的服务贸易之外，其他部分的服务贸易与国际投资的方式不同，如过境贸易只靠劳务本身的竞争力；②消费者移动除劳务本身的质和价以外，还要靠地理位置这样的外部条件；③人员移动是靠劳务提供者自身的能力。

综合来看，三者的竞争市场存在不同。商品贸易的竞争市场从性质来看是国际市场。也就是说，商品所面临的市场在国内还是在国外会有一定的区别，但区别不大。国际投资市场从性质来看是国外市场，投资者要适应不同于国内的环境。服务贸易的竞争市场从性质来看明显分为国内与国外两个市场，服务提供者在国外市场是要同各国的同行争夺外国客户，在国内开放的市场是要同来自外国的同行争夺本国的消费者，这两方面的竞争有很大的差异。

（三）服务贸易竞争优势的特点

经过以上对比，我们至少可以得到这样的结论，即有关国际商品贸易与国际投资的理论中对竞争优势分析的大多数内容可以适用于国际服务领域。但我们同时发现，服务贸易竞争优势的形成有着其自身的特点，具体表现在以下四个方面。

1. 形成知名度的竞争因素在服务贸易理论中占重要地位

商品与服务的销售不同，服务产品质量难以事先向用户充分展示，用户对服务产品有预期才去购买，消费者的期望值决定购买行为发生。期望值由个人需求、往日经验、口碑三者构成，后两者可以形成相对稳定的商誉，即服务企业的知名度。形成知名度的竞争因素在服务贸易理论中占重要地位。

2. 从服务产品中反映出来的文化特色要比商品中的文化特色更多地影响产品竞争力

不同国家之间对服务产品消费的差异巨大，不能用产品生产上的技术差异来说明，也不能仅用不同国度的地理气候条件、经济收入条件的差异来说明,而需要用文化的差异来说明。

3. 在服务岗位上,人的因素对服务贸易竞争力起的作用很大

所有从业人员的工作水平、行为举止,都更直接地影响服务质量,对部分服务行业从业人员要求更高,如国际经纪业、国际咨询业、商务代理业、国际广告业,不仅要求个人知识、经验、技能很高,还要形成合理的人才结构与梯队。

4. 提供服务的过程,比售卖商品的过程更加依赖规范

服务企业是否形成良好的自律机制,决定其长远竞争力。

三、迈克尔·波特的"钻石模型"

迈克尔·波特的竞争优势理论的核心,就是他提出的用以解释国家在国际市场上获得竞争优势的"钻石模型"(见图2-1)。

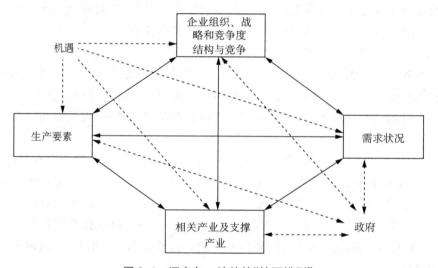

图 2-1 迈克尔·波特的"钻石模型"

迈克尔·波特的"钻石模型"回答了一国在某个特定的产业如何取得长久的国际竞争力,他认为,有六大要素在这一过程中起着举足轻重的作用,其中,生产要素、需求状况、相关产业及支撑产业、企业组织、战略与竞争度是决定产业国际竞争力的决定因素,机遇和政府作用也对国际竞争力产生重大影响。具体如下所述。

(一) 生产要素

波特将生产要素划分为初级生产要素和高级生产要素,初级生产要素是指天然资源、气候、地理位置、非技术工人、资金等,高级生产要素则是指现代通信、信息、交通等基础设施以及受过高等教育的人力、研究机构等。波特认为,初级生产要素的重要性越来越低,因为对它的需求在减少,而跨国公司可以通过全球的市场网络来取得(当然,初级生产因素对农业和以天然产品为主的产业还是非常重要的)。高级生产要素对获得竞争优势具

有不容置疑的重要性。高级生产要素需要先在人力和资本上大量和持续地投资，而作为培养高级生产要素的研究所和教育计划，本身就需要高级的人才。高等级生产要素很难从外部获得，必须自己来投资创造。

从另一个角度看，生产要素可以分为一般生产要素和专业生产要素。高级专业人才、专业研究机构、专用的软、硬件设施等被归入专业生产要素。越是精致的产业，越需要专业生产要素，而拥有专业生产要素的企业也会产生更加精致的竞争优势。

一个国家如果想通过生产要素建立起产业强大而又持久的优势，就必须发展高级生产要素和专业生产要素，这两类生产要素的可获得性与精致程度决定了竞争优势的质量。如果国家把竞争优势建立在初级与一般生产要素的基础上，它通常是不稳定的。

波特同时指出，在实际竞争中，丰富的资源或廉价的成本因素往往造成没有效率的资源配置，另一方面，人工短缺、资源不足、地理气候条件恶劣等不利因素，反而会形成一股刺激产业创新的压力，促进企业竞争优势的持久升级。一个国家的竞争优势其实可以从不利的生产要素中形成。

根据推测，资源丰富和劳动力便宜的国家应该发展劳动力密集产业，但是这类产业对大幅度提高国民收入不会有大的突破，而且仅仅依赖初级生产要素是无法获得全球竞争力的。

（二）需求状况

国内需求状况是产业发展的动力。国内市场与国际市场的不同之处在于，企业可以及时发现国内市场的客户需求，这是国外竞争对手所不及的，因此，波特认为全球性的竞争并没有减少国内市场的重要性。

波特指出，本地客户的本质非常重要，特别是内行而挑剔的客户。假如本地客户对产品、服务的要求或挑剔程度在国际上数一数二，就会激发出该国企业的竞争优势，这个道理很简单，如果能满足最难应付的顾客，其他的客户要求就不在话下。例如，日本消费者在汽车消费上的挑剔是全球出名的，欧洲严格的环保要求也使许多欧洲公司的汽车环保性能、节能性能全球一流。美国人大大咧咧的消费作风惯坏了汽车工业，致使美国汽车工业在石油危机的打击面前久久缓不过神来。

本地客户的预期性需求非常重要。如果本地的顾客需求领先于其他国家，这也可以成为本地企业的一种优势，因为先进的产品需要前卫的需求来支持。德国高速公路没有限速，当地汽车工业就非常卖力地满足驾驶人对高速的狂热追求，而超过 200 千米乃至 300 千米的时速在其他国家毫无实际意义。有时候，国家政策会影响预期性需求，如汽车的环保和安全法规、节能法规、税费政策等。

（三）相关产业及支撑产业

对形成国家竞争优势而言，相关产业和支撑性产业与优势产业是一种休戚与共的关系。波特的研究提醒人们注意产业集群现象，就是一个优势产业不是单独存在的，它一定是同国内相关强势产业一同崛起。以德国的印刷机行业为例，德国印刷机雄霸全球，离不开德国造纸业、油墨业、制版业、机械制造业的强势。美国、德国、日本汽车工业的竞争优势也离不开钢铁、机械、化工、零部件等行业的支持。有的经济学家指出，发展中国家往往采用集中资源配置，优先发展某一产业的政策，孤军深入的结果就是牺牲了其他行业，钟爱的产业也无法一枝独秀。

本国供应商是产业创新和升级过程中不可缺少的一环，这也是它最大的优点所在，因为产业要形成竞争优势，就不能缺少世界一流的供应商，也不能缺少上下游产业的密切合作关系。另一方面，有竞争力的本国产业通常会带动相关产业的竞争力。

波特指出，即使下游产业不在国际上竞争，但只要上游供应商具有国际竞争优势，对整个产业的影响仍然是正面的。

（四）企业组织、战略与竞争度

波特指出，推进企业走向国际化竞争的动力很重要。这种动力可能来自国际需求的拉力，也可能来自本地竞争者的压力或市场的推力。创造与持续产业竞争优势的最大关联因素是国内市场强有力的竞争对手。波特认为，这一点与许多传统的观念相矛盾。一般的观念认为，国内竞争太激烈，资源会过度消耗，妨碍规模经济的建立；最佳的国内市场状态是有2—3家企业独大，用规模经济和外商抗衡，并促进内部运作的效率化；还有的观念认为，国际型产业并不需要国内市场的对手。波特指出，在其研究的10个国家中，强有力的国内竞争对手普遍存在于具有国际竞争力的产业中。在国际竞争中，成功的产业必然先经过国内市场的搏斗，迫使其进行改进和创新，海外市场则是竞争力的延伸。在政府的保护和补贴下，放眼国内没有竞争对手的"超级明星企业"通常并不具有国际竞争能力。

（五）机遇

机会是可遇而不可求的，机会可以影响四大要素发生变化。波特指出，对企业发展而言，形成机会的可能情况大致有几种：基础科技的发明创造；传统技术出现断层；外因导致生产成本突然提高（如石油危机）；金融市场或汇率的重大变化；市场需求的剧增；政府的重大决策；战争。机遇其实是双向的，它往往在新的竞争者获得优势的同时，使原有的竞争者优势丧失，只有能满足新需求的厂商，才能有发展机遇。

（六）政府作用

波特指出，从事产业竞争的是企业，而非政府，竞争优势的创造最终必然要反映到企业上。即使拥有最优秀的公务员，也无从决定应该发展哪项产业，以及如何达到最适当的竞争优势。政府能做的只是提供企业所需要的资源，创造产业发展的环境。

政府只有扮演好自己的角色，才能成为扩大钻石体系的力量，政府可以创造新的机会和压力，政府直接投入的应该是企业无法行动的领域，也就是外部成本，如发展基础设施、开放资本渠道、培养信息整合能力等。

从政府对四大要素的影响看，政府对需求的影响主要是政府采购，但是政府采购必须有严格的标准，扮演挑剔型的顾客（在美国，汽车安全法规就是从政府采购开始的）；采购程序要有利于竞争和创新。在形成产业集群方面，政府并不能无中生有，但是可以强化它。政府在产业发展中最重要的角色莫过于保证国内市场处于活泼的竞争状态,制定竞争规范,避免垄断。波特认为,保护会延缓产业竞争优势的形成,使企业停留在缺乏竞争的状态。

四、国际服务贸易的竞争优势

迈克尔·波特在对影响国际竞争力的六大因素进行了细致入微的分析后,从不同角度对国际服务贸易自由化与提升国际服务贸易竞争力的关系给予理论分析和数据论证,从而进一步发展了国际服务贸易的竞争优势理论。他认为获得低成本优势和寻求产品差异性是服务贸易自由化提高企业乃至国家经济竞争力的基础。他将服务贸易给予厂商或国家竞争优势的基本要素分解为六个:服务技术要素、服务资源要素、服务管理要素、服务市场要素、服务资本(投资)要素、服务产品要素。

(一)服务技术要素

服务贸易或依靠服务技术基础设施,或借助物理载体和其他高技术方式来实现,从而促使企业及时采用各种最新信息技术以获取成本优势和产品差异,提高竞争力。

(二)服务资源要素

高昂的初始投资产生的服务贸易对象,如数据库、网络信息、软件、音像制品、专利技术、文艺作品或其他知识产权产品等,构成国家服务资源的基本要素之一。与自身开发服务资源相比,服务贸易使企业能够获得相对低成本的服务资源而取得竞争优势。

(三)服务管理要素

现代服务产品多属于技术与管理密集型产品,服务贸易过程既是实施服务管理的过程,又是提高服务管理技术和质量的过程。服务贸易提高企业的服务管理效率。

(四)服务市场要素

服务贸易自由化为国内企业提供了一条利用国际服务市场的可能途径,外国服务企业进入国内市场将加剧国内服务市场竞争,导致服务价格下降和服务质量提高,从而给外向型企业提供了低成本参与国际竞争的外部条件,提高了本国企业的国际竞争力。

这四种要素不仅给企业带来竞争优势,而且也给政府带来管理效率,这无疑间接地提高了国家的竞争优势。

(五)服务资本(投资)要素

服务贸易往往与对外直接投资活动紧密联系在一起。服务贸易也能带来外国直接投资,而外国资本的持续流入需要各种跨国服务来支持,这既是跨国公司产业内贸易的需要,也是市场全球化发展的需要。外国资本的持续流入将不断提高本国市场的开放度,而本国市场开放度被认为是国家竞争力的指标之一。

(六) 服务产品要素

服务贸易内含的服务技术、资源、管理、市场和投资诸要素的有形或无形跨国流动，必然促进服务产品的生产和销售，从而促进国家产业升级和服务产业规模发展，提高国家整体竞争力。

如果将这六种要素与迈克尔·波特的"钻石模型"结合起来，就形成发展了的国家竞争优势模型，该模型则能够一目了然地解释国际服务贸易的竞争优势（见2-2）。

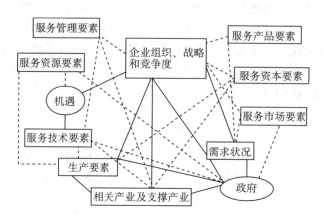

图 2-2　国际服务贸易的竞争优势

> **专栏 2-1**
>
> ### 我国服务贸易竞争力提升的突破口
>
> 以波特的竞争优势理论为核心，从全球价值链视角分析服务贸易竞争力的影响因素，为我国服务贸易竞争力的提升寻求突破口。
>
> **一、要素条件**
>
> 从生产法的角度，一国的生产要素投入对一国的产出具有最基础的影响，而要素投入的质量高低直接决定其产出品的质量和附加值，高级生产要素的投入有利于提高出口产品的技术含量，以提升出口产品的国际竞争力；从价值链的角度，拥有高级要素投入的资本、知识密集型行业位于价值链的高端环节，它对服务升级的作用日趋显著。中国具有丰富且低廉的劳动力成本优势和资源禀赋优势，这为中国发展旅游、运输等产业提供了比较优势，并奠定了其在服务贸易中的重要地位。但随着劳动力成本上升，中国传统产业的优势正在慢慢弱化。对于国家综合竞争力而言，高级生产要素是更为重要的。与英美发达国家相比，中国高级人才缺乏，劳动力质量不高，知识技术水平低，这直接导致了中国在附加值高的金融、保险、专利等资本知识密集型服务贸易中处于劣势地位。高技术人才的缺乏是抑制中国服务贸易发展的主要瓶颈。

二、需求条件

对于国内需求,我国拥有庞大的需求规模,但需求层级较低、消费结构不合理,导致中国没有形成相应的高端产业。近年来,中国消费层级有所改善,金融、保险、咨询、房地产等需求逐步增加,从而促进了相关产业的快速发展。中国融入全球价值链后,扩大了国外需求,有利于引导本国向着具有产业优势的产业结构倾斜,引导发达国家朝着成本相对较低的行业进行专业化生产。但由于技术资源限制,中国常常被锁定在服务贸易价值链低端,导致国际需求转移和高级要素支援乏力,国内服务部门失去创新支撑,抑制了国内高端服务业的发展和服务贸易国际竞争力的提升。而同为发展中国家的印度,凭借高技术劳动力成本优势,承接国际市场服务外包,在国际软件需求浪潮中大力促进了服务贸易国际竞争力的提升。

三、相关产业

中国服务贸易各行业发展不平衡,出口结构失衡,我国制造业与服务业相脱节,货物贸易对服务贸易的联动效应不明显。从价值链的角度,作为高级要素投入的生产性服务业位于价值链的高端环节,它对制造业服务化的升级作用日趋显著。一方面,生产性服务业作为中间投入要素,以其知识含量更高、创新能力更强、技术更密集等优势直接作用于制造业的生产过程,加快促进产业结构升级。另一方面,生产性服务业作为上游产业,通过其内嵌的知识、技术、设计、管理等核心要素可以推进中国形成自我服务的产业链。生产性服务业中的交通运输服务越发达,越容易通过降低运输成本降低生产交易成本,从而节省更多资金投入到产品研发创新中去;完善的金融服务、活跃的资本市场也有利于企业开展自主研发活动;信息服务业越发达,越有利于企业及时准确地获取市场动态信息,便利其根据市场需求强化营销渠道建设。生产性服务业通过参与设计研发、品牌营销等活动最终实现产业升级改造,从而推进我国服务业的快速发展。

四、企业战略结构和竞争

首先,中国许多服务企业的内部治理结构不规范、产权界定不明晰,且企业发展较封闭,缺乏外向型企业。其次,中国政府在通信、金融、保险等领域的垄断较为严重,我国服务业市场开放严重滞后。服务贸易需要高水平的信息和通信技术,封闭保护则会阻碍其在全球价值链中地位的提升,使得企业内部缺少竞争和创新机制,从而导致这些服务行业的国际竞争力较弱。开放的服务市场环境有利于企业更多地利用外资和借鉴国外先进经验,通过技术溢出效应和提高资源配置效率促进服务贸易的发展。且开放程度越高,竞争越激烈,有力的竞争利于本国服务业优胜劣汰,从而提高整个产业的创新速度。

资料来源:许志瑜,张梦,马野青.全球价值链视角下中国服务贸易国际竞争力及其影响因素研究[J].国际贸易,2018(1):60-66.

第三节 规模报酬递增和不完全竞争条件下的服务贸易理论

传统贸易理论有两个假设,即完全竞争和规模报酬不变,而在现实经济中大量存在的却是不完全竞争和规模报酬递增。例如,大量的产业内贸易都是垄断竞争和寡头厂商差异产品之间的交换。正如美国经济学家保罗·克鲁格曼指出的,规模经济和与国际市场的不完全竞争相联系的产品差异可以更好地解释增长迅速的工业国之间和相同产业之间的贸易。这种状况在国际服务贸易领域尤为明显。关于规模经济和不完全竞争条件下的服务贸易的代表性理论,有琼斯(R. Jones)和基尔考斯基(H. Kierzkowski)的生产区段和服务链理论(production blocks and service links)、马库森(J. Markusen)的服务部门内部专业化(内部积聚)理论和弗兰克斯(J. Francois)的外部专业化(强调服务在协调和联结各专业化中间生产过程中的外部积聚作用)理论。

一、生产区段和服务链理论

琼斯和基尔考斯基(1990)提出了生产区段和服务链理论,来探讨企业通过服务链连结各个分散生产区段的生产方式。市场容量的扩大和技术上的规模经济推动了生产过程的分散化,厂商从单一生产区段转向多区段生产方式,运输、管理、金融等生产者服务组成服务链,用于连结不同生产区段。当生产过程逐渐分散到不同国家的区段进行合作生产,以利用各国不同的成本优势时,对国际服务链的需求就会明显上升,从而促进国际服务贸易发展。[1]

(一) 生产过程的分散化

图 2-3 表示了生产过程的分散化过程。其中,a 图表示单一生产区段,服务投入的影响在这一阶段并不明显,仅仅参与生产区段的内部协调和联结厂商与消费者的营销活动。若假设某厂商位于生产区段内的技术隐含着规模报酬递增效应,且边际成本不变,则在图 2-4 中,线 aa' 表示总成本随生产规模的扩大而上升,其斜率为边际成本;截距 Oa 表示厂商和其他生产区段有关的固定成本。

随着生产的扩张,社会分工和专业化程度逐渐加深,从而加速了生产区段的分离。图 2-3 中的 b 图就反映了这一情况:假定生产分散化改变了固定成本和可变成本之间的比例,而且在生产区段之间增加投入大量固定成本可以导致较低的边际成本,这就是图 2-4 中的 bb' 线显示的情形。在该阶段中,服务业起到了重要作用。图 2-3 中的 b 情

---

[1] R. Jones, H. Kierzkowski. The Role of Services in Production and International Trade: A Theoretical Framework in The Political Economy of International Trade[M]. Basil Blackwell Inc., 1990:31—48.

形所体现的两个生产区段需要通过服务来协调和联结,这种协调和联结必然需要成本,比如运输服务成本。由于生产区段的分散导致总成本增加了联结生产区段的服务链成本,故新的成本产出线应为虚线 cc'。在图 2-4 中,这些服务成本与生产规模基本无关,因为线 cc' 与线 bb' 平行。即使服务链成本随着生产水平的上升而增大,也只需将线 cc' 画得比线 bb' 陡峭一些即可。但是,含有服务链的边际成本应低于相对集中生产(线 aa')的边际成本,否则,厂商将不愿采用分散生产的方式。

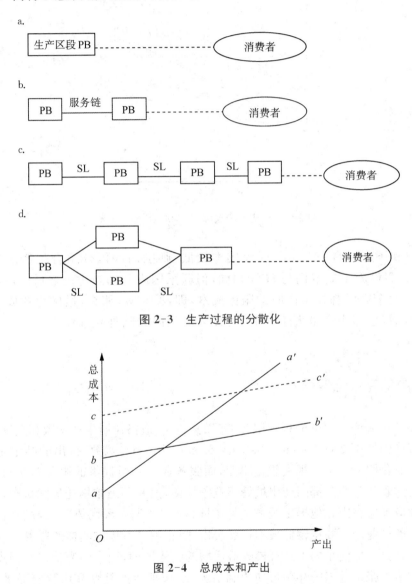

图 2-3　生产过程的分散化

图 2-4　总成本和产出

(二) 国际贸易中的服务链

假设世界市场的交易对象是中间产品和服务而非最终产品,一国将出口其具有比较优势的产品。在规模收益递增的情形下,专业化生产将有效地降低产品的生产成本,也会引起企业对于分散化生产的重视。由于任何一国都不可能同时拥有在每一个生产区段和服务链的成本优势,厂商为了追求高效率,会将生产分布至全球。对于服务链来讲,也就是会引入外国服务链。图2-5显示了外国服务链的参与对成本的影响。H线表示两个生产区段均在国内时的固定成本和可变成本,H'是增加了的服务链成本。

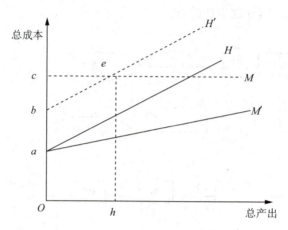

图 2-5　总成本和总量:外国服务链的影响

若国内和国外各有一个生产区段成本较低,则国内和国外组合生产之后的成本由 M 表示。假设固定成本仍与 H 线相同,但联系国内和国外生产之后区段的服务纽带成本大于两个区段都在国内时的服务成本,即 $ca>ba$,那么,最优化的成本——产出曲线为 beM,也即当产量大于 h 时,可以采用国内和国外相互结合的分散方式进行生产。

二、内部专业化理论

马库森(Markusen,1986)根据服务部门的柯布—道格拉斯生产函数和熟练服务业劳动生产的替代弹性不变(constant-elasticity of substitution)函数,得出的结论是,生产企业和特殊专业化服务的生产规模收益不变,而服务业与其所提供的服务总量则呈规模收益递增。马库森认为服务部门产出虽处于竞争均衡,但并不是帕累托最优状态,因为它没有将规模效应考虑在内。他提出服务贸易中同样存在"先入者优势",收益递增规律会使率先进入服务产业的厂商从较低成本扩展规模,阻止后来者提供同样的服务,从而降低了其福利水平;同样,也使小国生产规模收益递增的趋势萎缩,使小国遭受福利损失。因此,马库森的政策主张是适当的补贴可使福利最大化,包括生产补贴和由政府提供的公共收入。与此不同,基尔考斯基(1987)则用寡头垄断的简单模型,解释国内取消管制的国际影响。该模型将规模经济和厂商的生产函数的范围经济结合起来,并运用古诺方法,把国际市场和国内市场分离。从而推断国内管制的取消可以使厂商更好地寻求规模经济进行国际竞争,因此,他主张政府应着力于创造不受约束的国内市场。

在后来的一篇文章中,马库森再次对包含高度熟练劳动的生产者服务作了研究,发现相对于要求的固定成本,实际提供的服务的边际成本却较低。他认为正是这种成本特征使得服务贸易与H—O传统贸易有所不同,并导致专业化程度提高和劳动的分离。借助垄断竞争的有关学说,马库森将生产者服务放到其中的商品(或服务)的替代弹性不变生产函数中予以检验分析,得到了四个结论:第一,只是单纯的要素禀赋经济也能从贸易中获利。第二,小国比其大国竞争对手得到的好处更多,因为多种熟练劳动投入能够提高该部门的最终产出。这与其他的规模收益递增模型相反,后者认为小国由于在贸易之前不能达到规模经济而居于劣势。第三,仅有商品贸易并不能保证生产的帕累托效率模式,因为有些专业化受限;而服务贸易则可使这种专业化达到最大并保证最优结果。第四,即使存在垄断力量,关税也不必然会提高国民福利,而且关税降低了全球专业化潜力并削弱了最优关税的效率。①

规模经济和不完全竞争揭示了国际服务贸易发展的推动力,其存在使市场本身的运行处于次优境界,这就为适当的政府干预提供了依据,对发展中国家贸易政策的制定具有重大的借鉴意义。

三、外部专业化理论

与马库森强调提出的服务部门内部专业化(内部积聚)模型相反,弗兰克斯则强调服务在协调和联结各专业化中间生产过程中的(外部积聚)作用。他通过建立一个具有张伯伦垄断竞争特征的产品差异模型(一个部门、两个国家),讨论了生产者服务由于专业化而实现的报酬递增,以及生产者服务贸易对货物贸易的影响。服务部门的专业化导致了规模经济的出现,专业化应用于生产过程的程度依赖于每个厂商的生产规模,而后者又受市场规模的限制。服务贸易自由化将导致服务产品种类增多,生产规模扩大,使服务进口国向更专业化生产的方向发展,服务出口国向专业化或向非专业化生产方向发展,并使与要素总收益相联系的制成品价格下降。随着本国厂商数量的减少,外国厂商数量增加,但留存下来的本国厂商的规模与贸易自由化前相比更大。②

第四节 克鲁格曼模型在服务贸易理论中的拓展与应用

第二次世界大战后,服务贸易迅速崛起,它与货物贸易的内容、形式及模式都出现显著的不同,体现了国际贸易领域诸多因素的新变化。服务贸易的发展在对古典贸易理论

---

① J. Markusen. Trade in Producer Services and in Other Specialized Intermediate Inputs[J]. The American Economic Review, 1989,1(79):85-95.

② J. Francois. Producer Services, Scale, and the Division of Labor[J]. Oxford Economic Papers, 1990,42(4): 715-729.

与新古典贸易理论提出质疑和挑战的同时,也带来新的思考,即新贸易理论是否能够更好地解释服务贸易的理论和政策问题。

一、简化的克鲁格曼模型[①]

克鲁格曼模型意欲解释贸易产生的原因并非自然禀赋或技术水平的差异,而是规模经济条件下的要素报酬递增。与建立在报酬递增前提下的一般贸易模型不同的是,以往模型都假设企业外生经济,市场始终处于完全竞争状态,克鲁格曼模型则设定规模经济是企业内生的,沿用张伯伦垄断竞争的市场结构假设,借鉴和修正迪克西特-斯蒂格利茨(1977)模型,具体如下所述。

假设一国经济中只有一种生产要素——劳动,而且该国可以生产任何数量的 i 产品。假定实际生产的数量从 1 到 n(其中,n 趋于无穷)。居民的效用函数为:

$$U = \sum_{i=1}^{n} v(c_i), \quad v' > 0, \quad v'' < 0 \tag{2.12}$$

c_i 为第 i 种产品。如果存在:

$$\varepsilon_i = -\frac{v'}{v'' c_i} \tag{2.13}$$

当 $\frac{\partial \varepsilon_i}{\partial c_i} < 0$,$\varepsilon_i$ 为生产者面对的弹性。假定所有产品的生产成本相同,每种产品生产中劳动是产量的函数:

$$l_i = \alpha + \beta x_i, \quad \alpha, \beta > 0 \tag{2.14}$$

其中,l_i 为耗费的劳动;x_i 为 i 产品的产量;α 是固定成本,故平均成本下降,边际成本不变。由于一种产品的产量等于个别消费量的总和,产量就应等于劳动在固定时间内的消耗:

$$x_i = L c_i \tag{2.15}$$

继而,假定以相同的数量和价格生产,则有:

$$\begin{aligned} p_i &= p \\ x_i &= x \end{aligned} \tag{2.16}$$

为了得到产品的需求曲线,需考虑代表性个人的市场行为。在有限收入条件下,由效用函数最大化推导一阶条件为:

[①] P. Krugman. Increasing Returns, Monopolistic Competition and International Trade [J]. Journal of International Economics,1979,9(4):469-479.

$$v'(c_i) = \lambda p_i, \quad i = 1, 2, \cdots, n \tag{2.17}$$

其中，λ 为影子价格，即收入的边际效用。将式(2.15)代入式(2.17)，得到：

$$p_i = \lambda^{-1} v'\left(\frac{x_i}{L}\right) \tag{2.18}$$

由利润最大化确定产品价格，求解：

$$\Pi_i = p_i x_i - (\alpha + \beta x_i) w \tag{2.19}$$

此时，价格取决于边际成本和需求弹性：

$$p_i = \frac{\varepsilon}{\varepsilon - 1} \beta w \tag{2.20}$$

式(2.20)中的 ε 和产量有关，所以，尚不能就此确定均衡价格。考虑到零利润的假设，通过成本和效用函数求解代表性企业的价格和产量，如图 2-6 所示。

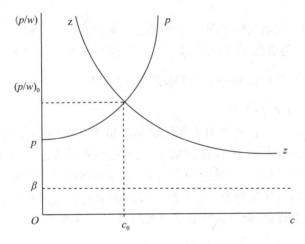

图 2-6 封闭状态时的克鲁格曼模型

图 2-6 中横坐标表示产品的人均消费量，纵坐标表示用单位工资衡量的价格。从式(2.20)得到 c 与 p/w 的关系(pp 曲线)，由图 2-6 可知，该曲线始终处在边际成本之上，并随 c 上升，而根据假设需求弹性随 c 下降。另外，依据零利润假设可得：

$$0 = px - (\alpha + \beta x) w \tag{2.21}$$

$$\frac{p}{w} = \beta + \frac{\alpha}{x} = \beta + \frac{\alpha}{Lc} \tag{2.22}$$

式(2.22)表示的曲线位于 $p/w = \beta$ 之上(zz 曲线)。pp 与 zz 的交点代表个人消费量和产品的均衡价格。通过 $x = Lc$ 可从产品消费量中得出产量，而已经生产的数量为：

$$n = \frac{L}{\alpha + \beta x} \tag{2.23}$$

到目前为止,在利用如上分析框架考察国际贸易之前,我们讨论封闭经济中劳动增加会对模型产生怎样的影响,如图2-7所示。

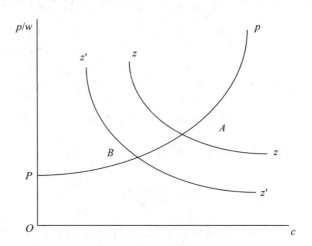

图2-7　劳动力增加后的克鲁格曼模型

劳动投入增长前,均衡点位于图2-7的A点,检验式(2.20)和(2.21)可以看到,L的增加对pp没有影响,但会使zz向左移动,在B点达到均衡。虽然这时c和p/w均下降,但由于$n=\dfrac{L}{\alpha+\beta Lc}$,$L$的增加和$c$的下降都会使$n$有所增加。所以,由$x=\dfrac{\alpha}{p/w-\beta}$,无论是产量还是已生产数量都在上升。

现在,讨论在$pp-zz$模型中引入两国贸易的情形。假设存在和前述模型相同的两个国家,其具有相同的技术水平、要素禀赋等,按照传统贸易理论,这样的两个国家是不会发生贸易的。如果两个国家中出现劳动力增加,就像在封闭经济中那样,生产规模进一步扩大,可供消费的产品数量和种类增多,个人和整体福利会获得提升。当实际工资w/p提高,产品种类趋于多样化,则个人收益最大化可通过下式表示:

$$U=\sum_{i=1}^{n}v(c_i)+\sum_{i=n+1}^{n+n^*}v(c_i) \tag{2.24}$$

式(2.24)中,$1,2,\cdots,n$个产品在本国生产,$n+1,\cdots,n+n^*$个产品在国外生产。生产的数量和耗费的劳动存在下列关系:

$$n=\dfrac{L}{\alpha+\beta x},n^*=\dfrac{L^*}{\alpha+\beta x} \tag{2.25}$$

显然,国内消费量中进口产品的份额是$L^*/(L+L^*)$,则其进口值为国民收入乘以进口份额,即:

$$M=\dfrac{wL\cdot L^*}{L+L^*}=\dfrac{wLL^*}{L+L^*}=M^* \tag{2.26}$$

综上所述,当国家间不存在偏好、技术或要素禀赋等方面的差异时,规模经济较好地解释了贸易产生的原因以及来自贸易的利益。

克鲁格曼模型克服了传统贸易理论所遇到的困境,显著提升了贸易理论对现实世界的解释能力。但是,克鲁格曼模型没有考虑企业的异质性,对开展贸易后企业间的竞争淘汰和规模变化缺乏很好的解释,所以,无法回答为什么有的企业规模会扩大,而有的企业却会被淘汰。此外,克鲁格曼模型关注的是规模差异,并非各国的技术水平和要素禀赋,但是技术已成为当前服务贸易的重要内生变量,科技、管理等都是现代服务业的主要因素。服务业越来越多的部门是技术密集型的,技术创新对服务业的发展有着举足轻重的作用。在这些行业部门中,垄断企业通过技术创新或提高生产率,利用国际贸易扩大消费市场、增加消费人口,获得规模经济,降低平均成本和产品价格,从而使企业和消费者都产生福利的改进。服务贸易的基础未必由两国的比较优势或要素禀赋决定,技术进步和规模经济也是国际服务贸易的重要动因。因此,克鲁格曼模型需要经过一定程度的修正才能适用于国际服务贸易。

二、异质产品贸易模型[①]

根据克鲁格曼模型,即使技术和要素禀赋完全对等,一国仍然有动力从事跨国产品交换,企业规模经济的实现使原来不可贸易的同类产品产业内部也变为贸易竞争的重要领域。企业努力依靠产品异质达到产业内产品的差异化,从而获得竞争优势参与分工和贸易。必须看到的是,服务产品由于自身特性,消费品的差异化需求尤为突出,产业内异质产品的竞争在服务贸易领域更加活跃。不过,当试图把规模经济和不完全竞争下的新贸易理论应用于服务贸易时,尚需要克服诸多分析上的困难。为扫清障碍,有必要引入异质产品贸易模型,该模型在服务贸易中的演化有助于解决克鲁格曼模型在服务贸易领域中的应用问题。

假定一国的代表性效用函数为:

$$U = \sum_i c_i^\theta, \ 0 < \theta < 1 \tag{2.27}$$

其中,c_i 为第 i 种产品的消费量,实际产量 n 趋于无穷大。只有一种要素投入——劳动,且所有产品的成本函数相同。

$$l_i = \alpha + \beta x_i, \ \alpha, \beta > 0, \ i = 1, 2, \cdots, n \tag{2.28}$$

其中,l_i 为第 i 种产品的劳动投入;x_i 为该产品的产量。基于相同的假设,有:

$$x_i = L c_i, \ i = 1, 2, \cdots, n \tag{2.29}$$

如果全部劳动被生产过程吸纳,则:

[①] P. Krugman. Scale Economis, Product Differentiation and the Pattern of Trade[J]. American Economic Review. 1980(70):950-959.

$$L = \sum_{i=1}^{n}(\alpha + \beta x_i) \tag{2.30}$$

封闭经济下,假设两个企业不会生产相同的产品,且企业间的相互影响可以忽略。与前述模型相同,考察收入约束下个人效用最大化,其一阶条件为:

$$\theta c_i^{\theta-1} = \lambda p_i, \ i = 1, 2, \cdots, n \tag{2.31}$$

其中,p_i 为第 i 种产品的价格,λ 为影子价格,可看作收入的边际效用。改写式(2.31),可得第 i 种产品的需求曲线:

$$p_i = \theta \lambda^{-1} \left(\frac{x_i}{L}\right)^{\theta-1} i, \ i = 1, 2, \cdots, n \tag{2.32}$$

此时,需求弹性为 $1/(1-\theta)$,利润最大化的价格为:

$$p_i = \theta^{-1} \beta w, \ i = 1, 2, \cdots, n \tag{2.33}$$

其中,w 为工资率。因为企业利润可表示为:

$$\pi_i = p x_i - \{\alpha + \beta x_i\} w, \ i = 1, 2, \cdots, n \tag{2.34}$$

均衡状态下遵循零利润假设,意味着:

$$x_i = \frac{\alpha}{p/w - \beta} = \frac{\alpha \theta}{\beta(1-\theta)}, \ i = 1, 2, \cdots, n \tag{2.35}$$

应用式(2.30)和式(2.35)得到产品数量:

$$n = \frac{L}{\alpha + \beta x} = \frac{L(1-\theta)}{\alpha} \tag{2.36}$$

至此,虽然国家间的要素禀赋、生产技术等完全相同,依照传统理论贸易无法产生,但是在不完全竞争市场中,规模经济使得国际贸易顺利进行。正如前述讨论,基于报酬递增的分工和产品交换伴随异质产品的国别生产,广泛的市场消费选择更增加了参与国来自贸易的收益。

三、克鲁格曼模型对服务贸易动因的解释①

WTO《服务贸易总协定》明确了服务产品的贸易方式。四种提供方式涵盖了与货物贸易类似的交易特征。其中,人们对于生产要素或最终产品跨国流动两种服务贸易方式的认同有助于货物贸易理论延伸至服务贸易领域,而服务产品的可贸易性,以及服务的生产和交换更加符合规模经济与垄断竞争等生产和市场条件,让以克鲁格曼模型为代表的新贸易理论在服务贸易的理论与政策研究中获得了一席之地。

分析国际服务贸易的动因,同样假定服务提供在垄断竞争市场中呈现报酬递增。

---

① 赵春明,蔡宏波.新编国际服务贸易教程[M].清华大学出版社.2019:63.

从直觉出发,服务在一国生产和消费领域的地位受到其自身专业化程度和发展规模的极大制约。从服务消费的角度来看,人们对于服务产品差异性的敏感度要远远高于货物产品。消费者当然会偏好那些同类产品中能够最大满足其需求的差异化产品,即所谓的"理想种类",如果受到距离等其他条件的约束,消费者也倾向于选择最接近理想的那种产品。而且,一旦"理想种类"的提供价格成为最低价时,消费者会倾其所有进行购买。从服务生产的角度来看,正如克鲁格曼模型所示,国内服务的提供者寻求规模经济向国际市场扩张,专业化水平、服务种类和价格必将随之发生变化。同时,服务生产的专业化带来的报酬递增也因而出现。反观消费者,和贸易前相比,消费者既可以在国内消费服务,也可以选择出国购买国外服务产品。在充分选择的基础上,国内服务提供者的数量必将下降,剩余提供者成为市场的主宰,他们较贸易前的规模更大,竞争力更强。这些服务部门或者通过合并扩大规模,或者进行更高水平的专业化分工,进而在国际竞争中获得更大利益。结果不仅会使贸易机会增加,而且会促进市场规模的扩大,服务部门得以扩张。

总之,一方面,服务产品的生产及其专业化水平的提高和报酬递增之间相互促进;另一方面,服务部门的专业化促使加快形成规模经济,而专业化生产的应用程度又依赖于服务提供的规模。因此,当其规模受到市场限制时,服务市场的扩大或者国际扩张成为必然。当然,国际服务贸易自由化的同时也会带来服务产品的种类增多,可提供的产品数量增加,原来的服务提供者较贸易前会更具有专业化水平等诸多好处。

专栏 2-2

企业异质性视角下中国服务贸易出口的影响因素

21 世纪以来,国际贸易理论逐渐从中观层面向微观层面延伸,开始以微观企业为研究对象,研究异质性企业的贸易、投资和国际生产的相关问题,产生了异质性企业贸易理论(也称为新新贸易理论),这代表了国际贸易领域未来的研究方向。以 Melitz(2003)、Bernard 等(2003)、Helpman 等(2004)、Baldwin(2005)等为代表,主要在企业异质性视角下研究了什么生产率条件的企业会选择只供应国内市场,什么样的企业会选择进入国际市场,以及进入国际市场的企业在什么条件下会选择出口,什么条件下会选择 FDI。

选取 2003—2011 年行业服务企业数据,全面检验行业企业全要素生产率与服务贸易出口规模之间的关系,得到与理论预期相一致的结论。具体来看:

第一,服务业生产率是服务贸易出口的重要原因,服务业生产率的提高能够促进服务贸易出口规模的扩大,与理论预期相一致。这说明将异质性贸易理论扩展到对服务业企业的分析也是适用的,而且能够得到与制造业企业相同的结论。

第二,服务业吸引外资水平和服务业竞争水平是服务贸易出口规模扩大的重要原因。这说明在一定程度上,服务贸易出口是来自服务业外资企业的出口。服务业竞争水平的提高能够提高本国服务企业产品在国际市场上的竞争力,从而服务贸易出口规模也会提高。同时,服务贸易出口规模随着货物贸易出口规模的扩大而扩大,这说明有的服务贸易出口是伴随货物贸易出口或者是为货物贸易出口服务的。比如在货物贸易增加的同时,相应的运输服务需求也会增加。换句话说,服务企业的出口行为也有跟随本国客户的特点。

资料来源:陈景华.企业异质性视角下中国服务贸易出口的影响因素——基于服务业行业面板数据的实证检验[J].世界经济研究,2014(11):55-60.

第五节　服务外包的相关理论

随着跨国公司的战略调整以及系统、网络、存储等信息技术的迅猛发展,由业务流程外包(BPO)和信息技术外包(ITO)组成的服务外包正逐渐成为服务贸易的重要形式,给世界经济注入了新的活力。世界发达国家和地区是主要的服务外包输出地,在全球外包支出中,美国占了约2/3,欧盟和日本占近1/3,其他国家所占的比例较小。发展中国家是主要的服务外包业务承接地,其中,亚洲是承接外包业务最多的地区,约占全球外包业务的45%。2017年全年,中国共签订服务外包合同金额1 807.5亿美元,同比增长25.1%;完成服务外包执行金额1 261.4亿美元,同比增长18.5%。其中,ITO、BPO、KPO业务执行额分别为618.5亿美元、235.7亿美元、407.2亿美元。① 随着中国国内和离岸服务外包需求的增加,政府的进一步推动,中国服务外包产业进入高速发展阶段。因而,我们有必要在此就服务外包的概念及其相关理论做一介绍。

一、外包及服务外包的定义

(一) 外包

"外包"源于英文 Outsourcing,最早应用该战略方法的是世界最大的IT承包公司——EDS的创始人罗斯·佩罗,其在20世纪70年代后半期到80年代初因外包其他公司的信息系统而使公司迅速崛起。同时,其有效地代替客户,完成客户的原内部职能的经营方法,也在信息产业内迅速流行起来。此后,外包战略逐渐在生产、物流、营销等众多领域内被广泛使用。

外包是指企业将生产或经营过程中的某一个或几个环节交给其他(专门)公司完成。简单来说,外包是使用外部资源,即企业通过外部的资源,为本企业创造更多的价值。外包是相对于内包(insourcing)而言的。在全球化、专业化日益深化的今天,外包受到人们的广泛关注。美国著名的管理学者杜洛克曾预言:"在十年至十五年之内,任何企业中仅做后台支持而不创造营业额的工作都应该外包出去。""做你最擅长的(核心竞争力),其余

---

① 王晓红.我国服务外包产业的转型升级与创新发展[J].中国社会科学院研究生院学报,2019,229(1):37-53.

的外包!"这说明外包已经成为一种不可逆转的趋势。

外包一般集中在生产制造、人力资源、财务、信息系统等领域。外包的范围按工作性质可分为"蓝领外包"和"白领外包"。"蓝领外包"指产品制造过程外包。"白领外包"也称"服务外包",指技术开发与支持其他服务活动的外包。其中,技术开发与支持的外包一般采用一次性项目合同的方式寻求第三方专业公司的服务,称为合同外包;其他服务活动的外包多通过签订长期合同的方式交由专业外包提供商进行,称为职能外包。

(二) 服务外包

对于服务外包的概念,不同的学者、机构从不同的角度出发给出的定义虽然不尽一致,但又大同小异。例如,有的认为,服务外包主要包括信息技术外包(information technology outsourcing,简称 ITO)、业务流程外包(business process outsourcing,简称 BPO)和知识流程外包(knowledge process outsourcing,简称 KPO)。ITO 是指服务外包发包商以合同的方式委托信息技术服务外包提供商向企业提供部分或全部的信息技术服务功能。BPO 是指服务外包发包商将一个或多个原本企业内部的职能外包给外部服务提供商,由后者来拥有、运作、管理这些指定的职能。KPO 是一个帮助客户研究解决方案的方式,主要是通过多种途径来获取信息,经过即时、综合的分析、判断和研究解释,并提出一定的建议,将报告呈现给客户,作为决策的依据。

美国权威咨询公司 GARTNER 公司按最终用户与 IT 服务提供商所使用的主要购买方法,将 IT 服务市场分为离散式服务和外包(服务外包)。服务外包又分为 IT 外包(ITO)和业务流程外包(BPO)。[①]

ITO 可以包括产品支持与专业服务的组合,用于向客户提供 IT 基础设施、或企业应用服务、或同时提供这两方面的服务,从而确保客户在业务方面取得成功。在最低程度上看,外包将包括某些 IT 管理服务,ITO 则被进一步细分成数据中心、桌面、网络与企业应用外包等。

BPO 是把一个或多个 IT 密集型业务流程委托给一家外部提供商,让它拥有管理和控制选定的流程。以上这些业务是基于已定义好和可测量的方法来执行的。被外包给 ESP 的业务流程包括物流、采购、人力资源、财务会计、客户关系管理、或其他管理或面向消费者的业务功能等。

毕博管理咨询公司认为,服务外包就是指企业为了将有限的资源专注于其核心竞争力,以信息技术为依托,利用外部专业服务商的知识劳动力,来完成原来由企业内部完成的工作,从而达到降低成本、提高效率、提升企业对市场环境迅速应变能力并优化企业核心竞争力的一种服务模式。

---

① Gartner. Business Process Outsourcing at the Crossroads:Market Trends[R]. A Gartner Report by Rebecca Scholl,2002-01-31.

二、服务外包的相关理论

(一) 交易成本经济学理论

交易费用理论又称新制度经济学或产权经济学,它是美国新自由主义经济学的一个重要分支。其主要代表人物有科斯(R. H. Coase,)、威廉姆森(O. Williams)、阿罗(K. J. Arrow,)、诺斯(D. North)等人。

1. 交易费用的构成

交易费用理论的奠基人科斯认为:①要获得准确的市场信息,企业必须付出代价;②由于市场与当事人有冲突,为克服冲突就需要谈判、缔约并诉诸法律形式,要建立企业间有序的联系,就需要支付费用。之后,威廉姆森从协约的角度出发,将交易费用分为事前交易费用(搜寻信息、签订契约、规定双方权力义务的费用)和事后交易费用(解决契约的问题、改变契约或中止契约的费用)。交易费用描述了不直接发生在物质生产过程中的成本——由于社会分工的专业化,在交易过程中发生资源的损耗。由此可见,由于交易费用的存在,导致社会资源的损耗,使社会生产效率降低。基于交易费用的理论,企业努力的目标便是如何减少额外的损耗,提高资源的利用率。

科斯认为,市场中存在着交易费用,其内容主要包括:①记载交易中发现相对价格的成本。如获取和处理市场信息的费用,这是在交易准备阶段产生的费用。②为完成市场交易而进行的谈判和监督履约的费用。其中包括讨价还价、订立合约、执行合约并付诸法律规范而必须支付的有关费用。③未来的不确定性引致的费用,以及度量、界定和保护产权的费用。

2. 交易费用的决定因素

威廉姆森对交易费用的决定因素进行了分析和总结,将其归纳为两组:第一组因素是交易主体行为的两个基本特征,即有限理性和机会主义;第二组因素是有关交易特性的三个维度。其中,机会主义行为是非常基本的因素,它对各阶段的影响是间接的,必须通过其他因素间接产生作用。在外包的决策过程中将它直接作为分析对象几乎不具有可操作性。同时,有限理性是针对决策者而言的,它实际上是决策模型使用者素质的一部分。正是基于这两点原因,在有关外包的研究中,很少对有限理性和机会主义进行研究,而主要研究第二组因素,即有关交易特性的三个维度对交易成本的影响,进而影响到企业的外包决策。

(1) 不确定性。

由于市场环境的复杂多变,使交易双方的稳定性受到影响,进而增加履约风险。库普曼斯(T. C. Koopmans)把这种不确定性分为两大类:一类是初级的不确定性,即由于市场环境变化和消费者偏好的改变所带来的不确定性;另一类是次级的不确定性,即由于交易双方的信息不对称和相互依赖程度的不对称所带来的不确定性。不确定性是导致"契约人"有限理性的重要原因。

(2) 交易重复出现的概率。

由于机会主义和不确定性,契约总是不完全的,需要专门的治理结构来保障契约关系的稳定性和可调整性,但建立这种结构是需要费用的,这笔费用能否得到补偿在一定条件下取决于交易发生的频率。如果进行的交易不是经常性重复发生的,这笔新增费用就很难得到补偿;反之,交易是经常重复进行的,这笔费用就容易得到补偿。一般来说,只有对高频率的交易建立保障机制才是经济上合算的。

(3) 资产专用性。

资产专用性可以分为地理区位的专用性、人力资产的专用性、物力资产的专用性。专用性是交易的一个最重要特征,因而它对交易成本的影响也是最大的。专用性程度高的产品,交易成本比较高;而且对于承包商来说,由于客户少,很难实现规模经济。专用性和不确定性高的活动应该在企业内部通过科层组织[1]来解决(Williamson,1975),反之,则应外包出去(Monteverde and Teece,1982)由外部供应商来解决。[2]

根据交易成本理论的观点,外包是介于市场和企业之间的中间组织。在给定生产要素的情况下,企业有三种选择:一是自己生产;二是从现货市场购买;三是实行外包。企业的所有者将根据交易成本和生产成本的最小值作出选择。虽然市场机制是解决资源配置的最优办法,然而市场中存在着不完全竞争、信息不对称、不确定性和机会主义行为,这些因素将导致企业寻求资源的内部一体化。当完全内部一体化由于竞争的交易成本很高而受到限制时,进行外包合作就是最好的选择。组织通过外包可以降低生产成本,外包商通过享受规模经济而具备竞争优势,但节约的生产成本或多或少地要被人力资源外包的成本所抵消,人力资源管理外包所产生的成本包括评价供应商的成本、谈判成本、协调控制成本等(Picot,1991)。所以,根据该理论,只有当外包所产生的成本之和小于自己生产的成本时,才应当进行外包,否则,就应当实行资源管理职能的内部化。

(二) 资源观经济学理论

安德鲁斯在关于战略理论的论述中提出了企业资源的概念,开启了资源观经济学的先河。资源观认为,"资源是在特定时期构成企业强势和弱势的任何有形和无形资产"。[3] 首先,资源是针对特定的企业而言的,不同的企业资源是有差异的,某种资源对于一个企业而言是一种资源,但对于另外一个企业却不然。其次,资源可以是任何有形和无形的资产,如机器设备、资金、品牌、专利技术等。

资源与企业的获利性有密切的关系,资源观关注的问题是"一种资源怎样才能够为企业创造长期的高收益"。企业的竞争优势在于直接或间接控制竞争对手所无法控制的资源,以提高竞争对手的产出成本或降低其使用收益。企业的经营管理活动就是围绕着资源壁垒的获得和控制展开的,获得并控制提高企业获利性资源的方式有很多,可以自创、购买,也可以通过合作、合并等。由于客观条件的限制,企业不可能获得自身需要的所有资源,这样就出现了企业间的项目合作、战略联盟、兼并等具有外包性质的经营管理行为。

企业应该确定哪些资源是要自身经营的,哪些资源是要向外界寻求合作的;企业获得

---

[1] 科层组织(bureaucracy),又称"官僚政治",是指行政的任务和程序。

[2] Kirk Monteverde, David J. Teece. Supplier Switching Costs and Vertical Integration in the Automobile Industry[J]. The Bell Journal of Economics. 1982,1(13):206-213.

[3] B. Wernerfelt. From Critical Resources to Corporate Strafegy[J]. Journal of General Management, 1989, 14(3):4-12.

和控制这种资源的可能性和成本;以及这种资源能否为企业带来长期的利益等问题。

(三) 核心竞争力理论

自1990年普拉哈拉德和哈默尔在《哈佛商业评论》上发表《企业核心竞争力》(The Core Competence of the Corporation)一文以来,欧美掀起了一场企业核心力的研究与应用热潮。

核心竞争力理论认为,企业具有各种各样的能力,也有一定的专长。但不同的能力与专长的重要性是不一样的,那些能够给企业带来长期竞争优势和超额利润的能力与专长,才是企业的核心能力。核心能力是组织中的积累性学识,特别是关于如何协调不同生产技能和有机结合多种技术流的学识。核心能力是一组技能和技术的集合,而不是某一个单独的技能和技术。核心能力是企业增强竞争力、获得竞争优势的关键,也是成功企业的竞争优势得以长期保持的原因。

通过外包将非核心的业务外包给外部的服务商,与服务商的联盟与合作,从而可以集中企业有限的资源发展核心业务,以增强资源管理在提升企业核心竞争力方面的作用。

(四) 木桶效应

木桶效应即短板效应,木桶的最大盛水量是由最短的木板决定的。要增加木桶的盛水量,必须增加短木板的长度。将该原理应用于外包,就是企业资源的有限性以及成本的限制,企业要将每个薄弱的环节都做到最好是不太现实的。实施外包,就是将管理这个木桶先打散,将短板抽出来,然后用外部的长板替代短板,这样,木桶的盛水量就有了提高。外包就是将自己的弱势职能外包给该领域领先的专业公司,从而提高整个企业的绩效。

(五) 供应链管理理论

供应链管理主要包括计划、组织和控制从供应商到用户的物料和信息以及从最初原材料到最终产品及消费的整个业务流程,这一流程连接了从供应商到顾客的所有企业。供应链包含企业内部和外部为顾客制造产品和提供服务的各职能部门所形成的价值链。其目标在于提高用户服务水平和降低总的交易成本,并且寻求两者之间的平衡,实现以客户需求为原动力,将企业内部所有的经营业务纳入一条供应链内,使得企业内部各种业务和信息能够实现集成和共享。

专栏 2-3

逆向外包理论的源起

一、逆向外包的兴起

江小涓(2008)、孟雪(2011)、张月友和刘丹鹭(2013)等学者普遍认为,"逆向外包(或称反向外包)"一词(reverse outsourcing/reverse offshoring)最早是由普利亚(Priya,2005)发表在2005年8月的《印度日报》一文中提出来的。当时,普利亚引用"reverse outsourcing"一词来描述印度和中国选择在欧洲国家招聘飞行员解决高技能人才短缺问题。根据当时媒体的消息,人才短缺是一个世界性的现象,特别是发展中国家人才短缺严重,正是由于人才等高级生产要素的缺乏,导致逆向外包现象的产生。但是,直到一篇专栏文章"班加罗尔的工资刺激'逆向外包'"发表于2007年7月的《金融时报》,媒体才开始广泛关注逆向外包现象。2008年6月,全球著名的外包及投资领域全方位服务战略咨询公司托伦斯公司(Tholons Inc.,2008)发布的一份有关离岸外包研究白皮书指出,在印度的很多行业中已经出现了离岸服务外包的地理逆转现象,比如医药、汽车等技术性行业在过去都发生了地理逆转。至此,逆向外包现象开始进入学者们的研究视野。

新世纪以来,逆向外包在印度、中国等全球主要的传统外包承接国兴起是一个不争的事实,并已经成为服务外包发展的最新趋势。首先,印度领先的业务流程外包(BPO)和知识流程外包(KPO)率先在美国通过建立分支机构或并购等方式获取高级生产要素,并逐渐形成逆向外包趋势。例如,TCS是印度一家最大的服务外包商,在美国俄亥俄州雇佣了大量的技术与管理人员,建立了该公司最大规模的营业机构;Infosys作为印度第二大服务外包商,为了拓展附加值更高的欧洲业务,收购SAP位于英国的Axon Group咨询顾问公司。在中国,逆向外包现象也越来越多,如奇瑞公司与欧美12家世界顶尖的汽车研发机构合作,成立了专业国外研发部门,使得来自奇瑞的200多名研发人员与世界一流汽车研发机构的科技人员共同参与研发全过程,奇瑞公司通过逆向发包与合作,使得技术研发嵌入全球先进技术创新网络;华为在多个发达国家设立研发机构,获得了更高水平的系统集成能力,逐步形成了能够掌握治理权的价值网络。这些现象并不仅仅局限于印度、中国,事实上,其他许多发展中国家的制造企业也通过设立海外研发中心、联合研发、并购现有经验企业等方式,将高端制造业服务和研发外包给欧美的研发机构。托伦斯公司(2008)在离岸外包研究白皮书中指出,逆向外包的发生,其人为战略性选择结果大于自然形成趋势,虽然现在还没有足够的证据证明逆向外包已经成为一种产业趋势,但是导致它成为一种趋势的因素已经非常明显。

二、逆向外包的概念及内涵

在国内,"逆向外包"一词最初是由英文"reverse outsourcing/reverse offshoring"翻译而来。国内学者在引入逆向外包的概念时,"outsourcing"与"offshoring"的词义被模糊开来,翻译时一般没有加以区分。倒是对"reverse"的理解上,由于存在文化差异,中英文词汇不能一一对应,有些学者将其翻译成"反向",有些学者将其翻译成"逆向"。总体来说,早些时候将"reverse outsourcing/reverse offshoring"翻译为反向外包的较多,近些年学者们则倾向于将"reverse outsourcing/reverse offshoring"翻译为逆向外包。刘丹鹭和岳中刚(2011)、陈羽等(2014)认为,翻译为逆向外包比翻译为反向外包更为恰当。因为从中文字面意思理解,"反"与"正"相对,"逆"与"顺"相对。在国际外包领域,以往都是发达国家主导,发达国家向发展中国家发包,现在由于外包的地理区位逆转,变成发展中国家主导,发展中国家向发达国家发包,故翻译成逆向外包比较合适,不容易引起歧义。而且翻译成逆向外包,不仅能表达出与传统外包方式的不同,而且能更好地体现发展中国家在逆境中成长的战略意图。

学术界对逆向外包一词的理解很丰富,但没有一致的定义。托伦斯公司(2008)将逆向外包定义为:一种原来的外包服务提供国(印度、中国、菲律宾等发展中国家)为了完成来自客户国的业务,反向雇佣客户所在国(美、英、日等发达国家)的高端专业人才的活动。哈恩(Hahn,2010)认为,逆向服务外包可以看作发展中国家对于服务业务的重新区位选择。威尔逊和科盆斯(Wilson & Ceuppens,2011)认为,逆向外包是指东欧或亚洲的系统集成商为了完成发达国家客户国的企业需求或离岸外包业务,在客户国雇佣高级人才、利用高级生产要素的活动,同时也包括发达国家企业将先前离岸外包业务撤回本土,转为在岸外包的活动。邦亚若塔维和哈恩(Bunyaratavej & Hahn,2012)则认为,逆向外包是指发展中国家作为发包方,发达国家作为接包方的离岸外包。国内学者江小涓(2008)将逆向外包(原文是反向外包)定义为:服务供应商(接包方)在本土以外建立离岸中心或外包基地(主要指原发包方所在国),以吸引优秀员工,寻找优质客户并开辟新兴市场。陈羽等(2014)认为,逆向外包包括逆向的生产外包和逆向的服务外包。张月友和刘丹鹭(2013)则认为,以非发达国家作为发包方的离岸服务外包才算逆向外包,逆向外包是一种由服务企业引导的新潮流。因为逆向外包业务一般是知识密集的设计与研发环节或者高级生产要素密集的生产性服务环节,因此,有些学者更倾向于将其归属于离岸服务外包范畴。不管学者们怎么定义,逆向外包的内涵和外延是在不断演进与拓展的。现在,逆向外包的概念已经超越了最初用于描述发展中国家到发达国家雇佣专业人才以及发展中国家企业为了完成来自发达国家企业的发包任务所采取的子发包策略,上升成为发展中国家主动从产业链高端切入参与全球分工、获取全球创新资源的一种战略活动。

三、逆向外包的特征

逆向外包是相对于传统的外包而言的。梳理学者们的相关研究,逆向外包的主要特征可以归纳为以下六个方面:①业务发包地理区位上的逆向。传统外包主要指的是发展中国家承接来自发达国家发包的业务,逆向外包则是发展中国家将业务活动发包到发达国家。②参与国际分工方式的逆向。传统外包是发展中国家从价值链低端切入国际分工体系参与全球竞争,逆向外包是发展中国家从价值链高端切入国际分工体系参与全球竞争。③外包活动业务环节的逆向。传统外包一般是跨国公司外包非核心的劳动密集型业务,逆向外包则主要是跨国公司外包核心的知识密集型业务。④获取要素层次的逆向。传统外包是发达国家为了获取发展中国家廉价的低级生产要素,逆向外包是发展中国家为了获取发达国家优质的高级生产要素。⑤主体行为的逆向。传统外包中发展中国家是全球创新网络的被动"追随者",逆向外包中发展中国家是全球创新网络的主动"赶超者"。⑥战略导向上的逆向。传统外包是发展中国家将外国企业或外国资本"请进来"整合内部资源,逆向外包是发展中国家的企业或资本"走出去"整合外部资源。以上六个特征是逆向外包的共性,也反映了逆向外包的基本内涵。

资料来源:张亚斌,刘天琦.逆向外包:理论源起、前沿进展与全球化战略路径创新[J].经济与管理研究,2016,37(12):123-130.

本章小结

1. 辛德利、史密斯、萨皮尔、卢茨、劳尔等人认为比较优势论合乎逻辑地适用于服务贸易。

2. R.迪克和 H.迪克等学者认为服务贸易与商品贸易源于不同的概念范畴,应有不同的理论渊源。

3. 大多数国际经济学家认为科学技术革命已改变或正在改变传统服务商品的特性,国际贸易原理的合理内核适用于服务贸易,但由于服务自身客观存在的特性,确实使得商品贸易理论的解释力不足,存在一定的局限性,因此,不能完全套用商品贸易理论,需要进行模型的扩展和修正。

4. 服务贸易条件下比较优势的特殊性体现在:服务贸易中的比较优势比较短暂;某些服务行业具有一些自身独有的特征;许多服务实际上是不可以贸易的,生产者必须移动去提供服务而不是出口服务。

5. 迈克尔·波特在对影响国际竞争力的六大因素进行了细致入微的分析后,从不同角度对国际服务贸易自由化与提升国际服务贸易竞争力的关系给予理论分析和数据论证,从而进一步发展了国际服务贸易竞争优势理论。他认为获得低成本优势和寻求产品差异性是服务贸易自由化提高企业乃至国家经济竞争力的基础。他将服务贸易给予厂商或国家竞争优势的基本要素分解为六个:服务技术要素、服务资源要素、服务管理要素、服务市场要素、服务资本(投资)要素、服务产品要素。

6. 关于规模经济和不完全竞争条件下的服务贸易的代表性理论有琼斯和基尔考斯基的生产区段和服务链理论、马库森的服务部门内部专业化(内部积聚)理论和弗兰克斯的外部专业化(强调服务在协调和联结各专业化中间生产过程中的外部积聚作用)理论。

7. 根据克鲁格曼模型,即使技术和要素禀赋完全对等,一国依然有动力从事跨国产品交换,企业规模经济的实现使原来不可贸易的同类产品产业内部也变为贸易竞争的重要领域。企业努力依靠产品异质达到产业内产品的差异化,从而获得竞争优势参与分工和贸易。必须看到,服务产品由于自身特性,消费品的差异化需求尤其突出,产业内异质产品的竞争在服务贸易领域更加活跃。

8. 随着跨国公司的战略调整以及系统、网络、存储等信息技术的迅猛发展,由业务流程外包和信息技术外包组成的服务外包正逐渐成为服务贸易的重要形式,给世界经济注入了新的活力。

9. 根据交易成本理论的观点,外包是介于市场和企业之间的中间组织。在给定生产要素的情况下,企业有三种选择:一是自己生产;二是从现货市场购买;三是实行外包。企业的所有者将根据交易成本和生产成本的最小值作出选择。当完全内部一体化由于竞争的交易成本很高而受到限制时,进行外包合作就是最好的选择。

基本概念

1. 迪尔多夫模型

迪尔多夫率先成功地利用传统的 2×2×2 赫克谢尔—俄林模型探讨服务贸易比较优势。在他的含有一种商品和一种服务的模型中,迪尔多夫认为,可从商品和服务贸易的互补性、服务要素贸易和不可移动要素的贸易三方面对服务贸易比较优势进行剖析。

2. 伯格斯模型

伯格斯认为,对标准的赫克谢尔—俄林—萨缪尔森(H—O—S)模型做简单修正,就可以获得适用于描述服务贸易的一般模型,从中揭示不同国家在提供服务技术上的差别如何形成比较优势和商品贸易模式。

3. 钻石模型

迈克尔·波特的"钻石模型"回答了一国在某个特定的产业如何取得长久的国际竞争力,他认为,有六大要素在这一过程中起着举足轻重的作用,其中,生产要素、需求状况、相关产业及支撑产业、企业组织、战略与竞争度是决定产业国际竞争力的决定因素,机遇和政府作用也对国际竞争力产生重大影响。

4. 国际服务贸易竞争优势理论

迈克尔·波特认为,获得低成本优势和寻求产品差异性是服务贸易自由化提高企业乃至国家经济竞争力的基础。他将服务贸易给予厂商或国家竞争优势的基本要素分解为六个:服务技术要素、服务资源要素、服务管理要素、服务市场要素、服务资本(投资)要素、服务产品要素。

5. 生产区段和服务链理论

探讨企业通过服务链连结各个分散生产区段的生产方式。市场容量的扩大和技术上的规模经济推动了生产过程的分散化,厂商从单一生产区段转向多区段生产方式,运输、管理、金融等生产者服务组成服务链,用于连结不同生产区段。当生产过程逐渐分散到不同国家的区段进行合作生产,以利用各国不同的成本优势时,对国际服务链的需求就会明显上升,从而促进国际服务贸易的发展。

6. 内部专业化理论

马库森根据服务部门的柯布—道格拉斯生产函数和熟练服务业劳动生产的替代弹性不变函数,得出结论,生产企业和特殊专业化服务的生产规模收益不变,服务业与其所提供的服务总量则呈规模收益递增。

7. 外包

外包是指企业将生产或经营过程中的某一个或几个环节交给其他(专门)公司完成。

8. 信息技术外包

信息技术外包是指服务外包发包商以合同的方式委托信息技术服务外包提供商向企业提供部分或全部的信息技术服务功能。

9. 业务流程外包

业务流程外包是指服务外包发包商将一个或多个原本企业内部的职能外包给外部服务提供商,由后者来拥有、运作、管理这些指定的职能。

10. 知识流程外包

知识流程外包是一个帮助客户研究解决方案的方式,主要是通过多种途径来获取信息,经过即时、综合的分析、判断和研究解释,并提出一定的建议,将报告呈现给客户,作为决策的依据。

复习思考题

1. 比较优势对服务贸易的适用性体现在哪些方面?
2. 服务贸易条件下比较优势的特殊性有哪些?
3. 比较优势理论在国际服务贸易领域中的局限性体现在哪些方面?
4. 国际服务贸易与国际商品贸易、国际投资在竞争方面存在哪些异同?
5. 国际服务贸易竞争优势理论的六大因素是什么?它们是如何影响服务贸易竞争优势的?
6. 探讨克鲁格曼模型在服务贸易理论中的应用。
7. 利用交易成本学说解释服务外包产生的有效性。

第三章

国际服务贸易多边与诸边规则

> 🎯 **学习目标**
>
> - 了解 GATS 产生的背景及谈判历程。
> - 熟悉 GATS 的主要内容。
> - 理解 GATS 的局限及其评述。
> - 追踪 TISA 谈判及进展。

1982 年 GATT 部长级会议上,在美国的积极倡导下,发达国家要求与发展中国家将货物贸易和服务贸易进行"一揽子"谈判,希望以货物贸易的让步换取发展中国家的服务贸易市场。WTO 在 1986 年 9 月的《埃斯特角部长宣言》中将服务贸易议题列入乌拉圭回合谈判。1994 年 4 月 15 日,111 个国家和地区在摩洛哥的马拉喀什正式签署 GATS,确定了成员方在开展国际服务贸易方面必须遵守的基本规则。GATS 是第一套有关国际服务贸易的具有法律效力的多边规则,是国际服务贸易迈向自由化的重要里程碑,标志着当代国际贸易体系日臻完善。2001 年 11 月 9 日启动的多哈回合谈判,将服务贸易作为重要议题,但由于未能就农产品特殊保障机制和工业品部门减让问题达成一致意见,历时 7 年的多哈回合谈判于 2008 年 7 月 29 日宣布以失败告终。

为了走出多哈回合谈判的困境,美国于 2011 年 12 月发起,并由美国、欧盟、澳大利亚共同主导的 WTO 次级团体——"服务业挚友"(Really Good Friends of Services, RGF)倡导,建立了以诸边谈判方式为基础的国际服务贸易协定(Trade in Service Agreement, TISA)。TISA 旨在开放成员之间的服务贸易,形成一个更高标准的服务贸易新规则,实现成员之间的服务贸易自由化。

第一节　GATS产生的背景及谈判历程

第二次世界大战后,随着世界货物贸易的快速增长,国际服务贸易迅猛发展,多边贸易谈判的重点从货物贸易转向服务贸易。在GATT前七轮多边贸易谈判中,开放了大部分货物贸易市场,短期内很难在未开放的领域取得较大进展,而服务贸易的自由化才刚刚开始,有着广阔的开放领域。作为协调世界各经济体之间贸易关系的多边贸易体制,必须扩展其管辖范围,以适应全球经济发展的新趋势。因此,服务贸易的自由化问题自然成为乌拉圭回合多边贸易谈判的主要议题。

一、GATS产生的背景

(一) 国际服务贸易迅猛发展

服务贸易几乎与货物贸易同时产生,但在漫长的历史发展过程中,一直没有形成独立的商业领域。直到第二次世界大战后,随着科学技术的发展,服务贸易才崭露头角,成为与国际货物贸易并重的国际贸易不可或缺的部分。伴随着世界经济结构的快速变化,服务业在各国国民经济中的地位逐步上升,发达国家尤其如此,服务部门占GDP的比重在1970年平均达到60%。20世纪80年代以来,随着国际分工的深化、细化和世界产业结构的调整,国际服务贸易的迅速发展成为国际贸易发展的重要趋势。

(二) 发达国家积极倡导服务贸易自由化

20世纪70年代,服务业已成为美国经济的支柱产业,美国在金融、保险、数据处理、专业服务、电信、广告、影视娱乐等服务贸易诸多领域都具有明显优势。1979—1982年的经济危机后,美国的经济增长缓慢,急切希望打开其他国家的服务贸易市场,用服务贸易顺差弥补其巨大的货物贸易逆差,推动经济增长,而各国对服务贸易不同程度的保护,成为美国发展国际服务贸易的重大障碍。

根据《1974年贸易法》的授权,美国政府曾试图把服务贸易作为东京回合谈判的议题,但终因各国反应冷淡而放弃,但在东京回合中所达成的海关估价、政府采购协议中加入了服务贸易的内容。美国国会在《1984年贸易与关税法》中授权政府就服务贸易进行谈判,并对不在这些问题上妥协的国家进行报复。1984年以后,美国政府不断对其他国家施加压力,要求把服务贸易纳入新一轮GATT谈判的内容。在1985年举行的GATT理事会议上,美国继续阐明它在服务贸易问题上的立场和谈判目标,即减少或消除国际服务贸易方面的壁垒或扭曲、实施国民待遇的障碍,以及在开业权方面的限制,同时建立包括争端解决程序在内的国际服务贸易规则。1985年9月,美国在GATT成员方特别会议上继续坚持要把服务贸易问题纳入GATT新一轮多边贸易谈判。因此,尽管美国提倡服务贸易自由化是从其自身利益出发的,但客观上推动了世界服务贸易规则的最终形成。

欧盟最初对美国的提议持有疑虑,但调查发现其服务贸易出口量高于美国,转而坚决地支持美国。日本虽然是服务贸易的最大进口国,但为调和与美国之间日益尖锐的贸易摩擦,也始终支持美国。据统计,1993年国际服务贸易总额为10 200亿美元,位居前6位的美、法、德、意、英、日占比48.6%,美国占比近1/6,顺差高达541亿美元。① 为打开发展中国家的服务贸易市场,获取更多的经济利益,以美国为首的发达国家强烈要求尽快制定相关的国际竞争规则。

(三) 发展中国家希望借助多边规则提升国际服务贸易的整体实力

发达国家在银行、保险、证券、通信、信息、咨询、专业服务等资本—知识、技术密集型服务行业占据相对优势。虽然韩国建筑工程承包、新加坡航空运输业等新兴发展中国家和地区的某些服务业已具有明显优势,希望扩大本国优势服务的出口,但大多数发展中国家的服务主要集中在劳动密集型行业,起点低、基础差,无法与发达国家进行竞争,有些服务行业还涉及国家主权、机密和安全,因而绝大多数发展中国家反对服务贸易自由化。

发展中国家认识到,如果不积极参与国际服务贸易谈判,将会成为发达国家制定的多边服务贸易规则的被动接受者,自身利益将会受到更大的损害。如果参与制定一个全面的多边服务贸易规则,不仅有利于其自身利益在此规则中得以体现,还有助于其利用规则防止发达国家在服务贸易领域采取单方面行动或实施歧视性做法。同时,发展中国家迫切希望本国具有比较优势的服务业能在国际服务贸易中占据一席之地,并获得发达国家服务业的技术、资金、信息和管理经验,提升本国服务行业的整体竞争力。因此,发展中国家最终同意在合适的情况下展开服务贸易领域的谈判。

GATT高级官员小组于1986年1月举行的第41届成员方大会,以及筹备委员会在1986年上半年举行的会议上讨论了服务贸易问题。1986年9月,乌拉圭回合部长级会议在埃斯特角最终达成妥协,部长们同意开始就服务贸易问题进行谈判,使服务贸易谈判成为乌拉圭回合的三个新议题之一,拉开了服务贸易多边谈判的序幕。

二、 乌拉圭回合关于服务贸易的谈判及进展

乌拉圭回合服务贸易谈判大体可分为三个阶段。②

(一) 第一阶段:1986年10月—1988年12月

这一阶段主要围绕服务贸易的定义、适用服务贸易的一般原则和规则、服务贸易协定的范围、现行国际规则和协定的规定、服务贸易发展与壁垒等方面进行谈判。各国的分歧主要集中在对国际服务贸易如何界定上,发展中国家要求将跨国公司内部交易和金融、保

---

① 李丽,王学鸿.《服务贸易总协定》研究[J].云南财贸学院学报(社会科学版),2007(5):40-42.
② 商务部网站.乌拉圭回合服务贸易谈判经历了哪几个阶段?[EB/OL]. http://tradeinservices.mofcom.gov.cn/article/zhishi/xiangguanwd/201710/3262.html,2020-11-18.

险、咨询、法律规范等不必跨越国境的服务贸易排除在外,而美国等发达国家坚持将所有涉及不同国民或国土的服务贸易归入国际服务贸易范围。多边谈判最终采取欧共体的折衷意见,即不预先确定谈判范围,根据谈判需要对国际服务贸易采取不同的定义。

发展中国家担心在 GATT 框架下讨论和谈判服务贸易问题,会将 GATT 条款扩大到服务贸易领域,有关货物和服务方面的减让将进入同一个减让表,并可能使美国运用 1984 年贸易和关税法的报复措施合法化。因此,发展中国家提出要在 GATT 框架外讨论服务贸易问题。

(二) 第二阶段:1988 年 12 月—1990 年 6 月

谈判开始进入实质性阶段,发展中国家为获取美国等发达国家在货物贸易上的让步,同意采用"双轨制"谈判方式将服务贸易作为与货物贸易并列的议题。在加拿大蒙特利尔举行的中期审议会上,谈判重点主要集中在透明度、逐步自由化、国民待遇、最惠国待遇、市场准入、发展中国家更多参与、例外和保障条款,以及国内规章等方面。在服务部门运用方面,围绕电信、建筑、运输、旅游、金融和专业服务等具体部门进行谈判,谈判进入"部门测试"阶段。各国代表同意采纳一套服务贸易准则,以消除服务贸易障碍。1990 年 5 月 4 日,中国、印度、喀麦隆、埃及、肯尼亚、尼日利亚和坦桑尼亚等亚非国家向服务贸易谈判组联合提交"服务贸易多边框架原则与规则"提案,对最惠国待遇、透明度、发展中国家更多参与等一般义务,以及市场准入、国民待遇等特定义务做了区分。GATS 文本结构采纳"亚非提案",承认成员方发展水平的差异,对发展中国家作出了很多保留和例外,在相当程度上反映了发展中国家的利益和要求。

(三) 第三阶段:1990 年 7 月—1993 年 12 月

这一阶段,发达国家与发展中国家在各国开放和不开放服务部门的列举方式上出现了"正面清单"①和"负面清单"②之争。美、加等发达国家提出"负面清单"方式,要求各国将目前无法实施自由化原则的部门清单列在框架协议附录中作为保留,部门清单一经提出便不能增加,还应承诺在一定期限内逐步减少不予开放部门。发展中国家则提出"正面清单"的方式,即各国列出开放部门清单,之后可随时增加开放部门数量。GATS 文本采纳发展中国家的主张,对市场准入和国民待遇等特定义务按"正面清单"方法确定,使发展中国家避免使用"负面清单"方式可能带来不可预见的后果。

在 1990 年 12 月举行的布鲁塞尔部长级会议上,服务贸易谈判组修订了"GATS 多边框架协议草案"文本,其中包括海运、内陆水运、公路运输、空运、基础电信、通信、劳动力流动、视听、广播、录音、出版等部门的草案附件。1991 年 4 月开始围绕协定的框架、初步承诺表和部门附件三个方面进行重点讨论,最终确定了各国可将选择部门免除最惠国待遇

---

① 各国将同意在市场准入纪律和国民待遇原则方面作出减让的服务部门或分部门列入清单,并可以根据本国国内服务业发展水平逐步增加可减让的服务部门或分部门。

② 在提交初步减让表时,只将本国不愿在市场准入纪律和国民待遇原则方面作出减让的服务部门或分部门列入清单,把这些服务部门或分部门作为例外处理,并承诺在一定时期内逐渐减少列入清单中的服务部门或分部门的数量。

义务的程度。1991年6月28日,服务贸易谈判组达成《关于最初承担义务谈判准则》协议,对初步承诺的时间做了安排。1991年年底形成GATS草案,基本确定了协定的结构框架。1993年12月5日,贸易谈判委员会在搁置数项一时难以解决的具体服务部门谈判后,最终通过了GATS。

1994年4月15日,乌拉圭回合参加方在摩洛哥马拉喀什正式签署GATS,并于1995年1月1日与WTO同时生效。至此,长达8年的乌拉圭回合谈判终于结束,GATS与各个成员的服务贸易减让表,构成了乌拉圭回合谈判在服务贸易领域的最终成果。这是多边贸易体制下第一部规范国际服务贸易的框架性法律文件,标志着服务贸易自由化进入一个新阶段。

我国政府代表参加了乌拉圭回合服务贸易各项谈判,并在GATS上签字承诺自己的义务,同其他各成员方就服务贸易市场准入减让问题进行谈判,并于1994年9月13日提出正式的服务贸易市场准入减让表。根据GATT各项原则和国际惯例,在《中华人民共和国对外贸易法》中增加了与WTO基本原则相一致的原则条款。其中,第四章第二条、第十条、第二十二条、第二十三条、第二十四条和第二十五条等条款都有涉及服务贸易的原则和规范。

三、乌拉圭回合的后续谈判及进展

在1993年12月15日乌拉圭回合结束时,各国政府制定了一项工作方案,同意在电信、海运、金融服务和人员流动四个部门继续谈判,并于1995—1996年完成谈判。乌拉圭回合之后,WTO各成员继续就有关服务贸易的某些具体问题进行协商,在金融服务、基础电信、信息技术和自然人移动四个方面达成协议,将服务贸易自由化原则向具体成果方面推进了一大步。另外,在海运服务方面也进行了谈判,尽管最终没能取得实质性进展,但也不失为一个良好的开端。

(一) 信息技术产品谈判

为促进信息技术产品贸易发展,消除全球信息技术产业的关税,推动信息技术产品贸易自由化,1996年12月9—13日,WTO在新加坡举行第一次部长级会议,29个国家和单独关税区签署《关于信息技术产品贸易的部长级会议宣言》(Ministerial Declaration on Information Technology Products),即《信息技术产品协议》(Information Technology Agreement,ITA),成立监督执行机构——信息技术产品贸易发展委员会。1997年3月26日,在美国和欧盟的极力推动下,40个WTO成员方宣布加入《信息技术产品协议》,该协议于1997年7月1日生效。

协议的适用范围包括计算机及软件、电信产品、半导体、半导体生产设备、科学仪器和其他信息技术产品等200多种信息技术产品。主要条款对信息技术产品的范围、关税及其他税费削减、实施期,以及扩大产品范围的进一步谈判等内容做了规定。协议的宗旨是:以提高社会水平及扩大商品生产和贸易为目标,实现信息技术产品全球贸易的最大自由化,鼓励世界范围内信息技术产业不断进步。协定要求除哥斯达黎加、印度尼西亚等国家最后期限为2005年外,其他成员方到2000年前将信息技术产品的进口关税降为零。

据统计,这些成员方的信息技术产品贸易量相当于全球同类产品贸易量的92.5%[①]。

(二) 金融服务谈判

GATS签订后,意在使所有成员同意在无条件最惠国待遇基础上缔结永久性协议、促进金融服务贸易自由化的金融服务多边谈判重新启动,美国因对一些发展中国家作出的承诺不满而退出谈判。在欧盟和日本的主导下,1995年7月28日达成《临时金融服务协议》,43个成员方对其在乌拉圭回合谈判中作出的承诺做了改进,有效期到1997年11月1日。自1997年4月开始,围绕进一步改善金融服务市场开放的出价进行谈判,1997年12月13日,各成员方达成《金融服务协议》(Agreementon Financial Services,AFS),即《GATS第五议定书》。至此,WTO 102个成员作出了关于金融服务市场开放的承诺,逐步开放各国银行、保险、证券和金融信息市场。协议于1999年3月1日生效。

《金融服务协议》仅规定了生效时间等程序性事项,协议的主要内容是所附的WTO成员关于金融服务的具体承诺减让表和《服务贸易总协定》第2条豁免清单,包括允许外国公司在国内建立金融服务机构并享受与国内公司同等进入市场的权利、取消对跨境服务的限制、允许外国资本在本国投资项目中所占比例超过50%等内容。

(三) 基础电信服务谈判

为逐步取消电信垄断,推动国际电信服务贸易发展,包括美国、日本、欧盟在内的WTO成员于1994年5月开始进行电信服务贸易谈判。1997年2月15日,WTO 69个成员方达成全球电信自由化协议,即《基础电信协议》,其正式名称为《GATS第四议定书》。1998年2月5日正式生效并全面实施时,缔约国达到72个,按照1998年的市场规模计算,成员方占全球市场份额的93%。[②]

协议的主要内容是要求各成员方向外国公司开放其语音电话、数据传输、传真、电话、电报、移动电话、移动数据传输、企业租用私人线路以及个人通信等电信市场并结束垄断行为。协议的目的在于约束各成员在提供电信服务时不应以电信作为限制其他成员的服务提供者提供服务的行为,或对提供服务的行为造成障碍,在客观公正的基础上,非歧视地向WTO成员承诺部分或全部开放国内的基础电信服务市场。WTO各成员方在电信服务自由化方面承担的义务依协议规定有所不同。其中,18个成员方完全取消对外国公司进入本国市场的限制,47个成员方允许外国电信公司对本国电信企业进行控股,印度等30个国家允许外国资本在本国电信企业中占25%的股份。

(四) 自然人移动服务谈判

为了改进有关自然人移动服务的承诺,以利于自然人在没有商业存在的情况下能够在海外工作,WTO成员方同意在WTO成立6个月后继续进行谈判,并于1994年5月成立自然人移动谈判小组。服务贸易理事会在1995年7月21日达成《自然人移动服务协

---

① 江敏.国际服务贸易自由化新趋势与中国的对策[D].华东师范大学,2007.
② 王学人.以资本经营战略推动我国电信企业国际化[J].世界电信,2006(5):10-14.

议》(Agreementon Movement of Natural Persons Supplying Services),即《GATS 第三议定书》,并于 1996 年 1 月 30 日生效。

《自然人移动服务协议》是关于由于自然人因提供服务需要在一成员境内临时停留的权利,这种临时停留不适用于寻求永久就业的人,以及各国就获得公民权、永久居留权或永久就业权所规定的条件。为保证成员方边境完整,确保自然人在移动时受到其接纳成员的有效管理,协议不限制各成员对自然人移动采取管理措施(包括入境和境内管理),但是各成员的管理措施不能对谈判达成的具体承诺构成破坏。从总体上来看,该协议的自由化程度较低。

(五)海运服务谈判

1994 年 4 月,根据"海运服务贸易谈判部长决议"和"海运服务谈判补充决议",成立海运服务谈判小组(NGMTS),围绕国际海运、海运辅助服务、港口设施使用、在约定期间取消限制等问题展开谈判。谈判原定于 1996 年 6 月结束,但由于各成员之间分歧较大,未能达成最终协议。截至 1996 年 6 月 28 日,仅有 24 个成员提交了有条件承诺,因而海运服务谈判小组决定中止谈判,并根据 GATS 第 14 条规定在适当时候以现有承诺或进一步承诺为基础重新开始谈判。谈判中断期间,各谈判方行使基于"海运服务谈判补充决议"第 3 款的权利,对其先前作出的承诺不作任何补偿地全部或部分修改或撤回,并就最惠国待遇的例外事项作出最后决断。

尽管海运谈判未能取得实质性进展,但谈判达成的《海运服务谈判决议》和《关于海运服务谈判的附录》对海运服务谈判的时间表、目标、谈判的公正性以及海运服务范围的划分等做了规定。

四、多哈回合关于服务贸易的谈判及进展

为推进 GATS 目标的实现和取得"更高的自由化水平",GATS 第 19 条第 1 款规定:"为实现本协议的目标,自 WTO 协定生效之日起不迟于 5 年内,各成员定期进行连续的多轮谈判。"WTO 总理事会于 2000 年 2 月 7 日决定采用服务贸易理事会特别会议与服务贸易理事会日常工作并行展开的形式启动服务贸易新一轮谈判。GATS 第 6 条第 4 款、第 10 条、第 13 条、第 15 条、第 19 条分别授权开展国内规制、紧急保障措施(emergency safeguard measures,ESM)、政府采购、补贴,以及服务贸易评估和制定最不发达国家特殊待遇模式等方面的谈判。2000 年 2 月 25 日,谈判正式启动,分别在服务贸易理事会(Council for Trade in Services,CTS)会议和服务贸易理事会特别会议上围绕国内法规、建立 ESM 机制、服务补贴、政府采购等"规则制订"和"要价、出价"[①]市场准入谈判两个方

---

① 要价是指 WTO 成员根据自己的出口利益向其他 WTO 成员提出开放市场和降低贸易壁垒的要求。各成员可以向不同成员提出不同的要价。出价是指 WTO 成员根据其进一步开放市场和降低贸易壁垒的意向,参考收到的其他 WTO 成员对其要价作出的,每个成员只有一份出价,对所有其他 WTO 成员在最惠国待遇的基础上适用。服务贸易要价和出价方式相对灵活,在开放市场方面,GATS 尊重各成员的发展水平并赋予发展中国家一定的灵活性,GATS 第 19 条规定,在新一轮谈判中,"发展中国家成员应有适当的灵活性,以开放较少的部门,放开较少类型的贸易,以符合其发展状况的方式逐步扩大市场准入"。

面的议题开展。

2001年3月28日,为推进谈判进程,CTS在总结各成员提出的约70多份提案的基础上,制定《服务贸易谈判指导原则和程序》(Negotiation Guidelines and Procedures),确定了服务贸易自由化的目的、原则、谈判范围、谈判方式和程序,规定在2002年3月结束ESM谈判。主要内容包括:①服务贸易自由化进程是渐进式的,通过谈判,在不改变GATS的结构和原则的前提下,提高发展中国家的参与度,给予单个发展中国家一定程度上的灵活性,并对最不发达国家给予特殊考虑;②服务贸易的谈判涉及所有服务部门和服务提供模式,以及最惠国待遇(MFN)豁免情况;③谈判方以当前计划表作为起点,以要价—出价作为主要方式,对服务贸易状况进行评估,对发展中国家小服务贸易提供者的需要给予一定考虑,并对成员方自主自由化给予奖励。《服务贸易谈判指导原则和程序》为服务贸易谈判提供了基本框架及原则。

2001年11月,WTO在卡塔尔首都多哈举行的第四次部长级会议上启动了新一轮多边贸易谈判,因而被称为多哈发展议程(Doha Development Agenda,DDA),简称多哈回合。多哈回合确定了农业、非农产品市场准入、服务贸易、规则谈判、争端解决、知识产权、贸易与发展以及贸易与环境八个主要议题。谈判的宗旨是促进WTO成员间削减贸易壁垒,通过更加公平的贸易环境来促进全球特别是较贫穷国家的经济发展。多哈回合谈判涉及世界65亿人口中的85%、世界年出口贸易总额13万亿美元中的97%。

(一) 多哈回合关于服务贸易的谈判及进展

多哈回合关于服务贸易的谈判大致可以分为五个阶段。

1. 第一阶段:2001年11月—2003年9月

2001年11月,在卡塔尔举行的多哈部长级会议上通过的《多哈宣言》,将服务贸易谈判纳入多哈回合"一揽子"谈判议题,推动服务贸易市场准入谈判进入实质性阶段。各方启动紧急保障措施谈判,制订国内法规、政府采购和服务补贴等谈判结束的具体时间表,要求各成员在2002年6月30日之前提交最初要价(initial request),在2003年3月31日之前提交最初出价(initial offer)。2001年3月制定的《服务贸易谈判指导原则和程序》规定,在2002年3月结束ESM谈判。但由于谈判进程缓慢,多哈会议上将结束时间延长至2004年3月15日,要求国内法规、政府采购和服务补贴在具体承诺谈判结束前结束,整个多哈发展回合谈判在2005年1月1日前结束。

2002年2月,WTO设立贸易谈判委员会,总理事会授权其负责监督谈判工作。WTO服务贸易谈判围绕服务贸易评估、自主开放措施的奖励模式、具体承诺谈判(即双边市场准入谈判、最不发达成员特殊待遇模式)等方面进行,但没有取得实质性进展。

2003年9月,WTO第五次部长级会议在墨西哥坎昆召开,对已进行的谈判工作做了中期评估,并计划就主要谈判议题确立谈判框架,以开展第二阶段谈判工作。由于发达国家和发展中国家在农业问题和"新加坡议题"①上存在严重分歧,坎昆会议最终没有取得

---

① "新加坡议题"是指在1996年WTO新加坡部长级会议上所提出的贸易与投资、贸易与竞争政策、政府采购透明度、贸易便利化四个议题。

成果。坎昆会议的破裂使2005年之前如期结束多哈回合谈判的计划成为泡影,多哈回合谈判陷入僵局。

2. 第二阶段:2003年10月—2004年8月

坎昆会议后,WTO调整了谈判重点,各方暂时搁置分歧严重的问题,着眼于制定一份框架协议,以确定今后谈判的指导原则和主要方向。2004年3—6月,WTO有关成员的高级贸易官员多次在日内瓦进行紧急磋商,在取消出口补贴、削减国内补贴和扩大市场准入方面逐步达成一致意见。2004年8月1日,在日内瓦WTO总理事会上,各方就多哈回合中的农业、非农产品市场准入、发展问题、服务贸易以及贸易便利化谈判等议题达成《多哈发展议程框架协议》(以下简称《框架协议》),明确了多哈回合后续谈判的主要内容和基本方向。WTO总理事会同意将原定于2005年1月1日的多哈回合结束限期予以延长,要求成员于2005年5月之前提交改进出价,① 并要求争取在2005年12月中国香港举行的第六次部长级会议上完成所有议题的谈判。由此,多哈谈判取得了关键性突破。

3. 第三阶段:2004年9月—2005年12月

《框架协议》签署后,谈判各方通过一些小型部长级会议推动谈判进程。2005年1月底,在瑞士达沃斯召开的主要成员部长级小型会议上发出明确信号,希望在2006年结束多哈回合谈判。从成员提交的最初出价和改进出价的内容来看,成员出价的减让水平普遍不高,在教育、医疗等敏感领域的新出价很少。除澳大利亚和加拿大外,欧盟等发达成员对模式4(自然人移动)和模式1(跨境交付)的出价仍然保守,美国在自然人移动方面则没有任何新的出价。

为推动市场准入谈判,从2005年7月开始,欧盟等发达成员开始讨论采用其他补充谈判方式,以提高服务贸易市场准入谈判质量。2005年12月,香港部长级会议通过《香港部长宣言》,为2006年年底结束谈判描绘了清晰的路线图。《香港部长宣言》将"多边要价"② 作为传统"要价—出价"的补充谈判方式,明确成员方对其主要贸易伙伴在某一服务部门的最小市场准入要求。香港会议后,一些收到要价的成员初步表明其在多哈回合其他谈判成果落实情况下可以作出的让步。

4. 第四阶段:2006年1月—2006年10月

香港会议后,根据谈判计划,各方应在2006年4月30日前就农业补贴和工农业产品关税削减达成初步协议,但谈判进展缓慢,WTO又将达成协议的最后期限定在6月底,以便留出时间在7月份就发展中国家服务自由化和特殊待遇等问题展开谈判,从而在年底之前全面达成多哈回合贸易协议。

截至2006年3月,成员共提出20份"多边要价",主要集中在美欧等发达成员关心的金融、电信、能源、建筑、法律等部门,包括中国在内的发展中成员也在自身关心的模式4(自然人移动)方面提出了"多边要价"。2006年3月和5月,成员以"多边要价"为基础展开了两轮多边谈判,取得了良好效果,全面了解了各方在众多服务部门的开放目标和

---

① 在本轮回合谈判结束前,每个WTO成员都有修改和撤回出价的权力。
② "多边要价"是指一组成员可向其他若干成员提出集体要价,并共同通过谈判来考虑有关要价。

意愿,可以大致预见服务谈判的最终总体结果。

这一阶段,国内规制谈判进一步加速,并提出了谈判时间表:2006年4月,各成员开始提交案文建议稿;6月将各方提案汇总成案文初稿;9—11月,完善修订稿;12月,将最终稿提交大会审议通过。虽然各成员在积极准备新的改进出价方案,但由于美国、欧盟、日本、澳大利亚、巴西和印度以下简称"WTO六方"6个TWO关键成员在农产品贸易自由化问题上存在无法协调的分歧,导致谈判破裂,多哈谈判暂时中止,原定于2006年7月再次出价的时间表被无限期推迟。

5. 第五阶段:2006年11月至今

经过多方努力,自2006年11月20日起,中止谈判的各议题技术磋商全面重启。但贸易谈判委员会(Trade Negotiations Committee,TNC)决定,不再人为设定任何时间表,也不急于召开部长级会议。因此,多国大使将此称为"软性重启"(soft resumption)。

2007年1月24—28日,在瑞士达沃斯举行的世界经济论坛(WEF)年会上,30多位贸易部长举行非正式部长会议,讨论重启多哈回合问题。2007年1月31日,在日内瓦总部召开的WTO全体成员大使会议上,WTO同意全面恢复多哈回合谈判,多哈回合又回到谈判轨道上。

2007年4月中下旬,WTO成员以多边和双边谈判为主要形式,就加大具体服务部门的市场准入问题举行了为期两周的集中正式谈判。针对具体服务部门的多边市场准入谈判在2006年2月集体"要价"的基础上进行,每个收到要价的成员都要详细回答是否愿意履行集体"要价"中列出的自由化承诺,如果不愿意,理由是什么;还需要回答是否愿意将各部门的自由化水平正式约束在目前实际适用的水平,如果不愿意,也需阐述理由。

双边谈判中,欧盟、美国针对他们出口利益最大的市场积极寻求"突破"。美国与东盟四国的会谈主要集中在能源、电信、金融、分销、音像、邮政与快递与与电脑相关的服务领域。欧盟则重点寻求在金融、电信、与电脑相关的服务、海运、分销、邮政和急送服务、建筑业、环境和法律服务等部门取得突破。①

2007年10月,WTO六方在农产品问题上互不妥协,谈判又陷入无限期中止。

2008年5月,WTO服务贸易谈判小组发布服务业谈判报告,公布谈判进展情况和完成服务业谈判所必需的要素。在6月服务贸易理事会谈判委员会非正式会议上,详细讨论了目标开放水平和发展中国家利益问题。由服务贸易谈判委员会发起的由部长参加的服务业"信号"大会也在积极准备之中,拟于农业和非农市场准入谈判就"模式"达成一致时同步进行。部长们就如何改进各自服务业承诺也做了陈述。

2008年7月,在日内瓦小型会议上,WTO六方和中国未能就农产品特殊保障机制和工业品部门减让问题达成一致,WTO总干事拉米不得不宣布历时7年的多哈回合以失败告终。尽管之后WTO谈判代表多次努力重启多哈回合谈判,但由于发达国家和发展中国家在农业问题上陷入僵局,多哈回合已在2008年最终痛苦消亡(详见表3-1)。

---

① 张蔚蔚.多哈回合服务贸易谈判追踪[J].上海对外经贸大学学报.2007(10):39-40.

表 3-1 多哈回合历次谈判情况一览表

时间	地点	谈判内容
2001 年 11 月	多哈	启动多哈回合谈判
2003 年 9 月	坎昆	因各成员在农业等问题上没有达成一致,多哈回合谈判陷入僵局
2004 年 8 月 1 日	日内瓦	达成框架协议,确定了削减农业补贴和取消关税、降低工业品关税、推动服务贸易自由化和贸易便利化的基本原则,同意将谈判结束时间推迟到 2006 年年底
2005 年 12 月 13 日	香港	通过《部长宣言》,但在削减农业补贴、降低非农产品关税和开放服务业等关键领域的谈判仍未取得突破性进展
2006 年 7 月 23 日	日内瓦	WTO 六方在农产品贸易自由化问题上存在严重分歧,导致谈判破裂
2006 年 7 月 27 日	日内瓦	总理事会会议正式批准拉米关于多哈回合谈判全面中止的建议
2007 年 1 月	日内瓦	经过多方努力,谈判得以恢复
2007 年 10 月	日内瓦	多哈回合贸易谈判再次陷入无限期中止的状态
2008 年 7 月 29 日	日内瓦	WTO 六方和中国未能就农产品特殊保障机制和工业品部门减让问题达成一致意见,拉米不得不宣布历时 7 年的多哈回合以失败告终

中国自 2002 年在"入世"协议中对服务贸易作出广泛和深入的承诺以来,由于其潜在的服务进出口能力,中国被作为重要成员出席了谈判组主席主持的小范围会议、由美国和印度共同主持的"服务贸易谈判核心小组"①、关于服务贸易谈判的非正式小型部长会议等,积极参与服务贸易领域的市场准入和规则谈判,联合巴基斯坦向谈判组提交具体的国内法规管理纪律建议案文,在服务贸易谈判中发挥了建设性的沟通和斡旋作用。

在服务谈判中,中国向美国、欧盟、日本、加拿大、印度、巴西等 29 个 WTO 成员在建筑工程、海运、医疗、教育、旅游等 10 多个服务部门提出"双边要价",同时收到美、欧、日、加、韩等 21 个 WTO 成员向中国提出的要价单,要价单涵盖了 30 多个部门。② 在 2006 年开始的多边谈判中,中国在 17 份要价中成为被要价方,涉及电信、金融、能源、建筑、法律等诸多部门,许多要价都指向中国"入世"承诺中保留的限制措施。③ 由于中国出口利益相对有限,仅在海运、模式 4(自然人移动)、最惠国待遇等领域参加了向美国、欧盟、日本、加拿大等发达成员提出的 3 份集体要价。

中国在 2003 年 9 月提交最初出价,2005 年 7 月提交改进出价。在此基础上,中国与美国、欧盟、日本、加拿大、澳大利亚等 10 多个 WTO 主要成员进行了几十轮的双边谈判,几乎国内所有服务业主管部门均派代表参加了磋商和谈判,使中国各服务部门的出口利益在谈判中得到了充分体现。

此外,中国曾先后就关心的海运服务和自然人移动两个议题与其他成员联合提出谈判建议,呼吁在这两个领域进一步实现自由化。中国还提交了服务贸易评估报告,积极参

---

① 该小组由 12 个 WTO 成员组成,形成于 2005 年,在谈判《香港部长宣言》服务贸易部分内容时发挥了重要作用。
② 徐桂民.自然人移动与经济发展[D].北京交通大学,2009.
③ 金孝柏.多哈回合服务贸易谈判:成果、挑战与我国的对策[J].国际贸易,2014(7):55-59.

与"紧急保障措施"和"国内规制"谈判,提交了"中国服务提供者在外国市场遇到的国内规制贸易限制"和"法律服务部门的国内磋商结果",以期通过国内规制谈判减少或消除海外贸易壁垒。①

（二）多哈回合谈判屡陷困境的原因

多哈谈判失败是自GATT 1948年成立以来的首次失败,它严重打击了以WTO为代表的全球多边贸易体制的公信力,引发了对全球治理前景的更多悲观情绪,并导致更多地区性贸易"势力范围"的兴起,从而加剧全球政治的紧张局势。多哈回合谈判之所以屡次陷入僵局,欧盟、美国与代表发展中国家利益的20国集团(G20)在最核心的农业问题上的僵持不下是最直接的原因。拉米指出:"完成多哈回合谈判的一个困难是,目前讨论的话题数量是过去几轮谈判的3倍,参与的成员数量则是过去的5倍。"巴西外长阿莫林指出,真正阻碍多哈回合谈判的,是试图改变过去几年来谈判成果的做法。一些让发展中成员作出妥协的要求已经违反了谈判的宗旨,既不公平,也不现实。美国贸易代表柯克则称:"我们相信谈判应该基于过去已取得的成绩,但仍需做改动才能使其完整。草案毕竟是草案……一些语言需要改动,才利于谈判的完成。"时任中国商务部长的陈德铭强调,目前发达国家的实体经济仍未完全复苏,消费者信心还没有完全恢复,这限制了各方在谈判中所能展现的灵活性。②

多哈回合谈判之所以屡陷僵局的深层次原因,可以归纳为以下三个方面。

1. WTO多边贸易体制自身存在缺陷

这主要表现在以下两个方面。

（1）决策机制中核心缺失。

根据WTO协商一致的决策机制,任何一个WTO成员方都拥有一票否决权。由于各成员在经济规模、发展水平等方面存在巨大差异,WTO要在协商一致的基础上让153个成员达成协议的难度很大。当成员方无法协商一致时,该议题就由所有成员方投票表决,而投票这种做法又无法体现大国的分量。实际能真正使用一票否决权的仅是少数几个贸易大国,如美国是利用一票否决权最多的国家,经常以退出谈判逼迫其他国家认同美国的标准。协商一致原则使谈判久拖不决。

另一种决策机制是"绿屋会议"方式。"绿屋会议"体系是WTO非正式会议的一种,是指由少数主要国家组成的小型部长会议和决策机制。"绿屋会议"只挑选和邀请数量很少的国家参加,就有争议的、难以在所有成员之间达成一致的重大议题举行封闭式会议,通过讨论提出解决方案。坎昆会议上产生的"绿屋会议"成员由美国、欧盟、墨西哥、巴西、中国、印度、马来西亚、肯尼亚和南非9个成员组成。许多发展中成员,特别是最不发达成员和弱小经济体对"绿屋会议"制度十分反感,他们往往采用拒绝达成协议的方式以示抗议。③

---

① 隆国强.WTO服务贸易谈判与21世纪的中国[J].中国服务贸易发展报告.2006.
② 任彦.世贸组织多哈回合谈判走出僵局[N].人民日报,2009-09-06.
③ 姜爱英.多哈回合中止的原因分析及其发展前景[J].江苏商论.2007(6):80-81.

(2) 强约束与弱强制并存。

多哈回合启动后,作为乌拉圭回合的谈判成果,WTO 开始适用"一揽子(接受并适用)"法律原则,即成员方对所有议题谈判的成果必须全部接受和适用,不允许选择性参加某些协议或"点菜式"接受。这意味着 WTO 成员方必须在谈判的所有议题上达成综合利益平衡才能达成全面协议,这无疑大大增加了谈判达成协议的难度。

与此同时,WTO 多边贸易体制是契约式机制,以成员自愿接受为前提,成员可以不加入这一体制,也可以在加入后退出,而且退出时没有实质性条件的约束,只须通知 WTO 总干事即可。WTO 在相关议题上如果不能达成协议,对谈判各方没有任何损失,甚至达成协议也可以选择退出。因此,如果成员方在谈判中因自身期望利益得不到满足,阻挠谈判乃至退出谈判也就成为可能。虽然到目前为止尚无退出 WTO 的先例,但这种契约式机制已经成为某些国家(尤其是发达国家)在多边贸易谈判中提高要价的条件,多哈回合的中止实际上是发达国家不惜以谈判破裂为代价而维护自身利益的结果。

2. 区域一体化和双边贸易协定对多边贸易体制造成巨大冲击

第二次世界大战后,以欧洲一体化进程为标志,全球范围内区域和双边贸易协定迅猛发展,发达国家作为区域或双边贸易安排重要的获利方,对建立双边和多边贸易协定的迫切性远远高于参加多边谈判,因此,急于达成协议的意愿并不高。以美国为例,在美国提交的 2005 年度贸易报告和 2006 年度贸易工作计划中,美国明确和系统地提出了其在拉美、亚太、中东和非洲等地区的区域和双边自由贸易安排的战略目标:在拉美地区,致力于建立世界上最大的自由贸易区——美洲自由贸易区;在亚太地区,到 2008 年左右建立美国—东盟自由贸易区;在中东地区,到 2013 年建立美国—中东自由贸易区;在非洲地区,继续与南部非洲关税同盟 5 个成员方进行谈判,争取早日缔结 FTA 协定。

GATT/WTO 给予了区域和双边自由贸易安排的合法性。因此,多哈回合谈判中,由于各种区域优惠安排和双边自由贸易区大量存在,建立在最惠国基础上的贸易自由化对一些成员的既得利益造成冲击,这些国家为保障既得利益,有意延缓贸易自由化的进程,以保持其在区域或双边贸易中的竞争优势,减少来自区域外国家的竞争力。这实际上是要求多边贸易体制的基本原则让位于特定的双边或区域贸易安排,从而动摇了多边贸易体系的基础,阻碍了多哈谈判进程。

3. 核心谈判议题分歧严重

多哈回合涉及 19 个谈判议题,其中,农产品一直是多哈回合谈判的焦点。与发展中国家相比,以欧盟成员方和美国为代表的发达国家不仅拥有先进的农业技术,还为本国农民提供高额补贴,因而发达国家的农产品在国际市场上具有明显的价格优势。以美国和欧盟为代表的利益集团的分歧主要体现在以下三个方面。

(1) 农产品补贴问题。

美国提出可以削减 60% 的"黄箱"政策措施[1]和 53% 的扭曲贸易的国内支持总量,但以巴西和印度为代表的 G20 要求美国削减 70% 的"黄箱"政策措施和 75% 的扭曲贸易的

---

[1] WTO《农业协议》将对生产和贸易产生扭曲作用的政策称为"黄箱"政策措施。"黄箱"政策措施主要包括:价格补贴,营销贷款,面积补贴,牲畜数量补贴,种子、肥料、灌溉等投入补贴,以及部分有补贴的贷款项目。

国内支持总量。

(2) 农产品市场准入。

美国、G20和凯恩斯集团要求包括欧盟在内的发达成员对农产品关税削减54%,同时大幅度扩大关税配额,而欧盟同意接受的关税削减幅度仅为39%。同时,欧盟和G10还在谈判中提出了"敏感产品"的概念,要求这部分产品在关税削减中享受较低的削减幅度。

(3) 非农产品市场准入。

发达成员要求发展中成员削减税率到实施税率以下,发展中成员则将非农谈判与农业谈判紧密挂钩,指责欧美在农业谈判中削减国内支持和出口补贴没有作出实质性让步,欧美则强调农业谈判和非农谈判应区分开来,不能混为一谈。因此,农产品分歧至今难以达成全面共识。

第二节 GATS的主要内容

为在服务贸易领域建立多边原则和规则,增强各国服务贸易管制的透明度,促进服务贸易逐步自由化,乌拉圭回合最终达成了《服务贸易总协定》,即GATS。GATS是全球范围内协调国际服务贸易的规则,是WTO在国际社会调整服务贸易关系的基本规范。该协定的制订与生效是国际服务贸易的一个重要里程碑,是迄今为止服务贸易领域内第一个较为系统的国际法律文件。

一、GATS的框架

(一) 序言

GATS的序言部分概括了协定的目标、宗旨和总原则。GATS的目标是谈判各方希望在透明度和逐步自由化的条件下,以逐步开放服务贸易市场为目标,建立一个服务贸易各项原则和规则的多边框架,以促进贸易各方的经济增长和发展中国家的经济与社会发展,提升世界福利。

GATS的宗旨和总原则是在适当考虑国内政策目标的同时,通过多轮多边谈判,促使各成员在互利的基础上获益,并确保权利和义务的总体平衡,早日实现更高水平的服务贸易自由化;给予发展中国家在承担服务贸易义务上的差别待遇;对发展中国家特别是最不发达国家予以帮助,特别要增强其国内自身服务业的能力、效率和竞争力,以使其更加全面地参与全球服务贸易;对最不发达国家在经济、发展、贸易和财政需求方面的特殊困难予以充分考虑。

(二) GATS的框架协议

GATS有广义和狭义之分。狭义的GATS仅指协定本身,广义的GATS还包含与服务贸易有关的附件及补充协议，包括 GATS 正文（框架协议）、附件、各成员方的承诺表、若干具体部门的部长会议决议和 WTO 成立后的后续谈判达成的三项协议，即《全球金融服务协议》《全球基础电信协议》和《信息技术协议》等五个部分（见表 3-2）。

表 3-2　GATS 的框架结构

1	GATS 框架协议		
	第 1 部分　适用范围与定义	第 1 条	服务范围与定义
	第 2 部分　一般义务与纪律	第 2 条	最惠国待遇
		第 3 条	透明度
		第 4 条	发展中国家扩大参与
		第 5 条	经济一体化
		第 6 条	国内规定
		第 7 条	承认（资格/许可）
		第 8 条	垄断/专营服务提供者
		第 9 条	贸易惯例
		第 10 条	紧急保障措施
		第 11 条	支付/转让
		第 12 条	收支平衡的保障限制
		第 13 条	政府采购
		第 14 条	一般例外
		第 15 条	补贴
	第 3 部分　自由化约束	第 16 条	市场准入
		第 17 条	国民待遇
		第 18 条	追加约束
	第 4 部分　逐步自由化	第 19 条	自由化谈判
		第 20 条	约束化
		第 21 条	约束表的修改
	第 5 部分　组织条款	第 22 条	协商
		第 23 条	争端解决与执行
		第 24 条	服务贸易理事会
		第 25 条	技术合作
		第 26 条	与其他国家组织的关系
	第 6 部分　最终条款	第 27 条	利益否定
		第 28 条	术语定义
		第 29 条	附录

(续表)

2	附件	第2条 豁免的附件
		附件1 本协定项下提供服务的自然人移动的附件
		附件2 空运服务的附件
		附件3 金融服务的附件
		附件4 金融服务的第二附件
		附件5 海运服务谈判的附件
		附件6 电信服务的附件
		附件7 基础电信谈判的附件
3	部长会议决议	(1) 有关专家服务的决议机构安排的决议
		(2) 某些争端解决程序的决议
		(3) 服务贸易与环境的决议
		(4) 自然人移动的决议
		(5) 金融服务的决议
		(6) 海运服务谈判的决议
		(7) 基础电信谈判的决议
		(8) 专家服务的决议
4	有关金融服务承诺的谅解书协议	
5	各国承诺清单	
6	后续谈判协议	全球金融服务协议
		全球基础电信协议
		信息技术协议

资料来源：WTO服务贸易总协定，1995。

GATS正文包括29项具体条款，规定了国际服务贸易一般概念、原则和规则，以及成员方的基本权利和义务，是服务贸易规则的核心内容，是所有成员之间进行服务贸易应遵循的原则，它也为其后制定的若干具体服务部门的协议奠定了基础。它分为六个部分(见表3-2)。

第1部分(第1条)为"适用范围与定义"(Scope and Definition)，其主要内容是就对协定中的服务贸易和适用范围予以界定。

第2部分(第2—15条)为"一般义务与纪律"(General Obligations and Disciplines)，确定了最惠国原则、透明度原则、机密信息的披露原则、发展中国家更多参与、经济一体化原则等成员方应当遵守的几项基本原则，这些原则具有一般的指导意义，是各成员在服务贸易中各项权利和义务的基础。

第3部分(第16—18条)为"具体承诺"(Specific Commitments)，是该协定的中心内容,包括"市场准入"(Market Access)和"国民待遇"(National Treatment)两个方面,规定了各成员应承担的特定义务。

第4部分(第19—21条)为"逐步自由化"(Progressive Liberalization),确定服务贸易自由化的进程安排和具体承诺表制定的标准及其实施方式,规定各成员尤其是发展中国家服务贸易自由化的原则及权利。

第5部分(第22—26条)为"组织条款"(Institutional Provisions),规定服务贸易纠纷的磋商机制、争端解决与执行、服务贸易理事会的构成、技术合作及其与其他国际组织的关系。

第6部分(第27—29条)为"最终条款"(Final Provisions),对GATS协定中的重要概念作出定义,规定各成员可拒绝给予该协定各种利益的情形。

(三)附件

作为GATS的有机组成部分,涉及各个具体服务部门特殊情况的附件共八项,由《关于第2条豁免的附件》《关于本协定项下提供服务的自然人移动的附件》《关于空运服务的附件》《关于金融服务的附件》《关于金融服务的第二附件》《关于海运服务谈判的附件》《关于电信服务的附件》《关于基础电信谈判的附件》组成,规定了某些重要服务贸易部门的多边自由化规则,是GATS不可分割的组成部分。

(四)各国承诺清单

根据GATS的规定附在GATS之后的各国承诺清单,包括初步自由化承诺的各国承诺表、规定成员方承诺开放的本国服务业部门和分部门,以及具体承担的关于国民待遇和市场准入的义务和限制条件。

(五)部长会议决议

关于服务贸易自由化的八项部长会议决议,包括有关专家服务的决议机构安排、某些争端解决程序、服务贸易与环境、自然人移动、金融服务、海运服务谈判、基础电信谈判、专家服务等以及有关金融服务承诺的谅解书协议等。

(六)后续谈判协议

在WTO成立后的后续谈判过程中所达成的三项协议,即《全球金融服务协议》《全球基础电信协议》和《信息技术协议》,这三项协议构成GATS的有机组成部分,对全球服务贸易自由化进程发挥重要作用。

二、WTO服务贸易的定义及其适用范围

(一)服务贸易的定义

GATS第1条第2款将服务贸易定义为通过以下四种方式提供的服务。

(1) 跨境服务(Cross Border Supply)，即从一成员方境内向另一成员方境内的服务消费者提供的服务，如金融服务、英特网服务等。

(2) 境外消费(Consumption Abroad)，即一成员方的服务消费者在另一成员方境内接受的服务，如出国旅游、出国留学等。

(3) 商业存在(Commercial Presence)，即一成员方的服务提供者到另一成员方境内建立经营企业或专业机构提供的服务，如一成员方某公司到境外开设会计师事务所或保险公司等。

(4) 自然人移动(Movement of Personnel)，即一成员方的服务提供者个人到另一成员方境内提供的服务，如一成员方教授出国讲学、医生出国提供医疗援助或服务等。

另外，GATS第1条第3款指出，其所规范的服务是指除政府当局为实施职能所需的服务之外所有部门的一切服务。

(二) 服务贸易的适用范围

WTO根据GATS的规定，按照一般国家标准(GNS)服务贸易分类法，将服务贸易分为11大类142个服务项目。

1. 商业性服务

商业性服务是指在商业活动中涉及的服务交换活动，包括个人、企业和政府消费的服务。主要有以下六个方面的服务。

(1) 专业性服务。涉及范围包括法律、会计、审计、税收、建筑、工程和医护等服务。

(2) 计算机及相关服务。包括计算机硬件装配有关的咨询服务、软件开发与执行服务、数据处理服务和数据库服务等。

(3) 研究与开发(R&D)服务。这类服务包括自然科学、社会科学与人文科学、交叉科学的研究与开发。

(4) 房地产服务。包括基于费用或合同的产权所有或租赁等房地产服务。

(5) 无经纪人介入的租赁服务。主要包括交通运输设备，如船舶、飞机等运输工具有关的租赁服务，以及与其他机械设备有关的租赁服务。

(6) 其他商业服务。主要是指广告、市场调研与民意测验、技术检测、与农林有关的服务，人员安排与补充服务、安全调查、科学技术咨询、设备维修服务(船舶、飞机及其他运输工具除外)、建筑物清洗、照相、包装、印刷出版、会议等服务。

2. 通信服务

通信服务主要是指所有有关信息产品操作、储存设备和软件功能等服务，主要包括邮政、快件、电信(如声频电话服务、电报服务、传真服务、电子邮递等)、视听(如拍电影与录像、电影放映)等服务。

3. 建筑及有关工程服务

建筑及有关工程服务主要是指工程建筑从设计、选址到施工的整个服务过程。具体包括建筑物和民用工程的一般建筑工作、建筑物的安装、装配、完善与装饰工作等服务。

4. 销售服务

销售服务是指产品销售过程中的服务。主要包括代理机构提供的服务、批发零售、特约代理和其他销售服务等。

5. 教育服务

教育服务是指各成员之间在初等教育、中等教育、高等教育、成人继续教育和其他教育中的服务交往,如互派留学生、访问学者等。

6. 环境服务

环境服务主要包括污水、垃圾处理、卫生及其相关服务等。

7. 金融服务

金融服务主要是指银行业和保险业及其相关的金融服务活动。

(1) 银行及其他金融服务(保险除外)。主要包括公众存款及其他可偿还资金的承兑、各类贷款、金融租赁、支付货币的传递、保证与承诺、账户交易、证券发行、资产管理服务、金融资产的结账与清算、咨询服务及其他辅助性金融服务、其他金融服务提供者所提出的关于金融信息、金融数据处理及有关软件的供给及转让等服务。

(2) 所有保险及与保险有关的服务。包括人寿、事故与健康保险服务,非生命保险服务,再保险与交还服务,与保险有关的辅助服务(如保险经纪服务、保险代理服务)等。

8. 健康与社会服务

主要是指医疗服务、其他与人类健康有关的服务和社会服务等。

9. 旅游及相关服务

主要是指宾馆、饭店提供的住宿、餐饮及相关服务、旅行社及旅行经纪人及导游服务等。

10. 文化娱乐与体育服务

主要是指广播、电影、电视除外的一切文化娱乐(包括剧团、乐队与杂技表演)、新闻、图书资料、档案、博物馆以及体育等服务。

11. 运输服务

主要包括海陆空货物运输服务。具体包括海运服务、内河航运、空运、空间运输(如航天发射服务)、铁路运输、公路运输、管道运输及所有运输方式的辅助性服务(如货物处理、存储与仓库服务、货运代理服务)等。

三、GATS 的基本原则

GATS第 2 部分"一般责任与纪律"共 15 条(第 3 条、第 5 条和第 14 条各包括 1 个附件),规定了各成员必须遵守的责任和纪律。其中,最主要的有以下内容。

(一) 透明度原则

GATS 所指的透明度原则是指,成员方正式实施的有关服务贸易的任何法律和规章,或对法律和规章的修改,都要及时予以公布。这一原则的目的在于防止成员之间进行不公平贸易,形成服务贸易壁垒。这与货物贸易透明度原则的要求基本一致。

GATS 在第 3 条对透明度原则做了具体规定。

1. 立即公布相关措施

第 3 条第 1 款规定,除非在紧急情况下,各成员方必须将影响本协议实施的有关法律、法规、行政命令及所有的其他决定、规则以及习惯做法,最迟在它们生效之前予以公布;如果一成员为涉及或影响服务贸易的国际协定签字国,则该项国际协定也必须予以公布;如不能按照要求公布所有措施,该成员也应公布这一消息。除上述情况外,应以其他方式使此类信息可以公开获得。

GATS 第 8 条对服务贸易垄断的透明度也做了规定:当一成员方有理由确信,另一成员方的垄断服务提供者采用了与最惠国待遇和该国所承担的义务不相一致的行动,因而向服务贸易理事会提出时,理事会可要求建立、维护或批准上述服务提供者的成员方提交有关运营的具体资料。

2. 每年向理事会报告新的或更改的措施

第 3 条第 3 款规定,对本协定项下具体承诺所涵盖的服务贸易有重大影响的任何新的法律、法规、行政准则或现有法律、法规、行政准则的任何变更,成员方应立即或至少每年向服务贸易理事会报告。

除第 3 条外,GATS 的其他条款中也有相应的通知条款。如第 5 条"经济一体化"中要求经济一体化组织成员立即通知服务贸易理事会有关经济一体化协议及其任何补充或重大修改。

3. 设立咨询点

第 3 条第 4 款规定,各成员方对其他任何成员方要求提供的任何一般通用的措施或国际协定的特殊资料时,应立即予以答复。各成员应在《建立 WTO 协定》(Agreement Establishing the WTO)(本协定中称《WTO 协定》)生效之日起 2 年内设立一个或多个咨询点,以便其他成员方服务提供者获取有关提供商业和技术方面的服务,专业资格的登记、认可和获得,以及为获得服务技术给予各种便利等。对于个别发展中国家成员,可同意在设立咨询点的时限方面给予适当的灵活性。咨询点不一定是法律和法规的保存处。

除第 3 条外,GATS 的其他条款中也有信息提供要求。如第 4 条第 2 款进一步规定,发达成员方在 WTO 协定生效之日起 2 年内,建立向发展中成员方的服务提供者提供信息的咨询点,其他成员方在可能的范围内也应如此,以便利发展中国家成员服务提供者获得与其各自市场有关的信息。

(二) 最惠国待遇原则

WTO 的最惠国待遇原则是指,缔约国的一方现在或将来给予第三国的一切优惠,应无条件、无补偿、自动地适用于缔约的另一方。在 WTO 体制下,该原则具有无条件性、无歧视性、多边性、自动性等特点。最惠国待遇不仅是 GATS 对货物贸易所确立的首要原则,而且也是服务贸易的基本原则。

《关税与贸易总协定》第 1 条规定:"在对出口或进口、有关出口或进口及进出口货物国际支付转账所征收的关税和费用及其征收方法方面,在输出入的规章手续方面,以及在本协定第3条第2款及第4款所述事项方面,一缔约国对来自或运往其他国家的产品所给予的利益、优待、特权或豁免,应当立即无条件地给予来自或运往所有其他缔约国的相同产品"。1995年1月1日生效的《WTO协定》使上述最惠国待遇原则不仅适用于传统的货物贸易领域,而且适用于服务贸易领域以及与贸易有关的其他领域。

GATS第2条第1款规定:"各成员方给予任何其他成员方的服务或服务提供者的待遇,应立即无条件地以不低于上述待遇给予其他任何成员方相同的服务或服务提供者。"这是最惠国待遇原则在GATS中的具体体现。

(三) 逐步自由化原则

贸易自由化原则是指限制和取消一切妨碍和阻止国际贸易开展与进行的所有障碍,包括法律、法规、政策和措施等。贸易自由化原则上要求通过削减关税,弱化关税壁垒,取消和限制非关税壁垒,最终实现贸易自由化。乌拉圭回合谈判中将服务贸易谈判与货物贸易谈判分开,形成了独立的GATS,明确给予发展中国家在承担服务贸易义务上的差别待遇,以促进发展中国家服务贸易的发展,作为让步,发展中国家接受服务贸易逐步自由化的原则,这是发展中国家努力的结果,与货物贸易全面自由化要求存在较大差异。

(四) 发展中国家更多参与

GATS在序言中明确规定:"希望有助于发展中国家在服务贸易中更多的参与和扩大服务贸易的出口,特别是通过提高其国内服务的能力、效率和竞争力。"

GATS在第4条第1款中规定,发达国家成员方可采用通过谈判达成具体承诺的方式来促进发展中国家的更多参与。

(1) 着重采用商业基础上的技术准入方式,提高发展中国家的国内服务能力、效率和竞争力。

(2) 改善发展中国家的销售渠道和信息网络。

(3) 促进具体服务部门的市场准入和服务出口。

第4条"发展中国家更多参与"中要求发达国家建立咨询点,以便发展中国家成员的服务提供者获取有关市场准入的资料。

GATS在第4条第3款中专门为最不发达成员方参与服务贸易规定了优惠条件。在实施第4条第1款和第2款时,应特别优先考虑到不发达国家成员方,根据它们的特殊经济状况,及其发展经济、贸易和财政上的需要,对它们在接受谈判达成的具体承诺方面存在的严重困难给予特殊考虑。

这一原则规定与货物贸易的发展中国家差别待遇原则相比较,发展中国家在服务贸易中享有更多的差别待遇,以尽快提高国际服务贸易的整体水平。

(五) 促进经济一体化原则

GATS关于经济一体化的第5条与《关税与贸易总协定》第24条的规定如出一辙,允许成员方参加双边或多边服务贸易自由化协定。但对如何促进全球服务贸易一体化发展作出了具体规定。

（1）经济一体化协定应涵盖众多服务部门，并不得事先规定排除某一服务提供方式。

（2）在市场准入与国民待遇方面，取消现有歧视性措施，禁止采用新的歧视性措施，但第11条"支付和转让"、第12条"对保障收支平衡的限制"、第14条"一般例外"以及附则"安全例外"除外。

（3）对经济一体化协定外的任何成员，不得提高相应服务部门或分部门内服务贸易壁垒的总体水平，也不得对其他成员从此类协议中可能获得的贸易利益谋求补偿。

（4）成员方应将经济一体化协定通知服务贸易理事会。在乌拉圭回合最终协议条款中，要求经济一体化成员将各类法律、条例、规则通知相关委员会或理事会，以接受多方监督。通知条款包括：①如果经济一体化协定订立、扩充或任何重大修改，一成员有意修改或撤销某一具体承诺，则该成员应至少提前90天通知。②对于上述协定所作出的任何扩充或重大修改，该协定的成员必须立即通知服务贸易理事会，并应在理事会的要求下提供相关资料。③任何协定参加方应定期就协定的实施情况向服务贸易理事会报告。理事会可设立工作组，以审查此类协定及其扩充或修改，并向理事会报告。此外，理事会具有向参加方提出建议的权利。

（5）只要服务提供者在该协定的参加方领土内从事实质性商业经营，任何其他成员的服务提供者有权享受该协定项下给予的待遇。

（6）如果经济一体化协定的参加方是发展中国家，依照其国家总体和各服务部门及分部门的发展水平，在服务部门涵盖的部门和服务贸易保护措施方面给予灵活性，并且对经济一体化发展中国家的自然人所拥有或控制的法人仍可给予更优惠的待遇。

（7）根据第5条的补充规定，成员之间可以在GATS之外缔结劳动力市场一体化的协定。但缔结的协定必须实现劳动力市场完全一体化，即规定各成员方的公民有进入另一成员方就业市场的自由，并对工资标准和其他就业与社会福利有相应规定，劳务市场一体化协定应免除成员方公民关于居留和工作许可的要求。成员方应将劳务市场一体化协定通知服务贸易理事会。

（六）国内规章

GATS第6条为成员方根据自己的国情和政策制定各种管理其境内服务贸易的法律和规章提出了以下五个约束条件。

（1）各成员方在其作出具体承诺的领域，应保证有关服务的适用措施以合理、客观和公正的方式实施。

（2）成员方行政主管部门审查批准义务时，应尽可能维持或建立司法、仲裁或行政法庭或程序，以便根据有关服务提供者的请求及时审查影响服务贸易的行政决定，并保证此程序的客观、公正，同时，为服务提供者提供适当的补偿。

（3）当已经作出具体承担义务的服务提供者要求批准时，一参加方管理当局应在接受申请后的合理期限内，根据国内法律及规定全面考虑，并把结果通知申请人。

（4）服务贸易理事会就服务提供者对一成员方已具体承担义务的服务部门提出服务

提供申请制定了必要的纪律,并参照有关国际组织的国际标准审查成员方是否遵守。这些纪律包括:①服务供应能力等标准客观、透明;②保证服务质量;③不得以发放执照作为服务贸易的限制条件。一旦这些纪律生效,成员方在其具体承诺的领域内不应采用损害这些纪律的执照发放和资格审查的各种措施。

(5) 各成员方在涉及服务方面已作出具体承诺的领域,应制定审查任何其他成员方申请人资格、能力和许可证程序等方面的规定,该规定应合理、客观、公正,并具有透明度。

(七) 对限制竞争行为的约束

GATS 第 8 条"垄断及专营服务提供者"和第 9 条"商业惯例"对服务部门垄断和专营服务、限制性商业惯例的使用等限制竞争的行为作出了约束。

(1) GATS 对垄断及专营服务的规范包括以下内容:①各成员方应确保在其境内的垄断和专营服务提供者在有关市场提供垄断和专营服务时,不得违背最惠国待遇条款和具体承诺。②成员方应确保其境内的垄断和专营服务提供者在从事其垄断权范围之外而又属于该成员方具体承诺领域内的竞争性服务时,不得滥用其垄断和专营地位而进行与该成员方特定义务承诺不一致的活动。③成员方应确保垄断和专营服务具有透明度。

(2) GATS 第 9 条虽然对服务贸易限制性"商业惯例"专门进行了规范,但对如何消除这种惯例未作强制性规定,只要求成员方对限制性商业惯例通过双边或多边磋商来加以解决。

(3) GATS 在第 10 条"紧急保障措施"、第 12 条"对保障国际收支平衡而实施的限制"、第 14 条"一般例外"和该条附则中的"安全例外"等条款中,对成员方在服务贸易方面作出限制或禁止时的依据做了原则性规定。

四、具体承诺

对市场准入和国民待遇的具体承诺是 GATS 项下各成员方的特定义务和具体义务规范。根据 GATS 的规定,市场准入和国民待遇是通过谈判由各成员方具体确定其适用的服务部门,各成员方有权决定在其承诺表中列入哪些服务部门及维持哪些条件和限制,各成员方的承诺表分为两个单独栏目,将能够开放的部门、分部门及给予国民待遇的资格、条件等分别列出。

(一) 市场准入

所谓市场准入,是指一成员方允许外国的货物、劳务与资本参与国内市场的程度。服务贸易市场准入原则的实质在于尽量减少或消除有关服务中的垄断经营权利,允许其他成员方的服务提供者在本国境内设立机构并扩展商业性介入,即提供服务业开业权(介入权)。服务的独特性决定了服务贸易的市场准入中几乎不存在关税壁垒,数量限制成为阻碍市场准入的主要措施。

GATS 第 16 条规定,每个成员给予其他任何成员的服务和服务提供者对 GATS 第

1条提到的四种服务方式的市场准入待遇不得低于其承诺表中明确规定的期限限制和条件。除非承诺表中有明确规定,一成员方在作出市场准入承担义务承诺以及承担义务的服务部门或分部门不能采用下列六种措施。

1. 数量配额限制

采用数量配额、垄断和专营服务提供者的方式,或以要求测定经济需求的方式,限制服务提供者的数量。

2. 服务总额限制

采用数量配额或要求测定经济需求的方式,限制服务交易或资产的总金额。

3. 服务垄断

采用配额或要求测定经济需求的方式,限制服务交易的总量或以数量单位表示的服务提供的总产出量(但限制服务投入量的措施是允许的)。

4. 雇佣人员数量限制

采用数量配额或要求测定经济需求方式,限制某一服务部门或服务提供者为提供某一特定服务而需要雇佣自然人的总数。

5. 专营

限制或要求一服务提供者通过特定的法人实体或合营企业才可提供服务。

6. 对外国资本投资额比例限制以及资本出境限制

通过对外国持股的最高比例或单个或总体外国投资总额的限定来限制外国资本的参与。

(二) 国民待遇

国民待遇原则是指在服务贸易条约或协定中,成员之间相互保证给予另一方自然人、法人、产品、投资和税收等在本国境内与本国享有同等待遇。国民待遇原则具有平等性和互惠性,即各成员方一般相互给予对等的国民待遇。

《关税与贸易总协定》第3条第4款规定:"一成员方领土的产品输入到另一成员方领土时,在关于产品的国内销售、推销、购买、运输、分配或使用的全部法令、条例和规定方面,所享受的待遇应不低于相同的本国产品所享受的待遇。"这说明《关税与贸易总协定》中的国民待遇原则是无条件的、强制的和普遍适用的。享受国民待遇的对象只包括产品。

与货物贸易领域的国民待遇原则不同,服务贸易领域的国民待遇不是一般义务,而是一项特定义务,各成员方只在自己承诺开放的服务部门中给予外国服务和服务提供者以国民待遇。GATS第17条第1款规定:"各成员方应在其承担义务计划表所列的部门中,依照表内所述的各种条件和资格,给予其他成员方的服务和服务提供者的待遇不应低于给予其本国相同的服务和服务提供者"。这说明成员方只在减让表中列出的部门范围内履行国民待遇义务,并不要求成员方弥补有关服务或服务提供者因其本身的特性形成的竞争劣势;享受国民待遇的对象包括产品和生产者,即服务和服务提供者。

GATS第17条第2款规定:"一成员方可通过给予其他任一成员方的服务或服务提

供者,予以与给予己方相同或不同的待遇,来达到本条第1款的要求。"这意味着国民待遇义务属于具体承诺义务,成员方可以根据本国的经济发展水平来承担义务,不但可以自己决定在哪些部门或分部门实施国民待遇,还可以选择提供方式,并可为实施国民待遇的条件和限制开列清单。

GATS第17条第3款规定:"如果一成员方修改其服务或服务贸易提供者的竞争条件,以有利于自己的服务和服务提供者,则形式上相同或不同的待遇,应被认为对其他成员方的同类服务提供者不利。"这一规定要求国民待遇必须是实质上的,而非形式上的,不管与本国服务及服务提供者提供国民待遇的形式是否相同,但实施结果要相同。反之,如果形式相同或不同的待遇改变了竞争条件,使其有利于国内服务和服务提供者,就被认为实施了歧视待遇而违背了该条款。这是由于服务的特殊性决定的,服务客体是无形的,服务提供者和服务消费者要同时同地进行交易,这种特殊性决定了服务贸易更易受到干扰,甚至可能以形式上的平等达到实质上的不平等为目的。而《关税与贸易总协定》对国民待遇的规定中没有实质性要求。

与最惠国待遇不同,国民待遇属承诺义务而非普遍义务,加上各国服务业及服务贸易发展不平衡,决定了国民待遇难以得到普遍执行。在国际服务贸易实践中,世界各国均采用对等、互惠的国民待遇原则,并且有一定的限制范围。美国1996年颁布的新《电信法》规定,美国根据对等原则给予他国电信服务者进入美国市场的机会和待遇,对尚未开放电信和新闻媒介市场的国家则仍维持原有限制。我国对国际服务贸易也实行"对等、互惠"的国民待遇。

(三) 具体承诺表的制订与修改

1. GATS第20条对具体承诺表的制订作出如下规定

(1) 第1款规定,各成员方应根据GATS第3部分制定各自的具体承诺表(Schedules Specific Commitments)。承诺表应包括以下内容:市场准入的内容限制和条件;国民待遇的条件和要求;其他具体承诺的履行;各项具体承诺实施的时间表;各项具体承诺的生效日期。

(2) 第2款规定,不符合市场准入和国民待遇的各项措施应用专门栏目注明。

(3) 第3款规定,各成员方的具体承诺表应作为GATS的附件,并成为GATS的组成部分。

2. GATS第21条为具体承诺表的修改作出如下规定

(1) 第1款规定,一成员方在具体承诺生效3年后的任何时候可修改或撤销其在承诺表中的任何承诺,但修改成员方应至少在实施修改或撤销前3个月将此项意向通知服务贸易理事会。

(2) 第2款规定,受此修改或撤销影响的成员方可请求修改成员方以最惠国待遇为基础给予必要的补偿调整,互利义务的总体水平不低于谈判前具体承诺表中的水平,修改成员方应就此举行谈判。

(3) 第3款规定,如果修改成员方和受影响的成员方在规定的谈判期限结束之前未能达成协议,受影响的成员方可将此事项提交仲裁;如果未提交仲裁,修改成员方可自主实施其修改和撤销措施;如果修改成员方作出的补偿性调整与仲裁裁决不符,不得修改或撤销其具体承诺,参与仲裁的受影响的成员方不必遵循第 2 条的最惠国待遇原则,可单独针对修改成员方修改或撤销相应程度的义务。

五、WTO 成员可援引的例外和豁免

灵活性是 GATS 的主要特征之一,主要表现为对例外条款的规定。

(一) 最惠国待遇的例外

GATS 第 2 条第 2 款规定:"一成员可保持一项与第 1 款不相符合的措施,但此项措施应列入《关于第 2 条豁免的附件》中,并应符合附件规定的各项条件。"根据附件规定,可以在谈判确定本国第一份服务贸易减让表的同时,列出最惠国待遇例外清单,从而有权继续在特定的服务部门给予特定国家以更优惠的待遇。这些例外只能一次确定,而且只涉及现行措施,例外清单中的内容不得增加。原则上这种例外不得超过 10 年,服务贸易理事会每 5 年进行一次复审,可以在将来举行的多边贸易谈判时予以变更。

第 2 条第 2 款在《WTO 协定》生效后适用的任何新豁免事项在第 9 条第 3 款中作出规定:"在特殊情况下,部长会议可以决定豁免一个成员承担本协定或任何多边贸易协定的义务,但此决定应由 3/4 成员批准……部长会议或总理事会应该每年对豁免权利进行审查。"

与货物贸易原则一样,GATS 规定边境贸易可以成为最惠国待遇的例外。GATS 第 2 条第 3 款规定,任何成员方与其毗邻国家仅限于为了方便彼此边境毗邻地区之间服务生产和消费的交换不适用最惠国待遇。

(二) 紧急情况下的例外和豁免

GATS 第 3 条第 1 款、第 2 款规定,在紧急情况下,成员方可以不用在生效前将涉及服务贸易的有关措施予以公布,但应将情况紧急来不及公布这一消息时予以公布。GATS 第 3 条补充规定,不得要求任何成员提供一经披露即妨碍执法或违背公共利益或损害特定公私企业合法商业利益的机密资料,但没有给出这类资料的具体标准。

与《关税与贸易总协定》相类似,GATS 第 10 条规定可以实施紧急保障措施,当一成员方在某一服务部门进口激增,对该服务部门造成严重损害或严重威胁的情况下,可以部分或全部中止此承诺以减缓或消除损害。

但 GATS 对紧急保障措施的规定没有规定具体内容,缺乏具体的、可操作的规范,只是要求紧急保障措施要基于无歧视原则以多边谈判方式进行,谈判结果应在《WTO 协定》生效后 3 年内(1997 年年底之前)付诸实施。而在这 3 年过渡期内,任何成员方在其承担的义务生效 1 年后,可通知服务贸易理事会并说明理由,采取临时性的紧急保障,修改或撤销其承担的特定义务,但这种临时性安排在 1997 年后应停止。对如何判断服务贸易进口造成的损害性经济后果,目前缺乏具体明确的量化指标体系。

(三) 经济一体化和劳动一体化的例外

GATS第5条规定,不阻止任何成员方成为双边或多边服务贸易自由化协定的成员或参与此类协议,这意味着经济一体化不适用最惠国待遇。但对经济一体化协定外的任何成员,不得提高相应服务部门或分部门内服务贸易壁垒的总体水平,也不得对其他成员从此类协议中可能获得的贸易利益谋求补偿。

根据第5条的补充规定,成员之间可以在GATS之外缔结劳动力市场一体化协定,但缔结的协定必须实现劳动力市场完全一体化。

(四) 保障国际收支平衡的例外

GATS第12条规定了保障收支平衡的例外,当成员方在国际收支发生严重困难和对外财政困难或受到威胁的情况下,一成员方可在具体承担义务的服务贸易中实行限制措施。这些限制措施应满足以下条件。

(1) 不应在成员之间造成歧视。
(2) 与国际货币基金组织协议一致。
(3) 应避免对任何其他成员方的贸易、经济和财政方面的利益造成不必要的损害。
(4) 不超过为解决收支困难而必要的程度。
(5) 应当随着国际收支状况的好转逐步取消限制措施。
(6) 不得为维持和保护某一特定部门的利益而采取这项措施。

此外,各成员方援用保障国际收支平衡例外应符合以下程序:一是立即通知服务贸易理事会;二是迅速与国际收支平衡限制委员会进行磋商,以便其审查限制措施是否符合要求。

(五) 政府采购与补贴的例外

政府采购是各国在服务贸易中一种较为普遍的行为,也是一种可能阻碍贸易自由化的做法。GATS第13条第1款指出,第2条"最惠国待遇"、第16条"市场准入"和第17条"国民待遇"不适用于规范政府机构为实现政府目的而进行的服务采购、政府以非商业性再销售为目的的采购、或为非商业性再销售提供服务的采购,以及为非商业性销售提供服务的采购的法律、法规和要求。也就是说,GATS所规范的最惠国待遇、市场准入及国民待遇条款只适用于以商业销售为目的的商业再销售或提供服务的行为,而不适用于为了政府使用目的的行为。

此外,第13条规定,在《WTO协定》生效后2年内,应就服务贸易协定中的政府采购服务问题进行多边谈判。1994年4月15日通过的《政府采购协定》已经将适用范围从货物采购扩大到服务采购,但服务采购的门槛要高得多,各级政府和公用事业单位货物采购的门槛价值分别为13万、20万和35万特别提款权,而服务采购合同的门槛价值约为500万特别提款权,这意味着各国在服务采购方面可以更多地优先采购本国服务。

GATS第15条指出:"各成员方承认,在一定情况下,补贴会对服务贸易产生扭曲效果。成员方应通过谈判制定一项必要的多边纪律以避免这类服务扭曲的影响,谈判还应强调'适当'的反补贴程序,这种谈判应确认补贴在发展中国家发展计划中的作用,并考虑成员方特别是发展中国家成员方在该领域中的灵活性需要。"强调"适当"的反补贴程序意味着成员方政府有实施某些补贴的权利,发展中国家在政府补贴方面则具有更大的灵活性。

(六) 一般例外和安全例外

GATS第14条规定的一般例外和安全例外条款的基本内容源于《关税与贸易总协定》,同时也是几乎所有WTO多边协定的一般规定。GATS第14条关于一般例外的条款包括导言、具体例外和附则三个部分。导言中规定:"在实施这类措施上不应在情况相同的成员之间,构成武断的、或不公正的歧视、或对服务贸易隐含着限制性"。

GATS第14条对具体例外作出了详细规定:"本协定的规定不得解释为阻止任何成员方采用或实施以下措施。

(1) 为保护公共道德或维护公共秩序的需要。附注中规定只有某一社会基本利益受到真正和极其严重的威胁时,才可引用公共秩序例外措施。

(2) 为保护人类、动植物的生命或健康的需要。

(3) 为服从与本协议规定不相抵触的法律和规定的需要。

(4) 为确保公正、有效地对其他成员方的服务和服务提供者征收或收取直接税而实施差别待遇。

(5) 因避免双重征税或因参加任何避免双重征税的国际协议或协定而实施差别待遇。"

第14条附则规定:"本协定不得解释为影响国家安全、公共秩序、人类健康的服务。"

(七) 其他例外

GATS对某些国际协议予以例外处理。例如,规定本条约不适用于有关税收、投资保护和司法援助或行政援助的国际协议;也暂时不适用于GATS附则中没列入的,由其他国际协议管辖的具体部门。

六、争端解决机制

乌拉圭回合达成的《争端解决规则和程序谅解协议》(Understanding on Rules and Procedures Governing the Settlement of Disputes, DSU)是WTO关于争端解决的最基本的法律文件,它规定了适用于乌拉圭回合各项协议下可能产生的争端的一套统一规则,确立了WTO的争端解决机制,适用于服务贸易领域的争端解决。DSU包括27条和4个附件,包括WTO争端解决机制的适用范围、管理机构、一般原则、基本程序和特殊程序等内容。WTO争端解决机制的目的在于"为争端寻求积极的解决办法"。DSU指出:"WTO的争端解决制度是保障多边贸易体制的可靠性和可预见性的核心因素。"作为专门针对服务贸易争端解决条款的GATS第22条"磋商"和第23条"争端解决和实施",对上述争端解决机制作了详细规定。

(一)《争端解决规则和程序谅解协议》的主要内容

GATS第22条第1款规定:"当一成员方就影响本协议执行的任何事项的一成员提

出请求时,该成员方应给予同情的考虑并给予适当的机会进行磋商。DSU应适用于这类磋商。"第2款规定:"在一成员请求下,服务贸易理事会或争端解决机构(Dispute Settlement Body, DSB)可就其根据第1款进行的磋商未能找到满意解决办法的任何事项与任何一个或多个成员进行磋商。"该条第3款规定:"属于两国间有关避免双重征税的国际协定范围内的问题,一成员方对另一成员方采用的措施不能援用本协议第17条'国民待遇'规定。如果双方对这一措施是否应属于这一国际协定的范围内看法不一致,则应予以公开,可由任何一方将此事提交服务贸易理事会,由理事会将此事提交仲裁。仲裁员的裁决应是最终的,并对各成员方具有约束力。"

GATS第23条第1款规定:"如一成员方认为另一成员方未能履行本协定项下的义务和具体承诺,即可向争端解决机构申诉。"第2款规定:"如DSB认为情况足够严重有理由采取此类行动,则可授权一个或多个成员依照DSU第22条对任何其他一个或多个成员中止义务和具体承诺的实施。"第3款规定:"如果一成员方采用的某种措施与GATS并不抵触,但使另一成员方预期可得的合理利益丧失或受损,另一成员方也可向争端解决机构申诉,由争端解决机构或服务贸易理事会与该成员方磋商,以作出双方满意的调整,包括修改或撤销该措施。如果磋商未果,受损害方可请求争端解决机构授权暂停履行其对该成员方在GATS项下的义务。"

因此,对于成员之间的问题,WTO鼓励寻求与WTO规则相一致、各方均可接受的解决办法。通过双边磋商找到解决办法,如果磋商失败,经双方同意,再提交给WTO的争端解决机构。

(二)争端解决的程序

DSU强调,争端的迅速解决是WTO有效运作的基本要求。因此,它非常详细地规定了解决争端所应遵循的程序和时间表。

1. 磋商

DSU规定,WTO成员如有争端,可提出法律依据,说明对方违反了WTO哪个协议哪个条款,要求对方进行磋商,同时应通知DSB和有关理事会或委员会。被要求磋商的成员应在一方提出要求后的10天内作出答复,并应在一方提出要求后不超过30天的时间进行磋商。如60天后未获解决,一方可向DSU提出申请成立专家小组(Panel)。若某一第三方认为正在进行的磋商与自己的贸易利益有关,也可以以第三方的身份参加磋商。但第三方须在收到磋商通知之日后10天内通知磋商当事各方参加磋商的请求。若磋商方认为该问题与第三方没有贸易利益关系,也可以拒绝第三方参加磋商。

2. 成立专家小组

WTO总理事会作为争端解决机构在接到成立专家小组申请后的第1次会议上采取"反向一致"的原则①决定是否同意成立专家组。如决定成立,则列入DSB的既定日程

---

① 根据DSU的规定,只要起诉方提出请求,专家组最迟应在该请求首次列入DSB议程之后的DSB会议上设立,除非DSB一致决定不设立专家组,这就是所谓的"反向一致"原则。这一原则使得WTO对成员间的贸易争端事实上享有强制司法管辖权。

(Built-in Agenda)。专家组在DSB第2次召开会议时成立,确定专家组的人员组成、工作范围等。专家小组一般由3人组成,小组成员由争议双方共同选择,如有不同意见,由总理事选定。第2次会议应在提出请求后15天内举行。

关于是否请专家审议小组(Expert Review Groups)进行技术审议,由专家小组自行决定,但争议双方可以提出进行技术审议的要求。根据DSU第13条的规定,专家小组还可以使用非政府组织的信息来源。

3. 裁决

专家小组提出裁决报告的期限一般是6个月,可以延长但最长不能超过9个月。专家组的裁决过程大致包括以下四个步骤。

(1) 事实调查。在争议各方提交书面材料后,专家小组紧接着召开两次口头听证会。专家组还享有广泛的庭外调查取证自由,有权从其认为合适的渠道获取相关信息、技术建议或专家鉴定意见。此后,专家小组发布描述性的初始报告,报告中对事实和双方的观点进行阐述,若双方认为其与事实有出入,可以向秘书处澄清。

(2) 发布中期报告。专家组在掌握必要的事实信息的基础上秘密进行合议,发布中期报告(包含事实认定及裁判意见)。争议各方可以在此基础上以书面方式进一步提出自己的观点和论据,由秘书处传达给专家小组。书面意见作为副本,附在中期报告之后。当事人未再提出新的评论意见时,中期报告即视为最终报告,向全体成员公开发布。

(3) 最终报告。专家组复议或与各方再次开会讨论后形成最终报告。专家小组形成的最终报告应以三种工作语言(英、法、西)分发给各成员方,20天后,才可在DSB会议上审议通过。在向各成员分发专家小组报告的60天内,该报告在DSB的会议上应予通过。60天的期限可以延长,但最长不能超过90天。通过方式也采取"反向一致"的原则。

4. 上诉

对专家组报告,当事人可提出上诉。如果某一成员方正式通知DSB其将进行上诉,争端解决进入上诉程序。上诉的范围仅限于专家小组报告所涉及的法律问题及由该专家小组所做的法律解释。上诉机构有60天的时间处理上诉事宜,并通过上诉报告。该期限可以延长但最长不得超过90天。上诉机构的报告应在发出后30天内经DSB通过,除非经协商一致没有通过。未上诉的,根据"反向一致"规则,专家组报告即应由DSB自动通过。

5. 裁决的执行

DSU通过专家小组或上诉机构的报告后,当事各方应予以执行。争端解决程序规定,争端各方可以以三种方式执行专家组报告:

(1) 执行。在报告通过后30天内,当事方应通知DSB其履行DSB建议或裁决的意愿和改正的具体措施及期限。若不能立即执行,也可以要求在"合理期限"内执行。

(2) 补偿。如果DSB及争端各方都未能对合理期限达成协议,则可通过仲裁确定。合理期限一般为90天,实际操作中最长可给予15个月。如果在合理期限内,被诉方不能改正其违法做法,申诉方应在此合理期限届满前与被诉方开始谈判,以求得双方都能接受的补偿办法。违背义务的一方可以主动提出给予补偿。

(3) 中止减让或实施报复。当违背义务的一方未能履行协议,并在合理期限到期后20天内,争议各方就补偿问题没有达成一致意见,申诉方可请求 DSB 授权其对被诉方进行报复或交叉报复,中止协议项下的减让或其他义务。DSB 应在合理期限届满后30天内,批准授权,除非 DSB 一致同意拒绝该项请求。若被诉方对申诉方的报复措施表示反对,或认为投诉方在要求报复中未遵守有关原则和程序,则可以提请仲裁。仲裁应在合理宽限期结束前60天内完成。仲裁裁决是终局的。

争端解决程序规则规定,报复行为应由争端解决机构授权,并尽可能在专家小组或上诉机构判定在有争议和遭受损害的同一部门内实施,报复应限于相当于利益丧失或损害的程度。如果受损害一方认为仅报复一个行业或部门无效或不能达到平衡,则可在同一协定项下的其他部门采取报复措施。只有在极个别情况非常严重的情况下,争端解决机构才能授权采取跨协议的报复行为,例如,对于违背 GATS 或 TRIPS 项下的义务,可授权采取提高关税的办法予以报复。提供补偿和由争端解决机构授权采取报复是临时性的措施,因为该机制的宗旨是解决争端,迫使被诉方改正其不合法的做法。

案例 3-1

WTO 服务贸易第一案——2004 年美墨电信服务争端

【案情】

1997年之前,墨西哥国内长途和国际电信服务一直由墨西哥电信(Telmex)垄断,1997年以后,墨西哥政府授权多个电信运营商提供国际电信服务,但 Telmex 仍是最大的运营商。根据墨西哥国内法,Telmex 公司作为墨西哥对外呼叫业务最多的运营商,享有以所有墨西哥运营商的名义与境外运营商谈判线路对接条件的专有权,控制着墨西哥90%长话线路的 Telmex 公司可以单方面制定高额国际长途连接费;所有墨西哥基本电信供应商必须将 Telmex 公司谈判敲定的价格包括在各自与外国跨国公司基本电信供应商签订的合同中,并保证 Telmex 公司能够从该项收费收益中得到最大比例。这在客观上阻碍了作为 Telmex 公司竞争对手的美国电信服务运营商进入墨西哥电信服务市场,从而引发了希望大举进入墨西哥市场的美国电信业巨头的不满。

2000年8月17日,美国以墨西哥基础电信规则和增值电信规则违背了墨西哥在GATS 中的承诺为由,向墨西哥提出磋商请求。之后,美墨双方进行了两次磋商,但未能达成共识。2002年4月17日,根据 DSU 第6款成立专家组,但双方未能在规定期限内就专家组成员达成一致意见。8月26日,WTO 总干事最终任命以 Ernst Ulrich Petersman 为首的3人专家组。澳大利亚、巴西、加拿大、欧共体、古巴、日本、印度、危地马拉、洪都拉斯和尼加拉瓜等10国也提交了书面意见。专家组分别于2003年11月21日和2004年4月2日提交了中期报告和最终报告。专家组认为墨西哥在以下几个方面违反了其在 GATS 及其《参考文件》中的承诺:①未能确保墨西哥国内主要电信供应商(Telmex)向美国供应商提供基于成本的国际联网;②未能采取"适当措施"防止电信运营商因其所享有的与外国电信供应商谈判互联事宜的独占权力发生的限制竞争行为;③未能确保美国供应商在合理和非歧视性的条件下获得和使用公共电信输送网络和服务;④未能确保美国商业机构根据墨西哥的承诺在墨西哥境内或者跨越该国国境获得和使用私人租赁的电路。2004年6月1日,经过再次磋商,墨西哥与美国达成协议,墨西哥同意降低国际长话连接费,并进一步开放其长话市场;美方作为回应,禁止本国公司提供不用支付国际长途连接费的"长话旁路服务",即租用一条电话线,然后再以更低的价格转卖该线路提供的服务。

【分析】

本案表面看起来是墨西哥 Telmex 公司在实施限制竞争行为。该公司控制了约95%的墨西哥国内电信服务市场,在确定国际联网收费比率时实际占有支配地位,并超过成本向美国电信服务提供商征收联络费。但实际上墨西哥政府发挥了关键作用,政府通过立法方式支持 Telmex 公司,如墨西哥法律授予该公司独家谈判权,授权其与外国电信服务商就与墨西哥电信企业联网必须支付的使用费率进行谈判。

本案涉及的电信服务是 WTO 规则中服务贸易的重要领域,它不仅涉及微观层面的两个成员方电信商之间的贸易条件,也涉及宏观层面一成员调整其引进国外电信服务的许可、竞争等方面的政策。WTO 受理的依据是墨西哥违反了 WTO1997 年 "基础电信协议"和此后的 "参照文件" (Reference Paper) (一份由包括墨西哥在内的几十个 WTO 成员方签署的单独的协定,规定了电信管制原则),以及墨西哥在这些协议项下有关服务业的 WTO 承诺表中对其义务的规定。该"参照文件"建立了有关电信竞争保障、互联互通保证、透明性许可、独立于电信业经营者的管制者、以及对诸如频段、号码、路权(Rights of Way)等资源的公平分配等方面的纪律。

【启示】

美墨之间关于电信服务贸易的争端是 WTO 建立以来处理的第一个关于服务贸易的争端,争议焦点是 WTO 历来十分关注的电信服务。由于服务贸易领域在本案之前没有任何争端解决的先例可循,本案专家组报告的分析思路及其对有关文件的解读具有重大的参考价值,并在一定程度上具有开创性意义。

面临日趋激烈的电信业的竞争,我国政府和有关电信服务企业应努力熟悉 GATS 争端解决机制,勇敢面对潜在的一些争端,争取使我国电信服务企业能在激烈的市场竞争中争得一席之地并获得长足的发展。同时,应按 GATS 及其有关电信服务的附件的要求和中国电信改革开放的方向,加快制定和出台有关的电信法律、法规,建立健全完善的电信服务贸易方面的法律体系。

资料来源:中国服务贸易指南网。

七、附件

GATS 的附件共有 8 个,其中,1 个是关于最惠国待遇例外的附件,另外 7 个分别是关于自然人员移动、空运服务、金融服务(共 2 个)、海运服务、电信服务(共 2 个)等具体服务部门的附件。这些附件是 GATS 的组成部分之一,对具体服务部门如何实施 GATS 的原则或规则作出更为具体的规定。

(一)自然人提供服务活动的附件

适用于各成员方提供服务的自然人和受雇于服务提供者的自然人。该附件允许成员方可就适用于 GATS 的提供服务自然人临时逗留的具体承诺进行协商,但不适用于以移民为目的,寻求在一成员方长期居留或长期就业的人员。在具体承诺范围内的自然人应被允许根据具体承诺的条件提供服务。同时,该附件不阻止一成员实施相应措施对自然人进入或临时居留境内进行管理,包括为保护其边境的完整和确保自然人有秩序跨境流动所必需的措施,只要这类措施不致损害或阻碍依据具体承诺的条件予以的其他任何成员的利益。

(二)空中运输服务的附件

适用于影响空运服务和相应的辅助服务贸易措施。它将运输权利和可能影响运输权利谈判的有关活动排除在 GATS 的范围之外。但该附件适用于飞机修理和维修服务、推销空运服务和电脑预约系统服务。

(三)金融(含保险)服务的附件

金融服务有两个附件。

1. 附件 1

附件 1 包括以下三个部分内容。

(1)界定政府为行使行政职能而提供的金融服务的范围。

(2)确立各国政府有权采取谨慎措施以保证金融体制的实施性和稳定性,但是这些措施在与 GATS 的有关条款不相符合时,不能用以逃避自己的承诺与义务。

(3)规范金融服务的定义。金融服务是由一成员方的金融服务提供者所提供的任何有关金融方面的服务。金融服务包括保险和与保险有关的服务,以及所有银行和其他金融服务。

2. 附件 2

附件 2 规定,允许各参加方在 GATS 生效 4 个月起的 60 天内,列出其最惠国待遇的例外清单,并可改进、修改或撤销其减让表中有关金融服务的全部或部分具体承诺。

(四)海运服务谈判的附件

规定 GATS 生效后,各方就海运服务部门再次进行谈判。在此之前,各参加方可以随意撤销其在该部门的承诺,无需给予补偿。

(五)电信服务的附件

主要目的在于约束各成员方在提供电信服务时,不应限制其他成员方服务提供者的行为,或对提供服务的行为造成障碍。

第三节 GATS 的局限和评述

GATS 将服务贸易纳入多边体制,第一次以国际公约的形式为服务贸易逐步自由化提供了体制上的安排与保障,形成了一个统一的国际协调机制,为各方发展服务贸易提供了共同遵守的国际规则,它所确立的各项原则在国际服务贸易方面对各成员方有着直接的约束作用。GATS 与货物贸易协议并列成为 WTO"多边贸易协议",构成了 WTO 多边法律框架,标志着多边贸易体制渐趋完善,使 WTO 真正成为全面协调国际贸易发展的一个国际组织机构。但 GATS 也存在一些局限和不足,有待于进一步修改和完善。

一、对基本概念和关键术语的解释不够明确

GATS 第 1 条第 2 款中将服务贸易定义为通过跨境服务、境外消费、商业存在和自然人移动四种方式提供的服务,这四种方式包括了除行使政府职能过程中所提供的服务外所有部门的一切服务,但对什么是"服务"没有加以定义。而且以上述四种提供方式为基础的服务贸易概念太过宽泛,从而可能产生一些潜在的问题,例如,由于全球化和设立机构的贸易性质,难以分辨服务贸易的所有权,从而使人们难以确定所交易服务的"原产地",这种情况所造成的混乱尤其表现在投资方面。

此外,GATS 缺乏对各"服务部门"、"互利"标准、"权利和义务的整体平衡"、"实质的"、国民待遇和最惠国待遇中的"待遇"等关键词语的定义和解释,也缺乏对"第 2 条豁免清单"及具体承诺表中一些主要用语的"使用要求和标准"进行界定,给协定今后的解释和实施带来隐患。[①]

二、最惠国待遇例外削弱了 GATS 效力

GATS 规定,一个国家可以在 10 年过渡期内维持与最惠国待遇原则不符的措施,但要将这些措施列入一个例外清单。这一规定使得其在执行中由无条件最惠国待遇变为有条件最惠国待遇,GATS 的普遍适用范围遭到破坏,这与 GATS 的根本目标——服务贸易自由化相冲突。从 GATS 最惠国待遇规则谈判中可以看到,豁免清单不仅被一些成员方用作最大限度地逃避能够履行而且应该履行义务的手段,被一些国家当成最惠国待遇附加条件的手段(如互惠要求),在谈判中迫使其他成员方作出让步,增加讨价还价的筹码。美国等发达国家没有顾及发展中国家服务产业相当落后、无力对等开放服务业投资市场的现实情况,甚至将其本已开放了的服务部门(如基础电信、金融和海运等)也列入最惠国豁免单,要求各成员提供互惠、对等的市场开放。这不仅削弱了该原则对服务贸易法

---

① 刘金花.《服务贸易总协定》的缺陷及完善探讨[J].山西青年职业学院学报,2006,19(2):52-44.

律多边化所应起到的基础作用,而且给以后的多边贸易谈判造成更多的困难和障碍。

由于国际服务贸易中较多涉及知识产权问题,美国政府动辄利用"特别301条款"实施跨部门交叉报复,这使得无条件最惠国待遇在实践中往往无法真正执行。

许多国家在对外国银行发放进入市场许可证的规定时仍实行互惠办法。互惠条件使一些国家在其本国的银行未获得与另一成员方的银行同样广泛机会的情况下,禁止对方银行进入其市场,这与最惠国待遇原则相互矛盾。

此外,毗邻地区交换、经济一体化、劳动一体化、政府采购也都可以排斥最惠国待遇的实施。

三、市场准入和国民待遇原则存在缺陷

市场准入原则是GATS最重要的原则之一,是各成员方承担的特定义务。各成员方可以根据实际情况,确定市场准入的部门和开放程度,以"肯定清单"的形式作出具体承诺,以其承诺的服务部门及市场准入条件和限制为限,对其他成员方开放本国的服务市场。由此可以看出,市场准入原则不适用于成员方未予承诺开放的部门。GATS第17条第2款规定,国民待遇义务属于具体承诺义务,成员方可以根据本国的经济发展水平承担义务,不但可以自己决定在哪些部门或分部门实施国民待遇,还可以选择提供方式,并可为实施国民待遇的条件和限制开列清单。一些可以满足国民待遇且不违反市场准入条款却能够限制市场竞争的市场准入壁垒,如劳动法、税收体制、许可证及有关费用、竞争政策的存在及其范围、对垄断的控制等并未纳入承诺清单。国民待遇和市场准入原则的这种非普遍适用性,大大降低了国际服务贸易多边规则的约束力。

国民待遇和市场准入的特定义务性质,使得各成员方可以对服务贸易自由化的程度、部门、进程进行控制,各国在进行部门开放谈判时,可以充分考虑到各国发展水平的不同和实际情况,本着"利益互惠""对等减让"的原则来达成市场准入方面的具体承诺,这种肯定承诺方式有利于那些旨在改善投资环境以吸引外资和受外资青睐的国家,它们可以在服务业领域承诺给予国民待遇和商业存在权,以换取其他国家的对等优惠。但肯定承诺方式使成员方采用各个具体服务部门或分部门"选择认购式"减让策略,使国民待遇和市场准入谈判成为讨价还价的利益之争,增加了有关谈判的人力和时间成本,有可能导致部门间妥协、部门间相互补偿或跨部门报复,这将为以后最惠国待遇的具体执行带来潜在的障碍。并可能使各成员仅因不能在某一部门上达成协议,而搁置或推翻有关服务贸易的整体谈判,从而影响服务贸易自由化的整体进程。发达国家打着"对等"旗号,在开放本国市场方面做了很大的保留,特别是对发展中国家具有出口比较优势的服务部门或服务方式,发达国家往往利用"选择认购式"减让办法,只"认购"发展中国家目前技术和资金能力还没有竞争力的服务部门,其结果是使得服务贸易多边规则只适用于发达国家之间的相互减让,逐步自由化的谈判方式在一定程度上被发达国家主导,从而使发达国家的优势部门成为谈判中的优先部门。同时,对实施国民待遇原则和市场准入纪律的服务部门或分部门的自由选择,也使得多边服务贸易谈判受到国内利益集团的影响和左右,使得政府对新的服务部门作出承诺极其困难。对那些不愿开放本国服务市场的政府而言,"肯定清

单"的承诺方式也为其尽量少作承诺提供了便利。这会助长有能力开放市场的国家延缓服务贸易市场开放的进度,从而延缓整个服务贸易自由化的进程,与 GATS 的初衷相背离。①

此外,GATS 市场准入条款和国民待遇条款界限模糊。② 市场准入条款主要是针对妨碍市场准入的数量限制措施(Quantitative Measures),国民待遇条款主要是针对国内外服务或服务提供者区别对待的歧视性措施(Discriminatory Measures)。但现实中有些数量限制措施同时也是歧视性的,如市场准入条款禁止的第 6 种措施——以限制外国股权最高百分比或限制单个或总体外国投资总额的方式限制外国资本的参与。同时,市场准入条款禁止的措施也包括非数量限制性的措施,如第 5 种措施——限制或要求服务提供者通过特定的法人实体或合营企业才可提供的服务不属于数量限制措施。因此,在引用 GATS 条款时,歧视性数量限制措施(Discriminatory Quantitative Measures)归属于第 16 条或 17 条款容易引起争议。

由于国民待遇条款的确切适用范围没有明确界定,国民待遇和市场准入原则可能会被相互用来间接地实施限制。GATS 对市场准入和国民待遇是具体问题具体规定的,一成员方并没有义务就市场准入和国民待遇义务做一致性承诺,当一项市场准入的限制既适用于一成员方(东道国)的服务或服务提供者,又适用于其他成员方的服务或服务提供者时,它与国民待遇是一致的,但却对其他成员方的服务和服务提供者有效进入东道国市场构成市场准入方面的限制;当一次市场准入的限制仅适用于外国服务或服务提供者时,它既违反了市场准入原则,也违反了国民待遇原则。因此,国民待遇可能会被用来间接地违反市场准入义务,对市场准入的限制又可被一成员方用来间接地违反国民待遇原则,从而引出诸多争执。③ 例如,一成员方对其他成员方的金融服务在该成员方的国民待遇不设任何限制,但却在市场准入方面要求其只能以特定的"商业存在"形式在该国特定的地区提供服务。这种情况下,该成员方虽未违反其承诺的无限制的国民待遇,但实际上却通过市场准入方面的限制对国民待遇产生了限制性影响。

四、发展中国家更多参与无实质意义

GATS 的第 4 条、第 19 条规定,允许发展中国家在市场准入等方面拥有更多的灵活性,帮助和鼓励更多发展中国家参与到国际服务贸易自由化进程中,并给予不发达国家特殊照顾。这意味着发展中国家可以为提高其服务能力等而采取各种合法措施,有助于发展中国家进入国际服务市场。

GATS 第 4 条第 1 款承诺:"不同成员应按照本协定第 3 部分和第 4 部分的规定,通过谈判商定具体承诺,以便帮助发展中国家更多地参与国际服务贸易",主要有以下三种方法:①主要通过在商业基础上的技术转让,提高发展中国家国内服务业的实力、效率和

---

① 吴成贤.《服务贸易总协定》的承诺方式及困境[J].国际贸易问题,2001(10):9-13.
② 刘笋.对 GATS 主要缺陷的剖析[J].法学评论,2001,19(1):92-97.
③ 刘金花.《服务贸易总协定》的缺陷及完善探讨[J].山西青年职业学院学报,2006,19(2):52-44.

竞争力;②改善发展中国家进入销售渠道和信息网络的能力;③在对发展中国家有切身利益的服务出口部门和服务提供方式中,放宽市场准入条件。这里,"通过谈判商定的具体承诺"和"在商业基础上技术转让"的提法比布鲁塞尔部长会议前的有关提法后退了,缺乏对各成员方给予发展中国家特殊照顾义务具有实质性约束力的硬性规定,发展中国家仍需经过与发达国家进行谈判,才可能使该协定中的目标性规定变成义务性规定。这些规定所给予发展中国家的差别待遇,只是一种政治意愿和形式上的优惠,与关贸总协定相比,鼓励发展中国家更多地参与服务贸易的作用很有限,因此,并无太多的实质性意义。

五、经济一体化削弱多边性质

GATS第5条规定,允许成员方参加双边或多边服务贸易自由化协定,并对如何促进全球服务贸易一体化发展作出了具体规定。区域一体化组织的成立肯定会对其他成员方造成一定程度的不利影响,减少市场开放的范围,进而严重削弱GATS的多边性质,所以,对区域一体化协议进行必要的监督与审议,防止与服务贸易自由化进程背道而驰是非常重要的,而GATS条款中并没有对此作出严格规定。

六、紧急保障措施缺乏可操作性

GATS规定了可以实施紧急保障措施,这意味着当一成员方在某一服务部门进口激增,对该服务部门造成严重损害或严重威胁的情况下可以实施违反国民待遇的措施。但这一条款只是初步规范,与关贸总协定相关条款第19条以及乌拉圭回合新达成的《保障协议》对货物贸易采取相应的保障措施所作的较为详细的、可操作性的规范相比,缺乏具体的、可操作的规范,对如何判断服务领域的进口以及服务进口的相关经济影响缺乏衡量标准,对成员方在服务贸易中援用紧急保障条款制定具体可行的标准和义务是一个难题。

七、某些领域规则和纪律缺失

GATS第13条规定,最惠国待遇原则、国民待遇原则和市场准入纪律不适用于服务的政府采购,这意味着各国在服务采购方面可以更多地优先采购本国服务,由于政府采购在许多服务部门中占有相当大的市场份额,这就大大减少了多边服务贸易规则的适用范围。而且《政府采购协议》属复边协议,只对自愿参加的国家才有约束力,效力有限。

GATS对一些会导致国际服务贸易公平竞争产生扭曲影响的贸易做法(如补贴、垄断)没有规定普遍适用的原则和纪律。GATS只是简单地指出,各国承认在一定条件下补贴会产生对服务贸易的扭曲效果。GATS第9条虽然承认通过授权实行垄断和独家经营的经营方法会限制竞争,从而影响国际服务贸易,但却对竞争政策的范围和实施没有义务规定,只要求各国对其他国家提出要求时应当提供涉及竞争问题的、公众可以得到的非保密性信息。这样,必然会刺激某些成员在现阶段加紧对不受约束的服务部门采取限制措施,或采取继续沿用甚至扩大不公平的贸易做法,借此提高本国多边贸易谈判的筹码。①

应当看到,尽管 100 多个成员方已提交的各自服务贸易减让承诺表所承诺开放的范围、条件和程度各有不同,但总体上已几乎涉及所有的服务领域,这为服务贸易的初步开放奠定了基础。服务贸易领域毕竟是多边体制首次涉足的领域,加上服务部门名目繁多、性质迥异,国际服务贸易多边规则的制定不可能一步到位,具体规则和不适用的例外情况等有待于进一步完善和细化。

第四节　TISA 谈判及进展

一、TISA 产生背景

在国际服务贸易迅猛发展的同时,WTO 多边服务贸易规则谈判陷入僵局。为了走出多哈回合谈判的困境,2011 年 12 月召开的第八次部长级会议鼓励成员方可针对多哈回合谈判框架下的一些特定领域进行谈判,采用"议题推动方式"(Issue-oriented Approach),达成临时或永久的多边或诸边协议。在此背景下,由美国于 2011 年 12 月发起,并由美国、欧盟、澳大利亚共同主导的 WTO 次级团体——"服务业挚友"(Really Good Friends of Services,RGF)倡导,以诸边谈判方式为基础的国际服务贸易协定(Trade in Service Agreement,TISA)应运而生。如果 TISA 谈判成功,成员之间的投资和服务贸易壁垒将大范围削减,形成统一的服务业市场准入标准,重塑国际服务贸易规则。

谈判初始阶段,RGF 有美国、欧盟、澳大利亚、加拿大、智利、日本、韩国、瑞士、哥伦比亚、墨西哥、新西兰、挪威、新加坡、巴基斯坦、中国香港、中国台北等 16 个成员方。2013 年 2 月,哥斯达黎加、冰岛、以色列、巴拿马、秘鲁和土耳其 6 国加入。同年 6 月,列支敦士登加入。第 10 轮、第 12 轮谈判期间,乌拉圭和毛里求斯先后加入,成员方增至 25 个。在第 1 轮谈判期间,新加坡在欧美和澳大利亚提出主要谈判议题后,宣布退出 TISA 谈判。乌拉圭在第 14 轮谈判结束后,担心 TISA 要求本国不打算开放的部门对外放开,宣布退出 TISA 谈判。TISA 现有 23 个成员方,涉及全球 50 个国家和地区,其贸易量占世界服务贸易总额的 70% 左右。其中,OECD 经济体占 91%,非 OECD 经济体仅占 9%②;高收入参与方 14 个,中高收入参与方 8 个,中低收入参与方 1 个(巴基斯坦),高收入参与方的服务业发展水平普遍较高,在 TISA 谈判中处于主导地位,其他参与方则表现出较强的加入和跟随意愿。③

---

① 刘笋.对 GATS 主要缺陷的剖析[J].法学评论,2001,19(1):92-97.
② 张皞.《国际服务贸易协定》的自由化推进和多边化悬疑[J].亚太经济,2014(4):46-51.
③ 陈靓.从 GATS 到 TISA[D].上海社会科学院,2018(6).

二、TISA 谈判进展

(一) TISA 谈判进展

TISA 谈判于 2013 年 4 月 27 日正式启动,截至目前,一共开展了 21 个回合的谈判。谈判由澳大利亚、美国和欧盟轮替担任轮值主席进行协调,采用非正式谈判的方式,由不同的工作组同时推进。谈判地点通常设在轮值主席的外交代表处。在会晤方式上,既有全体参与成员参与的全会,也有双边会议,大使级会议主要涉及技术层面的内容。[①] TISA 谈判分为三个阶段,分别是早期磋商、广泛讨论、初步取得成果阶段。[②]

1. 早期磋商阶段(2013 年 4 月 27 日—2014 年 4 月 24 日)

早期磋商阶段包括第 1—5 轮谈判。本阶段谈判以确定市场准入为谈判重心,提出金融服务、跨境人员移动、电子商务、贸易争端解决、国内监管和透明度、海运空运服务、市场准入、信息与通信技术服务、专业服务、国内法规、有竞争力的配送服务、能源服务和补贴、减让表、吸收新成员参加谈判等重要议题。

第 1 轮谈判由美国主持,主要针对金融服务和跨境人员流动议题展开讨论,并涉及对商务人员临时入境、模式 4 的跨境人员移动以及由瑞士提案的 TISA 贸易争端解决机制等问题。特别是针对如何改善申请签证程序透明化(包括如何申请签证、核发时程、跨境人员停留时间、如何申请延期停留等)进行了广泛讨论。

第 2 轮谈判主要讨论金融服务和国内管制相关议题,并初步讨论了电子商务和海上运输服务贸易相关问题。

第 3 轮谈判由澳大利亚主持,就初步提交市场准入清单达成共识。谈判在核心文本的讨论上初见成效,美国和日本提交的市场准入承诺试图为市场准入树立新的标杆,各国对初步提交市场准入清单达成共识。超过 120 个政府具体部门的专家参加了谈判。

第 4 轮谈判由美国主持,在前几轮的议题基础上,增加了空运、能源、邮递、补贴等议题,着重讨论了金融服务、信息与通信技术服务、专业服务、业务人员临时入境、海运和国内规制等新领域的贸易规则。本轮谈判还对吸收新成员、开展市场准入谈判等问题进行了讨论。

第 5 轮谈判由欧盟主持,集中讨论市场准入清单核心议题,其中,有 21 个成员方提交了市场准入清单。并就金融服务、国内监管和透明度、业务人员临时入境、海运、电子商务、专业服务、CT 服务、通信等议题展开进一步讨论。

2. 广泛讨论阶段(2014 年 4 月 28 日—2015 年)

第 6—14 轮谈判为广泛讨论阶段。该阶段的主要特点是将谈判内容从政府层面下沉到行业层面,逐渐邀请相关行业专家和人士加入讨论,并提出部分新议题,各国开始提交准入清单。

---

① 钟英通.WTO 体制中诸边协定问题研究[D].西南政法大学,2017.
② 段子忠,林海.服务贸易协定(TISA)谈判追踪[J].WTO 经济导刊,2016(6):53-55.

第6轮谈判由澳大利亚主持,邀请了相关议题领域的专家及行业代表参会,在金融服务、国内监管、电子商务、通信、海运服务等领域的谈判取得较大进展。市场准入清单的谈判仍在继续,并同意新增空运服务议题。140多个政府部门的专家参加谈判。

第7轮谈判重点聚焦金融服务、邮政服务、陆上运输议题,继续讨论市场准入核心议题。

第8轮谈判新提出了销售服务、环境服务、政府采购三个议题。

第9轮谈判讨论前期议题。特定部门专家应邀继续参加讨论。

第10轮谈判由澳大利亚主持,讨论金融服务、电信、国内监管、模式4的跨境人员移动等议题,新增出口补贴议题。

第11轮谈判继续讨论第10轮谈判议题。

第12轮谈判由欧盟主持,集中讨论金融服务、通信服务、国内规制、海运服务、模式4的人员流动等传统议题。本轮谈判开始讨论市场准入清单,除巴拉圭、巴基斯坦和乌拉圭外,其他成员都提交了准入清单。

第14轮谈判由美国组织和主持,除金融服务、模式4人员流动、电信、电子商务、国内监管等传统议题外,新增能源服务议题。各国在提出新议题的同时,提交了市场准入清单。

3. 取得初步成果阶段(2015年11月29日—2016年11月10日)

第15—21轮谈判为初步取得成果阶段。本阶段经过前期多轮谈判,逐渐取得谈判成果,谈判开始进入密集期。

第15轮谈判由欧盟主持,集中讨论金融服务、国内监管和透明度等领域,并初次讨论国有企业相关议题。本轮谈判在国内监管和模式4人员流动方面取得一定进展。

第16轮谈判由美国主持,将金融服务、电信、电子商务、模式4等主要议题形成一致的文本附件,在2016年7月就关键议题形成附录框架,同年9月形成文本。同时,对核心议题市场准入以双边谈判的形式进行深入探讨。此轮谈判在人员出入境议题上取得部分成果。

第17轮谈判由澳大利亚主持,深入探讨金融服务国际标准和自律组织、海陆空运输服务议题,引入专业服务、采矿服务等议题,并就金融服务、通信服务和电子商务、模式4的附件文本达成一致。

第18轮谈判期间举行了关于TISA的部长级会议,两场会议均由欧盟主持。此轮谈判旨在讨论早期各方提交的改进出价,并进一步探讨电信、电子商务、国内监管、金融服务和模式4附件中的文本、海陆空运输和国有企业附件、TISA制度框架。欧盟还提交了关于政府采购的修订提案。

第19轮谈判由澳大利亚主持,继续对传统议题进行探讨,并且再次重申议题重点在于市场准入。

第20轮谈判聚焦包括争端解决机制在内的制度框架,对如国有企业附件等采取小组讨论的形式进行讨论。

第21轮谈判由欧盟主持,讨论了各方第2次修改的出价,主要讨论的关键附件包括透明度、国内监管、金融、电信、电子商务、本地化以及模式4自然人流动都取得了实质性结果,并在快递服务附件最终文本达成方面取得了显著成果。还讨论了包括争端解决在内的制度性安排、在 TISA 委员会中设立观察员的可能性、在协定签署后修改减让列表等问题。

总的来说,美国、欧盟、澳大利亚等主导国家为推动建立高标准的服务贸易自由化新规则,积极推动 TISA 谈判,在多数关键领域取得了谈判成果。但 2016 年 11 月第 21 轮谈判之后,TISA 再没有进行过谈判,目前,谈判处于暂停阶段,没有正式设定谈判结束的最后期限。

(二) TISA 谈判内容及主要分歧

1. TISA 谈判内容

从 TISA 谈判框架的基本构成来看,可分为两类:一是 GATS 框架已包含的领域,如政府采购、竞争政策和监管协调、相互认证、国内监管等;二是服务贸易新规则,如国有企业和跨境数据流动等。① TISA 谈判的内容主要涵盖金融服务、信息和通信技术(ICT)、电子商务、国内监管、模式 4(自然人跨境流动)、海陆空运输服务、跨境数据流动等领域。② 空运服务、快递服务和能源服务等领域属于新增领域,国有企业和政府采购也是 TISA 涉及的重要议题。

(1) 金融服务。金融服务议题主要包括跨境金融服务准入标准制定、垄断透明度、用户数据保护以及非歧视性原则、国民待遇原则、金融自律组织管理等。

(2) 信息通信技术(ICT)。ICT 谈判的焦点集中在市场准入标准、通信基础设施建设、通信领域监管独立性等方面。欧盟官方的文件显示,通信领域在跨国通信准入方面已经在 GATS 的标准下形成了具体条款,对通信供应商的跨国移动通信漫游和开放方面也已建立相应条款。

(3) 电子商务。电子商务谈判主要包括消费者保护、商家认证、跨境数据流动、服务器设施建设等内容。一些成员主张在谈判文本中增加电子商务政策的例外条款,以确保本国的信息安全。

(4) 国内监管。TISA 成员主张提高国内监管的透明度。在第 15 轮谈判中就执照发放程序形成了部分文本条款。

(5) 模式 4(自然人移动)。模式 4 谈判主要集中在专业服务人员入境批准程序、入境停留、专业人员安全保障、签证办理等方面,尤其增加商务访客、专家和技术人员准入便利性,包括对企业市场开拓意义重大的内部调动人员(ICT)。

(6) 海陆空运输服务。海陆空运输服务谈判主要集中在海运港口服务和费用、机场运营服务、陆上运输基础设施使用等方面。

(7) 跨境数据流动。跨境数据流动谈判聚焦实现数据跨境自由流动,取消数据必须预先存储于使用国境内服务器的要求。

---

① 杜琼,傅晓冬.服务贸易协定(TISA)谈判的进展、趋势及我国的对策[J].中国经贸导刊,2014(21):24-26.
② 段子忠,林海.服务贸易协定(TISA)谈判追踪[J].WTO 经济导刊,2016(6):53-55.

2. TISA 谈判的主要分歧

TISA 各成员方虽然目标一致,但经济发展阶段有差异,立场不同,利益有别,在谈判中存在分歧在所难免。谈判的分歧主要体现在以下两个方面。

(1) 多边化。欧盟认为,虽然 GATS 是多边协议,TISA 目前是诸边协议,但服务贸易的定义、范围、市场准入和国民待遇、一般纪律与责任的例外等核心条款相同,TISA 谈判对其他 WTO 成员开放,一方面,各成员可以直接用 TISA 的减让承诺替换现有的 GATS 承诺,顺利实现 TISA 和 GATS 的整合;另一方面,在 TISA 谈判方所占世界贸易量总和超过 90%的"关键多数"(Critical Mass)比例要求时,协议中的开放内容对所有 WTO 成员依照最惠国待遇原则适用,就可以回归 WTO 多边贸易体制,实现 TISA 多边化。美国为了遏制"金砖国家"等"搭便车"获利,反对将 TISA 多边化,主张 TISA 谈判成果仅对签字国有效。

(2) 包容度和透明性。包容性分歧主要体现在对新成员申请加入的态度上。RGF 对新加入成员提出三个条件:一是接受已确定的关于谈判的法律框架文本;二是及时提出市场准入承诺,且承诺水平不能低于 GATS;三是不得在现有文本和议题外再提出新的内容。欧盟坚持 TISA 谈判应对其他 WTO 成员开放,认为如果"金砖国家"和东盟成员国不参与,TISA 的实际效果将不如预期,也难以满足 WTO"关键多数"的比例要求,使 TISA 实现多边化。美国对新成员加入的态度较保守,更倾向于先在 RGF 内部完成 TISA 谈判,再考虑吸纳新成员。① 尽管以欧盟为代表的 TISA 参与成员尽可能保证 TISA 谈判的透明度,并尽量地公开谈判相关信息,但 TISA 谈判采用非公开的方式进行,具有较高的封闭性。

(3) 公共服务。欧盟在公共服务领域具有重大利益,立场更趋保守,在其出价中提出采用横向保留(Horizontal Reservations),将公用事业(Public Utilities)划在公共垄断(Public Monopoly)或授予私营运营者独占权利的范围内,这种保留适用于除电信和电脑及相关服务以外的所有部门,范围非常广泛。欧盟和美国都表示,参加谈判的成员国需要承诺开放政府提供的服务,而大多数发展中国家则希望有更多的例外。②

(4) 金融服务。美国追求高于 GATT 的市场准入,包括建立商业存在的权利、百分百的所有权以及未建立商业存在就提供跨境服务的条款,远超发展中成员的预期。发展中成员由于在资本积累、技术水平、市场机制等方面存在较大差距,对发达国家的提案持谨慎或者反对态度,金融领域的谈判目前尚未取得实质性进展。

(5) 人员跨境流动。发展中国家倾向于扩大发达国家的市场开放,但发达国家担心政策门槛放低之后会有大量移民涌入,挤占国内的就业市场,对社会稳定和治安带来较大压力,因而在谈判中持审慎态度。

(6) 跨境数据流动。美国表示,对电子传送的货物和服务要同等对待,保证跨境的数据流动的绝对自由以及监管自由。澳大利亚和新西兰则为了确保对公民电子数据充分的保护和控制,持反对态度。

---

① 郭磊.重新审视国际服务贸易协定(TISA)谈判及中国的应对之策[J].对外经贸实务,2017(2):45-48.
② 钟英通.WTO 体制中诸边协定问题研究[D].西南政法大学,2017.

三、TISA 的目标、基本原则及主要内容

(一) TISA 的目标及基本原则

与 GATS 相比,TISA 在服务贸易规则、领域和模式上提出了新的要求。TISA 的目标是在 GATS 的基础上,在成员内部形成一个覆盖服务贸易所有领域、更高标准的服务贸易新规则,进一步扩大市场准入,消除服务贸易和投资壁垒,创造一个公平竞争的环境,形成良好的贸易和监管规则及争端解决机制,实现成员之间的服务贸易自由化。

TISA 确立了以下六项基本原则。

(1) 全面给予外资国民待遇,即除各国明确保留的例外措施外,所有服务部门包括目前不存在但未来可能出现的各类新型服务业,均需对外资一视同仁。

(2) 新的开放措施一旦实施不得收回。

(3) 原则上取消必须设立合资企业的各种要求,不得限制外资控股比例和经营范围。

(4) 约束对跨境服务提供的限制,包括许可、居住要求等,约束对通过投资提供服务的机构设立、参与合资企业或经济需求测试等的要求。①

(5) 对市场准入和国民待遇的承诺方式采取"正面清单"和"负面清单"混合方式,即市场准入采用"正面清单"模式,国民待遇采取"负面清单"模式。

(6) 采取有条件的最惠国待遇原则,即为了防止"搭便车"现象,TISA 成员承诺产生的收益只限于 TISA 的签署方。②

(二) TISA 的框架及主要内容

1. TISA 的框架

TISA 整合了服务贸易的定义、范围、市场准入和国民待遇、一般纪律与责任的例外等与 GATS 相同的核心条款,并试图通过增加新的规则和改变现有的规则,在若干重要领域形成内容更加具体的多边服务贸易协议,进而构建一套完整的规则体系。具体文本框架如表 3-3 所示,表中加粗斜体字部分是与 GATS 不同的条款名称,与 GATS 相同的条款用括号标明。③

表 3-3　TISA 的框架

序言	保密信息的泄露(Art3 之二)
第一部分:总则与一般条款	*国内法规(Art6)*
范围(Art1;Art28)	*额外承诺(Art18)*
最惠国待遇(Art2)	*行政决策审议(新)*
经济一体化(Art5)	透明度(ArtⅢ)
市场准入(Art16)	承认(Art7)
国民待遇(Art17)	支付和转让(Art11)

---

① 刘旭.国际服务贸易协定(TISA)对中国经济的影响及对策建议[J].全球化,2014(9):39—47.
② 杜琼,傅晓冬.服务贸易协定(TISA)谈判的进展、趋势及我国的对策[J].中国经贸导刊,2014(21):24—26.
③ 中国经济网.服务贸易协定(TISA)谈判核心文本评述(下)[EB/OL]. http://intl.ce.cn/specials/zxgjzh/201508/21/t20150821_6290562.shtml,2015-08-21.

(续表)

保障国际收支平衡的限制(Art12) 垄断和专属服务提供商(Art18) 一般例外(Art14) 安全例外(Art14之二) 利益的拒绝给予(Art28) **政府采购(Art13)** **补贴(Art15)** 第2部分:承诺减让表 **市场准入承诺减让表(cfArt20)** **国民待遇承诺减让表(cfArt20)**	市场准入和国民待遇不一致措施的减让表(cfArt20) 额外承诺减让表(cfArt20) 第3部分:新的和强化的纪律 第4部分:机构条款 争端解决 未来参与 多边化 制度条款 附件

2. TISA 的主要内容

根据表 3-3 中的文本框架,TISA 包含总则与一般条款、承诺减让表、新的和强化的纪律、机构条款四个部分。

(1) 总则与一般条款。

本部分遵循 GATS 的基本结构,在原则上沿用 GATS 的各项定义。以核心文本为基础的普遍适用的水平规则,包括 TISA 核心文本国内规制、透明度、自然人移动和本地化条款等附件。本部分内容构成 TISA 的基本框架,其中涉及的条款义务基本上对所有服务部门都适用。采用 GATS 结构的用意在于为将来 TISA 多边化创造有利条件。①

本部分涵盖 19 个条款:第 1 条是对 TISA 范围的描述,该条款援用 GATS 第 1 条和第 28 条的规定;第 2 条是有关最惠国待遇的条款,该条款援用 GATS 第 2 条的规定;第 3 条是有关经济一体化的条款,该条款援用 GATS 第 5 条的规定;第 4 条是有关市场准入的条款,该条款援用 GATS 第 16 条的规定;第 5 条是有关国民待遇的条款,该条款援用 GATS 第 17 条的规定;第 6 条是有关保密信息泄露的条款,该条款援用 GATS 第 3 条第 2 款的规定;第 7 条是有关国内法规的条款,该条款援用 GATS 第 6 条的规定;第 8 条是有关额外承诺的条款,该条款援用 GATS 第 18 条的规定;第 9 条是有关行政决策审议的条款,该条款是新增条款;第 10 条是有关透明度的条款,该条款援用 GATS 第Ⅲ条的规定;第 11 条是有关承认的条款,该条款援用 GATS 第 7 条的规定;第 12 条是有关支付和转让条款,该条款援用 GATS 第 11 条的规定;第 13 条是有关保障国际收支平衡的限制的条款,该条款援用 GATS 第 12 条的规定;第 14 条是有关垄断和专属服务提供商的条款,该条款援用 GATS 第 8 条的规定;第 15 条是有关一般例外的条款,该条款援用 GATS 第 14 条的规定;第 16 条是有关安全例外的条款,该条款援用 GATS 第 14 条第 2 款的规定;第 17 条是有关利益的拒绝给予条款,该条款援用 GATS 第 28 条的规定;第 18 条是有关政府采购的条款,该条款援用 GATS 第 13 条的规定;第 19 条是有关补贴的规定,该条款援用 GATS 第 15 条的规定。上述 18 个条款构成了 TISA 基础文本第一部分"总则与一般条款"的全部内容。

---

① 陈立虎,刘芳.服务贸易协定(TISA)对 WTO 法律规则的超越[J].上海对外经贸大学学报,2015(6):5-14.

(2) 承诺减让表。

这部分的条款包含市场准入、国民待遇、市场准入和国民待遇不一致措施、额外承诺减让表条款(见表3-4)。各参与成员在市场准入和国民待遇方面的承诺采用"混合模式(Hybrid Approach)"：在市场准入承诺方面采取"正面清单"，即只有列于该清单中的部门才予以开放；在国民待遇方面采取"负面清单"，即除列入清单中的部门外，其他部门原则上全部开放。

TISA谈判针对国民待遇引入"冻结条款"(Stand Still Clause)和"棘轮条款"(Ratchet Clause)。"冻结条款"是指将开放水平至少锁定在目前现有的开放水平上，不允许提高现有限制水平，也不允许引入新的贸易限制措施。"棘轮条款"即禁逆转机制，是指成员方服务贸易自由化程度被自动锁定，不得倒退而使其具有永久效力，并自动纳入TISA协定受到约束。"棘轮条款"的实质是禁止成员重新引入其先前已经单方面取消的贸易壁垒。①

国民待遇采用水平承诺方式的同时，可以列出国民待遇的政策空间有所保留的措施，明确列举出参与方承诺不适用国民待遇的任何部门、分行业或活动，以及不适用于维持现状以及棘轮机制的任何部门、分行业或活动。与此同时，TISA参与方还要明确列出现有的想要保持并适用于所有行业的国民待遇限制。如果维持现状措施和"棘轮条款"也有适用于所有行业的限制，要明确列出。此外，具体部门或分部门对国民待遇的限制也要逐一分别列出，具体部门或分部门也要列明拟适用的维持现状和棘轮机制的措施。②

表3-4　TISA具体承诺减让表

部门或分部门	市场准入限制	国民待遇限制	附加承诺
Ⅰ．水平承诺 缔约方作出与TISA第2部分相符的承诺			
A．依照TISA Ⅱ-1(2)(3)＊作出的保留		依照国民待遇、冻结条款、棘轮条款，缔约方对下列具体服务部门、分部门、活动保留制定或维持任何措施的权利	
B．依照TISA Ⅱ-1(1)作出的保留		缔约方对所有服务部门维持的国民待遇限制	
本减让表Ⅱ中的所有服务部门			
Ⅱ．部门承诺(正面清单)			
1. 商务服务 12. 其他服务部门 ［以上未提及的其他服务］	(正面清单)	(负面清单)	(负面清单)

注：(1) 服务提供方式：①跨境交付；②境外消费；③商业存在；④自然人流动。
　　(2) 由于TISA尚处于谈判中，其框架和条款的序号不排除将来有变。
资料来源：李伍荣，周艳.服务贸易协定(TISA)市场开放承诺的机制创新[J].国际贸易,2015(3):55-59.

---

① 李伍荣，周艳.《服务贸易协定》的发展路向[J].国际经济评论,2014(6):111-130.
② 陈立虎，刘芳.服务贸易协定(TISA)对WTO法律规则的超越[J].上海对外经贸大学学报,2015(6):5-14.

(3) 新的和强化的纪律。

纪律是关于政府在服务贸易相关方面的限制性贸易术语,TISA 监管纪律涵盖国内规制、透明度原则、金融服务、能源服务、服务贸易模式 4、交通运输、专业服务、邮政和快递服务、信息通信技术服务和电子商务等领域新的和强化的纪律。TISA 新的和强化的纪律采纳"额外承诺"的机制和附件条款。

TISA 特别强调"21 世纪的新议题",将"新的和增强的纪律"纳入谈判范围内。①国有企业竞争中立。国有企业可能存在监管偏袒、优先采购和财政支持,从而扰乱市场竞争,使国外竞争者处于竞争劣势。因此,TISA 要求国有企业透明化经营、商业化运作、申明所获补贴、公开采购等,以保证竞争中立。但对规则是水平适用还是部门适用,美国与欧盟还存在分歧。②跨境数据自由流动。为防止跨境数据限制严重阻碍企业和消费者交换和使用数据,增加交易成本,降低效率,TISA 提出跨境数据流准则,保证跨境服务贸易中数据不受限制,取消数据必须预先储存于使用国境内服务器的要求。但如何保护个人隐私和保证国家安全,这是要面对的问题。③减少强制地方化。TISA 包含关于强制地方化问题的条款来限制政府出台对服务部门新的地方化强制要求。例如,合资企业要求或者外资股比限制等限制性、甚至歧视性要求。欧盟提出,在最多不超过 10% 的服务分部门中可保留股权限制。①

此外,在服务贸易模式 4 的谈判方面,欧盟建议,为方便管理而给予母公司和子公司之间核心人员流动的便利;在新增的能源服务方面,TISA 谈判参与方希望能够取消对国外环境服务提供者的现有歧视。其他领域监管纪律的谈判正在进行中。②

目前,在金融监管方面已经以附件形式形成了较为完整的文本,如果 TISA 谈判达成,将成为 TISA 正文条款的一部分。金融服务附件在整合《关于金融服务的附件》和《关于金融服务的谅解》的基础上,对 WTO 的超越主要体现在透明度和金融监管的有效性两个方面。TISA 在金融服务附件第 12 条中修改了透明改进度条款:"任何成员方都应该在实际可行的情况下,通过官方出版物或者其他书面或电子形式将有关措施提前通知有兴趣的当事方,以便有兴趣的当事方能够有机会对该项措施作出评论;任何一方都应该使兴趣方提出服务贸易的申请要求具有可能性。就申请人的请求而言,相关当事方应该通知兴趣方申请的状态,如果相关方要求申请人提供额外的信息,相关方应该没有不适当的延迟。TISA 金融服务协议附件同时倡议增进许可程序的透明度。"另外,TISA 要求参与方尽力确保金融服务部门领域执行和适用国际公认的标准和监管,以及执行和适用国际反逃税和反避税问题的规则。③

(4) 机构条款。

机构条款规定 TISA 的功能条款,包括争议、将来的参与、多边化、制度等内容,主要规定 TISA 如何运作、解决诸如修改协定等问题、新成员如何加入、争端解决。此外,TISA 将不会出现国家与投资者之间的争端解决机制。

---

① 李伍荣,冯源.《国际服务贸易协定》与《服务贸易总协定》的比较分析[J].财贸经济,2013(12):86-93.
② 陈立虎,刘芳.服务贸易协定(TiSA)对 WTO 法律规则的超越[J].上海对外经贸大学学报,2015(6):5-14.
③ 同上。

各参与成员提出了数量众多的附件,主要包括国内监管、透明度、模式4(自然人移动)、电信、电子商务、当地化要求、金融服务、海上运输、航空运输、公路运输、快递服务、分销或直销、专业服务、能源、环境服务、政府采购等。基于具体部门单列的监管附件(Sectoral Annexes)可能在随后的谈判中成为TISA的各个章节。①

四、中国与TISA谈判

中国政府在2013年9月30日正式向TISA提出加入谈判的申请,欧盟持欢迎态度,美国持谨慎态度。同年10月29日,美国贸易代表弗罗曼(Michael Froman)为中国加入TISA开出了五个前提条件,即要对中国在与美国谈判双边投资协议(BIT)时的立场、中国(上海)自由贸易试验区中的投资改革情况、十八届三中全会可能宣布的潜在的改革政策、中国在过去谈判中是否热衷高规格服务贸易承诺以及中国是否完全执行两国电子支付服务争端的WTO裁决五个方面进行评估。中方已明确拒绝美国提出的条件,同时强烈敦促TISA谈判成员提高透明度,用实际行动来证明其对所有有意愿加入谈判的WTO成员都是开放的。

中国加入TISA谈判挑战与机遇并存。目前,中国服务贸易发展和开放水平与国际服务贸易新规则的要求还存在较大差距,对TISA谈判应采取积极应对的态度,及时关注TISA谈判的动向,跟踪谈判进展,掌握规则制定的动向,做好应对预案,鼓励有竞争力的服务业企业参与国际竞争,以TISA谈判为契机,推动国内服务业改革,优化服务贸易结构,提高服务贸易水平。

本章小结

1. 国际服务贸易迅猛发展、发达国家积极倡导服务贸易自由化、发展中国家希望借助多边规则提升国际服务贸易的整体实力,使服务贸易谈判成为乌拉圭回合三个新议题之一,从而拉开了服务贸易多边谈判的序幕。

2. 为在服务贸易领域建立多边原则和规则,增强各国服务贸易管制的透明度,促进服务贸易逐步自由化,1994年4月15日,正式签署GATS。这是多边贸易体制下第一部规范国际服务贸易的框架性法律文件,是WTO在国际社会调整服务贸易关系的基本规范。GATS的签订标志着服务贸易自由化进入一个新的阶段。

3. 乌拉圭回合之后,WTO各成员继续就有关服务贸易的某些具体问题进行协商,并在金融服务、基础电信、信息技术和自然人移动四个方面达成协议,将服务贸易自由化原则向具体成果方面推进了一大步。

4. 为推进GATS目标的实现和取得"更高的自由化水平",WTO总理事会于2000年2月25日围绕国内法规、建立ESM机制、服务补贴和政府采购等"规则制订"和"要价和出价"市场准入谈判两个方面的议题启动新一轮服务贸易谈判。此后,制

---

① 钟英通.WTO体制中诸边协定问题研究[D].西南政法大学,2017.

定了《服务贸易谈判指导原则和程序》,确定了服务贸易自由化的目的、原则、谈判范围、谈判方式和程序,为服务贸易谈判提供了基本框架及原则。

5. 2001年11月,多哈回合谈判启动,确定了包括服务贸易在内的八个主要议题,明确以促进WTO成员间削减贸易壁垒,通过更加公平的贸易环境来促进全球特别是较贫穷国家经济发展为宗旨。由于WTO多边贸易体制自身存在一些缺陷、区域贸易一体化和双边自由贸易对多边贸易体制造成巨大冲击,以及核心谈判议题分歧严重,导致多哈回合谈判屡次陷入僵局。服务贸易自由化进程起步较迟,以及服务贸易本身的复杂性,在整个多边贸易谈判中不属于各方关注的焦点,服务贸易谈判进程取决于多边贸易体制整个回合及相关议题谈判的顺利进行。

6. 我国政府代表参加了乌拉圭回合和多哈回合服务贸易各项谈判,并在GATS上签字承诺自己的义务,同其他各成员方就服务贸易市场准入减让问题进行谈判,并提出了服务贸易市场准入减让表。中国自2002年在加入世界贸易组织的协议中对服务贸易作出广泛和深入的承诺以来,积极参与了服务贸易领域的市场准入和规则谈判,在服务贸易谈判中发挥了建设性的沟通和斡旋作用。

7. 狭义的GATS仅指协定本身,广义的GATS还包含与服务贸易有关的附件及补充协议,包括GATS正文(框架协议)、附件、各成员方的承诺表、若干具体部门的部长会议决议和WTO成立后的后续谈判达成的三项协议,即《全球金融服务协议》《全球基础电信协议》和《信息技术协议》等五个部分。

8. GATS所规范的服务是指除政府当局为实施职能所需的服务之外的所有部门的一切服务。GATS将服务贸易定义为通过跨境服务、境外消费、商业存在和自然人移动四种方式提供的服务,并采用一般国家标准(GNS)服务贸易分类法,将服务贸易分为11大类142个服务项目。

9. GATS的"一般责任与纪律"共15条,规定了各成员必须遵守的责任和纪律。其中最主要的有:透明度原则、最惠国待遇原则、逐步自由化原则、发展中国家更多参与、促进经济一体化原则、国内规章、对限制竞争行为的约束等。

10. 对市场准入和国民待遇的具体承诺是GATS项下各成员方的特定义务和具体义务规范。根据GATS的规定,市场准入和国民待遇是通过谈判由各成员方具体确定其适用的服务部门,各成员方可以选择提供方式,决定在其承诺表中开列市场准入和实施国民待遇的条件和限制清单。不管与本国服务及服务提供者提供国民待遇的形式是否相同,实施结果要相同。否则,就违背了该条款。GATS对具体承诺表的制订也作了具体规定。

11. 灵活性是GATS的主要特征之一,主要表现为最惠国待遇例外、紧急情况例外、经济一体化和劳动一体化例外、保障国际收支平衡例外、政府采购与补贴例外、一般例外和安全例外和其他例外等方面。

12. 乌拉圭回合达成的《争端解决规则和程序谅解协议》是WTO关于争端解决的最基本的法律文件,它规定了适用于乌拉圭回合各项协议下可能产生的争端的一套统一规则,确立了WTO的争端解决机制,适用于服务贸易领域的争端解决。DSU包括27条和4个附件,包括WTO争端解决机制的适用范围、管理机构、一般原则、基本程序和特殊程序等内容,它还非常详细地规定了解决争端所应遵循的程序和时间表。

13. GATS共有8个附件,其中1个是关于最惠国待遇例外的附件,另外7个分别是关于自然人员移动、空运服务、金融服务(共2个)、海运服务、电信服务(共2个)等具体服务部门的附件。这些附件是GATS的组成部分之一,对具体服务部门如何实施GATS的原则或规则作出更为具体的规定。

14. 服务贸易领域是多边体制首次涉足的领域,加上服务部门名目繁多,性质迥异,国际服务贸易多边规则的制定不可能一步到位,具体规则和不适用的例外情况等有待于进一步完善和细化,主要表现在对基本概念和关键术语的解释不够明确、最惠国待遇例外削弱了GATS的效力、市场准入和国民待遇原则存在缺陷、发展中国家更多参与无实质意义、经济一体化削弱多边性质、紧急保障措施缺乏可操作性、某些领域规则和纪律缺失等方面。

15. 2011年12月,由美国发起,美国、欧盟、澳大利亚共同主导的WTO次级团体——"服务业挚友"(Really Good Friends of Services,RGF)倡导,以诸边谈判方式为基础的国际服务贸易协定(Trade in Service Agreement,TISA)宣告成立。TISA现有23个成员方,涉及全球50个国家和地区,其贸易量占世界服务贸易总额的70%左右。

16. TISA谈判于2013年4月27日正式启动,谈判内容涵盖金融服务、信息和通信技术(ICT)、电子商务、国内监管、模式4(自然人跨境流动)、海陆空运输服务、跨境数据流动、国有企业和政府采购等领域,在多数关键领域取得了谈判成果。但2016年11月第21轮谈判之后,谈判一直处于暂停阶段,没有正式设定谈判结束期限。

17. TISA的目标是在GATS的基础上,在成员内部形成一个覆盖服务贸易所有领域、更高标准的服务贸易新规则,进一步扩大市场准入,消除服务贸易和投资壁垒,创造一个公平竞争的环境,形成良好的贸易和监管规则及争端解决机制,实现成员之间服务贸易自由化。TISA整合了服务贸易的定义、范围、市场准入和国民待遇、一般纪律与责任的例外等与GATS相同的核心条款,并试图通过增加新的规则和改变现有的规则,在若干重要领域形成内容更加具体的多边服务贸易协议,进而构建一套完整的规则体系。TISA协定包含总则与一般条款、承诺减让表、新的和强化的纪律、机构条款四个部分。

18. 中国政府在2013年9月30日正式向TISA提出加入谈判的申请,欧盟持欢迎态度,美国持谨慎态度。中国加入TISA谈判挑战与机遇并存,对TISA谈判应采取积极应对态度,及时关注TISA谈判的动向,跟踪谈判进展,掌握规则制定的动向,做好应对预案,鼓励有竞争力的服务业企业参与国际竞争,以TISA谈判为契机,推动国内服务业改革,优化服务贸易结构,提高服务贸易水平。

基本概念

1. 透明度原则

GATS 所指的透明度原则,是指成员方正式实施的有关服务贸易的任何法律和规章,或对法律和规章的修改,都要及时予以公布。这一原则的目的在于防止成员之间进行不公平贸易,形成服务贸易壁垒。

2. 最惠国待遇原则

GATS 所指的最惠国待遇原则,是指每一成员方给予任何其他成员方的服务或服务提供者的待遇,应立即无条件地以不低于上述待遇给予其他任何成员方相同的服务或服务提供者。

3. 逐步自由化原则

GATS 所指的逐步自由化原则,是指逐步取消限制和一切妨碍和阻止国际服务贸易开展与进行的所有障碍,包括法律、法规、政策和措施等。

4. 市场准入

GATS 所指的市场准入,是指尽量减少或消除有关服务中的垄断经营权利,允许其他成员方的服务提供者在本国境内设立机构并扩展商业性介入,即提供服务业开业权(介入权)。

5. 国民待遇

GATS 所指的国民待遇原则,是指在服务贸易条约或协定中,成员之间相互保证给予另一方自然人、法人、产品、投资和税收等在本国境内与本国享有同等待遇。国民待遇原则具有平等性和互惠。

6. "反向一致"原则

在 GATS 争端解决机制中,根据 DSU 的规定,只要起诉方提出请求,专家组最迟应在该请求首次列入 DSB 议程之后的 DSB 会议上设立,除非 DSB 一致决定不设立专家组,这就是所谓的"反向一致"原则。这一原则使得 WTO 对成员间的贸易争端事实上享有强制司法管辖权。

7. "冻结条款"

"冻结条款"是指将开放水平至少锁定在目前现有的开放水平上,不允许提高现有限制水平,也不允许引入新的贸易限制措施。

8. 棘轮条款

棘轮条款是指成员方取消贸易限制或自由化被自动锁定,不得倒退,且具有永久效力,并自动纳入 TISA 协定,受到相应约束。其实质是禁止成员重新引入其先前已经单方面取消的贸易壁垒。

复习思考题

1. 《服务贸易总协定》适用于哪些服务贸易类型?
2. GATS 的基本原则有哪些?
3. 简述 GATS 对最惠国待遇原则的规定。
4. 简述 GATS 框架协议中对市场准入的规定。
5. 如何利用 WTO 规则,妥善地解决中国与其他成员方之间的服务贸易争端?
6. 中国应如何应对 TISA 等国际经贸新规则?

第四章

主要经济一体化组织的服务贸易规则

学习目标

- 了解 USMCA/EU/ASEAN/APEC/RCEP 产生的背景及谈判历程。
- 熟悉《美墨加贸易协定》《罗马条约》《东盟服务业架构协议》的产生背景及主要内容。
- 熟悉《执行茂物宣言的大阪行动议程》《RCEP 协定》的主要内容。
- 掌握五大区域经济组织服务贸易规则的主要内容。

第一节 北美自由贸易区的服务贸易规则

北美自由贸易区(以下简称 NAFTA)由美国、加拿大和墨西哥 3 国组成,3 国于 1992 年 12 月签署《北美自由贸易协定》,1994 年 1 月 1 日正式生效,标志着 NAFTA 成立。2017 年美国第 45 任总统特朗普上台以后,经过 3 年的谈判,3 国达成《美墨加贸易协定》(USMCA),于 2020 年 7 月 1 日正式生效,以取代《北美自由贸易协议》(NAFTA)。USMCA 保留了与 NAFTA 类似的结构,因此被称为 NAFTA 2.0 版。

一、《美墨加贸易协定》产生的背景

20 世纪 80 年代初,美国总统里根在竞选纲领中提出建立北美自由贸易区的主张,但遭到加拿大和墨西哥的反对。80 年代中期,随着形势的变化,加、墨两国的态度有了改变。1985 年年中,加拿大开始同美国就签署双边自由贸易协定问题进行谈判。1988 年 6 月 2 日,《美加自由贸易协定》正式签署,并于 1989 年 1 月 1 日生效。1989 年 8 月,墨、美两国政府在第 7 次双边会谈中达成协议,决定在关贸总协定乌拉圭回合框架内,加速关

于降低关税和非关税壁垒的谈判。同年10月,墨西哥总统萨利纳斯访问美国,同布什总统就贸易、投资及环境保护等问题进行全面会谈。1990年6月,两国总统达成协议,就签署自由贸易协定开始谈判。此后,加拿大也表示愿意参加。1991年2月5日,美、墨、加3国政府同时宣布,决定参加北美自由贸易协定的谈判。1991年6月,墨西哥、加拿大和美国举行首次部长会议,正式开始第1轮谈判。谈判围绕市场准入、贸易规则、劳务、投资、知识产权、贸易争端的解决等6个方面的问题进行。① 经过14个月的200多次会晤和7次部长级会谈,1992年8月12日,3国代表就北美自由贸易协定的最后文本达成协议。1992年12月17日,美、加、墨3国领导人在美国举行了北美自由贸易协定签字仪式,至此,协定的一切法律程序均已完成。

协议签订后,北美自由贸易区成为全球最大的自由贸易区。在3个会员国的关系中,墨西哥和加拿大依赖美国的市场,墨西哥主要向美、加输出制造业、农业等劳动密集型产业制成品,并从美、加获得技术和资本;美国扩大了对墨西哥的投资,转移大量制造业,并增加了旅游、运输、知识产权等产品的出口。2017年,美国对加、墨直接投资分别达到3 912亿美元和1 096亿美元。三大生产网络之一的北美生产网络形成。

然而,NAFTA成立后,美国对加、墨的贸易逆差显著增长,大量劳动密集行业向墨西哥转移,导致美国工人就业受到冲击。为此,特朗普在总统竞选中曾声称NAFTA是"美国有史以来最糟糕的协定",认为需要大幅调整。在正式就任总统后的第3天,特朗普表示将在同加拿大和墨西哥领导人会面时商讨重新谈判事宜。2017年8月,特朗普拒绝续签NAFTA协议,并启动了首轮重新谈判,表示将在知识产权、规制措施、海关程序、中小企业等方面改进协议,到2018年7月,三方已经历8轮谈判。2018年6月,美国对加拿大、墨西哥、欧盟征收钢铝关税,引致墨、加两国的迅速反制。2018年8月下旬,美墨谈判达成突破性进展,形成美墨自由贸易协定。2018年9月30日,加拿大与美国达成一致,USMCA得以签订。

二、《美墨加贸易协定》的基本内容及变化

USMCA共包含34章,内容是NAFTA的近3倍。范围上覆盖了知识产权、数字贸易、货物贸易、金融服务、劳动者权利、环境保护、原产地规则、纺织品和农产品部门等,为历史上涵盖最广的贸易协定,并前所未有地加入了宏观政策和汇率章节。从标准上,该协议进一步提高了知识产权、数据本地存储、环境保护等要求。在知识产权保护方面,USMCA提高了现有的WTO标准(WTO-plus),以生物制药数据保护为例,TPP的规定是8年,而USMCA是10年。在宏观政策与汇率方面,USMCA不仅要求限制竞争性贬值,而且要求限制盯住汇率的做法,同时要求提高透明度。与NAFTA相比,其内容在以下五个方面的变化较显著。②

---

① 李馥伊.美墨加贸易协定(USMCA)内容及特点分析[J].中国经贸导刊,2018(34):26-28.
② 欧阳俊,邱琼.《美墨加协定》的目标、原则和治理机制分析[J].拉丁美洲研究,2019,41(1):23-42,155-156.

(一) 商品贸易的关税减让

墨西哥将把零关税货物价值的"最低减让标准"由 50 美元提升至 100 美元,对 117 美元等值及以下的跨境货物实施免关税政策。加拿大更是几十年来首次提高其"最低减让标准",从 20 加元提升至 40 加元,并对价值 150 加元及以下的跨境货物免关税。此举将使更多的美国中小企业参与美墨、美加跨境贸易,并通过降低成本和提高效率增加美国快递公司的收益。在货物市场准入方面,新协议增加了关于进口许可和出口许可程序透明度的规定,通过删除不相关的条款、更新关键参考资料更有效地支持美墨加之间的制成品贸易。在农产品贸易方面,新协议保持零关税,增加支持三方农业生物技术发展条款,保证食品和农产品的公平贸易;在农产品分级方面,提供非歧视性待遇;不对出口到对方市场的产品使用出口补贴或世界贸易组织特殊农业保障措施;如果不得不支持生产者,则考虑使用具有极小或没有贸易扭曲的国内支持措施,并确保国内支持的透明度。加强卫生和植物检疫措施;三方将建立新的技术磋商机制以解决分歧;制定酒精饮料标准新规,将波本和田纳西威士忌确定为美国特色产品,将龙舌兰和梅斯卡尔酒确定为墨西哥特色产品;新增专利食品配方附件,要求双方保护食品专利配方机密;加拿大开放乳制品市场,将取消"条款 6"和"条款 7"的乳品定价协议,向美国开放约 3.5% 的市场份额。

(二) 服务贸易的开放

新协议强调了金融业的开放,更新后的金融服务章节包括对金融服务市场自由化的承诺,为美国金融机构、投资者以及金融服务跨境贸易提供公平的竞争环境;强调美国金融服务商获得国民待遇和最惠国待遇;限制金融监管者以访问数据为由要求数据本地存储;更新了允许跨境转移数据和更新市场准入义务的规定;规定了有史以来最严格的透明度义务;增加了关于跨境贸易承诺的单独附件,包括将国民待遇和市场准入义务应用于扩大的跨境服务清单;为美国在墨投资设立特别争端解决机制。

(三) 原产地规则变化①

原产地规则的变动集中在汽车和纺织业。汽车方面,三方已就新的原产地规则进行了实质性讨论,包括乘用车、轻型卡车和汽车零部件的产品规则,新规要求 75% 的汽车配件需在北美生产以满足零关税待遇,比 NAFTA 规定的 62.5% 大幅提高,并要求 40%—45% 的汽车零部件由时薪不低于 16 美元的工人制造;纺织方面,限制在纺织品和服装贸易中使用非北美地区的投入,要求缝纫线、口袋布料、窄弹性带和涂层织物在服装和其他成品中加入时,必须在该地区生产;新增纺织品贸易章节,包括海关合作条款。

(四) 在知识产权和数字贸易方面加强对生产者的保护

美、墨、加 3 国就知识产权达成了一系列现代化、高标准的要求,旨在为知识产权提供

---

① 何蓉,连增,郭正琪.美墨加协定(USMCA)对原产地规则的修订及其影响分析[J].区域与全球发展,2019(6):48-64,155-156.

强大有效的保护。有关知识产权保护,协议新增以下内容:执法机关能够在出入境的所有区域截获涉嫌盗版或伪造的货物;对卫星和有线信号窃取行为进行民事和刑事处罚;反对商业机密盗取,尤其是国有企业的盗取行为。知识产权部分包括以下内容:要求对版权及相关权进行全面的国民待遇;制定专利性标准和专利局最佳实践;为制药和农业创新者提供强有力的保护;将歌曲表演等作品的最低版权期限延长至75年,并确保通过技术保护措施保护数字音乐、电影和书籍等作品;为互联网服务提供商建立版权安全港的通知和删除系统等;保护商标尤其是著名商标;对生物制药进行10年的数据保护并扩大受保护的产品范围。在数字贸易方面,协议新增相关章节,旨在保护数字供应商的竞争力,减少数字贸易限制,新增禁止将关税和其他歧视性措施应用于以电子方式分发的数字产品;确保数据可以跨境传输,并最大限度地减少数据存储和处理的限制;保护消费者在数字贸易中的隐私权;限制政府要求披露源代码和算法的权力;加强应对网络安全挑战的应对合作;促进对政府生成的公共数据的开放访问等。

(五)"边境后"政策

USMCA协议在劳工、环境方面作出了较大改变。在劳工方面,美、墨、加已同意将劳工义务纳入协议核心,并新增有关劳工代表集体谈判附件,以确保墨西哥按照国际劳工组织的劳工权利准则保护劳工利益,禁止进口强制劳动生产的产品等。在环境方面,三方达成有史以来最严格的环境保护条款,包括禁止特定情况下的渔业补贴,在入境口岸加强对含有野生动植物的货物进行海关检查,禁止捕鲨,承诺共同保护海洋栖息地、改善空气质量、减少海洋垃圾等。

三、《美墨加贸易协定》有关服务贸易的主要规则[①]

(一)跨境服务贸易

1. 涵盖范围

适用于一缔约方采取或维持的与另一缔约方的服务供应商的跨境服务贸易有关的措施,包括下列措施。

(1)服务的生产、分销、营销、销售或交付。
(2)购买、使用或支付服务费用。
(3)与提供服务有关的分销、运输或电信网络或服务的接入或使用。
(4)另一方的服务供应商在一方境内的存在。
(5)提供债券或其他形式的金融担保作为提供服务的条件。

2. 国民待遇

(1)每一缔约方给予另一缔约方的服务或服务供应商的待遇,应不低于在类似情况下给予自己的服务和服务供应商的待遇。

---

① 陈靓,武雅斌.全球价值链下服务贸易规则的新发展——美墨加协定(USMCA)的视角[J].国际贸易,2019(2):87-96.

(2) 一缔约方根据(1)给予的待遇,就中央一级以外的政府而言,指的是不低于该国政府在类似情况下给予其所属缔约方的服务提供者的最优惠待遇。

(3) 更确切地说,是否在"类似情况"下给予(1)款所指的待遇,取决于总体情况,包括有关待遇是否根据合法的公共福利目标区分服务或服务提供者。

3. 最惠国待遇

(1) 每一缔约方给予另一缔约方的服务或服务供应商的待遇,不得低于在类似情况下给予另一方或非缔约方的服务和服务供应商的待遇。

(2) 一缔约方根据(1)给予的待遇,就中央一级以外的政府而言,是指不低于该国政府在类似情况下给予另一缔约方或非缔约方的服务和服务提供者的最优惠待遇的待遇。

(3) 更确切地说,是否在"类似情况"下给予(1)所指的待遇,取决于总体情况,包括有关待遇是否根据合法的公共福利目标区分服务或服务提供者。

4. 市场准入

任何缔约方不得在某个区域或其整个领土上采取以下措施。

(1) 限制:①服务供应商的数量,无论是数量配额、垄断、独家服务供应商,还是经济需求测试的要求;②以数字配额形式或经济需求测试要求的服务交易或资产的总值;③以定额或经济需要测验的要求,以指定的数字单位表示的服务作业总数或服务输出总量;④可受雇于某一特定服务部门或某服务供应商可雇用的自然人总数,而该等自然人是以数字定额或经济需要测试的形式提供某项特定服务所必需及直接有关的自然人总数。

(2) 限制或要求提供服务的服务供应商的特定类型。

(二) 金融服务

金融服务是美国贸易顺差的重要来源之一,除了常规性的"国民待遇"和"最惠国待遇"条款,美国比较关注的还有"市场准入"问题,这也是其指责中国未履行WTO义务的常见说辞。其具体规定如下。①

(1) 任一缔约方不得针对:①另一缔约方的金融机构或欲设立各类金融机构的另一缔约方投资者。②提供或欲提供附件17-A(跨境贸易)所规定的各种金融服务的另一缔约方跨境金融服务供应商。③提供或欲提供符合第2款规定的各项金融服务的另一缔约方跨境金融服务供应商,在其国域某地区或在其整个国域范围内采取或沿用任何措施。④以数量配额、垄断、独家服务供应商或要求其进行经济需求测试的形式,限制金融机构或跨境金融服务供应商的数量;以数字配额或要求其进行经济需求测试的形式,限制金融服务交易总额或资产总值;以配额形式或要求其经济需求测试的形式,限制金融服务业务总量或以指定数字单位表示的金融服务产出总量;以数字配额或要求其进行经济需求测试的形式,限制某个金融服务部门雇用的自然人数量或某个金融机构或跨境金融服务供应商可以雇用的自然人数量,以及某项具体金融服务必要的且与该项金融服务供应直接

---

① Office of the U.S. Trade Representative. Protocol of Amendment to the United States-Mexico-Canada Agreement [EB/OL]. https://ustr.gov/trade-agreements/free-trade-agreements/united-states-mexico-canada-agreement/protocol-amendments,2018-11-30.

相关的自然人数量,或用来对金融机构或跨境金融服务供应商提供服务的法人实体或合资企业的具体类型有所限制或提出具体要求。

(2) 第1款(3)项不要求:一缔约方允许另一缔约方的跨境金融服务供应商在该缔约方境内开展业务经营。为达到本款的目的,缔约方可以在其法律框架内界定"业务经营"。

(3) 任何缔约方不得以提供跨境金融服务的条件要求另一缔约方的跨境金融服务供应商在其境内设立或维持代表处或企业,或在其境内常驻。

(4) 更确切地说,一缔约方当事人可以要求另一方的跨境金融服务供应商或金融工具进行注册登记或授权。

(三)电信服务

1. 适用范围

(1) 本协议适用于影响电信服务贸易的措施,包括:①与接入和使用公共电信网络或服务有关的措施;②关于公共电信服务供应商义务的措施;③与提供增值服务有关的措施;④与公共电信网络或服务有关的任何其他措施。

(2) 本协议不适用于与广播或电视节目的广播或有线传播有关的措施,但根据第18条第3款(市场准入和使用)的规定,确保经营广播电台或有线电视系统的企业能够继续接入和使用公共电信网络和服务。

(3) 本协议的任何规定不得解释为要求某一缔约方:①建立、建设、收购、租赁、经营或者提供一般不向公众提供的电信网络或者服务;②要求当事人强制专营广播电视节目、有线电视业务的企业将其广播、有线设施作为公共电信网络使用。

2. 市场准入和使用

(1) 每一缔约方应确保另一缔约方的任何企业能够按照合理和非歧视性的条款和条件,进入和使用在其领土内或跨越其边界提供的任何公共电信网络或服务,包括租用网络。

(2) 各方应确保另一方的任何企业被允许:①购买、租赁或连接与公用电信网接口的终端设备或者其他设备;②通过租用或拥有的线路向个人或多终端用户提供服务;③将租用或拥有的网络与公共电信网络和服务或其他企业租用或拥有的网络连接;④执行交换、信令、处理和转换功能;⑤使用自己选择的操作协议。

(3) 每一缔约方应确保另一缔约方的任何企业可以使用公共电信网络或服务在其领土内或跨国界传递信息,包括企业内部通信,并访问在其领土内数据库所载或以机器可读形式储存的信息。

(4) 虽有第(3)款的规定,缔约方可采取必要措施,确保电文的安全和保密,或保护公共电信网络或服务的最终用户的个人数据的隐私,但这些措施的实施方式不得构成对服务贸易的任意或无理歧视或变相限制。

(5) 各缔约方应确保不对公共电信网络和服务的接入和使用施加任何条件。除下列必要条件外:①保障公共电信网络和服务供应商的公共服务责任,特别是其向公众提供其网络或服务的能力;②保护公共电信网络或服务的技术完整性。

(6) 符合第5款所述准则的接入和使用公共电信网络和服务的限制条件,可包括:

①必须使用与其网络和服务相衔接的特定技术接口(包括接口协议);②必要时,必须保证其网络和服务的互用性;③对与网络接口的终端或其他设备进行型式认证,对与其网络连接的相关设备作出技术要求;④采纳或继续使用的通知、登记和许可过程必须是透明的,且必须根据一缔约方的法律法规来处理各种申请。

(四)数字贸易

1. 关税

(1)任一缔约方不得对一方当事人与另一方当事人之间以电子方式传输的数字产品的进口或出口征收关税、费用或其他费用。

(2)更确切地说,第1款并不排除一方对以电子方式传输的数字产品征收国内税、费用或其他费用,前提是这些税收、费用或收费的征收方式与本协议一致。

2. 数字产品的非歧视性待遇

(1)任一缔约方不得对在另一方领土内以商业条款创作、制作、出版、签约、委托或首次提供的数字产品,或其作者、表演者、制作者、开发者或所有者是另一方人员的数字产品给予较低的待遇,与其他类似的数字产品相比较。

(2)本条不适用于一方提供的补贴或补助,包括政府支持的贷款、担保或保险。

3. 国内电子交易框架

(1)每一缔约方应按照《贸易法委员会1996年电子商务示范法》的原则,维持一个管理电子交易的法律框架。

(2)各方应努力:①避免对电子交易造成不必要的监管负担;②为利益相关者在制定其电子交易法律框架方面提供便利。

4. 为数字贸易接入和使用互联网的原则

缔约方承认,在其领土内消费者若能实现以下行为将是有利的:①在合理的网络管理下,消费者访问和使用在互联网上选择的服务和应用程序;②将消费者选择的终端用户设备连接至互联网,前提是此类设备不会损害网络;③访问互联网服务供应商的网络管理的信息。

第二节 欧盟的服务贸易自由化规则

随着英国正式脱欧,欧盟成员国从28国变成现在的27国①,分别为法国、德国、意大利、荷兰、丹麦、希腊、瑞典、芬兰、西班牙、比利时、爱尔兰、葡萄牙、奥地利、卢森堡、波兰、捷克、匈牙利、马耳他、斯洛文尼亚、斯洛伐克、塞浦路斯、立陶宛、拉脱维亚、爱沙尼亚、罗马尼亚、保加利亚和克罗地亚。② 欧盟通过多次扩容,总人口约4.5亿③,国民生产总值高达

---

① 伦敦时间2020年1月31日23时,英国正式"脱欧",结束其47年的欧盟成员国身份。
② 2013年7月1日,克罗地亚正式成为欧盟第28个成员国。
③ 2018年欧盟人口为5.1亿,英国"脱欧"之后,欧盟总人口约4.5亿。

15.58 万亿美元(2019 年数据),是当今世界上仅次于美国的第二大经济体,是目前世界上经济一体化程度最高的区域政治、经济集团组织。

欧盟的产生是个较为漫长的历史过程。1951 年,最初的 6 国在巴黎签订了《欧洲煤钢联营条约》,正式成立欧洲煤钢共同体;1957 年 3 月 25 日,6 国建立欧洲经济共同体和欧洲原子能共同体;1967 年 7 月 1 日,6 国正式将欧洲经济共同体、欧洲原子能共同体和欧洲煤钢共同体的部长理事会及委员会等主要机构合并,统称欧洲共同体。1991 年12 月 9 日,欧共体签订了《欧洲经济和货币联盟条约》及《欧洲政治联盟条约》,通称为《马约》,1993 年 11 月 1 日,该条约正式生效,欧共体正式更名为欧盟。

欧盟服务贸易协定的主要内容是法国、联邦德国、意大利、荷兰、卢森堡、比利时 6 国政府首脑和外长在罗马签署《欧洲经济共同体条约》(Treaty Establishing the European Economic Community)和《欧洲原子能共同体条约》(EURATOM Treaty),人们称其为《罗马条约》(Treaty of Rome)。《罗马条约》是欧盟区域内服务贸易最重要的法律文件。①

一、欧盟服务贸易规则的模式与特点

(一) 欧盟规制《罗马条约》对服务的定义与 GATS 的规定完全不同

一方面,它对服务的列举是以行业为分类标准,包括工业、商业、手工业性质的活动以及自由职业;《服务贸易总协定》则依据提供方式的不同将服务概括为跨境交付、境外消费、商业存在、自然人流动四大类。另一方面,《罗马条约》第 60 条(新编号为第 50 条)明确规定:"按照本条约的意义,通常以取得报酬为对等条件而提供的服务应认为是服务,但以不受关于商品、资本和人员自由流通的规定所管辖者为限。"以上两点在立法上的表现是,《罗马条约》对服务贸易不但在第三部分"共同体政策"中分别对"人员、服务和资本的自由流动"(第 3 编)、"运输"(第 4 编)、"社会政策、教育、职业培训和青年"(第 8 编,新编号为第 11 编)、"文化"(第 9 编)、"跨欧洲网络"(第 12 编)做了专门规定,而且其第五部分第二编也对"金融"做了专门规定。

从以上的对比可见:第一点,服务在《罗马条约》中似乎只处于从属和补充的地位,而并非独立自成体系;第二点,欧盟的服务内涵不包括人员和资本因素。对于第一点,有反对者认为,欧盟的服务贸易规则没有自成体系只是立法体例的选择,并不能说明服务处于从属和补充的地位。事实上,从 1957 年《罗马条约》到 1985 年《欧共体执委会建立内部市场的白皮书》和 1992 年《欧洲联盟条约》以及后来修改的《罗马条约》中都有关于服务贸易的条款,并且将"在各成员国之间,废除阻止人员、服务和资本的流通的各种障碍"作为其宗旨之一和建立欧洲统一市场的基础,这说明服务贸易规则在欧盟法制中占有独立和重要的地位。② 对于第二点,也有学者提出了不同看法。他们认为《罗马条约》对人员、资本、运输等项内容都有专门条款规定,只是未放进第 60 条(新编号为 50 条)中的服务中

---

① 《数字服务法》一揽子立法计划开启公众磋商程序,于 2020 年 9 月 8 日结束。此后,利益相关方将通过有针对性的会议和公共活动继续提供反馈意见。立法提案于 2020 年年底或 2021 年年初提交。
② 王效锋.区域性服务贸易规则立法模式评析[J].广西政法管理干部学院学报,2006(2):124-126.

去。这并不等于它们不属于服务贸易的内容,而只是不属于第60条的内容而已。这只说明欧盟在区域性国际服务贸易的发展层次上是首屈一指的。在服务贸易自由化措施方面,欧盟立法上采取的方式是:逐步分阶段地取消对服务贸易的限制,在条约生效后,不得采取新的限制措施。此外,还有两个较为例外的专门规定:一是在"资本和支付"方面,要求禁止所有限制,而不是要求逐步取消限制,而且该要求既适用于成员方之间,也适用于成员方与第三方之间的资本流动和支付;二是对"运输"作了特殊的规定,仅要求成员方在欧洲理事会制定出国际运输的共同规则之前,不得使其他成员方承运人的待遇劣于该成员方于该条约生效时给予其本国承运人的待遇。

(二) 欧盟对服务贸易自由化立法模式可以归纳为"五种两级"

"五种"是指《罗马条约》这一基本法以及在此基础上派生的,主要由欧洲理事会制定和发布的条例(regulation)、指令(directive)、决定(decision)、建议(recommendation)和意见(opinion)。"两级"是指在上述五种规则中,前四种是作为强行性规范的一级,最后一种(建议和意见),是作为任意性规范的一级。其中,法规在各成员国具有直接适用的效力,无需各国进行再立法程序;指令一般是规定一定的目标,具体要由各成员国通过国内立法来执行;决定则具有直接执行的拘束力,但只适用于具体的成员国和个人,类似于为实施法规而规定的具体条件和办法;建议和意见虽然是一种任意性规范,没有拘束力,但是其对成员国和企业有一定的影响力。①《罗马条约》规定,对于"人员流动""开业权""服务",要求欧洲理事会采用指令的形式作出;对于"资本和支付""运输",可以由欧洲理事会直接采取有关措施或制定有关规则。需要指出的是,根据《罗马条约》和欧洲法院的规定和解释,对于欧洲共同体与第三国签订的协议,或欧洲共同体及其成员方共同与第三国签订的协议(被称为"混合协议"),也应作为共同体法不可分割的部分予以适用。因此,以上范围内有关服务贸易的国际条约也构成这方面法律的一部分。

二、欧盟服务贸易自由化的具体规则

(一) 欧盟服务贸易自由化的法律基础

服务贸易自由化,是欧盟在建立统一大市场过程中确立的"货物、人员、资本、服务"四大基本要素自由流动。欧盟有关国际服务贸易的法律规定,主要体现在原欧洲共同体的有关法律文件中,包括《罗马条约》这一基本法以及在此基础上派生的、主要由欧洲理事会制定和发布的条例、指令、决定、建议和意见等。其中,条例、指令、决定对接受该决定的成员方或企业具有直接执行的效力;建议和意见是任意性的,对成员方没有约束力。

《罗马条约》中首次提出建立欧洲共同市场,实现盟内"货物、人员、资本、服务"四大基本要素自由流动。《罗马条约》第2条规定:"共同体将把建立统一市场和成员国之间日益接近的经济政策作为其任务,以促使共同体内经济的协调发展、可持续和平衡的扩张、稳

---

① 陈已昕.国际服务贸易法(第1版)[M].复旦大学出版社,1997:98.

定性的巩固、生活水平的提高，建立成员国之间更加紧密的联系。"

《欧共体条约》第49条规定："共同体内任何限制自由提供服务的规定都必须被废止，包括关于设立服务企业和个人接受服务等方面。"根据第49条的规定，任何基于国籍的区别待遇都是被禁止的。

2000年，欧盟理事会里斯本首脑会议通过了"里斯本战略"，提出"要在2010年以前将欧盟建设成为世界上最具竞争力和活力的知识经济为基础的经济体"的目标。为配合此目标的实现，在"里斯本战略"中专门对推进内部市场服务业自由化提出了要求。

（1）要求欧委会、理事会和成员国发挥各自的作用，在2000年前提出消除阻碍盟内服务业自由流动壁垒的战略。

（2）加快汽油、电力、邮政、交通等领域的自由化进程，争取在这些领域实现完全可运作的内部统一市场。

（3）在2001年以前提出协调建立盟内单一法律环境的战略，推动成员国合理地将欧盟法规转化为国内法，协调包括成员国和欧盟两个层次的公共管理部门的履行职能。

按照"里斯本战略"的要求，2000年年底，欧委会提出了"服务业内部市场战略"，提出"两步走"的战略：首先是确认影响盟内服务业统一市场建立的因素，然后针对这些障碍提出解决方案，尤其是形成消除壁垒的法律手段，从而使跨境提供服务和在国内提供服务同等便捷。

依据"两步走"的安排，2003年7月，欧委会提交了题为"服务业内部统一市场的现状"的研究报告，对盟内服务业市场的开放现状以及存在影响服务业自由化的各种壁垒进行了详尽的分析，分析了这些壁垒的共同特征，评估了这些壁垒对欧盟经济发展的影响。

2003年5月，欧委会出台"2003—2006年欧盟内部统一市场战略"，促进盟内服务业市场一体化。

（1）推动欧盟部长理事会和欧洲议会尽快通过"销售促进法规"提案和"专业资格认证指令"提案，并敦促成员国及时转换和有效实施以上指令规定。"销售促进法规"的目的是为盟内跨国商业促销提供便利，"专业资格认证指令"的目的是消除专业服务人士在成员国之间自由流动的障碍。

（2）欧委会在2003年底前提出"内部市场服务业指令"提案，通过相互认证、行政管理的协调和合作，使该指令为便利盟内跨国服务业供应提供一个清晰的法律框架。

（3）颁布和实施多项指令，监督和支持各成员国在服务业领域的政策和措施，鼓励服务业的发展。

这一计划同时强调，必须完善金融服务行动计划，在创建内部市场零售金融服务方面取得更大进展。总之，该计划的目的是在服务业领域形成真正的单一市场。

2004年5月，欧委会提出了"关于服务业内部市场的指令"（简称"服务业指令"），希望通过该指令建立一个有效地消除盟内阻碍服务领域自由化壁垒的法律框架，促进盟内服务业市场一体化的进程。

除了以上的政策及规则以外，从1992年白皮书到2001年白皮书，再到2011年白皮书，欧盟交通运输服务政策已经由只注重经济层面转向同时关注经济、社会和环境三个层面。此外,《金融服务行动计划》《金融服务白皮书》和2009年金融服务改革计划对欧盟金融服务政策的发展至关重要。

(二) 欧盟服务贸易自由化的具体规则

欧盟服务贸易自由化规则,主要体现在《罗马条约》及其后签署的系列协定中。《罗马条约》涉及的内容极其广泛,《罗马条约》第3条及第110条、第228条为欧盟共同商业政策的主要法律依据,1993年11月生效的《欧洲联盟条约》则修订若干共同商业政策的条文,共同商业政策主要是为促进欧盟的自由贸易,并使各成员国在实施共同商业政策时,为避免贸易扭曲或成员国产生经济困难,执委会可授权成员国采取必要的保护措施。《罗马条约》规定,在过渡时期结束前应实现人员、劳动和资本的自由流通。

1. 共同商业政策中建立具体服务市场的策略

欧洲经济共同体关于服务业的目标是要建立一个以关税同盟为基础的共同市场,并协调各成员国经济政策,实现共同体内部的服务业一体化。依据《罗马条约》第23条的规定,预订1970年完成对外共同关税,实际上,欧共体于1968年7月提早完成建立对外共同关税的工作。但是在消除内部非关税性质的贸易障碍方面,由于《罗马条约》并未具体规定欧洲经济共同体对共同商业政策的权限,因而进展缓慢,以至于在1986年签署的单一欧洲法案中,重新制定了建立内部市场的相关规定,列入《罗马条约》中以增补其结构的不足。基本上,欧盟共同商业政策的工具可分为协议及自主性两类,前者为必须遵守国际经贸条约,且无法片面修订,如关贸总协定;后者为自行研订的诸项有关经贸法令、规章。欧盟分别采取双边部分和多边部分的方法来实现共同商业政策的实施。在双边部分,首先确认市场准入的障碍,选择优先行动的目标;确认解决贸易障碍的最佳时机;促进双边与多边措施的协调一致,并配合其他行动;改进执委会、成员国、工业界与代表团间市场开拓活动的协调。在多边部分,主要要求巩固乌拉圭回合谈判决议,并确保所有签署均实现其承认或拒绝;确认推动市场开放的方式及探求可制定多边原则的新领域议题;响应经济全球化新挑战及新障碍。

2. 专业资格的相互承认

《罗马条约》第57条第1款规定,为了便于有关人员作为自雇职业人员从事相关职业活动,欧共体部长理事会根据该条约第189条规定的程序发布指令,以相互承认文凭、证书和其他正式的资格证明。若干年来,欧共体已经发布了一系列指令,以相互承认文凭、证书和其他正式的资格证明,如医生、兽医、牙医、助产士、护士、药剂师、建筑师、美发师和民用航空人员等。此外,欧盟理事会1989年制定了第89/48号指令,以实施《罗马条约》的上述规定。该指令保证了每个成员国境内取得的有效专业资格,在其他成员国同样得到承认。

3. 服务原产地规则

《罗马条约》第58条规定,根据一成员国的法律组成并在共同体内拥有注册办公机构、中心管理机构或主要营业场所的公司或商号,应受到如同作为成员国国民的自然人那样的对待。在一成员国境内的非共同体内企业在另一成员国境内设立企业或者该企业提供跨境服务时要享受共同体内企业的同等待遇,需符合第58条规定的条件,而且与该成员国存在持续有效的联系。另外，消费者的跨境消费及自然人的开业自由，条约并没有具体的服务原产地规则，若要适用条约的相关规定，消费者或提供服务的自然人需具有欧共体一成员国的国籍及住所。

4. 政府采购

根据《罗马条约》，欧共体颁布了一系列指令，以协调各公共部门政府采购的程序。具体如下：须在整个欧共体范围内招标，使所有成员国的企业均有机会投标；禁止为歧视潜在的外国投资者而规定的特定技术要求；在招标和评标时须采用客观标准。为协调服务领域的政府采购程序，1992年欧共体颁布了第92/50号指令。此外，水力、电力、运输及电信领域服务的政府采购适用欧共体第93/38号指令。

5. 欧盟服务贸易自由化新举措——服务业指令

针对欧盟内阻碍服务市场自由化的众多壁垒的现有处理方案程序烦琐复杂、耗时耗力的情况，欧委会在对盟内服务业市场总体情况进行深入调研后，提出了"内部市场服务业指令"。该指令致力于消除服务贸易一体化过程中的壁垒，推动服务领域的跨境开业，以期增强不仅是服务企业，更是包括所有工业企业的竞争力。"内部市场服务业指令"是一个全面的法律框架，是覆盖所有服务业领域的原则性总体规定，而不是具体到部门的细节规定。它并不针对具体的贸易壁垒，也并不是提出消除壁垒的具体方法，而是对于推动盟内服务的自由流动确立一些共同的原则和指导性的规定。2006年2月16日，欧洲议会对欧盟服务业指令进行了投票。最终以394票赞成、215票反对、33票弃权的结果通过了该指令。① 概括起来，该指令具有以下六个方面的基本内容。

第一，给予服务企业在行政许可上极大的简化。鉴于目前服务业跨境开业的主要障碍之一，是各国行政机构在行政许可方面设立了烦琐复杂的手续，使企业花费了过多成本和精力在申请设立和开业上。指令要求各国行政许可机构应尽量简化许可手续和要求，为跨境开业或经营的服务企业提供简便有效的许可程序。

第二，首次要求成员国政府全面检查自己国内法规有关服务市场歧视性、不透明的限制性规定，要求成员国政府执行和转化欧洲法院有关案例法。力求为所有企业创造一个统一、稳定的法律环境，为不同地域服务企业的竞争提供公平的起跑线。

第三，强调信息获取的便利化。为了解决信息不对称的问题，指令要求服务领域的各个利益方都应该有便利的获取信息的渠道，企业应该能够以最小的支出获取影响其经营的有关信息，服务用户和消费者也应该能够简便地获取有关服务的信息。

第四，建立成员国之间的合作与互信，界定服务输出国和接受国之间的监管责任，避免对跨境提供服务产生重复管辖。由于服务产品的特殊性，对于服务企业和服务产品的监管尤其重要，跨境提供服务对于如何实现监管提出了新课题，指令提出成员国之间要明确责任、加强合作，既要避免重复管辖，又要避免出现监管的真空地带。

第五，明确服务产品消费者在一体化市场中的权益，保证其充分享有服务业市场一体化的好处。指令提出要从法律层面保障消费者自由选择服务的权利，消除任何具有歧视

---

① 参见中华人民共和国驻欧盟使团经济商务处资料，http://eu.mofcom.gov.cn/article/jmjg/ztdy/200604/20060401973747.shtml。

性和模糊性的规定,保证消费者在异地消费或者选用外国服务产品时也充分享有其权利。

第六,执行手段上采取欧盟与成员国合作的形式,而非强制执行。鉴于服务业领域的开放是一个复杂渐进的过程,新老成员国在这个领域有着较大的利益分歧和不同的利益诉求,欧盟并不是通过法律法令这样具有强制性的手段,而是使用指令这样较为缓和的手段推动服务贸易的一体化,以求在执行过程中得到成员国更多的支持和合作。

第三节　东南亚国家联盟的服务贸易规则

东南亚国家联盟(ASEAN)简称东盟,是印度尼西亚、马来西亚、菲律宾、泰国和新加坡5个国家最先于1967年创立。目前,东盟已经拥有10个成员国,即印度尼西亚、新加坡、泰国、菲律宾、马来西亚、文莱、缅甸、越南、老挝和柬埔寨。目前的东盟拥有陆地总面积为450万平方千米,人口6.54亿(截至2018年),2018年的GDP达到2.95万亿美元,已经成为东南亚地区一体化程度最高的区域经济组织。

一、东盟的发展历程

东盟区域经济一体化经历了从特惠贸易安排到自由贸易区的发展过程。截至2018年4月,第32次东盟峰会在新加坡举行。

1976年2月,东盟国家在印度尼西亚巴厘岛举行第一届东盟高峰会议,主要签署了两项历史性文件:《东南亚友好与合作条约》和《东盟和谐宣言》。

1992年1月,东盟6国在新加坡举行第四次高峰会议,本届峰会签署了三项文件:《1992年新加坡宣言》《东盟自由贸易区共同有效优惠关税协议》《促进东盟经济合作框架协议》。

1995年12月,在泰国曼谷举行了东盟第五届高峰会议,这次峰会主要签署《曼谷高峰会宣言》《东南亚非核区条约》《加强东盟经济合作架构协议议定书修正条文》。《曼谷高峰会宣言》对东盟的发展达成极重要的共识,要求在进入21世纪之前,将东南亚10个国家纳入东盟,并要求通过东盟服务业架构协议,加强及开放服务业的合作,并加速在2003年前落实东盟自由化贸易区计划的目标。

1998年12月15日—16日,第六届东盟首脑会议在越南首都河内举行。会议通过了《河内宣言》《河内行动纲领》《"大胆措施"声明》等一系列旨在促进东盟加强经济、政治与安全合作的文件。

2001年11月5日—6日,第七届东盟首脑会议在文莱首都斯里巴加湾举行。东盟10国领导人审议通过了《河内行动计划》的中期报告,并确定了加速东盟区域一体化、发展信息和通信技术以及人力资源开发等方面的优先合作项目。

2002年11月4日—5日,第八届东盟首脑会议在柬埔寨首都金边举行。10国领导人就实现东盟一体化、打击恐怖主义等共同关心的地区性和国际性问题进行了深入广泛的讨论,并签署了《东盟旅游协定》。

2003年10月7日—8日,第九届东盟首脑会议在印尼巴厘岛举行。会上通过了一份旨在2020年成立类似于欧盟的"东盟共同体"宣言,确定了东盟将向关系更加密切的共同体挺进。

2004年11月29日—30日,第十届东盟首脑会议在老挝首都万象举行。会议签署了《万象行动纲领》和《东盟关于一体化优先领域的框架协议》两份文件,并通过了《东盟社会文化共同体行动纲领》和《东盟安全共同体行动纲领》两个文件。

2005年12月12日,第十一届东盟首脑会议在马来西亚首都吉隆坡举行。会议通过了关于制订东盟宪章的《吉隆坡宣言》,以加快实现东盟共同体的建设。

2007年1月13日,第十二届东盟首脑会议在菲律宾中部城市宿务举行。东盟国家领导人通过了关于制定东盟宪章的宣言,并决定成立高级别特别小组,负责起草东盟宪章。会议签署了有关在2015年前建成东盟共同体、保护和促进海外劳工权益等宣言,还签署了本地区第一份反恐公约。

2007年11月20日,第十三届东盟首脑会议在新加坡举行。与会各国领导人在会上就东盟今后的发展、加快一体化建设、迎接新形势下的各种挑战进行了广泛而深入的讨论。东盟领导人在会上签署了《东盟宪章》和《东盟经济共同体蓝图宣言》等重要文件。

2009年2月27日—3月1日,第十四届东盟首脑会议在泰国举行。此次峰会签署了《东盟共同体2009—2015年路线图宣言》,以"东盟人民的东盟宪章"为主题,各国领导人将共商东盟发展大计,特别是将就如何实施《东盟宪章》作出具体规划,为以"东盟方式"落实和加快推进一体化进程奠定了基础。

2015年12月31日,东盟轮值主席国马来西亚外长阿尼法发布声明说,东盟共同体正式成立。

2018年4月,第32次东盟峰会围绕2018年东盟主题"韧性与创新",重点就东盟共同体建设和国际地区问题进行讨论,会后发表《主席声明》《关于建设韧性和创新的东盟愿景文件》《关于网络安全合作的声明》和《东盟智慧城市网络概念文件》。

2018年11月12日,东南亚国家联盟各国在新加坡签署《东盟电子商务协议》,旨在促进区域内跨境电商贸易便利化。

专栏4-1

"一带一路"背景下中国—东盟教育服务贸易的发展现状及优势

中国—东盟自由贸易区(CAFTA)建成后,已经成为世界上人口最多的自贸区和发展中国家间最大的自贸区。东盟是我国重要的对外贸易伙伴,自贸区建成以来,双方在教育领域的合作不断深入,2015年11月22日,在李克强总理和东盟10国领导人的共同见证下,中国—东盟自贸区升级谈判成果文件——《中华人民共和国与东南亚国家联盟关于修订〈中国—东盟全面经济合作框架协议〉及项下部分协议的议定书》(简称《议定书》)正式签署。

> 截至2016年年底,中国到东盟留学的人数超过12万,东盟来中国留学的人数超过8万。此外,我国还为东盟培养汉语教师近万人次,通过在东盟国家开办孔子学院和孔子课堂,目前已累计培训学员总数超过6万人。据教育部有关教育服务贸易的数据显示,2016年全世界来华的留学生达到44.3万人,在华留学生来自205个不同的生源国家和地区,其中,有占46.92%的来华留学生(20.8万人次)来自中国"一带一路"的沿线国家,是历史上最多来华留学生人数的一年。随着"一带一路"倡议的推进,中国—东盟间的相互投资将不断增加,对汉语教育的需求也必然会随之增长。
>
> 中国与东盟各国都相距不远,有着文化方面的交流,从双方的发展潜力、合作的基础和历史背景来看,在教育服务贸易的合作互利上有着诸多优势。第一,文化信仰优势。中国的西南地区(如广西、云南等省份)与东盟各国在历史上有着悠久的文化交流,这使得中国与东盟国家有着许多相似的风俗信仰、生活习惯和文化认同。所以,这些国家的来华留学生更容易接受汉文化、学习汉字、汉语,有利于来华留学生对学习内容的掌握和自身学习目标的实现。第二,空间地域优势。从地图版块上看,中国和东盟各国接壤,是互相守望的近邻,彼此海陆相接,使得双方的教育交流与合作更加便利。便利快捷的交通网络,可使双方减少地理差距的影响,更方便地进行教育合作与交流活动,也可以节省人员来往尤其是留学生的交通费用。第三,教育资源互补优势。中国和东盟国家的教育虽然不完全处于同一层次,双方在教育方面的优势也不尽相同,但是各个国家在各类教育资源方面存在着很强的互补性。我国教育在中医、语言文化等某些学科方面处于世界领先地位,而且我国留学学费较低,文化底蕴深厚,基础教育比较扎实。双方教育的互补,能够使双方在教育服务贸易方面获得双赢。第四,汉语人才需求优势。随着东盟10国经济开放,原来国家间经济发展不平衡的局面正在改善,差距开始逐渐缩小,一些原先比较落后的国家开始进入快速发展阶段,因此,各国需要一大批高素质人才来促进现代化建设。"一带一路"倡议的推进,使中国与东盟的贸易往来急剧增加,汉语人才的需求大而迫切,这给中国与东盟国家发展教育服务贸易提供重大机遇。
>
> 资料来源:任姝."一带一路"背景下教育服务贸易现状及发展——以中国与东盟国家为例[J].商业经济,2019(1):90-91,129.

二、东盟服务贸易自由化的进程

(一) 旅游服务(Tourism)自由化

旅游服务是东盟开展较早的合作领域,其一体化的进程一直处于区域领先地位。1976年,东盟贸易与旅游委员会(ASEAN Committee on Trade and Tourism)成立旅游小组委员会(SCOT),负责东盟旅游产品开发、市场宣传和人力资源建设,在早期的区域旅游合作中发挥主要的推动作用。东盟旅游合作起步较早,自1981年开始,举办每年一度的东盟旅游论坛,2020年1月14日—18日,第38届东盟旅游论坛(ASEAN Tourism Forum,ATF)在越南下龙湾举行,东盟成员国代表就2016—2025年为期10年的东盟旅游战略计划进行深度探讨,发布相关举措,促使东盟成为世界优质旅游目的地。

东盟旅游一体化取得的成效,有赖于区内各国对开放旅游部门的共识,以及较为成熟完善的合作机制,还得益于一系列有效得当的合作策略。依据东盟区域旅游一体化的目标,各成员国所实施的旅游一体化策略大致可概括为旅游政策一体化、旅游市场一体化和旅游行业一体化。第一,建立完善的合作会议机制,实施旅游政策一体化。东盟区域旅游合作已形成多层次、多渠道的合作机制,它主要是指东盟旅游论坛,其中包括东盟旅游部长级会议和东盟国家旅游组织会议及区域旅游行业会议。第二,推行旅游便利化措施,实施旅游市场一体化。为建成旅游统一市场,东盟从不同的层面着手实施旅游市场一体化策略,包括从游客的需求、企业的供给和外部市场的开发等三个层面。为了吸引更多的区域内外的游客,促进旅游服务贸易的自由化,2002年签署的《东盟旅游协定》明确提出分别针对区域内和区域外旅游者旅行的便利化措施,对于东盟公民在区域内的旅行实行互免签证,对于区域外的国际游客实行单一签证制度。第三,制定旅游行业规范,实施旅游行业一体化。为了实施区域旅游行业的规范化和一体化,东盟首先推行的是共同的旅游从业人员资格标准,对旅游相关行业(如旅馆、饭店及其他旅游服务行业)要求执行共同的行业质量标准体系。

(二) 空运服务(Air Travel)一体化

东盟空运服务一体化包括空中货运和空中客运两个方面,其目标是逐步实现空中货运、空中客运的完全自由化,完成开放天空的政策安排。1998年9月,第四次东盟运输部长会议决定制定具体的空中货物运输自由化提案,作为东盟富有竞争力的空运服务政策的一部分。同年12月,第六届东盟首脑会议召开,各国领导人宣布《河内行动计划》(Hanoi Plan of Action),要求成员国发展具有竞争力的空运服务政策,逐步实现天空开放。为便利空中货物运输,消除航空限制,加大空中货物运输服务的运营能力和灵活性,2002年9月,东盟各国的航空当局达成《东盟空中货运服务谅解备忘录》(ASEAN Memorandum of Understanding on Air Freight Services),加强空中货运服务的合作。空运服务作为东盟经济共同体建设中的优先部门,2004年11月在老挝万象召开的东盟首脑会议通过《东盟空运部门一体化草案》(ASEAN Sectoral Integration Protocol for Air Travel)及其附件《空运部门一体化路线图》(Roadmap for Integration of Air Travel Sector),详细制定了空运服务一体化的实施措施、步骤和时间表,一体化范围从东盟内部的次区域逐渐扩大到整个东盟区域。

根据空运一体化路线图,东盟分阶段地逐步推进空运服务的自由化,但空中货运服务的自由化要快于客运,东盟要求各成员国于2008年12月完成空中货运服务的自由化,于2010年12月完成空中客运服务的自由化,且只针对东盟各国在AFAS框架下作出承诺的空运服务,同时,客运服务的自由化需先以东盟的次区域为试点,再扩展到整个区域。

2007年,东盟签署《东盟空中货运谅解备忘录的修正案》,放宽空中货运的吨位限制,取消飞行频率和机型的限制。2009年5月,东盟通过《东盟空中货运服务完全自由化的多边协定》(ASEAN Multilateral Agreement on the Full Liberalisation of Air Freight Services)和《东盟空运服务多边协定》(ASEAN Multilateral Agreement on Air Service)。

与货运服务的一体化相比,客运服务的一体化进程明显落后。2010年11月,第十六次东盟运输部长会议签署《东盟空中客运服务完全自由化的多边协定》(ASEAN Multilateral Agreement on the Full Liberalisation of Air Passenger Services)和关于相互开放第三和第四航权、第五航权的两个草案。在实施过程中,2008年开放东盟国家间第三和第四航权,2010年开放有限制的第五航权,2015年彻底开放第五航权。目前已经建成单一的统一的区域航空市场,实现包括空运服务自由化、航空安全、航空保障、空中交通管理、民用航空技术、航空环境保护、空运规则框架和人力资源开发等多个方面的合作。

(三) 物流服务(Logistics)一体化

东盟的物流服务合作主要是围绕运输便利化展开,运输便利化包括三个重要方面:一是过境货物运输的便利化;二是多式联运的便利化;三是跨国运输的便利化。到目前为止,东盟已成功签署这三方面的框架协定,逐步完善了东盟物流服务一体化的制度建设。东盟签署的《东盟货物过境运输便利化框架协定》(ASEAN Framework Agreement on the Facilitation of Goods in Transit),初步明确运输便利化的三个目标:一是便利货物运输,支持东盟自由贸易区的建设;二是简化和协调各国运输、贸易及海关方面的政策和规定,实现货物运输的便利化;三是建成富有效率的、一体化的和相互协调的东盟运输网络。

东盟物流服务的一体化涉及理货、仓储、代理、速递、包装、清关等核心物流服务,还涉及国际海运、空运、铁路运输和公路运输等货物运输服务,具体的实施内容包括以下五个方面:第一,实现物流服务广泛的自由化,实现海运理货服务、货运代理服务、仓储、速递、包装、清关以及其他辅助服务的自由化。第二,提高物流服务提供者的竞争力。一方面,促进贸易与通关便利化,简化通关程序,加快清关速度,使用单一窗口清关方式,便利电子交易和信息传递;另一方面,促进物流服务便利化。第三,拓展物流服务提供者的能力,扶持中小企业的发展,加强物流服务提供者的能力建设。第四,人力资源开发。第五,改善多式联运设施,加强投资。促进内陆运输网络设施和多式联运设施的衔接与改进,加强内陆与海运设施的匹配,改善东盟区内物流的连通性。

(四) 健康服务贸易自由化

根据GATS的服务贸易分类表,健康服务(Healthcare)不仅包括医院服务、其他人类健康服务(救护车、居民保健等除了医院提供的其他服务),还包括两项专业服务(医疗与牙科服务,由助产士、护士、理疗师及辅助医务人员等提供的服务)。大多数东盟国家的健康服务主要由政府主导,公立医院提供的健康服务占支配地位,这一现象在东盟的穷国更为明显。老挝只有公立医院,越南公立医院的数量占98.3%,新加坡、菲律宾、马来西亚健康服务的私有化程度则相对较高,私人医院的数量超过公立医院。

由于健康服务关系国家主权与人权等敏感问题,在多边服务贸易自由化的谈判中,对健康服务作出开放承诺的国家较少。东盟在GATS中对健康服务的承诺也很有限,仅有柬埔寨和马来西亚对健康服务作出了自由化承诺,反映了各国对多边层面的健康服务自由化缺乏热情。在区域层面,东盟各国对健康服务的自由化也存有戒心,表现出与分销服务、教育服务、环境服务以及娱乐、文化、体育服务类似的情形,开放承诺落后于区域总体的服务贸易自由化进程。2004年11月,第十届东盟首脑会议签署《东盟健康服务部门一体化草案》(ASEAN Sectoral Integration Protocol for Healthcare)及《健康服务部门一体化路线图》,对药品及医疗器械等产品的贸易、传统药品与保健品的标准协调、健康部门的能力建设、病人和医务人员移动、产品研发等一体化内容的具体措施与时间安排都作出了规定。这些措施的出台,有利于促进区域健康服务的自由化,各成员国对健康服务的开放承诺已有一定的进展。目前,大多数成员国依照GATS中健康服务的分类,对医院服务、其他人类健康服务以及由医师、牙医、助产士、护士、理疗师和辅助医务人员等提供的医疗专业服务都作出了开放承诺,表现出各国对促进区域健康服务自由化的决心。同时,东盟各国正在对与健康相关的专业服务的标准、资格等进行相互承认谈判,现已达成了医疗、牙科、护理等三项互认安排协议。由于新老东盟成员之间的健康服务发展水平悬殊,要实现区域健康服务的一体化是十分艰难的。

三、东盟的服务贸易自由化机制及规则

(一) 东盟的服务贸易自由化机制

在AFAS的指导下,东盟服务贸易自由化已形成一套较为完善的合作机制(参见图4-1)。东盟经济部长(ASEAN Economic Ministers,AEM)和东盟经济高官会议(Senior Economic Officials Meeting,SEOM)组成最高领导和审议机构,服务贸易协调委员会(Coordinating Committee on Services,CCS)负责组织、协调及实行相关管理工作,具体谈判的工作则由CCS下设的各个不同的服务部门谈判工作组来完成,形成的谈判成果由东盟经济部长签署确认后,各成员国遵照实施。CCS是东盟开展服务贸易自由化的核心机构,其发挥着承上启下的重要作用,主要由来自不同部门或政府机构的对服务贸易自由化谈判负责的官员组成,这些部门或机构一般是从事贸易与商业的部门、经济计划部门和金融财政部门。CCS的职责是在AFAS的框架下推进东盟服务贸易自由化倡议,其依据服务部门的类别成立相应的服务部门谈判工作组,并指导不同的小组进行服务贸易谈判,再通过东盟经济高官会议将谈判的进展向东盟经济部长报告。鉴于金融和空运服务的重要性和特殊性,这两个部门的自由化谈判分别由金融服务自由化工作委员会(Working Committee on ASEAN Financial Services Liberalization)和航空运输工作组(Air Transport Working Group)专门负责,并分别通过东盟财政和央行代理会议(ASEAN Finance and Central Bank Deputies Meeting,AFDM)和东盟运输高官会议(Senior Transport Officials Meeting,STOM)向东盟财政部长(ASEAN Finance Ministers,AFM)和东盟运输部长(ASEAN Transport Ministers,ATM)报告谈判进展。目前,CCS下设6个服务贸易部门工作组,即商务服务、建筑服务、保健服务、物流与运输服务、电信与IT服务、旅游服务,还设有专门的教育服务小组。当前,东盟服务贸易论坛(ASEAN Forum on Trade in Services)已成为东盟服务贸易自由化的一项评估机制。

从图4-1可以看出，东盟的服务贸易自由化机制是东盟各国就服务贸易部门讨价还价，进行博弈的多重复杂的合作机制。① 在此机制下，成员国实施开放的服务贸易部门从最初的旅游、海运、空运、电信和商务服务增加了金融、建筑、教育、环境、健康、娱乐等服务，区域内服务贸易自由化进程取得明显进展。

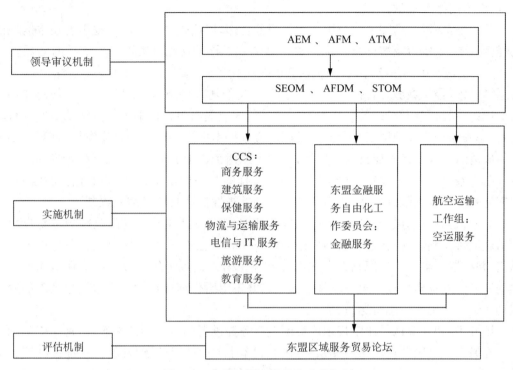

图4-1 东盟的服务贸易自由化机制

（二）东盟服务贸易自由化规则

1.《东盟服务业架构协定》

随着东盟自由贸易区进程的加快，东盟自由贸易区范围已从货物贸易自由化扩展至服务贸易与投资自由化。1995年12月15日，东盟签署了《东盟服务贸易框架协定》，以实现服务贸易自由化。其后，各国还先后签署了《电子东盟框架协定》和《东盟旅游协定》等，分别提出了推动区域信息通信服务贸易自由化和促进区域旅游的便利化、市场准入和市场共同开发等领域的合作等。②

在东盟服务贸易自由化的框架下，区域内服务部门相互开放将有所加快，尤其是优先开放的金融服务、电信、旅游、海运、航空、建筑业等部门。

《东盟服务业架构协定》的主要内容仍以GATS的规范为主。《东盟服务业架构协定》在序言中声称东盟内部的经济合作将会为建立服务贸易自由化框架规则提供保障，而

---

① 邹春萌.东盟区域服务贸易自由化研究[M].社会科学文献出版社，2012:60.
② 王勤.东南亚服务贸易自由化的进展与趋势[J].亚太经济，2005(4):10-13.

服务贸易本身又会加强成员国之间的经济合作,同时重申了对 GATS 原则和规则的承诺,并强调应将区域内贸易自由化扩展到服务贸易领域。

《东盟服务业架构协定》由 14 个条款构成,集中体现了东盟服务贸易的相关规则。在结构上与 GATS 有许多相识之处,包括序言、主要条款、争端解决方式、完善补充法规的地位、机构安排等条款。

第一条:宗旨。为加强成员国之间的服务合作,以增强本区域服务提供者在本区域内的经营效率、竞争力及多样化产品的供应能力;在成员国之间消除服务贸易的实质性限制;除了 GATS 中的承诺外,各国采取新的自由化措施,实现贸易自由化的目标。

第二条:合作领域。合作领域包括建立或改善基础设施;达成联合生产、营销和购买的安排;共同研究和发展、信息交换等。各成员国应提出包含详细合作措施及力度的行动计划、进程安排以及谅解书。所有成员国均应根据本框架协定参加合作安排。但是,如果其他成员国还未准备好履行这些安排,则两个或两个以上的成员国可以首先起步。

第三条:自由化。规定各成员国在一个合理的时间内实质性地消除所有现存的歧视性措施和市场准入限制,并禁止新的和更多的歧视性措施和市场准入限制。

第四条:具体承诺的谈判。第一款规定成员国应按具体服务部门就影响贸易自由化的措施进行谈判。这类谈判应促使成员国在 GATS 已有承诺的基础上进一步作出具体承诺,并根据最惠国待遇原则在区域内部实施。第二款规定每一成员国应在承诺列表中列明其具体的承诺事项。第三款规定该框架并不阻碍任何成员国基于边境地区内的服务流动而给予邻国的优惠待遇。

第五条:相互承认。协定规定成员国就服务提供者的执照和证书而言,每一成员国可承认在另一成员国获得的学历和从业经验、已获得的条件及所颁发的许可证或证明。但是,并非要求各成员国承担接受或达成此类相互承认协定或安排的义务。

第六条:利益的拒给。《东盟服务业架构协定》的特惠不必给予非成员国的自然人服务提供者或者属于或受制于非成员国居民的法人。

《东盟服务业架构协定》还就争端解决、与其他协定的关系、具体承诺的修改程序、制度安排、协定修改、新成员的加入等作出规定。

此外,东盟成员国分别在 1997 年、1998 年、2001 年和 2004 年作出四次服务贸易减让承诺。2003 年 9 月,东盟成员国通过《修改东盟服务贸易框架协议的议定书》,允许其中两个或者两个以上成员国在承诺基础上,就某些部门的进一步开放进行谈判。[①]

2.《东盟电子商务协定》

2019 年 1 月 22 日,东盟 10 国签署了《东盟电子商务协定》(ASEAN Agreement on Electronic Commerce)。这是指导东盟电子商务发展的第一份协定,也是全球为数不多的聚焦电子商务的区域性协定。其具有法律约束力,绝大多数条款适用争端解决。目前,东盟 10 国正在履行协定生效的国内核准程序,目标是于 2020 年年底完成程序,协定即可生效。

第一条:协定的目标。包括促进东盟区域的跨境电子商务交易,推动在东盟区域内构建电子商务应用的互信和可靠的环境,深化成员国合作,进一步发展和加强电子商务,推

---

① 张玉卿.WTO 法律大辞典[M].法律出版社,2006:114.

动东盟地区包容性增长和缩小发展差距。

第二条：适用范围。协定适用于成员国采取或维持的对电子商务有影响的措施，同时不适用于政府采购。

第三条：协定的原则。包括每个成员国应致力于营造有利的法律和监管环境，提供便利和充分竞争的商业环境，并保护公众利益；各成员国支持电子商务的法律和监管框架应考虑国际通行的模范法、公约、原则或准则；各成员国应鼓励使用可供选择的争端解决方式，以促进电子商务交易索赔的解决；成员国应努力认识到技术中立原则的重要性，并认识到有必要在政策和监管方法上协调一致。

第四条：合作领域。包括信息和通信技术（ICT）基础设施；教育和技术能力；网上消费者保护；电子商务法律和监管框架；电子交易安全（含个人网上信息保护）；电子支付和结算；贸易便利化；知识产权；竞争；网络安全；物流。

同时，各成员国应酌情开展以下合作倡议：①分享信息和经验，识别最佳实践；②向成员国提供援助项目，以加强其促进电子商务发展的国内监管框架，并促进电子商务的更广泛应用；③在各国主管部门之间建立合作机制，以便迅速调查和解决与电子商务交易有关的欺诈事件等。

第五条：跨境电子商务促进。

（1）无纸化贸易。根据东盟海关协定及成员国加入的其他无纸化贸易相关协定，扩大相关贸易监管电子化文件的使用，并使用信息通信技术（ICT）进行交换。

（2）电子认证和电子签名。各成员国应实施电子认证和接受电子签名，并采取以下措施：①允许电子交易的参与者为其电子交易确定适当的认证技术和实施模式；②不限制对认证技术和实施模式的认可；③允许电子交易的参与者有机会证明他们的电子交易符合其成员国关于认证的法律法规。

（3）网上消费者保护。各国应向使用电子商务的消费者提供与线下交易相似水平的保护，采取透明、有效的消费者保护措施。

（4）跨境电子信息交换。各国认识到在遵守相关国法律法规的基础上，保障商业用途的信息跨境流动的重要性。因此，致力于消除或减少跨境信息（包括个人信息）流动的壁垒，同时保障信息的安全性和保密性。

（5）网络个人信息保护。充分考虑国际原则、指南和标准，采取相关措施。

（6）信息处理设备（计算机服务器和信息处理存储设备）的存放地。各国关于信息处理设备的使用可单独作出法律规定，包括确保通信安全和保密性的要求。但成员国不能将其他成员国的法人在前者境内存放信息处理设备作为该法人在其境内经营企业的必要条件。

第四节　亚太经济合作组织的服务贸易规则

亚太经济合作组织又称亚太经合组织（Asia-Pacific Economic Cooperation，以下简称APEC）成立于1989年，成立之初是一个区域性经济论坛和磋商机构，经过20年的发展，已逐渐演变为亚太地区重要的经济合作论坛,也是亚太地区最高级别的政府间经济合作机制。截至 2014 年 9 月,亚太经合组织共有 21 个正式成员,分别是澳大利亚、文莱、加拿大、智利、中国、中国香港、印度尼西亚、日本、韩国、马来西亚、墨西哥、新西兰、巴布亚新几内亚、秘鲁、菲律宾、俄罗斯、新加坡、中国台北、泰国、美国和越南。此外,APEC 还有 3 个观察员,分别是东盟秘书处、太平洋经济合作理事会和太平洋岛国论坛秘书处。APEC 的人口约占世界人口的 40%,国内生产总值之和约占世界的 56%,贸易额约占世界总量的 48%,国土总面积约 6 000 多万平方千米,总体规模超过了欧盟和北美自由贸易区,其经济发展对整个亚太地区乃至全球经济都有着举足轻重的作用。

一、亚太经合组织概述

(一) 宗旨及目标

APEC 的宗旨是:保持经济的增长和发展;促进成员间经济的相互依存;加强开放的多边贸易体制;减少区域贸易和投资壁垒,维护本地区人民的共同利益。APEC 主要讨论与全球及区域经济有关的议题,如促进全球多边贸易体制,实施亚太地区贸易投资自由化和便利化,推动金融稳定和改革,开展经济技术合作和能力建设等。近年来,APEC 开始介入一些与经济相关的其他议题,如人类安全(包括反恐、卫生和能源)、反腐败、备灾和文化合作等。通过历次磋商,形成了"开放、渐进、自愿、协商、发展、互利与共同利益"的 APEC 精神。APEC 的目标是贸易投资自由化、商业便利化以及经济技术合作;促进货物、服务和投资的自由流动、提高生活和教育水平、保护自然环境的同时实现可持续增长。同时,APEC 确认了六大优先发展的领域:发展人力资本、培育安全有效的资本市场、加强经济基础设施建设、利用未来技术、促进保护环境的可持续发展、鼓励中小企业成长。

(二) 组织机构

APEC 采取自主自愿、协商一致的合作方式,所作决定须经各成员一致同意。会议最后文件不具法律约束力,但各成员在政治上和道义上有责任尽力予以实施。APEC 的组织机构共有五个层次,分述如下。

1. 领导人非正式会议

自 1993 年以来共举行了 26 次领导人非正式会议。2018 年 11 月 18 日,亚太经合组织第二十六次领导人非正式会议在巴布亚新几内亚莫尔兹比港举行。国家主席习近平出席并发表题为《把握时代机遇,共谋亚太繁荣》的重要讲话。

2. 部长级会议

包括外交(中国香港除外)、外贸双部长会议以及专业部长会议。双部长会议每年在领导人会议前举行一次,专业部长会议不定期举行。

3. 高官会

每年举行 3—4 次会议,一般由各成员司局级或大使级官员组成。高官会的主要任务是负责执行领导人和部长会议的决定,并为下次领导人和部长会议做准备。

4. 委员会和工作组

高官会下设4个委员会,即贸易和投资委员会(CTI)、经济委员会(EC)、经济技术合作高官指导委员会(SCE)和预算管理委员会(BMC)。此外,高官会还下设工作组,从事专业活动和合作。

5. 秘书处

1993年1月在新加坡设立,为APEC各层次的活动提供支持与服务。秘书处负责人为执行主任,由APEC当年的东道主指派。

(三) 运作机制

APEC运行机制的特点是:承认多样化,强调灵活性、渐进性和开放性;遵循相互尊重、平等互利、协商一致、自主自愿的原则;单边行动和集体行动相结合。这些原则和做法兼顾了合作伙伴不同的经济发展水平和承受能力,使他们不同的权益和要求得到较好的平衡。

1. 从开放性地区主义走向全球自由贸易

开放性地区主义是亚太地区新地区主义的基本特征,开放性地区主义意味着这一地区实施消除贸易限制的政策,与此同时,APEC对全球的自由化进程作出了承诺,并提出了实现这一原则的途径,区外国家也可以享受区内的优惠待遇,其表现主要在成员资格的对外开放性,非防御性,支持贸易的非排他性。

2. 采取协商一致的决策原则

APEC关于区域经济合作体制和原则的设计上实现了创新,一改国际贸易与货币合作制度的"俱乐部模式",在权力结构上实现了比较充分的民主,这种方式就是不通过谈判和超国家的约束来规定成员的权利义务,而是通过高官会议、部长会议和领导人会议逐级协商进而达成一致。协商一致的原则是在承认本地区多样性的前提下,成员间无论大小、贫富、强弱,在开展经济合作和一体化制度安排上,需要平等协商,因此,需要相互理解与尊重,通过平等的协商达成妥协、谅解和一致。虽然这种方式存在明显的缺点,但APEC的这种协商一致的决策方式是适合亚太地区实际的、明智的选择,在这样一个广大和多样的区域,能通过一种方式把国家与地区聚合在一起本身就是了不起的成就。

3. 单边自由与集体行动结合的运行与推进机制

APEC关于区域合作目标推进机制的设计也是独具特色的,被称为协调的单边主义机制。在这种机制下,首先,APEC制定好目标,然后把目标作为推进合作的动力。APEC的总体目标是实现贸易和投资自由化、便利化和经济技术合作。在具体操作过程中,通过单边行动和集体行动来落实,在既定的阶段性目标与总体目标面前,各方一旦作出承诺,就要积极实现。各个成员根据自己不同的情况和自己可以承受的能力进行自由化改革,削减关税和非关税等贸易壁垒,加大对外开放的力度,促进投资的自由化与便利化。其次,有一套制度化的议事机制。在议程组织上,靠成员主动承诺担任主持,主持的成员负责计划、推动和承办当年的各种会议。这样的议事机制和会议方式给成员国政府官员和首脑就地区经济发展问题进行协商和达成共识提供了必要的机会,一项议程一旦达成了共识,获得了普遍的赞同,就由各成员给出承诺,这种承诺虽然不具备法律效力,但会对承诺方形成隐形压力,一般会兑现。由于各个成员在不同的条件下起步，推进自由化的重点和先后顺序会有不同。第三，APEC还设立了一套功能性机制安排，除了秘书处以外，还有各个委员会和工作组，负有一定的管理、协调、分析、研究和组织职能。APEC的这种督促、协调机制是各个成员单边行动向着集体目标前进的制度保证。

4. 政府与企业界的紧密结合

传统的地区合作组织与全球贸易货币体系，均是由国家或政府出面参与的，APEC高举政府与企业界紧密联手推进地区合作的旗帜，这样，APEC部长和领导人会议与企业咨询委员会就建立了直接的联系，而企业咨询委员会是论坛性的机构，可以通过为APEC决策层提供咨询来对APEC的决策和执行施加影响，直接反映企业界的要求。这种机制赋予了APEC双主体的决策机制，是又一项制度创新。

二、亚太经合组织服务贸易自由化的特点

APEC成员实现服务贸易自由化的一个显著特点是，各成员越来越多地通过区域贸易协定/自由贸易协定来提高其在区域或双边层面的服务开放程度。这些承诺比WTO《服务贸易总协定》中的承诺或在加入WTO谈判中作出承诺的开放程度更高，通常包括改善市场准入和国民待遇条件。APEC成员实施的区域贸易协定/自由贸易协定中包含服务承诺的趋势日益明显。2008年，大约只有57.1%的区域贸易协定/自由贸易协定包括服务承诺，2018年，有71%的区域贸易协定/自由贸易协定包括服务承诺。而且，多数新签订的包含服务承诺的区域贸易协定/自由贸易协定采取了负面清单的方法。截至2018年年底，包含服务承诺的121个已生效协定中，有68个采取负面清单，有50个采取正面清单。① 但是，各服务行业取消限制的进程并不均衡。近年来，APEC地区银行、运输、保健、高等教育和法律服务部门推行自由化取得进展较为显著，而保险、通信服务和电子支付处理服务等领域的自由化进程较为缓慢，限制性依然较高。2018年"茂物目标"进展的评估指出一个新的趋势，即与以往的评估相比，APEC一些经济体在数据本地化存储、跨境数据流动等方面实施了新的限制。

三、亚太经合组织的服务贸易自由化规则

为实现亚太地区服务贸易自由化，APEC先后在1995年和1996年通过了实施《茂物宣言》的《执行茂物宣言的大阪行动议程》和《马尼拉行动计划》，开始通过单边行动计划和集体行动计划两种途径，落实各成员对贸易投资自由化的承诺。在服务贸易方面，《执行茂物宣言的大阪行动议程》主要对电信、交通运输、能源、旅游等服务行业部门进行了规定。根据APEC服务工作的政策框架，APEC经济体在亚太地区实现自由和开放贸易与投资的途径为逐步减少对服务贸易市场准入的限制；逐步为服务贸易提供最惠国待遇和国民待遇；向规定部门提供进行公平、透明发展的机会，提供采用服务贸易规则和法规程

---

① 黄陈刘,张晓.中国与APEC成员服务贸易国际竞争力的比较研究[J].未来与发展,2018,42(12):5-11.

序的机会;重视电子商务在服务供给和服务消费中发挥的作用。

在时间节点方面,《执行茂物宣言的大阪行动议程》规定,发达经济体在2010年前、发展中经济体在2020年前实现贸易和投资的自由化。这一目标将通过尽快进一步减少贸易和投资壁垒以及促进货物、服务和资金在各经济体之间的自由流动来实现。在执行过程中,随着部分目标的实现,服务贸易规则也在不断调整。2015年11月19日,在马尼拉召开APEC第23次领导人非正式会议,批准《亚太经合组织服务业合作框架》,以促进APEC成员服务贸易自由化发展。2016年11月20日,第24次APEC领导人非正式会议召开,会议出台了《APEC服务业竞争力路线图(2016—2025)》。这与2015年马尼拉会议上出台的《亚太经合组织服务业合作框架》一起构成了APEC服务贸易自由化规则的一揽子文件。

(一)"茂物目标"中有关服务行业贸易自由化的规则

1. 电信

APEC经济体将根据《坎昆宣言》:

(1)致力于在国内、本地区以及全球层次上填充"数字鸿沟",并与工商/私营部门合作进行此项工作。

(2)鼓励工商/私营部门和政府之间以适当的方式开展讨论,以评定产品的价值并据此收取利润,这些产品和服务是在APEC经济体之间交流的网络服务,是与APEC网络服务国际定价原则相一致的。

(3)鼓励制定切实有效的政策支持国内外电信和信息产业的竞争性市场。

(4)加快执行电信设备一致性评估的相互认可协议。

(5)确保政策环境和制定规章制度的环境能更好地促进电子商务。

(6)在自愿的时间框架内执行APEC电信网络连接原则,并就进一步讨论电信网络连接的必要性进行协商。

(7)关注用户对支持协同工作能力的公开标准和系统的要求。

此外,鼓励APEC经济体在适当的方面遵守:

(1)WTO电信调整原则基准文件。

(2)信息技术协议。

(3)国际增值网服务贸易准则。

2. 交通运输

APEC经济体将:

(1)为响应APEC领导人1999年发表的题为《奥克兰的挑战》的宣言,在自愿基础上执行使航空服务更具竞争性的八个步骤,并根据"茂物目标"确定航空服务自由化的步骤,此外,通过高官会向领导人提交年度进展报告。

(2)在2005年以前通过增强海运和港口政策的透明度在本地区建立一个安全、有效、富有竞争性的海运环境、港口运作环境。

(3)完成陆路运输协调化计划,并通过与联合国欧洲经济委员会的合作,鼓励制定汽车产品证书相互认可安排和各经济体中车辆规则协调化相互认可安排。

(4) 在可能的情况下,于 2005 年以前取消传递国际运输与贸易关键信息的纸介文件,这既是对法规的文件所说,也指对学术文件而言。

3. 能源

1996 年的 APEC 能源部长悉尼会议签署了 14 项非约束性原则,其内容包括预见、目标、战略主旨。根据上述 14 项非约束性原则进行开发和建设,APEC 经济体将:

(1) 以下列方式促进能源部门的投资:①于 1996 年年底前,确认影响电力基础设施投资的制度、法规及程序的障碍;②于 1996 年年底前,消除前述障碍,并建立促进投资的指导框架;③于 1999 年年底前,依上述工作结果,对更为复杂的议题,拟订并执行已协调的解决方案,并扩展前项活动至能源供应链的其他方面;④长期而言,考虑与促进跨境基础设施建设及其融资相关的议题。

(2) 以下列方式接受相互认证及增加能源标准的调和:①于 1996 年年底前,建立测试议定书与实验室鉴定的相互认证基础,并接受由上述方式得到的测试结果;②于 1999 年年底前,针对测试议定书与实验室鉴定的相互认证基础达成协议,并接受由上述方式得到的测试结果;③长期而言,将能源标准工作延伸至特定产品,首先由电器用品开始,再扩及选定的工商业设备项目。

4. 旅游

APEC 经济体将:

(1) 通过下列方式消除旅游营运与投资障碍。①推动及促进技术、训练及劳工的移动;②推动及促进旅游及相关部门具有生产力的投资;③消除旅游营运与投资的法规障碍;④在服务贸易协议(服务贸易总协定)框架下鼓励旅游相关服务贸易自由化。

(2) 通过下列方式增进游客移动及旅游商品与服务需求在亚太经济合作组织区域内的移动。①促进旅客旅游的便利;②增进游客的体验;③促进区域内及区域间营销机会及合作;④推动及促进旅游业的电子商务;⑤加强游客的安全;⑥在为游客提供设施和服务中鼓励非歧视性。

(3) 通过下列方式持续处理旅游的演变所衍生的影响与冲击。①对自然环境表示感谢与了解,并致力保护环境;②培养旅游部门可持续发展的机会,特别是在中小企业就业及提供开放与可持续旅游市场等方面;③保护旅游地社区的社会纯朴性,在旅游经营及发展上特别关注性别的问题;④承认、尊重及保存本土及当地文化及自然资源与国家文化遗产;⑤加强管理与发展能力。

(4) 通过下列方式加强认知与了解旅游是带动经济及社会发展的动力。①调整关键性旅游统计的收集方法,使之与其他国际旅游组织的活动协调一致;②为 APEC 经济体之间交流旅游信息提供便利;③全面分析成员经济体的旅游在促进其可持续发展中所发挥的作用;④确定可能出现的问题、帮助执行《APEC 旅游宪章汉城宣言》,由此扩展旅游问题的集合知识。

(二)《亚太经合组织服务业合作框架》

1. 亚太经合组织服务发展遵循的原则和战略

(1) 按照 1994 年"茂物目标",决心通过下述合作原则加强在服务业领域的工作:

①实现符合WTO原则的自由开放的服务贸易和投资;②开展透明和更有效的沟通;③在亚太经合组织机制内部以及与其他利益相关方开展合作与接触;④加强人力和制度方面能力建设并提高发展中经济体的参与度,从而增强服务业的竞争力;⑤采取跨行业以及有各行业特色的措施。

(2) 根据1995年《大阪行动议程》、2000年《服务业工作政策框架》和2009年《亚太经合组织跨境服务贸易原则》,并考虑到各经济体的实际情况,申明遵照下述战略方向的重要性:①保持法律、法规及行政程序的透明;②逐步减少对服务贸易和投资的限制,包括减少不必要的本地化要求;③对本土和外国服务供应商采取非歧视待遇;④采取良好的规制实践和有效的竞争政策;⑤促进服务供应商和商务人士流动;⑥支持能力建设活动,以增强各经济体服务业的竞争力。

(三)《APEC服务业竞争力路线图(2016—2025)》

1. 2025年APEC服务业部门的竞争力目标

(1) 通过逐步减少服务贸易和投资的限制,确保开放和可预测的服务业市场环境。

(2) 提升APEC经济体服务贸易出口在全球服务贸易出口中所占的比重,到2025年超过当前比重(以2016年为参照)。

(3) 到2025年使本地区服务业的年均复合增长率超过6.8%的历史平均水平,从而将本地区服务业增加值占总GDP的比重超过全球平均水平。

2. 实现上述目标所实施的举措

(1) 开展相关能力建设活动:①推动良好规制实践、国际规制合作并创建有效的竞争政策框架和机制;②确保服务市场开放,延长APEC总体不采取新的限制措施的承诺,撤回服务贸易领域保护主义和贸易扭曲性措施;③根据快速变化的经济需求提供足够的技能培训,帮助包括妇女、青年、中小微企业主和本土企业主在内的劳动者适应变化,更好地参与劳动市场;④制定培育具有活力、竞争力和效率的电信业、创新及信息通信技术的政策;⑤发展有效的金融市场,包括通过应用新技术促进金融市场更加融合;⑥促进人文、硬件和机制互联互通。

(2) APEC成员采取的共同行动:①促进包括中小微企业、妇女参与全球价值链;②促进专业人员资格互认安排,支持专业人员跨境流动;③基于《APEC商务旅行卡》等倡议,提升商务旅行者的灵活度;④落实更新后的APEC结构改革议程,包括推进《2016年APEC结构改革和服务业经济政策报告》;⑤在已通过的《环境服务行动计划》框架下支持环境服务自由化、便利化合作;⑥在已通过的《制造业相关的服务业行动计划》框架下,促进制造业相关的服务业自由化、便利化合作;⑦支持教育部门合作,包括推进实习生方案、海外交换生项目、联合政策研究;⑧与经济体自身教育体系保持一致的前提下,推进与教育标准、资质和信用体系相关的信息交流,探索相互认证措施(借鉴包括《ASEAN专业资格证书参考框架》等文件中的措施);⑨共同回应网络技术的快速发展,推行既能帮助企业充分利用互联网和数字经济机遇又能恰当保护消费者的监管模式;⑩支持特定金融服务的跨境服务条款,包括实施"亚洲地区基金护照"中自愿参与的普惠金融倡议及约定;⑪支持APEC在发展空海陆交通及信息通信技术基础设施方面的工作,与《APEC互联互通蓝图(2015—2025)》保持一致;⑫支持 APEC 基于《APEC 旅游战略计划》,发展旅游业,促进可持续和包容性增长;⑬发展与服务业相关的统计以衡量和支持路线图落实,更广泛地跟踪与服务相关的贸易和投资;⑭制定一整套服务业部门境内规制的良好实践原则。

(3) APEC 成员采取的单边行动:①鼓励经济体考虑单个经济体的自身情况,在自主自愿的基础上开展行动,进一步优化服务部门,作为更新的《APEC 结构改革议程》(RAASR)中行动计划的一部分。②在集体或单边落实路线图过程中,APEC 将为有需要的发展中经济体提供能力建设。能力建设资金可以通过现有的 APEC 基金获得(包括 RAASR 子基金)。同时欢迎有关经济体提供额外资金。③APEC 将为同行借鉴活动提供便利。鼓励正在改革的经济体就其他经济体的相关经验和最佳实践寻求同行支持。④为支持路线图实施及增进经济体对关键问题的共同理解,APEC 将改善服务贸易投资的衡量方法。在参考包括 OECD 和世界银行等国际组织现行指数的基础上,APEC 将优先制定衡量经济体服务业规制环境的 APEC 指数。

第五节　RCEP 的服务贸易自由化规则

区域全面经济伙伴关系(以下简称 RCEP)由东盟于 2012 年发起,历经 8 年、31 轮正式谈判,RCEP 协定于 2020 年 11 月 15 日正式签署,成员国包括东盟 10 国以及中国、日本、韩国、澳大利亚和新西兰,一共 15 个成员国。RCEP 是目前人口最多、全球体量最大、最具发展潜力的自贸区。2019 年 RCEP 成员国总人口达 22.7 亿,GDP 达 26 万亿美元,出口总额达 5.2 万亿美元,均占全球总量约 30%。RCEP 自贸区的建成,意味着全球约三分之一的经济体量将形成一体化大市场。RCEP 协定一共有 20 章组成。在服务贸易方面,RCEP 协定在第八章对服务贸易市场准入及相关领域的开放作了规定,为缔约方进一步扩大服务贸易创造了条件,制定了包括市场准入承诺表、国民待遇、最惠国待遇、当地存在、国内法规等规则。部分缔约方采用负面清单的方式进行市场准入承诺,要求现在采用正面清单的缔约方在协定生效后 6 年内转化为负面清单模式对其服务承诺作出安排。此外,附件 1—3 分别从金融服务、电信服务和其他服务对相关行业领域的开放制定了规则框架。

一、RCEP 自贸区的产生背景及过程[①]

RCEP 最早源于亚太地区出现的多种区域一体化安排与构想。1997 年的亚洲金融危机打破了亚洲经济快速发展的局面,这场经济浩劫让东亚国家意识到,全球经济一体化过程在带来经济快速增长和国际竞争优势的同时,也可能蕴含巨大风险。于是,东亚各国转而寻求区域经济合作来应对风险和挑战。在此背景下,东盟邀请中、日、韩三国领导人在

---

① 本节参考赵慧等.新谈判背景下 RCEP 的进展、困难及中国对策[J].广西社会科学,2020(4):53-58.

马来西亚举行非正式对话与合作会议,从而开启了"10+3"对话。然而,由于担心中国在东亚经济合作中的影响力进一步增加,日本于2006年否定了"10+3"方案,转而提出邀请印度、澳大利亚和新西兰共同加入,建立"东亚紧密经济伙伴关系"("10+6"模式,CEPEA)。由于当时东盟更关注自身共同体的建设,加之中、日、韩三国之间存在矛盾分歧,东亚区域性合作进程缓慢。

在东亚区域性合作进程受阻的进程中,奥巴马政府2009年宣布美国正式参与并主导《跨太平洋伙伴关系协定》(TPP)谈判,这引起了亚太周边国家的高度关注。TPP作为一个高标准的贸易协定,东盟成员中只有4个国家加入该谈判,其余6国皆因不满足条件而被排除在外,东盟10国之间的向心力和东盟在亚洲地区的核心影响力因此面临巨大挑战。与此同时,中、日、韩三国领导人也开始在"10+3"框架外建立三国领导人峰会机制,而中、日、韩FTA发展前景则严重威胁了东盟在东亚经济合作中的主导地位。在如此错综复杂的背景下,RCEP应运而生。2011年11月,东盟接受了以东盟为主导的中日共同提案——RCEP,并同意设立与RCEP相关的三个工作组(货物贸易、服务贸易、投资)。

尽管各国普遍看好RCEP的广阔前景,但是当2013年5月9日RCEP第一轮谈判正式开启以后,谈判议程所涉及问题的多样性和复杂性以及推进谈判进程的艰难性远超各方预期。由于参与谈判的成员国众多、经济发展水平差别大等因素引致成员国之间存在大量分歧,加之谈判议题和谈判小组数量的不断增加,使得谈判进展的推动异常缓慢。

在RCEP进展缓慢的另一边,是2015年10月TPP谈判的结束,并于2016年2月签署该协议。事实上,东盟一直致力于提升东盟10国的凝聚力与维护东盟在东亚区域经济的核心地位及影响力。然而,除了东盟10国中的新加坡、马来西亚、文莱、越南4国加入了TPP谈判,泰国也表现出加入TPP的意愿。这意味着,TPP不仅威胁了东盟在东亚地区的经济核心主导地位,导致东盟的边缘化,更是对东盟的整体性造成了威胁。于是,TPP的压力加速了RCEP的谈判进程。表现之一就是会议频次增加,会议级别提高。仅2016年就召开了两次部长级会议与六轮谈判,2017年召开了首次RCEP谈判国领导人会议。虽然RCEP的签署日期被一再拖延,但谈判在踟蹰中还是取得了实质性进展。

眼见RCEP即将获得成功,2017年1月,特朗普就任美国总统,并于3天后宣布美国正式退出TPP协议。随后,高举"美国优先"大旗的特朗普政府开始利用双边谈判争取美国利益的最大化,并使用各种政治和经济手段向谈判对手施压,逆全球化和贸易保护主义浪潮随之到来。为了应对美国的经济制裁,以及削弱TPP带来的不良影响,RCEP谈判各方逐渐达成谅解,并致力于积极推动RCEP谈判的进展。但由于印度与其他各国在货物贸易自由化方面关于关税减让等问题,加上谈判各国在关税以外的知识产权、电子商务等领域依然存在较大分歧,谈判最终没能在2018年按计划结束。后来,随着印度退出RCEP,谈判变得更加顺利。最终,2020年11月15日,《区域全面经济伙伴关系协定》(RCEP)第四次领导人会议通过视频方式举行,中国国务院总理李克强出席会议。会上,在15国领导人的共同见证下,各国贸易部长签署了RCEP协定,标志着RCEP自由贸易区正式启航。

二、RCEP 协定的主要内容及述评

RCEP 协定共有 20 个章节，涵盖货物贸易、服务贸易、投资和自然人临时移动四方面的市场开放，纳入知识产权、电子商务、竞争等现代化议题。RCEP 协定整合并拓展了 15 国间多个自由贸易协定，削减了关税和非关税壁垒，统一了区域内规则，推动了亚太一体化发展。该协定的核心在于增强货物贸易、服务贸易、投资以及人员流动方面的市场开放，尤其在关税上取得重大突破，给予"渐进式"零关税政策。

（一）货物贸易方面

RCEP 在关税和非关税措施上均有突破。RCEP 成员承诺通过立刻降税和 10 年内逐步降税的方式，最终实现区域内 90% 以上的货物贸易零关税。此外，RCEP 采取提供货物国民待遇、临时免税入境、取消农业出口补贴以及全面取消数量限制、管理进口许可程序等非关税措施，促进货物贸易自由化。RCEP 采用的区域累积的原产地规则，突出技术可行性、贸易便利性和商业友好性。

（二）服务贸易方面

15 个缔约方通过正面或负面清单模式，均作出了高于各自"10＋1"自贸协定水平的开放承诺。RCEP 成员国在金融、电信和专业服务领域作出更高水平的开放承诺。其中，中国服务贸易开放达最高水平，新增 22 个部门，并提高金融、法律、建筑、海运等 37 个部门的承诺水平；其他成员也在中方重点关注的建筑、医疗、房地产、金融、运输等服务部门进行高水平开放。

（三）投资方面

15 个缔约方均通过负面清单方式提高农、林、渔、采矿和制造业五个非服务业的投资开放水平。RCEP 涵盖包括投资保护、自由化、促进和便利化在内的投资领域四大支柱条款，确认了成员国在国民待遇、最惠国待遇、投资待遇等方面的义务。中国首次在自贸协定项下以负面清单的形式对投资领域进行承诺，更好地完善国内准入前国民待遇加负面清单的外商投资管理制度，锁定国内压缩外商投资负面清单的改革成果，实现扩大外商投资的市场准入。

（四）自然人临时移动方面

RCEP 各成员的承诺基本超越各成员已有的自贸协定的承诺水平。各方承诺区域内各国的投资者、公司内部流动人员、合同服务提供者、随行配偶及家属等在符合条件的情况下，可获得一定的居留期限，享受签证便利，开展各种贸易投资活动。RCEP 将承诺的临时流动人员适用范围扩展至服务提供者以外的投资者、随行配偶及家属等协定下所有可能跨境流动的自然人类别，超越了各成员的现有自贸协定实践中的承诺。

（五）知识产权方面

RCEP 高度重视著作权、商标、地理标志、专利、外观设计、遗传资源、传统知识和民间文艺等知识产权保护。希望通过有效和充分的创造、运用、保护和实施知识产权权利来深化经济一体化和合作，以减少对贸易和投资的扭曲和阻碍。

（六）电子商务方面

RCEP 在无纸化贸易、电子认证和电子签名、消费者线上保护、线上个人信息保护、国内监管框架、海关关税、透明度、网络安全、争端等方面作出规定。希望促进缔约方以及全球范围内使用电子商务，加强缔约方在电子商务发展方面的合作。

（七）竞争方面

通过采取和维持禁止反竞争行为的法律、法规，以及通过缔约方在制定和实施竞争法律、法规方面的区域合作，促进市场竞争，提高经济效率和消费者福利，以便利缔约方之间的贸易和投资。

（八）政府采购方面

希望缔约方认识到促进政府采购相关法律、法规和程序的透明度以及开展合作的重要性。

（九）贸易救济方面

设立过渡性保障措施，帮助进口缔约方防止或补救对生产同类产品或直接竞争产品的国内产业造成或威胁的情况。

（十）合作方面

一是可公开访问的信息平台，促进中小企业信息共享，为中小企业提供获利机会。二是在成员国之间开展重点经济技术合作，向发展中成员国和最不发达成员国提供能力建设和技术援助。

此外，RCEP 纳入知识产权、电子商务、竞争、政府采购等现代化议题，同时加强中小企业、经济技术等领域合作，满足了发展中国家和最不发达国家的实际需求。

总体来看，RCEP 在市场开放、知识产权等领域较 WTO 标准有所提高，但不及 TPP、CPTPP 等高标准协定，RCEP 在广度和深度上均较 WTO 有所拓展。例如，RCEP 在投资领域的规则丰富程度远超 WTO，在知识产权、电子商务、政府采购等现代化议题方面较 WTO 更深入，贸易开放度 90% 也较 WTO 的 85% 更高。但由于涵盖的成员国差异较大，决定了 TPP、CPTPP 等协定的高标准。CPTPP 在 RCEP 签署前是亚洲最大的自贸协定，保留了其框架下成员国之间要达到 99% 货物零关税（日本为 95%）、零市场准入壁垒、零补贴的"三零"标准，在知识产权、劳动和环境、竞争、国有企业、互联网规则和数字经济等规则均设定了高标准，且不存在 10 年的过渡期。RCEP 除贸易开放度不及 CPTPP 外，也不包含劳动或环境章节,还保持一定的农产品配额,整体而言标准不及CPTPP。

三、RCEP协定关于服务贸易的主要规则①

RCEP协定中服务贸易部分集中在第八章,共25条,内容涵盖服务贸易概念界定及范围、承诺减让表、国民待遇、市场准入、最惠国待遇、具体承诺表、不符措施承诺表、透明度清单、过渡期、国内法规等方面进行规则制定。按照协定,日本、韩国、澳大利亚、新加坡、文莱、马来西亚、印度尼西亚等7个成员采用负面清单的方式承诺,我国等其余8个成员采用正面清单承诺,并将于协定生效后6年内转化为负面清单。就开放水平而言,15方均作出了高于各自"10+1"自贸协定水平的开放承诺。中方服务贸易开放承诺达到了已有自贸协定的最高水平,承诺服务部门数量在我国"入世"承诺约100个部门的基础上,新增了研发、管理咨询、制造业相关服务、空运等22个部门,并提高了金融、法律、建筑、海运等37个部门的承诺水平。其他成员在中方重点关注的建筑、医疗、房地产、金融、运输等服务部门都作出了高水平的开放承诺。服务贸易章节除市场开放及相关规则外,还包含了金融、电信服务和专业服务3个附件,对金融、电信等领域作出了更全面和高水平的承诺,对专业资质互认作出了合作安排。限于篇幅,本节选择部分重点规则进行介绍。

(一)承诺减让表

(1)各缔约方应当根据本章第七条(具体承诺表)或本章第八条(不符措施承诺表)的规定,作出本章第四条(国民待遇)和本章第五条(市场准入)项下的承诺。

(2)根据本章第七条(具体承诺表)作出承诺的一缔约方,应当根据本章第四条(国民待遇)、第五条(市场准入)中的适用条款作出承诺,并且还应当根据本章第六条(最惠国待遇)或本章第十条(透明度清单)作出承诺。根据本章第七条(具体承诺表)作出承诺的一缔约方也可以根据本章第九条(附加承诺)作出承诺。

(3)根据本章第八条(不符措施承诺表)作出承诺的一缔约方,应当根据本章第四条(国民待遇)、第五条(市场准入)、第六条(最惠国待遇)和第十一条(本地存在)中的适用条款作出承诺。根据本章第八条(不符措施承诺表)作出承诺的一缔约方,也可根据本章第九条(附加承诺)作出承诺。

(4)尽管有第二款的规定,根据本章第七条(具体承诺表)作出承诺的东盟成员国中的最不发达国家缔约方,没有义务根据本章第六条(最惠国待遇)或第十条(透明度清单)作出承诺。但此类缔约方可在自愿的基础上作出承诺。

(二)市场准入

(1)对于通过本章第一条(定义)第十八款确定的服务提供方式实现的市场准入,根

---

① 本节关于RCEP服务贸易规则是根据2020年11月15日15个成员国签署的《RCEP区域自贸区协议》全文文本的基础上,经过翻译、归纳、总结而成。

据本章第七条(具体承诺表)在本条项下作出承诺的某一缔约方,对任何其他缔约方的服务和服务提供者给予的待遇,应当不低于其在附件二(服务具体承诺表)中同意和列明的条款、限制和条件下的待遇。①

(2) 对于作出市场准入承诺的部门,不论是根据本章第七条(具体承诺表)作出具体承诺,或根据本章第八条(不符措施承诺表)遵守不符措施,某缔约方不得在其某一地区或在其全部领土内采取或维持按如下定义的措施:①无论以数量配额、垄断、专营服务提供者的形式,或以经济需求测试要求的形式,限制服务提供者的数量;②以数量配额或经济需求测试要求的形式限制服务交易或资产总值;③以配额或经济需求测试要求的形式,限制服务业务总数或以指定数量单位表示的服务产出总量;④以数量配额或经济需求测试要求的形式,限制特定服务部门或服务提供者可雇用的、提供具体服务所必需的且直接相关的自然人总数;⑤限制或要求服务提供者通过特定类型法律实体或合营企业提供服务的措施;⑥以限制外国股权最高百分比或者限制单个或总体外国投资总额的方式限制外国资本的参与。

(三) 具体承诺表

(1) 依照本条作出承诺的一缔约方,应当在其附件二(服务具体承诺表)的承诺表中列出其根据本章第四条(国民待遇)、第五条(市场准入)以及第九条(附加承诺)作出的具体承诺。对于作出此类承诺的部门,在附件二(服务具体承诺表)中的每一条承诺应当规定:①关于市场准入的条款、限制和条件;②关于国民待遇的条件和资质;③与附加承诺相关的保证;④在适当时,实施此类承诺的时限。

(2) 与本章第四条(国民待遇)和第五条(市场准入)均不一致的措施,应当列入与本章第五条(市场准入)相关的栏目。在这种情况下,所列内容将被视为对本章第四条(国民待遇)也规定了条件或限制。

(3) 依照本条作出承诺的每一缔约方应当在其附件二(服务具体承诺表)的承诺表中,以"FL"对进一步自由化的部门或分部门加以确定。在这些部门和分部门中,任何第一款第(1)项及第(2)项中所提及的适用条款、限制、条件、资质,应当限定于该缔约方的现行措施。

(4) 如一缔约方以减少或消除该措施与本章第四条(国民待遇)或第五条(市场准入)的不一致的方式修正第三款中所提及的措施,由于该不一致在修正前已经存在,该缔约方不得随后以增加该措施与本第四条(国民待遇)或第五条(市场准入)的不一致的方式对该措施进行修正。

(5) 尽管有第三款的规定,东盟成员国的最不发达国家缔约方没有义务确定进一步自由化的部门或分部门。但此类缔约方可在自愿的基础上进行上述确定。

---

① 如一缔约方就通过本章第一条(定义)第十八款第(一)项中所指的方式提供服务作出市场准入承诺,且如资本的跨境流动是该服务本身必需的部分,则该缔约方由此已承诺允许此资本跨境流动。如一缔约方就通过本章第一条(定义)第十八款第(三)项中所指的方式提供服务作出市场准入承诺,则该缔约方由此已承诺允许有关的资本转移进入其领土内。

(四) 金融服务贸易

金融服务附件首次引入了新金融服务、自律组织、金融信息转移和处理等规则,就金融监管透明度作出了高水平承诺,在预留监管空间维护金融体系稳定、防范金融风险的前提下,为各方金融服务提供者创造了更加公平、开放、稳定和透明的竞争环境。这些规则将不仅有助于我国金融企业更好地拓展海外市场,还将吸引更多境外金融机构来华经营,为国内金融市场注入活力。其主要规则有以下三个。

1. 新金融服务

(1) 每一东道国应当致力于允许在其领土内设立的另一缔约方的金融机构在该东道国领土内提供东道国无需通过新法律或者修改现行法律即允许其本国金融机构在类似情况下提供的新金融服务。①

(2) 如申请获得批准,提供此类新金融服务应当遵守该东道国相关的许可、机构或法律形式及其他要求。

2. 审慎措施

无论本协定有何其他规定,不得阻止一缔约方出于审慎原因而采取或维持措施,②包括为保护投资人、存款人、保单持有人或金融服务提供者对其负有信托责任的人而采取的措施,或为维护金融体系完整和稳定而采取的措施。若与本协定规定不符,此类措施不得被用作逃避该缔约方在本协定项下的承诺或义务的手段。

3. 透明度

(1) 缔约方认识到,透明的管理金融服务提供者活动的措施,对于提升其进入彼此市场并开展运营的能力至关重要。每一缔约方均承诺将提升金融服务领域的监管透明度。

(2) 每一缔约方应当确保适用于本附件的所有普遍适用的措施以合理、客观和公正的方式实施。

(3) 每一缔约方应确保该缔约方采取或维持的普遍适用的措施立即公布,或以其他方式使公众周知。③

(4) 在可行的范围内,每一缔约方应当:①提前公布或者使利害关系人④可获得拟采取的与本附件相关的任何普遍适用的法规,以及颁行此类法规的目的;②给予利害关系人和其他缔约方对拟颁行的法规进行评议的合理机会。

(5) 在可行的范围内,每一缔约方应当在任何普遍适用的最终法规公布日期与其生效日期之间留出合理期限。

(6) 每一缔约方应当采取其可能采取的合理措施,以确保该缔约方的自律组织所采

---

① 为进一步明确,一缔约方可以颁布一项新法规或其他附属措施,以允许提供新金融服务。

② 缔约方理解,"审慎原因"概念包括维护单个金融机构或金融服务提供者的安全、健全、完整或金融责任,以及维护支付和清算系统的安全、金融完整性和运营完整性。

③ 为进一步明确,每一缔约方可以以其选择的语言公布此类信息。

④ 就本条而言,缔约确认其共同谅解,即"利害关系人"是指其直接财务利益可能会因采取普遍适用的法规而受到影响的人。

取或维持的普遍适用的规则被迅速公布或以其他方式可获得。①

(7) 每一缔约方应当维持或设立适当的机制,以回复另一缔约方的利害关系人关于本附件所涵盖的普遍适用的措施的咨询。

(8) 一缔约方监管机关应当向另一缔约方的利害相关人提供完成与提供金融服务相关的申请所需的要求,包括所需的文件要求。

(9) 应申请人书面请求,一缔约方监管机关应当告知申请人其申请的进度。如监管机关要求申请人补充资料,其应当不加拖延地通知该申请人。

(10) 一缔约方监管机关应当在180天内对另一缔约方金融服务提供者有关提供金融服务的已完成申请作出行政决定,应当将结果不加拖延地通知该申请人。在所有相关程序完成并且收到所有所需信息之前,一项申请不得被视为已完成。如在180天内无法作出决定,监管机关应当不加拖延地通知该申请人,并且应当努力在此后的合理期限内作出决定。

(11) 应失败申请人的书面申请,作出拒绝申请的一缔约方监管机关应当在可行的范围内,通知该申请人拒绝其申请的理由。

(五) 电信服务贸易

电信附件共23条,制定了一套与电信服务贸易相关的规则框架。在现有的"10+1"协定电信附件基础上,RCEP还包括了监管方法、国际海底电缆系统、网络元素非捆绑、电杆、管线和管网的接入、国际移动漫游、技术选择的灵活性等规则。这将推动区域内信息通信产业的协调发展,带动区域投资和发展重心向技术前沿领域转移,促进区域内产业创新融合,带动产业链、价值链的提升和重构。其主要规则包括以下六个。

1. 适用范围

(1) 本附件应当适用于一缔约方采取的影响公共电信服务贸易的措施,包括:①与接入和使用公共电信网络或服务相关的措施;②与公共电信网络或服务提供者的义务相关的措施。

(2) 本附件不得适用于影响有线或广播播放电台或电视节目的措施,为保证有线和广播服务提供者能够接入和使用公共电信网络和服务的除外。

(3) 本附件的任何规定不得解释为:①除一缔约方在第八章(服务贸易)项下的承诺外,要求该缔约方授权另一缔约方的服务提供者建立、建设、收购、租赁、经营或提供电信网络或服务;②要求一缔约方责成其管辖范围内的服务提供商建造、收购、租赁、运营或提供一般不向公众提供的电信网络或服务。

2. 接入和使用②

(1) 每一缔约方应当保证,另一缔约方的任何服务提供者能够根据合理、非歧视性和透明的条款和条件(尤其通过第二款至第六款),及时地接入并使用其领土内或跨境提供的公共电信网络和服务,包括专用线路。

---

① 为进一步明确,每一缔约方同意此类信息可以以每一缔约方选择的语言公布。
② 为进一步明确,本条不禁止任何缔约方要求服务提供者获得许可,以在其领土内提供公共电信网络或服务。

(2) 在遵守第五款和第六款的情况下,每一缔约方应当保证,允许另一缔约方的服务提供者:①购买或租赁,并连接与公共电信网络连接的、提供其服务所必需的终端或其他设备;②将专用或自有线路接入公共电信网络和服务,或接入另一服务提供者的专用或自有线路;③使用其选择的操作规程。

(3) 每一缔约方应当保证,另一缔约方的服务提供者可以使用公共电信网络和服务在其领土内或跨境传输信息,包括此类服务提供者的公司内部通信,以及接入任何缔约方领土内数据库所包含的信息,或者以机器可读形式存储的信息。

(4) 尽管有第三款的规定,一缔约方可以采取此类必要措施,以保证信息的安全性和机密性,并且保护公共电信网络或服务终端用户的个人信息,只要此类措施不以对服务贸易构成任意的或不合理的歧视或者构成变相限制的方式实施。

(5) 每一缔约方应当保证,不对公共电信网络和服务的接入和使用设定条件,但为下列目的所必需的条件除外:①保障公共电信网络和服务提供者的公共服务责任,特别是其网络或服务可使公众普遍获得的能力;②保护公共电信网络或服务的技术完整性。

(6) 只要满足第五款规定的标准,接入和使用公共电信网络和服务可以包括下列条件:①为与上述网络和服务连接,要求使用特定的技术接口,包括接口协议;②在必要时,要求上述网络或服务具备可互操作性,并且鼓励实现第十七条(与国际组织的关系)所列出的目标;③接入网络的终端或其他设备的型号核准,以及此类设备连接上述网络的技术要求;④限制专用或自有线路与公共电信网络或服务,或者与其他服务提供者专用或自有线路的连接;⑤通知和许可的要求。

3. 互联互通①

与公共电信网络或服务提供者相关的义务:

(1) 每一缔约方应当保证其领土内一公共电信网络或服务提供者向另一缔约方公共电信网络或服务提供者提供互联互通。

(2) 每一缔约方应当保证其领土内公共电信网络或服务提供者,除为提供此类服务的目的外,不使用或不提供,通过互联互通安排所获得的,与用户相关的商业上的敏感或保密信息。

与主要提供者相关的义务:

(1) 每一缔约方应当保证,其领土内的主要提供者在其网络的任何技术可行点,为另一缔约方的公共电信网络和服务提供者的设施和设备提供互联互通。下列此类互联互通应当被提供。①根据非歧视的条款、条件(包括技术标准和规格)以及费率;②②质量不低于主要提供者向其自己、非关联服务提供者、其子公司或其他关联方提供的同类服务;③根据透明、合理、经济可行且充分非捆绑的条款和条件(包括技术标准和规格),以成本导向的费率及时提供,使另一缔约方的公共电信网络或服务的提供者不必为提供服务不需要的网络元素或设施付费;④应请求,在除提供给大多数公共电信网络和服务提供者的网络终端外的端口上,遵循反映必要的附加设施建设成本的费率。

---

① 为进一步明确,本附件使用的"互联互通",不包括接入非捆绑的网络元素。
② 为进一步明确,互联互通费率可以在公共电信网络或服务提供者之间进行商业谈判。

(2)每一缔约方应当保证,通过至少一项下列的选择,其领土内的主要提供者给予其他缔约方的公共电信服务提供者机会,将其设施和设备与该主要提供者的设施和设备互联互通。①该缔约方电信监管机构批准的互联互通参考报价,或者任何其他互联互通报价,包含该主要提供者通常给予公共电信服务提供者的费率、条款和条件;②现行互联互通协议的条款和条件;③通过商业谈判达成的新的互联互通协议。

(3)每一缔约方应当保证与主要提供者互联互通所适用的程序是可被公众获得的。

(4)每一缔约方应当保证其领土内的主要提供者使公众可获得其互联互通协议,或互联互通参考报价,或任何其他互联互通报价。

4. 许可

(1)当提供公共电信网络或服务需要获得许可时,该缔约方应当保证公开下列事项:①所有其适用的许可标准以及程序;①②就许可申请作出决定通常所需的期限;③许可的一般条款及条件。

(2)在作出决定后,该缔约方应当将申请的结果通知该申请人,不得无故迟延。

(3)应请求,该缔约方应当保证向申请人或获得许可人提供下列事项的原因:①拒绝授予许可;②对许可附加特定提供者条件;③拒绝更新许可;④撤销许可。

5. 国际海底电缆系统

如一缔约方已经授权其领土内的公共电信网络或服务提供者将国际海底电缆系统作为公共电信网络或服务进行运营,该缔约方应当保证该提供者给予另一缔约方的公共电信网络或服务提供者合理和非歧视性的待遇,以接入该国际海底电缆系统。②

6. 国际移动漫游

(1)缔约方应当努力合作促进透明的和合理的国际移动漫游服务费率,以有助于促进缔约方之间的贸易增长以及提高消费者福利。

(2)一缔约方可以采取措施,以提高国际移动漫游费率的透明度和竞争性,例如:①保证消费者容易获得与零售费率相关的信息;②尽可能降低漫游障碍,当消费者从一缔约方领土进入另一缔约方领土时,可使用其选择的设备接入电信服务。

(3)缔约方认识到,一缔约方在有权利的情况下,可以选择促进与国际移动漫游费率相关的竞争,包括通过商业安排,或采取或维持影响国际漫游服务批发或零售费率的措施,以保证此类费率的合理性。如一缔约方认为适当,可以与其他缔约方合作并且执行相关机制,以便利上述措施的执行,包括与此类缔约方进行相关安排。

(4)如一缔约方(在本款中下称第一缔约方)选择对国际移动漫游批发或零售服务实施费率或条件进行监管,其应当保证,如另一缔约方(在本款中下称第二缔约方)与第一缔

---

① 为进一步明确,本项包括申请或获得许可所需的任何费用。

② 为进一步明确,一缔约方可以决定提供国际海底电缆系统的接入端口;本条并不禁止一缔约方要求公共电信网络或服务提供者遵守相关措施(包括许可要求),只要此类措施不被用作规避该缔约方在本条项下的义务的手段。对于越南:①本条仅适用于其领土内的国际海底电缆登陆站;②本条仅适用于拥有、控制或经营国际海底电缆系统,包括其领土内登陆站的主要提供者;③与主要提供者在其领土内拥有、控制或者经营的国际海底电缆登陆站共址,不包括物理共址;④为进一步明确,本条不禁止越南要求公共电信网络或服务提供者遵守相关措施(包括许可要求),只要此类措施不被用作阻止接入国际海底电缆系统的手段。

约方已经相互对两缔约方提供者的国际移动漫游批发或零售服务实施费率或条件监管，第二缔约方的电信服务提供者可为其在第一缔约方领土内漫游的用户获得国际移动漫游批发或零售服务的监管费率或条件。① 第一缔约方可以要求第二缔约方的提供者充分利用商业谈判，就获得上述费率或条件的条款达成协定。

（六）专业服务

专业服务附件对RCEP成员就专业资质问题开展交流作出了一系列安排。主要包括：加强有关承认专业资格机构之间的对话；鼓励各方就共同关心的专业服务的资质、许可或注册进行磋商；鼓励各方在教育、考试、经验、行为和道德规范、专业发展及再认证、执业范围、消费者保护等领域制定互相接受的专业标准和准则。其主要规则如下。

（1）每一缔约方应当与其领土内相关机构进行协商，以寻求确认两个或两个以上缔约方共同有意就与承认专业资质、许可或注册有关的问题开展对话的专业服务。

（2）每一缔约方应当鼓励其相关机构与另外一个或多个缔约方的相关机构开展对话，以期承认专业资质并为许可或注册程序提供便利。

（3）每一缔约方应当鼓励其相关机构与另外一个或多个缔约方的相关机构在有共同利益的专业服务部门中相互承认专业资质、许可或注册方面的任何形式的安排进行谈判。

（4）每一缔约方应当鼓励其相关机构在制定与承认专业资质、许可和注册相关的协定时，考虑与专业服务相关的协定。

（5）如有可能，一缔约方可以考虑基于外国服务提供者在其本国获得的许可或得到承认的专业机构会员身份，无需进行进一步的书面审查来：①采取步骤，实施临时或针对具体项目的许可或注册制度；②如适当，授予此类许可或者注册。

一旦外国服务提供者符合本地适用的许可要求，此类临时或有限的许可制度不得以阻止该外国服务提供者获得本地许可的方式实行。

（6）为便利第1款至第3款所指的活动，每一缔约方应当鼓励其相关机构在共同同意的领域内致力于制定共同可接受的专业标准和准则，可以包括：①教育；②考试；③经验；④行为和道德规范；⑤专业发展和再认证；⑥执业范围；⑦本地知识；⑧消费者保护。

（7）应另一缔约方请求，被请求缔约方应当在可行的情况下，提供与专业服务提供者获得许可和认证的标准和准则相关的信息，或者提供与合适的监管机构或者其他机构相关的信息，使相关缔约方就此类标准和准则进行咨询。

（8）每一缔约方应当鼓励其相关机构在适当的情况下，在制定相关专业的一般标准和准则时参考国际框架。

（9）缔约方可通过服务和投机委员会定期审议本附件的执行情况。

---

① 为进一步明确：①任何缔约方不得仅依据第一缔约方根据任何一现行国际贸易协定的最惠国待遇规定或电信特定非歧视规定对其赋予的义务，而为其提供者寻求或获得本条规定的国际移动漫游批发或零售服务的监管费率或条件。②只有在监管费率或条件与根据该安排相互监管的费率或条件合理可比的情况下，第二缔约方的提供者才可使用第一缔约方的监管费率或条件。在出现分歧时，第一缔约方电信监管机构应当确定该费率或条件是否具有合理的可比性。在本脚注中，合理可比的费率或条件是指经相关提供者同意的，或在无法达成一致的情况下，由第一缔约方电信监管机构确定的费率或条件。

本章小结

1. 美墨加贸易协定由美国、加拿大和墨西哥3国组成。3国签署的《美墨加贸易协定》是《北美自由贸易协定》的2.0版。该协定范围上覆盖了知识产权、数字贸易、货物贸易、金融服务、劳动者权利、环境保护、原产地规则、纺织品和农产品部门等，为历史上涵盖最广的贸易协定。在服务贸易方面，新协议强调国民待遇和最惠国待遇，加强金融业开放，在市场准入方面对跨境服务贸易、进入服务、电信服务、数字贸易等领域制定了市场开放的交易框架。

2. 欧盟是当今世界一体化程度最高的区域政治、经济集团组织，现有27个成员国。欧盟对服务贸易自由化立法主要集中在《罗马条约》及其派生的文件中。《罗马条约》对服务贸易的规定主要在第3部分和第5部分。欧盟服务贸易自由化政策主要包括：共同商业政策中建立具体服务市场的策略、专业资格的相互承认、服务原产地规则、政府采购以及2006年通过的欧盟服务贸易自由化新举措——服务业指令等。

3. 东南亚国家联盟现有10个国家。自1967年成立至今历时40多年的发展，东盟目前已成为东南亚地区一体化程度最高的区域经济组织。在东盟国家中，新加坡的服务贸易发展最为突出，其次是泰国、马来西亚，印度尼西亚和菲律宾增长较为缓慢。

4. 东盟各成员国开放各自国内的服务贸易市场成为普遍的趋势，但不是普遍性开放，而是成员国以特殊承诺的方式确定开放的范围与程度。随着《基础电信协定》《信息技术协定》和《金融服务贸易协定》三项重要的服务贸易领域协定的签署，大大推进东盟这三大领域的服务贸易的自由化进程。

5. 东盟服务贸易规则主要集中体现在《东盟服务贸易框架协定》《电子东盟框架协定》和《东盟旅游协定》等协议，它们分别提出了东盟服务贸易整体框架、推动区域信息通信服务贸易自由化和促进区域旅游的便利化、市场准入和市场共同开发等领域的合作等。在《东盟服务贸易框架协定》框架下，区域内服务部门相互开放将有所加快，尤其是优先开放的金融服务、电信、旅游、海运、航空、建筑业等部门。

6. 亚太经合组织现有21个成员，目前已逐渐演变为亚太地区重要的经济合作论坛和最高级别的政府间经济合作机制。APEC运行机制独特，它承认多样化，强调灵活性、渐进性和开放性；遵循相互尊重、平等互利、协商一致、自主自愿的原则；单边行动和集体行动相结合，其经济发展对整个亚太地区乃至全球经济都有着举足轻重的作用。

7. 区域全面经济伙伴关系由东盟于2012年发起，历经8年、31轮正式谈判，于2020年11月15日正式签署RCEP协定，成员国包括东盟10国以及中国、日本、韩国、澳大利亚和新西兰，一共15个成员国。RCEP是目前人口最多、全球体量最大、最具发展潜力的自贸区。

基本概念

1. 北美自由贸易区

1994年正式成立,由美国、加拿大和墨西哥3个成员国组成。北美自由贸易区的组织机构体系,包括自由贸易委员会、秘书处、专门委员会、工作组、专家组、环境合作委员、劳工合作委员会、各国行政办事处、北美发展银行和边境环境委员会等。北美自由贸易区的典型特征是南北双方共同发展与繁荣,以美国为主导并在区内占据主导和支配地位、减免关税的不同步性以及战略的过渡性。

2.《美墨加贸易协定》

由美国、加拿大和墨西哥3国于2018年9月30日达成一致意见,并于2020年7月1日正式生效。该协定在范围上覆盖了知识产权、数字贸易、货物贸易、金融服务、劳动者权利、环境保护、原产地规则、纺织品和农产品部门等,为历史上涵盖最广的贸易协定,并前所未有地加入了宏观政策和汇率章节。从标准上,该协议进一步提高了知识产权、数据本地存储、环境保护等要求。在知识产权保护方面,USMCA提高了现有的WTO标准(WTO-plus)。在宏观政策与汇率方面,USMCA不仅要求限制竞争性贬值,而且要求限制盯住汇率的做法,同时要求提高透明度。

3. 欧盟

即欧洲联盟,是由欧洲共同体(又称欧洲共同市场)发展而来的,主要经历了三个阶段:荷卢比三国经济联盟、欧洲共同体、欧盟。1991年12月,欧洲共同体马斯特里赫特首脑会议通过《欧洲联盟条约》,通称《马斯特里赫特条约》(简称《马约》)。1993年11月1日,《马约》正式生效,欧盟正式诞生。英国于2020年1月正式"脱欧",欧盟变成27个成员国。欧盟目前是一个集政治实体和经济实体于一身、在世界上具有重要影响的区域一体化组织,也是世界上一体化程度最高的区域经济组织。

4.《罗马条约》

1957年3月25日,法国、西德、意大利、荷兰、比利时和卢森堡6国在罗马签订《欧洲经济共同体条约》和《欧洲原子能共同体条约》,统称《罗马条约》,于1958年1月1日正式生效。《罗马条约》共分6章248条,并附有11份议定书和3个专约,以及若干清单。《罗马条约》的目标是:消除分裂欧洲的各种障碍,加强各成员国经济的联结,保证协调发展,建立更加紧密的联盟基础等。《罗马条约》涉及的内容极其广泛,其中心内容是:建立关税同盟和农业共同市场,逐步协调经济和社会政策,实现商品、人员、服务和资本的自由流通。《罗马条约》规定了对一些特殊商品允许采取例外措施并制定了保护条款。条约还对运输政策、贸易政策、经济发展政策、国际收支政策、竞争规则、财政收入等作出规定。此外,条约还决定设立欧洲社会基金和欧洲投资银行,以便在共同体内提供工人就业的机会和促进工业企业的现代化与改造。

5. 东南亚国家联盟

简称东盟,是印度尼西亚、马来西亚、菲律宾、泰国及新加坡等五个国家最先于1967年创立。目前,东盟已经拥有10个成员国,即印度尼西亚、新加坡、泰国、菲律宾、马来西亚、文莱、缅甸、越南、老挝和柬埔寨。东盟的区域经济一体化,经历了从特惠贸易安排到自由贸易区的发展过程。

6.《东盟服务贸易框架协定》

1995年12月15日,东盟签署了《东盟服务贸易框架协定》,旨在推动东盟服务贸易自由化,尤其是优先开放金融服务、电信、旅游、海运、航空、建筑业等部门。《东盟服务业架构协议》以世界贸易组织《服务贸易总协定》的规范为主,声称东盟内部的经济合作将会为建立服务贸易自由化框架规则提供保障,同时重申了对GATS原则和规则的承诺,并强调应将区域内贸易自由化扩展到服务贸易领域。《东盟服务业架构协定》由14个条款构成,集中体现了东盟服务贸易的相关规则。在结构上与GATS有许多相识之处,包括序言、主要条款、争端解决方式、完善补充法规的地位、机构安排等条款。

7. 亚太经合组织

成立于1989年,1993年6月改名为亚太经济合作组织,简称亚太经合组织或APEC,现有21个成员。APEC的宗旨是:保持经济的增长和发展;促进成员间经济的相互依存;加强开放的多边贸易体制;减少区域贸易和投资壁垒,维护本地区人民的共同利益。经过20多年的发展,已逐渐演变为亚太地区重要的经济合作论坛,也是亚太地区最高级别的政府间经济合作机制。

8.《执行茂物宣言的大阪行动议程》

1995年11月19日由APEC领导人大阪非正式会议通过。该议程分为两部分:第一部分是自由化和便利化;第二部分是经济技术合作,确定了今后实施贸易投资自由化与便利化的一般原则、具体领域和执行框架,同时明确了经济技术合作的15个领域。协议执行框架规定,单边行动计划和集体行动计划是APEC推进贸易投资自由化的主渠道。各成员从1996年起编制各自的年度单边行动计划(具体内容包括上述15个领域的近、中、长期自由化方案),提交当年部长级会议和领导人会议审议。在此基础上,APEC将制定每年的集体行动计划。

9. RCEP协定

RCEP协定共有20个章节,涵盖货物贸易、服务贸易、投资和自然人临时移动四方面的市场开放,纳入知识产权、电子商务、竞争等现代化议题。它整合并拓展了15国间多个自由贸易协定,削减了关税和非关税壁垒,统一了区域内规则,推动了亚太一体化发展。该协定的核心在于增强货物贸易、服务贸易、投资以及人员流动方面的市场开放,尤其在关税上取得重大突破,给予"渐进式"零关税政策。

复习思考题

1. 简述《美墨加贸易协定》关于成员国间服务贸易的规定。
2. 欧盟服务贸易自由化规则的特点是什么？
3. 简述欧盟服务贸易自由化新举措——服务业指令的基本内容，并简要分析。
4. 简述《东盟电子商务协定》的原则有哪些？
5. 与其他区域经济组织相比，亚太经合组织的运行机制有何特点？
6. 简述亚太经合组织关于旅游业自由化的具体规则。
7. 简述 RCEP 在金融服务贸易方面的主要规则。

第五章 国际服务贸易政策

学习目标

- 了解国际服务贸易政策的演变。
- 了解服务贸易自由化的政策取向。
- 熟悉服务贸易壁垒的概念、种类。
- 掌握贸易政策保护程度的指标。

第一节 服务贸易政策的演变

国际贸易政策不会早于国际贸易,只会与之同时出现或稍晚一些出现。各国制定国际贸易政策的出发点是国际贸易对其政治和经济等诸方面的影响,以及各国对待国际贸易的态度。不同时期和不同国家的国际贸易政策往往是极不相同的。

早期的国际服务贸易规模较小、项目单一,运输服务和侨汇等相关的银行服务占全部服务贸易收入的70%以上。因此,在全球范围内基本上采取的是服务贸易自由化政策。第二次世界大战后服务贸易进入了有组织的、商业利益导向的发展阶段。在该阶段,发达国家服务贸易壁垒很少,发展中国家对服务贸易设置了重重障碍,限制境外服务的输入。

20世纪60年代以后,随着各国经济的迅速发展,服务外汇收入成为各国不可忽视的外汇来源。同时,基于国家安全、领土完整、民族文化与信仰、社会稳定等政治、文化及军事目标,各国对服务的输出和输入制定了各种限制性的政策和措施,限制了国际服务贸易的发展。

服务贸易自由化一般体现在一些鼓励性措施与法规上,那么,服务贸易的保护则一般是通过一国政府的各种法规和行政管理措施等非关税壁垒来实施的,很难对其进行数量化的分析。由于在壁垒和"合法保护"之间存在许多"灰色区域",所以,服务贸易自由化目标的实现比商品贸易要困难得多,其中充满着不确定性和主观随意性。

因其国内服务业竞争力较强，发达市场经济国家一般主张服务贸易自由化，要求发展中国家开放服务市场，以便它们具有优势的服务业进入发展中国家的服务市场。由于服务业比较落后，发展中国家对发达国家服务业进入本国服务市场作出各种限制性规定。但有时为了引进外资和先进的服务，发展中国家不仅开放某些服务项目，还会通过税收减免等优惠，鼓励外国的服务业进入本国市场。

第二节　服务贸易自由化政策

世界经济一体化最重要的途径就是贸易自由化，服务贸易自由化是贸易自由化在国际服务贸易领域的具体体现。服务贸易自由化本应囊括所有服务贸易形式，但是，发达国家关心的是生产者服务的贸易自由化。无论是从乌拉圭回合多边服务贸易谈判中，还是从理论研究的重点上，都可以看出这一点。世界各国都对其具有优势的服务部门实行自由化政策，而对其处于劣势的服务部门实施保护政策。由于各国的服务业发展水平不一，各国政策也差异较大，发达国家和发展中国家在服务贸易自由化的问题上很难达成一致，于是，服务贸易自由化的谈判一直为许多国家所关注。

一、服务贸易自由化的福利分析

经济福利是指在对一个经济体生产的所有货物和服务的消费中获得的福利。在资源（土地、资本和劳动力）固定的情况下，有效地分配和提高这些资源的利用率，会提高产出和消费水平，经济福利也会提高。那么，服务贸易是如何产生这些好处的呢？

查达(2000)研究了服务贸易壁垒降低对15个发展中国家和5个发达国家的影响，结论是相当于减少了33%的关税，发达国家的福利收益估算约为2%，发展中国家为2.5%。

科南和马斯库斯(2006)使用可计算一般均衡模型研究了突尼斯消除服务贸易壁垒的潜在影响，该国福利和国内生产总值可增长7%以上，增幅是货物贸易自由化收益的3倍。服务贸易自由化收益的3/4来自商业存在的自由化。开放商业存在将使突尼斯家庭收入增加4%，跨境提供服务的自由化使家庭收入增加1%。

弗朗索瓦等(2003)推算了多哈回合多边贸易谈判成功结束所能带来的总体经济收益。在他们假设的情景中，服务贸易壁垒的削减幅度达到50%的关税等值水平。① 他们发现，服务部门开放的重要收益来源，能在全球范围内创造超过500亿美元的收益，其中，印度和美国的获益最大。

阿等金等(2018)的一项研究表明，外国超市进入墨西哥零售业使普通家庭获得显著福利，收益相当于家庭原始收入的6%。这些福利主要来自外国超市与本土超市调低零售价格、提供新产品以及外国零售商提供的不同购物设施。但是，由于外国零售商提供的

---

① 作者通过引力模型计算出这些服务贸易壁垒的从价等值成本。

产品多样性和购物设施对高收入家庭的价值更大,有关福利收益集中于较富裕的家庭。

 专栏5-1

服务贸易政策和联合国可持续发展目标

2030年可持续发展议程由17个可持续发展目标(SDG)组成,涵盖从减少贫困到改善公共卫生和保护环境等17个广泛目标,适用于包括高收入国家和发展中国家在内的所有国家。

服务可通过至少两个渠道为实现可持续发展目标作出贡献(Helble & Sheperd, 2019)。一个渠道是经济增长,因为许多可持续发展目标的实现需要提高人均收入。鉴于大多数国家的服务业占国内生产总值的2/3或以上,提高人均收入就需要提高服务活动的生产率。另一个渠道是,与可持续发展目标相关的许多具体目标要求更好地获取服务或者要求服务质量更高。实际上,许多可持续发展目标及其具体目标都提高了具体的服务部门。例如,可持续发展目标1(消除各地各种形式的贫困)提到了金融服务,更好地"获得金融服务,包括小额信贷"被确定为具体目标;可持续发展目标2提到,获得金融服务是"消除饥饿,实现粮食安全和改善营养并促进可持续农业"的手段;可持续发展目标3提出:"确保所有年龄段的人的健康生活和福祉";可持续发展目标8明确:"促进持续、包容和可持续的经济增长,充分的生产性就业和人人享有体面的工作";可持续发展目标9提出:"建设有韧性的基础设施,促进包容和可持续的工业化,促进创新"。

贸易和投资是获得更高质量、更多样化和更廉价服务的有效渠道,并可以通过竞争压力和知识外溢来提高国内服务部门的效率。因此,服务贸易和投资政策可在许多可持续发展目标的实现过程中发挥作用。

菲奥里尼和胡可曼(2018a)认为,更多的服务贸易开放政策与获取更多的服务关系密切,金融、信息通信技术和运输等服务,在许多可持续发展目标和具体目标中占据突出地位。由于服务是无形的,这决定了外国服务供应商必须在进口(消费)国至少创造一部分增加值,在许多情况下这种增加值还很大。在服务开放中往往涉及投资相关的措施,这就意味着外国服务供应商将受到当地商业环境的影响,因此,贸易和投资体制开放是否带来积极效应,还可能取决于服务进口国的制度质量(Beverelli et al., 2017)。

人们早已认识到,贸易和贸易政策是实现可持续发展的手段。但是,可持续发展目标中的有关措辞,往往针对的是促进发展中国家货物出口的措施。这种措辞十分狭隘。我们的关注重点应该扩大,延伸到影响服务贸易和服务提供者外来投资的政策上,因为这些政策可能会影响与可持续发展目标相关的一系列服务的可用性和质量。同样重要的是,我们要更加重视服务贸易政策,努力提高部门监管和经济治理的质量。这都将有助于服务贸易和投资能促进相关可持续发展目标的实现。

资料来源:世界贸易组织.2019年世界贸易报告[M].中国世界贸易组织研究会译.上海人民出版社,2019。

二、服务贸易自由化的宏观影响

服务贸易既可能危及国家安全和主权,也可能因提高国家竞争力而最终维护国家安全。所以,服务贸易是一把双刃剑。

(一) 服务贸易自由化与国家安全

国家安全问题是服务贸易自由化进程中一个非常敏感的问题。国家安全涉及五种基本的国家利益,即政治利益、经济利益、军事利益、外交利益和文化利益。服务贸易比商品贸易更多地涉及国家安全问题。

1. 服务贸易自由化对发达国家安全的影响

对于发达国家,服务贸易自由化主要从以下四个方面影响国家安全。[①]

(1) 可能削弱、动摇或者威胁国家现有的技术领先优势,提高竞争对手的国家竞争实力。

(2) 可能潜在地威胁国家的战略利益,特别是潜在地威胁国家的长远军事利益。

(3) 可能造成高科技的扩散,从而给国家安全造成潜在威胁。

(4) 可能危及本国所在的国际政治与经济联盟的长远利益。所以,为了保持其在国际市场上的技术领先地位,保持其对信息落后国家的信息优势,发达国家内部或之间制定了各种限制服务出口的措施。

2. 服务贸易自由化对发展中国家安全的影响

对于广大发展中国家,尽管它们迫切需要进口大量先进技术信息的现代服务,但又不能不考虑开放本国服务市场、进口服务带来的各种可能危及国家安全的负面影响。印度学者 V. 潘查姆斯基将服务贸易自由化对发展中国家的影响概括为以下九个方面。[②]

(1) 使发展中国家丧失其对经济政策的自主选择权。发展中国家目前许多通行的管制是为了加强对国内服务部门的控制,发展服务业以使出口多样化。

(2) 将进一步加深发展中国家对发达国家的经济依赖,使其几乎丧失执行符合本国利益的国内政策的空间。

(3) 使发达国家的金融机构凭借其在金融服务和国际货币发行领域的优势,削弱发展中国家政府在金融货币管理领域发挥的积极管理作用。

(4) 由于发展中国家和发达国家在货物与服务生产率的差距日益扩大,服务贸易自由化将使发展中国家在服务领域依赖发达国家,并最终使发展中国家服务业的国际化程度变弱。

(5) 发展中国家一旦放弃服务贸易的控制权,它们的新兴服务业如银行、保险、电信、航运等将直接暴露于发达国家厂商的激励竞争中。

[①] 陈宪,殷凤.国际服务贸易(第二版)[M].机械工业出版社,2019:65.
[②] 同上。

（6）使作为最大服务进口者的发展中国家短期内可能以两种方式影响其国际收支：一是可能导致在国内市场上国内服务供应商被国外服务供应商所取代；二是可能形成以进口服务替代国内服务使进口需求增加。

（7）可能从多方面影响国内就业。有研究表明，低收入国家的服务部门使用的劳动力超过发达国家的服务部门使用的劳动力的两倍，服务贸易自由化对发展中国家就业的影响显然要超过发达国家。

（8）信息服务跨国流动不但导致一种依赖，而且可能损害国家主权。

（9）服务贸易自由化可能损害发展中国家的国家利益和消费者利益。

三、服务贸易自由化的政策取向

（一）发达国家服务贸易自由化的政策取向

发达国家对发展中国家开放本国服务市场的条件是以服务换商品，即发展中国家以开放本国服务市场为交换条件，要求发达国家开放其商品市场，对于同等发达国家或地区，则需要相互开放本国服务市场，这就是所谓的"服务贸易补偿论"。

（二）发展中国家服务贸易自由化的政策取向

发展中国家应该选择混合型、逐步自由化的服务贸易发展战略。发展中国家的服务贸易自由化是一个渐进的过程，不可操之过急，需要注意开放的基本步骤和顺序，以及每个基本步骤、顺序涉及的服务领域和这些服务领域对服务市场的影响。因此，发展中国家开放本国服务市场可以按照以下五个步骤进行。

（1）逐步放松国内服务市场管制。

（2）逐步开放本国商品贸易市场，降低商品关税水平。

（3）逐步开放服务产品市场，减少服务产品领域的非关税壁垒。

（4）逐步开放服务要素市场。

（5）实现服务贸易自由化。

第三节　服务贸易保护政策

一、服务贸易壁垒

（一）服务贸易壁垒的概念

服务贸易壁垒是指一国政府对外国服务生产者或者提供者的服务提供或者销售所设置的有障碍作用的政策措施，即凡直接或间接地使外国服务生产者或提供者增加生产或销售成本的政策措施,都有可能被外国服务厂商认为属于贸易壁垒。① 服务贸易壁垒也包括出口限制。设置服务贸易壁垒的目的包括:扶植本国服务部门,增强其竞争力;抵御外国服务进入,保护本国服务市场。

(二) 服务贸易壁垒的分类

1. 产品移动壁垒

产品移动壁垒包括数量限制、当地成分要求或本地要求、补贴、政府采购、歧视性技术标准和税收制度以及落后的知识产权保护等。

2. 资本移动壁垒

资本移动壁垒的主要形式有外汇管制、浮动汇率和投资收益汇出的限制等。外汇管制是指政府对外汇在本国境内的持有、流通和兑换,以及外汇的出入境所采取的各种控制措施。外汇管制影响除外汇收入贸易外几乎所有的外向型经济领域,不利的汇率将严重削弱服务竞争优势,不仅增加厂商的经营成本,而且会削弱消费者的购买力。

3. 人员移动壁垒

人员移动壁垒包括移民限制和烦琐的出入境手续以及由此造成的长时间等待。其中,移民限制仅指外国服务提供者进入本国服务业市场遇到的限制措施。

4. 开业权壁垒

开业权壁垒又称为生产者创业壁垒,即限制市场准入,是指对外国服务业厂商在本国开设企业或公司进行诸多的限制。

如果按照乌拉圭回合谈判采纳的方案,服务贸易壁垒又可分为两大类:影响市场准入的措施和影响国民待遇的措施。虽存在某些无法归入以上两大类的其他措施,如知识产权等,但人们认为,现在应集中探讨市场准入和国民待遇问题。市场准入措施是指那些限制或者禁止外国企业进入本国市场,从而抑制市场竞争的措施。国民待遇措施是指有利于本国企业但歧视外国企业的措施,包括两大类:一类为国内生产者提供成本优势,如政府补贴当地生产者;一类为增加外国生产者进入本国市场的成本,以加剧其竞争劣势,如拒绝外国航空公司使用本国航班订票系统或收取高昂使用费。这种分类方法较为有效,原因有两点:一是便于对贸易自由化进行理论分析。现有国际贸易理论一般从外国厂商的市场准入和直接投资环境两大角度分析贸易自由化的影响。二是便于分析影响服务贸易自由化的政策手段。

二、服务贸易保护程度的衡量

贸易政策保护程度的衡量,就是对一项或一揽子政策的水平、影响及有效性的数量评

---

① 《服务贸易总协定》对贸易壁垒的定义包含所有歧视性措施,以及一份详尽的所谓市场准入清单,例如,限制供应商数量或市场供应量的非歧视性配额。由于服务贸易涉及不同的供给模式,作为边境后措施的贸易壁垒涉及的政策范围比货物贸易广得多。被称为"国内规制"的措施并不被认为是贸易壁垒,但是,《服务贸易总协定》承认,在追求合法公共政策目标的时候,这些措施仍可能产生限制贸易的影响。

估。完善的保护政策衡量指标需要具备可比性、可解释性、准确性、可操作性四个特征。目前,衡量国际服务贸易政策保护程度的指标包括名义保护率、有效保护率和生产者补贴等值。

(一) 名义保护率

名义保护率(Nominal Rate of Protection,NRP)是衡量贸易保护程度最普遍使用的指标。它通过测算世界市场价格与国内市场价格之间的差额,衡量保护政策的影响。世界银行将名义保护率定义为:由于保护引起的国内市场价格超过国际市场价格的部分与国际市场价格的百分比。用公式表示为:

$$NRP = \frac{国内市场价格 - 国际市场价格}{国际市场价格} \times 100\%$$

(二) 有效保护率

有效保护的概念最初是由澳大利亚经济学家 M. 科登和加拿大经济学家 H. 约翰逊提出来的。有效保护是指包括一国工业的投入品进口与最终产品进口两者在内的整个工业结构的保护程度。假如这一结构性保护的结果为正,其关税保护就是有效的;反之,则是无效的。一国的关税政策是否有效,不仅要看其最终产品受保护的程度,而且要看受保护产业的进口中间产品是否也受到了一定的保护,从而使得该产业的实际保护为正。有效保护率(Effective Rate of Protection,ERP)是衡量投入和产出政策对价值增值共同影响的指标。用公式表示为:

$$ERP = \frac{国内加工增值 - 国外加工增值}{国外加工增值} \times 100\%$$

$$ERP = \frac{最终品名义保护率 - \frac{中间品价格}{最终品价格} \times 中间品名义保护率}{1 - \frac{中间品价格}{最终品价格}} \times 100\%$$

由上式可以看出,计算服务贸易的实际保护率,需要获取有关服务业的投入-产出系数等信息资料,这些详细的信息资料往往难以获得。另外,实际保护率并没有反映导致产出扭曲的所有政策的效果,所以,影响生产要素价格的因素可能在价值增值中没有反映出来,因而,没有被包括在实际保护率的计算中。其中包含了在衡量商品贸易领域的保护程度时,广泛采用的国内资源成本的计算。计算国内资源成本时,需要大量的与要素市场政策和要素产出系数有关的技术信息,这在服务贸易领域是不可行的,也是不现实的。

(三) 生产者补贴等值

生产者补贴等值是用来测算关税和非关税壁垒,以及其他与分析相关的政策变量保护程度的一种衡量指标。它是对政府各种政策(支持、税收和补贴等)的总体效应进行评估。通常可用两种方法获得生产者补贴等值:一是通过观察政府政策的预期效果;二是通过观察政策措施引起的国内外价格的变动。

生产者补贴等值方法是通过比较国内价格与国外价格的差异来考察一揽子政策的净效果,它考虑贸易政策的总体影响,而不是只考虑单个政策的效果,测算的是政府政策给予生产者的价值转移量或政府政策对生产者收益的贡献。在不同时期、不同国家甚至不同领域,生产者补贴等值是不同的。

三、服务贸易保护政策的比较与选择

(一) 关税、补贴和配额

在商品贸易领域中,关税能给政府带来收入,出口补贴会增加政府的支出。另外,从时间角度看,每一届政府的任期都是有限的,它们总是更乐意选择可以增加即期政府收益的关税政策,把只能在将来才会有收益的出口补贴政策置于政策篮子的最底层。关税一般优于进口配额。如果一国要使用进口配额政策,为了减少这一保护政策的经济扭曲程度,就应当坚定不移地实施进口许可证额拍卖制度,以防止寻租行为的发生。

在国际服务贸易领域,情况有些不同。从服务进口国的角度看,作为一种扩大进口竞争产业产出规模的手段,对服务业产出的补贴一般优于关税。通常认为,在服务领域为本国厂商提供成本优势的政策将优于外国厂商面对成本劣势的政策。关于关税与配额的关系,尽管评估各种数量限制措施非常困难,依然可以找出决定其社会成本的两个主要变量,即租金目标和受影响产业的竞争态势。如果国内厂商获取配额租金,且所有受影响的市场完全竞争,那么,关税和配额在静态和效率意义上相同。如果配额租金流向外国厂商,与关税相比,配额在进口竞争产业中的成本则是十分高昂的。

所以,从经济成本的角度衡量,若定义 $X>Y$,则 X 的成本小于 Y,那么,使进口竞争产业的产出规模扩大的政策选择次序应该是:

$$对产出的补贴 > 关税 \geqslant 配额①$$

(二) 进口限制、开业障碍和管制

1. 进口限制

对进口限制,目前尚难找到限制服务贸易的典型案例,但在实际经济中却存在着大量这样的事实。如果政策目标是使本国进口竞争产业的规模大于没有实施任何政策时的规模,最低成本的方法就是给国内服务生产者以补贴。美国政府对本国服务供应商提供的各种行业性补贴或者政策性补贴,使其服务厂商具备强大的成本竞争优势,这足以说明补贴可以很好地达到限制服务进口的目的。出于部门利益的考虑,许多财政部门更希望政府执行对外国厂商和本国消费者征税的政策。但是这不利于本国总体福利的提高,因为,在征税与补贴之间,选择后者更有利于本国服务厂商的竞争。

---

① 关税效应等于配额效应时,需要具备相同的约束条件,但要达到这样的约束条件,配额的成本可能比关税高得多。

2. 开业障碍

开业权常常涉及政治上的敏感问题,但从经济角度看,则是一种简单的服务销售的进口选择方式。通过开业实体,服务生产者将服务进口问题转变为服务销售问题。如果要达到支持本国进口竞争产业的政策目标,最优方式是对这些产业进行补贴,次优方式是对在当地开业或者通过贸易提供服务的外国服务提供者征税。①

3. 管制

政府管制能够使国内服务消费者获得公平的经济利益,或在一定程度上保护消费者利益免受国内服务厂商低质量服务的侵害。理论和实践都表明,这种原本为了保护本国服务消费者(改善了消费者的逆向选择境况)、限制本国服务提供者道德风险的措施,客观上对外国服务提供者的竞争起到了抑制作用。因此,政府必须明确选择管制目标不仅是基于服务消费者的利益,而且是基于服务提供者的利益。

在上述三者之间,使进口竞争产业产出规模扩大的政策选择次序是:

管制 > 进口限制 ≥ 开业权②

四、政府在服务贸易政策上合作的必要性

跨境服务贸易的便利程度的提高使得商业存在的重要性下降。与其他服务相比,信息通信技术和以其为基础的服务增长率更高,这反映出贸易结构的转变。发展中国家越来越融入全球供应链,发展中国家的中小微企业正在成功地出口各种线上商业服务,并与外国伙伴合作为新技术提供软件,并且这些企业不断进行技术创新,以适应发展中国家的现实需求。跨境交付的可行性和重要性与日俱增,这给各国政府和国家贸易带来挑战。跨境协同与合作就变得更为重要和必要。随着新型商业模式的出现和服务提供模式的转变,政府机构需要制定新法或者修改旧法,执行法律并让公众知晓这些法规。政策变化周期很长,可能要经历数年,但数字化推动的服务贸易却迅速崛起并成长。新公司可能在十年内就成长为跨国企业。例如,优步创建于 2009 年,10 年后在全球范围内拥有 1.1 亿用户,覆盖 63 个国家和 700 多个城市。技术还促成阿里巴巴和服务提供者跨越传统行业界限。阿里巴巴已从一家在线分销商发展成提供金融服务。所以,一国内部监管机构必须加强国内协调。

面对技术带来的迅猛变化,监管机构传统的"监管优先"(在开始提供服务前必须先制定好法规)的做法被证明存在问题。监管机构无法充分预计到市场对新法规的反应,其次,法规一旦生效就可能无法重新考虑。基于上述理由,监管机构开始在立法中转而采取一些更有针对性的监管方式。下面专栏中提及的创新办公室和监管沙盒就是此种做法的范例。

---

① 妨碍外国服务提供者竞争效率的措施(这类措施往往不会给政府带来财政收益),与商品贸易领域不同,对开业权的禁令和数量限制,无论从经济效益角度,还是从财政收益角度,都将难以长期维持下去。

② 当开业权的选择采取"先来先得"或投标原则来确定时,进口限制与开业权的成本几乎一样,而当开业权以政府行政指令形式确定时,开业权成本大于进口限制。

专栏 5-2

金融科技、监管和国际合作:创新办公室和监管沙盒的案例

在过去 10 年,金融服务中由技术创新(所谓的金融科技)发展迅速,促成了移动支付和点对点借贷等服务的出现。由于监管机构技术专长有限(导致其难以评估新型的商业模式、实践和它们的影响),金融科技的崛起带来了许多挑战,比如金融创新者不是传统金融服务提供者、对平衡创新和金融稳定的需求、人力和金融资源有限,以及传统金融服务提供者要求维持现状的压力。

越来越多的发达、发展中以及最不发达经济体的监管机构正在创新监管方法,来应对这些挑战,这包括所谓的创新办公室和监管沙盒。

创新办公室通常是加强监管与创新者间对话的首选,也是资源有限的新兴经济体和发展中经济体监管机构的第一选项,因为创新办公室较其他的监管举措更简易便行。创新办公室还可以进一步演变,或者与诸如监管沙盒(见下文)等其他举措搭配使用。创新办公室不仅可以帮助创新者了解他们运营所处的监管环境,也可以增进监管机构对金融科技的理解,从而有助于对金融科技进行适当的监督。全球有 30 多个司法管辖区都在运营此类办公室。创新办公室还可以通过双边合作协议促进监管事务上的国际合作。一个典型的例子就是英国金融行为监管局于 2014 年建立的创新办公室,它已经与澳大利亚、加拿大、中国、日本、韩国、新加坡和美国签署了合作协议。这些协议促进了各监管机构间关于金融创新新趋势的信息共享,促进了创新者从一个市场转向另一个市场,从而降低了进入海外市场的监管障碍。

监管沙盒更为正式,其内容通常会总结成文并公布。它允许针对实际消费者进行实时和有时限的创新测试(如新金融产品、技术和商业模式),并接受监管结构的监督。这种测试处在现有监管框架边缘地带或者甚至游离于外,监管结构可以借此更好地了解金融科技,从而决定是否需要采取进一步的监管举措。测试一旦成功,将催生诸多成果,包括对创新的授权许可、修改法规或者停止并废除行政命令等。虽然监管沙盒需要大量的资源投入,但监管沙盒的共同特点是,有助于市场参与者与监管机构进行对话,使监管机构能更好地掌握情况,并有助于在创新和风险间达成正确的平衡。

第一个监管沙盒于 2016 年在英国投入使用。2019 年年初,大约有 30 个司法管辖区正在积极地实践监管沙盒。沙盒的概念正处在积极探讨中,这有助于推动跨境监管合作,帮助创新者在区域和全球层面获得规模经济。跨越多个司法管辖区的沙盒可以通过共享测试项目促进跨境扩张,并降低单个沙盒间监管套利的可能性。目前有两个正在推动中的跨司法管辖区的沙盒倡议:2018 年由英国金融行为监管局和全球 11 个金融监管机构共同提议的全球金融创新网络(GFIN),以及由东盟金融创新网络(AFIN)发起的 API 交易平台(APIX)。

资料来源:世界贸易组织.2019 年世界贸易报告[M].中国世界贸易组织研究会译.上海人民出版社,2019.

由于几乎所有服务贸易壁垒都是监管措施,因此,货物贸易中最透明的贸易干预形式就是关税不适用于服务市场。服务贸易政策工具本质上是规制性的。只有少数的服务规制可被视为贸易壁垒,即那些无法以公共利益论证其合法性,或以社会低效的方式追求公共利益的壁垒。2012年《世界贸易报告》认为,歧视性措施实际上就是贸易限制。在非歧视性措施方面,那些限制市场准入或设立的措施也很难以效率为理由论证其合法性,因为这些措施通过向现有服务提供商提供竞争保护,削弱了市场的总体竞争能力。这一评估广泛地反映在服务贸易协议中,尤其是《服务贸易总协定》的建构方式上。这些协定的先决条件是贸易壁垒监管和所有其他相关国内监管措施之间存在重大差异。前者人们希望通过谈判最终消除,后者只受大体成熟的"良治"义务的约束。①

贸易协定提供了防止政策任意逆转的保障,为服务供应者在世界范围内供给产品提供了重要激励。经合组织发现,即便贸易协定仅约束了现有的服务开放水平,这些法律也为服务供应者降低了不确定性,对双边贸易量有着积极且显著的影响。

区域贸易协定中的政策约束水平明显高于《服务贸易总协定》。大多数《服务贸易总协定》的承诺始于1995年。除了1995年至1997年的电信和金融服务后续谈判,以及个别经济体加入世贸组织的进程外,自1995年以来,世贸组织没有进一步完成任何新的服务贸易谈判。

与此同时,涵盖服务贸易的区域贸易协定却不断增长。尽管世贸组织成员对服务业区域贸易协定的参与程度各不相同,但自从《服务贸易总协定》生效以来,服务业区域贸易协定的数量增势迅猛。2000年时还不到10个,2018年年底时增至148个。超过130个世贸组织成员(约占成员总数的80%)至少缔结过一个涵盖服务的区域贸易协定。虽然2000年以前缔结的绝大部分区域贸易协定仅涉及货物,但在过去10年间缔结的协定中,超过2/3的协定包含服务贸易方面的内容。

发展中经济体之间缔结了越来越多的服务区域贸易协定。总体看,自2000年以来,大部分新缔结的服务区域贸易协定的缔约方是发展中经济体。但是,迄今为止,很少有最不发达国家参与服务区域贸易协定。有些区域在缔约方面明显落后于其他区域(特别是非洲)。就通报的协定数量而言,最活跃的成员包括智利(22个)、新加坡(21个)、欧盟(17个)、日本(16个)、中国(14个)、韩国(14个)、美国(13个)、墨西哥(12个)和澳大利亚(11个)。仍有许多重要的服务贸易方尚未达成区域贸易协定。

无论是在多边、区域还是双边层面,国际合作都聚焦于降低贸易壁垒和国内监管措施。这两类服务措施的国际合作存在很强的互补性。首先,随着服务贸易的日益开放,必须确保国内监管措施的设计不会阻碍市场开放。其次,国内监管措施合作和更普遍的监管治理合作可推动服务市场的进一步开放。尽管这种监管合作本身并不够,但很可能是实现自由化的必要条件。不是所有经济体都有必要的能力来规划、执行和审查达到此种

---

① 《服务贸易总协定》也包含许多"良治"条款。例如,在成员作出承诺的服务部门中,关于国内规制的第六条要求,所有影响服务贸易且普遍适用的措施应以合理、客观、公正的方式实施。另外,《服务贸易总协定》第6.4条呼吁世贸成员制定必要的纪律,以确保与资格要求和程序、技术标准和许可证要求及程序有关的措施不构成服务贸易的不必要壁垒。

效果的监管行动。即便对于那些拥有必要资源的国家而言，规划和执行国内监管有时也并非易事。国际合作可以作出诸多贡献。一方面，国际合作可为发展中国家提供必要支持，帮助它们构建和完善监管治理机构，并促进新的服务市场开放；另一方面，可促进信息交流和最佳实践分享，从而推动所有国家的服务政策制定实现对贸易限制最小的结果。

在特定部门和领域中的贸易壁垒仍然众多，单纯通过国内进程消除这些壁垒，即便不是不可能也被证明是相当困难的。因为政策逆转的空间较大，以及缺乏政策协调可能造成不可预见的贸易成本，因而，在自主开放服务市场方面，政府能够实现的目标有限。

在服务贸易政策上加强国际合作，能够巩固各国的单方面改革，也能通过贸易协定锁定其贸易伙伴的单方面改革，这保证了全球服务市场保持开放。过去 20 多年的时间里，大部分服务贸易开放不是通过世贸组织而是通过区域贸易协定达成的。

本章小结

1. 国际服务贸易政策的类型以及演变。从贸易政策的类型来看，包括贸易自由化政策和贸易保护政策。各国制定国际贸易政策的出发点是国际贸易对其政治和经济等诸方面的影响，以及各国对待国际贸易的态度。不同时期和不同国家的国际贸易政策往往是极不相同的。

2. 服务贸易壁垒一般是指一国政府对外国服务生产者或者提供者的服务提供或者销售所设置的有障碍作用的政策措施，即凡直接或间接地使外国服务生产者或提供者增加生产或销售成本的政策措施，都有可能被外国服务厂商认为属于贸易壁垒。服务贸易壁垒当然也包括出口限制。可以把服务贸易壁垒归纳为产品移动壁垒、资本移动壁垒、人员移动壁垒、开业权壁垒四种类型。

3. 贸易政策保护程度的衡量，就是对一项或一揽子政策的水平、影响及有效性的数量评估。完善的保护政策衡量指标应该具备四个特征：①可比性，即在一定时期和一定政策范围内，衡量指标在国家之间或者商品之间可进行比较。②可解释性，即衡量指标表达的含义应该简单明了。③准确性，即衡量指标应相当准确。④可操作性，即衡量指标不仅可以被不同国家的人们操作，而且易于操作和重复检验。服务贸易保护程度的衡量指标主要有三种：名义保护率、有效保护率和生产者补贴等值。

基本概念

1. 服务贸易壁垒

一般是指一国政府对外国服务生产者或者提供者的服务提供或者销售所设置的有障碍作用的政策措施，即凡直接或间接地使外国服务生产者或提供者增加生产或销售成本的政策措施，都有可能被外国服务厂商认为属于贸易壁垒。

2. 名义保护率

衡量贸易保护程度最普遍使用的指标。它通过测算世界市场价格与国内市场价格之间的差额，衡量保护政策的影响。世界银行将名义保护率定义为：由于保护引起的国内市场价格超过国际市场价格的部分与国际市场价格的百分比。

3. 有效保护率

有效保护被定义为包括一国工业的投入品进口与最终产品进口两者在内的整个工业结构的保护程度。假如这一结构性保护的结果为正，其关税保护就是有效的，反之，则是无效的。有效保护率（Effective Rate of Protection，ERP）是衡量投入和产出政策对价值增值共同影响的指标。

4. 生产者补贴等值

用来测算关税和非关税壁垒，以及其他与分析相关的政策变量保护程度的一种衡量指标。它是对政府各种政策（支持、税收和补贴等）的总体效应进行评估。

5. 产品移动壁垒

包括数量限制、当地成分要求或本地要求、补贴、政府采购、歧视性技术标准和税收制度以及落后的知识产权保护等。

6. 资本移动壁垒

主要形式有外汇管制、浮动汇率和投资收益汇出的限制等。

7. 人员移动壁垒

包括移民限制和繁琐的出入境手续以及由此造成的长时间等待。其中，移民限制仅指外国服务提供者进入本国服务业市场遇到的限制措施。

8. 开业权壁垒

又称为生产者创业壁垒，即限制市场准入，是指对外国服务业厂商在本国开设企业或公司进行诸多的限制。

复习思考题

1. 发达国家和发展中国家服务贸易自由化的政策取向有哪些不同？
2. 服务贸易壁垒的概念和种类有哪些？
3. 衡量贸易政策保护程度的指标有哪些？

第六章

主要经济体的服务贸易发展分析

> 🎯 **学习目标**
>
> - 了解美国、欧盟、日本、澳大利亚、韩国、新加坡、中国香港、墨西哥、印度、俄罗斯、南非等经济体的服务贸易发展现状。
> - 熟悉美国、欧盟、日本、澳大利亚、韩国、新加坡、中国香港、墨西哥、印度、俄罗斯、南非等经济体的服务贸易国际竞争力状况。

经济发展理论认为经济发展经历三个阶段:第一阶段,人均 GDP 在 364—728 美元,经济增长主要由初级产业和传统产业支撑;第二阶段,人均 GDP 在 728—5 460 美元,经济增长主要由急速上升的工业支撑;第三阶段,人均 GDP 在 5 460 美元以上,经济进入发达阶段,服务业的稳定增长成为整个经济增长的主要支撑力。第二次世界大战后,在随着世界经济结构的调整、作为建立在新技术革命和产业升级基础上的新兴产业迅速发展起来的服务贸易方面,发达国家占据着较大的优势,其服务贸易发展基本可反映世界服务贸易发展的现状、特点和趋势,对发展中国家具有重要的借鉴作用。因此,本章主要对美国、欧盟和日本等发达经济体的服务贸易发展和国际竞争力等进行介绍和评析。

第一节 发达经济体的服务贸易发展分析

本节主要选择美国、欧盟、日本和澳大利亚四个发达经济体进行分析。

一、美国的服务贸易发展分析

作为世界最发达的经济体,美国的服务业和服务贸易也是世界上最发达的,主要表现在贸易总额、国际市场份额、出口产品结构和贸易方式构成等方面。

（一）美国的服务贸易发展总量分析

美国的服务业和服务贸易发展均十分发达，特别是其服务贸易，相对于货物贸易而言发展更为迅猛（见表6-1），是全球服务市场中最具竞争力的经济体。

表6-1　2011—2019年美国的服务贸易发展情况

（单位：十亿美元；%）

年份	2011	2012	2013	2014	2015	2016	2017	2018	2019
出口	644.67	684.82	719.53	756.71	768.36	780.53	830.39	862.43	875.83
比重	30.31	30.70	31.30	31.83	33.83	34.98	34.94	34.14	34.73
进口	458.19	469.61	465.82	490.93	497.76	511.90	544.84	562.07	588.36
比重	16.82	16.74	16.67	16.91	17.69	18.53	18.45	17.70	18.64

注：比重=服务出（进）口/[服务出（进）口+货物出（进）口]×100%；如未做特别说明，本章服务贸易数据按国际货币基金组织《国际收支和国际投资头寸手册》第六版（BPM6）进行统计和分析。

资料来源：UNCTAD. e-Handbook of Statistics Online 2020[EB/OL]. https://stats.unctad.org/handbook/, 2020-12-07.

第一，2011—2019年，美国的服务贸易出口额占贸易出口总额的比重呈现整体上升趋势，表明服务贸易出口增长速度高于货物贸易出口，服务贸易出口日益成为美国对外贸易的主体，表现出贸易结构的改善和贸易质量的提高。

第二，美国的服务出口占总出口比重远高于美国的服务进口占总进口的比重，表明美国的服务贸易具有竞争优势，此也表现在美国服务贸易保持持续顺差，且顺差规模持续扩大，与货物贸易形成鲜明对比（见表6-2）。

表6-2　2011—2019年美国的对外贸易差额情况

（单位：十亿美元）

年份	2011	2012	2013	2014	2015	2016	2017	2018	2019
货物	−783.50	−790.80	−749.50	−792.00	−812.70	−799.10	−862.20	−950.20	−922.80
服务	186.48	215.21	253.71	265.77	270.61	268.63	285.55	300.36	287.47

资料来源：UNCTAD. e-Handbook of Statistics Online 2020[EB/OL]. https://stats.unctad.org/handbook/, 2020-12-07.

2011—2019年以来，美国的货物贸易持续逆差，且总体处于扩大趋势，服务贸易则持续顺差，且总体处于扩大趋势，在很大程度上弥补了美国货物贸易逆差对整体经济发展的影响，即美国的服务贸易已成为保持美国经济稳定的一个重要因素。

（二）美国的服务贸易方式结构不断优化

根据WTO的规定，服务贸易存在四种形式：跨境交付、境外消费、商业存在和自然人移动。由于服务产品具有不可存储性、生产与消费同步性等特点，因此，服务贸易的发展，商业存在形式占据主导地位将成为不可逆转的潮流。作为世界上服务业和服务贸易最发达的国家,美国的服务贸易发展趋势深入体现世界服务贸易发展的潮流。由于统计数据的限制,特以跨境贸易(Cross-border Trade)表示跨境交付和境外消费方式,以外国附属机构贸易(Foreign Affiliates Trade,FAT)表示商业存在形式,其服务贸易额如图6-1所示。

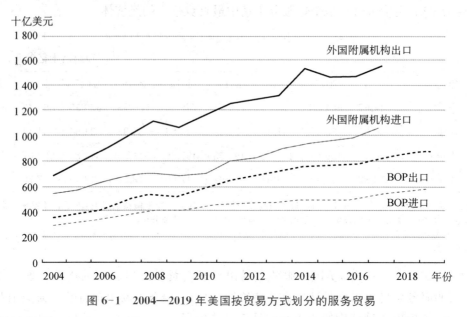

图6-1　2004—2019年美国按贸易方式划分的服务贸易

资料来源:The U.S. Bureau of Economic Analysis. International Services(Expanded Detail) [EB/OL].www.bea.gov/data/intl-trade-investment/international-services-expanded,2020-08-15.

美国FAT方式的服务贸易发展迅猛,出口、进口和贸易顺差规模都远远高于BOP方式,表明美国FAT方式的服务贸易优势更高于跨境贸易方式和整体服务贸易。

(三)美国的服务贸易产品结构日趋高级化

发展经济学理论认为,在反映产业发展的质量指标中,最为重要的是产业结构优化升级。产业结构决定出口结构,出口结构反映产业结构和产业发展水平。因此,考察服务贸易发展,就须考察服务产品结构,即在服务业进出口行业结构中,是劳动、资源密集型的行业占较大比重,还是知识、资本、技术密集型的行业占较大比重,已成为衡量一国服务贸易国际竞争力高低的一种尺度。

1. 美国的服务出口产品结构分析

第一,在美国的服务贸易出口中,运输服务、旅行服务和其他商业服务等传统服务业占据主体,三者合计占比超过50%,从2011年的51.7%上升到2019年的54.1%,其中,旅行服务和运输服务均有所下滑,合计下滑2.45个百分点,其他商业服务却上升4.8个百分点。

第二,与此形成鲜明对比,金融服务、维护和维修服务、通信/计算机/信息服务的比重有所提高,从2011年的22.5%上升到2019年的25%;占据传统优势的保险服务、知识产权服务占比却出现下滑,特别是知识产权服务,占比下滑3.2个百分点,此可能与美国实施的技术贸易保护和限制技术出口政策有关(见表6-3、表6-4)。

表 6-3　2011—2019 年美国的服务分行业出口额

(单位：十亿美元)

年份	2011	2012	2013	2014	2015	2016	2017	2018	2019
总额	644.70	684.82	719.50	756.70	768.36	780.50	830.39	862.43	875.83
维护维修	14.74	14.94	15.72	17.98	19.85	21.59	23.24	27.95	27.87
运输服务	82.93	88.24	90.00	90.69	84.43	81.78	86.34	93.25	91.09
旅行服务	142.20	153.92	171.00	180.30	192.60	192.90	193.83	196.47	193.32
保险服务	14.67	15.98	15.77	16.28	15.46	16.25	18.22	17.90	16.24
金融服务	101.10	105.42	109.80	119.90	114.95	114.80	128.04	132.42	135.70
知识产权	107.10	107.87	113.80	116.40	111.15	113.00	118.15	118.88	117.40
通信/计算机/信息	29.38	33.52	36.33	38.63	41.43	43.12	47.66	49.65	55.66
其他商业	108.40	118.45	122.20	132.20	141.42	153.10	167.27	177.26	189.44
个人文娱	19.54	21.10	20.89	22.55	24.22	23.63	25.66	23.76	23.37

资料来源：UNCTAD. e-Handbook of Statistics Online 2020[EB/OL]. https://stats.unctad.org/handbook/，2020-12-07.

表 6-4　2011—2019 年美国的服务出口分行业构成

(单位：%)

年份	2011	2012	2013	2014	2015	2016	2017	2018	2019
维护维修	2.29	2.18	2.18	2.38	2.58	2.77	2.80	3.24	3.18
运输服务	12.86	12.88	12.51	11.98	10.99	10.48	10.40	10.81	10.40
旅行服务	22.06	22.48	23.76	23.82	25.07	24.71	23.34	22.78	22.07
保险服务	2.28	2.33	2.19	2.15	2.01	2.08	2.19	2.08	1.85
金融服务	15.68	15.39	15.26	15.85	14.96	14.70	15.42	15.35	15.49
知识产权	16.61	15.75	15.82	15.38	14.47	14.47	14.23	13.78	13.40
通信/计算机/信息	4.56	4.89	5.05	5.10	5.39	5.52	5.74	5.76	6.35
其他商业	16.82	17.30	16.98	17.48	18.41	19.61	20.14	20.55	21.63
个人文娱	3.03	3.08	2.90	2.98	3.15	3.03	3.09	2.75	2.67

资料来源：UNCTAD. e-Handbook of Statistics Online 2020[EB/OL]. https://stats.unctad.org/handbook/，2020-12-07.

第三，美国的服务出口贸易虽然仍以运输、旅行等传统服务业为主，但技术密集型、人力资本密集型日趋明显，如其他商业服务中的研发服务、管理咨询服务、法律财会公关服务、广告营销民调服务都出现翻倍增长(见表 6-5)。

表 6-5　2011—2019 年美国的其他商业服务主要分类出口情况

（单位：十亿美元）

年份	2011	2012	2013	2014	2015	2016	2017	2018	2019
研究与发展	25.95	28.25	30.11	34.18	36.56	40.93	45.55	46.98	49.61
管理咨询服务	49.85	54.86	57.05	63.43	70.16	79.20	85.55	93.34	105.10
法律财会公关	42.32	45.86	47.00	50.72	55.24	62.39	67.89	74.09	82.92
广告营销民调	7.53	9.00	10.05	12.71	14.93	16.81	17.66	19.25	22.15
与贸易有关的技术性服务	32.63	35.34	35.00	34.63	34.70	32.96	36.17	36.95	34.76

资料来源：UNCTAD. e-Handbook of Statistics Online 2020 [EB/OL]. https://stats.unctad.org/handbook/, 2020-12-07.

2. 美国的服务进口产品结构分析

第一，在美国的服务贸易进口中，运输服务、旅行服务和其他商业服务等传统服务业占据主体，三者合计超过 50%，从 2011 年的 55.8% 上升到 2019 年的 60.45%，其中，旅行服务上升近 4 个百分点，其他商业服务上升 3.14 个百分点，运输服务则下降 2.5 个百分点。

第二，与此形成鲜明对比，金融服务、知识产权服务、通信/计算机/信息服务等新兴服务业的比重有所提升，从 2011 年的 21% 上升到 2017 年的 22.8%，随即降至 2019 年的 21.6%；保险服务却下降近 4 个百分点，从 2011 年的 12.7% 降至 2019 年的 8.7%（见表 6-6、表 6-7）。

表 6-6　2011—2019 年美国的服务分行业进口额

（单位：十亿美元）

年份	2011	2012	2013	2014	2015	2016	2017	2018	2019
总额	458.20	469.60	465.80	490.90	497.80	511.90	544.84	562.07	588.36
维护维修	7.17	7.08	6.67	6.73	8.08	7.60	6.80	7.13	7.82
运输服务	95.03	99.32	94.43	99.81	99.56	92.39	96.52	106.30	107.46
旅行服务	86.62	90.34	91.12	96.25	102.66	109.2	117.97	126.01	134.59
保险服务	58.28	58.75	52.99	52.76	49.84	52.07	50.89	43.74	51.55
金融服务	30.31	28.74	29.28	32.77	32.59	32.67	36.65	39.25	40.35
知识产权	32.91	35.06	35.30	37.56	35.18	41.97	44.41	43.93	42.73
通信/计算机/信息	32.83	33.29	35.87	38.46	38.82	39.72	43.09	42.56	43.72
其他商业	74.08	78.68	84.02	90.72	95.12	100.5	106.99	107.83	113.58
个人文娱	6.64	7.16	8.21	9.32	11.36	12.54	17.53	19.19	21.14

资料来源：UNCTAD. e-Handbook of Statistics Online 2020 [EB/OL]. https://stats.unctad.org/handbook/, 2020-12-07.

表6-7　2011—2019年美国的服务进口分行业构成

(单位:%)

年份	2011	2012	2013	2014	2015	2016	2017	2018	2019
维护维修	1.56	1.51	1.43	1.37	1.62	1.48	1.25	1.27	1.33
运输服务	20.74	21.15	20.27	20.33	20.00	18.05	17.71	18.91	18.26
旅行服务	18.91	19.24	19.56	19.61	20.63	21.32	21.65	22.42	22.88
保险服务	12.72	12.51	11.38	10.75	10.01	10.17	9.34	7.78	8.76
金融服务	6.62	6.12	6.29	6.68	6.55	6.38	6.73	6.98	6.86
知识产权	7.18	7.47	7.58	7.65	7.07	8.20	8.15	7.82	7.26
通信/计算机/信息	7.17	7.09	7.70	7.83	7.80	7.76	7.91	7.57	7.43
其他商业	16.17	16.75	18.04	18.48	19.11	19.63	19.64	19.19	19.31
个人文娱	1.45	1.52	1.76	1.90	2.28	2.45	3.22	3.41	3.59

资料来源:UNCTAD. e-Handbook of Statistics Online 2020[EB/OL]. https://stats.unctad.org/handbook/,2020-12-07.

第三,美国的服务进口贸易虽以传统服务业为主,但技术密集型、人力资本密集型特征日显,但服务进口产品结构优化速度慢于服务出口产品结构,如其他商业服务中的研发服务、管理咨询服务、法律财会公关服务、广告营销民调服务的进口增速都低于对应的出口增速(见表6-8)。

表6-8　2011—2019年美国的其他商业服务主要分类进口情况

(单位:十亿美元)

年份	2011	2012	2013	2014	2015	2016	2017	2018	2019
研究与发展	26.56	28.75	31.17	31.81	33.49	35.53	37.06	34.83	33.77
管理咨询服务	32.59	33.78	35.64	40.95	42.71	45.43	47.11	52.47	55.70
法律财会公关	28.24	29.32	31.08	35.29	36.74	38.63	40.61	46.09	49.39
广告营销民调	4.35	4.45	4.55	5.66	5.97	6.80	6.50	6.38	6.31
与贸易有关的技术性服务	14.94	16.15	17.22	17.95	18.93	19.54	22.82	20.54	24.12

资料来源:UNCTAD. e-Handbook of Statistics Online 2020[EB/OL]. https://stats.unctad.org/handbook/,2020-12-07.

(四)美国服务贸易的国际竞争力分析

为正确认识美国的服务贸易状况,现利用国际竞争力评价指标对美国服务贸易的国际竞争力进行评价,以便和其他国家或地区作出比较。

1. 服务贸易的国际竞争力评价指标

(1)国际市场占有率。

国际市场占有率(International Market Share,IMS),又称国际市场的份额,虽然是指一国某产品的贸易额占该产品世界总贸易额的比重,但考虑到世界贸易中一国出口就是另一国进口,并且只有出口才能真正反映该国该产品的国际竞争力,故本书以一国服务出口占该服务世界总出口的比重来衡量某类服务贸易的国际竞争力,其计算公式为:

$$IMS = X_i/X_w \times 100\% \tag{6.1}$$

其中,X_i 表示 i 国服务贸易出口额,X_w 表示服务贸易世界出口额。

IMS 的值取值范围为 $(0,1)$,该值越大,表明其国际竞争力越强。

(2) 显性比较优势指数。

显性比较优势指数(Revealed Comparative Advantages,RCA)又称相对出口绩效指数(Index of Relative Export Performance,IREP),是美国经济学家巴拉萨(Bela Balassa)[1]于 1976 年提出的一个具有较高经济学价值的竞争力测度指标,可用来衡量一国某类产品的出口量占世界该类产品出口量的比重和该国总出口占世界总出口比重的相对值,反映一国该产品的相对出口比重,其计算公式为:

$$RCA = (X_{ij}/X_i)/(X_{wj}/X_w) \tag{6.2}$$

其中,X_{ij} 表示 i 国 j 类产品出口额,X_i 表示 i 国全部产品出口额;X_{wj} 表示世界 j 类产品出口额,X_w 表示全世界产品出口额。

如果 RCA 大于 2.5,表明该国的服务贸易具有极强的国际竞争力;如果 RCA 介于 1.25—2.5,表明该国的服务贸易具有较强的国际竞争力;如果 RCA 介于 0.8—1.25,表明该国的服务贸易具有中度的国际竞争力;如果 RCA 小于 0.8,表明该国的服务贸易竞争力较弱。

(3) 贸易竞争优势指数。

贸易竞争优势指数(Competitiveness Index,CI)又称贸易专业化系数(Trade Special Coefficient,TSC)、净出口比率指数(Net-Export Ratio Index,NRI)[2],是产业国际竞争力分析的有力工具,总体上能反映出计算对象的比较优势状态,计算公式为:

$$TC = (X_{ij} - M_{ij})/(X_{ij} + M_{ij}) \tag{6.3}$$

其中,X_{ij} 表示 i 国 j 种商品出口,M_{ij} 表示 i 国 j 种商品进口。

由公式可知,比较优势指数的取值范围为 $(-1,1)$。当指数值接近 0 时,说明比较优势接近平均水平;当指数值大于 0 时,说明比较优势大,竞争力强,且越接近 1,竞争力越强;当指数值小于 0 时,说明优势小,竞争力弱,且越接近 -1,竞争力越弱。

2. 美国服务贸易的国际竞争力分析

(1) 美国服务贸易的国际市场占有率分析(见表 6-9)。

美国作为世界上经济和服务业发展水平最高的经济体,就单个经济体而言,其服务贸易国际市场占有率也位居世界第一位,2011—2019 年都比中国高约 10 个百分点。

---

[1] B. Balassa. Trade Liberation and Revealed Comparative Advantage[J]. The Manchester School of Economic and Social Studies,1965(33):92-123.

[2] Abbas. How to Manage for International Competitiveness[M]. International Business Press,1992:130.

表 6-9　2011—2019 年美国服务贸易的国际市场占有率及位次

(单位:%)

年份	2011	2012	2013	2014	2015	2016	2017	2018	2019
总体	14.44	14.90	14.70	14.43	15.36	15.34	15.03	14.31	14.25
位次	1	1	1	1	1	1	1	1	1
维修维护	26.63	26.49	24.36	25.24	26.33	26.57	26.14	26.79	24.98
运输服务	9.18	9.62	9.49	9.08	9.36	9.43	9.08	8.99	8.85
旅行服务	13.35	13.92	14.30	14.44	16.04	15.69	14.64	13.76	13.40
保险服务	13.46	13.85	12.52	11.96	12.70	12.60	13.62	12.55	11.85
金融服务	24.26	25.17	24.49	25.28	25.11	25.22	26.35	25.54	26.07
知识产权	38.19	38.14	37.34	35.15	33.91	33.13	31.57	29.34	28.69
通信/计算机/信息	7.86	8.65	8.56	8.17	8.67	8.69	8.86	7.96	8.21
其他商业	11.61	12.11	11.65	11.47	12.87	13.31	13.46	13.23	13.53
个人文娱	33.43	33.83	32.53	32.09	34.65	33.42	33.32	29.54	28.44

资料来源:WTO. World Trade Statistical Review 2020[EB/OL]. https://www.wto.org/english/res_e/statis_e/wts2020_e/wts20_toc_e.htm,2020-06-30.

第一,就单个经济体而言,美国服务贸易的国际市场占有率排名世界第一,表明其国际竞争力是世界最强的,但其国际市场占有率在 2015 年达到顶峰后呈现持续微幅下降的趋势,表明美国服务贸易的竞争力逐渐削弱。

第二,美国服务出口中,维修维护服务、知识产权服务、金融服务、个人文化娱乐的国际市场占有率明显高于运输服务、旅行服务和其他商业服务,表明美国新兴服务贸易的优势明显大于传统服务贸易,服务贸易结构进一步优化。

第三,近年来,美国保险业的国际市场占有率持续下滑,值得警惕。

(2)美国服务贸易的 RCA 指数分析。

在运用 RCA 指数分析美国服务贸易国际竞争力时,X_{ij} 表示美国各类服务出口额,X_i 表示美国服务和货物出口总额;X_{wj} 表示世界各类服务出口额,X_w 表示世界服务和货物出口总额。美国各类服务贸易 RCA 指数如表 6-10 所示。

表 6-10　2011—2019 年美国服务贸易的 RCA 指数

年份	2011	2012	2013	2014	2015	2016	2017	2018	2019
总体	1.548	1.544	1.525	1.472	1.458	1.453	1.471	1.444	1.415
维修维护	2.855	2.744	2.526	2.575	2.499	2.516	2.558	2.704	2.480
运输服务	0.984	0.996	0.984	0.927	0.889	0.893	0.889	0.907	0.879
旅行服务	1.431	1.442	1.483	1.473	1.523	1.486	1.433	1.389	1.331
保险服务	1.443	1.435	1.298	1.220	1.206	1.193	1.333	1.266	1.176
金融服务	2.601	2.607	2.540	2.579	2.384	2.388	2.579	2.578	2.589

(续表)

年份	2011	2012	2013	2014	2015	2016	2017	2018	2019
知识产权	4.095	3.952	3.873	3.586	3.219	3.137	3.090	2.961	2.849
通信/计算机/信息	0.843	0.896	0.888	0.834	0.823	0.823	0.867	0.803	0.815
其他商业	1.245	1.255	1.208	1.170	1.222	1.260	1.317	1.335	1.344
个人文娱	3.584	3.504	3.374	3.274	3.289	3.165	3.261	2.981	2.823

资料来源：根据 WTO World Trade Statistical Review 2020 数据计算而得。

第一，除运输服务贸易、通信/计算机/信息服务的 RCA 位于 0.8—1.25，表明具有微弱的国际竞争力，其他服务贸易的 RCA 位于 1.25—2.5，表明具有较强的国际竞争力；特别是知识产权服务、金融服务、个人文化娱乐的 RCA 大于 2.5，表明国际竞争力极强。

第二，虽然美国知识产权服务的 RCA 最高，但处于下降趋势，表明美国知识产权服务贸易的国际竞争力日趋减弱，导致整体服务贸易的竞争力也趋于减弱。

第三，美国通信/计算机/信息服务的 RCA 指数最小，且缓慢下降，表明美国在该类服务贸易上所具有的微弱竞争力正不断削弱、消失。

第四，美国各类服务贸易 RCA 指数的不同变化轨迹表明美国服务贸易结构正日趋优化。

（3）美国服务贸易的 TC 指数分析（见表 6-11）。

表 6-11 2011—2019 年美国服务贸易的 TC 指数

年份	2011	2012	2013	2014	2015	2016	2017	2018	2019
总体	0.169	0.186	0.214	0.213	0.214	0.208	0.208	0.211	0.196
维修维护服务	0.346	0.357	0.404	0.455	0.421	0.479	0.547	0.593	0.562
运输服务	−0.068	−0.059	−0.024	−0.048	−0.082	−0.061	−0.056	−0.065	−0.082
旅行服务	0.243	0.260	0.305	0.304	0.305	0.277	0.243	0.218	0.179
保险服务	−0.598	−0.572	−0.541	−0.528	−0.526	−0.524	−0.473	−0.419	−0.521
金融服务	0.539	0.572	0.579	0.571	0.558	0.557	0.555	0.543	0.542
知识产权	0.530	0.509	0.527	0.512	0.519	0.458	0.454	0.460	0.466
通信/计算机/信息	−0.056	0.004	0.006	0.002	0.033	0.041	0.050	0.077	0.120
其他商业服务	0.188	0.202	0.185	0.186	0.196	0.207	0.220	0.244	0.250
个人文化娱乐	0.493	0.493	0.436	0.415	0.362	0.306	0.188	0.106	0.050

资料来源：根据 WTO World Trade Statistical Review 2020 数据计算而得。

第一，除运输服务具有微弱劣势、保险服务劣势相对较大外，美国总体服务业和其他分行业都具有微弱优势，特别是维修维护服务，竞争优势处于增强趋势。

第二，美国保险服务虽具有较大的竞争劣势，但也处于缓慢收窄趋势之中；而个人文化娱乐服务的优势却急剧下降，几乎丧失殆尽。

第三，用兼顾进出口的 TC 指数来衡量，美国总体服务贸易不具有明显的优势，可能原因在于美国不仅是世界上最大的服务出口国，同时也是最大的服务进口国。

专栏 6-1

美国的电子服务贸易占据重要地位

近年来,美国的电子服务贸易获得迅速增长。电子服务是使用计算机技术通过电信网络进行开发、加工、打包与交付数据和视听内容,包含视听服务、计算机服务和电信服务。根据美国国际贸易委员会 2018 年 6 月发布的服务贸易发展趋势年度报告,2016 年,电子服务销售额占美国跨境服务进出口总额的比重分别为 11.2%(543 亿美元)和 12.7%(934 亿美元),顺差额达 391 亿美元。美国跨境电子服务(视听服务)的主要出口市场是英国、加拿大和德国;其跨境电子服务(电脑服务)的主要出口市场是英国、加拿大和印度;其跨境电子服务(通信服务)的主要出口市场是巴西、阿根廷和英国。美国跨境电子服务(视听服务)主要进口国是英国、巴西和墨西哥;其跨境电子服务(电脑服务)的主要进口市场是印度、加拿大和爱尔兰;通信服务的主要进口市场为英国、墨西哥和印度。2016 年,私营部门国内生产总值(GDP)因美国电子服务增长了 9 890 亿美元,涨幅 6.0%。美国电子服务占美国国内生产总值的比重已达 6.9%。

数字技术的进步让消费者访问各种设备的内容和主流媒体服务的次数增加,使美国视听服务收入的份额不断增加。美国是全球最大的电影市场,拥有最高的票房收入,2016 年票房收入为 103 亿美元,美国前七名的电影制片厂影片收入占全球票房收入的 59%。中国电影的快速发展和剧院不断增长的上座率已经引起了美国电影制片人的关注。虽然,中国实施外国电影配额和国家审查制度等市场准入限制,但仍是美国公司关注的重点市场之一。

全球计算机和数据处理服务行业在过去 10 年中迅速增长,多数行业领先公司的总部都位于美国。2016 年,信息技术服务在全球销售额达 585.3 亿美元,其中,云服务市场份额和全球软件市场分别达 89.3 亿美元和 335.2 亿美元。新兴市场越来越多地使用手机软件服务,商品制造商也在将越来越多的计算机辅助服务应用于其生产流程中。

美国电信运营商正大力投资网络基础设施,将越来越多的设备连接到互联网,并进军互补内容和广告服务市场,并更加注重为企业提供广域网服务。2016 年,美国跨境电信服务出口总额达 122 亿美元,进口总额达 55 亿美元,两者贸易顺差达 67 亿美元。美国电信服务出口额在 2011—2015 年基本无增长,在 2016 年还下降了 3%;跨境电信服务进口额在 2011—2015 年下降了 11%,在 2016 年下降了 13%。美国运营商主要通过美国在外国当地的子公司为外国客户提供电信服务。2015 年,这些子公司在有线和无线运营商方面的销售额分别为 265 亿美元和 55 亿美元(分别比 2014 年下降约 5%)。从外国电信服务公司的美国分支机构购买的电信服务总额为 756 亿美元,比 2014 年增长 13%。美国向海外销售的电子服务很大一部分是向跨国公司出售的企业服务。

资料来源:张耘.美国服务贸易发展现状[EB/OL]. www.istis.sh.cn/list/list.aspx?id=12680,2020-06-01.

二、欧盟的服务贸易发展分析

随着经济的发展,服务业已成为一个重要的经济部门,成为影响大多数国家经济增长的一个重要因素。欧盟也不例外,据统计,欧盟的服务贸易历年保持顺差,在服务贸易领域具有总体优势,并在世界服务贸易市场居于主要地位(见表6-12)。①

表6-12 2011—2019年欧盟27国的服务业发展情况

(单位:十亿美元;%)

年份	2011	2012	2013	2014	2015	2016	2017	2018	2019
增加值	12 044	114 012	11 924	12 361	10 866	10 926	11 439	12 334	11 952
比重	65.66	65.95	66.15	66.30	66.13	66.09	65.93	65.88	65.46

资料来源:UNCTAD. e-Handbook of Statistics Online 2020[EB/OL]. https://stats.unctad.org/handbook/,2020-12-07.

(一)欧盟的服务贸易发展总量分析

欧盟是国际服务贸易的领头羊,不仅贸易量大,且总体保持增长态势(见表6-13)。

表6-13 2011—2019年欧盟27国的服务贸易发展情况

(单位:十亿美元;%)

年份	2011	2012	2013	2014	2015	2016	2017	2018	2019
出口	1 970.85	1 956.89	2 120.65	2 294.48	2 126.62	2 169.52	2 374.42	2 615.36	2 659.33
比重	24.48	25.24	25.91	27.17	28.32	28.79	28.72	28.81	29.80
进口	1 696.97	1 661.35	1 786.76	1 934.13	1 856.63	1 894.73	2 055.26	2 231.22	2 353.63
比重	21.45	22.14	23.25	24.32	26.24	26.57	26.24	25.88	27.55

注:比重=服务出(进)口/[服务出(进)口+货物出(进)口]×100%;如未做特别说明,本章服务贸易数据按国际货币基金组织《国际收支和国际投资头寸手册》第六版(BPM6)进行统计和分析。

资料来源:UNCTAD. e-Handbook of Statistics Online 2020[EB/OL]. https://stats.unctad.org/handbook/,2020-12-07.

第一,2011—2019年,欧盟的服务贸易出口额占贸易出口总额的比重呈现整体上升趋势,表明服务贸易出口增长速度高于货物贸易出口,服务贸易出口日益成为欧盟对外贸易的主体,表现出贸易结构的改善和贸易质量的提高。

第二,2011—2019年,欧盟服务出口占总出口比重高于欧盟服务进口所占比重,表明欧盟的服务贸易具有竞争优势,此也表现在欧盟服务贸易保持顺差,并显著高于货物贸易差额(见表6-14)。

---

① 鉴于数据的可得性、连续性和可比性,本节中的欧盟是指不包括克罗地亚但包括英国在内的欧盟27国;除非特别强调,否则欧盟贸易数据均为欧盟区域外贸易额,即贸易出口指成员国向非成员国和地区的出口,贸易进口指成员国从非成员国和地区的进口。

表 6-14　2011—2019 年欧盟 27 国的对外贸易差额情况

(单位:十亿美元)

年份	2011	2012	2013	2014	2015	2016	2017	2018	2019
货物	−133.95	−46.86	164.59	129.88	163.27	130.08	115.51	72.04	74.20
服务	273.89	295.54	333.90	360.35	269.99	274.79	319.16	384.13	305.70

资料来源:UNCTAD. e-Handbook of Statistics Online 2020[EB/OL]. https://stats.unctad.org/handbook/, 2020-12-07.

2011—2019 年,欧盟的服务贸易持续顺差,且顺差额稳中有升,表现显著优于货物贸易,已成为保持欧盟经济稳定的一个重要因素。

(二)欧盟的服务贸易产品结构分析

1. 欧盟的服务贸易出口产品结构分析

第一,在欧盟的服务贸易出口中,运输服务、旅行服务和其他商业服务等传统服务业占据主体,三者合计占比超过 60%,但占比从 2011 年的 62.3% 降至 2019 年的 60%,其中,旅行服务和运输服务分别下滑 1.7 个和 3.3 个百分点,但其他商业服务上升 2.3 个百分点。

第二,在欧盟的服务贸易出口中,知识产权、通信/计算机/信息服务的占比有所提高,从 2011 年的 16% 升至 2019 年的 20.3%,特别是通信/计算机/信息服务占比上升 3.2 个百分点;占据传统优势的保险服务、金融服务占比却呈现下降趋势,占比合计下滑 2.5 个百分点(见表 6-15、表 6-16)。

表 6-15　2011—2019 年欧盟 27 国的服务分行业出口额

(单位:十亿美元)

年份	2011	2012	2013	2014	2015	2016	2017	2018	2019
总额	1 970.90	1 956.90	2 120.70	2 294.50	2 126.60	2 169.50	2 374.40	2 615.40	2 659.30
维护维修	21.11	22.37	27.09	29.82	30.13	32.63	36.54	42.07	44.10
运输服务	389.76	377.47	395.88	415.56	369.86	360.92	401.82	441.72	439.14
旅行服务	381.40	375.24	406.71	428.72	385.16	392.33	429.61	468.92	469.50
保险服务	64.40	66.17	74.51	79.12	64.54	70.40	68.59	74.91	70.78
金融服务	219.98	215.88	232.13	240.52	227.82	224.44	234.46	250.31	247.49
知识产权	111.12	106.89	119.79	132.72	130.85	135.14	152.80	172.86	177.73
通信/计算机/信息	204.71	203.71	226.56	255.03	251.99	260.25	287.03	334.74	360.93
其他商业	463.93	475.65	514.39	571.04	532.93	562.52	615.99	665.28	686.92
个人文娱	21.08	21.29	24.31	29.03	27.97	27.98	32.16	34.90	36.71

资料来源:UNCTAD. e-Handbook of Statistics Online 2020[EB/OL]. https://stats.unctad.org/handbook/, 2020-12-07.

表 6-16　2011—2019 年欧盟 27 国的服务出口分行业构成

（单位：%）

年份	2011	2012	2013	2014	2015	2016	2017	2018	2019
维护维修	1.07	1.14	1.28	1.30	1.42	1.50	1.54	1.61	1.66
运输服务	19.78	19.29	18.67	18.11	17.39	16.64	16.92	16.89	16.51
旅行服务	19.35	19.18	19.18	18.68	18.11	18.08	18.09	17.93	17.65
保险服务	3.27	3.38	3.51	3.45	3.03	3.24	2.89	2.86	2.66
金融服务	11.16	11.03	10.95	10.48	10.71	10.35	9.87	9.57	9.31
知识产权	5.64	5.46	5.65	5.78	6.15	6.23	6.44	6.61	6.68
通信/计算机/信息	10.39	10.41	10.68	11.11	11.85	12.00	12.09	12.80	13.57
其他商业	23.54	24.31	24.26	24.89	25.06	25.93	25.94	25.44	25.83
个人文娱	1.07	1.09	1.15	1.27	1.31	1.29	1.35	1.33	1.38

资料来源：UNCTAD. e-Handbook of Statistics Online 2020［EB/OL］. https://stats.unctad.org/handbook/, 2020-12-07.

第三，欧盟的服务贸易出口虽然仍以运输、旅行、其他商业服务等传统服务业为主，但技术密集型、人力资本密集型日趋明显，如其他商业服务中的研发服务、管理咨询服务、与贸易有关的技术性商业服务都出现较大幅度的增长（见表 6-17）。

表 6-17　2011—2019 年欧盟 27 国的其他商业服务主要分类出口情况

（单位：十亿美元）

年份	2011	2012	2013	2014	2015	2016	2017	2018	2019
研究与发展	58.37	60.69	69.04	79.04	75.16	78.89	90.13	95.66	95.25
管理咨询服务	149.60	154.10	168.30	184.70	171.00	185.50	210.20	243.40	254.30
与贸易有关的技术性服务	255.90	260.80	277.00	307.30	286.70	298.20	315.70	326.20	337.40

资料来源：UNCTAD. e-Handbook of Statistics Online 2020［EB/OL］. https://stats.unctad.org/handbook/, 2020-12-07.

2. 欧盟的服务进口产品结构分析

第一，在欧盟的服务贸易进口中，运输服务、旅行服务和其他商业服务等传统服务业占据主体，三者合计超过 66%，但从 2011 年的 69.7% 降至 2019 年的 66.3%，其中，旅行服务和运输服务分别下降 3.8 个和 4.7 个百分点，其他商业服务则上升 5.2 个百分点。

第二，在欧盟的服务贸易进口中，知识产权服务、通信/计算机/信息服务等新兴服务贸易的比重微幅提升，从 2011 年的 16% 上升到 2019 年的 18.5%；保险服务、金融服务等占比却呈现稳中趋降的趋势，从 2011 年的 8.9% 降至 2019 年的 8.5%，即欧盟服务贸易进口结构在不断升级（见表 6-18、表 6-19）。

表 6-18 2011—2019 年欧盟 27 国的服务分行业进口额

(单位:十亿美元)

年份	2011	2012	2013	2014	2015	2016	2017	2018	2019
总额	1 697.00	1 661.40	1 786.80	1 934.10	1 856.60	1 894.70	2 055.30	2 231.20	2 353.60
维护维修	10.87	10.34	25.03	23.58	25.80	27.96	30.62	34.42	36.29
运输服务	357.70	343.07	357.92	367.70	328.47	322.66	355.16	394.09	385.33
旅行服务	363.81	347.71	366.22	390.32	337.61	346.66	375.14	411.62	414.12
保险服务	40.56	38.17	42.81	44.87	39.88	41.90	43.69	48.15	49.42
金融服务	111.39	108.10	124.26	141.29	135.94	133.84	138.78	149.10	150.40
知识产权	153.39	143.52	159.08	186.64	194.43	197.97	213.34	237.52	252.35
通信/计算机/信息	119.23	121.73	137.38	146.61	171.93	146.62	163.26	180.16	183.54
其他商业	461.71	464.72	482.84	534.41	529.45	582.08	628.57	655.74	761.84
个人文娱	23.01	23.84	26.74	28.36	29.71	30.01	31.62	34.51	36.53

资料来源:UNCTAD. e-Handbook of Statistics Online 2020[EB/OL]. https://stats.unctad.org/handbook/,2020-12-07.

表 6-19 2011—2019 年欧盟 27 国的服务进口分行业构成

(单位:%)

年份	2011	2012	2013	2014	2015	2016	2017	2018	2019
维护维修	0.64	0.62	1.40	1.22	1.39	1.48	1.49	1.54	1.54
运输服务	21.08	20.65	20.03	19.01	17.69	17.03	17.28	17.66	16.37
旅行服务	21.44	20.93	20.50	20.18	18.18	18.30	18.25	18.45	17.59
保险服务	2.39	2.30	2.40	2.32	2.15	2.21	2.13	2.16	2.10
金融服务	6.56	6.51	6.95	7.30	7.32	7.06	6.75	6.68	6.39
知识产权	9.04	8.64	8.90	9.65	10.47	10.45	10.38	10.65	10.72
通信/计算机/信息	7.03	7.33	7.69	7.58	9.26	7.74	7.94	8.07	7.80
其他商业	27.21	27.97	27.02	27.63	28.52	30.72	30.58	29.39	32.37
个人文娱	1.36	1.43	1.50	1.47	1.60	1.58	1.54	1.55	1.55

资料来源:UNCTAD. e-Handbook of Statistics Online 2020[EB/OL]. https://stats.unctad.org/handbook/,2020-12-07.

第三,欧盟的服务贸易进口虽仍以传统服务业为主,但技术密集型、人力资本密集型特征日显,且产品结构优化速度和程度高于服务贸易出口产品结构,如其他商业服务中的研发服务、管理咨询服务、与贸易有关的技术性服务都快速增长,甚至出现翻倍增长(见表 6-20)。

表 6-20　2011—2019 年欧盟 27 国的其他商业服务主要分类进口情况

（单位：十亿美元）

年份	2011	2012	2013	2014	2015	2016	2017	2018	2019
研究与发展	62.10	65.76	68.10	81.42	98.51	135.10	135.70	111.00	194.60
管理咨询服务	152.70	156.00	165.90	174.90	167.60	181.70	207.80	235.30	235.80
与贸易有关的技术性服务	—	243.80	249.70	279.10	264.30	266.20	286.10	310.70	332.60

资料来源：UNCTAD. e-Handbook of Statistics Online 2020［EB/OL］. https://stats.unctad.org/handbook/，2020-12-07.

（三）欧盟服务贸易的国际竞争力分析

为正确认识欧盟的服务贸易发展状况，现利用国际竞争力评价指标对欧盟服务贸易的国际竞争力进行评价，以便与其他国家或地区作出比较。

1. 欧盟服务贸易的国际市场占有率分析

欧盟作为世界上经济和服务业发展水平最高的区域经济体，就经济体总体而言，其服务贸易的国际市场占有率位居世界第一位（见表 6-21）。

表 6-21　2011—2019 年欧盟 27 国服务贸易的国际市场占有率

（单位：％）

年份	2011	2012	2013	2014	2015	2016	2017	2018	2019
总体	44.14	42.58	43.33	43.75	42.51	42.64	42.98	43.40	43.28
维修维护	38.13	39.65	41.98	41.87	39.96	40.16	41.10	40.33	39.53
运输服务	43.14	41.14	41.75	41.62	41.00	41.61	42.26	42.58	42.68
旅行服务	35.80	33.94	34.02	34.34	32.08	31.92	32.46	32.85	32.56
保险服务	59.08	57.35	59.15	58.14	53.00	54.59	51.25	52.50	51.65
金融服务	52.79	51.54	51.78	50.70	49.76	49.32	48.25	48.28	47.55
知识产权	39.64	37.80	39.30	40.09	39.92	39.63	40.83	42.66	43.44
通信/计算机/信息	54.76	52.54	53.41	53.97	52.75	52.44	53.34	53.65	53.22
其他商业	49.68	48.65	49.05	49.53	48.51	48.90	49.57	49.64	49.07
个人文娱	44.14	42.58	43.33	43.75	42.51	42.64	42.98	43.40	43.28

资料来源：WTO. World Trade Statistical Review 2020［EB/OL］. https://www.wto.org/english/res_e/statis_e/wts2020_e/wts20_toc_e.htm，2020-06-30.

第一，就整个经济体而言，欧盟服务贸易的国际市场占有率排名世界第一，表明其国际竞争力是世界最强的，但其国际市场占有率在 2014 年达到顶峰后出现暂时回调的趋势，自 2018 年开始，又恢复增长趋势，表明欧盟服务贸易的总体竞争力逐渐增强。

第二，在欧盟的服务贸易中，运输服务、保险服务、金融服务、通信/计算机/信息服务、其他商业服务的国际市场占有率都超过 45％，特别是保险服务、通信/计算机/信息服务的国际市场占有率超过50%，也在一定程度上表明欧盟服务贸易的总体国际竞争力较强。

第三，在欧盟的服务贸易中，运输服务、旅行服务、保险服务、金融服务的国际市场占有率处于下降趋势，维修与维护服务、知识产权服务的国际市场占有率处于上升趋势；此外，通信/计算机/信息服务、其他商业服务、个人文娱服务则相对比较平稳。

2. 欧盟服务贸易的RCA指数分析

第一，欧盟服务贸易的总体RCA指数位于0.8—1.25，表明具有微弱的国际竞争力，并且整体呈现下降趋势，表明欧盟服务贸易的总体国际竞争力微幅减弱。

第二，欧盟维修与维护服务、运输服务、旅行服务、知识产权服务和个人文娱服务的RCA指数位于0.8—1.25，和服务贸易整体变动趋势基本保持一致，即呈现微幅减弱的趋势。

第三，欧盟保险服务、金融服务、通信/计算机/信息服、其他服务贸易的RCA位于1.25—2.5，表明具有较强的国际竞争力，但都呈现出总体下降的趋势（见表6-22）。

表6-22　2011—2019年欧盟27国服务贸易的RCA指数

年份	2011	2012	2013	2014	2015	2016	2017	2018	2019
总体	1.250	1.269	1.263	1.256	1.221	1.196	1.210	1.219	1.214
维修维护	1.080	1.182	1.223	1.202	1.147	1.126	1.156	1.133	1.109
运输服务	1.222	1.226	1.217	1.195	1.177	1.167	1.189	1.196	1.197
旅行服务	1.014	1.012	0.991	0.986	0.921	0.895	0.913	0.922	0.913
保险服务	1.674	1.709	1.723	1.670	1.522	1.531	1.442	1.474	1.449
金融服务	1.496	1.536	1.509	1.456	1.429	1.383	1.358	1.356	1.334
知识产权	1.123	1.127	1.145	1.151	1.146	1.111	1.149	1.198	1.218
通信/计算机/信息	1.551	1.566	1.556	1.550	1.515	1.470	1.501	1.507	1.493
其他商业	1.407	1.450	1.429	1.422	1.393	1.371	1.395	1.394	1.377
个人文娱	1.250	1.269	1.263	1.256	1.221	1.196	1.210	1.219	1.214

资料来源：根据WTO World Trade Statistical Review 2020数据计算而得。

3. 欧盟服务贸易的TC指数分析

第一，除其他商业服务具有微弱劣势和知识产权服务劣势相对较大外，欧盟总体服务贸易和其他分行业服务贸易都具有竞争优势，特别是保险服务、金融服务、通信/计算机/信息服务竞争优势都较大，通信/计算机/信息服务的竞争优势还在进一步增强。

第二，欧盟其他商业服务虽然仅呈现出微弱的竞争劣势，但其2011—2015年还处于微弱竞争优势，其由微弱竞争优势转变为微弱竞争劣势的原因值得深入研究（见表6-23）。

表6-23　2011—2019年欧盟27国服务贸易的TC指数

年份	2011	2012	2013	2014	2015	2016	2017	2018	2019
总体	0.075	0.082	0.085	0.085	0.068	0.068	0.072	0.079	0.061
维修维护服务	0.320	0.368	0.040	0.117	0.077	0.077	0.088	0.100	0.097
运输服务	0.043	0.048	0.050	0.061	0.059	0.056	0.062	0.057	0.065

(续表)

年份	2011	2012	2013	2014	2015	2016	2017	2018	2019
旅行服务	0.024	0.038	0.052	0.047	0.066	0.062	0.068	0.065	0.063
保险服务	0.227	0.268	0.270	0.276	0.236	0.254	0.222	0.217	0.178
金融服务	0.328	0.333	0.303	0.260	0.253	0.253	0.256	0.253	0.244
知识产权	−0.160	−0.146	−0.141	−0.169	−0.195	−0.189	−0.165	−0.158	−0.174
通信/计算机/信息	0.264	0.252	0.245	0.270	0.189	0.279	0.275	0.300	0.326
其他商业服务	0.002	0.012	0.032	0.033	0.003	−0.017	−0.010	0.007	−0.052
个人文化娱乐	−0.044	−0.056	−0.048	0.012	−0.030	−0.035	0.009	0.006	0.002

资料来源：根据 WTO World Trade Statistical Review 2020 数据计算而得。

第三，欧盟的知识产权服务处于明显的竞争劣势，且不断恶化，此与欧盟长期以来 R&D 投入强度(R&D 投入占 GDP 的比重)相对较低有关。中国国家统计局发布的《国际统计年鉴 2019》显示：2016 年，欧盟除德国(2.9%)和法国(2.2%)的 R&D 投入强度超过或等于世界平均水平(2.2%)和发达经济体平均水平(2.5%)外，英国(1.7%)、意大利(1.3%)、西班牙(1.2%)、荷兰(2.0%)和波兰(1.0%)的 R&D 投入强度都显著低于世界平均水平和高收入经济体平均水平。

三、日本的服务贸易发展分析

20 世纪 90 年代以后，随着乌拉圭回合关于服务贸易谈判的结束以及 GATS 的签订，国际服务贸易自由化的呼声越来越高。开放服务业市场日益成为各国政府必须面临的问题，迫于以美国为代表的其他发达经济体的压力，日本逐步将服务业市场开放问题提上议事日程，并促进日本服务贸易的发展。

(一) 日本的服务贸易发展总量分析

日本的服务贸易虽然起步较晚，但获得长足发展，持续保持稳定增长(见表 6-24)。

表 6-24　2011—2019 年日本的服务贸易发展情况

(单位：十亿美元；%)

年份	2011	2012	2013	2014	2015	2016	2017	2018	2019
出口	140.83	136.94	135.23	163.79	162.64	175.81	186.88	193.54	205.06
比重	13.49	12.99	12.48	14.09	15.28	16.85	16.42	15.72	16.62
进口	175.66	184.70	170.87	192.42	178.59	186.18	193.04	200.84	203.59
比重	17.04	17.25	17.03	19.15	21.60	23.45	22.31	21.16	22.03

注：比重＝服务出(进)口/[服务出(进)口＋货物出(进)口]×100%；如未做特别说明，本章服务贸易数据按国际货币基金组织《国际收支和国际投资头寸手册》第六版(BPM6)进行统计和分析。

资料来源：UNCTAD. e-Handbook of Statistics Online 2020 [EB/OL]. https://stats.unctad.org/handbook/，2020-12-07.

第一,2011—2019年,日本的服务贸易出口额占贸易出口总额的比重呈现整体上升的趋势,表明服务贸易出口增长速度高于货物贸易出口,服务贸易出口日益成为日本对外贸易的主体,表现出贸易结构的改善和贸易质量的提高。

第二,2011—2019年,日本服务贸易进口占总进口的比重总体上升,表明日本服务贸易的开放程度加快,即日本的对服务贸易对外开放保护程度日益降低。

第三,2011—2019年,日本的服务出口占总出口比重远低于日本服务进口占总进口的比重,但进出口所占比重差距不断缩小,表明日本服务贸易竞争劣势正不断改善,具体体现在日本的服务贸易逆差逐渐缩小(见表6-25)。

表6-25 2011—2019年日本的对外贸易差额情况

(单位:十亿美元)

年份	2011	2012	2013	2014	2015	2016	2017	2018	2019
货物	-32.20	-87.28	-117.70	-122.00	-23.20	37.32	26.23	-10.35	-15.21
服务	-34.83	-47.76	-35.64	-28.63	-15.95	-10.38	-6.16	-7.30	1.47

资料来源:UNCTAD. e-Handbook of Statistics Online 2020[EB/OL]. https://stats.unctad.org/handbook/,2020-12-07.

2011—2018年以来,日本的服务贸易虽然一直处于逆差地位,但逆差额正在不断缩小,2019年更是转为顺差,表明日本服务贸易的国际竞争力不断得到提升。

(二)日本的服务贸易产品结构分析

在发达经济体中,日本的服务业发展相对滞后,故其服务贸易分行业结构也相对落后,亟待改善,主要体现在传统服务业的比重较高,新兴服务业的比重较低。

1. 日本服务出口的产品结构分析

第一,在日本的服务贸易出口中,运输服务、旅行服务、其他商业服务等传统服务业占据主体,三者合计占比约60%,但从2011年的63.5%下降到2019年的57.2%,表明日本的服务贸易分行业结构相对比较落后,亟待产业结构和贸易结构的升级与优化;其中,运输服务大幅下滑16.8个百分点,其他商业服务下滑3.76个百分点,旅行服务则上升14.3个百分点。

第二,与此形成鲜明对比,维护和维修服务、金融服务、通信/计算机/信息服务、知识产权服务的比重有所提高,保险服务相对维持平衡,表明日本的服务贸易出口产品结构正在不断改善、优化,导致其国际竞争力不断提高(见表6-26、表6-27)。

表6-26 2011—2019年日本的服务分行业出口额

(单位:十亿美元)

年份	2011	2012	2013	2014	2015	2016	2017	2018	2019
总额	140.80	136.94	135.23	163.8	162.64	175.80	186.90	193.54	205.06
维护维修	0.18	0.17	0.11	1.99	0.68	0.96	0.90	0.99	1.09
运输服务	41.68	42.94	39.56	39.59	35.39	31.71	34.15	28.91	26.22

（续表）

年份	2011	2012	2013	2014	2015	2016	2017	2018	2019
旅行服务	10.97	14.58	15.13	18.85	24.98	30.68	34.05	42.10	45.22
保险服务	1.66	0.00	0.18	1.56	1.58	2.10	2.22	2.45	2.49
金融服务	4.11	4.64	4.56	7.31	10.30	11.84	10.50	11.52	13.79
知识产权	29.06	31.89	31.57	37.39	36.45	39.27	41.74	45.48	46.73
通信/计算机/信息	1.96	2.32	2.71	3.19	3.25	3.86	5.07	4.58	6.73
其他商业	36.74	25.44	28.26	37.38	34.08	39.31	41.22	42.09	45.79
个人文娱	0.16	0.18	0.16	0.47	0.65	0.81	1.04	0.64	0.93

资料来源：UNCTAD. e-Handbook of Statistics Online 2020［EB/OL］. https://stats.unctad.org/handbook/，2020-12-07.

表6-27 2011—2019年日本的服务出口分行业构成

（单位：%）

年份	2011	2012	2013	2014	2015	2016	2017	2018	2019
维护维修	0.13	0.12	0.08	1.22	0.42	0.55	0.48	0.51	0.53
运输服务	29.59	31.36	29.25	24.17	21.76	18.03	18.27	14.94	12.79
旅行服务	7.79	10.64	11.19	11.51	15.36	17.45	18.22	21.75	22.05
保险服务	1.18	0.00	0.13	0.95	0.97	1.19	1.19	1.27	1.21
金融服务	2.92	3.39	3.37	4.46	6.33	6.73	5.62	5.95	6.72
知识产权	20.63	23.29	23.35	22.82	22.41	22.34	22.33	23.50	22.79
通信/计算机/信息	1.39	1.70	2.00	1.95	2.00	2.20	2.71	2.37	3.28
其他商业	26.09	18.58	20.90	22.82	20.95	22.36	22.06	21.75	22.33
个人文娱	0.11	0.13	0.12	0.29	0.40	0.46	0.56	0.33	0.45

资料来源：UNCTAD. e-Handbook of Statistics Online 2020［EB/OL］. https://stats.unctad.org/handbook/，2020-12-07.

第三，特别注意，2011—2019年，日本知识产权服务出口贸易占服务出口总额的比重已超过20%，且持续提升，此与21世纪以来日本加大科技研发投入和支持力度以及"科技立国"战略的实施紧密相关（表6-28）。

表6-28 1998—2018年日本R&D占GDP的比重

（单位：%）

年份	1998	2001	2005	2010	2014	2018
比重	3.07	3.23	3.40	3.43	3.66	3.56

资料来源：Statistical Handbook of Japan，2020，www.stat.go.jp/english/data/kagaku/1546.html。

第四,日本 R&D 投入也带来日本研究与发展服务出口的快速增长(见表6-29)。

表6-29　2011—2019年日本的研究与发展服务出口情况

(单位:十亿美元)

年份	2011	2012	2013	2014	2015	2016	2017	2018	2019
金额	4.21	4.21	3.84	6.81	5.90	7.06	6.92	7.10	7.64

资料来源:UNCTAD. e-Handbook of Statistics Online 2020[EB/OL]. https://stats.unctad.org/handbook/, 2020-12-07.

2. 日本的服务进口产品结构分析

第一,在日本的服务贸易进口中,运输服务、旅行服务和其他商业服务等传统服务业占据主体,三者合计超过60%,从2011年的69%下降到2019年的59.36%;其中,旅行服务下降5.1个百分点,运输服务下降11.4个百分点,其他商业服务上升6.88个百分点。

第二,与此形成鲜明对比,保险服务、金融服务、知识产权服务、通信/计算机/信息服务等新兴服务业的比重有所提升,从2011年的19.6%上升到2019年的30.5%,提高近11个百分点,表明日本的服务贸易进口结构正在不断优化(见表6-30、表6-31)。

表6-30　2011—2019年日本的服务分行业进口额

(单位:十亿美元)

年份	2011	2012	2013	2014	2015	2016	2017	2018	2019
总额	175.66	184.70	170.87	192.40	178.60	186.20	193.04	200.84	203.60
维护维修	0.45	0.67	0.54	7.16	3.45	4.44	4.93	5.49	6.43
运输服务	49.45	55.35	46.92	45.87	41.04	38.09	40.06	38.34	34.10
旅行服务	27.21	27.88	21.84	19.27	15.98	18.49	18.19	20.22	21.10
保险服务	6.81	7.38	6.75	5.13	4.79	5.73	6.33	7.14	8.33
金融服务	3.35	3.22	3.61	5.25	6.00	6.21	7.69	8.20	8.04
知识产权	19.16	19.90	17.82	20.87	17.03	20.25	21.38	21.74	25.85
通信/计算机/信息	5.19	5.68	6.35	11.57	13.37	14.34	14.34	15.80	19.87
其他商业	44.55	45.04	48.57	59.08	61.00	62.61	63.17	67.98	65.64
个人文娱	0.98	1.20	1.13	0.85	1.28	1.38	1.21	0.67	0.73

资料来源:UNCTAD. e-Handbook of Statistics Online 2020[EB/OL]. https://stats.unctad.org/handbook/, 2020-12-07.

表6-31　2011—2019年日本的服务进口分行业构成

(单位:%)

年份	2011	2012	2013	2014	2015	2016	2017	2018	2019
维护维修	0.25	0.36	0.32	3.72	1.93	2.39	2.56	2.73	3.16
运输服务	28.15	29.97	27.46	23.84	22.98	20.46	20.75	19.09	16.75
旅行服务	15.49	15.10	12.78	10.02	8.95	9.93	9.42	10.07	10.36
保险服务	3.87	4.00	3.95	2.66	2.68	3.08	3.28	3.56	4.09

(续表)

年份	2011	2012	2013	2014	2015	2016	2017	2018	2019
金融服务	1.90	1.75	2.11	2.73	3.36	3.33	3.98	4.08	3.95
知识产权	10.91	10.77	10.43	10.84	9.54	10.87	11.08	10.82	12.70
通信/计算机/信息	2.96	3.08	3.72	6.01	7.49	7.70	7.43	7.86	9.76
其他商业	25.36	24.38	28.42	30.70	34.15	33.63	32.72	33.85	32.24
个人文娱	0.56	0.65	0.66	0.44	0.72	0.74	0.63	0.34	0.36

资料来源：UNCTAD. e-Handbook of Statistics Online 2020［EB/OL］. https://stats.unctad.org/handbook/，2020-12-07.

（三）日本服务贸易的国际竞争力分析

为正确认识日本的服务贸易发展状况，现利用国际竞争力评价指标对日本服务贸易的国际竞争力进行评价，以便与其他经济体作出比较。

1. 日本服务贸易的国际市场占有率分析

第一，就单个国家而言，日本服务贸易的国际市场占有率世界排名位居前列，表明其国际竞争力相对较强，但其国际市场占有率在2016年达到顶峰后呈现微幅下降的趋势，表明日本的服务贸易竞争力逐渐削弱。

第二，日本知识产权服务的国际市场占有率最高，且处于上升趋势，表明日本的"科技立国"战略已逐步显现效应。

第三，日本通信/计算机/信息服务的比重低于1%，竞争力相对较低，可能与出于国家安全考虑而对外开放滞后有关（见表6-32）。

表6-32　2011—2019年日本服务贸易出口的国际市场占有率分析

（单位：%）

年份	2011	2012	2013	2014	2015	2016	2017	2018	2019
总体	3.15	2.98	2.76	3.12	3.25	3.46	3.38	3.21	3.34
维修维护	0.33	0.30	0.17	2.80	0.90	1.18	1.01	0.95	0.97
运输服务	4.61	4.68	4.17	3.97	3.92	3.65	3.59	2.79	2.55
旅行服务	1.03	1.32	1.27	1.51	2.08	2.50	2.57	2.95	3.14
保险服务	1.52	0.00	0.14	1.15	1.30	1.63	1.66	1.72	1.82
金融服务	0.99	1.11	1.02	1.54	2.25	2.60	2.16	2.22	2.65
知识产权	10.37	11.28	10.36	11.29	11.12	11.52	11.15	11.23	11.42
通信/计算机/信息	0.52	0.60	0.64	0.67	0.68	0.78	0.94	0.73	0.99
其他商业	3.93	2.60	2.69	3.24	3.10	3.42	3.32	3.14	3.27
个人文娱	0.27	0.29	0.25	0.67	0.93	1.15	1.35	0.80	1.13

资料来源：WTO. World Trade Statistical Review 2020［EB/OL］. https://www.wto.org/english/res_e/statis_e/wts2020_e/wts20_toc_e.htm，2020-06-30.

2. 日本服务贸易的 RCA 指数分析

第一,日本服务贸易的总体 RCA 指数位于 0.8—1.25,表明具有微弱的国际竞争力,且国际竞争力正处于持续提高的趋势。但除旅行服务、其他商业服务具有微弱优势以及知识产权具有极强竞争力外,其他分行业都处于劣势,两极分化较为严重。

第二,日本知识产权服务的 RCA 大于 2.5,表明国际竞争力极强。

第三,日本通信/计算机/信息服务的 RCA 指数小于 0.8,表明国际竞争力处于劣势(见表 6-33)。

表 6-33　2011—2019 年日本服务贸易的 RCA 指数

年份	2011	2012	2013	2014	2015	2016	2017	2018	2019
总体	0.746	0.736	0.775	0.887	0.890	0.889	0.889	0.879	0.918
维修维护	0.078	0.074	0.048	0.795	0.245	0.304	0.265	0.259	0.268
运输服务	1.091	1.156	1.171	1.126	1.074	0.941	0.944	0.762	0.701
旅行服务	0.244	0.326	0.355	0.429	0.570	0.643	0.676	0.807	0.862
保险服务	0.360	0.000	0.039	0.325	0.355	0.419	0.436	0.470	0.499
金融服务	0.233	0.274	0.285	0.438	0.616	0.670	0.568	0.608	0.728
知识产权	2.452	2.786	2.906	3.207	3.044	2.965	2.931	3.072	3.139
通信/计算机/信息	0.124	0.148	0.179	0.192	0.186	0.200	0.247	0.201	0.273
其他商业	0.931	0.643	0.756	0.921	0.849	0.880	0.872	0.859	0.899
个人文娱	0.064	0.072	0.069	0.191	0.254	0.295	0.356	0.219	0.312

资料来源:根据 WTO World Trade Statistical Review 2020 数据计算而得。

3. 日本服务贸易的 TC 指数分析

第一,除旅行服务、金融服务、知识产权服务具有一定优势外,日本总体服务业和其他分行业的国际竞争力都处于劣势。虽然 2019 年该情况有所改善,但持续性有待观察。

第二,日本保险服务虽有较大的国际竞争劣势,但也处于缓慢改善中。

第三,日本其他商业服务、运输服务的国际竞争力劣势逐步扩大,应考虑其深层次的原因(见表 6-34)。

表 6-34　2011—2019 年日本服务贸易的 TC 指数

年份	2011	2012	2013	2014	2015	2016	2017	2018	2019
总体	−0.110	−0.148	−0.116	−0.080	−0.047	−0.029	−0.016	−0.019	0.004
维修维护服务	−0.417	−0.598	−0.660	−0.564	−0.673	−0.644	−0.692	−0.695	−0.711
运输服务	−0.085	−0.126	−0.085	−0.073	−0.074	−0.091	−0.080	−0.140	−0.131
旅行服务	−0.425	−0.313	−0.181	−0.011	0.220	0.248	0.304	0.351	0.364
保险服务	−0.608	−1.000	−0.949	−0.534	−0.504	−0.464	−0.481	−0.489	−0.540
金融服务	0.103	0.180	0.116	0.164	0.264	0.312	0.154	0.168	0.263
知识产权	0.205	0.232	0.278	0.284	0.363	0.320	0.323	0.353	0.288
通信/计算机/信息	−0.452	−0.419	−0.402	−0.568	−0.609	−0.576	−0.478	−0.550	−0.494

（续表）

年份	2011	2012	2013	2014	2015	2016	2017	2018	2019
其他商业服务	−0.096	−0.278	−0.264	−0.225	−0.283	−0.229	−0.210	−0.235	−0.178
个人文化娱乐	−0.720	−0.738	−0.753	−0.286	−0.327	−0.261	−0.075	−0.023	0.122

资料来源：根据 WTO World Trade Statistical Review 2020 数据计算而得。

综上，日本作为服务贸易大国，在世界服务贸易发展中占有重要地位。虽然日本服务贸易的进出口总额较大，但是从服务贸易的增长速度和国际收支以及服务贸易开放度等角度看，日本的服务贸易发展并不稳定，其竞争力较其他发达经济体相对较弱。同时，从供需角度对日本服务贸易出口的影响因素分析显示，其较低的服务贸易开放度是影响服务出口增长的最大障碍。

四、澳大利亚的服务贸易发展分析

澳大利亚的服务业主要包括物流、电信与邮政、金融服务、旅行、零售商业等。近10年来，澳大利亚的服务产业获得长足发展，服务业增加值占全国的GDP比重超过66％，推动澳大利亚服务贸易的发展（见表6-35）。

表6-35　2011—2019年澳大利亚的服务业发展情况

（单位：十亿美元；%）

年份	2011	2012	2013	2014	2015	2016	2017	2018	2019
增加值	1 009.70	1 055.10	1 014.80	985.46	852.45	878.83	943.67	978.44	925.98
比重	65.28	66.33	65.76	67.30	68.26	67.00	66.64	67.30	66.15

资料来源：UNCTAD. e-Handbook of Statistics Online 2020［EB/OL］. https://stats.unctad.org/handbook/, 2020-12-07.

（一）澳大利亚的服务贸易发展总量分析

众所周知，农业和矿产业一直是澳大利亚经济的两大支柱，是其出口的主要组成部分。但在过去10余年间，澳大利亚的出口结构正在慢慢发生变化。

第一，2015年，澳大利亚的服务贸易出现快速下降，但随后企稳复苏，目前已创新高；且服务出口和进口占比基本维持稳定提高的态势，表明服务贸易增速高于同期货物贸易增速（见表6-36）。

第二，澳大利亚的服务贸易持续逆差，但处于持续收窄的趋势（见表6-37）。

表6-36　2011—2019年澳大利亚的服务贸易分析

（单位：十亿美元；%）

年份	2011	2012	2013	2014	2015	2016	2017	2018	2019
出口	58.09	58.56	57.91	59.08	54.88	58.03	65.13	69.33	69.98
比重	17.61	18.58	18.63	19.76	22.62	23.16	21.98	21.24	20.49

(续表)

年份	2011	2012	2013	2014	2015	2016	2017	2018	2019
进口	69.52	74.19	75.64	71.03	63.71	62.42	68.42	73.06	71.53
比重	22.19	22.14	23.80	23.03	23.40	24.13	23.02	23.69	24.40

注：比重=服务出(进)口/[服务出(进)口+货物出(进)口]×100%；如未做特别说明，本章服务贸易数据按国际货币基金组织《国际收支和国际投资头寸手册》第六版（BPM6）进行统计和分析。

资料来源：UNCTAD. e-Handbook of Statistics Online 2020[EB/OL]. https://stats.unctad.org/handbook/，2020-12-07.

表6-37　2011—2019年澳大利亚的对外贸易差额分析

（单位：十亿美元）

年份	2011	2012	2013	2014	2015	2016	2017	2018	2019
货物	28.03	−4.27	10.84	2.62	−20.82	−3.77	2.35	21.71	50.02
服务	−11.43	−15.63	−17.73	−11.95	−8.83	−4.39	−3.29	−3.73	−1.56

资料来源：UNCTAD. e-Handbook of Statistics Online 2020[EB/OL]. https://stats.unctad.org/handbook/，2020-12-07.

（二）澳大利亚的服务贸易行业结构分析

澳大利亚的服务业发展水平虽然较高，产值占GDP超过66%，但内部行业结构相对不均衡，导致服务贸易内部结构也存在不平衡。

1. 澳大利亚的服务贸易出口结构分析

澳大利亚的服务出口主要以旅行服务、运输服务和其他商业服务为主。特别是旅行服务的比重不断增大，2019年达65%，此与政府的促进措施密切相关（见表6-38、表6-39）。

表6-38　2011—2019年澳大利亚的服务分行业出口额

（单位：十亿美元）

年份	2011	2012	2013	2014	2015	2016	2017	2018	2019
总额	58.09	58.56	57.91	59.08	54.88	58.03	65.13	69.33	69.98
维护维修	0.04	0.05	0.09	0.05	0.06	0.05	0.04	0.03	0.03
运输服务	6.48	6.38	6.05	5.95	5.08	5.38	5.82	5.64	5.56
旅行服务	35.95	35.43	34.71	35.88	34.25	37.04	41.73	45.04	45.37
保险服务	0.43	0.47	0.49	0.48	0.41	0.39	0.40	0.45	0.45
金融服务	2.11	2.51	3.10	3.24	3.06	2.70	3.27	3.56	3.60
知识产权	0.95	0.86	0.81	0.86	0.79	0.82	0.92	0.97	0.96
通信/计算机/信息	2.12	2.20	2.33	2.40	2.29	2.45	2.82	3.47	3.63
其他商业	8.18	8.86	8.67	8.28	7.29	7.54	8.04	7.82	8.12
个人文娱	0.82	0.79	0.66	0.88	0.73	0.70	0.78	0.83	0.84

资料来源：UNCTAD. e-Handbook of Statistics Online 2020[EB/OL]. https://stats.unctad.org/handbook/，2020-12-07.

表 6-39 2011—2019 年澳大利亚的服务出口分行业构成

(单位:%)

年份	2011	2012	2013	2014	2015	2016	2017	2018	2019
维护维修	0.07	0.09	0.15	0.09	0.11	0.08	0.06	0.04	0.04
运输服务	11.16	10.90	10.45	10.06	9.25	9.28	8.93	8.13	7.95
旅行服务	61.89	60.49	59.93	60.73	62.41	63.83	64.08	64.96	64.84
保险服务	0.74	0.81	0.84	0.82	0.75	0.67	0.62	0.65	0.65
金融服务	3.62	4.29	5.36	5.48	5.57	4.65	5.03	5.13	5.15
知识产权	1.63	1.47	1.40	1.45	1.43	1.41	1.42	1.39	1.37
通信/计算机/信息	3.65	3.75	4.03	4.07	4.18	4.23	4.32	5.00	5.19
其他商业	14.08	15.14	14.97	14.02	13.28	12.99	12.34	11.28	11.60
个人文娱	1.42	1.35	1.13	1.48	1.32	1.20	1.20	1.20	1.20

资料来源:UNCTAD. e-Handbook of Statistics Online 2020[EB/OL]. https://stats.unctad.org/handbook/,2020-12-07.

2. 澳大利亚的服务贸易进口结构分析

澳大利亚的服务进口主要是旅行服务、运输服务,两者合计占比约 70%,特别是旅行服务进口,其占服务贸易进口总额的比重已连续 3 年超过 50%;其他商业服务排名第三,占比基本维持在 13%,服务贸易进口结构相对集中(见表 6-40、表 6-41)。

表 6-40 2011—2019 年澳大利亚的服务分行业进口额

(单位:十亿美元)

年份	2011	2012	2013	2014	2015	2016	2017	2018	2019
总额	69.52	74.19	75.64	71.03	63.71	62.42	68.42	73.06	71.53
维护维修	0.43	0.51	0.70	0.49	0.36	0.52	0.55	0.52	0.64
运输服务	15.65	17.27	16.30	14.91	13.36	12.23	12.62	13.80	12.99
旅行服务	32.79	34.49	35.83	33.23	29.22	30.80	34.41	36.80	35.91
保险服务	0.82	0.68	0.66	0.65	0.57	0.54	0.54	0.55	0.52
金融服务	1.47	1.52	1.89	2.27	2.31	1.84	2.27	2.05	2.22
知识产权	4.11	4.17	3.91	3.97	3.53	3.32	3.42	3.63	3.50
通信/计算机/信息	2.19	2.12	2.42	2.73	2.54	2.64	3.02	3.35	3.57
其他商业	9.42	10.68	11.24	10.16	9.41	8.17	8.92	9.59	9.65
个人文娱	1.71	1.75	1.64	1.59	1.51	1.40	1.56	1.52	1.22

资料来源:UNCTAD. e-Handbook of Statistics Online 2020[EB/OL]. https://stats.unctad.org/handbook/,2020-12-07.

表 6-41　2011—2019 年澳大利亚服务进口分行业构成

（单位：%）

年份	2011	2012	2013	2014	2015	2016	2017	2018	2019
维护维修	0.61	0.69	0.93	0.69	0.56	0.83	0.80	0.72	0.89
运输服务	22.52	23.28	21.55	20.99	20.97	19.59	18.45	18.89	18.16
旅行服务	47.17	46.48	47.37	46.79	45.87	49.35	50.29	50.37	50.20
保险服务	1.18	0.91	0.88	0.91	0.90	0.87	0.78	0.75	0.72
金融服务	2.11	2.04	2.50	3.19	3.63	2.94	3.32	2.80	3.11
知识产权	5.91	5.62	5.17	5.59	5.54	5.32	5.00	4.97	4.90
通信/计算机/信息	3.14	2.85	3.20	3.84	3.99	4.23	4.41	4.59	4.99
其他商业	13.55	14.39	14.86	14.31	14.78	13.08	13.04	13.13	13.49
个人文娱	2.45	2.35	2.17	2.24	2.37	2.25	2.27	2.08	1.70

资料来源：UNCTAD. e-Handbook of Statistics Online 2020［EB/OL］. https://stats.unctad.org/handbook/, 2020-12-07.

（三）澳大利亚服务贸易的国际竞争力分析

澳大利亚虽是发达经济体，且服务业发展水平也较高，但其服务贸易的国际竞争力却和国民经济、服务产业发展水平不相匹配。

1. 澳大利亚服务贸易的国际市场占有率分析

第一，2011—2019 年，澳大利亚服务贸易的国际市场占有率均低于 1.3%，且持续下滑到 2019 年的 1.14%，国际排名相对靠后，位于 20 名之外。

第二，就分行业而言，澳大利亚仅劳动/自然资源密集型的旅行服务的国际市场占有率较高，主要受益于政府的政策支持。澳大利亚政府重视旅行开发，在世界各地开展广泛的宣传，将澳大利亚的风土人情、绝妙风光、旅行设施通过电视广告片、电影、书刊、海报介绍给全世界，使近年来赴澳大利亚旅行的游客数量大增。澳大利亚的旅游行业从业人员超过 40 万人，他们不仅懂得基本的外交礼仪、会说流利的外语，还有良好的精神面貌，让游客享受最好的服务。

第三，资本密集型的运输服务和知识密集型相对较高的保险、金融、知识产权、通信/计算机/信息服务等方面，国际市场占有率极低（见表 6-42）。

表 6-42　2011—2019 年澳大利亚服务贸易出口的国际市场占有率分析

（单位：%）

年份	2011	2012	2013	2014	2015	2016	2017	2018	2019
总体	1.30	1.27	1.18	1.13	1.10	1.14	1.18	1.15	1.14
维修维护服务	0.08	0.09	0.13	0.07	0.08	0.06	0.04	0.03	0.03
运输服务	0.72	0.70	0.64	0.60	0.56	0.62	0.61	0.54	0.54

(续表)

年份	2011	2012	2013	2014	2015	2016	2017	2018	2019
旅行服务	3.38	3.20	2.90	2.87	2.85	3.01	3.15	3.15	3.15
保险服务	0.39	0.41	0.39	0.35	0.34	0.30	0.30	0.32	0.33
金融服务	0.51	0.60	0.69	0.68	0.67	0.59	0.67	0.69	0.69
知识产权	0.34	0.30	0.27	0.26	0.24	0.24	0.25	0.24	0.23
通信/计算机/信息	0.57	0.57	0.55	0.51	0.48	0.49	0.52	0.56	0.54
其他商业服务	0.88	0.91	0.83	0.72	0.66	0.66	0.65	0.58	0.58
个人文娱服务	1.41	1.27	1.02	1.25	1.04	0.99	1.02	1.03	1.02

资料来源：WTO. World Trade Statistical Review 2020[EB/OL]. https://www.wto.org/english/res_e/statis_e/wts2020_e/wts20_toc_e.htm, 2020-06-30.

2. 澳大利亚服务贸易的RCA指数分析

第一，澳大利亚总体服务贸易和运输服务贸易的RCA指数位于0.8—1.25，国际竞争力中性，但自2015年以后不断削弱。

第二，澳大利亚旅行服务贸易的RCA指数位于1.25—2.5，且部分年份超过2.5，表明国际竞争力非常强，且基本维持稳定。

第三，除旅行服务外，澳大利亚其他分行业服务贸易的RCA指数小于0.8，国际竞争力极弱；且除金融服务外，基本都呈现出国际竞争力弱化的趋势（见表6-43）。

表6-43　2011—2019年澳大利亚服务贸易的RCA指数

年份	2011	2012	2013	2014	2015	2016	2017	2018	2019
总体	0.899	0.934	0.908	0.914	0.975	0.962	0.926	0.898	0.835
维修维护	0.052	0.068	0.101	0.060	0.073	0.050	0.034	0.022	0.019
运输服务	0.496	0.510	0.489	0.483	0.500	0.524	0.480	0.424	0.396
旅行服务	2.334	2.349	2.227	2.331	2.535	2.542	2.476	2.464	2.306
保险服务	0.271	0.300	0.298	0.288	0.302	0.255	0.236	0.246	0.242
金融服务	0.349	0.440	0.531	0.553	0.593	0.500	0.529	0.536	0.507
知识产权	0.233	0.223	0.204	0.209	0.213	0.203	0.194	0.186	0.171
通信/计算机/信息	0.392	0.415	0.422	0.412	0.427	0.417	0.411	0.434	0.392
其他商业	0.606	0.665	0.634	0.583	0.589	0.553	0.508	0.456	0.425
个人文娱	0.975	0.931	0.785	1.012	0.922	0.832	0.798	0.808	0.746

资料来源：根据WTO World Trade Statistical Review 2020数据计算而得。

3. 澳大利亚服务贸易的TC指数分析

第一，澳大利亚仅旅行服务和金融服务具有微弱竞争优势，其他分行业的服务贸易均处于竞争劣势地位，导致澳大利亚服务贸易总体呈现竞争劣势。

第二，澳大利亚保险服务、知识产权服务、通信/计算机/信息服务虽处于竞争劣势，但正逐步改善,特别是通信/计算机/信息服务已转为微弱竞争优势,但持续性有待观察。

第三,澳大利亚知识产权服务的竞争劣势最大,表明澳大利亚服务贸易结构有待优化(见表6-44)。

表6-44　2011—2019年澳大利亚服务贸易的TC指数

年份	2011	2012	2013	2014	2015	2016	2017	2018	2019
总体	−0.090	−0.118	−0.133	−0.092	−0.074	−0.036	−0.025	−0.026	−0.011
维修维护服务	−0.820	−0.815	−0.784	−0.804	−0.705	−0.830	−0.871	−0.895	−0.913
运输服务	−0.414	−0.460	−0.459	−0.430	−0.449	−0.388	−0.369	−0.420	−0.400
旅行服务	0.046	0.013	−0.016	0.038	0.079	0.092	0.096	0.101	0.116
保险服务	−0.315	−0.178	−0.150	−0.147	−0.161	−0.164	−0.142	−0.098	−0.066
金融服务	0.179	0.247	0.242	0.176	0.139	0.190	0.181	0.269	0.237
知识产权服务	−0.626	−0.658	−0.656	−0.646	−0.636	−0.604	−0.574	−0.580	−0.571
通信/计算机/信息	−0.016	0.019	−0.019	−0.064	−0.051	−0.037	−0.034	0.017	0.008
其他商业服务	−0.070	−0.093	−0.129	−0.102	−0.127	−0.040	−0.052	−0.102	−0.086
个人文化娱乐	−0.349	−0.376	−0.428	−0.289	−0.351	−0.336	−0.330	−0.292	−0.186

资料来源:根据WTO World Trade Statistical Review 2020数据计算而得。

第二节　新兴工业化经济体的服务贸易发展分析

新兴工业化经济体是指工业迅速发展,产业结构变化显著,制成品所占出口比重迅速上升,经济发展速度较快,人均收入较高的发展中经济体。

1979年6月,经济合作与发展组织发表新兴工业化经济体报告,将新加坡、韩国、中国香港、中国台湾、巴西、墨西哥、西班牙、葡萄牙、希腊、南斯拉夫等国家和地区列为新兴工业化经济体。虽然新兴工业化经济体突出制造业发展,但其服务业和服务贸易也有一定的发展,故本节选择介绍韩国、新加坡、中国香港和墨西哥的服务贸易发展情况。

一、韩国的服务贸易发展分析

韩国作为服务贸易的后起国家,其国际服务贸易发展相对滞后,但发展速度相对较快,服务业和服务贸易发展促进措施值得借鉴。

(一)韩国的服务贸易发展总量分析

近10年来,韩国的服务贸易保持持续发展,进口发展态势强于出口(见表6-45)。

2011—2019年,韩国的服务贸易基本维持稳定增长,服务进出口额占货物与服务进出口总额的比重虽有所波动,但整体呈提高态势,同时,韩国的服务贸易逆差逐步增大(见表6-46)。

表6-45 2011—2019年韩国的服务贸易分析

(单位:十亿美元;%)

年份	2011	2012	2013	2014	2015	2016	2017	2018	2019
出口	90.56	103.13	103.32	111.90	97.50	94.81	89.70	99.06	102.43
比重	14.02	15.84	15.59	16.34	15.62	16.06	13.52	14.07	15.89
进口	102.62	108.19	109.65	115.19	112.12	112.15	126.44	128.79	126.42
比重	16.37	17.23	17.54	17.98	20.44	21.64	20.90	19.40	20.07

注:比重=服务出(进)口/[服务出(进)口+货物出(进)口]×100%;如未做特别说明,本章服务贸易数据按国际货币基金组织《国际收支和国际投资头寸手册》第六版(BPM6)进行统计和分析。

资料来源:UNCTAD. e-Handbook of Statistics Online 2020[EB/OL]. https://stats.unctad.org/handbook/, 2020-12-07.

表6-46 2011—2019年韩国的服务贸易差额

(单位:十亿美元)

年份	2011	2012	2013	2014	2015	2016	2017	2018	2019
差额	−12.06	−5.06	−6.33	−3.29	−14.63	−17.34	−36.73	−29.74	−23.99

资料来源:UNCTAD. e-Handbook of Statistics Online 2020[EB/OL]. https://stats.unctad.org/handbook/, 2020-12-07.

(二)韩国的服务贸易行业结构分析

作为新兴工业化经济体,韩国的服务业发展相对滞后,且主要满足制造业和对外贸易发展的需要,导致运输服务和其他商业服务贸易额所占比重较大。

1. 韩国的服务贸易出口结构分析

第一,运输服务、其他商业服务和旅行服务是韩国前三位的服务出口产品,合计占比由2011年的69.5%下降至2019年的66%,表明韩国的服务贸易出口结构得到优化。

第二,自然资源密集型的旅行服务出口占比持续上升,竞争力有所提升;但运输服务占比却大幅回落近15个百分点。

第三,技术和人力资本密集型的金融、保险、通信/计算机/信息、知识产权服务出口发展相对较快,占比持续提高,表明韩国的服务出口结构得到改善(见表6-47、表6-48)。

表6-47 2011—2019年韩国的服务分行业出口额

(单位:十亿美元)

年份	2011	2012	2013	2014	2015	2016	2017	2018	2019
总额	90.56	103.13	103.32	111.90	97.50	94.81	89.70	99.06	102.43
维护维修	0.23	0.21	0.17	0.12	0.32	0.33	0.37	0.50	0.61

(续表)

年份	2011	2012	2013	2014	2015	2016	2017	2018	2019
运输服务	36.98	41.45	37.59	38.14	34.14	27.43	24.79	27.71	26.32
旅行服务	12.36	13.27	14.39	17.46	14.80	16.89	13.37	15.32	17.84
保险服务	0.52	0.49	0.64	0.80	0.74	0.68	1.11	0.85	0.92
金融服务	1.80	1.84	1.29	1.43	1.64	1.78	2.24	2.86	2.94
知识产权	4.40	3.90	4.36	5.54	6.55	6.94	7.29	7.75	7.75
通信/计算机/信息	1.32	1.52	2.16	2.99	3.50	3.72	4.58	5.13	5.53
其他商业	13.58	16.28	17.64	20.95	19.04	20.79	21.24	21.68	23.42
个人文娱	0.52	0.68	0.73	0.92	0.89	1.13	0.93	1.11	1.32

资料来源：UNCTAD. e-Handbook of Statistics Online 2020[EB/OL]. https://stats.unctad.org/handbook/，2020-12-07.

表6-48　2011—2019年韩国的服务出口分行业构成

（单位：%）

年份	2011	2012	2013	2014	2015	2016	2017	2018	2019
维护维修	0.26	0.20	0.17	0.11	0.33	0.35	0.41	0.50	0.60
运输服务	40.83	40.19	36.38	34.08	35.02	28.93	27.63	27.98	25.69
旅行服务	13.65	12.87	13.93	15.60	15.18	17.81	14.90	15.46	17.42
保险服务	0.57	0.48	0.62	0.72	0.76	0.72	1.24	0.86	0.90
金融服务	1.98	1.78	1.25	1.28	1.68	1.88	2.50	2.89	2.87
知识产权	4.86	3.78	4.21	4.95	6.72	7.32	8.12	7.83	7.56
通信/计算机/信息	1.46	1.47	2.09	2.68	3.59	3.92	5.11	5.18	5.40
其他商业	14.99	15.78	17.07	18.72	19.53	21.93	23.68	21.89	22.86
个人文娱	0.58	0.65	0.71	0.82	0.91	1.19	1.03	1.12	1.29

资料来源：UNCTAD. e-Handbook of Statistics Online 2020[EB/OL]. https://stats.unctad.org/handbook/，2020-12-07.

2. 韩国的服务贸易进口结构分析

第一，运输服务和其他商业服务是韩国最主要的两大进口服务，可能与韩国外向型经济发展战略和货物贸易迅猛发展密切相关。

第二，受制于国内旅行资源稀缺和国民收入水平的提高，韩国旅行服务进口持续增长，2019年的进口金额是2011年的1.5倍，比重由2011年的19.41%升至2019年的23.25%。

第三，受益于R&D投入增大、专利审批数增长、科学技术水平提高等，韩国的知识产权服务进口额和进口占比均出现先升后降的态势（见表6-49、表6-50）。

表 6-49 2011—2019 年韩国的服务分行业进口额

(单位:十亿美元)

年份	2011	2012	2013	2014	2015	2016	2017	2018	2019
总额	102.6	108.2	109.65	115.2	112.12	112.15	126.44	128.8	126.42
维护维修	0.03	0.04	0.02	0.18	0.35	0.33	0.47	0.52	0.63
运输服务	30.65	31.31	30.25	31.94	29.49	28.76	30.20	32.09	29.67
旅行服务	19.92	20.65	21.65	23.19	25.27	27.24	31.69	31.97	29.40
保险服务	0.69	0.79	0.92	0.74	0.83	0.97	1.22	0.95	1.35
金融服务	2.03	2.27	2.05	1.77	1.72	1.72	1.94	2.02	2.18
知识产权	7.42	8.62	9.84	10.55	10.06	9.43	9.70	9.88	10.02
通信/计算机/信息	1.54	1.52	1.83	2.03	2.80	2.73	3.45	3.02	3.37
其他商业	25.38	28.69	27.71	30.09	28.33	28.51	33.45	32.89	34.74
个人文娱	0.61	0.77	0.82	0.91	0.67	0.66	0.73	0.85	0.97

资料来源：UNCTAD. e-Handbook of Statistics Online 2020[EB/OL]. https://stats.unctad.org/handbook/,2020-12-07.

表 6-50 2011—2019 年韩国的服务进口分行业构成

(单位:%)

年份	2011	2012	2013	2014	2015	2016	2017	2018	2019
维护维修	0.03	0.04	0.02	0.15	0.31	0.30	0.37	0.40	0.50
运输服务	29.86	28.94	27.58	27.73	26.30	25.64	23.89	24.91	23.47
旅行服务	19.41	19.08	19.74	20.13	22.54	24.29	25.07	24.82	23.25
保险服务	0.67	0.73	0.84	0.64	0.74	0.86	0.96	0.74	1.07
金融服务	1.97	2.10	1.87	1.53	1.53	1.53	1.54	1.56	1.72
知识产权	7.23	7.96	8.97	9.16	8.97	8.41	7.67	7.67	7.93
通信/计算机/信息	1.50	1.40	1.67	1.76	2.50	2.43	2.73	2.35	2.66
其他商业	24.74	26.52	25.27	26.12	25.26	25.42	26.46	25.54	27.48
个人文娱	0.59	0.71	0.74	0.79	0.59	0.59	0.58	0.66	0.76

资料来源：UNCTAD. e-Handbook of Statistics Online 2020[EB/OL]. https://stats.unctad.org/handbook/,2020-12-07.

(三) 韩国服务贸易的国际竞争力分析

1. 韩国服务贸易的国际市场占有率分析

第一，韩国总体服务贸易的国际市场占有率起伏不定，但整体呈现下降趋势，表明韩国的服务贸易出口发展极不稳定，且竞争力有所削弱。

第二，韩国运输服务的国际市场占有率下降表明运输服务的竞争力减弱，而知识产权服务和通信/计算机/信息服务的国际市场占有率有所提升，其他分行业服务贸易的竞争力相对平稳,表明韩国的服务贸易出口结构得到一定程度的升级和优化(见表6-51)。

表6-51　2011—2019年韩国服务贸易出口的国际市场占有率分析

(单位:%)

年份	2011	2012	2013	2014	2015	2016	2017	2018	2019
总体	2.03	2.24	2.11	2.13	1.95	1.86	1.62	1.64	1.67
维修维护服务	0.42	0.37	0.27	0.17	0.43	0.41	0.41	0.48	0.55
运输服务	4.09	4.52	3.96	3.82	3.79	3.16	2.61	2.67	2.56
旅行服务	1.16	1.20	1.20	1.40	1.23	1.37	1.01	1.07	1.24
保险服务	0.48	0.42	0.51	0.59	0.61	0.53	0.83	0.60	0.67
金融服务	0.43	0.44	0.29	0.30	0.36	0.39	0.46	0.55	0.56
知识产权	1.57	1.38	1.43	1.67	2.00	2.03	1.95	1.91	1.89
通信/计算机/信息	0.35	0.39	0.51	0.63	0.73	0.75	0.85	0.82	0.82
其他商业服务	1.45	1.66	1.68	1.82	1.73	1.81	1.71	1.62	1.67
个人文娱服务	0.89	1.08	1.14	1.31	1.27	1.60	1.20	1.38	1.61

资料来源:WTO. World Trade Statistical Review 2020[EB/OL]. https://www.wto.org/english/res_e/statis_e/wts2020_e/wts20_toc_e.htm,2020-06-30.

2. 韩国服务贸易的RCA指数分析

第一,除运输服务贸易外,韩国服务贸易的总体和其他分行业服务贸易RCA指数均小于0.8,表明国际竞争力较弱,特别是保险服务、金融服务和通信/计算机/信息服务贸易的RCA指数长年低于0.3,表明国际竞争力极弱,也意味韩国的服务贸易亟需加速转型。

第二,韩国运输服务贸易的RCA指数位于0.8—1.5,具有中等的国际竞争力,但也呈现快速下降的趋势,此与韩国货物贸易停滞不前及运输业加速对外开放相关(见表6-52、表6-53)。

表6-52　2011—2019年韩国服务贸易的RCA指数

年份	2011	2012	2013	2014	2015	2016	2017	2018	2019
总体	0.716	0.797	0.759	0.755	0.673	0.667	0.569	0.595	0.647
维修维护	0.147	0.130	0.096	0.060	0.147	0.146	0.145	0.174	0.212
运输服务	1.446	1.604	1.426	1.352	1.307	1.132	0.914	0.967	0.993
旅行服务	0.410	0.426	0.433	0.495	0.426	0.492	0.354	0.389	0.480
保险服务	0.168	0.151	0.183	0.209	0.209	0.189	0.292	0.217	0.261
金融服务	0.152	0.156	0.104	0.107	0.124	0.140	0.162	0.200	0.219
知识产权	0.554	0.490	0.514	0.593	0.690	0.728	0.683	0.693	0.735
通信/计算机/信息	0.125	0.139	0.183	0.224	0.253	0.268	0.298	0.298	0.316
其他商业	0.513	0.591	0.605	0.643	0.599	0.647	0.599	0.586	0.650
个人文娱	0.315	0.384	0.409	0.465	0.439	0.573	0.421	0.499	0.624

资料来源:根据WTO World Trade Statistical Review 2020数据计算而得。

表 6-53　2011—2019 年韩国货物贸易进出口总额发展情况

(单位:十亿美元)

年份	2011	2012	2013	2014	2015	2016	2017	2018	2019
金额	1 079.6	1 067.5	1 075.2	1 098.7	963.3	901.6	1 052.2	1 140.1	1 045.6

资料来源:WTO. World Trade Statistical Review 2020[EB/OL]. https://www.wto.org/english/res_e/statis_e/wts2020_e/wts20_toc_e.htm,2020-06-30.

3. 韩国服务贸易的 TC 指数分析

第一,韩国的优势服务部门是金融服务、通信/计算机/信息服务,其 TC 指数大于 0,此可能与韩国这两类部门对外开放相对滞后及国内市场保护程度相对较高有关。

第二,韩国的知识产权服务虽处国际劣势,但却持续改善,此与韩国注重研发投入并取得显著成效密切相关。瑞士国际管理开发研究院(IMD)认为,韩国高效的 R&D 投入导致其科学和技术竞争力逐步提高,2016 年,韩国 R&D 占 GDP 的比重仅次于以色列,位居全球第二(见表 6-54、表 6-55)。

表 6-54　2011—2019 年韩国服务贸易的 TC 指数

年份	2011	2012	2013	2014	2015	2016	2017	2018	2019
总体	−0.062	−0.024	−0.030	−0.014	−0.070	−0.084	−0.170	−0.131	−0.105
维修维护服务	0.784	0.689	0.801	−0.195	−0.046	0.002	−0.119	−0.016	−0.018
运输服务	0.094	0.139	0.108	0.088	0.073	−0.024	−0.099	−0.073	−0.060
旅行服务	−0.234	−0.217	−0.201	−0.141	−0.261	−0.235	−0.407	−0.352	−0.245
保险服务	−0.140	−0.237	−0.177	0.039	−0.062	−0.172	−0.045	−0.054	−0.189
金融服务	−0.060	−0.106	−0.226	−0.105	−0.023	0.018	0.071	0.174	0.148
知识产权服务	−0.255	−0.377	−0.386	−0.311	−0.211	−0.152	−0.142	−0.121	−0.128
通信/计算机/信息	−0.076	0.001	0.081	0.193	0.112	0.154	0.140	0.258	0.243
其他商业服务	−0.303	−0.276	−0.222	−0.179	−0.196	−0.157	−0.223	−0.205	−0.195
个人文化娱乐	−0.077	−0.066	−0.054	0.009	0.144	0.261	0.119	0.133	0.155

资料来源:根据 WTO World Trade Statistical Review 2020 数据计算而得。

表 6-55　2000—2016 年韩国 R&D 投入占 GDP 的比重

年份	2000	2005	2010	2016
占比(%)	2.2	2.6	3.5	4.2

资料来源:中国国家统计局.国际统计年鉴[EB/OL].http://www.stats.gov.cn/ztjc/ztsj/gjsj/#,2020.

第三,韩国运输服务由竞争优势转为竞争劣势,可能受制于韩国物流产业发展滞后,主要表现在:①大部分韩国的物流企业规模小,由此导致有组织的联合运营能力不强,阻碍物流效率的提高,影响国际竞争力的提高。②以公路运输为中心的物流体系仍然占据主导地位,不适应对外贸易的发展。③与物流相关的主管部门(农林水产部、产业资源部、建设交通部、海洋水产部等)存在功能重复,无法形成高效的物流行政管理体系。随着物流业的经济地位不断上升,韩国政府已制定一系列鼓励、扶持物流业发展的政策:①建设高标准的物流干线运输网,实现陆、海、空全方位发展;②在硬件与软件水平上达到世界领先地位,实现物流技术现代化;③通过改善物流产业结构,强化国际竞争力;④创建安全与生活环境和谐型的物流环境;⑤构筑通向世界的国际物流网,加强东北亚地区的物流合作。

 专栏6-2

国家创新体系的构建与完善

20世纪80年代末,随着科学技术日新月异的发展,西方发达经济体开始从工业经济逐渐转向知识经济,科学技术成为第一生产力。世界科技和经济全球化使国与国间的竞争更为复杂,产品竞争变为创新链、创新能力和创新效率间的竞争。提高创新能力成为经济增长的主要驱动力,发展高新技术产业成为经济繁荣的关键。

在此背景下,一些研究创新的专家学者发现,有些国家的创新成绩斐然,另一些国家则成绩平平,其主要原因是前者有一个运行有效的国家创新体系。

所谓国家创新体系,是指一个国家为提高创新效率整合创新要素所构成的社会网络,是涉及中华民族能否在这一竞争日趋激烈的世界格局中迎接挑战、跨越发展、后来居上、实现全面建设和谐社会的重大战略性问题。

具体而言,国家创新体系是有关提高技术开发、扩散、应用和商业化效率与效益的制度安排,涉及个人、企业、政府、大学、科研机构和社会中介服务机构等主体,具有促进技术进步和经济增长的功能。

国家创新体系建设应紧密联系经济社会的发展需求,不应仅局限于基础知识体系的创新,还应发挥企业的创新主体作用,注重实践式、应用型创新。如战后的日本,就是用较小代价引进大量技术发明,并在此基础上进行面向应用的创新,从而实现产业发展的跨越。需要认识到,中国企业的实力和规模还不足以与跨国企业抗衡,许多企业在生存和发展的选择中,会忽略甚至放弃技术创新。所以,在当前阶段,技术创新体系的建设需要依靠科技协作模式进行推进,技术创新在相当长时间内更需要政府的引导和推动。

随着知识经济时代的来临,国际竞争日趋激烈,竞争的层次也从企业上升到国家和政府一级的系统整合水平,以推动各种知识成果的转化与运用为核心的国家创新系统已成为提高综合国力的重要因素。

作为一种制度安排,国家创新体系的效率受到国际政治、经济、技术环境、国家经济制度和文化传统的深刻影响。一个国家的科研布局和创新资源配置要与国家的经济发展水平和科学研究传统相适应,不能够照搬发达国家的模式。限于中国企业目前的现状,还必须充分发挥政府在国家创新体系建设中所具有的不可替代的作用:围绕创新能力建设这个中心环节,积极调整创新政策,引导社会创新资源配置的方向,支持我国经济社会持续快速发展;制定科技发展规划,选择战略重点,加大科技投入,调整投入机制,提高投入效率；加强激励监督，完善创新参与者的协同机制，营造良好的创新环境；加强宏观政策调控，增加基础设施和人才培养投资，吸引社会资金投入，促进技术扩散，增强科技成果转化和系统集成国内外创新资源的能力。

新时期，中国的科技体制改革不断深化，在取得巨大成就的基础上，应适时地进入国家创新体系建设的新阶段，推进国家创新体系建设已经成为科技体制改革深化的方向和科技政策的基本取向。

因此，需要认真总结我国科技发展的成功经验，借鉴其他经济体创新体系的实践经验，继续推进科技体制改革，不断研究探索适合我国国情的国家创新体系。要加快建设符合社会主义市场经济发展要求和科技创新规律的中国特色的国家创新体系，推动政、产、学、研结合。政府对创新的作用包括战略的引导、财政金融的支持、政策的激励、环境的优化、基础设施的建设、相互关系的协调等诸多方面。其中，政策工具的选择和运用最为重要，如财政、税收、金融、政府采购、知识产权、中小企业、人才、中介服务、国际合作以及产业政策等。

资料来源：国家创新体系建设战略研究组.2008 国家创新体系发展报告——国家创新体系研究[M].知识产权出版社，2008.

二、新加坡的服务贸易发展分析

新加坡作为国际金融、贸易和采购中心，服务业发展水平相对较高，服务业增加值占 GDP 的比重达 65%（见表 6-56）。因此，建立在服务业基础上的服务贸易也较为发达。

表 6-56 2011—2019 年新加坡服务业增加值及占 GDP 的比重

（单位：十亿美元）

年份	2011	2012	2013	2014	2015	2016	2017	2018	2019
增加值	192.40	203.00	216.90	221.20	214.60	223.60	237.70	252.30	261.90
比重(%)	69.56	69.62	71.09	70.61	70.07	70.63	70.59	69.87	70.38

资料来源：新加坡统计局.Yearbook of Statistics Singapore[EB/OL].www.singstat.gov.sg，2020.

（一）新加坡的服务贸易总量分析

近 10 年来，新加坡的服务贸易迅速发展，贸易额持续增长，增长速度快于货物贸易，导致其占贸易总额的比重不断上升（见表 6-57）。

表 6-57 2011—2019 年新加坡的服务贸易分析

（单位：十亿美元；%）

年份	2011	2012	2013	2014	2015	2016	2017	2018	2019
出口	119.27	129.45	142.03	153.78	153.20	151.69	169.69	202.62	204.81
比重	22.56	24.07	25.72	27.02	30.35	31.46	31.24	32.92	34.39

(续表)

年份	2011	2012	2013	2014	2015	2016	2017	2018	2019
进口	117.84	132.91	149.71	166.67	161.69	158.85	180.25	200.53	199.05
比重	24.37	25.93	28.64	30.60	35.24	35.92	35.47	35.09	35.65

注：比重＝服务出(进)口/[服务出(进)口＋货物出(进)口]×100%；如未做特别说明，本章服务贸易数据按国际货币基金组织《国际收支和国际投资头寸手册》第六版(BPM6)进行统计和分析。

资料来源：UNCTAD. e-Handbook of Statistics Online 2020[EB/OL]. https://stats.unctad.org/handbook/，2020-12-07.

受限于狭小的国内市场和有限的自然资源，新加坡在经济发展初期就选择积极融入全球化的经济与贸易政策——实行出口推动的工业化政策、大量削减贸易壁垒并积极寻求外国投资，导致其对全球经济的高度依赖，经济对服务贸易的依存度较高（见表6-58）。

表6-58　2011—2019年新加坡的GDP对服务贸易的依存度

（单位：%）

年份	2011	2012	2013	2014	2015	2016	2017	2018	2019
出口	43.12	44.39	46.54	49.09	50.02	47.92	50.40	56.11	55.05
进口	42.60	45.58	49.06	53.20	52.80	50.18	53.54	55.53	53.50
进出口	85.72	89.97	95.60	102.29	102.82	98.10	103.94	111.64	108.55

注：比重＝服务出(进)口/[服务出(进)口＋货物出(进)口]×100%；如未做特别说明，本章服务贸易数据按国际货币基金组织《国际收支和国际投资头寸手册》第六版(BPM6)进行统计和分析。

资料来源：新加坡统计局. Yearbook of Statistics Singapore[EB/OL]. www.singstat.gov.sg，2020.

（二）新加坡的服务贸易行业结构分析

作为全球金融、贸易和采购中心，新加坡的服务贸易也侧重于相关行业，运输服务、其他商业服务和金融服务所占的比重较高，但进出口服务分行业结构还存在巨大差别。

1. 新加坡的服务贸易出口结构分析

第一，新加坡的服务出口大致可分为传统的运输服务、旅行服务和新兴的与贸易相关的金融、其他商业服务。

第二，新加坡运输服务和旅行服务出口占服务出口总额的比重从2011年的50.7%下降至2019年的38.3%，已下降超过12个百分点。金融、其他商业服务、通信/计算机/信息服务出口的比重持续上升，反映出新加坡服务业行业结构和服务贸易出口结构的改善。

第三，出口结构中最显著的变化是其他商业服务，呈现出取代运输服务成为第一大服务出口部门的趋势。其他商业服务中的主要项目是中介贸易，即商贸服务。此得益于新加坡国际贸易中心、国际采购中心和世界第三大石油贸易中心的建设，极大地推动新加坡在贸易相关领域的服务出口；其他如法律、会计、广告等商业服务（主要通过自然人流动方式进行）的出口规模相对较小，主要是因为这些领域还有很多市场准入限制。但工程技术、计算机及信息、建筑等技术服务出口仍是非常显著的，此也反映出新加坡在该领域的比较优势（见表6-59、表6-60）。

表 6-59　2011—2019 年新加坡的服务分行业出口额

（单位：十亿美元）

年份	2011	2012	2013	2014	2015	2016	2017	2018	2019
总额	119.30	129.45	142.03	153.78	153.20	151.70	169.70	202.62	204.81
维护维修	7.43	7.24	8.61	7.78	6.78	6.16	5.93	7.22	8.12
运输服务	42.55	44.48	46.22	50.45	46.62	41.06	47.57	60.40	58.44
旅行服务	17.93	18.80	19.23	19.16	16.62	18.94	19.89	20.42	20.05
保险服务	2.41	2.72	2.91	3.35	3.86	4.43	4.89	6.37	6.63
金融服务	15.21	16.56	18.87	21.05	21.01	21.76	25.42	28.46	29.38
知识产权	2.66	2.81	3.41	3.91	8.65	7.04	7.73	8.37	8.47
通信/计算机/信息	4.96	6.72	7.63	7.97	8.87	11.85	12.40	14.60	14.79
其他商业	23.63	27.59	32.40	37.68	38.78	38.36	44.07	54.37	56.52
个人文娱	0.44	0.48	0.51	0.63	0.62	0.61	0.55	0.65	0.66

资料来源：UNCTAD. e-Handbook of Statistics Online 2020［EB/OL］. https://stats.unctad.org/handbook/，2020-12-07.

表 6-60　2011—2019 年新加坡的服务出口分行业构成

（单位：%）

年份	2011	2012	2013	2014	2015	2016	2017	2018	2019
维护维修	6.23	5.60	6.06	5.06	4.42	4.06	3.49	3.57	3.96
运输服务	35.68	34.36	32.54	32.81	30.43	27.07	28.04	29.81	28.53
旅行服务	15.03	14.52	13.54	12.46	10.85	12.49	11.72	10.08	9.79
保险服务	2.02	2.10	2.05	2.18	2.52	2.92	2.88	3.14	3.24
金融服务	12.75	12.79	13.29	13.69	13.71	14.35	14.98	14.04	14.34
知识产权	2.23	2.17	2.40	2.54	5.65	4.64	4.55	4.13	4.14
通信/计算机/信息	4.16	5.19	5.37	5.18	5.79	7.81	7.31	7.21	7.22
其他商业	19.81	21.31	22.81	24.50	25.31	25.29	25.97	26.83	27.60
个人文娱	0.37	0.37	0.36	0.41	0.40	0.40	0.32	0.32	0.32

资料来源：UNCTAD. e-Handbook of Statistics Online 2020［EB/OL］. https://stats.unctad.org/handbook/，2020-12-07.

2. 新加坡的服务贸易进口结构分析

第一，新加坡的服务进口大致可分为传统的运输服务与旅行服务以及新兴的知识产权、其他商业和通信/计算机/信息服务两个主要类别。

第二，新加坡运输服务进口所占的比重持续上升，由 2011 年的 28.2% 升至 2019 年的 30.7%，上升 2.5 个百分点，其可能原因在于新加坡服务业的转型升级。

第三，新加坡保险、金融和其他商业服务的进口比重持续上升，2011—2019 年累计提高10个百分点,表明其服务进口结构得到优化、升级。

第四,新加坡服务进口中特别需要关注的是知识产权服务,比重由2011年的17.3%下降至2019年的8.1%,下降9.2个百分点。

第五,其他商业服务进口主要是外国跨国公司分支机构支付给其总部的管理费用及其他开销,其快速增长反映新加坡吸引跨国公司区域总部取得巨大成功(见表6-61、表6-62)。

表6-61 2011—2019年新加坡的服务分行业进口额

(单位:十亿美元)

年份	2011	2012	2013	2014	2015	2016	2017	2018	2019
总额	117.84	132.90	149.70	166.70	161.70	158.85	180.25	200.53	199.05
维护维修	0.69	0.67	0.68	0.70	0.68	0.66	0.59	0.79	0.79
运输服务	33.23	35.62	39.38	45.64	47.72	43.40	50.91	62.50	61.13
旅行服务	21.42	23.14	24.41	25.55	23.66	24.08	25.10	26.25	26.61
保险服务	2.64	2.80	3.40	2.85	3.18	4.38	4.01	5.11	5.31
金融服务	3.11	3.23	3.71	4.34	4.51	4.61	5.61	6.51	7.63
知识产权	20.35	23.11	22.99	20.88	19.40	15.47	15.40	16.81	16.15
通信/计算机/信息	5.71	7.62	9.42	16.03	10.86	12.77	14.89	14.39	14.49
其他商业	25.93	31.29	39.28	43.38	44.58	46.93	56.85	61.43	60.33
个人文娱	0.46	0.45	0.47	0.49	0.50	0.39	0.41	0.48	0.50

资料来源:UNCTAD. e-Handbook of Statistics Online 2020[EB/OL]. https://stats.unctad.org/handbook/,2020-12-07.

表6-62 2011—2019年新加坡的服务进口分行业构成

(单位:%)

年份	2011	2012	2013	2014	2015	2016	2017	2018	2019
维护维修	0.59	0.50	0.45	0.42	0.42	0.42	0.32	0.39	0.40
运输服务	28.20	26.80	26.31	27.38	29.52	27.32	28.25	31.17	30.71
旅行服务	18.18	17.41	16.30	15.33	14.63	15.16	13.93	13.09	13.37
保险服务	2.24	2.11	2.27	1.71	1.97	2.76	2.23	2.55	2.67
金融服务	2.64	2.43	2.48	2.61	2.79	2.90	3.11	3.24	3.83
知识产权	17.27	17.38	15.36	12.53	12.00	9.74	8.55	8.38	8.11
通信/计算机/信息	4.85	5.73	6.29	9.62	6.72	8.04	8.26	7.18	7.28
其他商业	22.00	23.54	26.24	26.03	27.57	29.54	31.54	30.63	30.31
个人文娱	0.39	0.34	0.31	0.30	0.31	0.25	0.23	0.24	0.25

资料来源:UNCTAD. e-Handbook of Statistics Online 2020[EB/OL]. https://stats.unctad.org/handbook/,2020-12-07.

综合新加坡服务贸易的发展情况,一个显著的特点就是,各类新兴服务业领域的商业管理地位日渐显著,如金融服务的发展就是新加坡作为亚太地区金融中心地位的直接表现。新加坡投资服务和银行服务有更快的增长,这与新加坡日渐成为资金管理和银行中心等区域金融中心息息相关。世界上资金管理最发达的美国和欧盟,在新加坡设立大量区域资金管理中心,管理着包括来自本国的全球资金,管理收入构成新加坡投资服务的主要部分。

(三)新加坡服务贸易的国际竞争力分析

1. 新加坡服务贸易的国际市场占有率分析

第一,2011—2019年,新加坡服务贸易的国际市场占有率不断上升,国际排名不断上升。

第二,新加坡的运输服务、保险服务、金融服务、知识产权服务、其他商业服务贸易的国际市场占有率逐步提高,国际竞争力增强。

第三,新加坡旅行服务的国际市场占有率不断降低,国际竞争力削弱(见表6-63)。

表6-63 2011—2019年新加坡服务贸易出口的国际市场占有率分析

(单位:%)

年份	2011	2012	2013	2014	2015	2016	2017	2018	2019
总体	2.67	2.82	2.90	2.93	3.06	2.98	3.07	3.36	3.33
维修维护服务	13.42	12.84	13.33	10.92	8.99	7.58	6.67	6.93	7.28
运输服务	4.71	4.85	4.87	5.05	5.17	4.73	5.00	5.82	5.68
旅行服务	1.68	1.70	1.61	1.53	1.38	1.54	1.50	1.43	1.39
保险服务	2.21	2.36	2.31	2.46	3.17	3.43	3.65	4.47	4.84
金融服务	3.65	3.95	4.21	4.44	4.59	4.78	5.23	5.49	5.65
知识产权	0.95	0.99	1.12	1.18	2.64	2.06	2.06	2.06	2.07
通信/计算机/信息	1.33	1.73	1.80	1.69	1.86	2.39	2.30	2.34	2.18
其他商业服务	2.53	2.82	3.09	3.27	3.53	3.33	3.55	4.06	4.04
个人文娱服务	0.76	0.77	0.79	0.90	0.89	0.86	0.71	0.81	0.80

资料来源:WTO. World Trade Statistical Review 2020[EB/OL]. https://www.wto.org/english/res_e/statis_e/wts2020_e/wts20_toc_e.htm, 2020-06-30.

2. 新加坡服务贸易的RCA指数分析

第一,新加坡总体服务贸易、保险服务、金融服务、运输服务、其他商业服务贸易的RCA指数位于1.25—2.5,国际竞争力较强,并呈现竞争优势提升的趋势。

第二,新加坡知识产权服务、通信/计算机/信息服务的RCA指数位于0.8—1.25,具有微弱的国际竞争优势,而优势也不断得到强化和巩固。

第三,新加坡旅游服务贸易的RCA指数小于0.8,国际竞争力处于劣势,且不断恶化(见表6-64)。

表 6-64　2011—2019 年新加坡服务贸易的 RCA 指数

年份	2011	2012	2013	2014	2015	2016	2017	2018	2019
总体	1.152	1.210	1.253	1.249	1.308	1.306	1.316	1.392	1.401
维修维护	5.787	5.517	5.757	4.652	3.838	3.320	2.856	2.868	3.059
运输服务	2.032	2.083	2.105	2.153	2.207	2.074	2.143	2.411	2.388
旅行服务	0.726	0.730	0.695	0.654	0.591	0.676	0.644	0.592	0.584
保险服务	0.955	1.012	0.996	1.048	1.355	1.505	1.565	1.850	2.033
金融服务	1.574	1.699	1.817	1.890	1.960	2.095	2.241	2.273	2.373
知识产权	0.409	0.427	0.484	0.503	1.127	0.904	0.884	0.855	0.870
通信/计算机/信息	0.572	0.745	0.777	0.718	0.793	1.046	0.987	0.969	0.917
其他商业	1.091	1.212	1.334	1.393	1.507	1.461	1.519	1.680	1.697
个人文娱	0.327	0.330	0.342	0.383	0.379	0.377	0.305	0.336	0.338

资料来源：根据 WTO World Trade Statistical Review 2020 数据计算而得。

3. 新加坡服务贸易的 TC 指数分析

第一，新加坡总体服务贸易的 TC 指数由负转正，国际竞争力得到提升。

第二，新加坡的优势服务部门是维修维护服务、保险服务、金融服务、个人文化娱乐服务；劣势服务部门是运输服务、旅行服务、知识产权服务、其他商业服务等（见表 6-65）。

表 6-65　2011—2019 年新加坡服务贸易的 TC 指数

年份	2011	2012	2013	2014	2015	2016	2017	2018	2019
总体	0.006	−0.013	−0.026	−0.040	−0.027	−0.023	−0.030	0.005	0.014
维修维护服务	0.829	0.831	0.855	0.836	0.819	0.806	0.820	0.802	0.823
运输服务	0.123	0.111	0.080	0.050	−0.012	−0.028	−0.034	−0.017	−0.022
旅行服务	−0.089	−0.104	−0.119	−0.143	−0.175	−0.119	−0.116	−0.125	−0.140
保险服务	−0.045	−0.015	−0.079	0.081	0.097	0.005	0.098	0.110	0.111
金融服务	0.660	0.674	0.671	0.658	0.647	0.651	0.638	0.628	0.588
知识产权服务	−0.769	−0.783	−0.741	−0.685	−0.383	−0.375	−0.332	−0.335	−0.312
通信/计算机/信息	−0.070	−0.062	−0.105	−0.336	−0.101	−0.037	−0.091	0.007	0.010
其他商业服务	−0.046	−0.063	−0.096	−0.070	−0.070	−0.100	−0.127	−0.061	−0.033
个人文化娱乐	−0.018	0.036	0.043	0.123	0.109	0.215	0.144	0.155	0.137

资料来源：根据 WTO World Trade Statistical Review 2020 数据计算而得。

三、中国香港的服务贸易发展分析

中国香港素有"自由港"之称，被公认为全球市场经济最活跃的地区，政府对经济的干预较小,逐步居于国际金融、贸易、航运等领域的中心地位。

20世纪80年代以来,随着改革开放的不断深入,香港地区原有的制造业大量转移到内地,逐步形成以服务业为主导的经济体系,服务业占国民生产总值的90%。在高度化的服务型经济体系下,香港地区的服务贸易发展也非常迅速。

(一)中国香港的服务贸易总量分析

近年来,中国香港的服务贸易进出口虽总体维持增长,但增速已慢于货物贸易,导致服务贸易进出口占总贸易的比重呈现总体下降的趋势(见表6-66)。

表6-66　2011—2019年中国香港的服务贸易分析

(单位:十亿美元;%)

年份	2011	2012	2013	2014	2015	2016	2017	2018	2019
出口	91.31	98.50	104.80	106.90	104.40	98.51	104.10	113.10	101.30
比重	16.70	16.66	16.36	16.94	16.97	16.01	15.92	16.60	15.93
进口	74.26	76.62	75.20	73.96	74.09	74.48	77.75	81.64	79.01
比重	12.69	12.16	10.78	10.96	11.71	11.99	11.66	11.53	12.03
进出口	165.60	175.10	179.97	180.90	178.45	172.99	181.85	194.80	180.32
比重	14.63	14.34	13.45	13.85	14.30	13.99	13.77	14.01	13.95

注:比重=服务出(进)口/[服务出(进)口+货物出(进)口]×100%;如未做特别说明,本章服务贸易数据按国际货币基金组织《国际收支和国际投资头寸手册》第六版(BPM6)进行统计和分析。

资料来源:UNCTAD. e-Handbook of Statistics Online 2020[EB/OL]. https://stats.unctad.org/handbook/,2020-12-07.

第一,2011—2019年,中国香港的服务贸易仍持续增长,但增速较为缓慢,甚至显著慢于货物贸易增速,导致服务贸易占比下滑。

第二,2011—2019年,中国香港的服务贸易进出口仍保持顺差,且顺差规模先扩大后缩小。但与货物贸易逆差形成鲜明对比,即中国香港的服务贸易顺差对平衡国际收支发挥着重要作用(见表6-67)。

表6-67　2011—2019年中国香港的对外贸易差额

(单位:十亿美元)

年份	2011	2012	2013	2014	2015	2016	2017	2018	2019
服务	17.05	21.89	29.58	32.96	30.27	24.03	26.35	31.50	22.31
货物	−55.28	−60.58	−86.73	−76.64	−48.28	−29.89	−39.05	−58.16	−42.95

资料来源:UNCTAD. e-Handbook of Statistics Online 2020[EB/OL]. https://stats.unctad.org/handbook/,2020-12-07.

(二)中国香港的服务贸易行业分析

从目前的服务贸易构成情况来看,中国香港现已形成以旅游、运输、其他商业服务(简称商贸服务)、金融与保险服务等为主导的服务贸易体系。

1. 中国香港的服务贸易出口结构分析

第一,中国香港的服务贸易出口以运输服务、旅游服务为前两大行业,但合计占比从2011年的66.3%下降至2019年的58.4%,表明中国香港的服务贸易出口结构有所优化。

第二,中国香港的金融服务出口增长迅猛,已取代其他商业服务成为香港第三大服务出口分行业。作为亚太地区重要的国际金融中心,中国香港的银行、证券、保险、基金管理、风险投资等服务业高度发达,为中国香港的服务出口作出重要贡献。

第三,中国香港的商贸服务是伴随离岸贸易大力发展而发展起来的。香港贸发局将贸易支持服务分为授权业务、会展、进出口贸易、航空运输、海上运输、货运代理、速递、仲裁及调解等活动,除运输外,其他活动都可归于商贸服务。香港这种以离岸买卖货品的形式对外输出服务的方式,将各类商贸支持服务进行整合,促使提供高增值服务的贸易商发展,使香港成为有相当国际竞争力的国际采购中心(见表6-68、表6-69)。

表6-68 2011—2019年中国香港的服务分行业出口额

(单位:十亿美元)

年份	2011	2012	2013	2014	2015	2016	2017	2018	2019
总额	91.31	98.50	104.78	106.92	104.36	98.51	104.1	113.14	101.32
维护维修	0.31	0.32	0.30	0.32	0.35	0.34	0.33	0.36	0.36
运输服务	32.13	32.04	31.25	31.95	29.78	28.17	30.47	33.02	30.15
旅行服务	28.46	33.07	38.93	38.38	36.15	32.85	33.34	36.87	29.04
保险服务	0.85	0.93	1.02	1.21	1.31	1.45	1.42	1.49	1.49
金融服务	14.38	15.56	16.51	17.67	19.18	17.82	20.15	22.21	21.43
知识产权	0.46	0.52	0.57	0.62	0.64	0.67	0.72	0.74	0.73
通信/计算机/信息	2.19	2.40	2.64	2.82	2.84	2.85	2.83	2.95	2.90
其他商业	11.85	12.77	12.83	13.25	13.58	13.84	14.30	14.96	14.69
个人文娱	0.47	0.47	0.24	0.26	0.26	0.30	0.33	0.35	0.34

资料来源:UNCTAD. e-Handbook of Statistics Online 2020[EB/OL]. https://stats.unctad.org/handbook/,2020-12-07.

表6-69 2011—2019年中国香港的服务出口分行业构成

(单位:%)

年份	2011	2012	2013	2014	2015	2016	2017	2018	2019
维护维修	0.33	0.33	0.29	0.30	0.33	0.34	0.32	0.32	0.35
运输服务	35.19	32.52	29.83	29.88	28.54	28.60	29.27	29.19	29.76
旅行服务	31.16	33.58	37.16	35.89	34.64	33.34	32.03	32.58	28.66
保险服务	0.93	0.95	0.97	1.13	1.25	1.47	1.36	1.32	1.47
金融服务	15.75	15.80	15.76	16.52	18.38	18.09	19.35	19.63	21.15

(续表)

年份	2011	2012	2013	2014	2015	2016	2017	2018	2019
知识产权	0.50	0.53	0.55	0.58	0.62	0.68	0.69	0.66	0.72
通信/计算机/信息	2.40	2.44	2.52	2.64	2.72	2.89	2.72	2.61	2.86
其他商业	12.98	12.97	12.25	12.39	13.01	14.05	13.74	13.22	14.50
个人文娱	0.52	0.48	0.22	0.24	0.25	0.30	0.32	0.31	0.34

资料来源：UNCTAD. e-Handbook of Statistics Online 2020［EB/OL］. https://stats.unctad.org/handbook/，2020-12-07.

2. 中国香港的服务贸易进口分行业结构分析

第一，中国香港的服务进口以旅行服务、运输服务、其他商业服务为前三大进口行业。

第二，中国香港的保险服务、知识产权服务、通信/计算机/信息服务进口占比较低，其服务进口结构还有待优化（见表6-70、表6-71）。

表6-70　2011—2019年中国香港的服务分行业进口额

（单位：十亿美元）

年份	2011	2012	2013	2014	2015	2016	2017	2018	2019
总额	74.26	76.62	75.20	73.96	74.09	74.48	77.75	81.64	79.01
维护维修	0.08	0.08	0.10	0.11	0.12	0.13	0.14	0.18	0.17
运输服务	17.91	18.38	18.12	18.39	17.32	16.93	17.49	18.53	17.69
旅行服务	19.02	20.08	21.22	22.01	23.06	24.14	25.39	26.44	26.67
保险服务	1.19	1.22	1.34	1.44	1.45	1.42	1.45	1.51	1.51
金融服务	3.88	3.94	4.22	4.43	4.81	4.71	5.43	6.20	6.16
知识产权	2.01	2.02	2.03	1.94	1.86	1.88	1.93	1.99	1.94
通信/计算机/信息	1.26	1.46	1.65	1.90	1.90	1.94	1.93	2.00	1.95
其他商业	10.68	10.95	10.97	11.20	11.51	11.55	11.85	12.50	12.16
个人文娱	0.09	0.11	0.10	0.10	0.11	0.13	0.13	0.14	0.14

资料来源：UNCTAD. e-Handbook of Statistics Online 2020［EB/OL］. https://stats.unctad.org/handbook/，2020-12-07.

表6-71　2011—2019年中国香港的服务进口分行业构成

（单位：%）

年份	2011	2012	2013	2014	2015	2016	2017	2018	2019
维护维修	0.10	0.11	0.14	0.15	0.16	0.17	0.18	0.22	0.22
运输服务	24.12	23.99	24.10	24.87	23.37	22.73	22.49	22.70	22.39
旅行服务	25.62	26.20	28.21	29.76	31.12	32.41	32.65	32.38	33.76
保险服务	1.61	1.59	1.78	1.95	1.96	1.91	1.86	1.85	1.91

(续表)

年份	2011	2012	2013	2014	2015	2016	2017	2018	2019
金融服务	5.23	5.14	5.61	5.99	6.49	6.33	6.98	7.60	7.80
知识产权	2.71	2.63	2.70	2.62	2.51	2.53	2.48	2.44	2.45
通信/计算机/信息	1.69	1.91	2.20	2.57	2.57	2.60	2.48	2.45	2.46
其他商业	14.38	14.29	14.58	15.14	15.54	15.51	15.25	15.31	15.39
个人文娱	0.13	0.14	0.13	0.14	0.15	0.17	0.17	0.18	0.18

资料来源：UNCTAD. e-Handbook of Statistics Online 2020[EB/OL]. https://stats.unctad.org/handbook/，2020-12-07.

(三) 中国香港服务贸易的国际竞争力分析

1. 中国香港服务贸易的国际市场占有率分析

第一，中国香港服务贸易的国际市场占有率位居世界前列，具有一定的国际竞争力和较重要的国际地位，但近年的国际市场占有率持续下滑。

第二，中国香港在世界服务贸易中的重要地位不仅体现在服务贸易国际市场占有率的世界排名上，还体现在国际金融、贸易和航运中心地位的确立方面（见表6-72）。

表6-72　2011—2019年中国香港服务贸易出口的国际市场占有率分析

(单位：%)

年份	2011	2012	2013	2014	2015	2016	2017	2018	2019
总体	2.04	2.14	2.14	2.04	2.09	1.94	1.88	1.88	1.65
维修维护服务	0.55	0.57	0.47	0.45	0.46	0.42	0.37	0.35	0.32
运输服务	3.56	3.49	3.30	3.20	3.30	3.25	3.20	3.18	2.93
旅行服务	2.67	2.99	3.26	3.07	3.01	2.67	2.52	2.58	2.01
保险服务	0.78	0.81	0.81	0.89	1.07	1.12	1.06	1.04	1.09
金融服务	3.45	3.71	3.68	3.72	4.19	3.92	4.15	4.28	4.12
知识产权	0.16	0.18	0.19	0.19	0.20	0.20	0.19	0.18	0.18
通信/计算机/信息	0.59	0.62	0.62	0.60	0.59	0.57	0.53	0.47	0.43
其他商业服务	1.27	1.31	1.22	1.15	1.24	1.20	1.15	1.12	1.05
个人文娱服务	0.81	0.76	0.37	0.37	0.37	0.42	0.43	0.43	0.41

资料来源：WTO. World Trade Statistical Review 2020[EB/OL]. https://www.wto.org/english/res_e/statis_e/wts2020_e/wts20_toc_e.htm，2020-06-30.

中国香港是国际金融中心，以资产总值计，世界最大的100家银行中，有80余家在中国香港经营业务。为使中国香港拥有成为国际金融中心的持久动力，近年来，中国香港致力于实现金融产品多样化，不断开发新的金融产品，拓展金融市场空间。

2. 中国香港服务贸易的RCA指数分析

第一，中国香港服务贸易的总体RCA指数小于0.8，表明处于国际竞争弱势。

第二,中国香港金融服务的RCA指数位于1.25—2.5,具有较强的国际竞争力;运输服务的RCA指数位于0.8—1.25,具有中度的国际竞争力;但其他分行业服务贸易的RCA指数都小于0.8,都处于国际竞争劣势。特别是旅行服务的RCA指数,从2011年的1.114降至2019年的0.792,值得关注(见表6-73)。

表6-73 2011—2019年中国香港服务贸易的RCA指数

年份	2011	2012	2013	2014	2015	2016	2017	2018	2019
总体	0.853	0.837	0.797	0.783	0.731	0.665	0.670	0.702	0.649
维修维护	0.230	0.224	0.175	0.173	0.160	0.143	0.131	0.131	0.126
运输服务	1.483	1.364	1.227	1.230	1.158	1.116	1.140	1.191	1.153
旅行服务	1.114	1.169	1.213	1.181	1.056	0.918	0.896	0.966	0.792
保险服务	0.325	0.315	0.302	0.341	0.377	0.385	0.377	0.390	0.428
金融服务	1.439	1.451	1.372	1.431	1.469	1.345	1.475	1.602	1.620
知识产权	0.068	0.072	0.070	0.072	0.069	0.068	0.068	0.069	0.070
通信/计算机/信息	0.244	0.242	0.231	0.229	0.209	0.197	0.187	0.177	0.168
其他商业	0.529	0.511	0.456	0.442	0.433	0.413	0.409	0.417	0.413
个人文娱	0.337	0.297	0.136	0.141	0.129	0.146	0.151	0.161	0.163

资料来源:根据WTO World Trade Statistical Review 2020数据计算而得。

3. 中国香港服务贸易的TC指数分析

第一,中国香港的劣势服务部门是保险服务、知识产权服务,特别是知识产权服务的TC指数都在-0.5左右,此与香港长期以来的研发投入力度不足有关。

第二,中国香港具有较强优势的服务部门是运输、金融、维修与维护服务,特别是金融服务竞争力极强,TC指数接近0.6。

第三,中国香港的其他商业服务具有微弱竞争优势。其他商业服务主要包括离岸交易的商品服务以及相关的授权服务、设计、技术支持、融资等服务活动,该类服务活动都称为离岸贸易相关服务,其中,离岸交易等商品服务占18.3%,相关服务占76.1%,其他与贸易相关服务占5.6%。国际商贸服务的发展,是香港逐渐成为亚太地区主要采购中心的一个重要标志(见表6-74、表6-75)。

表6-74 2011—2019年中国香港服务贸易的TC指数

年份	2011	2012	2013	2014	2015	2016	2017	2018	2019
总体	0.103	0.125	0.164	0.182	0.170	0.139	0.145	0.162	0.124
维修维护服务	0.601	0.595	0.493	0.483	0.484	0.446	0.399	0.341	0.346
运输服务	0.284	0.271	0.266	0.269	0.265	0.249	0.271	0.281	0.261
旅行服务	0.199	0.245	0.295	0.271	0.221	0.153	0.135	0.165	0.043
保险服务	-0.168	-0.134	-0.136	-0.089	-0.053	0.008	-0.010	-0.006	-0.006
金融服务	0.575	0.596	0.593	0.599	0.599	0.582	0.576	0.563	0.553

(续表)

年份	2011	2012	2013	2014	2015	2016	2017	2018	2019
知识产权服务	−0.628	−0.590	−0.559	−0.513	−0.487	−0.473	−0.456	−0.457	−0.454
通信/计算机/信息	0.271	0.243	0.230	0.195	0.198	0.191	0.190	0.192	0.197
其他商业服务	0.052	0.077	0.079	0.084	0.082	0.090	0.094	0.090	0.094
个人文化娱乐	0.668	0.621	0.416	0.441	0.406	0.405	0.435	0.412	0.417

资料来源:根据 WTO World Trade Statistical Review 2020 数据计算而得。

表 6-75　2011—2019 年中国香港的 R&D 投入情况

(单位:十亿港元)

年份	2014	2015	2016	2017	2018
金额	16.73	18.27	19.71	21.28	24.50
占 GDP 比重(%)	0.74	0.76	0.79	0.80	0.86

资料来源:中国国家统计局.国际统计年鉴[EB/OL].http://www.stats.gov.cn/ztjc/ztsj/gjsj/#,2020.

四、墨西哥的服务贸易发展分析

自 1986 年进行新自由主义经济体制改革以来,墨西哥开始开放国内市场,逐步实行贸易自由化和金融自由化,推动国内服务业的发展,现在服务业不仅是墨西哥产值最高的部门,也为服务贸易的发展奠定良好的产业基础(见表 6-76)。

表 6-76　2011—2019 年墨西哥服务业的产值

(单位:十亿美元;%)

年份	2011	2012	2013	2014	2015	2016	2017	2018	2019
产值	707.20	720.60	778.88	791.32	714.25	656.34	699.20	743.34	761.39
比重	59.91	59.99	61.12	60.20	61.02	60.89	60.37	60.76	60.51

资料来源:UNCTAD. e-Handbook of Statistics Online 2020[EB/OL]. https://stats.unctad.org/handbook/,2020-12-07.

(一)墨西哥的服务贸易总量分析

近年来,墨西哥服务贸易发展虽较快,但受经济发展水平的限制,其服务贸易发展存在不稳定性,导致服务贸易占总贸易的比重先升后降(见表 6-77)。

表 6-77　2011—2019 年墨西哥的服务贸易发展情况

(单位:十亿美元;%)

年份	2011	2012	2013	2014	2015	2016	2017	2018	2019
出口	15.82	16.39	18.09	21.18	22.90	24.21	27.64	28.77	30.26
比重	4.33	4.23	4.54	5.07	5.68	6.08	6.32	6.00	6.16

(续表)

年份	2011	2012	2013	2014	2015	2016	2017	2018	2019
进口	31.41	31.30	32.15	34.48	32.68	33.18	37.51	37.69	36.38
比重	8.00	7.60	7.60	7.73	7.46	7.70	7.99	7.33	7.22
进出口	47.24	47.69	50.25	55.66	55.58	57.39	65.15	66.46	66.64
比重	12.93	12.32	12.62	13.31	13.78	14.41	14.91	13.86	13.56

注：比重＝服务出(进)口/[服务出(进)口＋货物出(进)口]×100%；如未做特别说明，本章服务贸易数据按国际货币基金组织《国际收支和国际投资头寸手册》第六版(BPM6)进行统计和分析。

资料来源：UNCTAD. e-Handbook of Statistics Online 2020[EB/OL]. https://stats.unctad.org/handbook/, 2020-12-07.

墨西哥的服务出口发展态势强于服务贸易进口，导致墨西哥服务贸易逆差持续收窄，表明墨西哥服务贸易的国际竞争力虽然较弱，但也在不断改善(见表6-78)。

表6-78 2011—2019年墨西哥的服务贸易差额

（单位：十亿美元）

年份	2011	2012	2013	2014	2015	2016	2017	2018	2019
差额	−15.59	−14.91	−14.06	−13.29	−9.78	−8.97	−9.87	−8.92	−6.12

资料来源：UNCTAD. e-Handbook of Statistics Online 2020[EB/OL]. https://stats.unctad.org/handbook/, 2020-12-07.

(二)墨西哥的服务贸易行业构成分析

北美自由贸易协定生效后，墨西哥融入经济全球化的进程加快，服务业发展较为迅速，特别是旅游业、交通运输业、保险业。由此，墨西哥服务贸易主要以旅游服务、运输服务和保险服务为主，服务贸易结构相对集中。

1. 墨西哥的服务贸易出口结构分析

第一，2011—2019年，墨西哥服务出口的主要部门是旅行服务，占比从2011年的75%升至2019年的81.2%；其次是保险服务，但占比从2011年的14.3%降至2019年的9.4%；再次是运输服务，占比相对平稳；金融服务占比虽然较低，但呈现出增长的趋势。

第二，2011—2019年，通信/计算机/信息服务的占比由1.5%降至0.23%，占比急剧下降(见表6-79、表6-80)。

表6-79 2011—2019年墨西哥的服务分行业出口额

（单位：十亿美元）

年份	2011	2012	2013	2014	2015	2016	2017	2018	2019
总额	15.82	16.39	18.09	21.18	22.90	24.21	27.64	28.77	30.26
维护维修	0.00	0.00	0.00	0.00	0.00	0.01	0.01	0.01	—
运输服务	1.04	0.96	0.80	0.87	1.43	1.60	1.90	2.19	2.15
旅行服务	11.87	12.74	13.95	16.21	17.73	19.65	21.34	22.53	24.56

(续表)

年份	2011	2012	2013	2014	2015	2016	2017	2018	2019
保险服务	2.26	2.02	2.79	3.55	3.17	2.50	3.74	3.29	2.85
金融服务	0.15	0.14	0.13	0.13	0.14	0.15	0.35	0.45	0.37
知识产权	0.01	0.01	0.01	0.01	0.01	0.01	0.01	0.01	—
通信/计算机/信息	0.24	0.26	0.20	0.18	0.16	0.11	0.08	0.07	—
其他商业	0.08	0.07	0.01	0.01	0.01	0.03	0.03	0.04	—
个人文娱	0.08	0.08	0.08	0.08	0.09	0.01	0.00	0.01	—

资料来源：UNCTAD. e-Handbook of Statistics Online 2020[EB/OL]. https://stats.unctad.org/handbook/，2020-12-07.

表6-80　2011—2019年墨西哥的服务出口分行业构成

（单位：%）

年份	2011	2012	2013	2014	2015	2016	2017	2018	2019
维护维修	0.00	0.00	0.00	0.00	0.00	0.04	0.04	0.03	—
运输服务	6.55	5.86	4.43	4.09	6.23	6.60	6.89	7.60	7.10
旅行服务	75.01	77.71	77.09	76.52	77.43	81.15	77.18	78.31	81.18
保险服务	14.30	12.29	15.44	16.78	13.85	10.33	13.54	11.42	9.43
金融服务	0.92	0.82	0.69	0.60	0.60	0.64	1.27	1.57	1.22
知识产权	0.04	0.03	0.04	0.04	0.03	0.03	0.03	0.02	—
通信/计算机/信息	1.50	1.56	1.09	0.87	0.70	0.44	0.29	0.23	—
其他商业	0.47	0.45	0.06	0.05	0.04	0.10	0.10	0.14	—
个人文娱	0.51	0.49	0.44	0.38	0.38	0.05	0.01	0.03	—

资料来源：UNCTAD. e-Handbook of Statistics Online 2020[EB/OL]. https://stats.unctad.org/handbook/，2020-12-07.

2. 墨西哥的服务贸易进口结构分析

第一，2011—2019年，墨西哥服务进口的主要部门是运输服务、旅行服务和保险服务，三者合计占比持续上升，2019年达84.4%，表明墨西哥服务贸易进口行业的集中度极高。

第二，2011—2019年，在墨西哥服务贸易进口中值得关注的是其他商业服务，占服务进口总额的比重快速下降，从2011年的14.41%降至2019年的7.75%（见表6-81、表6-82）。

表6-81　2011—2019年墨西哥的服务分行业进口额

（单位：十亿美元）

年份	2011	2012	2013	2014	2015	2016	2017	2018	2019
总额	31.41	31.30	32.15	34.48	32.68	33.18	37.51	37.69	36.38
维护维修	0.17	0.22	0.19	0.17	0.21	0.20	0.27	0.29	—
运输服务	12.14	12.08	12.70	14.68	12.81	13.20	14.84	15.41	14.74

（续表）

年份	2011	2012	2013	2014	2015	2016	2017	2018	2019
旅行服务	7.83	8.45	9.12	9.61	10.10	10.30	10.84	11.23	9.85
保险服务	4.09	3.85	4.84	4.22	4.34	3.91	4.95	4.85	6.13
金融服务	1.79	1.57	1.35	1.43	1.35	1.81	2.17	2.25	1.75
知识产权	0.28	0.25	0.24	0.24	0.26	0.28	0.29	0.30	—
通信/计算机/信息	0.11	0.19	0.16	0.15	0.16	0.18	0.18	0.18	—
其他商业	4.53	4.21	3.07	3.49	2.92	3.04	3.67	2.92	—
个人文娱	0.27	0.27	0.27	0.27	0.29	0.03	0.06	0.01	—

资料来源：UNCTAD. e-Handbook of Statistics Online 2020［EB/OL］. https://stats.unctad.org/handbook/, 2020-12-07.

表6-82　2011—2019年墨西哥的服务进口分行业构成

（单位：%）

年份	2011	2012	2013	2014	2015	2016	2017	2018	2019
维护维修	0.54	0.71	0.60	0.48	0.63	0.59	0.71	0.77	—
运输服务	38.64	38.61	39.51	42.57	39.21	39.80	39.55	40.89	40.50
旅行服务	24.93	27.00	28.37	27.86	30.90	31.05	28.90	29.79	27.07
保险服务	13.01	12.29	15.04	12.24	13.28	11.79	13.20	12.86	16.86
金融服务	5.70	5.00	4.21	4.15	4.12	5.45	5.79	5.97	4.81
知识产权	0.90	0.81	0.73	0.70	0.80	0.83	0.78	0.80	—
通信/计算机/信息	0.36	0.59	0.50	0.43	0.48	0.53	0.47	0.49	—
其他商业	14.41	13.46	9.54	10.11	8.94	9.15	9.78	7.75	—
个人文娱	0.87	0.87	0.85	0.79	0.89	0.08	0.17	0.02	—

资料来源：UNCTAD. e-Handbook of Statistics Online 2020［EB/OL］. https://stats.unctad.org/handbook/, 2020-12-07.

（三）墨西哥服务贸易的国际竞争力分析

1. 墨西哥服务贸易的国际市场占有率分析

作为新兴工业化国家中发展相对落后的国家，墨西哥服务贸易的国际竞争力非常薄弱。

第一，2011—2019年，墨西哥服务贸易的国际市场占有率虽然总体处于上升趋势，但占比仍低于0.5%，明显处于国际竞争弱势。

第二，墨西哥的服务贸易分行业中，保险服务的国际市场占有率超过2%、旅行服务的国际市场占有率超过1.5%，运输服务的国际市场占有率仅0.2%，其他分行业基本接近0。此与墨西哥的R&D投入长期不足有关，2000—2016年，墨西哥的R&D投入占GDP的比重一直低于0.5%，而每百万人口中研发人员数仅为中等收入国家平均水平的1/3（见表6-83）。

表6-83　2011—2019年墨西哥服务贸易的国际市场占有率分析

（单位：%）

年份	2011	2012	2013	2014	2015	2016	2017	2018	2019
总体	0.35	0.36	0.37	0.40	0.46	0.48	0.50	0.48	0.49
维修维护服务	0.00	0.00	0.00	0.00	0.00	0.01	0.01	0.01	—
运输服务	0.11	0.10	0.08	0.09	0.16	0.18	0.20	0.21	0.21
旅行服务	1.11	1.15	1.17	1.30	1.48	1.60	1.61	1.58	1.70
保险服务	2.08	1.75	2.22	2.61	2.60	1.94	2.80	2.30	2.08
金融服务	0.03	0.03	0.03	0.03	0.03	0.03	0.07	0.09	0.07
知识产权	0.00	0.00	0.00	0.00	0.00	0.00	0.00	0.00	—
通信/计算机/信息	0.06	0.07	0.05	0.04	0.03	0.02	0.02	0.01	
其他商业服务	0.01	0.01	0.00	0.00	0.00	0.00	0.00	0.00	
个人文娱服务	0.14	0.13	0.12	0.11	0.12	0.02	0.01	0.01	

资料来源：WTO. World Trade Statistical Review 2020[EB/OL]. https://www.wto.org/english/res_e/statis_e/wts2020_e/wts20_toc_e.htm，2020-06-30.

2.墨西哥服务贸易的RCA指数分析

第一，墨西哥的总体服务贸易RCA指数显著小于0.8，表明处于国际竞争劣势。

第二，墨西哥仅有旅行服务、保险服务的RCA指数位于0.8—1.25，具有中度国际竞争力；其他分行业服务贸易的RCA指数均小于0.8，表明处于国际竞争力弱势；特别是技术和人力资本密集型的新兴服务业的RCA指数几乎接近0，表明国际竞争力极弱（见表6-84）。

表6-84　2011—2019年墨西哥服务贸易的RCA指数

年份	2011	2012	2013	2014	2015	2016	2017	2018	2019
总体	0.221	0.213	0.221	0.234	0.245	0.253	0.266	0.254	0.251
维修维护	0.000	0.000	0.000	0.000	0.000	0.007	0.006	0.005	—
运输服务	0.072	0.063	0.051	0.050	0.085	0.098	0.107	0.112	0.106
旅行服务	0.695	0.688	0.699	0.753	0.789	0.849	0.858	0.839	0.868
保险服务	1.295	1.043	1.328	1.515	1.391	1.030	1.488	1.224	1.061
金融服务	0.022	0.019	0.017	0.016	0.016	0.018	0.039	0.046	0.036
知识产权	0.001	0.001	0.002	0.001	0.001	0.001	0.001	0.001	—
通信/计算机/信息	0.040	0.039	0.028	0.023	0.018	0.011	0.008	0.006	
其他商业	0.005	0.005	0.001	0.001	0.000	0.001	0.001	0.002	
个人文娱	0.085	0.077	0.075	0.066	0.066	0.010	0.003	0.005	

资料来源：根据WTO World Trade Statistical Review 2020数据计算而得。

3. 墨西哥服务贸易的 TC 指数分析

第一,墨西哥的总体服务贸易 TC 指数为负,处于国际竞争劣势,但逐步收窄。

第二,墨西哥的优势服务部门是旅行服务,原因在于墨西哥具有丰富的旅游资源。

第三,墨西哥的劣势服务部门是维修与维护服务、运输服务、保险服务、金融服务、知识产权服务、其他商业服务和通信/计算机/信息服务等。特别是运输服务、金融服务、通信/计算机/信息服务具有较大劣势,知识产权服务和其他商业服务则处于绝对劣势(见表 6-85)。

表 6-85　2011—2019 年墨西哥服务贸易的 TC 指数

年份	2011	2012	2013	2014	2015	2016	2017	2018	2019
总体	−0.330	−0.313	−0.280	−0.239	−0.176	−0.156	−0.151	−0.134	−0.092
维修维护服务	−1.000	−1.000	−1.000	−1.000	−1.000	−0.903	−0.927	−0.933	
运输服务	−0.843	−0.853	−0.881	−0.888	−0.799	−0.784	−0.773	−0.752	−0.746
旅行服务	0.205	0.202	0.209	0.256	0.274	0.312	0.326	0.335	0.428
保险服务	−0.287	−0.313	−0.268	−0.086	−0.156	−0.220	−0.139	−0.192	−0.365
金融服务	−0.850	−0.841	−0.831	−0.837	−0.814	−0.843	−0.721	−0.665	−0.652
知识产权服务	−0.959	−0.961	−0.934	−0.935	−0.948	−0.951	−0.953	−0.955	—
通信/计算机/信息	0.358	0.159	0.104	0.112	0.009	−0.246	−0.370	−0.476	
其他商业服务	−0.967	−0.965	−0.993	−0.994	−0.993	−0.984	−0.985	−0.974	
个人文化娱乐	−0.545	−0.545	−0.545	−0.545	−0.545	−0.350	−0.882	0.143	—

资料来源:根据 WTO World Trade Statistical Review 2020 数据计算而得。

第三节　发展中经济体的服务贸易发展分析

发展中经济体的经济发展水平落后主要体现在服务业发展水平较低,服务业产值占 GDP 的比重低于世界平均水平和发达经济体平均水平。由此导致发展中经济体的服务贸易发展也相对滞后。但有个别经济体的服务贸易发展呈现出特色,对世界服务贸易的发展具有重要贡献。

一、印度经济体服务贸易发展分析

印度与多数发展中经济体不同,多年来制造业在国民经济中的地位无明显提高,服务业却占有日益重要的地位,其经济增长很大程度上来源于服务业;以服务业为产业基础的服务贸易发展迅速(见表 6-86)。因此,研究和透视印度经济发展的本质与特性,必须十分重视服务贸易所起的作用。

表 6-86 2011—2019 年印度的服务业产值

(单位:十亿美元;%)

年份	2011	2012	2013	2014	2015	2016	2017	2018	2019
产值	850.64	861.61	895.24	976.98	1 025.80	1 093.30	1 271.90	1 365.50	1 434.10
比重	45.44	46.30	46.70	47.82	47.78	47.82	48.45	49.13	49.88

资料来源:UNCTAD. e-Handbook of Statistics Online 2020[EB/OL]. https://stats.unctad.org/handbook/,2020-12-07.

(一)印度的服务贸易发展总量分析

第一,2011—2019 年,印度的服务贸易获得长足发展,贸易金额和占比都有所提升,但占比相对较低,显著低于服务业增加值占 GDP 的比重,表明印度的服务贸易发展潜力极大。

第二,2011—2019 年,印度服务贸易出口的增长势头显著高于服务贸易进口,而且出口占比持续提高,进口占比波动不定,从而导致服务顺差大幅提高(见表 6-87、表 6-88)。

表 6-87 2011—2019 年印度的服务贸易发展情况

(单位:十亿美元;%)

年份	2011	2012	2013	2014	2015	2016	2017	2018	2019
出口	138.53	145.53	149.16	157.20	156.28	161.82	185.29	204.96	214.36
比重	31.38	32.90	32.15	32.76	36.84	37.95	38.24	38.69	39.81
进口	125.29	129.92	126.89	128.36	123.57	133.53	154.60	176.06	179.18
比重	21.24	20.97	21.42	21.71	23.87	26.97	25.57	25.50	27.02
进出口	263.80	275.44	276.06	285.56	279.85	295.35	339.89	381.02	393.54
比重	25.58	25.94	26.13	26.66	29.71	32.05	31.21	31.22	32.75

注:比重=服务出(进)口/[服务出(进)口+货物出(进)口]×100%;如未做特别说明,本章服务贸易数据按国际货币基金组织《国际收支和国际投资头寸手册》第六版(BPM6)进行统计和分析。

资料来源:UNCTAD. e-Handbook of Statistics Online 2020[EB/OL]. https://stats.unctad.org/handbook/,2020-12-07.

表 6-88 2011—2019 年印度的服务贸易差额

(单位:十亿美元)

年份	2011	2012	2013	2014	2015	2016	2017	2018	2019
差额	13.24	15.61	22.27	28.83	32.71	28.29	30.70	28.90	35.19

资料来源:UNCTAD. e-Handbook of Statistics Online 2020[EB/OL]. https://stats.unctad.org/handbook/,2020-12-07.

(二)印度的服务贸易行业结构分析

印度由于服务业的行业集中度较高,致使印度的服务贸易也表现出较强的行业集中度。

1. 印度的服务贸易出口结构分析

第一,随着社会、经济及技术的不断进步,印度的服务贸易出口结构正经历着有意义的变化:资本密集型的运输服务和金融服务占比持续下滑;劳动/自然资源密集型的旅行服务占比微幅上升;资本/技术密集型的其他商业服务占比显著上升,已成为印度最大的出口服务贸易门类。

第二,20 世纪 90 年代,印度的软件出口呈"井喷式"增长,自 2004 年开始已成为仅次于美国的世界第二大计算机软件出口国,被公认为"世界软件的动力室",致使通信/计算机/信息服务一度成为印度最大的服务贸易出口门类(见表 6-89、表 6-90)。

表 6-89 2011—2019 年印度的服务分行业出口额

(单位:十亿美元)

年份	2011	2012	2013	2014	2015	2016	2017	2018	2019
总额	138.50	145.50	149.20	157.20	156.30	161.80	185.30	204.96	214.36
维护维修	—	0.08	0.20	0.19	0.16	0.15	0.22	0.21	0.19
运输服务	17.70	17.51	16.92	18.60	14.32	15.18	16.98	19.00	21.13
旅行服务	17.71	17.97	18.40	19.70	21.01	22.43	27.37	28.57	30.72
保险服务	2.58	2.26	2.14	2.28	1.99	2.14	2.46	2.58	2.53
金融服务	6.25	5.35	6.38	5.65	5.34	5.07	4.49	5.43	4.82
知识产权	0.30	0.32	0.45	0.66	0.47	0.53	0.66	0.79	0.87
通信/计算机/信息	47.11	48.80	53.81	54.54	55.05	53.80	54.38	58.20	64.93
其他商业	38.55	47.09	46.65	48.46	50.10	54.66	59.87	65.22	74.00
个人文娱	0.35	0.77	1.23	1.27	1.27	1.40	1.47	1.88	2.07

资料来源:UNCTAD. e-Handbook of Statistics Online 2020[EB/OL]. https://stats.unctad.org/handbook/,2020-12-07.

表 6-90 2011—2019 年印度的服务出口分行业构成

(单位:%)

年份	2011	2012	2013	2014	2015	2016	2017	2018	2019
维护维修	—	0.20	0.20	0.14	0.20	0.20	0.27	0.49	0.57
运输服务	12.78	12.03	11.34	11.83	9.16	9.38	9.16	9.27	9.86
旅行服务	12.78	12.35	12.33	12.53	13.45	13.86	14.77	13.94	14.33
保险服务	1.87	1.55	1.44	1.45	1.27	1.32	1.33	1.26	1.18
金融服务	4.51	3.68	4.27	3.59	3.42	3.14	2.42	2.65	2.25
知识产权	0.22	0.22	0.30	0.42	0.30	0.32	0.36	0.38	0.41
通信/计算机/信息	34.01	33.53	36.07	34.69	35.22	33.25	29.35	28.39	30.29

(续表)

年份	2011	2012	2013	2014	2015	2016	2017	2018	2019
其他商业	27.83	32.36	31.27	30.83	32.06	33.78	32.31	31.82	34.52
个人文娱	0.25	0.53	0.83	0.81	0.81	0.87	0.79	0.92	0.97

资料来源：UNCTAD. e-Handbook of Statistics Online 2020[EB/OL]. https://stats.unctad.org/handbook/, 2020-12-07.

2. 印度的服务贸易进口结构分析

第一，2011—2019年，印度的服务贸易进口行业结构发生显著变化：劳动密集型的旅游服务比重变化不大；资本密集型的运输服务比重下降近9个百分点；知识密集度相对较高的其他商业服务、通信/计算机/信息服务、知识产权服务进口比重则上升较快，原因在于20世纪90年代以后印度开始全面市场化改革，国际资本的进入增加对其他服务的需求，使得其他服务的进口快速上升，所占比重上升。

第二，2011—2019年，印度的保险服务、金融服务进口占比日趋下降，与印度的产业保护政策和对外开放相对滞后紧密相关（见表6-91、表6-92）。

表6-91 2011—2019年印度的服务分行业进口额

（单位：十亿美元）

年份	2011	2012	2013	2014	2015	2016	2017	2018	2019
总额	125.30	129.90	126.90	128.36	123.60	133.53	154.60	176.10	179.20
维护维修	—	0.29	0.30	0.22	0.31	0.32	0.51	1.00	1.23
运输服务	58.15	60.71	57.36	58.90	52.26	47.95	57.06	66.73	67.65
旅行服务	13.70	12.34	11.62	14.60	14.84	16.38	18.44	21.32	22.92
保险服务	6.22	6.44	5.96	5.88	5.23	5.07	6.29	6.75	6.77
金融服务	8.30	5.34	5.89	4.12	3.12	5.02	5.80	4.04	2.28
知识产权	2.82	3.99	3.90	4.85	5.01	5.47	6.52	7.91	7.89
通信/计算机/信息	3.20	3.48	3.74	4.32	3.80	4.75	6.07	7.09	9.60
其他商业	25.13	29.90	28.07	26.87	29.81	32.74	35.44	38.74	46.06
个人文娱	0.35	0.54	0.73	1.39	1.37	1.89	2.15	2.54	2.96

资料来源：UNCTAD. e-Handbook of Statistics Online 2020[EB/OL]. https://stats.unctad.org/handbook/, 2020-12-07.

表6-92 2011—2019年印度的服务进口分行业构成

（单位：%）

年份	2011	2012	2013	2014	2015	2016	2017	2018	2019
维护维修	—	0.22	0.24	0.17	0.25	0.24	0.33	0.57	0.69
运输服务	46.42	46.73	45.21	45.89	42.29	35.91	36.91	37.90	37.76
旅行服务	10.93	9.50	9.15	11.37	12.01	12.26	11.93	12.11	12.79

(续表)

年份	2011	2012	2013	2014	2015	2016	2017	2018	2019
保险服务	4.96	4.96	4.70	4.58	4.24	3.79	4.07	3.83	3.78
金融服务	6.62	4.11	4.64	3.21	2.52	3.76	3.75	2.29	1.27
知识产权	2.25	3.07	3.08	3.78	4.05	4.09	4.21	4.49	4.40
通信/计算机/信息	2.55	2.68	2.95	3.36	3.07	3.56	3.93	4.03	5.36
其他商业	20.06	23.01	22.12	20.94	24.12	24.52	22.92	22.00	25.71
个人文娱	0.28	0.42	0.57	1.08	1.11	1.42	1.39	1.44	1.65

资料来源：UNCTAD. e-Handbook of Statistics Online 2020[EB/OL]. https://stats.unctad.org/handbook/, 2020-12-07.

（三）印度服务贸易的国际竞争力分析

20世纪90年代以来，印度经济的一个显著特点是服务业的快速增长，与此同时，印度服务业的国际竞争力也大幅提升。

1. 印度服务贸易的国际市场占有率分析

第一，2011—2019年，印度总体服务贸易的国际市场占有率不断提高。

第二，2011—2019年，印度知识密集度相对较高的通信/计算机/信息服务的国际市场占有率远高于资本密集型的运输服务和劳动密集型旅行服务，表明印度的服务出口结构逐渐升级，新型服务业的国际竞争力逐渐增强。这主要受益于印度对公共教育投入的重视。

第三，2011—2019年，印度保险服务、金融服务和知识产权服务的国际市场占有率相对较低，特别是知识产权服务的国际市场占有率仅为0.21%。这可能与印度的R&D投入不足有关（见表6-93、表6-94）。

表6-93　2011—2019年印度服务贸易出口的国际市场占有率分析

（单位：%）

年份	2011	2012	2013	2014	2015	2016	2017	2018	2019
总体	3.10	3.17	3.05	3.00	3.12	3.18	3.35	3.40	3.49
维修维护服务	—	0.52	0.47	0.31	0.41	0.40	0.57	0.96	1.10
运输服务	1.96	1.91	1.78	1.86	1.59	1.75	1.79	1.83	2.05
旅行服务	1.66	1.63	1.54	1.58	1.75	1.82	2.07	2.00	2.13
保险服务	2.37	1.96	1.70	1.68	1.63	1.66	1.84	1.81	1.84
金融服务	1.50	1.28	1.42	1.19	1.17	1.11	0.92	1.05	0.93
知识产权	0.11	0.11	0.15	0.20	0.14	0.15	0.18	0.19	0.21
通信/计算机/信息	12.60	12.59	12.68	11.54	11.52	10.84	10.11	9.33	9.57

（续表）

年份	2011	2012	2013	2014	2015	2016	2017	2018	2019
其他商业服务	4.13	4.82	4.45	4.20	4.56	4.75	4.82	4.87	5.29
个人文娱服务	0.59	1.23	1.92	1.80	1.81	1.98	1.90	2.34	2.52

资料来源：WTO. World Trade Statistical Review 2020[EB/OL]. https://www.wto.org/english/res_e/statis_e/wts2020_e/wts20_toc_e.htm，2020-06-30.

表6-94　印度R&D投入占GDP的比重与公共教育经费占GDP的比重

（单位：%）

年份	R&D投入占GDP比重				公共教育经费占GDP比重			
	2000	2010	2016	2018	2000	2010	2016	2018
比重	0.80	0.80	0.60	0.650	4.40	3.40	3.80	3.50

资料来源：中国国家统计局.国际统计年鉴[EB/OL].http://www.stats.gov.cn/ztjc/ztsj/gjsj/#,2020.

2. 印度服务贸易的RCA指数分析

第一，印度的总体服务贸易RCA指数位于1.25—2.5，国际竞争力很强，且呈整体上升趋势，表明印度服务业总体也具有一定的潜在竞争力。

第二，印度运输服务、旅行服务、保险服务贸易的RCA指数均位于0.8—1.25，具有一定的国际竞争力，但保险服务的国际竞争力呈现明显的衰退趋势。

第三，印度金融服务、知识产权服务的RCA指数小于0.8，表明国际竞争较弱，特别是知识产权服务的RCA指数甚至低于0.1，表明国际竞争力极其微弱。

第四，印度通信/计算机/信息服务的RCA指数高于2.5，表明国际竞争力极强，但呈现出一定的弱化趋势；其他商业服务的RCA指数位于1.25—2.5，表明国际竞争力较强，且呈现出一定的强化趋势，即国际竞争潜力也较强（见表6-95）。

表6-95　2011—2019年印度服务贸易的RCA指数

年份	2011	2012	2013	2014	2015	2016	2017	2018	2019
总体	1.603	1.654	1.566	1.515	1.588	1.576	1.610	1.637	1.622
维修维护	0.000	0.270	0.240	0.155	0.208	0.196	0.274	0.460	0.513
运输服务	1.012	0.997	0.917	0.941	0.807	0.867	0.857	0.881	0.955
旅行服务	0.859	0.849	0.791	0.797	0.889	0.904	0.993	0.963	0.990
保险服务	1.225	1.022	0.875	0.847	0.828	0.821	0.882	0.870	0.857
金融服务	0.775	0.667	0.731	0.601	0.593	0.553	0.443	0.504	0.431
知识产权	0.056	0.059	0.075	0.101	0.072	0.076	0.085	0.093	0.099
通信/计算机/信息	6.511	6.575	6.518	5.832	5.856	5.373	4.851	4.489	4.450
其他商业	2.133	2.516	2.286	2.124	2.317	2.355	2.313	2.342	2.457
个人文娱	0.305	0.642	0.986	0.910	0.920	0.984	0.914	1.126	1.170

资料来源：根据WTO World Trade Statistical Review 2020数据计算而得。

3. 印度服务贸易的 TC 指数分析

第一,印度的总体服务贸易具有一定的国际竞争力,并且国际竞争优势总体不断增强。

第二,印度的优势服务部门是旅行、金融、通信/计算机/信息、其他商业服务;其中,通信/计算机/信息服务受到ITO服务外包出口的支撑,竞争优势极强;金融服务的TC指数起伏不定,但总体处于竞争优势。随着金融业的对外开放,该竞争优势能否保持还有待观察。

第三,印度的劣势服务部门是运输、知识产权服务,特别是知识产权服务的国际竞争力极弱,需要通过加大研发投入力度、专利申请力度来进行改善(见表6-96)。

表6-96 2011—2019 年印度服务贸易的 TC 指数

年份	2011	2012	2013	2014	2015	2016	2017	2018	2019
总体	0.050	0.057	0.081	0.101	0.117	0.096	0.090	0.076	0.089
维修维护服务	—	−0.583	−0.201	−0.079	−0.323	−0.378	−0.398	−0.655	−0.728
运输服务	−0.533	−0.552	−0.545	−0.520	−0.570	−0.519	−0.541	−0.557	−0.524
旅行服务	0.128	0.186	0.226	0.149	0.172	0.156	0.195	0.145	0.146
保险服务	−0.413	−0.481	−0.471	−0.441	−0.450	−0.407	−0.438	−0.447	−0.456
金融服务	−0.141	0.001	0.039	0.157	0.263	0.006	−0.128	0.147	0.358
知识产权服务	−0.806	−0.851	−0.795	−0.761	−0.829	−0.825	−0.816	−0.819	−0.801
通信/计算机/信息	0.873	0.867	0.870	0.853	0.871	0.838	0.799	0.783	0.742
其他商业服务	0.211	0.223	0.249	0.287	0.254	0.251	0.256	0.255	0.233
个人文化娱乐	0.000	0.172	0.259	−0.047	−0.039	−0.149	−0.188	−0.148	−0.177

资料来源:根据 WTO World Trade Statistical Review 2020 数据计算而得。

二、俄罗斯的服务贸易发展分析

虽然作为经济转型的发展中经济体,但俄罗斯的服务业发展相对发达,服务业保持持续增长,占 GDP 的比重基本稳定在 50% 以上,从而为服务贸易的发展奠定坚实的产业基础(见表6-97)。

表6-97 2011—2019 年俄罗斯的服务业产值及占 GDP 的比重

(单位:十亿美元;%)

年份	2011	2012	2013	2014	2015	2016	2017	2018	2019
产值	1 102.90	1 195.60	1 285.60	1 144.40	764.36	728.08	888.21	897.14	919.11
比重	53.76	54.09	55.97	55.46	55.95	56.66	56.16	53.54	54.03

资料来源:根据 WTO World Trade Statistical Review 2020 数据计算而得。

(一) 俄罗斯的服务贸易总量分析

第一,受国际经济形势和国际经贸关系的影响,自2014年开始,俄罗斯的服务贸易进出口出现回落,但经过短暂调整后,于2017年开始复苏,并获得持续增长,占货物贸易和服务贸易额的比重也持续上升,表明俄罗斯的服务贸易增长快于货物贸易。

第二,俄罗斯的服务贸易进口发展态势明显好于服务出口,无论是金额还是占比,服务进口都显著高于服务出口,表明服务出口发展滞后于服务进口,使得服务贸易逆差在短暂收窄后又呈现出扩大的趋势(见表6-98、表6-99)。

表6-98 2011—2019年俄罗斯的服务贸易发展情况

(单位:十亿美元;%)

年份	2011	2012	2013	2014	2015	2016	2017	2018	2019
出口	58.04	62.34	70.12	65.75	51.62	50.64	57.63	64.63	62.71
比重	10.01	10.54	11.85	11.69	13.13	15.24	14.03	12.73	13.02
进口	91.50	108.93	128.38	121.02	88.77	74.60	88.86	94.56	98.81
比重	22.03	24.51	27.34	28.22	31.50	28.04	27.15	27.55	28.00
进出口	149.53	171.27	198.51	186.77	140.38	125.25	146.50	159.19	161.52
比重	15.02	16.53	18.70	18.84	20.80	20.93	19.85	18.71	19.36

注:比重=服务出(进)口/[服务出(进)口+货物出(进)口]×100%;如未做特别说明,本章服务贸易数据按国际货币基金组织《国际收支和国际投资头寸手册》第六版(BPM6)进行统计和分析。

资料来源:UNCTAD. e-Handbook of Statistics Online 2020[EB/OL]. https://stats.unctad.org/handbook/, 2020-12-07.

表6-99 2011—2019年俄罗斯的服务贸易差额

(单位:十亿美元)

年份	2011	2012	2013	2014	2015	2016	2017	2018	2019
差额	−33.46	−46.59	−58.26	−55.28	−37.15	−23.96	−31.23	−29.94	−36.11

资料来源:UNCTAD. e-Handbook of Statistics Online 2020[EB/OL]. https://stats.unctad.org/handbook/, 2020-12-07.

(二) 俄罗斯的服务贸易行业结构分析

俄罗斯的服务业部门发展不平衡,致使服务贸易结构也发生一定变化:运输服务、旅行服务和其他商业服务等地位举足轻重,一直占据主导地位,但知识产权服务、通信/计算机/信息服务等新兴服务贸易额在不断上升。

1. 俄罗斯的服务贸易出口结构分析

第一,2011—2019年,俄罗斯的服务出口主要以运输、其他商业和旅行等服务为主,特别是运输服务,占比超过1/3,三者合计占比更是达73%。

第二,俄罗斯的服务出口中,金融服务、保险服务和知识产权服务占比过低,三者合计不超过5%,2019年甚至低于4%,俄罗斯的服务贸易出口结构亟待多元化和优化。

第三,2011—2019年,俄罗斯的运输服务、知识产权、通信/计算机/信息服务等出口持续增长,占比也有所提升;旅行服务、其他商业服务则呈现总体回落的趋势(见表6-100、表6-101)。

表6-100　2011—2019年俄罗斯的服务分行业出口额

(单位:十亿美元)

年份	2011	2012	2013	2014	2015	2016	2017	2018	2019
总额	58.04	62.34	70.12	65.75	51.62	50.64	57.63	64.63	62.71
维护维修	1.70	1.78	1.80	1.68	1.60	1.54	1.80	1.60	1.90
运输服务	17.35	19.16	20.75	20.54	16.64	17.14	19.86	22.14	21.56
旅行服务	11.33	10.76	11.99	11.76	8.42	7.79	8.95	11.49	10.86
保险服务	0.33	0.43	0.52	0.40	0.61	0.38	0.33	0.51	0.32
金融服务	1.10	1.32	1.70	1.60	1.21	1.17	1.13	1.38	1.10
知识产权	0.56	0.66	0.74	0.67	0.73	0.55	0.73	0.88	1.01
通信/计算机/信息	3.10	3.49	4.16	4.50	3.93	3.90	4.65	5.26	5.49
其他商业	14.74	16.41	18.45	16.74	12.61	11.72	12.47	12.68	12.99
个人文娱	0.49	0.56	0.77	0.68	0.34	0.42	0.49	0.59	0.52

资料来源:UNCTAD. e-Handbook of Statistics Online 2020[EB/OL]. https://stats.unctad.org/handbook/,2020-12-07.

表6-101　2011—2019年俄罗斯的服务出口分行业构成

(单位:%)

年份	2011	2012	2013	2014	2015	2016	2017	2018	2019
维护维修	2.93	2.86	2.57	2.55	3.09	3.05	3.12	2.47	3.03
运输服务	29.89	30.74	29.59	31.24	32.24	33.85	34.46	34.26	34.38
旅行服务	19.52	17.26	17.10	17.89	16.31	15.38	15.52	17.77	17.32
保险服务	0.58	0.69	0.74	0.60	1.19	0.76	0.57	0.79	0.51
金融服务	1.90	2.11	2.43	2.43	2.34	2.31	1.96	2.14	1.76
知识产权	0.96	1.07	1.05	1.01	1.41	1.09	1.27	1.36	1.62
通信/计算机/信息	5.34	5.60	5.94	6.85	7.62	7.71	8.07	8.14	8.75
其他商业	25.40	26.32	26.31	25.46	24.43	23.13	21.63	19.62	20.72
个人文娱	0.85	0.89	1.10	1.04	0.66	0.83	0.85	0.91	0.84

资料来源:UNCTAD. e-Handbook of Statistics Online 2020[EB/OL]. https://stats.unctad.org/handbook/,2020-12-07.

2. 俄罗斯的服务贸易进口结构分析

第一,2011—2019 年,俄罗斯的服务进口主要集中在旅行服务、运输服务和其他商业服务,三者合计占比维持在 73% 左右,行业集中度相对较高。

第二,2011—2019 年,俄罗斯的服务进口中,保险服务、金融服务、知识产权服务、通信/计算机/信息服务占比相对较低,俄罗斯的服务进口行业需要多元化(见表 6-102、表 6-103)。

表 6-102 2011—2019 年俄罗斯的服务分行业进口额

(单位:十亿美元)

年份	2011	2012	2013	2014	2015	2016	2017	2018	2019
总额	91.50	108.93	128.38	121.02	88.77	74.60	88.86	94.56	98.81
维护维修	1.16	1.53	1.73	1.63	1.36	1.56	1.78	2.01	1.95
运输服务	15.42	16.44	17.51	15.42	12.07	11.84	14.49	15.30	15.44
旅行服务	32.90	42.80	53.45	50.43	34.93	23.95	31.06	34.27	36.15
保险服务	1.25	1.33	1.39	1.66	1.39	0.97	1.21	1.01	1.06
金融服务	2.43	2.78	3.39	2.40	2.00	2.04	2.24	1.83	2.34
知识产权	5.83	7.63	8.37	8.02	5.63	5.00	5.98	6.29	6.87
通信/计算机/信息	4.95	5.17	6.08	6.85	5.56	5.47	5.38	5.49	5.24
其他商业	18.57	20.12	22.88	23.15	18.23	17.35	19.32	20.40	21.36
个人文娱	1.06	1.12	1.26	1.61	1.09	1.03	1.43	1.83	1.57

资料来源:UNCTAD. e-Handbook of Statistics Online 2020[EB/OL]. https://stats.unctad.org/handbook/,2020-12-07.

表 6-103 2011—2019 年俄罗斯的服务进口分行业构成

(单位:%)

年份	2011	2012	2013	2014	2015	2016	2017	2018	2019
维护维修	1.27	1.40	1.34	1.34	1.53	2.09	2.00	2.12	1.97
运输服务	16.85	15.10	13.64	12.74	13.60	15.87	16.31	16.18	15.63
旅行服务	35.96	39.29	41.64	41.67	39.35	32.11	34.95	36.24	36.59
保险服务	1.36	1.22	1.09	1.37	1.57	1.30	1.36	1.06	1.08
金融服务	2.65	2.55	2.64	1.98	2.25	2.73	2.52	1.94	2.37
知识产权	6.37	7.00	6.52	6.63	6.35	6.70	6.73	6.65	6.95
通信/计算机/信息	5.41	4.75	4.74	5.66	6.26	7.33	6.06	5.80	5.31
其他商业	20.29	18.47	17.82	19.13	20.53	23.25	21.74	21.57	21.61
个人文娱	1.16	1.03	0.98	1.33	1.23	1.37	1.61	1.93	1.59

资料来源:UNCTAD. e-Handbook of Statistics Online 2020[EB/OL]. https://stats.unctad.org/handbook/,2020-12-07.

(三) 俄罗斯服务贸易的国际竞争力分析

虽然俄罗斯的服务业产值占 GDP 的比重超过 50%，服务业发展水平相对高于国内制造业，但与其他国家相比，仍远远落后，导致其服务贸易国际竞争力极弱。

1. 俄罗斯服务贸易的国际市场占有率分析

第一，俄罗斯服务贸易的总体国际市场占有率相对较低，缺乏国际竞争力。

第二，除维修与维护服务、运输服务的国际市场占有率超过 1.5% 以外，其他分行业的国际市场占有率都低于 1%，表明竞争力较为缺乏。特别是保险服务、金融服务和知识产权服务的国际市场占有率均约为 0.2%，极度缺乏国际竞争力，此可能与俄罗斯的 R&D 投入不足有关（见表 6-104、表 6-105）。

表 6-104 2011—2019 年俄罗斯服务贸易出口的国际市场占有率分析

（单位：%）

年份	2011	2012	2013	2014	2015	2016	2017	2018	2019
总体	1.30	1.36	1.43	1.25	1.03	1.00	1.04	1.07	1.02
维修维护服务	3.07	3.16	2.79	2.35	2.12	1.90	2.02	1.53	1.70
运输服务	1.92	2.09	2.19	2.06	1.84	1.98	2.09	2.13	2.10
旅行服务	1.06	0.97	1.00	0.94	0.70	0.63	0.68	0.80	0.75
保险服务	0.31	0.37	0.41	0.29	0.50	0.30	0.25	0.36	0.23
金融服务	0.26	0.31	0.38	0.34	0.26	0.26	0.23	0.27	0.21
知识产权	0.20	0.23	0.24	0.20	0.22	0.16	0.20	0.22	0.25
通信/计算机/信息	0.83	0.90	0.98	0.95	0.82	0.79	0.86	0.84	0.81
其他商业服务	1.58	1.68	1.76	1.45	1.15	1.02	1.00	0.95	0.93
个人文娱服务	0.84	0.89	1.20	0.97	0.49	0.60	0.64	0.73	0.64

资料来源：WTO. World Trade Statistical Review 2020[EB/OL]. https://www.wto.org/english/res_e/statis_e/wts2020_e/wts20_toc_e.htm，2020-06-30.

表 6-105 俄罗斯的 R&D 投入占 GDP 的比重

（单位：%）

年份	2000	2010	2016	2018
比重	1.05	1.13	1.10	1.14

资料来源：中国国家统计局. 国际统计年鉴[EB/OL]. http://www.stats.gov.cn/ztjc/ztsj/gjsj/#，2020.

2. 俄罗斯服务贸易的 RCA 指数分析

第一，俄罗斯的整体服务贸易 RCA 指数小于 0.8，国际竞争力极弱，但相对稳定。

第二，俄罗斯维修与维护服务、运输服务的 RCA 指数位于 0.8—1.25，具有中度国际竞争力，特别是运输服务的 RCA 指数保持提高态势。

第三，俄罗斯其他分行业的 RCA 指数均低于 0.8，即国际竞争力极弱，特别是金融服务、保险服务和知识产权服务的 RCA 指数均低于 0.13，表明极度缺乏国际竞争力。值得庆幸的是,三者的 RCA 指数有所改进,表明三者的国际竞争力有所改观(见表 6-106)。

表 6-106　2011—2019 年俄罗斯服务贸易的 RCA 指数

年份	2011	2012	2013	2014	2015	2016	2017	2018	2019
总体	0.511	0.530	0.577	0.540	0.566	0.633	0.591	0.538	0.531
维修维护	1.209	1.234	1.124	1.015	1.161	1.207	1.147	0.770	0.885
运输服务	0.755	0.816	0.881	0.887	1.012	1.257	1.183	1.072	1.089
旅行服务	0.418	0.380	0.404	0.406	0.385	0.403	0.383	0.404	0.392
保险服务	0.120	0.146	0.167	0.125	0.276	0.189	0.140	0.180	0.120
金融服务	0.104	0.123	0.153	0.145	0.145	0.163	0.132	0.134	0.110
知识产权	0.078	0.092	0.098	0.087	0.121	0.102	0.111	0.109	0.129
通信/计算机/信息	0.326	0.352	0.395	0.411	0.452	0.500	0.490	0.423	0.421
其他商业	0.621	0.656	0.709	0.626	0.630	0.648	0.568	0.475	0.483
个人文娱	0.332	0.348	0.483	0.418	0.268	0.379	0.360	0.365	0.331

资料来源:根据 WTO World Trade Statistical Review 2020 数据计算而得。

3. 俄罗斯服务贸易的 TC 指数分析

第一,俄罗斯服务贸易的总体 TC 指数小于 0,表明国际竞争力处于劣势。

第二,俄罗斯仅在运输服务部门具有优势,并且优势总体处于增强的趋势。

第三,俄罗斯其他商业服务、个人文化娱乐服务、旅行服务国际竞争力的劣势不断扩大;通信/计算机/信息服务的劣势不断缩小,2019 年甚至取得微弱的国际竞争优势,此可能得益于俄罗斯 R&D 投入强度的提高;而其他分行业服务贸易的国际竞争力则相对平稳(见表 6-107)。

表 6-107　2011—2019 年俄罗斯服务贸易的 TC 指数

年份	2011	2012	2013	2014	2015	2016	2017	2018	2019
总体	−0.224	−0.272	−0.293	−0.296	−0.265	−0.191	−0.213	−0.188	−0.224
维修维护服务	0.188	0.077	0.022	0.016	0.082	−0.005	0.006	−0.113	−0.013
运输服务	0.059	0.076	0.085	0.142	0.159	0.183	0.156	0.183	0.165
旅行服务	−0.488	−0.598	−0.634	−0.622	−0.612	−0.509	−0.553	−0.498	−0.538
保险服务	−0.577	−0.512	−0.455	−0.614	−0.390	−0.432	−0.570	−0.325	−0.541
金融服务	−0.375	−0.356	−0.332	−0.201	−0.248	−0.270	−0.329	−0.141	−0.360
知识产权服务	−0.826	−0.840	−0.838	−0.847	−0.772	−0.802	−0.782	−0.755	−0.743
通信/计算机/信息	−0.229	−0.193	−0.187	−0.207	−0.171	−0.167	−0.073	−0.021	0.023
其他商业服务	−0.115	−0.102	−0.107	−0.161	−0.182	−0.194	−0.216	−0.233	−0.243
个人文化娱乐	−0.365	−0.335	−0.243	−0.406	−0.524	−0.418	−0.490	−0.515	−0.500

资料来源:根据 WTO World Trade Statistical Review 2020 数据计算而得。

三、南非的服务贸易发展分析

作为"金砖国家"成员,近年来南非的服务业持续发展,服务业增加值占GDP的比重超过60%,为服务贸易发展奠定坚实的产业基础(见表6-108)。

表6-108　2011—2019年南非服务业产值及占GDP的比重

(单位:十亿美元;%)

年份	2011	2012	2013	2014	2015	2016	2017	2018	2019
产值	253.49	242.89	224.27	213.96	194.86	180.19	212.98	224.51	215.25
比重	60.87	61.29	61.17	61.02	61.39	60.80	61.03	60.99	61.20

资料来源:根据WTO World Trade Statistical Review 2020数据计算而得。

(一)南非的服务贸易总量分析

第一,受国际经济形势和国际经贸关系的影响,自2014年开始,南非的服务贸易出现回落,经过短暂调整后,于2017年开始复苏,但稳定性有待观察,关键是服务贸易额占货物贸易和服务贸易总额的比重持续下降,表明南非的服务贸易增长慢于货物贸易增速。

第二,2011—2019年,南非的服务贸易出口金额虽然一直低于进口金额,但占比却高于服务进口贸易,表明服务出口增速高于进口增速,使得南非的服务贸易逆差总体持续收窄(见表6-109、表6-110)。

表6-109　2011—2019年南非的服务贸易发展情况

(单位:十亿美元;%)

年份	2011	2012	2013	2014	2015	2016	2017	2018	2019
出口	17.35	17.64	16.82	16.83	15.05	14.36	15.77	15.97	14.73
比重	13.75	15.05	14.88	15.32	15.67	15.86	15.06	14.53	14.06
进口	20.87	18.91	18.05	17.04	15.53	14.94	16.18	16.50	15.67
比重	14.36	12.95	12.50	12.26	12.92	14.01	13.74	12.65	12.72
进出口	38.21	36.55	34.87	33.87	30.58	29.30	31.95	32.47	30.40
比重	14.08	13.88	13.55	13.61	14.14	14.86	14.36	13.51	13.34

注:比重=服务出(进)口/[服务出(进)口+货物出(进)口]×100%;如未做特别说明,本章服务贸易数据按国际货币基金组织《国际收支和国际投资头寸手册》第六版(BPM6)进行统计和分析。

资料来源:UNCTAD. e-Handbook of Statistics Online 2020[EB/OL]. https://stats.unctad.org/handbook/,2020-12-07。

表6-110　2011—2019年南非的服务贸易差额

(单位:十亿美元)

年份	2011	2012	2013	2014	2015	2016	2017	2018	2019
差额	-3.52	-1.27	-1.24	-0.21	-0.48	-0.58	-0.40	-0.53	-0.95

资料来源:UNCTAD. e-Handbook of Statistics Online 2020[EB/OL]. https://stats.unctad.org/handbook/,2020-12-07。

(二) 南非的服务贸易行业结构分析

南非的服务业部门发展不平衡,致使服务贸易分行业结构也过于集中:旅行服务举足轻重,一直占据主导地位,但通信/计算机/信息服务的贸易额和占比也不断上升。

1. 南非的服务贸易出口结构分析

第一,2011—2019 年,南非的服务出口主要以旅行服务为主,占比高达 55% 以上,分行业高度集中;其次是运输服务、其他商业服务,三者合计占比超过 80%。

第二,2011—2019 年,南非的服务出口中,保险服务和知识产权服务占比过低;金融服务和通信/计算机/信息服务占比也相对过低,服务贸易出口结构亟待多元化和优化。

第三,2011—2019 年,南非只有通信/计算机/信息服务的出口总体维持增长,占比也有所提升,其他服务分行业出口金额都有一定的回落,占比有升有降(见表 6-111、表 6-112)。

表 6-111　2011—2019 年南非的服务分行业出口额

(单位:十亿美元)

年份	2011	2012	2013	2014	2015	2016	2017	2018	2019
总额	17.35	17.64	16.82	16.83	15.05	14.36	15.77	15.97	14.73
维护维修	0.028	0.032	0.058	0.089	0.033	0.029	0.042	0.053	0.045
运输服务	3.34	3.14	3.13	3.03	2.47	2.19	2.32	2.21	2.11
旅行服务	9.52	10.00	9.25	9.34	8.26	7.92	8.82	8.99	8.39
保险服务	0.32	0.30	0.26	0.24	0.21	0.19	0.21	0.22	0.21
金融服务	0.90	0.89	0.87	0.87	0.85	0.80	0.89	0.97	0.84
知识产权	0.14	0.13	0.12	0.12	0.10	0.11	0.12	0.12	0.11
通信/计算机/信息	0.54	0.57	0.60	0.61	0.57	0.58	0.67	0.63	0.61
其他商业	2.00	1.99	1.94	1.99	1.97	1.94	2.07	2.13	1.80
个人文娱	0.14	0.14	0.14	0.15	0.17	0.20	0.24	0.25	0.24

资料来源:UNCTAD. e-Handbook of Statistics Online 2020[EB/OL]. https://stats.unctad.org/handbook/,2020-12-07。

表 6-112　2011—2019 年南非的服务出口分行业构成

(单位:%)

年份	2011	2012	2013	2014	2015	2016	2017	2018	2019
维护维修	0.16	0.18	0.34	0.53	0.22	0.20	0.27	0.33	0.31
运输服务	19.26	17.78	18.63	18.03	16.41	15.23	14.70	13.83	14.33
旅行服务	54.85	56.67	54.98	55.49	54.88	55.14	55.90	56.29	56.97
保险服务	1.84	1.68	1.56	1.43	1.42	1.34	1.33	1.36	1.40
金融服务	5.20	5.05	5.17	5.15	5.63	5.60	5.62	6.09	5.72
知识产权	0.78	0.71	0.71	0.69	0.68	0.76	0.75	0.76	0.73

(续表)

年份	2011	2012	2013	2014	2015	2016	2017	2018	2019
通信/计算机/信息	3.14	3.22	3.57	3.59	3.80	4.01	4.22	3.96	4.17
其他商业	11.51	11.27	11.56	11.82	13.10	13.51	13.15	13.36	12.23
个人文娱	0.81	0.82	0.86	0.86	1.13	1.37	1.50	1.57	1.62

资料来源：UNCTAD. e-Handbook of Statistics Online 2020 [EB/OL]. https://stats.unctad.org/handbook/, 2020-12-07.

2. 南非的服务贸易进口结构分析

第一，2011—2019年，南非的服务进口主要以运输服务为主，占比超过40%，其次是旅行服务、其他商业服务，三者合计占比约70%，分行业集中度显著低于服务出口的集中度。

第二，2011—2019年，南非的服务进口中，金融服务和保险服务占比过低，特别是金融服务，占比仅约0.6%；知识产权服务和通信/计算机/信息服务的占比也相对过低，南非的服务贸易进口结构亟待多元化和优化。

第三，2011—2019年，南非只有通信/计算机/信息服务的进口总体维持增长，占比也有所提升，其他服务分行业的进口金额都有一定的回落，占比有升有降（见表6-113、表6-114）。

表6-113　2011—2019年南非的服务分行业进口额

（单位：十亿美元）

年份	2011	2012	2013	2014	2015	2016	2017	2018	2019
总额	20.87	18.91	18.05	17.04	15.53	14.94	16.18	16.50	15.67
维护维修	0.007	0.006	0.006	0.008	0.004	0.005	0.006	0.004	0.004
运输服务	8.36	8.09	7.77	7.53	6.45	5.67	6.36	6.82	6.52
旅行服务	5.28	4.07	3.43	3.17	3.00	2.86	3.26	3.40	3.14
保险服务	0.64	0.64	0.61	0.60	0.55	0.49	0.53	0.57	0.53
金融服务	0.14	0.13	0.12	0.11	0.10	0.09	0.09	0.10	0.09
知识产权	2.12	2.02	1.94	1.73	1.71	1.98	2.12	1.82	1.65
通信/计算机/信息	0.78	0.91	1.02	1.05	1.05	1.11	1.20	1.26	1.22
其他商业	3.07	2.55	2.68	2.40	2.23	2.30	2.15	2.10	2.10
个人文娱	0.030	0.020	0.023	0.020	0.016	0.018	0.033	0.034	0.042

资料来源：UNCTAD. e-Handbook of Statistics Online 2020 [EB/OL]. https://stats.unctad.org/handbook/, 2020-12-07.

表6-114　2011—2019年南非的服务进口分行业构成

（单位：%）

年份	2011	2012	2013	2014	2015	2016	2017	2018	2019
维护维修	0.03	0.03	0.03	0.05	0.03	0.03	0.04	0.02	0.03
运输服务	40.05	42.78	43.06	44.20	41.56	37.95	39.32	41.33	41.57
旅行服务	25.32	21.51	18.99	18.60	19.30	19.13	20.14	20.62	20.04

(续表)

年份	2011	2012	2013	2014	2015	2016	2017	2018	2019
保险服务	3.04	3.39	3.38	3.54	3.51	3.27	3.30	3.46	3.40
金融服务	0.68	0.69	0.64	0.63	0.62	0.59	0.58	0.60	0.59
知识产权	10.15	10.66	10.73	10.16	11.00	13.28	13.13	11.01	10.52
通信/计算机/信息	3.74	4.79	5.63	6.16	6.75	7.46	7.44	7.62	7.79
其他商业	14.71	13.48	14.84	14.07	14.38	15.40	13.32	12.74	13.38
个人文娱	0.14	0.11	0.13	0.12	0.10	0.12	0.20	0.21	0.27

资料来源：UNCTAD. e-Handbook of Statistics Online 2020[EB/OL]. https://stats.unctad.org/handbook/, 2020-12-07.

（三）南非服务贸易的国际竞争力分析

虽然南非的服务业产值占GDP的比重超过60%，服务业发展水平相对高于国内制造业，但与其他国家相比，仍远远落后，导致其服务贸易国际竞争力极弱。

1. 南非服务贸易的国际市场占有率分析

第一，南非服务贸易的总体国际市场占有率低于0.3%，极度缺乏国际竞争力。

第二，除旅行服务的国际市场占有率超过0.5%以外，南非其他分行业服务贸易的国际市场占有率都低于0.5%，特别是知识产权服务的国际市场占有率仅为0.03%，表明竞争力极度缺乏，此可能与南非的R&D投入力度不足（世界平均2%）、投入效果相对较低有关（见表6-115、表6-116）。

表6-115　2011—2019年南非服务贸易的国际市场占有率分析

（单位：%）

年份	2011	2012	2013	2014	2015	2016	2017	2018	2019
总体	0.39	0.38	0.34	0.32	0.30	0.28	0.29	0.26	0.24
维修维护服务	0.05	0.06	0.09	0.12	0.04	0.04	0.05	0.05	0.04
运输服务	0.37	0.34	0.33	0.30	0.27	0.25	0.24	0.21	0.21
旅行服务	0.89	0.90	0.77	0.75	0.69	0.64	0.67	0.63	0.58
保险服务	0.29	0.26	0.21	0.18	0.17	0.15	0.16	0.15	0.15
金融服务	0.22	0.21	0.19	0.18	0.19	0.18	0.18	0.19	0.16
知识产权	0.05	0.04	0.04	0.04	0.03	0.03	0.03	0.03	0.03
通信/计算机/信息	0.15	0.15	0.14	0.13	0.12	0.12	0.12	0.10	0.09
其他商业服务	0.21	0.20	0.19	0.17	0.18	0.17	0.17	0.16	0.13
个人文娱服务	0.24	0.23	0.22	0.21	0.24	0.28	0.31	0.31	0.29

资料来源：WTO. World Trade Statistical Review 2020[EB/OL]. https://www.wto.org/english/res_e/statis_e/wts2020_e/wts20_toc_e.htm, 2020-06-30.

表 6-116 南非 R&D 投入占 GDP 的比重和居民专利申请数

(单位:%;件)

	R&D 投入占 GDP 比重			居民专利申请数		
年份	2010	2016	年份	2000	2010	2016
比重	0.70	0.80	数量	895	821	728

2. 南非服务贸易的 RCA 指数分析

第一,南非的整体服务贸易 RCA 指数小于 0.8,国际竞争力极弱,且总体处于下降的趋势。

第二,南非旅行服务的 RCA 指数位于 1.25—2.5,表明旅行服务具有较强的国际竞争力,但竞争优势正不断丧失。

第三,除旅行服务外,南非其他分行业服务贸易的 RCA 指数均低于 0.8,国际竞争力极弱,特别是知识产权服务的 RCA 指数多年低于 0.1,表明极度缺乏国际竞争力,且存在恶化的趋势;虽然南非保险服务、金融服务、其他商业服务和通信/计算机/信息服务的 RCA 指数位于 0.2—0.4,高于知识产权服务,但基本都呈现出下降的趋势(见表 6-117)。

表 6-117 2011—2019 年南非服务贸易的 RCA 指数

年份	2011	2012	2013	2014	2015	2016	2017	2018	2019
总体	0.702	0.757	0.725	0.708	0.675	0.658	0.634	0.614	0.573
维修维护	0.091	0.112	0.190	0.276	0.098	0.083	0.105	0.118	0.096
运输服务	0.669	0.674	0.697	0.671	0.615	0.588	0.542	0.494	0.490
旅行服务	1.615	1.782	1.632	1.651	1.544	1.503	1.480	1.460	1.390
保险服务	0.529	0.506	0.439	0.391	0.393	0.349	0.347	0.353	0.359
金融服务	0.391	0.419	0.409	0.403	0.415	0.412	0.405	0.435	0.387
知识产权	0.087	0.087	0.083	0.077	0.071	0.075	0.071	0.069	0.063
通信/计算机/信息	0.263	0.289	0.299	0.283	0.269	0.271	0.274	0.235	0.216
其他商业	0.386	0.401	0.391	0.381	0.403	0.393	0.371	0.369	0.307
个人文娱	0.436	0.455	0.473	0.455	0.546	0.650	0.681	0.724	0.692

资料来源:根据 WTO World Trade Statistical Review 2020 数据计算而得。

3. 南非服务贸易的 TC 指数分析

第一,南非服务贸易的总体 TC 指数小于 0,表明国际竞争力处于劣势,但正逐步改善。

第二,南非在维修维护服务、旅行服务、金融服务和个人文化娱乐服务方面具有优势,并且优势总体处于增强的趋势,其中,金融服务、维修维护服务和个人文化娱乐服务的 TC 指数都在 0.7 以上,表明国际竞争力较强,此可能与南非这些服务部门对方开放相对滞后有关。

第三,南非运输服务、保险服务、通信/计算机/信息服务的国际竞争劣势不断恶化,而其他商业服务的国际竞争力劣势不断缩小;知识产权服务的国际竞争力相对平稳,但非常接近-0.9,表明国际竞争极弱,也凸显南非 R&D 投入力度和效果的不足(见表6-118)。

表 6-118　2011—2019 年南非服务贸易的 TC 指数

年份	2011	2012	2013	2014	2015	2016	2017	2018	2019
总体	-0.092	-0.035	-0.036	-0.006	-0.016	-0.020	-0.013	-0.016	-0.031
维修维护服务	0.600	0.684	0.813	0.835	0.784	0.706	0.750	0.860	0.837
运输服务	-0.429	-0.441	-0.426	-0.426	-0.446	-0.443	-0.466	-0.511	-0.511
旅行服务	0.286	0.421	0.459	0.493	0.467	0.470	0.460	0.451	0.455
保险服务	-0.331	-0.369	-0.400	-0.429	-0.438	-0.434	-0.437	-0.449	-0.442
金融服务	0.730	0.745	0.766	0.780	0.796	0.803	0.808	0.815	0.803
知识产权服务	-0.880	-0.883	-0.883	-0.874	-0.886	-0.896	-0.894	-0.875	-0.877
通信/计算机/信息	-0.178	-0.229	-0.257	-0.268	-0.294	-0.318	-0.288	-0.331	-0.331
其他商业服务	-0.212	-0.124	-0.159	-0.093	-0.062	-0.085	-0.019	0.007	-0.076
个人文化娱乐	0.649	0.756	0.725	0.758	0.828	0.833	0.755	0.761	0.700

资料来源:根据 WTO World Trade Statistical Review 2020 数据计算而得。

四、巴西的服务贸易发展分析

作为"金砖国家"成员,近年来巴西的服务业持续发展,服务业增加值占 GDP 的比重超过 60%,为服务贸易发展奠定坚实的产业基础(见表6-119)。

表 6-119　2011—2019 年巴西的服务业产值及占 GDP 的比重

(单位:十亿美元;%)

年份	2011	2012	2013	2014	2015	2016	2017	2018	2019
产值	1 506.10	1 447.90	1 475.80	1 504.40	1 122.90	1 134.50	1 295.50	1 170.30	1 147.00
比重	57.57	58.73	59.68	61.25	62.31	63.20	63.08	62.63	63.25

资料来源:根据 WTO World Trade Statistical Review 2020 数据计算而得。

(一) 巴西的服务贸易总量分析

第一,受国际经济形势和国际经贸关系的影响,自 2015 年开始,巴西的服务贸易出现回落,但经过短暂调整后,于 2017 年重拾升势,但稳定性有待观察。

第二,2011—2019 年,巴西的服务贸易一直保持逆差,但逆差额从 2015 年开始总体保持收窄态势,表明巴西的服务贸易出口发展态势好于进口(见表6-120、表6-121)。

表 6-120 2011—2019 年巴西的服务贸易发展情况

(单位:十亿美元;%)

年份	2011	2012	2013	2014	2015	2016	2017	2018	2019
出口	36.98	38.82	38.01	39.97	33.81	33.30	34.48	35.44	33.97
比重	12.62	13.79	13.57	15.08	15.03	15.24	13.67	12.90	13.24
进口	74.15	78.98	84.38	88.07	70.72	63.75	72.41	71.17	69.11
比重	23.83	25.28	25.19	26.91	28.31	30.77	31.49	27.40	27.29
进出口	111.13	117.8	122.4	128.04	104.53	97.05	106.88	106.6	103.1
比重	30.27	32.69	33.59	36.26	35.35	34.39	32.92	30.82	31.65

注:比重=服务出(进)口/[服务出(进)口+货物出(进)口]×100%;如未做特别说明,本章服务贸易数据按国际货币基金组织《国际收支和国际投资头寸手册》第六版(BPM6)进行统计和分析。

资料来源:UNCTAD. e-Handbook of Statistics Online 2020[EB/OL]. https://stats.unctad.org/handbook/, 2020-12-07.

表 6-121 2011—2019 年巴西的服务贸易差额

(单位:十亿美元)

年份	2011	2012	2013	2014	2015	2016	2017	2018	2019
差额	−37.17	−40.17	−46.37	−48.11	−36.92	−30.45	−37.93	−35.73	−35.14

资料来源:UNCTAD. e-Handbook of Statistics Online 2020[EB/OL]. https://stats.unctad.org/handbook/, 2020-12-07.

(二)巴西的服务贸易行业结构分析

巴西的服务业部门发展不平衡,致使服务贸易分行业结构过于集中:旅行服务举足轻重,一直占据主导地位,但通信/计算机/信息服务的贸易额和占比不断上升。

1. 巴西的服务贸易出口结构分析

第一,2011—2019 年,巴西的服务出口主要以其他商业服务为主,占比超过 45%,分行业集中度较高;其次是旅行服务、运输服务,三者合计占比近 80%。

第二,2011—2019 年,巴西的服务出口中,保险服务、金融务和知识产权服务的占比过低;通信/计算机/信息服务的占比也相对过低,服务贸易出口结构亟待多元化和优化。

第三,2011—2019 年,巴西的保险服务、知识产权服务和通信/计算机/信息服务的出口总体维持增长,占比有所提升,其他服务分行业出口金额都有所回落,占比有升有降(见表 6-122、表 6-123)。

表 6-122 2011—2019 年巴西的服务分行业出口额

(单位:十亿美元)

年份	2011	2012	2013	2014	2015	2016	2017	2018	2019
总额	36.98	38.82	38.01	39.97	33.81	33.30	34.48	35.44	33.97
维护维修	0.02	0.01	0.02	0.36	0.45	0.37	0.46	1.33	0.67

(续表)

年份	2011	2012	2013	2014	2015	2016	2017	2018	2019
运输服务	5.83	5.44	5.46	5.84	4.96	5.06	5.79	5.88	5.56
旅行服务	6.10	6.38	6.47	6.84	5.84	6.02	5.81	5.92	5.91
保险服务	0.51	0.54	0.47	0.67	0.99	0.78	0.69	0.54	0.97
金融服务	2.48	2.46	2.74	1.18	0.74	0.74	0.68	0.78	1.01
知识产权	0.30	0.28	0.37	0.38	0.58	0.65	0.64	0.83	0.64
通信/计算机/信息	0.52	0.73	0.71	1.45	1.57	1.80	2.19	2.62	2.53
其他商业	16.73	18.28	17.36	21.35	17.52	16.53	17.08	16.41	15.43
个人文娱	2.72	2.96	2.75	0.68	0.31	0.57	0.31	0.35	0.52

资料来源：UNCTAD. e-Handbook of Statistics Online 2020 [EB/OL]. https://stats.unctad.org/handbook/，2020-12-07.

表6-123　2011—2019年巴西的服务出口分行业构成

（单位：％）

年份	2011	2012	2013	2014	2015	2016	2017	2018	2019
维护维修	0.05	0.03	0.04	0.89	1.32	1.10	1.35	3.75	1.98
运输服务	15.78	14.02	14.35	14.62	14.66	15.19	16.79	16.58	16.36
旅行服务	16.48	16.43	17.03	17.12	17.29	18.09	16.85	16.71	17.41
保险服务	1.37	1.39	1.24	1.67	2.92	2.35	2.00	1.51	2.86
金融服务	6.70	6.34	7.22	2.94	2.19	2.22	1.97	2.19	2.98
知识产权	0.81	0.71	0.97	0.94	1.72	1.95	1.86	2.33	1.89
通信/计算机/信息	1.41	1.89	1.86	3.62	4.65	5.42	6.34	7.38	7.45
其他商业	45.25	47.09	45.67	53.42	51.83	49.64	49.55	46.30	45.41
个人文娱	7.36	7.62	7.22	1.70	0.93	1.71	0.91	0.98	1.52

资料来源：UNCTAD. e-Handbook of Statistics Online 2020 [EB/OL]. https://stats.unctad.org/handbook/，2020-12-07.

2. 巴西的服务贸易进口结构分析

第一，2011—2019年，巴西的服务进口主要以其他商业服务为主，占比近35％，其次是旅行服务、运输服务，三者合计占比近80％，分行业集中度与服务出口集中度大致相同。

第二，2011—2019年，巴西的服务进口中，金融服务和保险服务的占比相对过低，特别是金融服务，占比不足1％；知识产权服务和通信/计算机/信息服务的占比也相对过低，南非的服务贸易进口结构亟待多元化和优化。

第三，2011—2019年，巴西的知识产权、通信/计算机/信息服务进口总体维持增长，占比有所提升，其他服务分行业进口金额都有一定的回落，占比有升有降（见表6-124、表6-125）。

表 6-124 2011—2019 年巴西的服务贸易分行业进口额

(单位:十亿美元)

年份	2011	2012	2013	2014	2015	2016	2017	2018	2019
总额	74.15	78.98	84.38	88.07	70.72	63.75	72.41	71.17	69.11
维护维修	0.03	0.02	0.04	0.20	0.19	0.18	0.21	0.25	0.34
运输服务	13.80	13.84	14.83	14.54	10.62	8.79	10.77	12.04	11.47
旅行服务	20.80	22.04	25.03	25.57	17.36	14.50	19.00	18.27	17.59
保险服务	1.72	1.54	1.55	1.45	1.32	1.34	1.42	1.41	1.52
金融服务	1.64	1.69	1.43	0.99	1.02	0.89	0.70	0.48	0.66
知识产权	3.75	4.20	4.57	5.92	5.25	5.14	5.40	5.12	5.34
通信/计算机/信息	4.24	4.76	5.21	3.67	3.34	3.25	3.99	4.79	5.51
其他商业	24.69	27.54	28.09	31.33	28.80	26.51	28.02	25.76	24.10
个人文娱	0.34	0.22	0.30	2.22	0.97	0.86	0.86	0.81	0.55

资料来源:UNCTAD. e-Handbook of Statistics Online 2020[EB/OL]. https://stats.unctad.org/handbook/, 2020-12-07.

表 6-125 2011—2019 年巴西的服务贸易进口分行业构成

(单位:%)

年份	2011	2012	2013	2014	2015	2016	2017	2018	2019
维护维修	0.04	0.03	0.05	0.22	0.27	0.28	0.28	0.35	0.49
运输服务	18.61	17.52	17.58	16.51	15.02	13.79	14.87	16.91	16.60
旅行服务	28.05	27.90	29.66	29.03	24.54	22.74	26.24	25.66	25.46
保险服务	2.32	1.94	1.84	1.65	1.87	2.10	1.96	1.98	2.20
金融服务	2.21	2.13	1.70	1.13	1.45	1.39	0.97	0.67	0.96
知识产权	5.05	5.32	5.41	6.73	7.42	8.06	7.46	7.20	7.73
通信/计算机/信息	5.72	6.02	6.17	4.17	4.72	5.10	5.51	6.73	7.97
其他商业	33.29	34.87	33.29	35.57	40.73	41.58	38.69	36.20	34.87
个人文娱	0.45	0.27	0.36	2.52	1.38	1.34	1.19	1.14	0.79

资料来源:UNCTAD. e-Handbook of Statistics Online 2020[EB/OL]. https://stats.unctad.org/handbook/, 2020-12-07.

(三)巴西服务贸易的国际竞争力分析

虽然巴西的服务业产值占 GDP 的比重超过 60%,服务业发展水平相对高于国内制造业,但与其他国家相比,仍远远落后,导致其服务贸易国际竞争力极弱。

1. 巴西服务贸易的国际市场占有率分析

第一,巴西服务贸易的总体国际市场占有率低于 1%,近两年甚至低于 0.6%,表明巴西服务贸易的国际竞争力较弱,且国际竞争劣势不断加大。

第二,除其他商业服务的国际市场占有率超过1%以外,巴西其他分行业服务贸易的国际市场占有率都低于1%,特别是知识产权服务的国际市场占有率仅为0.2%,表明竞争力极度缺乏,此可能与巴西R&D的投入力度不足有关,2000—2016年,巴西R&D投入占GDP的比重仅1%—1.3%(见表6-126)。

表6-126 2011—2019年巴西服务贸易的国际市场占有率分析

(单位:%)

年份	2011	2012	2013	2014	2015	2016	2017	2018	2019
总体	0.83	0.84	0.78	0.76	0.68	0.65	0.62	0.59	0.55
维修维护服务	0.03	0.02	0.02	0.50	0.59	0.45	0.52	1.27	0.60
运输服务	0.65	0.59	0.58	0.59	0.55	0.58	0.61	0.57	0.54
旅行服务	0.57	0.58	0.54	0.55	0.49	0.49	0.44	0.41	0.41
保险服务	0.46	0.47	0.38	0.49	0.81	0.61	0.51	0.38	0.71
金融服务	0.59	0.59	0.61	0.25	0.16	0.16	0.14	0.15	0.19
知识产权	0.11	0.10	0.12	0.11	0.18	0.19	0.17	0.20	0.16
通信/计算机/信息	0.14	0.19	0.17	0.31	0.33	0.36	0.41	0.42	0.37
其他商业服务	1.79	1.87	1.66	1.85	1.59	1.44	1.37	1.22	1.10
个人人文娱服务	4.66	4.74	4.27	0.97	0.45	0.80	0.41	0.43	0.63

资料来源:WTO. World Trade Statistical Review 2020[EB/OL]. https://www.wto.org/english/res_e/statis_e/wts2020_e/wts20_toc_e.htm,2020-06-30.

2. 巴西服务贸易的RCA指数分析

第一,巴西整体服务贸易的RCA指数小于0.8,国际竞争力极弱,且总体处于下降的趋势。

第二,巴西其他商业服务的RCA指数位于0.8—1.25,表明具有中等的国际竞争力,但国际竞争优势正不断丧失。

第三,除其他商业服务外,巴西其他分行业服务贸易的RCA指数均低于0.8,国际竞争力极弱,特别是知识产权服务的RCA指数多年低于0.2,表明极度缺乏国际竞争力,且存在恶化趋势;虽然巴西保险服务、金融服务、其他商业服务和通信/计算机/信息服务的RCA指数位于0.2—0.4,高于知识产权服务,但都呈现出下降的趋势(见表6-127)。

表6-127 2011—2019年巴西服务贸易的RCA指数

年份	2011	2012	2013	2014	2015	2016	2017	2018	2019
总体	0.645	0.694	0.661	0.697	0.648	0.633	0.575	0.546	0.539
维修维护	0.025	0.016	0.021	0.457	0.567	0.434	0.481	1.181	0.589

（续表）

年份	2011	2012	2013	2014	2015	2016	2017	2018	2019
运输服务	0.503	0.487	0.490	0.536	0.527	0.564	0.561	0.526	0.527
旅行服务	0.445	0.474	0.461	0.502	0.466	0.474	0.405	0.385	0.400
保险服务	0.361	0.385	0.320	0.450	0.778	0.588	0.474	0.349	0.691
金融服务	0.463	0.482	0.521	0.227	0.155	0.157	0.129	0.139	0.189
知识产权	0.084	0.080	0.103	0.104	0.170	0.185	0.158	0.189	0.153
通信/计算机/信息	0.109	0.155	0.142	0.280	0.315	0.352	0.374	0.389	0.364
其他商业	1.395	1.535	1.410	1.694	1.528	1.390	1.267	1.136	1.075
个人文娱	3.623	3.893	3.640	0.887	0.431	0.777	0.375	0.399	0.615

资料来源：根据 WTO World Trade Statistical Review 2020 数据计算而得。

3. 巴西服务贸易的 TC 指数分析

第一，巴西服务贸易的总体 TC 指数小于 0，表明国际竞争力处于劣势，并不断恶化。

第二，巴西维修维护服务、金融服务具有优势且总体处于增强趋势，但都相对较弱。

第三，巴西其他商业服务的国际竞争劣势不断恶化，而运输服务、旅行服务、保险服务、知识产权服务、通信/计算机/信息服务的国际竞争力劣势不断缩小；知识产权服务的 TC 指数约 −0.8，表明国际竞争力极弱，也凸显巴西 R&D 投入力度和投入效果的不足（见表 6-128）。

表 6-128　2011—2019 年巴西服务贸易的 TC 指数

年份	2011	2012	2013	2014	2015	2016	2017	2018	2019
总体	−0.334	−0.341	−0.379	−0.376	−0.353	−0.314	−0.355	−0.335	−0.341
维修维护服务	−0.182	−0.333	−0.458	0.290	0.400	0.344	0.385	0.681	0.330
运输服务	−0.406	−0.436	−0.462	−0.427	−0.364	−0.269	−0.301	−0.344	−0.347
旅行服务	−0.547	−0.551	−0.589	−0.578	−0.496	−0.413	−0.532	−0.510	−0.497
保险服务	−0.545	−0.479	−0.532	−0.369	−0.144	−0.261	−0.347	−0.449	−0.221
金融服务	0.205	0.187	0.313	0.085	−0.160	−0.092	−0.018	0.236	0.209
知识产权服务	−0.851	−0.877	−0.851	−0.881	−0.801	−0.775	−0.788	−0.723	−0.786
通信/计算机/信息	−0.780	−0.733	−0.761	−0.435	−0.360	−0.286	−0.292	−0.293	−0.370
其他商业服务	−0.192	−0.202	−0.236	−0.189	−0.244	−0.232	−0.242	−0.222	−0.219
个人文化娱乐	0.780	0.864	0.802	−0.531	−0.512	−0.202	−0.468	−0.402	−0.029

资料来源：根据 WTO World Trade Statistical Review 2020 数据计算而得。

本章小结

1. 本章以美国、欧盟、日本和澳大利亚、韩国、新加坡、中国香港、墨西哥、印度、俄罗斯、南非、巴西等为例,对世界主要经济体服务贸易发展现状和国际竞争力进行分析,指出发达经济体整体处于服务贸易竞争优势地位,特别是新型服务业;发展中经济体是以运输、旅游等传统服务贸易为主,新兴服务贸易的比重较小,竞争劣势更为明显。世界服务贸易整体主要以欧美发达经济体为主,以周边经济体为辅,而其他经济体所占比重极低。

2. 由于经济发展所处的阶段、经济发展政策、服务业和服务贸易发展战略、经济开放程度、自然资源禀赋、人力资本与科学技术水平等方面存在差异,使得不同发达经济体的服务贸易发展存在明显差异,导致其服务贸易国际竞争力存在较大差距,其中,美国、欧盟服务贸易的国际竞争力处于明显优势,澳大利亚和日本则处于相对弱势,主要表现在服务贸易发展总量、国际市场占有率、服务贸易产品结构、国际竞争优势指数等存在较大差异。

3. 新兴工业化经济体的经济结构虽然还是以第二产业为主体,服务业产值和就业占国民经济总体的比重都低于发达国家,但也获得一定程度的发展。由于服务业发展相对滞后,使得这些经济体服务贸易的国际竞争力相对较弱。

4. 由于发展中经济体的经济发展水平低下、产业结构和服务业内部结构失调、人力资本要素禀赋稀缺、科学技术水平落后等原因,使得发展中经济体服务业和服务贸易发展滞后,服务贸易的国际竞争力低下,特别是技术、人力资本密集型的新型服务贸易更是处于国际竞争劣势,而在自然资源密集型、劳动密集型等传统服务贸易方面具有一定的国际竞争优势。发展中经济体虽然服务贸易的现实(静态)国际竞争力较弱,由于其经济与服务业处于持续发展阶段,其服务贸易的潜在(动态)国际竞争力正逐渐增强。

基本概念

1. 国际市场占有率

国际市场占有率是指一国某产品的出口贸易额占世界该产品出口贸易总额的比重。

2. 显性比较优势指数

显性比较优势指数又称相对出口绩效指数,是用来衡量一国某类产品的出口量占世界该类产品出口量的比重和该国总出口占世界总出口比重的相对值,反映一国该产品的相对出口比重。

3. 贸易竞争优势指数

贸易竞争优势指数又称贸易专业化系数、净出口比率指数,是某类产品净出口占总贸易额的比重。

4. 新兴工业化经济体

新兴工业化经济体是指工业迅速发展，产业结构变化显著，制成品占出口的比重迅速上升，经济发展速度较快，人均收入较高的发展中经济体。

5. 国家创新体系

国家创新体系指一个国家为提高创新效率整合创新要素所构成的社会网络，是涉及一国能否在竞争日趋激烈的世界格局中迎接挑战、跨越发展、后来居上、实现全面建设和谐社会的重大战略性问题，是有关提高技术开发、扩散、应用和商业化效率与效益的制度安排，涉及个人、企业、政府、大学、科研机构和社会中介服务机构等主体，具有促进技术进步和经济增长的功能。

6. 商贸服务

商贸服务是伴随离岸贸易大力发展而发展起来的服务业态，主要包括授权业务、会展、进出口贸易、航空运输、货运代理、速递、仲裁及调解、法律、商业咨询、市场调查等活动。

复习思考题

1. 简述美国、欧盟、日本和澳大利亚服务贸易的变动趋势。
2. 试析美国、欧盟、日本和澳大利亚服务贸易的结构分布。
3. 简述印度、俄罗斯服务贸易发展的特征和趋势。
4. 试析印度、俄罗斯服务贸易的结构分布。
5. 简述韩国、新加坡、中国香港和墨西哥服务贸易的变动趋势。
6. 试析韩国、新加坡、中国香港和墨西哥服务贸易的结构分布。
7. 运用相关国际竞争力指标比较分析某个经济体服务贸易的国际竞争力。

第七章

中国服务贸易的发展历程与政策分析

> **学习目标**
> - 了解我国服务贸易发展的主要特征、发展趋势。
> - 熟悉中国服务贸易的国际竞争力评价与分析。
> - 掌握中国服务贸易发展的影响因素及其影响路径。
> - 熟悉我国服务贸易发展的主要政策和战略。

当前,中国正大力推动服务贸易创新发展和新一轮对外开放,服务业积极主动参与全球价值链协作分工与重塑,服务贸易规模不断扩大,贸易结构不断优化,日益成为中国经济和外贸高质量发展的重要推动力之一。

第一节 中国服务贸易的发展历程分析

目前,我国人均 GDP 已超越 10 000 美元,处于后工业阶段的初期,服务业开始居于经济发展的主导地位(见表 7-1),即服务业产值占 GDP 的比重已超过 50%,逐步成为经济发展的主导力量,服务贸易的发展和服务贸易国际竞争力的提升日益得到重视。

表 7-1 2011—2019 年中国的服务业发展分析

(单位:亿元;%)

年份	2011	2012	2013	2014	2015	2016	2017	2018	2019
产值	216 120	244 852	277 979	308 083	346 178	383 374	425 912	469 575	534 233
比重	44.3	45.5	46.9	48.0	50.5	51.8	51.9	52.2	53.9

资料来源:中国国家统计局.中国统计年鉴和中国统计公报[EB/OL]. www.stats.gov.cn,2020.

2020年1—6月,中国第三产业增加值达 257 802.4 亿元,占 GDP 的比重达 56.5%,相比 2019 年年末提高 2.6 个百分点,已逐步进入服务型经济,推动服务贸易快速发展。

一、中国的服务贸易发展总体分析

(一)中国的服务贸易进出口总额分析

近年,中国的服务贸易发展迅猛,服务贸易额保持总体增长,占货物贸易与服务贸易总额的比重也基本上保持提高的趋势,但占比还是低于欧美等发达经济体,具有较大的发展潜力。

如表 7-2 所示,中国的服务贸易额逐年增大,服务贸易进出口占服务贸易和货物贸易总额的比重总体上升,表明我国的服务贸易增速高于货物贸易。

表 7-2 2011—2019 年中国的服务贸易发展情况

(单位:十亿美元;%)

年份	2011	2012	2013	2014	2015	2016	2017	2018	2019
出口	201.05	201.58	207.01	219.14	218.63	209.53	228.09	271.45	283.19
比重	9.58	8.96	8.57	8.56	8.77	9.08	9.15	9.84	10.18
进口	247.84	281.30	330.61	432.88	435.54	452.10	467.59	525.15	500.68
比重	12.45	13.40	14.50	18.10	20.59	22.16	20.23	19.74	19.42
进出口	448.89	482.88	537.61	652.02	654.18	661.63	695.68	796.61	783.87
比重	10.97	11.10	11.45	13.16	14.20	15.22	14.48	14.70	14.62

注:比重=服务出(进)口/[服务出(进)口+货物出(进)口]×100%;如未做特别说明,本章服务贸易数据按国际货币基金组织《国际收支和国际投资头寸手册》第六版(BPM6)进行统计和分析。

资料来源:UNCTAD. e-Handbook of Statistics Online 2020[EB/OL]. https://stats.unctad.org/handbook/,2020-12-07.

(二)中国的服务贸易进出口差额分析

由于我国的服务业发展相对滞后于货物贸易,导致我国服务贸易的国际竞争力相对较低,突出表现就是我国的服务贸易常年持续逆差。

表 7-3 显示,中国的服务贸易一直保持逆差,国际竞争力较弱;但贸易逆差在 2018 年达到峰值后开始趋于下降,表明近年来中国服务贸易的国际竞争力不断改善。

表 7-3 2011—2019 年中国的服务贸易差额

(单位:十亿美元)

年份	2011	2012	2013	2014	2015	2016	2017	2018	2019
差额	-46.8	-79.7	-123.6	-213.7	-216.9	-242.6	-239.5	-253.7	-217.5

资料来源:UNCTAD. e-Handbook of Statistics Online 2020[EB/OL]. https://stats.unctad.org/handbook/,2020-12-07.

(三) 2020年上半年中国的服务业贸易发展分析

2020年1—6月,我国的服务贸易总体规模下降,但仍呈现趋稳态势:我国的服务贸易进出口总额达22 272.8亿元人民币,同比下降14.7%;其中,出口9 127.9亿元,下降2.2%;进口13 144.9亿元,下降21.7%。

2020年1—6月,由于我国服务出口降幅趋稳,但进口降幅有所加大,出口降幅小于进口降幅19.5个百分点,带动服务贸易逆差下降46.1%至4 017.1亿元,同比减少3 440.1亿元。①

二、中国的服务贸易结构分析

中国的服务贸易发展滞后不仅表现在占货物贸易和服务贸易总额的比重较低,还体现在内部结构的相对滞后,即传统服务业比重较高,新兴服务业比重较低。

(一) 中国的服务贸易出口行业结构分析

第一,中国的服务出口以其他商业服务、通信/计算机/信息服务和运输服务为主,三者合计占比从2011年的52.7%上升至2019年的61.1%,上升8.4个百分点,行业集中度进一步提高。

第二,中国的服务出口中,运输服务、旅行服务等传统服务业的比重大幅下滑,从2011年的41.8%降至2019年的28.4%,下降13.4百分点,特别是旅行服务就下降11.9个百分点。

第三,中国的服务出口中,知识产权服务、通信/计算机/信息服务业等新兴服务业的比重大幅提升,从2011年的7.3%提升至2019年的21.3%,上升14个百分点,特别是通信/计算机/信息服务就上升12.1个百分点。

第四,中国的服务出口中,其他商业服务、金融服务和保险服务的占比总体相对稳定,如保险服务和金融服务分别上升0.9个和1个百分点,其他商务服务则下降2.2个百分点(见表7-4、表7-5)。

表7-4 2011—2019年中国的服务分行业出口额

(单位:十亿美元)

年份	2011	2012	2013	2014	2015	2016	2017	2018	2019
总额	201.10	201.60	207.00	219.10	218.60	209.50	228.10	271.50	283.20
维护维修	—	—	—	—	3.61	5.05	5.93	7.18	10.17
运输服务	35.57	38.91	37.65	38.24	38.59	33.83	37.10	42.31	45.97
旅行服务	48.46	50.03	51.66	44.04	44.97	44.43	38.80	39.47	34.46
保险服务	1.73	3.02	3.33	4.00	4.57	4.98	4.15	4.05	4.92

---

① 商务部.上半年我国服贸总额达2.2万亿元,加快制定跨境服务负面清单[EB/OL].www.yicai.com,2020-07-03.

(续表)

年份	2011	2012	2013	2014	2015	2016	2017	2018	2019
金融服务	0.85	1.89	3.19	4.53	2.33	3.21	3.69	3.48	3.90
知识产权	0.74	1.04	0.89	0.68	1.09	1.17	4.76	5.56	6.64
通信/计算机/信息	13.91	16.25	17.10	20.17	25.78	26.53	27.77	47.07	53.79
其他商业	56.37	51.02	57.24	68.90	58.40	57.90	61.54	69.92	73.25
个人文娱	0.12	0.13	0.15	0.18	0.73	0.74	0.76	1.21	1.20

资料来源：UNCTAD. e-Handbook of Statistics Online 2020［EB/OL］. https://stats.unctad.org/handbook/，2020-12-07.

表 7-5　2011—2019 年中国的服务出口分行业构成

(单位：%)

年份	2011	2012	2013	2014	2015	2016	2017	2018	2019
维护维修	—	—	—	—	1.65	2.41	2.60	2.65	3.59
运输服务	17.69	19.30	18.19	17.45	17.65	16.14	16.27	15.59	16.23
旅行服务	24.11	24.82	24.96	20.10	20.57	21.20	17.01	14.54	12.17
保险服务	0.86	1.50	1.61	1.82	2.09	2.37	1.82	1.49	1.74
金融服务	0.42	0.94	1.54	2.07	1.07	1.53	1.62	1.28	1.38
知识产权	0.37	0.52	0.43	0.31	0.50	0.56	2.09	2.05	2.35
通信/计算机/信息	6.92	8.06	8.26	9.21	11.79	12.66	12.17	17.34	18.99
其他商业	28.04	25.31	27.65	31.44	26.71	27.63	26.98	25.76	25.86
个人文娱	0.06	0.06	0.07	0.08	0.33	0.35	0.33	0.45	0.42

资料来源：UNCTAD. e-Handbook of Statistics Online 2020［EB/OL］. https://stats.unctad.org/handbook/，2020-12-07.

专栏 7-1

新支柱行业引领厦门服务贸易高质量发展

一、航空维修、融资租赁等新兴服务贸易兴起

经过长期的发展培育，厦门初步形成以旅行、运输和航空维修三大行业为主的服务贸易新格局，这三大行业占厦门市服务贸易总额超过八成。

航空维修服务业可以说是厦门市服务贸易最具特色的产业，目前已成为服务贸易的第三大行业，航空维修业产值约占国内航空维修产值的1/4，其中的80%为承接境外维修业务，是国内最大的"一站式"航空维修基地。航空维修业也由此成为厦门市重要的战略性新兴产业和重点发展的支柱产业。

此外，厦门市在游戏动漫、计算机服务、融资租赁等重点领域也异军突起，形成一批具有国际影响力的服务贸易品牌。在全国游戏服务出口30强中，位于厦门市的公司占3强。游戏产业涌现点触科技、梦加网络、四三九九、吉比特、酷游网络等一批领军企业。

二、疫情之下知识型服务贸易逆势上扬

受新冠肺炎疫情的影响,2020年1—6月,厦门市旅行和运输服务受冲击较大,但同时以计算机服务、文化出口为代表的知识密集型服务贸易逆势上扬。

面对来势汹汹的新冠肺炎疫情和全球贸易复杂环境,厦门外图集团有限公司作为文化"走出去"的重要平台,实现"逆势"突破,2020年1—6月,集团图书文化出口额度达331万美元,集团经营业绩6.05亿元人民币,同比增长17.6%;2020年7月,国家新闻出版署官网公布当月国产网络游戏审批信息,共有56款游戏过审。其中,酷游网络的《坦克纪元》、厦门雷霆的《炙热行动》、极致互动的《上古王冠》等7款是厦门企业运营的手游,这些精品游戏即将进一步走出国门,在国际化市场开拓出新的天地。

资料来源:吴广宁.厦门推动服务贸易创新发展[N].国际商报,2020-08-19.

(二)中国的服务贸易进口结构分析

第一,中国的服务贸易进口中,运输服务、旅行服务等传统服务业占据主体,两者合计从2011年的61.7%上升到2019年的71%,行业集中度进一步提升。

第二,中国的服务贸易进口中,运输服务、保险服务、其他商业服务的占比下降较大,2019年相对2011年分别下降11.5、5.8和9.9个百分点。

第三,中国的服务贸易进口中,旅行服务、通信/计算机/信息服务的占比上升较大,2019年相对2011年分别上升20.8和3.3个百分点。

第四,中国的服务贸易进口中,金融服务、知识产权服务的占比呈稳中有升的态势,2019年相对2011年分别上升0.2和0.9个百分点(见表7-6、表7-7)。

表7-6 2011—2019年中国的服务分行业进口额

(单位:十亿美元)

年份	2011	2012	2013	2014	2015	2016	2017	2018	2019
总额	247.80	281.30	330.60	432.90	435.54	452.10	467.60	525.15	500.70
维护维修	—	—	—	—	1.32	2.02	2.27	2.54	3.65
运输服务	80.45	85.86	94.32	96.16	85.34	80.58	92.95	108.32	104.72
旅行服务	72.59	101.98	128.60	227.30	249.80	261.10	254.80	276.90	250.74
保险服务	19.74	20.60	22.09	22.45	8.79	12.91	10.41	11.88	10.76
金融服务	0.75	1.93	3.69	4.94	2.65	2.03	1.62	2.12	2.47
知识产权	14.71	17.75	21.03	22.61	22.02	23.98	28.58	35.60	34.33
通信/计算机/信息	5.04	5.49	7.62	10.75	11.23	12.58	19.18	23.78	26.86
其他商业	49.21	42.35	47.33	40.74	39.54	43.43	42.85	47.29	49.78
个人文娱	0.40	0.56	0.78	0.87	1.89	2.14	2.75	3.39	4.07

资料来源:UNCTAD. e-Handbook of Statistics Online 2020[EB/OL]. https://stats.unctad.org/handbook/,2020-12-07.

表 7-7 2011—2019 年中国的服务进口分行业构成

(单位:%)

年份	2011	2012	2013	2014	2015	2016	2017	2018	2019
维护维修	—	—	—	—	0.30	0.45	0.49	0.48	0.73
运输服务	32.46	30.52	28.53	22.21	19.59	17.82	19.88	20.63	20.92
旅行服务	29.29	36.25	38.89	52.52	57.36	57.76	54.49	52.73	50.08
保险服务	7.96	7.32	6.68	5.19	2.02	2.86	2.23	2.26	2.15
金融服务	0.30	0.68	1.12	1.14	0.61	0.45	0.35	0.40	0.49
知识产权	5.93	6.31	6.36	5.22	5.06	5.30	6.11	6.78	6.86
通信/计算机/信息	2.03	1.95	2.31	2.48	2.58	2.78	4.10	4.53	5.36
其他商业	19.85	15.06	14.31	9.41	9.08	9.61	9.16	9.01	9.94
个人文娱	0.16	0.20	0.24	0.20	0.43	0.47	0.59	0.65	0.81

资料来源:UNCTAD. e-Handbook of Statistics Online 2020[EB/OL]. https://stats.unctad.org/handbook/,2020-12-07.

(三) 2020 年上半年中国的服务贸易分行业结构分析①

2020 年 1—6 月,我国的服务贸易进出口规模虽然有所下降,但结构却得到明显优化。

第一,我国的知识密集型服务进出口 9 744.3 亿元,增长 9.2%,占服务进出口总额的比重达 43.7%,提升 9.6 个百分点。

第二,我国的知识密集型服务出口 5 128.7 亿元,增长 9.7%,占服务出口总额的比重达 56.2%,提升 6.1 个百分点;出口增长较快的领域是知识产权使用费、保险服务、通信/计算机/信息服务,分别增长 37.2%、18.7%、15.2%。

第三,我国的知识密集型服务进口 4 615.6 亿元,增长 8.6%,占服务进口总额的比重达到 35.1%,提升 9.8 个百分点。

第四,我国的旅行服务进出口大幅下降,进出口额 5 580.8 亿元,下降 42.9%,其中,出口下降 45.0%,进口下降 42.6%,是导致服务贸易下降的主要因素。

三、中国服务贸易的国际竞争力分析

(一)中国服务贸易的国际市场占有率分析

世界贸易组织《2019 年全球贸易数据与展望》的报告显示:2018 年,中国的服务进出

---

① 商务部.上半年我国服务贸易总体呈现趋稳态势[EB/OL].www.hkwb.net,2020-07-03.

口总额占世界的比重为4.57%,世界排名第二,国际竞争力获得较大提升。①

第一,2011—2019年,中国服务贸易出口的国际市场占有率先降后升,总体保持稳中有升,2019年相对2011年提高0.11个百分点,但明显低于美国约10个百分点。

第二,我国的维修与维护服务、通信/计算机/信息服务的国际市场占有率相对较高,且提升速度较快,这主要得益于国内保税维修创新业务、5G技术、"互联网+"经济的快速发展。

第三,我国的运输服务、保险服务、金融服务、知识产权服务、个人文娱服务的国际市场占有率相对较低,但稳中有升,特别是金融服务的国际市场占有率不到1%,国际竞争力较弱。

第四,我国的旅行服务、其他商业服务的国际市场占有率适中,但趋于下降(见表7-8)。

表7-8　2011—2019年中国服务贸易的国际市场占有率

(单位:%)

年份	2011	2012	2013	2014	2015	2016	2017	2018	2019
总体	4.50	4.39	4.23	4.18	4.37	4.12	4.13	4.50	4.61
维修维护					4.78	6.21	6.66	6.88	9.11
运输服务	3.94	4.24	3.97	3.83	4.28	3.90	3.90	4.08	4.47
旅行服务	4.55	4.53	4.32	3.53	3.75	3.61	2.93	2.76	2.39
保险服务	1.58	2.62	2.64	2.94	3.76	3.86	3.10	2.84	3.59
金融服务	0.20	0.45	0.71	0.96	0.51	0.71	0.76	0.67	0.75
知识产权	0.27	0.37	0.29	0.20	0.33	0.34	1.27	1.37	1.62
通信/计算机/信息	3.72	4.19	4.03	4.27	5.40	5.35	5.16	7.54	7.93
其他商业	6.04	5.22	5.46	5.98	5.32	5.03	4.95	5.22	5.23
个人文娱	0.21	0.20	0.23	0.25	1.05	1.05	0.99	1.51	1.46

资料来源:WTO. World Trade Statistical Review 2020[EB/OL]. https://www.wto.org/english/res_e/statis_e/wts2020_e/wts20_toc_e.htm,2020-06-30.

(二)中国服务贸易的RCA指数分析

第一,中国服务贸易的总体和所有分行业RCA指数均小于0.8,表明我国的服务贸易无论是整体还是分行业的国际竞争力都较弱,而且服务贸易的整体国际竞争优势在减弱。

第二,中国的服务贸易中,维修维护服务、保险服务、金融服务、知识产权服务和通信/计算机/信息服务的RCA指数处于上升趋势,国际竞争力不断提升;其中,维修与维护服务、通信/计算机/信息服务的RCA指数提升较快,已超过或接近0.8,逐步具有中度国际竞争力。

---

① 詹小琦,林珊.中国服务贸易高质量发展研究[J].亚太经济,2020(7):109-118,151.

第三，中国的服务贸易中，运输服务、旅行服务、其他商业服务和个人文娱服务的RCA指数处于下降趋势，国际竞争力有所减弱；其中，旅行服务和其他商业服务的RCA指数下降速度较快（见表7-9）。

表7-9 2011—2019年中国服务贸易的RCA指数

年份	2011	2012	2013	2014	2015	2016	2017	2018	2019
总体	0.489	0.450	0.417	0.396	0.378	0.377	0.386	0.416	0.415
维修维护	—	—	—	—	0.414	0.569	0.622	0.636	0.820
运输服务	0.428	0.436	0.392	0.363	0.370	0.357	0.364	0.377	0.402
旅行服务	0.494	0.465	0.427	0.334	0.324	0.331	0.274	0.256	0.215
保险服务	0.172	0.269	0.261	0.278	0.325	0.353	0.290	0.262	0.323
金融服务	0.022	0.046	0.070	0.090	0.044	0.065	0.071	0.062	0.067
知识产权	0.029	0.038	0.029	0.019	0.029	0.031	0.119	0.127	0.146
通信/计算机/信息	0.404	0.430	0.398	0.404	0.467	0.490	0.482	0.697	0.714
其他商业	0.656	0.536	0.539	0.566	0.460	0.461	0.462	0.482	0.471
个人文娱	0.489	0.450	0.417	0.396	0.378	0.377	0.386	0.416	0.415

资料来源：根据WTO World Trade Statistical Review 2020数据计算而得。

（三）中国服务贸易的TC指数分析

第一，中国服务贸易的总体TC指数小于0，表明整体处于竞争劣势，国际竞争力较弱，但TC指数在经历一段时间的调整后，从2017年开始收窄，至2020年1—6月收窄至-0.18，表明中国服务贸易的整体国际竞争劣势逐步改善。

第二，中国的服务贸易中，维修与维护服务、金融服务、通信/计算机/信息服务、其他商业服务的TC指数大于0，表明具有国际竞争优势；其中，维修与维护服务、金融服务、其他商业服务的国际竞争优势逐步增强，而通信/计算机/信息服务的国际竞争优势在减弱。

第三，中国的服务贸易中，运输服务、旅行服务、保险服务、知识产权服务和个人文娱服务的TC指数小于0，表明处于国际竞争劣势；其中，旅行服务的国际竞争力劣势不断恶化；运输服务、个人文娱服务的国际竞争劣势相对保持稳定，而保险服务和知识产权服务的国际竞争劣势大幅改善（见表7-10）。

表7-10 2011—2019年中国服务贸易的TC指数

年份	2011	2012	2013	2014	2015	2016	2017	2018	2019
总体	-0.104	-0.165	-0.230	-0.328	-0.332	-0.367	-0.344	-0.318	-0.277
维修维护服务	—	—	—	—	0.464	0.428	0.446	0.478	0.471
运输服务	-0.387	-0.376	-0.429	-0.431	-0.377	-0.409	-0.429	-0.438	-0.390
旅行服务	-0.199	-0.342	-0.427	-0.675	-0.695	-0.709	-0.736	-0.750	-0.758

(续表)

年份	2011	2012	2013	2014	2015	2016	2017	2018	2019
保险服务	−0.839	−0.744	−0.738	−0.698	−0.316	−0.444	−0.430	−0.492	−0.372
金融服务	0.064	−0.010	−0.074	−0.043	−0.062	0.225	0.391	0.243	0.226
知识产权	−0.904	−0.889	−0.919	−0.942	−0.906	−0.907	−0.714	−0.730	−0.676
通信/计算机/信息	0.468	0.495	0.383	0.305	0.393	0.357	0.183	0.329	0.334
其他商业服务	0.068	0.093	0.095	0.257	0.193	0.143	0.179	0.193	0.191
个人文化娱乐	−0.530	−0.635	−0.684	−0.666	−0.443	−0.485	−0.568	−0.473	−0.546

资料来源：根据 WTO World Trade Statistical Review 2020 数据计算而得。

四、我国附属机构的服务贸易分析

服务贸易统计包括服务进出口统计（BOP 模式）和附属机构服务贸易统计（FATS 模式）。BOP 模式主要反映跨境交付、境外消费和自然人移动等三种模式。FATS 模式主要反映商业存在模式，分为内向和外向附属机构服务贸易。内向反映外资在华服务销售规模及我国服务业对外开放程度；外向反映中资在外国服务销售规模及外方服务业开放程度。

专栏 7-2

附属机构服务贸易

根据世界贸易组织的分类，国际服务贸易通常包括跨境交付、境外消费、商业存在以及自然人移动四种模式。

由于附属机构服务贸易（Foreign Affiliates Trade-FATS）与 GATS 模式三中的商业存在密切相关，对附属机构服务贸易的统计也日益受到世界各国的重视。

一、何为 FAT 服务贸易统计

附属机构服务贸易是国际服务贸易的重要组成部分。服务贸易统计包括服务进出口（BOP）和附属机构服务贸易，前者涵盖《服务贸易总协定》定义的跨境提供、境外消费和自然人移动三种模式，大多数国家开展统计并发布数据；后者针对商业存在模式，分为内向 FATS（相当于服务进口）和外向 FATS（相当于服务出口）。

《国际服务贸易统计手册》推荐各国可按照国际标准产业分类（ISIC）所述的业务，对跨国公司活动和 FATS 统计数据进行分类，并根据国际标准产业分类（ISIC）外国子公司类别（ICFA）进行分组。①

---

① 李钢，崔艳新.绘就服务贸易的"全景图"[N].国际商报，2017-07-07.

二、FATS服务贸易统计发展现状

通常,附属机构服务贸易的统计根据国际资本流动方向的不同,又分为内向型FATS统计和外向型FATS统计。附属机构服务贸易数据的采集、分类与汇总在各国都是统计的难点,由于两者针对的是不同的群体,因而在统计方法与数据获取手段上存在差别。其中,外向型FATS统计是针对一国母公司在国外的分支机构所开展的服务活动进行调查,因而信息获取的难度更大。自1977年起,美国就开始对附属机构服务贸易统计数据进行连续采集,统计调查采取基准调查、季度调查、年度调查相结合的形式,基准调查每五年进行一次,年度调查在非基准调查年度进行,并定期发布统计数据。日本对附属机构服务贸易的统计主要是依靠海外商业活动调查(外向型调查)和国外附属公司商业活动趋势调查(内向型调查)两种方式获得。这两项调查都由日本经济产业省(METI)负责,以调查问卷的方式每年进行一次。欧洲经济区(EEA)于2007年6月20日颁布"国外附属机构统计规定基本法律"(716/2007),欧盟统计局发布附属机构服务贸易建议手册,在手册中介绍了适用于FATS汇编的一般方法体系,以确保欧盟各成员国FATS数据彼此协调。欧盟成员国以及候选国每年须向欧盟统计局提供附属机构服务贸易相关统计数据。

附属机构服务贸易统计与服务进出口统计相结合,能够形成完整的服务贸易"全景图",更加全面地反映一国的服务贸易发展状况,系统地分析一国提供国际服务的能力和水平,对于建立健全科学系统的服务贸易统计制度,更加准确地研判服务贸易发展形势,更加有效地制定与实施服务贸易发展战略和政策具有重要意义。

三、中国FATS服务贸易统计的特点与意义

我国附属机构服务贸易统计数据的发布符合国际服务贸易统计规范。

根据《国际服务贸易统计监测制度》,我国附属机构服务贸易统计范围包括外国或地区的企业通过直接投资方式控制(直接投资者拥有50%以上的股权)的中国关境内企业在中国关境内实现的服务销售,即内向FATS;以及中国关境内的企业通过直接投资方式控制(直接投资者拥有50%以上的股权)另一国或地区企业而在该国或地区关境内实现的服务销售,即外向FATS。企业行业分类主要执行《国民经济行业分类》,接受调查的企业需填报销售收入总额、服务销售收入、从业人数、利润总额等指标,外向附属机构服务贸易的调查还需填报投资目的国所在地。

商务部在前期开展调查收集数据的基础上,连续多年发布附属机构服务贸易统计数据,标志着我国服务贸易"BOP+FATS"统计体系制度逐步走向完善和成熟。

资料来源:于佳欣.商务部首次发布附属机构服务贸易统计数据[EB/OL].www.gov.cn/xinwen/2017-06/26/content_5205739.htm,2017-06-26.

近年来,中国坚持全方位对外开放,不断推动贸易和投资自由化、便利化,服务业利用外资规模扩大,服务企业"走出去"步伐加快,附属机构服务贸易取得积极进展,在中国服务贸易中的地位进一步上升。

(一) FATS 服务贸易规模快速扩大

近年来,中国的 FATS 服务贸易规模发展迅速,2018 年,我国内向附属机构(境外直接投资者拥有 50%以上股权的在华/内地附属机构)服务销售总收入 76 392 亿元,同比增长 8.4%;外向附属机构(我国直接投资者拥有 50%以上股权的境外附属机构)服务销售总收入 73 755 亿元,同比增长 28.9%;内、外向附属机构服务销售总收入合计达 150 147 亿元,同比增长 17.6%,是 2018 年服务进出口总额的 2.9 倍(见表 7-11)。①

表 7-11 我国的服务贸易模式规模分析

(单位:亿元)

年份	BOP 模式			FATS 模式		
	出口	进口	总额	出口	进口	总额
2016	13 934	30 064	43 998	45 900	56 600	102 500
2017	15 407	31 584	46 991	57 219	70 472	127 690
2018	17 658	34 744	52 402	73 755	76 392	150 147

资料来源:商务部服贸司.中国附属机构服务贸易情况[EB/OL]. www.mofcom.gov.cn/article/ae/sjjd/202005/20200502962195.shtml,2020-05-07.

(二) FATS 内外向收入差距明显缩小

近年来,中国 FATS 模式下的内向服务业附属机构销售高于外向,表明中国服务业的开放已达到一定水平,同时也表明中国服务业对外提供能力有待进一步提升,发展空间广阔。但该差额已逐步缩小——2018 年,中国外向附属机构服务销售总收入的增幅比内向高 20.5 个百分点,内向与外向附属机构服务销售总收入的差额大幅缩小,仅为 2 637 亿元,比 2017 年净减少 10 616 亿元,降幅达 80%(见表 7-12)。

表 7-12 我国 FATS 模式下的服务贸易差额分析

(单位:亿元)

年份	2016	2017	2018
差额	−10 700	−13 253	−2 637

资料来源:根据表 7-11 数据计算而得。

(三) FATS 行业分布较为集中

2018 年,内向附属机构服务销售收入中,租赁和商务服务业销售收入 17 913.5 亿元,规模位列第一,同比增长 1.7%;销售收入和利润同比增幅最大的行业是金融业,分别增长 61.7%、50.6%,均明显高于其他行业,显示我国金融业对外开放进一步深化,外资金融机

---

① 商务部.2018 年中国内、外向附属机构服务销售收入同比增 17.6%[EB/OL]./www.jwview.com/jingwei/html/05-07/316818.shtml,2020-05-07.

构在华经营业绩较好;建筑业、住宿和餐饮业销售收入分别增长 26.0%和 23.4%。

2018 年,外向附属机构服务销售收入中,租赁和商务服务业销售收入 32 380.8 亿元,同比增长 37.8%;增长较快的行业是文化、体育和娱乐业,信息传输、软件和信息技术服务业,交通运输、仓储和邮政业,同比分别增长 241.6%、212.3%、54.4%。①

(四) FATS 贸易伙伴主要为发达国家(地区)

2018 年,中国内向附属机构服务销售收入排名前三位的国家和地区分别是中国香港、日本、新加坡,合计服务销售收入达 50 656.6 亿元,占内向附属机构服务销售收入的 66.3%,同比分别增长 7.0%、11.1% 和 8.4%;新加坡排名提升一位,超过英属维尔京群岛。

2018 年,中国外向附属机构服务销售收入排名前三位的国家和地区分别是中国香港、新加坡、英国,合计服务销售收入达 50 714.8 亿元,占外向附属机构服务销售收入的 68.8%,同比分别增长 40.0%、23.4% 和 16.2%。其中,中国香港在中国内、外向附属机构服务销售中均位列第一且占比过半,显示香港地区在中国附属机构服务贸易中仍占据重要地位。

第二节　中国服务贸易的发展趋势分析

2020 年以来,在全球陆续暴发新冠肺炎疫情,严重冲击服务贸易的发展。2020 年上半年,中国的服务贸易金额虽然有所下降,但总体呈趋稳态势,显示出韧性和活力。但境外疫情仍在蔓延,世界经济严重衰退,国际需求大幅萎缩,下半年中国服务贸易发展面临的形势依然严峻复杂。但也要看到,疫情对全球服务贸易格局和消费模式、消费习惯都将带来深远影响,服务贸易发展危中有机,中国服务贸易竞争力不断提升、长期向好的趋势没有改变。② 中国应从推动国内服务业发展、服务业对外开放深化、技术创新的加速和转化、物质资本的稳定投资、人力资本的培养、国内需求的培育、政策体系环境的逐步完善等方面保障和推动服务贸易发展。

一、服务业快速发展为服务贸易发展提供产业基础

(一) 中国的服务业增加值总额分析

2020 年 1—6 月,中国第三产业增加值达 257 802.4 亿元,占 GDP 的比重达 56.5%,相比 2019 年年末提高 2.6 个百分点,已逐步进入服务型经济,服务业结构也逐步优化(见

---

① 倪铭娅.2018 年我国内向附属机构服务销售收入中租赁和商务服务业销售收入规模位列第一[N].中国证券报,2020-05-07.

② 冯迪凡,高雅.服务贸易开放力度空前,数字贸易有望成新增长点[N].第一财经日报,2020-08-20.

表 7-13)。

表 7-13 2011—2019 年中国的服务业增加值分析

(单位:亿元;%)

年份	2011	2012	2013	2014	2015	2016	2017	2018	2019
产值	216 120	244 852	277 979	308 083	346 178	383 374	425 912	469 575	534 233
比重	44.3	45.5	46.9	48.0	50.5	51.8	51.9	52.2	53.9

资料来源:中国国家统计局.中国统计年鉴和中国统计公报[EB/OL]. www.stats.gov.cn,2020.

(二)中国的服务业分行业增加值分析

2020 年 1—6 月,服务业不同分行业的增加值同比增减各异,同比下降的有批发与零售业(−8.1%),交通运输、仓储与邮政业(−5.65),住宿与餐饮业(−26.8%),房地产业(−0.9%),租赁和商务服务业(−8.7%),同比增长的有金融业(6.6%),信息传输、软件与信息技术(14.5%)(见表 7-14)。

表 7-14 2014—2019 年中国的服务业分行业增加值

(单位:亿元;%)

年份	2014	2015	2016	2017	2018	2019
交通运输、仓储与邮政业	28 501	30 488	33 059	37 173	40 550	42 802
批发与零售业	62 424	66 187	71 291	77 658	84 201	95 846
住宿与餐饮业	11 159	12 154	13 358	14 690	16 023	18 040
金融业	46 665	57 873	61 122	65 395	69 100	77 077
房地产业	38 001	41 701	48 191	53 965	59 846	69 631
信息传输、软件与信息技术	15 940	18 546	21 899	26 401	32 431	32 690
租赁与商务服务业	15 276	17 112	19 483	21 888	24 427	32 933
科学研究与技术	12 251	13 480	14 591	16 199	—	—
居民服务、修理与其他	9 706	10 855	12 793	14 704	—	—
教育	21 160	24 253	26 770	29 918	—	—
文化、体育与娱乐业	4 275	4 931	5 484	6 648		

资料来源:中国国家统计局.中国统计年鉴和中国统计公报[EB/OL]. www.stats.gov.cn,2020.

二、服务业固定资产投资和吸引外资为服务贸易发展奠定资金基础

(一)我国的服务业固定资产投资分析

1. 中国的服务业固定资产投资总额分析

2011—2019 年,我国的服务业固定资产投资保持稳定增长,占全社会固定资产投资的比重持续提高,为我国服务贸易发展奠定资金基础(见表 7-15)。

表 7-15 2011—2019 年中国的服务业固定资产投资分析

(单位:亿元;%)

年份	2011	2012	2013	2014	2015	2016	2017	2018	2019
金额	163 365	198 022	242 090	282 003	311 980	345 837	375 040	375 324	375 775
比重	54.02	54.27	55.56	56.26	56.56	57.98	59.37	59.05	67.00
同比	21.10	21.20	20.80	16.90	10.60	10.90	9.50	5.50	6.50

资料来源:中国国家统计局.中国统计年鉴和中国统计公报[EB/OL]. www.stats.gov.cn, 2020.

2020 年 1—6 月,第三产业固定资产投资(不含农户)同比下降 1.0%,降幅比一季度大幅收窄 12.5 个百分点,且降幅显著低于全国(-3.1%)和第二产业(-8.3%)的降幅,占全国固定资产投资总额的比重提高。

2. 中国的服务业分行业固定资产投资分析

不同服务业分行业的固定资产投资趋势存在差异,固定资产投资持续高速增长的有信息传输、软件和信息技术,租赁与商务服务,教育,文化、体育与娱乐业,科学研究与技术等,服务贸易规模特别是出口规模持续增长,不断提升国际竞争力(见表 7-16)。

表 7-16 2015—2019 年中国的服务业分行业固定资产投资增速

(单位:%)

年份	2015	2016	2017	2018	2019
交通运输、仓储与邮政业	14.3	9.5	14.8	3.9	3.4
批发与零售业	20.1	-4.0	-6.3	-21.5	-15.9
住宿与餐饮业	5.1	-8.6	3.9	-3.4	-1.2
金融业	0.3	-4.2	-13.3	-13.1	10.4
房地产业	2.5	6.8	3.6	8.3	9.1
信息传输、软件与信息技术	34.5	14.5	12.8	4.0	8.6
租赁与商务服务业	18.6	30.5	14.4	14.2	15.8
科学研究与技术	12.6	17.2	9.4	13.6	17.9
居民服务、修理与其他	15.5	1.8	2.4	-14.4	-9.1
教育	15.2	20.7	20.2	7.2	17.7
文化、体育与娱乐业	8.9	16.4	12.9	21.2	13.9

资料来源:中国国家统计局.中国统计年鉴和中国统计公报[EB/OL]. www.stats.gov.cn, 2020.

2020 年 1—6 月,中国高技术服务业的固定资产投资同比增长 7.2%,其中,电子商务服务业、科技成果转化服务业分别增长 32.0%、21.8%,必将推动我国高技术服务贸易的发展。

(二)中国服务业利用 FDI 分析

拥有先进技术、管理经营经验的外资进入中国服务业,必将通过溢出效应促进国内服务业发展,从而提升国内服务的供给能力,推动服务贸易发展和国际竞争力提升。

1. 中国服务业吸引FDI总额分析

近年来,我国服务业成为吸引外资的主要产业,外资的大量进入,推动商业存在形式的服务贸易总额已远超国际收支统计口径下的服务进出口额,服务贸易为我国外贸平稳增长、经济结构转型升级作出了重要贡献(见表7-17)。

表7-17 2011—2019年中国服务业实际利用FDI分析

(单位:亿美元;%)

年份	2011	2012	2013	2014	2015	2016	2017	2018	2019
金额	591.70	583.80	674.40	753.40	826.97	863.70	916.30	893.30	985.99
比重	51.00	52.26	57.35	63.01	65.49	68.55	69.93	64.60	71.40

资料来源:中国国家统计局.中国统计年鉴和中国统计公报[EB/OL].www.stats.gov.cn,2020.

2020年1—7月,我国服务业吸引外资持续增长,占比进一步提高:全国实际使用外资5 356.5亿元(不含银行、证券、保险领域),同比增长0.5%;其中,服务业实际使用外资4 145.9亿元,同比增长11.6%,占吸收外资的比重达77.4%,占比进一步提高。

2. 中国服务业分行业吸引FDI分析

2020年1—7月,中国高技术服务业实际利用FDI同比增长27.4%,其中,信息服务、研发与设计服务、专业技术服务、科技成果转化服务同比分别增长22.2%、57.6%、166.8%和15.6%。① 此必将推动我国的服务贸易规模进一步扩大,服务贸易结构进一步提升(见表7-18)。

表7-18 2015—2019年中国服务业分行业实际利用外资额

(单位:亿美元)

年份	2015	2016	2017	2018	2019
交通运输、仓储与邮政业	41.86	50.89	55.88	47.27	45.32
批发与零售业	120.20	158.70	114.80	97.67	90.50
住宿与餐饮业	4.34	3.65	4.19	9.01	9.70
金融业	149.70	102.90	79.21	87.04	102.20
房地产业	289.90	196.60	168.60	224.70	234.70
信息传输、软件与信息技术	38.36	84.42	209.20	116.60	146.80
租赁与商务服务业	100.50	161.30	167.40	188.70	220.70
科学研究与技术	45.29	65.20	68.44	68.13	111.70
居民服务、修理与其他	7.21	4.90	5.67	5.62	5.43
教育	0.29	0.94	0.78	0.74	2.20
文化、体育与娱乐业	7.89	2.67	6.99	5.23	6.30

资料来源:中国国家统计局.中国统计年鉴和中国统计公报[EB/OL].www.stats.gov.cn,2020.

---

① 冯迪凡,高雅.全国首个外资投诉中心来了[J].中国外资,2020(10):12-13.罗珊珊.稳住外贸外资基本盘[N].人民日报,2020-08-14.

(三)中国服务业对外投资分析

随着"走出去"战略和"一带一路"倡议的深入推进,我国服务业对外投资也快速发展,已占据中国对外投资的主体,对服务业开拓海外市场和扩大服务出口,特别是外向附属机构服务贸易影响巨大(见表7-19)。

表7-19 2011—2019年中国服务业对外直接投资分析

(单位:亿美元;%)

年份	2011	2012	2013	2014	2015	2016	2017	2018	2019
金额	504.94	621.96	733.45	931.87	1 097.20	1 583.50	1 276.30	1 120.40	988.90
比重	67.64	70.83	68.01	75.69	75.32	80.73	80.63	78.33	72.23

资料来源:中国国家统计局.中国统计年鉴和中国统计公报[EB/OL].www.stats.gov.cn,2020.

此外,我国服务业对外投资中仍以租赁和商务服务业、批发和零售业为主,但金额和占比已呈现下降趋势,而信息传输、软件与信息技术服务以及科学研究与技术服务自2016年以来却稳步增长,将带动我国技术密集型服务贸易发展(见表7-20)。

表7-20 2015—2019年中国服务业分行业实际利用外资额

(单位:亿美元)

年份	2015	2016	2017	2018	2019
交通运输、仓储与邮政业	27.27	16.79	54.68	51.61	38.80
批发与零售业	192.20	208.90	263.10	122.40	194.70
住宿与餐饮业	7.23	1.63	−1.85	13.54	6.00
金融业	242.50	149.20	187.90	217.20	199.50
房地产业	77.86	152.5	67.95	30.66	34.20
信息传输、软件与信息技术	68.20	18.60	44.30	56.32	54.80
租赁与商务服务业	362.60	657.80	542.70	507.80	418.80
科学研究与技术	33.45	42.38	23.91	38.02	34.30
居民服务、修理与其他	15.99	54.24	18.65	22.28	16.70
教育	0.62	2.85	1.34	5.73	6.50
文化、体育与娱乐业	17.48	38.69	2.64	11.66	5.20

资料来源:中国商务部.中国对外直接投资公报(2012—2020)[EB/OL].www.mofcom.gov.cn,2020.

三、研发投入为服务贸易发展提供技术支持

当前,技术和创新已成为制约一国(地区)产业发展、国际竞争力提升和贸易发展的重要因素。我国持续稳定的研发投入和研发产出将为我国服务贸易的发展提供强大的技术

支撑(见表7-21)。

表7-21 2011—2019年中国的R&D投入规模与效果分析

(单位:亿元;万件)

年份	2011	2012	2013	2014	2015	2016	2017	2018	2019
R&D投入金额	8 69	10 30	11 85	13 02	14 17	15 68	17 61	19 68	21 74
占GDP的比重(%)	1.78	1.91	1.99	2.03	2.07	2.12	2.15	2.19	2.19
专利申请数	163.30	205.10	237.70	236.10	279.90	346.50	369.80	432.30	438.00
专利授权数	96.05	125.50	131.30	130.30	171.80	175.40	183.60	244.70	259.20
全球创新指数	—	—	—	46.57	—	—	52.54	53.06	54.82
排名	—	—	—	29	—	—	22	17	14

资料来源:中国国家统计局.中国统计年鉴和中国统计公报[EB/OL]. www.stats.gov.cn,2020.

四、人力资本将为我国服务贸易发展提供强大的人力支撑

当前,服务业日益转向人力资本和技术密集型,人力资本特别是高素质人力资本对于一国(地区)的服务业发展、服务贸易规模扩大和质量提升至关重要。日益增长的高素质劳动力将为我国服务业和服务贸易发展提供巨大的人力资源支撑(见表7-22)。

表7-22 2011—2019年中国教育发展情况分析

(单位:亿元;万人)

年份	2011	2012	2013	2014	2015	2016	2017	2018	2019
教育经费	23 869	28 655	30 364	32 806	36 129	38 888	42 562	46 135	50 175
研究生毕业生数	43.00	48.65	51.36	53.59	55.15	56.39	57.80	60.44	64.00
普通本专科毕业生数	608.20	624.70	638.70	659.40	680.90	704.20	735.80	753.30	758.50
平均受教育年限(年)	—	—	7.50	7.50	7.60	—	7.80	7.90	8.10

资料来源:中国国家统计局.中国统计年鉴和中国统计公报[EB/OL]. www.stats.gov.cn,2020.

五、强劲的消费需求将为我国服务贸易发展提供强大的需求支撑

(一)我国居民收入提高带动服务消费增长

随着经济发展、国民收入提高、恩格尔系数下降,我国国内对服务的需求逐渐增大并获得释放,为服务业发展、服务贸易增长和服务贸易国际竞争力提升提供强大的需求支撑(见表7-23)。

表 7-23 2013—2019 年中国服务需求潜力和消费情况分析

(单位:元)

年份	2013	2014	2015	2016	2017	2018	2019
人均可支配收入	18 311	20 167	21 966	23 821	25 974	28 228	30 733
人均消费支出	13 220	14 491	15 712	17 111	18 322	19 853	21 559
人均教育文化娱乐支出	1 398	1 536	1 723	1 915	2 086	2 226	2 513
人均交通通信支出	1 627	1 869	2 087	2 338	2 499	2 675	2 862
城镇恩格尔系数(%)	35.0	34.2	29.7	29.3	28.6	27.7	27.6
农村恩格尔系数(%)	37.7	37.8	33.0	32.2	31.2	30.1	30.0

资料来源:中国国家统计局.中国统计年鉴和中国统计公报[EB/OL]. www.stats.gov.cn,2020.

2020 年 1—6 月,中国居民的实际收入降幅收窄,全国居民人均可支配收入 15 666 元,同比名义增长 2.4%,增速比一季度加快 1.6 个百分点;扣除价格因素实际下降 1.3%,降幅收窄 2.6 个百分点。2020 年 1—6 月,全国居民人均消费支出 9 718 元,同比名义下降 5.9%,降幅比一季度收窄 2.3 个百分点;扣除价格因素实际下降 9.3%,降幅比收窄 3.2 个百分点。①

(二)我国货物贸易恢复性增长带动服务需求

我国货物贸易的持续增长也将对服务贸易,特别是运输、保险、其他商业服务、知识产权、金融等服务提出巨大的需求,推动服务业和服务贸易发展(见表 7-24)。

表 7-24 2011—2019 年中国货物贸易进出口发展情况分析

(单位:亿元)

年份	2011	2012	2013	2014	2015	2016	2017	2018	2019
出口	123 241	129 359	137 131	143 884	141 167	138 419	153 309	164 128	172 342
进口	113 161	114 801	121 038	120 358	104 336	104 967	124 790	140 880	143 162
总额	236 402	244 160	258 169	264 242	245 503	243 387	278 099	305 008	315 505

资料来源:中国国家统计局.中国统计年鉴和中国统计公报[EB/OL]. www.stats.gov.cn,2020.

2020 年 1—6 月,我国货物进出口好于预期,进出口总额 142 379 亿元,同比下降 3.2%;其中,一季度同比下降 6.5%,二季度同比下降 0.2%,下降幅度大幅收窄;2020 年 7 月份,我国货物贸易进出口同比增长 6.5%,延续 6 月份进出口增速双双"转正"的良好态势。②

---

① 国家统计局.第二季度 GDP 同比增长 3.2%[J].经济管理文摘,2020(7):1.
② 同上。

六、日益完善的基础网络设施为服务贸易发展奠定数字化基础

当前,服务贸易发展日益呈现出数字化、网络化、虚拟化特征,数字网络基础设施对服务业和服务贸易特别是数字服务业和服务贸易发展至关重要,我国日益完善和普及的基础网络设施将为服务业、服务贸易发展提供坚实的数字化基础(见表7-25)。

表7-25 2014—2019年中国网络基础设施情况分析

(单位:部/百人)

年份	2014	2015	2016	2017	2018	2019
移动电话普及率(%)	94.5	95.5	96.2	102.5	112.2	114.4
固定互联网宽带接入用户(万户)	20 048	25 947	29 721	34 854	40 738	44 928
移动互联网用户(亿户)	8.752	9.645	10.94	12.72	12.75	—
互联网普及率(%)	47.9	50.3	53.2	55.8	59.6	
移动互联网用户接入流量(亿GB)	20.62	41.88	93.79	245.9	711	1 220

资料来源:中国国家统计局.中国统计年鉴和中国统计公报[EB/OL]. www.stats.gov.cn,2020.

因此,随着中国服务业增加值规模增长和结构优化,服务业固定资产投资规模、利用FDI规模和对外投资规模不断扩大,研发投入规模和研发成果的显现,高素质人力资本的大量培育和供应,国内强劲需求的引导和促进,数字化、网络化基础设施的建设和完善,将为我国服务贸易规模扩张、结构优化、方式创新、国际竞争力提升提供强大支撑。

第三节 中国的服务贸易发展政策和战略分析

当前,制造业的服务化和服务的数字化、服务的外包化等进程不断加快,服务贸易在对外贸易乃至经济的总体发展中的地位和作用都越来越重要。中国坚持通过改革、创新和开放促进服务贸易发展,党的十九届四中全会提出:"实施更大范围、更宽领域、更深层次的全面开放,推动制造业、服务业、农业扩大开放""推动规则、规制、管理、标准等制度型开放";2020年的政府工作报告提出:"大幅缩减外资准入负面清单,出台跨境服务贸易负面清单"。

在这样的大背景下,商务部将扩大开放作为推动服务贸易发展的重点任务,提出坚持要素型开放与制度型开放相结合、开放与监管相协调、准入前与准入后相衔接的原则,有序拓展开放领域,推动取消或放宽对服务贸易的限制措施;探索制度开放路径,在试点地区重点围绕新兴服务业开放进行压力测试。全面深化服务贸易创新发展试点就是重要举

措之一。①

一、推进全面深化服务贸易创新发展试点战略②

深化服务贸易创新发展试点是党中央、国务院推进贸易高质量发展的重要部署,是新时期服务贸易高质量发展的重要支撑。

2016年2月25日,国务院批复同意在上海等15个地区开展服务贸易创新发展试点。

2018年6月8日,国务院批复同意深化试点,范围扩大至北京、雄安新区等17个地区。

2020年7月29日,国务院常务会议部署进一步扩大开放,稳外贸、稳外资,决定将服务贸易创新发展试点扩大到全国21个省份。新试点将围绕拓宽开放领域、提升便利水平改革探索,包括发展跨境商业医疗保险、推进中外合作办学、扩大技术进出口经营者资格范围、在常态化防控下加强旅游和体育国际合作等。

2020年7月31日,国务院服务贸易发展部际联席会议办公室下发《关于印发深化服务贸易创新发展试点经验和第二批"最佳实践案例"》的函。

2020年8月11日,国务院下发《国务院关于同意全面深化服务贸易创新发展试点的批复》,原则同意商务部提出的《全面深化服务贸易创新发展试点总体方案》。《全面深化服务贸易创新发展试点总体方案》是为贯彻落实党中央、国务院决策部署,做好全面深化服务贸易创新发展试点工作,进一步推进服务贸易改革、开放、创新,促进对外贸易结构优化和高质量发展,经国务院同意,由商务部制定的方案。

2020年8月12日,商务部印发《全面深化服务贸易创新发展试点总体方案》(商服贸发〔2020〕165号),为各试点地区全面深化试点工作绘就蓝图,标志着新一轮服务贸易创新发展试点工作按下开启键。③

(一) 深化服务贸易创新试点的区域范围④

新一轮深化服务贸易创新试点从原有的17个地区扩围至28个地区,具体为北京、天津、上海、重庆(涪陵区等21个市辖区)、海南、大连、厦门、青岛、深圳、石家庄、长春、哈尔滨、南京、杭州、合肥、济南、武汉、广州、成都、贵阳、昆明、西安、乌鲁木齐、苏州、威海和河北雄安新区、贵州贵安新区、陕西西咸新区等28个省市(区域)。

新增试点地区中有一半在中西部和东北老工业基地,进一步凸显新时期服务贸易在国家区域发展战略中的作用。第一,这是贯彻落实高质量建设"一带一路"、西部大开发、东北振兴等国家发展战略的需要;第二,近年来,中西部地区服务业和服务贸易发展步伐加快,具备制度创新基础和条件,这些试点地区有望成为中西部服务贸易发展的龙头,发

---

① 商务部.扩大服务领域对外开放是创新试点的重要探索方向[N].新民晚报,2020-08-19.
② 孟妮.全面深化服贸创新发展试点再进一步[N].国际商报,2020-08-14.
③ 张倪.我国服务贸易创新发展试点开启3.0时代[J].中国发展观察,2020(8):18-20.
④ 商务部.全面深化服务贸易创新发展试点总体方案[EB/OL].www.mofcom.gov.cn,2020-08-12.

挥示范引领作用,带动中西部整体服务贸易发展水平的提升。

(二)深化服务贸易创新试点的总体目标

通过全面深化试点,服务贸易深层次改革全面推进,营商环境更加优化,市场活力更加凸显;高水平开放有序推进,服务业国际化发展步伐加快,开放竞争更加充分;全方位创新更加深化,产业深度融合、集群发展,市场主体创新能力明显增强;高质量发展步伐加快,试点地区的先发优势更加突出,全国发展布局更加优化,有力促进对外贸易和经济高质量发展,为形成全面开放新格局、构建现代化经济体系作出贡献。

(三)深化服务贸易创新试点的基本原则

1. 坚持全面深化,拓展提升

适应服务贸易成为对外开放新动力、对外贸易新引擎的新形势,在前期工作的基础上,深化拓展试点范围和探索任务,优化完善服务贸易治理体系,全方位推进服务贸易创新发展。

2. 坚持深化改革,扩大开放

统筹国内国际两个大局,坚持以改革破解发展难题,赋予试点地区更大的改革自主权,推进简政放权、放宽市场准入;坚持以开放激活发展动力,突出试点作为服务领域开放平台的战略定位,推动更大范围、更宽领域、更深层次的开放。

3. 坚持创新驱动,加快转型

深入实施创新驱动发展战略,推进体制机制创新、模式创新、技术创新。结合行业特性分类施策,优化服务贸易发展的机制。大力发展新兴服务贸易,激发服务贸易发展新动能。

4. 坚持错位探索,整体协同

充分发挥试点地区的资源优势,推动错位竞争、多元发展,促进区域协同、全面发展。强化部门协作,合力保障和支持试点地区改革、开放、创新,推动形成机制性、系统化经验。

5. 坚持守住底线,防控风险

贯彻落实总体国家安全观,适应国内国际环境的深刻复杂变化,统筹发展和安全两件大事,坚持底线思维,主动防范化解风险,在疫情防控常态化条件下保障和推动服务贸易发展,稳步提升发展成效。

(四)深化服务贸易创新试点的主要任务

新一轮试点重点围绕推动服务贸易改革、开放、创新,提出三方面 8 项试点任务、122 项具体举措,比上一轮试点多 80 余项。

1. 全面探索完善管理体制

深入推进"放管服"改革,努力形成职能更加优化、权责更加一致、统筹更加有力、服务更加到位的服务行业与贸易管理体制:强化顶层设计。加强对服务贸易改革、开放、创新、发展重大事项的统筹协调。完善和强化地方服务贸易发展的统筹协调决策机制。优化行业管理。完善服务行业管理制度,加大对服务业与服务贸易改革、开放、创新的支持力度。探索下放行业管理和审批权限,率先推进放宽服务市场准入,进行压力测试,充分释放服务业和服务贸易的发展潜力。强化制度支撑。进一步完善地方政府服务贸易发展绩效评价与考核机制,为全国服务贸易工作考核探索成熟路径与模式。推进联动协作。率先探索出有利于科学统计、完善政策、优化监管的信息共享机制,加强统筹协调决策;逐步将有关服务贸易管理事项纳入国际贸易"单一窗口"。

2. 全面探索扩大对外开放

坚持要素型开放与制度型开放相结合、开放与监管相协调、准入前与准入后相衔接,从制度层面和重点领域持续发力,提升开放水平;有序拓展开放领域。对标国际高标准,在充分竞争、有限竞争类重点服务领域和自然垄断类服务领域的竞争环节,分别以全面取消、大幅放宽、有序放开为原则,推动取消或放宽对服务贸易的限制措施。探索放宽特定服务领域自然人移动模式下的服务贸易限制措施,探索允许境外专业人才按照有关要求取得国内职业资格和特定开放领域的就业机会,按照对等原则推动职业资格互认。探索制度开放路径。在试点地区重点围绕新兴服务业开放进行压力测试,推动有序放宽或取消相关限制措施。在重点服务领域率先探索适应新形势新需要的风险防范机制。提升开放发展成效。加大招商引资力度,在推动现代服务业开放发展上走在前列。

3. 全面探索提升便利水平

树立在发展中规范、在规范中发展的理念,坚持包容审慎原则,构建有利于服务贸易自由化、便利化的营商环境,积极促进资金、技术、人员、货物等要素跨境流动:推进技术流动便利化。研究完善技术进出口管理体制。加强知识产权保护和运用,建立完善支持创新的知识产权公共服务体系。推进资金流动便利化。加快推进人民币在服务贸易领域的跨境使用。完善外汇管理措施。推进人员流动便利化。探索与数字经济和数字贸易发展相适应的灵活就业制度与政策。推进签证便利化。健全境外专业人才流动机制,畅通外籍高层次人才来华创新创业渠道。充分利用数字技术、数字平台和数字贸易,为受新冠肺炎疫情影响的人员交流提供快捷顺畅的技术性替代解决方案。推动数字营商环境便利化。对标国际高标准高水平,探索构建与我国数字经济创新发展相适应、与我国数字经济国际地位相匹配的数字营商环境。在条件相对较好的试点地区开展数据跨境传输安全管理试点。

4. 全面探索创新发展模式①

努力形成有助于服务贸易业态创新的多元化、高效能、可持续发展模式和发展路径:推进区域集聚发展。服务共建"一带一路"、京津冀协同发展、粤港澳大湾区建设、长江三角洲区域一体化发展等国家发展战略,进一步发挥国家级新区、中国服务外包示范城市等平台作用,推动服务业和服务贸易集聚发展,鼓励各地方探索建设特色的服务出口基地,形成平台梯队。拓展新兴服务贸易集聚区域,推动服务贸易全方位布局和发展。拓展新业态和新模式。大力发展数字贸易,完善数字贸易政策,优化数字贸易包容审慎监管,探索数字贸易管理和促进制度。探索构建数字贸易国内国际双循环相互促进的新发展格局,积极组建国家数字贸易专家工作组机制,为试点地区创新发展提供咨询指导。推进数字技术对产业链、价值链的协同与整合,推动产业数字化转型,促进制造业和服务业深度

---

① 商务部.服贸创新试点再扩容[J].中国外包,2020(9):14-19.

融合,推动生产性服务业通过服务外包等方式融入全球价值链,大力发展寄递物流、仓储、研发、设计、检验检测测试、维修维护保养、影视制作、国际结算、分销、展览展示、跨境租赁等新兴服务贸易。对"两头在外"服务贸易的中间投入,在政策等方面探索系统化安排与支持。积极促进中外技术研发合作。推动传统领域转型。创新传统服务贸易的发展动能,优化消费环境,着力推动旅游、运输、医疗、教育、文化等产业的国际化发展,在疫情防控常态化条件下着力加强旅游、体育等领域的国际合作,积极发展入境游特别是中高端入境游,促进来华留学、就医和购物,提升生活服务业的国际化水平,引导消费回流,吸引入境消费。

5. 全面探索健全促进体系①

以高质量共建"一带一路"为重点,深化服务贸易对外交流与合作,推动建立政府市场高效协同、国内国外有机联动的服务贸易促进体系,支持和引导广大企业面向全球配置资源、拓展市场。强化促进平台——继续推进试点地区公共服务平台建设,探索建立区域性公共服务平台,提高服务效率;打造"中国服务"国家品牌,拓展贸易、投融资、生产、服务网络,创新对外投资方式,推动中国技术、中国标准、中国服务走出去;打造中国国际服务贸易交易会等重要展会平台。优化促进机制——推动试点地区与重点服务贸易伙伴加强合作;以共建"一带一路"国家为重点,探索建设一批服务贸易境外促进中心;更好发挥贸易促进机构、行业协会的贸易促进作用;探索基于服务贸易重点企业联系制度的贸易促进机制,及时收集企业诉求,协助开拓海外市场;提供更加国际化的商事纠纷解决便利。

6. 全面探索优化政策体系

适应服务贸易发展新形势、新任务,不断推进政策创新,推动建立系统性、机制化、全覆盖的政策体系:完善财政政策。创新公共资金对服务贸易发展的支持方式。充分利用现有资金渠道,积极开拓海外服务市场,鼓励新兴服务出口。进一步发挥好服务贸易创新发展引导基金等的作用,带动社会资本支持服务贸易创新发展和贸易新业态培育。拓展金融政策。拓宽服务进出口企业融资渠道,鼓励金融机构创新适应服务贸易特点的金融服务。支持扩大知识产权融资,发展创业投资。优化出口信贷和出口信保政策。运用贸易金融、股权投资等多元化金融工具,加大对服务贸易国际市场开拓的支持力度。

7. 全面探索完善监管模式②

探索符合新时期服务贸易发展特点的监管体系,在服务贸易高质量发展中实现监管职权规范、监管系统优化、监管效能提升:优化行业监管。确立分类监管的理念,聚焦旅游、运输、金融、教育、数字贸易、技术贸易、服务外包、专业服务等重点领域,在试点地区之间推进错位探索、共性创新、优化监管。探索监管创新的容错机制。加强监管协作。探索基于政府权责清单和政务信息共享的服务贸易监管框架。提升监管效能。推动建立以市场主体信用为基础的事中事后监管体系,运用"互联网+监管",推动加强服务行业领域诚信管理。进一步推进与全国信用信息共享平台、国家企业信用信息公示系统、信用中国网站的衔接,依法依规进行失信惩戒。

---

① 依琰.服务贸易成我国经济重要增长点[N].中国商报,2020-08-28.
② 冯其予,陈果.推动有序放宽或取消服贸限制措施[N].经济日报,2020-08-15.

8. 全面探索健全统计体系

推动完善服务贸易统计制度和方法,切实提升服务贸易统计的全面性、准确性和及时性:完善统计制度。完善服务贸易统计监测、运行和分析体系,健全服务贸易重点企业联系制度,提高重点监测企业的代表性。拓展统计范围。探索涵盖四种模式的服务贸易全口径统计方法。强化统计合力。探索建立系统集成、高效协同的政府部门信息共享、数据交换和统计分析机制,为试点成效评估建立数据支撑和科学方法。

(五)深化服务贸易创新试点的重要探索方向

扩大服务领域对外开放是创新试点的重要探索方向,也是本轮试点的一项重点任务。2020年8月19日,商务部新闻发布会透露,根据《全面深化服务贸易创新发展试点总体方案》安排,商务部将会同有关部门以新一轮深化服务贸易创新发展试点为平台和突破口,全面推进服务贸易改革、开放、创新,更加有力地推动经济转型升级和高质量发展。①

围绕这些探索方向,商务部会同有关部门在运输、教育、医疗、金融、专业服务等领域重点推出26项举措,主要包括以下三类。

1. 针对跨境交付和境外消费,进行开放压力测试

主要包括允许外国机构独立举办涉外经济技术展会、支持与境外机构合作开发跨境商业医疗保险产品等。

2. 针对自然人移动,探索放宽特定服务领域的限制性措施,推动职业资格互认,便利境外专业人才来华创新创业

主要包括允许符合条件的港、澳专业人士在海南、深圳、广州等试点地区提供工程咨询服务,开展与港、澳专业服务资质互认试点,探索整合外国人工作许可和工作类居留许可,便利外国人来华就业等。

3. 针对前述三种模式,鼓励试点地区进一步加强服务贸易国际合作

主要包括鼓励试点地区加强服务贸易国际合作,如积极推进教育、法律、金融等领域的国际合作,建设国际服务贸易合作园区等。

专栏7-3

新一轮深化服务贸易创新试点的简要评析

一、新一轮深化服务贸易创新试点有何特征②

新一轮试点在前两轮的基础上"全面深化",更加突出深层次改革、高水平开放、全方位创新,相应的政策举措内容更加丰富,涉及面更广。

---

① 谢雷鸣.服务贸易新一轮试点量更大、质更高[N].中国贸易报,2020-08-20.
② 孟妮.全面深化试点"质""量"齐升[N].国际商报,2020-08-20.

第一,更加注重在国家发展战略中布局推进服务贸易发展,主要体现在试点范围的设定、错位探索的结构性安排,特别是围绕京津冀、长三角、粤港澳等区域的产业链布局出台了一系列政策举措。

第二,更加注重在全面深化改革中完善服务贸易制度,如进一步推进服务领域"放管服",在管理体制、监管制度等多个方面推进优化服务贸易体制机制,激发市场活力。

第三,更加注重在扩大对外开放中提升服务贸易的竞争优势,进一步拓展开放领域,加快探索开放制度,优化有利于开放发展的营商环境。

第四,更加注重在激活发展动能上发力,推动服务贸易规模扩大、结构优化、质量提升,把握数字贸易的发展机遇,在试点地区全面推进数字贸易发展,既探索放松管制和准入,又探索完善监管制度和规范建设。

二、新一轮深化服务贸易创新试点的意义何在

试点工作要以供给侧结构性改革为主线,突出改革先行、开放先行、创新先行和高质量发展,深入探索服务贸易创新发展的体制机制,打造服务贸易发展高地,充分发挥服务贸易对稳外贸、稳外资的支撑作用,推动外贸转型升级和高质量发展,也将为全球服务贸易发展注入新动能。

第一,市场拓展机遇。全面扩大开放,促进形成大市场,推动形成以国内大循环为主体、国内国际双循环相互促进的新发展格局,为广大境内外服务提供者创造更广阔的市场空间。

第二,创新发展机遇。数字贸易、版权交易、在线教育等新兴服务出口成为新增长点,生产性服务业通过离岸外包和保税研发、保税检测等渠道更紧密、更高效地嵌入全球产业链、供应链,吸引境内外资源要素更充分地投入新业态、新模式。

第三,国际合作机遇。试点为中国与"一带一路"沿线国家和地区深化服务贸易合作提供了更广阔的空间,为全球服务贸易发展注入新动能。

三、新一轮深化服务贸易创新试点如何落实①

第一,探索体制机制创新。服务贸易创新发展试点的最大特点应是"创新"二字,试点地区应继续在体制机制方面大胆创新,突破发展瓶颈,为我国在服务贸易领域全面深化改革先行先试、积累经验。

第二,提升对外开放水平。试点地区应继续加大对外开放力度,降低准入门槛,提升跨境服务贸易三种模式的开放度,努力成为推动外向型经济发展战略和构建全面对外开放新格局的重要力量。

第三,推动数字贸易发展。我国数字经济实力较为雄厚,发展态势良好,这为数字企业开展国际合作奠定了良好的基础。试点地区应把握国际发展趋势,用好国家数字服务出口基地等平台,打造数字贸易的发展高地。积极推进展览业复苏创新,优化涉外经济技术展审批备案流程,大力推动网上办展,促进展会服务创新、管理模式创新。

---

① 商务部.扩大服务领域开放试点新推出 26 项措施[EB/OL]. http://finance.china.com.cn/news/20200819/5346099.shtml,2020-08-19.

第四,升级传统服务贸易。受疫情影响和部分国家贸易保护主义政策影响,旅行、运输、与货物相关的服务等传统服务贸易发展受阻,未来一段时间,其发展大概率仍将处在下降区间。试点地区应充分利用新一代信息技术,探索传统服务贸易新业态、新模式,推动其转型升级,提升国际竞争力。

第五,加大国际人才的引进力度。试点地区应率先加大国际人才的引进力度,在从业资格、出入境便利化、资质互认等方面进行创新和探索,筑巢引凤、招才引智,吸引更多国际高端人才来华兴业。

四、新一轮深化服务贸易创新试点的典型案例

青岛市将充分利用入选试点城市的历史机遇,制定出台全面深化试点实施方案,通过实施协同发展能级提升、知识密集型要素集聚、公共服务平台融合互动、工业互联网双向赋能等服务贸易创新发展工程,在改革管理体制、扩大对外开放、完善政策体系、健全促进机制、创新发展模式、优化监管制度等方面先行先试,进一步激发市场活力,为全国服务贸易创新发展探索路径,努力打造服务贸易创新发展高地。

在促进服务贸易创新发展工作中,厦门市积极布局谋划能带动服务贸易的创新发展模式:发展大数据应用与产业,出台《厦门市大数据应用与产业发展规划》和《厦门市促进大数据发展工作实施方案》,多维度扶持产业发展;积极发展工业互联网,制定《厦门市制造业与互联网融合发展五年规划》和《厦门市"企业上云"行动计划》,启动厦门市制造业与互联网融合发展示范工作,信息化指数、"两化"融合发展指数继续保持全国前列;推动"互联网+"与服务贸易各行业各领域深入融合,推动包括"互联网+零售业""互联网+物流业""互联网+服务业"等一批"互联网+"领域的深度融合。厦门市还在政策支持方面不断创新,发挥财政资金的杠杆引导作用,用足用好中央外经贸发展专项资金,鼓励技术进出口、承接离岸服务外包业务、建设和完善公共服务平台等。推动服务贸易出口纳入信用保险,全市已实现首单纯服务贸易出口信用保险,为服务贸易企业拓展国际市场保驾护航。积极落实技术先进型服务企业政策。出台《厦门市技术先进型服务企业认定管理办法》,积极落实技术先进型服务企业所得税按15%征收的政策。

资料来源:
1. 马刚.青岛打造服务贸易发展高地[N].国际商报,2020-08-19.
2. 孟妮.新一轮服贸创新发展试点蓝图绘就全面深化试点[N].国际商报,2020-08-20.
3. 吴广宁.厦门推动服务贸易创新发展[N].国际商报,2020-08-19.
4. 孟妮.深化服贸创新发展试点五点着力[N].国际商报,2020-08-10.

二、探索跨境服务贸易负面清单管理模式

(一)负面清单管理模式及其应用

"负面清单管理模式"是指政府规定哪些经济领域不开放,除了清单上的禁区,其他行业、领域和经济活动都许可,即"法不禁止皆可为"。

与负面清单相对应的是正面清单（Positive List），即列明企业可以进行投资的领域。凡是与外资的国民待遇、最惠国待遇不符的管理措施或业绩要求、高管要求等方面的管理措施，均以清单方式列明。这是负面清单管理模式在外商投资领域的运用。

在《服务贸易总协定》中，利用正面清单来确定覆盖的领域，负面清单则用来圈定在这些开放领域清单上，有关市场准入和国民待遇问题的限制，这种做法也被当下不少国家采用，从而有效利用正面和负面清单的手段，在开放市场的同时，保护部分敏感产业。①

（二）市场准入负面清单管理模式及其应用

市场准入负面清单制度是指国务院以清单方式明确列出在中华人民共和国境内禁止和限制投资经营的行业、领域、业务等，各级政府依法采取相应管理措施的一系列制度安排。市场准入负面清单以外的行业、领域、业务等，各类市场主体皆可依法平等进入。

目前，大多数国家均针对外商投资实行负面清单管理模式，少有在国内市场推行市场准入负面清单的尝试。我国将负面清单管理模式从外资引入内资市场准入领域是重大突破。

（三）上海自贸区率先探索跨境服务贸易负面清单管理模式②

2018年10月8日，上海市制定的《中国（上海）自由贸易试验区跨境服务贸易负面清单管理模式实施办法》和《中国（上海）自由贸易试验区跨境服务贸易特别管理措施（负面清单）》发布，标志着自贸试验区跨境服务贸易负面清单管理模式建立。

《中国（上海）自由贸易试验区跨境服务贸易负面清单管理模式实施办法》是全国第一部确定以负面清单模式对服务贸易进行管理的地方政府文件，内容主要包括：明确跨境服务贸易的定义；确立跨境服务贸易管理与开放的基本原则；建立负面清单管理模式；明确部门管理职责；明确规定试点开放领域应当配套的风险防范制度等。③

《中国（上海）自由贸易试验区跨境服务贸易特别管理措施（负面清单）》以国际化、透明度、开放度为标准，是全国第一张服务贸易领域的负面清单。

上海市率先探索跨境服务贸易负面清单管理模式，是一项立足上海、服务全国、对标国际的制度创新，有利于我国应对国际经贸格局，落实扩大开放的举措，提升服务贸易的竞争力。

（四）全国版首份跨境服务贸易负面清单将出台

2020年5月29日，在国务院新闻办吹风会上，国务院研究室党组成员孙国君称，年内将加快制定跨境服务贸易负面清单。跨境服务贸易负面清单是继外资准入负面清单后的又一重要制度型开放举措。出台跨境服务贸易清单，将有利于促使中国的服务贸易更

---

① 王静宇.要做到"管得住、放得开、松到位"[N].中国经济时报，2015-09-24.
② 杨联民，李刚.首份跨境服务贸易负面清单即将发布[N].中华工商时报，2018-10-8：1；佚名.全国自贸试验区跨境服务贸易负面清单出炉[EB/OL].www.xianjichina.com/news/details_85863.html，2018-10-10.
③ 孟妮.上海发布全国首张跨境服贸负面清单[N].国际商报，2018-10-12.

加透明、公平、开放,提高我国进口的整体质量,为我国更好地发展服务贸易奠定基础。①

2020年8月6日,商务部服贸司负责人在介绍2020年上半年服务贸易发展情况时表示,作为新一轮高水平开放的重点,在服务贸易监管方式方面,年内将出台首份全国版跨境服务贸易负面清单,并将在海南率先落地。

三、加快特色服务出口基地建设

(一)特色服务出口基地的内涵、类型

特色服务出口基地是指具有较好的服务贸易发展基础,并集聚一定数量新兴服务贸易重点领域的企业;或具有新兴服务贸易产业特色优势,对区域乃至全国服务贸易发展起示范带动作用的聚集区。具体包括如下三种类型。

1. 服务外包特色园区

服务外包特色园区是指在一定的区域范围内服务外包产业相对集中、离岸服务外包产业承接能力较强、示范引领效应明显的服务外包产业集聚区域。服务外包产业是指列入商务部"服务外包业务管理和统计系统"的业务类型。

2. 文化服务出口特色园区

文化服务出口特色园区是指文化服务出口产业相对集中、对外文化服务贸易基础较强、示范引领效应明显的产业集聚区域。文化服务出口产业是指列入《文化产品和服务出口指导目录》的新闻出版、广播影视、演艺娱乐、动漫创意、工艺美术、数字文化服务等领域。

3. 其他特色服务出口园区

其他特色服务出口园区(如数字服务出口基地、中医药服务出口基地等)是指旅游服务、技术服务、中医药服务、体育服务、教育服务、保险服务、金融服务、数字服务等某类新兴服务出口产业相对集中、发展基础较强、示范引领效应明显的产业集聚区域。

(二)特色服务出口基地的战略意义

创建特色服务出口基地对推进技术贸易、服务外包、文化贸易、数字贸易等具有特色的服务出口,形成具有国际影响力的服务贸易品牌具有重要意义。认定后的特色服务出口基地将进一步突出基地特色,积极发挥引领示范作用,从做好企业主体队伍培育、搭建公共服务平台等入手,带动区域乃至全国服务贸易的快速发展和产业的转型升级。

(三)特色服务出口基地的战略实施

2016年2月25日,《国务院关于同意开展服务贸易创新发展试点的批复》原则同意商务部提出的《服务贸易创新发展试点方案》,《试点方案》明确要求:"要确定一批重点发展的行业和领域,建设若干特色服务出口基地",从而拉开特色服务出口基地建设序幕。

---

① 田虎.我国今年制定出台跨境服务贸易负面清单[EB/OL]. http://js.people.com.cn/n2/2020/0529/c359574-34051158.html,2020-05-29.

2016年,山东省商务厅印发《山东省服务贸易特色服务出口基地认定管理办法(试行)》(鲁商字[2016]27号),明确特色服务出口基地的定义、类型、申报条件和申报程序。

2016年12月16日,山东省商务厅印发《关于认定山东省服务贸易特色服务出口基地的通知》(鲁商字[2016]143号),认定齐鲁软件园在内的17家基地为山东省服务贸易特色服务出口基地,并要求各服务贸易特色服务出口基地要突出各自的特色发展,积极培育企业主体队伍,加强基础设施建设,搭建服务贸易公共服务平台。

2018年3月28日,山东省商务厅下发《第二批山东省服务贸易特色服务出口基地名单》,认定山东宏济堂在内的12家基地为第二批山东省服务贸易特色服务出口基地;截至2018年3月底,山东省服务贸易特色服务出口基地已增至29家。

2018年6月8日,《国务院关于同意深化服务贸易创新发展试点的批复》原则同意商务部提出的《深化服务贸易创新发展试点总体方案》,《试点总体方案》明确提出:"发挥海关特殊监管区域政策优势,发展仓储物流、研发设计、检验检测、维修、国际结算、分销、展览等服务贸易,重点建设数字产品与服务、维修、研发设计等特色服务出口基地",以深化和加速特色服务出口基地建设进程。①

2019年5月10日,商务部办公厅、国家中医药管理局办公室发布《关于开展中医药服务出口基地建设工作的通知》,提出"到2025年,基地全国布局基本完成"的目标,并促使"公立中医药服务出口基地活力得到激发,社会办中医药服务出口基地力量进一步增强"。②

2019年11月9日,中共中央、国务院发布《关于推进贸易高质量发展的指导意见》,强调"推进文化、数字服务、中医药服务等领域特色服务出口基地建设"。

2020年1月6日,山东省济南市商务局发布《济南市服务贸易园区(基地)认定管理办法(试行)》(济商务字[2019]161号),其中的第五条明确:"在运输、旅行、建筑、保险和养老金服务、金融服务、电信计算机和信息服务、知识产权服务、个人文化和娱乐服务、维护和维修服务、加工服务以及其他商业服务等服务贸易领域认定市服务贸易园区(基地),重点在新兴服务贸易(除运输、旅行、建筑、加工服务以外的领域)、文化贸易、中医药服务贸易等领域进行认定"。

2020年4月,商务部会同中央网信办、工业和信息化部联合发布公告,认定中关村软件园、天津经济技术开发区、大连高新技术产业园区、上海浦东软件园、中国(南京)软件谷、杭州高新技术产业开发区(滨江)物联网产业园、合肥高新技术产业开发区、厦门软件园、齐鲁软件园、广州天河中央商务区、海南生态软件园、成都天府软件园等12个园区为国家数字服务出口基地,旨在加快数字贸易发展和数字技术应用,培育贸易新业态和新模式,加快发展数字服务出口,构建国际竞争新优势,实现服务贸易高质量发展。

---

① 商务部.国务院关于同意深化服务贸易创新发展试点的批复[RB/OL].中华人民共和国国务院公报.www.mofcom.gov.cn,2018-06-30.

② 孟妮.国家中医药服务出口基地建设启动[N].国际商报,2019-04-19.

2020年6月11日,第22届(网上)浙洽会分会国家数字服务出口基地浙江企业全球推介会在智慧e谷大楼举办,并发布国家数字服务出口基地公告,举办国家数字服务出口基地云揭牌仪式;其中,滨江物联网产业园获得首批国家级数字服务出口基地的称号。本次推介会通过国家级基地挂牌和企业推介,充分发挥基地领军企业的示范效应,以目标任务为导向,加快形成数字服务出口增量,培育数字服务新业态,提升技术、知识密集型和高附加值服务出口,全方位打造数字产业特色,彰显"数字滨江,国际滨江"。①

2020年8月11日,《国务院关于同意全面深化服务贸易创新发展试点的批复》原则同意商务部提出的《全面深化服务贸易创新发展试点总体方案》,《试点总体方案》明确提出:"推动服务业和服务贸易集聚发展,鼓励各地方探索建设特色服务出口基地,形成平台梯队",引导特色服务出口基地建设向平台化、梯队化、递进化方向发展。

四、举办中国国际服务贸易交易会

(一)中国国际服务贸易交易会的发展历程

为增强我国服务业和服务贸易的国际竞争力,充分发挥服务业和服务贸易在加快转变经济发展方式中的作用,2012年,党中央、国务院批准由商务部、北京市人民政府共同主办中国(北京)国际服务贸易交易会(京交会)。2019年更名为中国国际服务贸易交易会。

伴随着中国服务贸易的稳步发展,历经8年的精心培育和积淀,逐渐成长为全球服务贸易领域规模最大的综合性展会,全球影响力不断提升。2011—2019年,服贸会(京交会)成功举办六届,累计举办活动912场,吸引184个国家和地区、近300家国际组织和境外商协会、1万余家次参展企业、100余万人次客商参展参会,实现意向成交额5 293.3亿美元。

随着中国经济发展进入新时代,京交会的发展也进入提质升级的新阶段,2020年,中国国际服务贸易交易会的简称由京交会更名为服贸会,世界贸易组织、联合国贸易和发展会议、经济合作与发展组织等都成为交易会的共同支持方。因此,2020年服贸会举办是一次历史的新跨越,也意味着全新篇章的开启。

(二)中国国际服务贸易交易会的重大意义

从诞生之日起,服贸会就是我国服务业对外开放的重要窗口。作为全球服务贸易领域规模最大的综合性展会,服贸会与长三角地区以进口功能为主的进博会、珠三角地区以货物贸易为主的广交会共同构成新时期我国对外开放三大展会平台,是"中国制造"和"中国服务"全面发展、进口潜力和出口优势共同展现的全方位开放合作促进体系。②

近年来,服务贸易日益成为各国经贸合作的重点,是实现国内国际双循环的重要推动力量,服贸会既为国外优质服务进入中国国内市场提供新的渠道和平台,也是推动中国服

---

① 祝之君.浙江杭州:政企携手推进国家数字服务出口基地建设[EB/OL]. www.comnews.cn/article/local/202006/20200600051637.shtml,2020-06-11.

② 张钰梅.长风破浪会有时——写在2020年服贸会开幕之际[N].国际商报,2020-09-04.

务"走出去"提升竞争力的大舞台。2020年服贸会是新冠肺炎疫情发生以来中国举办的第一场重大国际经贸活动,将成为推进我国新一轮高水平对外开放的重要平台,将展示中国疫情防控和经济社会发展取得的显著成效,彰显中国坚定不移推进对外开放的信心和决心,释放中国坚持经济全球化、加强国际经贸合作的积极信号。①

专栏7-4

2020年中国国际服务贸易交易会

2020年9月4日—9日,为促进全球服务贸易交流、合作和发展,推动新型经济全球化,由商务部和北京市人民政府共同主办,世界贸易组织、联合国贸易和发展会议、经济合作与发展组织等共同支持的2020年中国国际服务贸易交易会(服贸会)在首都北京举办。

一、2020年服贸会创新主题和举办形式

本届服贸会的主题为"全球服务,互惠共享",采用线上线下相结合的方式,举办全球服务贸易峰会、展览展示和190场论坛及洽谈活动,来自148个国家和地区的国际组织、驻华使馆、境外商协会及机构、1.8万家企业机构、超过10万人参展参会,共襄盛举。

二、2020年服贸会国内外参展商云集

国际方面:据统计,148个国家和地区的33家国际组织、74家驻华使馆、110家境外商协会及机构、16 071家企业注册参展参会,服务贸易前30强国家和地区均有机构和企业参展参会。国际银行业联合会总裁海德薇格、亚洲基础设施投资银行副行长安周奇等20位国际组织负责人,巴西体育部部长、丹麦中央银行行长等10位部长级嘉宾将在线上参加行业大会和专业论坛活动。澳大利亚、爱尔兰等25位驻华大使线下参会。

国内方面:上海为主宾市,浙江、辽宁、广西、吉林、黑龙江、江苏、山东、河南、湖北、重庆、贵州等11个省为主题省。国资委、银保监会分别组建了中央企业交易团和中央金融企业交易团,全国31个省(自治区、直辖市)及新疆生产建设兵团组建了交易团,沈阳、厦门分别作为友好城市和计划单列市独立组团,北京市16个区和经济技术开发区组织本辖区企业组建交易团参展参会。

三、2020年服贸会展览活动升级

本届服贸会在国家会议中心、奥林匹克园区景观大道及周边搭建展馆举办,占地面积约20万平方米,展览活动突出"三个结合",即"综合+专题"的布展格局、"线上+线下"的办展办会方式、"室内+室外"的办展场景。

展览方面:整合北京市文博会、旅博会、金博会、冬博会、世界机器人大会等展会资源,采取1个综合展区、8个行业专题展和N个功能服务区的"1+8+N"新模式。综合展区位于国家会议中心,包括序厅、公共卫生防疫专区、国别和省(自治区、直辖市)专区

---

① 吴力.中国服贸高质量发展前途光明[N].国际商报,2020-09-04.

及企业专区,反映我国和世界服务贸易发展的新成就。专题展区位于室外场馆,重点打造文化服务、金融服务、冬季运动、旅游服务、教育服务、体育服务、服务机器人、5G通信服务等8个专题展。功能服务区主要提供洽谈、体验、餐饮等配套服务。截至2020年9月1日,参展企业总数达17158家,其中,线下参展2347家,线上参展4729家,客商及参会企业10082家。

论坛与展示方面:举办全球服务贸易峰会、展览展示和190场论坛及洽谈活动,包括4场高峰论坛(服务贸易开放发展新趋势、数字贸易发展趋势和前沿、跨国公司视角下的服务贸易便利化、世界旅游合作与发展大会)、116场行业大会和专业论坛(主要围绕服务贸易十二大领域前沿趋势、创新发展、国际合作、全球疫情防控、数字贸易等热点话题)、18场行业推介洽谈、29场境外国家和地区专题活动、18场省(自治区、直辖市)主题活动、5场晚间活动。境外嘉宾和参展客商以线上参展参会为主,境内各类主体以线下参展参会为主。

成果发布方面:设置专门发布厅,集中发布30余项权威报告、指数及榜单,发起组建10余个促进服务业和服务贸易发展的联盟及平台,60余家企业及机构将发布80余项成果,典型代表如《服务业:制度型开放促改革深化》《服务贸易:开放合作与创新发展》《新冠肺炎疫情影响下城市旅游业复苏振兴行动指南》《新冠肺炎疫情下世界旅游业恢复与发展报告》等。

四、2020年服贸会突出"三个服务""三个全新"

(一)坚持服务国家战略,"全新探索"助力双循环

2020年服贸会注重围绕坚持扩大内需这一战略基点,助力畅通国内国际双循环,在"一带一路"沿线国家服务贸易发展以及京津冀、长三角、大湾区等区域协同发展、激发创新内生动力及服务业扩大开放、服务贸易创新发展等国家战略方面设置专题,举办展览展示和论坛会议活动,积极推动落实国家战略。尤其在着力提高展会原创性产品、服务发布质量,着力提高展会国际化程度,着力为国际服务贸易规则协调对话搭建平台等方面积极行动,为国内国际服务贸易发展开拓更广阔的市场空间。

(二)坚持服务高质量发展,"全新赋能"促进转型升级

在高峰论坛、招商招展、成果发布、洽谈边会等7类活动策划时,致力于汇聚创新要素、集聚创新动能、培育创新体系,瞄准国际一流技术、标准、产品等,发挥展会平台的聚合作用,形成推动高质量发展、促进产业转型升级的积极力量。围绕"新基建"、人工智能、5G技术应用、大数据、服务机器人等科技创新,匹配全球范围内的应用场景;围绕金融科技融合发展、高技术赋能传统产业、数字经济力促转型等方面设置专门展区和论坛议题,为各类市场主体、行业产业协会未来发展提供全面的交流、展示、沟通机遇。

(三)坚持服务对外开放,"全新体验"突破时空服务全球

在全球服务贸易峰会上,一批国家对外开放新政策、新措施将首次发布,彰显我国扩大对外开放的步伐越走越实。在高峰论坛、行业论坛和洽谈边会等活动中,服务贸易12大领域一批新榜单、新指数、新成果等陆续发布,成为促进我国扩大开放、国际国内畅

通交流的全新平台。至下届服贸会举办前3个月,参展客商将免费使用服贸会数字平台的相关服务,实现在线供需对接、智能匹配项目,为中外展客商在线云洽谈、在线成果发布提供全新的科技体验,打造365天永不落幕的服贸会。

资料来源:孟妮.2020年服贸会升级再出发[N].国际商报,2020-09-04.

五、金融业开放步伐再加速战略

金融开放是新一轮高水平对外开放的重要内容。2018年以来,在国务院金融委的统筹协调下,人民银行、银保监会等部门先后宣布并推动实施了50余条具体开放措施,我国金融业对外开放的步伐明显加快。①

(一)金融业加速开放的体现

1. 大幅放宽外资金融机构准入

如彻底取消银行、证券、基金管理、期货、人身险领域的外资持股比例限制,大幅扩大外资金融机构的业务范围,降低资产规模、经营年限以及股东资质等方面的限制;逐步推进证券、基金行业对内对外双向开放,有序推进期货市场对外开放。数据显示,2018年以来,银保监会共批准外资银行和保险公司来华设立近100家各类机构。

2. 稳步推进金融市场开放

全面取消合格境外机构投资者(QFII)和人民币合格境外机构投资者(RQFII)投资额度限制;放宽境外机构投资者本外币汇出比例限制;在粤港澳大湾区开展"跨境理财通"业务试点;逐步放宽外资金融机构的准入条件,推进境内金融机构参与国际金融市场交易。

3. 深化人民币国际化改革

2020年4月公布的《中共中央国务院关于构建更加完善的要素市场化配置体制机制的意见》明确提出,稳步推进人民币国际化和人民币资本项目可兑换,推动人民币国际化进程。

(二)金融业加速开放带来的积极效应

扩大高水平对外开放,不仅是金融业自身发展的需要,也是推动中国经济高质量发展的必然要求,金融业开放加速也主推金融业、金融服务和服务贸易发展。

1. 引入竞争机制,推动金融业高质量发展

外资银行和保险公司为我国金融业注入新鲜血液,若能有效发挥"鲇鱼效应",必将促进我国银行业、保险业竞争力提升。

2. 提升服务水平,为实体经济发展创造更好的金融环境

2020年以来,人民银行、外汇局等有关部门推出一系列政策举措,为企业更好地利用国际国内两种资源、两个市场多渠道筹集资金提供便利,越来越多的产业企业走向国际市

① 吴秋余.金融业开放步伐明显加快[N].人民日报,2020-08-28.

场进行融资。2020年3月,我国扩大外债便利化额度试点政策,以帮助企业实现低成本融资。2020年5月21日,广州小马智行科技有限公司在国家外汇管理局广东省分局办理了外债签约登记,成功融入总额500万美元、借款期限5年的低成本资金,大大降低了融资成本。

3. 促进跨境贸易,支持中国企业拓展国际市场

推广人民币跨境结算,可以减少外汇汇兑成本,规避汇率风险,简化对外结算手续,缩短付款周期,助力企业更好地拓展国际市场。2020年5月,中国宝武钢铁集团下属宝钢股份与澳大利亚力拓集团完成首单利用区块链技术实现的人民币跨境结算,标志着中国宝武与全球三大铁矿石供应商之间都已经实现了铁矿石交易的人民币跨境结算,大大降低了中国宝武钢铁集团国际结算的汇率风险、汇兑成本和资金使用成本。

中国银行业协会《人民币国际化报告(2019—2020)》的数据显示:2019年,人民币跨境收付金额合计19.67万亿元,同比增长24.08%,其中,实收10.02万亿元,实付9.65万亿元,跨境人民币占本外币跨境收付的比重为39.51%,已连续9年为我国第二大国际收付货币。

2020年1—6月,人民币跨境收付金额合计12.67万亿元,同比增长36.33%,其中,收入6.31万亿元,支出6.36万亿元,人民币跨境收付继续保持平衡。截至2020年6月末,人民币在国际支付货币中的份额为1.76%,占本外币跨境收付的45%,人民币连续9年成为我国第二大跨境收支货币。①

中国人民银行《2020年人民币国际化报告》的数据显示:截至2019年12月,有超过70个境外央行或货币当局将人民币纳入官方外储。

4. 金融业海外业务拓展成效显著

金融业开放是双向的,在将境外金融企业"引进来"的同时,我国金融机构也积极"走出去",截至2020年7月底,中国境外已有14个市场落地约90个中国银联标准电子钱包产品,境外超过500万家商户可受理银联手机闪付或银联二维码。

(三) 2020年服贸会设立金融服务专题展区②

1. 突出"国际视角、多元立体、更接地气"的特征

2020年中国国际服务贸易交易会金融服务专题展区,包括国家金融管理中心展区、金融业支持全球服务贸易展区、未来金融与智慧金融展区、全球财富管理展区、金融业对外开放展区五大分展区,面积达6 555平方米,共有18个国家和地区的近150家金融机构参加线上线下展览,充分展现"国际视角、多元立体、更接地气"的特征。

2. 确立"新金融、新开放、新发展"的主题

2020年服贸会金融服务专题展的主题为"新金融、新开放、新发展",不仅展现在全球服务、互惠共享背景下具有中国特色的金融服务,还展示在疫情防控常态化阶段全球金融服务贸易的前沿趋势,在全球资产配置价值凸显的共识下全球资管机构和投资者面临的新机遇。

---

① 姜鹏,张强.人民币国际化的现状、问题及相关建议[J].国际工程与劳务,2021(3):58-60.
② 孟妮.用"新"见证金融服务业的前行[N].国际商报,2020-09-04.

3. 践行金融业"引进来""走出去"双向开放

2020年服贸会金融服务专题展是我国"不断吸引外资金融机构加速布局、促进金融业对外开放迈出新步伐"的实效举措：摩根士丹利、瑞银、德意志银行、渣打、大和证券、瑞穗银行等43家国际金融机构展示跨境金融综合服务，推介特色在华业务，推广金融服务贸易的全球化产品；中国进出口银行、中国人保、中国太平、中国信保等展示金融服务"一带一路"倡议、金融服务支持企业"走出去"发展外向型经济、参与国际贸易与投资贡献的中国智慧等，以突出新时期金融服务中国外贸转型升级和供给侧结构性改革的实践。

4. 云集全球智慧，共商全球前沿热点

2020年服贸会金融服务专题展举办中国国际金融年度论坛、全球PE北京论坛、中外金融机构高端对话FIN-TALK三场金融论坛，围绕"全球金融业创新与发展""全球经济格局对机构投资者的影响""加强国际金融合作、扩大金融业对外开放""数字金融时代的财富管理""数字金融时代的科技探索与金融创新"等话题展开研讨，为金融业带来最高研究水准和最具市场前瞻性的思考。

5. 展示金融科技，助力金融转型升级

作为数字经济基础设施的重要组成部分，金融科技在促进金融业转型升级、提质增效、赋能金融机构、激发经济活力等方面发挥重要作用。在专题展上，众多金融科技企业展示5G、物联网、区块链、虚拟现实、人工智能等技术与金融业的融合之道，推广线下零售、电子商务、医疗教育、消费金融、资产管理、公共服务、智慧城市等领域金融科技场景的应用。

（四）金融业加速开放的趋势

金融业对外开放是中国对外开放格局的重要组成部分，我国将继续坚持国际化、市场化、法治化的原则，主动有序地扩大金融业高水平开放——金融部门将确保各项已宣布的开放措施落地，推动全面落实准入前国民待遇加负面清单管理制度，实现制度性、系统性开放；同时，更加注重风险防控，加强宏观审慎管理，完善风控体系，结合中国国情，参考国际最佳实践，完善监管标准、会计准则等制度和规章，使监管能力和开放水平相适应。

专栏7-5

金融机构创新助力服务贸易发展

服务贸易企业普遍存在重业务、轻资产、缺乏抵质押物的特点，难从银行等金融机构获得充足资金，在很大程度上制约服务贸易企业提升竞争水平和抗风险能力。

在深化服务贸易创新发展试点中，针对服务贸易中小微企业融资难、融资贵这一痛点、难点、重点问题，多地金融机构开拓思维、多方出击，通过精准"画像"和运用大数据等技术手段，不断丰富小微企业金融服务方式和内容，中小微企业融资机会和可得性也大幅提高，给服务贸易企业发展带来惊喜，并取得显著的社会经济效益。

一、银行业创新助力服务贸易发展

中国人民银行广州分行牵头搭建广东省中小微企业信用信息和融资对接平台("粤信融"),通过强力推动全省中小微企业税务、市场监管、社保、海关、司法、科技以及水电气等数据集中,有效解决金融机构在发放贷款过程中存在的资料来源少、标准不统一、查询不便等问题,为精准评价企业信用等级夯实数据基础。截至2019年年末,"粤信融"累计采集省有关部门、21个地级以上市1 100多万家市场主体约3.6亿条数据信息。在此基础上,"粤信融"运用人工智能、大数据等技术,建立企业信用评价和评分体系,对企业进行"画像",帮助金融机构精准识别企业经营和信用情况,促进企业依靠良好的"信用记录"获得信贷资金。"粤信融"还快速提升银企融资撮合效率:广东1.36万家金融机构网点通过无成本接入"粤信融",发布信贷产品3 139个,比年初增长177%;企业在"粤信融"互联网统一界面可查看和比较不同金融机构的信贷产品,大大增加企业融资机会和可得性。截至2019年年末,该平台累计撮合银企融资对接6.02万笔、金额1.07万亿元。

重庆两江新区管委会联合国家信息中心、工商银行总行和数联铭品科技有限公司推出的"信易贷",不仅有效整合多方数据资源,还实行多方共担防控风险。针对注册、纳税关系在两江新区直管区范围内的中小微企业,两江新区、工商银行、数联铭品按照"7∶2∶1"的比例建立贷款本金损失共担机制。两江新区和数联铭品按照"87.5∶12.5"的比例设立前期3 000万元风险补偿基金,当风险补偿金达到累计发放贷款金额的3%和5%时,分别启动书面风险预警和暂停放贷处理。"信易贷"通过采取"政府主导、企业主体、专业支撑、多方参与、协同创新"的运营模式,以信用建设和普惠金融服务为核心进行的新尝试,有效完善两江新区多层次广覆盖的融资服务体系。截至2020年5月20日,"信易贷"储备企业412家,提交贷款申请的企业135家,申请总额4.9亿元,平台通过企业98家,意向金额3.7亿元。

武汉市联动中国建设银行推出"云税贷",最大特色是银税直连。税务部门主动共享企业真实可靠的纳税信息,银行根据纳税记录对企业经营能力及信用水平进行判断。只要满足一定的纳税条件,无需抵押担保,银行可为小微企业提供"纳税信用贷",实现以税换贷。"云税贷"按企业缴纳的增值税、企业所得税纳税额放大7—9倍贷款,纳税信用等级越高、缴税越多,贷款额度越高(最高为200万元),在一年的贷款期限里,企业随借随还,循环使用,很好地适应小微企业的融资需求。截至2019年年底,登记客户达13 595户,授信金额83.7亿元,贷款客户12 349户,贷款余额72亿元。通过建设银行电子渠道,"云税贷"还实行全流程网络系统化操作,实现在线申请、实时审批、签约、支用和还款的快捷自助贷款业务,最快3分钟即可到账,第一时间满足客户"小、频、急"的融资需求。

二、保险业创新助力服务贸易发展

服务贸易企业在"走出去"过程中经常遇到应收账款风险的防范问题,现有的应收账款保险产品对这类需求的适用性较差,大多针对货物贸易;且现有的一些保险产品门槛较高,投保成本也超出了中小企业的承担能力。鉴于此,保险机构积极加快服务创新步伐,推出一些针对性强的新产品。

南京市商务局与中国信保江苏公司签订《南京市服务贸易企业统保平台合作协议》，对注册地在南京市、2018年服务贸易出口收汇金额在50万—800万美元的企业，推出中小服务贸易企业统保平台，由中信保为中小服务贸易企业开发低费率、适用性保险产品，帮助中小服务贸易企业初步建立风控体系，逐步提升企业的竞争力。该统保平台第一年预计企业覆盖面可近20%，超出现有国家、省服务贸易企业投保政策性险种的覆盖面。

2019年8月，由太平洋财险四川分公司投资建设运营的全国首家国际生物医药保险超市在成都市高新区诞生，保险超市具备集成境内外生物产业全链条保险产品、形成境内外生物产业保险衔接机制和提供一站式保险服务三大功能，可为生物企业提供全链条、全周期的保险产品。通过保险超市提供的完善便捷的国际保险产品服务，企业可以在当地购买用于境外开展临床试验、境外实施物流运输所需要的保险产品，降低生物企业临床试验、生产、上市流通全生命周期的风险，免除企业的后顾之忧。地方政府也通过探索"政府＋保险＋企业"产业培育新模式，实现了为生物医药企业"保驾护航"。

资料来源：张钰梅.金融机构创新服务产品新意多[N].国际商报，2020-05-06.

本章小结

1. 本章对中国服务贸易的发展现状、国际竞争力、影响因素、发展政策和战略措施进行介绍和分析。

2. 受益于服务业发展、固定资产投资和利用FDI增长、对外投资扩张、人力资本培育加强、研发投入和科技进步、数字化网络基础设施建设和完善，我国服务贸易发展态势良好——服务贸易规模扩大、服务贸易模式和行业结构不断优化、服务贸易的国际竞争力不断提升。

3. 未来，我国将通过深化服务贸易创新发展试点、探索服务贸易负面清单管理模式、建设特色服务贸易出口基地、加速重点行业双向开放、举办国际服务贸易交易会等战略，推动服务贸易在扩规模的基础上实现高质量发展。

基本概念

1. 内向附属机构服务贸易

内向附属机构服务贸易反映外资在某经济体境内的服务销售规模及该经济体的服务业开放程度，相当于该经济体的服务进口。

2. 外向附属机构服务贸易

外向附属机构服务贸易反映某经济体在境外的服务销售规模及境外服务业开放程度，相当于该经济体的服务出口。

3. 负面清单管理模式

负面清单管理模式是指政府规定哪些经济领域不开放,除了清单上的禁区,其他行业、领域和经济活动都许可。

4. 市场准入负面清单制度

市场准入负面清单制度是指国务院以清单方式明确列出在中华人民共和国境内禁止和限制投资经营的行业、领域、业务等,各级政府依法采取相应管理措施的一系列制度安排。市场准入负面清单以外的行业、领域、业务等,各类市场主体皆可依法平等进入。

5. 特色服务出口基地

特色服务出口基地是指具有较好的服务贸易发展基础,并集聚一定数量的新兴服务贸易重点领域的企业或具有新兴服务贸易产业特色优势,对区域乃至全国服务贸易发展起示范带动作用的聚集区。

6. 文化服务出口特色园区

文化服务出口特色园区是指文化服务出口产业相对集中、对外文化服务贸易基础较强、示范引领效应明显的产业集聚区域。

复习思考题

1. 简述中国服务贸易发展的特点。
2. 简述中国服务贸易发展的影响因素。
3. 简述全面深化服务贸易创新发展的基本原则。
4. 简述全面深化服务贸易创新发展的主要任务。
5. 简述服务贸易负面清单管理模式的主要特征和主要意义。
6. 简述金融业深化对外开放战略对中国服务贸易发展的影响。
7. 简述中国附属机构服务贸易发展的特点。
8. 运用相关国际竞争力指标分析、比较中国服务贸易的国际竞争力。

第八章 国际运输服务贸易

学习目标

- 掌握运输服务贸易的基本概念、特点和主要类型。
- 了解国际运输服务贸易发展的现状及市场格局。
- 熟悉海上运输服务贸易的主要业务方式。
- 了解其他运输服务方式。
- 理解我国运输服务贸易及海运服务业的发展现状及存在的问题。

运输服务贸易的发展一直受到各个国家的关注,这不仅仅因为运输业是一国的基础产业,更重要的是作为国际商品贸易的桥梁和纽带,它是国际商品贸易业务过程中必不可少的重要环节之一。一国运输业的发展程度极大地决定了该国运输服务贸易的发展状况。运输服务贸易源于商品贸易,在全球经济一体化的背景下,商品贸易持续的高增长势必带动运输服务贸易的发展。自20世纪末以来,全球运输服务贸易呈现稳步发展的态势,1995年全球运输服务贸易出口总额为3 080亿美元,2017年达到9 315亿美元,可见国际运输服务贸易在国际服务贸易中占有举足轻重的地位。①

第一节 国际运输服务贸易概述

一、国际运输服务贸易的概念和特点

(一)国际运输服务贸易的概念

运输服务贸易是指以运输服务为交易对象的贸易活动,以实现货物或人在空间上的位移。

---

① 数据来源:http://www.istis.sh.cn/list/list.aspx?id=13032。

按运输的对象，运输服务贸易可分为货物运输服务贸易和旅客运输服务贸易；按照贸易主体的性质，可分为国际运输服务贸易和国内运输服务贸易。本章仅讨论国际运输服务贸易。

国际运输服务贸易主要是指以国际运输服务为交易对象的贸易活动，是不同国家的当事人之间所进行的，由一方向另一方提供运输服务，以实现货物或旅客在空间上的跨国境位移，由另一方支付约定的报酬的交易活动。①

（二）国际运输服务贸易的特点

首先，国际运输服务贸易派生于商品贸易。商品贸易是运输服务贸易的本源，国际运输服务贸易是为国际商品贸易服务的。商品贸易产生于运输服务贸易之前。以海运服务为例，起先，海上运输是与商品贸易活动结合在一起的，没有独立的运输服务业。当时，商人拥有自己的船舶或船队，用来贩运商品，而且商人往往随船同到商品的销地，在那里开展商务活动。这就是航运史上的"商人船主"时期。第一次产业革命之后，生产力空前发展，贸易活动的规模越来越大，范围越来越广，同时，造船技术和航海技术也空前提高。在这样的条件下，海上运输活动逐渐从贸易活动中分离出来，形成独立的海运服务业，即专业航运，这样就出现了海运服务贸易，所以，商品贸易和技术发展到一定阶段，便出现了运输服务贸易。

其次，国际运输服务的提供者不生产有形产品，也就无产品可以储存，能储存的只有运输能力。

再次，在国际运输服务贸易中，中介人或代理人在贸易活动中扮演着极其重要的角色。运输服务的需求者是托运商品的贸易商、其他托运人或运输服务需求人，运输服务的提供者是拥有船舶、火车、汽车、飞机等运输工具并能按客户的要求将货物从起运地运至目的地的承运人。在国际运输服务贸易中，中介人或代理人的活动非常活跃，发挥着很重要的作用。

在国际货物运输中涉及的运输方式很多，有海洋运输、航空运输、铁路运输、河流运输、邮政运输、公路运输、管道运输、大陆桥运输以及由各种运输方式组合而形成的多式联运等。其中，海洋运输在国际运输服务贸易中占有重要的地位，大约80％以上的货物是通过海洋运输进行的。海洋运输之所以被广泛地运用，是因为它有明显的优点，即可通过的能力大、受道路和轨道的限制少、载运量较其他运输方式大、所需动力和燃料消耗较其他运输方式省。海洋运输虽有上述优点，但它的不足之处是受自然条件影响大，运输速度较其他运输方式慢，风险较大。特别是一些急需的商品，一般不宜采用这种运输方式。

二、国际运输服务贸易的主要类型

运输行业属于服务业的范畴，其有关的国际服务贸易受WTO《服务贸易总协定》的约束。根据该协议的分类，运输服务包括海运服务、内河服务、空运服务、空间服务（包括航天发射以及运输服务，如卫星发射）、铁路运输服务、公路运输服务、船舶服务（包括船员

---

① 王海文.国际服务贸易[M].清华大学出版社，北京交通大学出版社，2019：157.

雇用)、管道运输(包括燃料运输和其他物资运输服务)和所有运输方式的辅助性服务(包括货物处理服务、存储与仓库服务、货运代理服务及其他辅助性服务等)。

三、国际运输服务贸易概况

(一) 国际运输服务贸易的发展态势

国际运输服务贸易是服务贸易中极为重要的类别,在服务贸易中占有非常重要的地位。从图 8-1 可以看出,2005—2018 年,国际运输服务贸易进出口额都呈稳步增长的态势,其中,出口额从 2005 年的 5 700 多亿美元增长到 2018 年的 1 万多亿美元,进口额在 2018 年也超过了 1.2 万亿美元。随着全球科技产业化浪潮的不断发展,国际服务贸易正逐渐由以自然资源或劳动密集型为基础的传统服务贸易向以知识技术密集型或资本密集型为基础的现代服务贸易转化,这使得运输服务贸易在国际服务贸易中的比重不断下降。由图 8-2 可以看到,国际运输服务贸易出口额在国际服务贸易出口总额中的比重由 2005 年的 22.2%下降到 2018 年 17.6%。同样地,国际运输服务贸易进口额在国际服务贸易进口总额中的比重也稳中有降,从 2005 年的 27%下降至 2018 年的 22.2%。

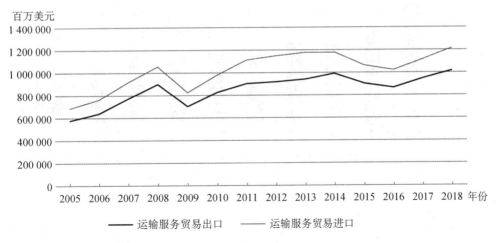

图 8-1　2005—2018 年国际运输服务贸易进出口额

资料来源:WTO 数据库。

(二) 国际运输服务贸易的市场格局

图 8-3 列出了 2015 年全球运输服务贸易出口 10 强,分别是美国、德国、新加坡、法国、英国、中国、丹麦、荷兰、日本、韩国,这 10 个国家的运输服务贸易出口总金额约占全球运输服务出口的 51.21%。图 8-4 则列出了 2015 年全球运输服务贸易进口 10 强,依次为美国、中国、德国、印度、法国、新加坡、阿联酋、日本、英国、韩国,其运输服务贸易进口总金额约占全球运输服务进口的 48.78%。显然,发达国家仍占有绝对优势,它们依然是国际运输服务贸易的主体。

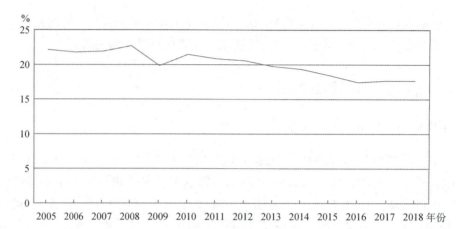

图 8-2　2005—2018 年运输服务贸易出口在服务贸易总出口中的比重

资料来源：WTO 数据库。

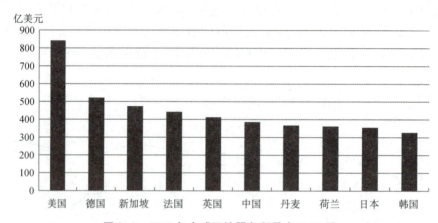

图 8-3　2015 年全球运输服务贸易出口 10 强

资料来源：WTO 数据库。

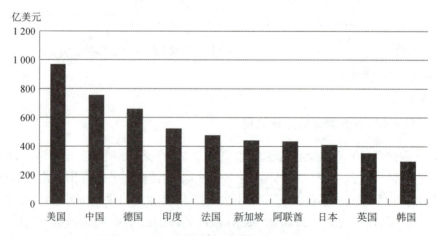

图 8-4　2015 年全球运输服务贸易进口 10 强

资料来源：WTO 数据库。

(三)国际运输服务贸易的结构变化

在海运、空运、公路、铁路、管道运输和国际多式联运服务等各种运输服务方式中,海运毫无疑问是最为重要的方式,它占整个国际货物运输量的 2/3 以上。联合国贸易和发展会议公布的全球海上运输相关报告显示,2017 年全球海运贸易的货物总量较上年增长 4%,达到约 107 亿吨。从贸易额来看,2012 年国际海运服务贸易出口在整个运输服务贸易总出口中的占比达 46%。但是从图 8-5 和图 8-6 可以看出,运输服务贸易的结构也在悄然发生变化,空运与其他运输方式的出口额逐渐增加,2018 年空运服务贸易出口在整个运输服务贸易总出口中的占比上升到 38%,已经与海运 39% 的占比十分接近。

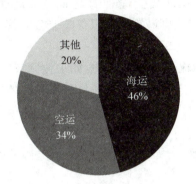

图 8-5 2012 年国际运输服务贸易结构
资料来源:WTO 数据库。

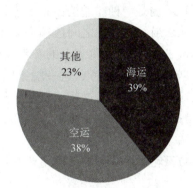

图 8-6 2018 年国际运输服务贸易结构
资料来源:WTO 数据库。

第二节 海运服务贸易

一、海上运输服务贸易的主要业务方式

在海上运输服务贸易出现的初期,从事运输的船舶主要是帆船,航行受气候条件限制,很难按固定的船期表开展规律性运输。因此,当时只有不定期船运输服务一种业务。19 世纪,资本主义快速发展,运输工具不断改进。1801 年,英国的薛明敦(Symington)以蒸汽机为动力,建造了世界上第一班轮船——夏洛特·邓达斯号(Charlotte Dundas)。蒸汽机的发明使海洋运输进入一个全新的时代。相对于帆船,使用蒸汽机的轮船的航行速度加快,受气候、风浪条件的影响程度减弱,航行时间更具可测性,这些使船舶经营者有可能从事规则的定期运输经营。于是,定期船运输业务便应运而生。

(一)不定期船运输

据统计,在国际海洋货物运输中,租船运输量约占 80%。不定期船运输是一种船舶没有预定的船期、没有固定的航线、没有固定的挂靠港,运费按供求双方商定的运价收取的船舶运输方式。租船运价受供求关系的影响极大，属于竞争性价格，一般比班轮运价低。因此，这种方式特别适合运输价值低的大宗货物，如粮食、煤炭、矿砂、化肥、石油、木材和水泥等。

从事不定期船运输的船舶主要有油槽船、干散货船和兼用船。油槽船包括油轮、液化气船、化学品船，干散货船包括普通散货船、专用散货船，兼用船包括石油/矿山兼用船、石油/散货/矿石兼用船。

不定期船运输是采用租船业务，即托运人作为承租人从船东处租船舶来开展的。

（二）班轮运输服务

班轮运输是一种船舶按公布的船期表，在固定的航线上，按照既定的挂靠港顺序，经常性地从事航线上各港之间运输的船舶运输方式。从事班轮运输服务的船公司都公布自己的运价表，并按照运价表上的费率收取运费。

根据班轮运输的特点，这一服务比较适宜于运输批量小的货物，如工业制成品、半制成品、食品和工艺品等，这些小批量的货物无法装满一整船，只有通过班轮运输，才能及时出运。班轮运输的货物价值高，它们的运量较少，仅占世界海运量的20%左右，但价值却占80%左右。

参与班轮运输服务的船舶主要有集装箱船、传统杂货船、滚装船、载驳船、冷藏船等。

二、租船方式

租船业务包括航次租船、包运合同、期租船和光租船四种方式。

（一）航次租船

航次租船(Voyage Charter)又称程租船，是指以航次为基础的租船方式。在这种租船方式下，船方必须按时把船舶驶到装货港口装货，再驶到卸货港口卸货，完成合同规定的运输任务并负责船舶的经营管理以及航行中的一切开支费用，租船人则按约定支付运费，装卸费的负担由租船合同中的装卸条款规定。按照约定的航次数来分，航次租船又可分为单航次租船、往返航次租船、连续航次租船。为了尽量缩短船舶在港时间，双方在签订合同时往往要约定货物装卸速度。

航次租船是租船市场上最活跃，且对运费水平的波动最为敏感的一种租船方式。在国际现货市场上成交的绝大多数货物（主要包括液体散货和干散货两大类）都是通过航次租船方式运输的。

（二）包运合同

根据包运合同(Contract of Affreightment)，船东在约定的期限内在指定的港口之间用数个航次为托运人运输一批总量已定的指定货物。船东有权自由安排任何适当的船舶，至于航次数（或航次周期），一般不作约定。船东负担除装卸费以外的一切费用，托运人按实际装运货物的数量及双方商定的费率支付运费。装卸费的规定与航次租船相同。

包运合同这种形式是从连续航次租船发展而来的，但两者又有区别，特别是包运合同不指定船舶，船东可自由选择安排适当的船舶，而且包运合同也不约定具体航次。

（三）期租船

期租船(Time Charter)是指以租赁期限为基础的租船方式。船舶所有人按照租船合同的约定，将一艘特定的船舶在约定的期间交给承租人使用的租船方式。这种租船方式不以完成航次数为依据，而以约定使用的一段时间为限。在这个期限内，承租人可以利用船舶的运载能力来安排运输货物；也可以用以从事班轮运输，以补充暂时的运力不足；还可以以航次租船方式承揽第三者的货物，以取得运费收入。当然，承租人还可以在租期内将船舶转租，以谋取租金差额的收益。关于租期的长短，完全由船舶所有人和承租人根据实际需要洽商而定，可长可短，短则几个月，长则可达5年以上，直至船舶报废为止。租金按船舶的载重吨、租期长短及商定的租金率计算。

（四）光租船

光租船(Bareboat Charter)不具有承揽运输性质，它只相当于一种财产租赁。光租船是指在租赁期内船舶所有人只提供一艘空船给承租人使用，而配备船员、供应给养、船舶的营运管理以及一切固定或变动的营运费用都归承租人负担。也就是说，船舶所有人在租期内除了收取租金外，不再承担任何责任和费用。因此，一些不愿经营船舶运输业务，或者缺乏经营管理船舶经验的船舶所有人也可将自己的船舶以光租船的方式出租。虽然这样的出租利润不高，但船舶所有人可以取得固定的租金收入，对回收投资是有保证的。光租船租期较长，一般比期租船长。

三、租船市场

租船是通过租船市场进行的。在租船市场上，船舶所有人是船舶的供给方，承租人则是船舶的需求方。在当今通信技术十分发达的时代，双方当事人从事的租船业务，绝大多数是通过电话、电传、电报或传真等现代通信手段进行的。

（一）伦敦租船市场

伦敦租船市场是国际最大的租船市场，其成交量约占世界总量的30%。它在全球租船市场中占有中心位置，在提供航运信息及判断市场行情方面的作用是其他国际航运中心所不能比拟的。世界上许多国家的航运报刊对伦敦租船市场的交易活动每天都有详尽的报道，其与海运相关的行业，如海运保险、信息咨询、海事监管、海事研究与交流的发达程度仍在世界上首屈一指，其最为明显的弱点是其港口吞吐量已丧失全球级的地位。

(二) 纽约租船市场

纽约租船市场是仅次于伦敦的第二大租船市场,其成交量约占世界总量的25%。纽约是美国、加拿大及南美谷物出口商和南美、澳大利亚、南非等向日本、美国、欧洲出口铁矿石的大出口商汇集之处,同时,由于纽约本身是美国的经济中心,保险、金融等行业非常发达,所有这一切为纽约市场的形成和发展创造了有利的条件。它没有固定场所,主要是通过电信进行业务活动,其成交的船舶主要是油轮和干散货船。由于时差的关系,通常国际性的租船活动每天先在伦敦进行,然后再转向纽约,而在纽约出现的订单不久也可能流入伦敦。这两个市场是紧密联系的。

(三) 鹿特丹和汉堡租船市场

鹿特丹、汉堡等是区域性的国际航运中心。其市场体系、法律制度和环境十分完善,雄厚的经济腹地使鹿特丹港成为全球港口中吞吐量最大的港口。由于欧洲经济已发展到相当成熟的地步,再出现大规模快速发展的机会微乎其微。并且其交易活动相当大的一部分是在伦敦交易所进行的。在一定程度上,这两个航运中心是伦敦的附属。该市场上以租赁特殊的质量高的船舶为主,如冷藏船、液化石油气船、滚装滚卸船和吊装船等。在租赁方式上船东以长期租船为主。

此外,还有东京和香港远东租船市场,该市场主要是短程近洋船的租赁,是世界上最大的拆船市场。

四、中国海运服务业的发展

我国是海运大国之一,自从郑和下西洋开创我国远洋航行之先河,我国的海运业经历了许多坎坷,终于发展成为服务业的主体产业。中国远洋运输公司、中海、长江航运集团公司等业已在世界海运及综合物流行业中占据了重要的地位。虽然现在处于信息时代,各种新兴的技术层出不穷,公路运输、铁路运输、管道运输也在蓬勃发展,在综合物流业中占据了一席之地,但是海洋运输仍然是国际大宗货物长距离运输最重要的运输方式,而且在WTO服务贸易的谈判和承诺中,海运业的地位也是十分特殊的。

为加强与国际海运制度的衔接,加速我国航运业走向世界,我国自20世纪70年代至今陆续加入了许多国际海运规则和公约,并在1992年11月7日颁布了《中华人民共和国海商法》,海商法以各种形式的合同,规范海运双方关系和船舶关系,为户外航运企业提供了良好的法律保障。1996年3月,我国政府发出通知,允许外国航运公司在中国设立独资船务公司,这一决定表明我国航运市场的对外开放又上了一个新的台阶。2018年,在全球贸易与供应链峰会暨国际海运年会上,又提出全面取消国际海运及辅助业外资股比限制,国际海运业全面对外开放。[①]

---

① 航运界网."全球贸易与供应链峰会暨国际海运年会2018"在上海召开[EB/OL]. http://www.ship.sh/news_detail.php?nid=31864,2018-11-07.

我国的海运自1979年改革开放至今已经有了很大的发展,并跃居世界海运业的前列。2018年年末,全国港口拥有生产用码头泊位23 919个,拥有万吨级及以上泊位2 444个,其中,专业化泊位1 297个,通用散货泊位531个,通用件杂货泊位396个。2018年,全国港口完成货物吞吐量143.51亿吨,比上年增长2.5%,约是新中国成立初期的1 430倍,位列世界第一;全国港口完成外贸货物吞吐量41.89亿吨,比上年增长2.4%,其中,沿海港口完成37.44亿吨,增长2.5%,内河港口完成4.45亿吨,增长1.6%;全国港口完成集装箱吞吐量2.51亿TEU,比上年增长5.3%。① 2020年,受新冠肺炎疫情影响,1—4月份,我国全国港口完成货物吞吐量42亿吨,同比下降2.3%。其中,集装箱吞吐量7 584万TEU,同比下降7.8%。但4月份单月,全国港口完成货物吞吐量12亿吨,增速已由负的2.4%转为同比增长4.1%。② 随着复工复产及各项工作的推进和深入,行业主要指标走势不断向好,6月,全国集装箱吞吐量2 267万TEU,同比增速也由5月的下降3.2%转为增长1.5%。前7个月,我国出口集装箱运价指数和上海出口集装箱运价指数综合指数均值同比分别上涨6.5%和15.2%。这也从一个侧面反映出我国经济和贸易正从疫情最初的冲击中逐渐企稳。③

从港口发展的角度看,世界货物吞吐量排名前十的港口中,中国占据7个席位。其中,舟山、上海、唐山、广州、青岛、苏州、天津分别为世界第一、第二、第三、第五、第六、第七、第九。而且,对外开放港口逐渐大型化和专业化,港口平均吞吐量明显增长,码头吞吐吨级结构显著改善,与日益增长的海运服务需求相匹配。④

另外,我国海运船队已跃居世界第三位,形成了规模位于世界前三位的大型专业化液体散货、干散货和集装箱船队,其中,中国远洋海运集团有限公司的船队综合运力、干散货船队运力、杂货特种船运力居世界首位,液体散货船队运力居世界第二位,集装箱班轮规模居世界第三位。招商局集团散货船队运力居世界第四位,以VLCC为代表的大型油轮和VLOC超大型散货船规模居世界首位。而且,民营海运企业也得到稳步发展,有的已进入世界20大班轮运力行列。⑤

当然,在看到我国海运服务发展取得巨大成就的同时,也应清醒地意识到竞争力方面面临的挑战,比如,尽管海运服务贸易出口快速增长,但长期保持大额逆差,2018年超过427亿美元;远洋运输货量占我国港口外贸吞吐量的比重呈下降态势;海运企业因海运市场需求供给的特点经济效益大幅波动,可持续发展能力也面临挑战等。当前,世界海运正处于一轮市场和国际规则变革期,也正处于一轮技术变革期,这些变革将构筑海运新生态,我国应抓住这一变革机遇,发挥中国特色社会主义制度的优势和海运要素资源优势,推进海运核心企业和海运生态圈的形成,同时,应在以下几方面继续深化改革,加快培育

---

① 2018年交通运输行业发展统计公报[EB/OL]. http://xxgk.mot.gov.cn/jigou/zhghs/201904/t20190412_3186720.html,2019-04-12.
② 高江虹.疫情推动创新 全球化、数字化将成为航运业发展的重要特征[N].21世纪经济报道,2020-06-03.
③ 姜平.在服务"六稳""六保"中发挥港航力量[N].中国交通报,2020-08-11.
④ 2018年交通运输行业发展统计公报[EB/OL]. http://xxgk.mot.gov.cn/jigou/zhghs/201904/t20190412_3186720.html,2019-04-12.
⑤ 贾大山.提升国际竞争力,扭转海运服务贸易巨额逆差[J].中国远洋海运,2018(12):60-62.

航运发展新动能,拓展发展合作新空间,不断促进航运业高质量发展。

(1)要进一步开放航运市场。国际海运业全面对外开放,将自贸试验区航运管理制度创新政策向全国复制推广,以现代航运服务业和邮轮业为重点,积极探索海南自由贸易港建设,大力发展江海联运和江海直达运输,创新国际国内兼营管理新模式。

(2)要进一步优化口岸环境。积极推动国际贸易"单一窗口"建设,不断优化口岸监管流程和查验方式,着力完善口岸监管单位执法互助、查验互认、信息互通的管理模式,不断提高通关效率,提升海运便利化水平。积极采取有效措施降低进出口环节的合规成本,大幅减少行政事业性收费,规范经营服务性收费,进一步改善营商环境,继续深化"放管服"改革,进一步减少行政审批事项,积极推进"先照后证""证照合一",大幅清理船舶证书,广泛使用船舶电子证书,切实减轻企业负担。

(3)要进一步发展绿色航运。让航行更安全、让海洋更清洁是海运的价值取向。着力推进安全、便捷、高效、绿色、经济的海运体系建设,加快调整运输结构,促进大宗货物长途运输由公路向铁路、水运转移,鼓励发展江海直达、海铁联运等多式联运方式。优化完善港口布局,推进港航资源整合,大力推进港口集疏运铁路、公路建设。加强海上运输和港口作业安全治理,积极开展船舶与港口污染防治,加快推进船舶排放控制区建设,鼓励清洁能源和新能源车船应用。开展智能航运安全监管和服务保障体系研究,加快推动智能航运发展。

(4)要进一步完善治理体系。大力推进《海上交通安全法》《海商法》《国际海运条例》的修订工作。对标国际先进水平,创新监管理念和方式;不断加强海运科技和管理创新,支持引导"互联网+"海运新业态发展,加快提升现代高端航运服务,鼓励港航企业"走出去",构建国际化产业布局和服务网络;深入研判海运发展态势,周密谋划海运发展战略,合理调整船舶运力结构,大力推进现代化海运船队建设,积极支持港航企业与上下游产业深度融合发展;积极践行海上安全和防污染国际公约义务,构建重大风险防控和隐患排查双重预防治理体系,提升海运本质安全水平。积极践行"绿水青山就是金山银山"的发展理念,严格遵守"共同但有区别"的减排原则,积极参与国际海事组织的航运减排事务,共同守护地球更美的碧海蓝天。①

专栏 8-1

我国港口进出口环节收费及国内外收费对比情况

一、涉及主要收费主体和收费项目

根据我国各港口口岸集装箱货物的进出口操作现状,在集装箱货物进出口环节中涉及的收费主体主要包括货代、船代、船公司、港口企业、理货公司、拖轮公司等,收费项目为各相关方的经营服务性收费以及港口企业代收的行政性收费、海关国检查验产生的服务性收费等。港口口岸进出口环节主要收费情况如表8-1所示。

---

① 何建中.携手推进海运业高质量发展[N].中国远洋海运报,2018-11-09.

表 8-1 港口口岸进出口环节主要收费情况

序号	收费主体	费目
1	码头企业	港口作业包干费、库场使用费、货物港务费、港口设施保安费、停泊费
2	海事局	港口建设费
3	船公司	运费、码头操作费、海运附加费、铅封费、改单费、电放费、滞箱费、文件费
4	船代	订舱服务费、EDI 传输费、换单费、VGM 传输费、舱单传输费、设备交接单费
5	货代/报关行	报关/报检代理费、海关查验代理费、检验检疫查验代理费、熏蒸消毒代理服务费
6	引航机构	引航费
7	理货企业	理货服务费
8	放箱公司	放箱费
9	堆场	堆存保管费、提箱作业费、运抵集港费、堆场回空费、修箱费、洗箱费
10	检验检疫企业	消毒费、熏蒸费
11	拖轮企业	拖轮费
12	其他服务企业	船舶供应服务费、船舶污染物接受处理费、第三方检测费

二、港口口岸各环节收费情况比较

在进口业务中，以国内某地自鹿特丹进口（FOB）一个 20 英尺普货箱为例，货主总支出给货代人民币 5 459 元，货代将所收费用在涉及的相关 17 个最终收费单位中进行直接和间接转移支付，进口各环节涉及费目共计 50 个，收费占比较高的是船公司、车队、码头、货代、堆场等，其他收费占进口口岸总成本的比重均不足 2%。

在出口业务中，以国内某地出口到洛杉矶（CIF）一个 20 英尺普货箱为例，货主总支出给货代人民币 10 450 元，出口各环节涉及费目 35 个，涉及最终收费单位 18 个，收费占比最高的是船公司（76.9%），其次是车队、码头、货代等，其余主体收费占比不足 1%。

三、国内外主要港口收费对比

装卸作业费是港口企业最主要的经营性收费和收入来源，我国大陆沿海主要港口的外贸集装箱装卸作业费普遍较低。除深圳港外，其余大陆沿海港口均在人民币 500 元/TEU 左右，而港澳台及国外主要港口集装箱装卸作业费都在人民币 630 元/TEU 以上，鹿特丹港、汉堡港、洛杉矶港等欧美主要港口均超过人民币 1 100 元/TEU，汉堡港更是超过人民币 2 000 元/TEU。国内外主要港口集装箱装卸作业费比较如图 8-7 所示。

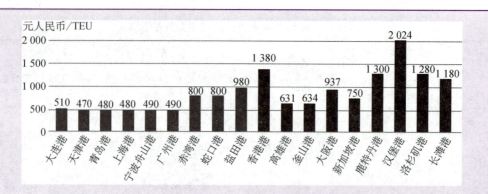

图 8-7 国内外主要港口集装箱装卸作业费比较

资料来源:中国港口协会调研。

班轮公司收取的码头操作费(THC)是衡量港口成本的重要指标。马士基集团副总裁施敏夫在 2019 年世界港口大会上表示,2018 年中国码头操作费低于国际整体水平,中国码头操作费指数为 100,低于泰国(130)、荷兰(180)、日本(230)、巴西(250)、美国(350)等国家。

堆存方面,国内外堆存保管费普遍采用"免堆期+阶梯价格"的模式,整体来看,国外港口免堆期外阶梯费率普遍大幅高于国内港口。大陆港口非免堆期阶梯价格普遍在 50 元人民币左右,仅个别港口非免堆期阶梯价格在 100 元人民币以上,整体低于东南亚(100 元人民币左右)、香港(400 元人民币左右)、日本(175—700 元人民币)、鹿特丹港(380—700 元人民币)、纽约新泽西港(1 000—2 300 元人民币)等国家或地区的港口。

资料来源:2019 我国港口企业营商环境报告[EB/OL].https://www.sohu.com/a/321963716_173888,2019-06-20.

第三节　其他运输服务贸易

一、航空运输服务

(一) 航空运输的特点

1. 航空运输具有较高的运送速度

航空运输的工具是飞机,飞行的运送速度在各种运输方式的工具中是最高的。这一方面为商品的抢行救市、卖得好价提供了有力手段,另一方面最适合于鲜活商品、易腐商品和季节性商品的运输,而且也为高价商品快速运达从而减少在途资金积压提供了有力手段。

2. 航空运输安全准确

航空运输有一定的班期,可按时到达目的地,而且航空运输的货损货差率也低,这有利于巩固已有的市场。

3. 航空运输的航线不受地形条件的限制

过去由于运输不便,有些地区无法进入,有了便捷的航空运输,就可以开拓新的市场。

4. 航空运输的缺点

航空运输的缺点是运输成本高于其他运输方式,而且载重量有限。

根据航空运输的这些特点,这一运输方式较适宜于价值昂贵、时间性强、体积小的高价货物。

(二) 航空运输的主要业务形式

1. 班机运输

班机(Scheduled Airline)是指定期开航的定航线、定始发站、到达站和途经站的飞机。班机能安全、迅速并准确地到达世界上各通航地点,使收、发货人能掌握货物启运和到达的时间和地点。班机运输一般是客货混合运输,并以客运为主,这使货舱有限,运价也较高。

2. 包机运输

包机运输(Chartered Carrier)可分为整架包机和部分包机两种。整架包机是指航空公司或包机代理公司,按照与租机人事先约定的条件和租机费率,将整架飞机租给包机人,从一个或几个航空站装运货物运至指定目的站的运输方式。它适合于运输大宗货物。运费随市场的供需情况而变化,一般来说,均低于班机费率。部分包机是指由几家航空货运代理公司或发货人联合包租一架飞机,或者是由包机公司把一架飞机的舱位分租给几家货运代理公司。这种方式适合于不足整机的货物。

3. 集中托运方式

集中托运方式(Consolidation)是指航空货运代理公司把若干批单独发运的货物组成一整批向航空公司集中托运,填写一份总运单发运到同一目的站,由航空货运代理公司委托目的地站当地的代理人负责收货、报关并分拨给各个实际收货人的一种运输方式。航空货运代理公司对每一委托人另发一份代理公司签发的运单,以便委托人转给收货人凭以提取货物或收取货物的价款。这种方式可争取较低的运价,在国际航空运输中使用比较普遍。

4. 航空急件传送

航空急件传送(Air Express Service)是目前国际航空运输中最快捷的运输方式,它既不同于航空邮寄,也不同于航空货运,而是由一个专门经营此种业务的捷运公司和航空公司合作,设专人用最快的速度在发货人、机场和收货人之间传送急件。捷运公司接受发货人委托后,用最快速度从发货人处提取货物急送机场赶装最快航班飞机出运。急件发出后,捷运公司即用电传将航班号、急件名称及收货人等告知目的站空运代理人,以便其预做接机准备。飞机抵达后,该代理人在办妥进口手续后,专人急送急件至收货人,时间一般仅1至2天,快的则数小时。由于有专人到收发货人处接送急件,因此又称"桌到桌"运输方式。

5. 送交业务

送交业务(Delivery Service)是指在国际贸易往来中,出口商为了推销商品、扩大贸易,往往向推销对象赠送样品、商品目录、宣传资料、刊物、印刷品等。这些物品运达推销对象所在国后,就委托当地的航空货运代理办理进口报关、提取、转运等工作,最后送交指定的收件人。航空货运代理先行垫付的报关手续费、税金、运费、劳务费等一切费用,集中向委托人收取。

6. 货到付款

货到付款业务(Cash on Delivery)是由发货人与承运人事先达成协议,请承运人在货物到达目的站后交与收货人的同时,代收航空运单上载明的货款,然后寄给发货人,承运人收取劳务费。

二、公路运输服务

公路运输的工具是汽车,通道是公路。公路运输具有高度的机动性和灵活性,可深入到广大农村、各个角落,但运载量小,运输成本也较铁路运输和海洋运输高。公路运输对短途运输和接壤邻国之间的贸易运输比较适合。此外,公路运输的最大作用还在于与其他运输方式配合,以实现"门到门"运输。因为在"门到门"运输中,无论使用什么运输工具,进出航空机场、水运港区或铁路车站,都需要公路运输的工具——汽车来配合完成两端的运输任务。

三、铁路运输服务

铁路运输与其他运输方式相比,具有下列特点。

(一)运输准确性和连续性强

铁路运输具有较高的准确性,运行时刻表按分钟编制;它受气候的影响较小,可以全年正常地连续运行。

(二)运输量大,安全可靠

铁路列车的运输量比航空运输、公路运输的运输量大得多;在货物运输的安全性方面,又优于海洋运输。

(三)运输速度快,运输成本低

铁路运输的速度大大高于海洋运输,也快于公路运输,而其成本低于航空运输和公路运输。

(四)建设工程艰巨复杂且耗费大

铁路运输的缺点是需要铺设轨道,建设工程艰巨复杂且耗费大。另外,对于跨洋货运来说,铁路运输就无能为力了。

专栏8-2

中 欧 班 列

中欧班列是由中国铁路总公司组织,依托西伯利亚大陆桥和新亚欧大陆桥,按照固定车次、线路、班期和全程运行时刻开行,运行于中国与欧洲以及"一带一路"沿线部分国家间的集装箱等铁路国际联运列车。铺划了西、中、东3条通道中欧班列运行线:西部通道由我国中西部经阿拉山口(霍尔果斯)出境,中部通道由我国华北地区经二连浩特出境,东部通道由我国东南部沿海地区经满洲里(绥芬河)出境。

2018年6月,国内已开行城市48个,运输网络覆盖了亚欧大陆的主要区域。截至2019年4月,运行线路达到65条,通达欧洲15个国家的44个城市,累计运送货物92万标箱。2019年10月26日,中欧班列(义乌—列日)段首趟列车抵达比利时列日物流多式联运货运场站。成为首个贯通中国长三角区域、中亚和欧洲的跨境电子商务的专列。截至2019年10月底,中欧班列累计开行数量已近2万列。2020年9月1日,中欧班列(渝新欧)跨境电商B2B出口专列满载着43个集装箱成功开行。

中欧班列自2011年开行以来,形成了安全快捷、绿色环保、受自然环境影响小等综合优势,已经成为国际物流中陆路运输的骨干方式,为贯通中欧陆路贸易通道,实现中欧间的道路联通、物流畅通,推进"一带一路"建设提供了运力保障。

中欧班列在降低物流成本、压缩货运时间方面取得了显著成效。中欧班列日均运行1 300千米,正点率接近100%,最快12天抵达欧洲,运输时间是海运的1/3;全程费用较开行之初已下降了30%,仅为空运价格的1/5。

通过实施价格优惠、确保运行安全正点、提供全程服务等措施,中欧班列运输货物的品类日益丰富,由开行初期的手机、电脑等IT产品逐步扩大到服装鞋帽、汽车及配件、粮食、葡萄酒、咖啡豆、家具、机械设备等品类。随着电商邮包货源上班列,中欧班列的货源品类将更加丰富。

出口货物规模大幅提升,回程班列也在快速增长。2014年中欧班列(武汉)刚运行时是定制班列,只有去程,没有回程;2015年开始有回程班列,开始时有空仓,几个月后就持续爆仓。通过加大回程货源的组织力度、及时增铺回程班列线路、完善境外还箱政策、降低用箱成本等方式积极吸引回程货源,越来越多的欧洲企业将中欧班列作为物流供应链的重要选择,回程货物的品类日益增多。

资料来源:中欧班列开行6年,初步形成西中东3条运输通道[N].国际商报,2017-05-10.

四、管道运输服务

管道运输是一种特殊的运输方式,它是货物在管道内借助气泵的压力输往目的地的一种运输方式。管道运输与其他运输方式相比,具有以下特点。

(一) 运输通道与运输工具合而为一

管道本身是运输通道,但它又是运输工具。这种运输工具又与其他普通运输工具不同,它是固定不动的,只是所载货物本身在管道内的移动而达到位移的运输目的。

(二) 高度专业化

主要适于运输液体和气体货物,但现代管道运输也可运送矿砂、煤粉、水泥、面粉等固体货物,还有利用压缩空气输送邮件或单证的管道。

(三) 单向运输

运输管道只能进行单向运输,不能逆向运输,目的地单一。

(四) 固定投资大,建成后运输成本较低

由于要铺设长距离的管道,初期投资较大。建成后,经营和操作比较简单,费用低。

五、国际多式联合运输服务

国际多式联合运输(Multimodal Transport)是指由多式联运经营人,使用至少两种不同的运输方式,将货物从一国境内接管货物的地点运至另一国境内指定交付货物的地点。国际多式联合运输通常以集装箱为运输单元。

国际多式联合运输的特点概括起来是:一人、一票、两国、一个费率、两种方式。

(一) 一人

这是指国际多式联运经营人在传统单一的运输方式下,由具体承运人或其代理与托运人签订运输合同,若要涉及多程运输,还得由托运人或其代理、或前程承运人以托运人的身份再次向后一程承运人托运。这样做,不仅手续烦,易出错,而且由于各段承运人都只从自己的利益出发,最终可能构成一些不合理的运输。新的多式联运是由一个既不是发货人的代表,也不是承运人的代表,但负有履行多式联运合同责任的人来经营。严格地说,国际多式联运经营人是指其本人或通过其代表与货主订立多式联运合同的任何人。

(二) 一票

这是指多式联运单据。这是一份证明多式联运合同及证明多式联运经营人接管货物、并将负责按照合同条款交付货物的全程运输单据。多式联运全程使用一张运输单据。

(三) 两国

这是指多式联运合同中,所及货物的接管和交付必须是发生在两个国家的国境内。

（四）一个费率

这是指在签订多式联运合同时，多式联运经营人根据货物种类、去向，向托运人报出一个全程费率，实行全程单一的运费费率。

（五）两种方式

这是指国际多式联运必须包括两种以上的运输方式。

国际多式联运的上述特点，使其具有关系简单、结算方便、货主提前收汇、运送准确、运输线路更加合理等优越性，因此有着强大的生命力。

专栏 8-3

区块链点燃数字化航运创新发展的激情

从当前来看，区块链跟航运业互相结合的时机是不是已经到了，究竟如何才能让两者更好地结合而提升海运业的高质量发展呢？笔者认为一些可行的应用结合点主要可以概括为四大方向。

一、基于区块链的多式联运协同无纸化

在进出口贸易中，围绕货物提单组织着大量的供应链信息，包括贸易、关检、运输、物流等一系列的信息，多达数十种的业务单证，牵扯销售、采购、贸易商、承运人、口岸部门、港口、仓储等一系列的主体角色。当前，由货讯通（CargoSmart）发起的全球航运商业网络 GSBN(Global Shipping Business Network) 和马士基与 IBM 主导的 TradeLens 平台，都将目光锁定在提单电子化的问题上。这种应用有一些显而易见的价值，例如，可以减少纸质单证流转的成本，可以加快提单传递，可以更方便地开展包括提单质押等金融服务，可以提升供应链的透明度、减少瞒报风险等。笔者认为此类应用目前的"格局"还不够大，对于"门到门"的多式联运服务而言，海运只是其中的一个环节，真要实现电子化提单，一定是指多式联运提单，而非海运提单，因此，这类区块链项目应当大量吸收航空、铁路、物流等海运以外的主体加入，才有可能真正撼动现有的商业模式。

二、基于区块链的海运资产化和航运供应链金融

通过将运输工具、物流设备场地资产化，还有可能涌现出创新的金融服务模式。通过区块链将资产化的航运资源以数字形式放上云端后，交易、融资都更加灵活，资产的追踪和管理更加便捷。甚至可以将重资产分拆成小颗粒，然后通过众筹模式进行融资，再以融资租赁的模式进行运营，这一切不再需要一个交易所来完成，而是通过 P2P 的模式来完成。由于船舶工业的订单制造周期较长，现有模式往往是银行承担了船舶融资的大量风险，未来可以通过锁定新造船的价格指数来控制造船风险，并利用区块链将造船订单的一部分以金融投资产品的方式拆分发行。与此同时，区块链技术还可实现应收账款权力向交易上游转移的金融服务，解决集装箱、船舶等资产的分销、租赁追溯、质押等问题。

三、基于区块链的海运证书无纸化

在全球海运贸易的背景下,船舶证书、船员证书、货物证明文件等往往都还需要各国口岸查验纸质证书原件。以港口国检查(PSC)为例,各国船舶在国际航线航行需要随船携带大量纸质证书以备各国政府查验,这些证书包括船舶国籍证书、国际吨位证书、国际载重线免除证书、最低安全配员证书、船员证书、健康证书等。大量纸质证书不仅对运营船舶提出了证书携带和保管的要求和负担,也对各国政府执行检查提出了登船检查原件的要求,使得执法人力成本居高不下。若能基于区块链技术建立合作的电子证书平台,并以签署公约的方式认可平台保管的电子证书与纸质证书原件具有同等法律效力,在实际检查过程中采信电子证书,即可打破这一现状。类似方案也可解决低硫燃油检验书、货物原产地证明、公证书、担保书等电子单证方面的问题。

四、基于区块链的监管互认、执法互信,应对欺诈与瞒骗

监管互认、执法互信的问题可以从两个层面来看。一个层面是多个政府职能部门之间如何互认、互信,例如,海事局有船舶登记信息,水运局有港口经营信息,双方在各自领域都是权威的信息中心,但当调用对方信息时能否100%采信就可以利用区块链来保障。从另一个层面看,对于来自不同国家的互相并不存在隶属关系的政府执法互信问题也很突出。若我们尝试建立一个区块链的网络,让A国执法者的抽查监管和处罚行为等依法办理的事项上链,B国的监管方也能够及时获取共享并且认可这样的执法行为、判定、抽查结果,即使A、B相互之间不存在隶属关系。这样一来,假如从欧洲发往中国的货物当中有人进行了瞒报,在中国的海关部门检查出来的情况下,欧洲的口岸单位或者海关可以根据中国相关单位的执法查验结论采信,并且去惩罚在欧洲这边存在瞒报行为的发货人,反之亦然。

资料来源:徐凯.区块链点燃数字化航运创新发展激情[N].中国水运报,2019-11-29.

第四节 中国的运输服务贸易发展分析

一、中国运输服务贸易的发展现状

(一)中国的运输服务贸易起步迟,但发展速度快

随着中国经济的快速发展,中国的货物出口规模日趋扩大,推动了运输服务贸易的快速发展。2018年,中国的运输服务贸易总额高达1 505.92亿美元,是2000年(140.7亿美元)的10倍多。中国的运输服务贸易年均增长率多年来高于世界平均水平,2018年的进出口总额增速为15.8%,2011年的进出口总额增速曾达到19.02%,进口增速更是高达27.17%(见图8-8)。中国运输服务贸易的迅速发展是建立在我国货物贸易快速增长的基

础之上的,但是作为货物贸易的衍生需求,运输服务贸易机制仍不完善,导致中国运输服务贸易的发展快而不强。

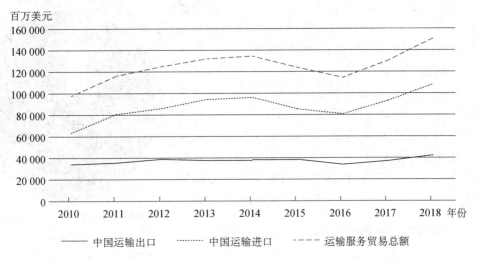

图 8-8　2010—2018 年中国的运输服务贸易进出口额

资料来源:WTO 数据库。

(二) 中国运输服务贸易在服务贸易中占主导地位

2010—2018 年,中国运输服务贸易进出口总额、出口额和进口额在服务贸易中所占的比重虽然呈下降趋势,但其比重仍然保持在 20% 左右。特别是其进口额比重远高于出口额的比重,但差距在不断缩小,并逐渐持平,2016 年以后,又出现差距变大的趋势(见图 8-9)。

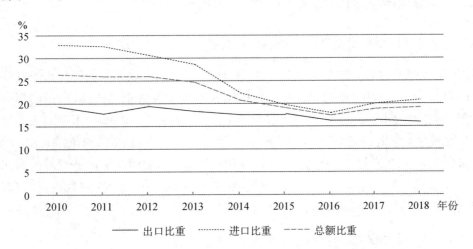

图 8-9　2010—2018 年中国运输服务贸易在服务贸易中的占比情况

资料来源:WTO 数据库。

(三) 海运在中国运输服务贸易结构中占有绝对优势

在各种运输方式中,对于我国而言,海运是最为重要的运输方式。从图 8-10 可以看到,2018 年海运服务进出口总额占中国运输服务进出口总额的 63%,空运为 30%,其他运输方式仅占 7%。虽然我国海运服务业发展迅速,近些年取得令人瞩目的成就,但我国海运服务的国际竞争力相对较弱,承运比例低,这就导致我国海运服务贸易逆差额迅速增大,同时也成为运输服务贸易逆差额的主要来源。2018 年我国海运服务贸易逆差额约为 426.76 亿美元,约占运输服务贸易逆差额的 64.7%。

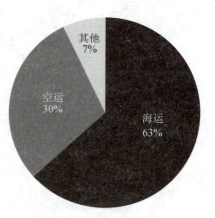

图 8-10　2018 年中国运输服务贸易结构

资料来源:WTO 数据库。

(四) 运输服务贸易地理方向仍然是发达国家地区

运输服务贸易除了受运输工具和运输服务能力的因素制约外,更重要的是受货物和服务贸易规模的影响。据统计,目前我国已经与全球 231 个国家和地区产生贸易往来,是 60 多个国家或地区的最大贸易伙伴。发达国家地区(如欧盟、韩国、美国、日本等)仍然是我国货物贸易及运输服务贸易的重要伙伴。在"一带一路"倡议背景下,近几年我国与"一带一路"沿线国家的贸易合作潜力正在持续释放,已经成为拉动我国外贸发展的新动力,我国的货物贸易与运输服务贸易发展格局也会因此而发生变化。①

二、 中国运输服务贸易发展中存在的问题

(一) 中国运输服务贸易在全球运输服务贸易中的占比较低

中国运输服务贸易额在 2011 年首次突破千亿美元大关,表明其在国际市场的地位有所改善,但是相比于美国、德国和日本等发达国家的运输服务贸易规模,中国的运输服务贸易规模还相对较小。并且从 2011—2018 年的同比增长速度可知,中国运输服务贸易的增速有所减缓,进出口总额增速从 2011 年的 19.02% 降到 2018 年的 15.8%,其中,2015 和 2016 年出现负增长,分别为 -7.79% 和 -7.69%。中国运输服务贸易的进出口总额、进口额和出口额在全球的占比都还较低,低于 10% 的水平,但是进口所占比重高于出口,且有扩大的趋势(见图 8-11)。

(二) 中国运输服务贸易进出口结构失衡,逆差严重

中国运输服务贸易迅速发展,却连续多年出现逆差。根据统计数据可知,中国运输服

---

① 王海文.国际服务贸易[M].清华大学出版社,北京交通大学出版社,2019.

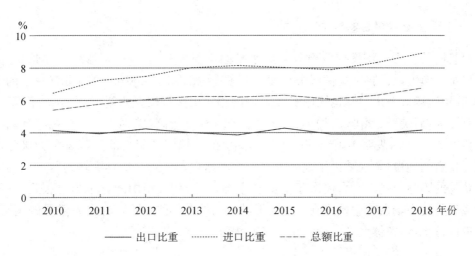

图 8-11 中国运输服务贸易在世界运输服务贸易中的占比

资料来源:WTO 数据库。

务贸易逆差额从 2000 年的 67.3 亿美元增长至 2018 年的 659.9 亿美元(见表 8-2)。从图 8-11 可以看出,中国运输服务贸易进口额在世界进口总额中的占比相对于出口占比而言更高,表明中国运输服务贸易进出口结构发展不平衡,这也是导致逆差不断增大的主要因素。逆差额连年增长也进一步表明了中国的运输服务与世界运输服务强国相比,仍然存在很大的差距。运输服务贸易逆差已成为服务贸易逆差的第二大项,影响了中国的国际收支平衡和服务贸易的发展。

表 8-2 2010—2018 年中国运输服务贸易进出口及差额

(单位:亿美元)

年份	出口额	进口额	差额
2010	342.11	632.57	−290.46
2011	355.70	804.45	−448.75
2012	389.12	858.62	−469.5
2013	376.46	943.24	−566.78
2014	382.43	961.58	−579.15
2015	385.94	853.40	−467.46
2016	338.27	805.80	−467.53
2017	371.04	929.45	−558.41
2018	423.01	1 082.91	−659.9

资料来源:根据 WTO Statistics Database 相关数据整理所得。

(三) 运输服务贸易的竞争力不强

尽管随着社会经济发展及对外开放水平的不断提升,我国运输服务贸易进口与出口都取得了快速增长。我国运输服务贸易在世界运输服务贸易中的份额也有一定的上升。但是,我国运输服务出口与运输服务贸易强国相比仍然有较大的差距,竞争力不强。以市场占有率为例,美国、德国、新加坡的国际市场占有率较高,美国为9%左右,德国和新加坡保持在6%左右,表明美国和德国等发达国家的运输服务贸易的国际竞争力极强,且保持相对稳定的地位;新加坡由于地处马六甲海峡东口,可称为"货物中转站",所以,其运输服务贸易的国际市场占有率仅次于美国和德国,在国际市场中的竞争力也很强。中国运输服务贸易的市场占有率始终在4%上下波动,这也表明中国运输服务贸易的国际市场占有率保持稳定,整体上说国际竞争力略有提升。

(四) 基础设施建设不完善

中国运输服务贸易出口主要集中在海运,虽然世界货物吞吐量排名前十的港口中,中国占据7个席位,但是由于港口基础设施建设不完善,中国海运服务贸易的竞争力不如发达国家。根据世界银行 WDI 数据库,中国与发达国家相比,在港口基础设施的质量上仍存在明显的差距。2017年中国港口基础设施质量得分为4.6,远低于荷兰、丹麦、美国、英国的得分,表明我国港口基础设施无法满足国内承运需求,无法提供高附加值的运输服务。① 中国运输船舶的使用情况落后。虽然中国的造船技术处于世界领先水平,但是由于船舶建造时间长,更新速度缓慢,所以,中国大多数航运公司使用的船舶陈旧,严重影响了运输效率。这也导致在考虑经济效益的情况下,中国的货物运输更倾向于选择国外的航运公司。

三、发展中国运输服务贸易的对策建议

(一) 制定适应中国运输企业发展的经营战略

中国的运输服务企业要学习并借鉴美国、德国、新加坡等运输服务贸易强国的经验,制定本土化发展战略,打造中国运输服务的品牌,着力培养具有国际竞争优势的大中型综合运输服务企业(如中国远洋和中外运等),带动中国运输服务业的整体升级。首先,要扩大企业的经营规模,可通过战略联盟、并购等手段提升大中型运输企业的市场竞争优势;其次,中小运输企业之间通过资源共享实现互补,拓宽服务的宽度,提升服务的质量,形成具有竞争优势的企业联盟;最后,对于中小型运输企业而言,要采取专一化发展策略,选择优势业务发展,形成自主品牌,在竞争激烈的国内外市场中寻找发展之路。②

---

① 梁海,彭意华,禤颖青.中国运输服务贸易国际竞争力分析[J].区域金融研究,2020(570):34-38.
② 宣善文.中国运输服务贸易国际竞争力分析[J].经济问题,2019(2):109-115.

(二)运输企业向技术密集型和资本密集型转变

中国运输服务业还属于劳动力密集型产业,要实现行业的升级,必须从企业做起。中国运输企业要走集约化的发展道路,以更高的资本投入和技术创新促进运输服务贸易不断升级和转型。集约化发展是以小成本和低投入追求效益最大化,减少创新成本,增加经济效益,实现运输服务贸易的现代化和持续性发展。① 其次,国内运输企业要重视国际运输服务质量的提升,以此作为企业发展的核心,可以吸引更多的消费者选择国内的运输企业。

(三)重视货物出口对运输服务贸易的带动作用

正视中国货物贸易对运输服务贸易的连带推动作用。首先,从货物运输的角度出发,鼓励出口企业选择中国运输企业承担运输任务,并吸引外国进口企业选择中国运输企业承担运输任务;其次,在沟通洽谈价格术语上,鼓励外贸商在跨境交易商务谈判中,出口以CIF/CIP或者CFR/CPT,进口鼓励FOB/FCA的价格成交,最终达成中国贸易商以及中国运输公司来控制运输的环节。②

(四)加强运输服务业的基础设施建设

政府应加强公共基础设施建设,运输服务基础设施与运输服务贸易的发展息息相关,完善基础设施建设有利于提高运输服务的效益。首先,要加强海运基础设施建设,一方面,要加强港口设施建设,用可持续发展观不断促进港口的专业化和现代化;另一方面,要将创新型船舶技术应用到海运中来,促进大型现代化船舶的建造,推动智能化海运。其次,要兼顾多种运输方式的协同发展,更加全面地加强各部门基础设施的建设:加强铁路、公路和航空运输的中转站建设,建立和完善新型国际物流园,构建更加完整的运输服务网络。③

(五)加大政策的支持力度

政府应完善与运输服务贸易相关的政策建设,以维持国内外良好的竞争秩序,为中国运输服务企业的发展创造良好的环境。政府要根据国内运输服务企业的发展状况和国际市场的发展进程,对各运输服务部门实施分阶段和分层次的"走出去"与"引进来"战略。首先,政府可以鼓励国内的运输企业加入全球航运联盟组织,以此来拓展航运网络;其次,政府可以通过加强新亚欧大陆桥建设,开通更多的国际铁路货运班列,加强中国与欧洲及"一带一路"沿线各国的运输服务贸易往来;再次,政府可以逐渐取消"超国民待遇"措施;最后,政府可以鼓励主要金融机构对优质船舶企业实行差别化待遇,为它们提供融资支持。

---

① 李姣斐.中国运输服务贸易出口潜力分析[D].中国海洋大学,2015.
② 黄容.中国运输服务贸易竞争力分析[J].合作经济与科技,2018(2):108-110.
③ 宣善文.中国运输服务贸易国际竞争力分析[J].经济问题,2019(2):109-115.

专栏8-4

落实《交通强国建设纲要》,建设世界一流的国际航运中心

《交通强国建设纲要》明确提出:"建设世界一流的国际航运中心",为新时代我国航运中心建设指明了方向。作为一个国家和地区港航要素集群发展的高级阶段,和大型国际化港口城市提升国际竞争力和影响力的关键举措,建设世界一流的国际航运中心具有重要的战略意义和极强的现实意义。

纵观全球,国际航运中心正掀起新一轮改革发展浪潮。伦敦、新加坡等著名国际航运中心,正以创新为引领,在科技、绿色、人才、制度等方面,着力打造引领21世纪海运发展的新型航运中心。英国2019年2月发布的《海事2050》提出,将重点在科技、人才、环保、贸易、设施、安全等六大方面,全面提升竞争力,引领世界海运业发展。新加坡2017年9月发布的《2030海事规划》提出,新加坡将成为连通性、创新和人才方面的全球海事中心;2018年1月,新加坡海运转型计划进一步明确了智能港口、无人船、大数据等领域的科技创新任务,着力打造亚太一流的国际航运中心。

国际航运中心是一个城市乃至国家经济、贸易、金融、信息、科技、法律、制度、文化等综合竞争力的集中体现。建设世界一流的国际航运中心,已成为当今国家提升科技创新引领力、争抢全球资源配置权、提升全球海运治理能力的必经之路。新时代,我国建设世界一流的国际航运中心,是加快提升港口全球航运物流网络枢纽地位、发展高端专业化海运服务、贯彻落实国家区域发展战略、建设现代化经济体系、助力经济高质量发展的迫切需要,也是推动自由贸易试验区建设、探索建设自由贸易港、积极承接全球航运服务要素东移、抢占全球航运服务制高点、打造我国对外开放新高地的关键一招。

此外,国际航运中心涉及众多产业,产业链条长,经济拉动作用明显,稳增长、促就业作用突出。2015年,英国海运部门对经济增长的总贡献达374亿欧元,拉动总就业达95.7万人;新加坡海运相关产业约占新加坡年GDP的7%,约5000家公司为17万人提供就业岗位;香港航运及相关产业对香港经济的总贡献为20%左右,提供的就业岗位占香港总就业人数的20%左右。

当前,我国国际航运中心建设已取得积极进展,运输规模、设施水平、硬件效率等已居世界前列,但在若干关键基础性航运服务和高端专业化海运服务、技术创新、政策创新、理念引领、研发资讯、法律等方面,与世界一流的国际航运中心相比仍存在差距。我国海运量占世界的比重约为1/3,但海运服务贸易占比却不到10%。根据2018新华·波罗的海国际航运中心发展指数显示,在航运经纪服务方面,上海国际航运中心世界排名第四,但与排名第一的伦敦相比差距明显,经纪公司分布数量仅为伦敦的1/4左右;在海事法律服务方面,2017年伦敦海事仲裁员数量为428人,是上海的几十倍。

为深入贯彻落实《交通强国建设纲要》,在充分考虑我国基本国情和海运发展实际的同时,积极借鉴国际先进经验,着力提升以下四大能力,以重点突破带动全局提升,加快推动世界一流的国际航运中心建设。

一、着力提升对全球航运资源的配置能力

资源配置能力是国际航运中心参与全球竞争的关键一环。一是货运资源的配置。发挥我国海洋运输的规模优势，延伸服务产业链，拓展陆向物流，加快发展陆海联运，对接"一带一路"倡议提出的六大经济走廊建设；借鉴德迅、DHL等国际货代公司的发展经验，积极培育国际化货运代理、物流服务商，拓展国际全程物流，主动提供一体化物流解决方案；依托物流运输、商品交易等实体优势，拓展物流金融，培育大宗商品市场情报发布、价格引领能力，打造全球石油、矿石、LNG等大宗物资的交易中心、定价中心、结算中心。二是船舶及相关服务资源的配置。发挥我国航运、造船等企业规模和市场优势，延伸航运、造船产业链，拓展国际船舶修理、拆解、零部件配送、燃物料供应等上下游服务，提升船舶融资、船舶交易、评估、租赁、航运保险、结算等服务，尽快补齐基础能力短板，重点在交易、定价、结算、信息资讯、指数等方面形成引领。三是智力资源的配置。培养具有航运、物流、金融、贸易等复合型专业背景，具备国际航运服务战略思维的航运人才，重点培养在交易、结算、经纪、法律仲裁等细分领域的高端专业化人才，形成全球海运人才的孵化中心、集聚中心和输出中心。四是法律资源的配置。加大海运法律法规改革探索，打造中国特色的海事司法中心、仲裁中心，主动参与世界海事组织等国际事务，积极在世界海运治理中贡献中国智慧。

二、着力提升港航科技创新的引领能力

目前，该领域尚未出现明确的技术领先国家，各国正加快谋划相关领域的技术话语权和引领力，而我国具备赶超的基础和实力。紧抓当今新一轮科技革命重大变革的机遇，主动拥抱大数据、物联网、人工智能、区块链等新兴科技，加快变革我国传统海运业及其增值服务业，打造智慧型的航运中心，形成港航创新智慧的策源地。一是系统总结我国集装箱自动化码头建设、管理、运营等经验，研究制定成套的关键技术、标准、规范，形成全球自动化码头建设的中国解决方案，在"一带一路"沿线等国家加大推广力度。二是加快抢占全球智能航运发展制高点。聚焦无人船舶技术研发、规则制定、标准规范、监管等超前性研究，率先形成突破，主动发起或参与国际海事组织相关议题的研究探讨，在全球形成先发优势。三是加大低碳环保技术研发，大力推动绿色海运发展，争取在绿色技术、理念、治理体系等方面形成引领。四是加大海运资讯、研发、教育、出版、文化等方面的能力建设，不断提升国际影响力。五是借鉴新加坡的海事创新与技术基金（MINT）、英国的交通运输技术研究与创新补助机制（T-TRIG）等经验做法，以孵化资金、人才基金等形式，强化对科技创新的财政支持。

三、着力提升政策突破和制度创新的治理能力

航运服务相关领域的创新发展都需要针对性的配套政策和创新制度的设计，也是充分发挥中国特色社会主义制度优势的重要体现。在政策突破上，重点对标新加坡，在企业所得税优惠、企业营商环境打造、外汇结算、税收国际化等方面，至少不低于其标准推动财税政策突破，这是吸引航运要素集聚最直接、最有效的抓手。在制度创新上，重点借鉴伦敦、新加坡的有益经验，加大我国国际海运法律法规制度的建设和完善，着力完善我国的海运仲裁制度，进一步提升我国海事司法的公信力；加大我国资本账户局

部开放的探索,在船员税收、工资结算、企业利润核算、国际化融资等方面,采取小步快走的方式,加大关键点的风险测试和实质性突破。在航运中心建设涉及的口岸监管、检验检疫、投资贸易等政策方面,充分依托自贸区、自由贸易港建设,以试点试验为突破口,加快与国际制度的接轨。

四、着力提升在新增市场中形成节点突破的能力

伦敦海运服务业是在特殊的法律、文化、语言、金融等环境下成长起来的,具有悠久的历史和深厚的文化积淀,是市场长期发展和企业自主选择的结果。特别是在航运经纪、金融、法律仲裁、信息资讯、教育文化等方面,伦敦已形成明显的竞争优势和核心竞争力,短期内其引领地位难以被撼动。新加坡利用其地理区位、政策优势以及世界一流的营商环境,在亚太地区具有明显的竞争力,短期内也难以被取代。我国推进世界一流的国际航运中心建设应有选择地在存量市场中竞争,聚焦关键资源在增量市场中抢占先机。在航运保险、市场交易定价、航运信息资讯等方面,依托市场规模优势,在若干特色细分市场中逐步培育竞争力。在技术创新、节能减排、安全保障、航运金融、法律仲裁等方面,重点在新增市场中加快能力布局和市场要素培育,紧抓共建"一带一路"的重大机遇,加大与沿线国家的合作力度,挖掘增量市场的新空间。例如,可依托位于上海的亚洲海事技术合作中心(MTCC-Asia),加快研发和推广船舶节能减排、安全应急、自动化码头等技术,帮助"一带一路"沿线国家制定航运政策和开展能力建设,以技术创新创造新方案。

考虑航运服务要素具有全球流动性和竞争性,世界一流的航运中心建设在宏观层面主要体现的是国家之间综合实力的竞争与较量。在政策、制度等方面,需要举全国之力,聚焦重点,集中突破。为此建议,近期应以上海国际航运中心为主要依托,国内其他航运中心以区域性、特色化为主,与上海形成协同,助力我国在世界一流国际航运服务中心建设中快速取得突破。

资料来源:刘长俭,张晓晴,孙瀚冰.落实《交通强国建设纲要》,建设世界一流的国际航运中心[N].中国交通报,2019-11-08.

本章小结

1. 运输服务贸易派生于商品贸易,为商品贸易提供服务,因此,本章讨论内容仅限于国际货物运输服务贸易。全球经济、贸易结构及生产经营方式的发展变化,推动国际运输服务贸易市场不断变革,一国运输业的发展程度极大地决定了该国运输服务贸易的发展状况。

2. 海运服务贸易的业务方式主要有不定期船运输和班轮运输服务两种。租船业务包括航次租船、包运合同、期租船和光租船四种方式。租船是通过租船市场进行的,在租船市场上,船舶所有人是船舶的供给方,承租人则是船舶的需求方。双方当事人从事的租船业务,绝大多数是通过电话、电传、电报或传真等现代通信手段进行的。租船市场主要有伦敦、纽约、鹿特丹、斯德哥尔摩和汉堡等,东京和香港租船市场主要是短程近洋船的租赁,是世界上最大的拆船市场。

3. 其他运输服务贸易主要有航空运输、公路运输、铁路运输、管道运输和国际多式联合运输等。国际多式联合运输具有一人、一票、两国、一个费率、两种方式等特点,使其具有关系简单、结算方便、货主提前收汇、运送准确、运输线路更加合理等优越性,因此,有着强大的生命力。

4. 中国运输服务贸易起步迟,但发展速度快,在服务贸易中占主导地位,其中,海运在中国运输服务贸易结构中占有绝对优势,目前,中国运输服务贸易地理方向仍然是以发达国家地区为主。

5. 中国运输服务贸易发展中还存在着一些问题,例如,在全球运输服务贸易中的占比较低;运输服务贸易进出口结构失衡,逆差严重;运输服务贸易竞争力不强;基础设施建设不完善等。

6. 为促进中国运输服务贸易发展,需要采取相应的政策措施,例如,制定适应中国运输企业发展的经营战略;运输企业向技术密集型和资本密集型转变;重视货物出口对运输服务贸易的带动作用;加强运输服务业的基础设施建设;加大政策的支持力度等。

基本概念

1. 运输服务贸易

运输服务贸易是指以运输服务为交易对象的贸易活动,以实现货物或人在空间上的位移。

2. 不定期船运输

不定期船运输是一种船舶没有预定的船期、没有固定的航线、没有固定的挂靠港,运费按供求双方商定的运价收取的船舶运输方式。

3. 班轮运输

班轮运输是一种船舶按公布的船期表,在固定的航线上,按照既定的挂靠港顺序,经常性地从事航线上各港之间运输的船舶运输方式。

4. 国际多式联合运输

国际多式联合运输是指由多式联运经营人,使用至少两种不同的运输方式,将货物从一国境内接管货物的地点运至另一国境内指定交付货物的地点。国际多式联合运输通常以集装箱为运输单元。

复习思考题

1. 阐述运输服务贸易的概念及其特征。
2. 简述运输服务贸易的主要类型。
3. 国际多式联合运输有哪些特点?
4. 简述国际运输服务贸易的现状及特点。
5. 简述中国运输服务贸易的现状及特点。
6. 中国运输服务贸易发展中存在哪些问题?
7. 中国应如何应对运输服务贸易自由化?

第九章 国际金融服务贸易

学习目标

- 掌握国际金融服务贸易的概念。
- 熟悉国际金融服务贸易的分类。
- 了解国际金融服务贸易的发展特点。
- 了解中国金融服务贸易的发展特点。

第一节 国际金融服务贸易概述

一、国际金融服务贸易的概念

国际金融服务贸易概念的界定经过了一个不断完善、不断认识深化的过程。不同学者从不同的角度对其界定，最早可追溯到 1988 年英国学者 Ingo Walter 的定义，具有代表性的为经合组织（OECD）和 WTO 的界定。经合组织于 1989—1990 年界定了国际金融服务的范围：国际金融服务包括金融机构（银行以及其他信用机构）提供或接受下列服务的收入或支出：一是接受或支付的直接投资的收入；二是接受或支付的其他投资收入；三是接受或支付的佣金或费用。1994 年，《服务贸易总协定》（以下简称 GATS）的签订，进一步明确了国际金融服务贸易的概念，本节将从国际金融服务贸易包括的活动、国际金融服务的提供者、国际金融服务的提供方式这三个方面来阐述该概念。

（一）国际金融服务贸易包括的活动

服务贸易总协定的《金融服务附件》明确规定了国际金融服务贸易包括的活动：金融服务是一成员和金融服务提供者提供的任何金融性质的服务。金融服务包括所有保险和与保险有关的服务以及所有银行和其他金融服务(保险除外)。具体包括下列活动。

(1) 保险及与保险有关的服务(直接保险、再保险和再再保险、保险中介、辅助性保险服务)。

(2) 银行和其他金融服务:①接受公众储蓄和其他应偿付的资金;②各类借贷活动(消费信贷、抵押贷款、信用贷款、代理和商业交易的资金融通);③融资性租赁;④所有支付和货币交换服务(信贷、应付项目和借方信用卡、旅行支票和银行汇票);⑤担保和委托业务;⑥自有账户和消费者账户的交易(兑换、证券经纪人、市场交易或其他方式);⑦参与各类证券的发行(认购和代理服务及有关发行服务);⑧货币代理;⑨资产管理(现金或有价证券的管理、各种形式的集体投资的管理、年金管理、监督、保管和信托服务);⑩金融资产(证券、派生业务和其他可转让票据)的处理和清算服务;⑪金融信息的提供和转让、金融数据处理和其他有关金融服务提供者的软件;⑫顾问、中介和其他辅助性金融服务(信用贷款业务的参考和分析、投资及有价证券的研究和建议、开拓性业务及对社团改组和战略的建议)。

总体来看,这些活动涉及银行、保险、证券及金融信息服务四个有关金融方面的领域。

(二) 国际金融服务的提供者

服务提供者主要包括两类:金融中介机构以及货币和证券市场上的直接金融机构。前者创造或吸引金融资产,并通过负债为其获得所需要的资金;后者则通过出售股票和债券的方式,促使交易在资金提供者与资金使用者之间直接进行。尽管在有些国家,由于金融创新活动以及金融管制的放松,这两类机构之间的界限越来越模糊。从服务的提供者来看,它是指一成员希望提供或正在提供金融服务的自然人和法人。但成员方的"公共实体",即政府、中央银行或货币当局,由一成员所有或控制的主要从事执行政府职能或为政府目的活动的实体以及行使通常由中央银行或货币当局行使的职能的私人实体被排除在外。同时,作为法定社会保障制度或为公共退休金计划一部分的活动,由公共实体代表政府或由政府担保,或使用政府的财力进行的其他活动也被排除在外。但如果一成员方允许其金融服务提供者进行上述活动并与公共实体进行竞争,则这些公共金融服务也被列入金融服务贸易的组成部分。

(三) 国际金融服务的提供方式

GATS第1条第2款规定了服务贸易的四种方式,即跨境提供(Cross Border Supply)、国外消费(Consumption Abroad)、商业存在(Commercial Presence)和人员流动(Movement of Personnel)。

国际金融服务贸易同样是以这四种方式进行的。金融服务的跨境提供是指从一缔约方境内向其他缔约方境内提供金融服务,如一国银行向另一国客户提供贷款或吸收另一国客户存款;金融服务的国外消费是指在一缔约方境内向任何其他缔约方的服务消费者提供金融服务,如一国银行对外国人提供信用卡服务等;金融服务的商业存在是目前国际金融服务中数量最多、规模最大的一种,服务提供者通过在消费者所在国设立机构(包括设立办事处、分行、子行等)提供服务。通过此种方式提供的服务占到整个国际金融服务贸易量的70%以上，它也使得金融服务与金融业的对外投资密切结合；金融服务的人员流动指一缔约方的金融服务提供者在其他缔约方境内提供服务，此种服务的提供者来自另一个国家，但在接受国境内无商业存在，如金融咨询服务的提供、风险评估、跨国银行内部高级管理人员的移动等。以上四种方式中，除商业存在是通过外国直接投资进行，其他三种都是通过销售来进行的，因此被列入国际收支平衡表中。

二、国际金融服务贸易的多边法律架构

（一）国际金融服务贸易的多边谈判进程

WTO体制下金融服务贸易的谈判分为三个阶段。

1. 第一阶段：乌拉圭回合结束前的谈判

乌拉圭回合最重要的成果之一是将服务贸易纳入其谈判范围，并于谈判结束时达成《服务贸易总协定》。

金融服务作为重要的且处于主导地位的服务部门，围绕此议题进行的谈判非常激烈。1993年乌拉圭回合谈判后期，金融服务谈判与基础电信谈判和海运服务谈判一样，仍未完成。虽然在金融服务的市场准入和国民待遇上已经有了一些承诺，但谈判各方未能就金融服务达成永久性协议，以双方互惠为基础的最惠国待遇豁免仍然广泛存在。为了避免将金融服务谈判排斥在《服务贸易总协定》之外，谈判各方接受了欧共体的提议，即同意在MFN的基础上缔结关于金融服务承诺的临时协议，承诺的有效期是WTO成立以后的6个月内（1995年1月1日—1995年6月30日）。这期间，各成员方仍有权修改其承诺表和最惠国待遇豁免清单，而无须根据GATS第21条的规定给予其他成员补偿。

2. 第二阶段：乌拉圭回合结束—1995年7月

乌拉圭回合结束时，通过了《金融服务第二附件》和《关于金融服务的决定》，决定延长该部门的谈判。谈判在GATS生效后6个月内继续进行，至1995年6月底结束。经过6个月的谈判后，美国代表声称由于其他国家不能适应美国的金融服务自由化，它将退回到其1993年的提议，即有选择的最惠国待遇和双边谈判。1995年6月30日，WTO服务贸易理事会将最后日期延长至1995年7月28日。1995年7月28日，WTO宣布金融服务谈判结束，29个成员（欧共体为一方）声明他们将实施改善的承诺表并且执行GATS《金融服务第二议定书》。第二议定书下的承诺从本质上讲是临时性的，一旦实施则在1997年12月31日前有效。

3. 第三阶段：1997年4月—1997年12月

1997年4月，谈判重新开始。WTO成员在1997年11月1日—12月12日再一次有了改善、修改或撤销其金融服务承诺和最惠国待遇的机会。12月13日，美国撤回以"对等"为条件的广义最惠国待遇豁免清单，永久性的全球金融服务协议才最终达成。代表70个WTO成员所做承诺的56份减让表与16份第2条豁免清单一起，作为GATS第五议定书的附件。第五议定书开放至1999年1月29日，供参加谈判的WTO成员批准接受。52个成员在该期限之前接受了该议定书，该议定书于1999年3月1日生效。另外，

服务贸易理事会还决定,第五议定书对于尚未批准接受的剩余18个WTO成员,接受的时间延长至1999年6月15日。对于1999年3月1日以后接受第五议定书的成员,该议定书在接受时对其生效。1999年3月1日金融服务协议生效时,有102个WTO成员在金融服务方面承担部分义务。

(二)《服务贸易总协定》的《金融服务附件》(Annex on Financial Services)和《金融服务第二附件》(Second Annex of Financial Services)

GATS是WTO就服务贸易达成的第一个多边协议,其规则和纪律适用于各个领域的服务贸易,包括金融服务。

GATS第29条规定:"本协定的附录是本协定不可分割的组成部分。"在金融服务方面有两个重要的附件:《金融服务附件》和《金融服务第二附件》。对于前者,在服务贸易的谈判过程中,各国普遍认为对金融服务部门需要特别对待,因为金融业在各国都是受到高度管制的行业,因此制定了GATS《关于金融服务的附件》。此附件对GATS的适用范围作了进一步规定,同时对审慎措施及其承认、金融服务贸易的争端解决、金融服务的定义作了规定。金融服务的这一附件具有长期的意义,但《关于金融服务的第二附件》则没有。该附件与另一个独立的部长决定《关于金融服务的决定》一起通过,其目的是使有关金融服务的谈判在乌拉圭回合谈判结束和其他绝大多数服务贸易承诺最终确定之后能够继续进行。据此,各成员国同意在1995年6月底之前,仍可以维持一些与最惠国待遇原则不相符的措施,不将其正式列入最惠国待遇豁免清单,并且还可以改善、撤销其在金融服务部门的全部或部分承诺。

(三)《关于金融服务承诺的谅解》(Understanding on Commitments in Financial Services)

此谅解属于乌拉圭回合一揽子协议的组成部分,而非GATS的一部分,因为它取代了GATS关于市场准入和国民待遇的条款。该谅解确定了一些发达国家成员起草各自金融服务承诺的基础。它对金融服务的市场准入和国民待遇规定了一般性的政策指导原则。

(四)《金融服务协议》(Financial Services Agreement)

WTO成立以后,金融服务的多边谈判经历了艰苦的历程,终于于1997年12月13日在GATS框架内达成了永久性的全球《金融服务协议》。该协议作为GATS的第五议定书于1999年3月1日生效。就协议本身而言,它只是规定了一些程序性的事项,无实质性的内容。重要的是作为其组成部分的各成员国关于金融服务的具体承诺减让表和第2条豁免清单,因为这两项在全面的MFN的基础上,将全球银行、证券和金融信息贸易的95%以上纳入WTO的管理和争端解决机制之内。

因此,在WTO框架之内与金融服务贸易有关的具有长期意义的文件主要包括GATS、《金融服务附件》《关于金融服务承诺的谅解》《金融服务协议》,这些协议构建了国际金融服务贸易的多边法律框架。此外,各成员国在金融服务贸易方面的承诺表和最惠国待遇豁免清单也是这一框架的组成部分。

三、国际金融服务贸易的特点

(一)金融服务贸易具有显著的生产性服务特征

生产性服务是市场化的,非最终消费服务,是作为其他产品和服务生产的中间投入的服务,是面向生产的服务,具有专业化程度高、知识密集的特点。作为实体经济的重要支撑,金融服务在促进资本等要素流动、保障实体经济资金链良性有效运行中起到不可替代的作用。特别是制造业更加和金融服务密不可分,制造业链条的各个环节的有效接续都无法离开金融服务的有力支撑,这种鲜明的生产性服务特征让金融服务成为现代经济发展中不可或缺的部门领域。国际金融服务贸易成为国际货物贸易的积极支撑,更是促进服务贸易发展的重要组成力量。

(二)金融服务贸易具有鲜明的知识密集特征

知识密集型服务一般是指那些技术及人力资本投入密度较高、附加值较大的服务。金融业是典型的知识密集型行业,具有知识度高、创新度高、技术度高及动态发展度高的特点,其中,银行业,保险业等金融服务贸易在各个服务贸易领域中具有更加鲜明的知识密集特征。金融服务贸易领域的知识密集特征决定了该领域需要大量高素质的金融人才,行业门槛高、创新程度高、技术优势明显决定了金融服务贸易优势一旦形成,将具有较强的行业壁垒,换言之,某国或者某地区金融服务贸易的优势一旦形成,将具有相对的稳定性和垄断性,该国家或者地区对金融人才的虹吸效应也将非常显著,知识密集型特征愈发鲜明。

(三)金融服务贸易对国家经济安全产生重大影响

随着全球化的不断深化发展,制造业服务化的趋势愈发显著,金融服务知识要素集聚效应、资本积累效应、创新发展效应不断优化实体经济结构,提升实体经济要素的生产率和资本配置效率。金融是支撑现代社会经济发展的重要力量,正因为金融服务存在虚拟化的特征,金融风险也是影响国家经济安全的重要因素。在全球化的背景下,金融风险使得任何国家都无法在全球系统性金融风险下独善其身。现代经济中保障金融安全稳定是开放经济条件下各国必须关注和应对的重大问题,因此,国际金融服务贸易的风险性特征也决定了国家在发展金融服务贸易时要将其对国家经济安全和金融系统的影响因素考虑进去。

四、国际金融服务贸易的作用

尽管2016年"逆全球化"思潮抬头,近年来对全球化进程有所影响,贸易保护主义抬头,然而全球贸易大势不可阻挡。全球化下国际货物贸易发展的同时,金融服务作为实体重要支撑将发挥更大的作用,国际金融服务贸易的发展势必成为发展大势。全球范围内推动货物服务贸易等贸易标的进行国际贸易的同时,需要金融服务的跟进。国际金融服务贸易的作用主要体现在以下几个方面。

(一) 满足国际金融服务需求,营造更加有利的国际贸易环境

全球化下,国际分工让产业链条不断延伸,产品的生产不再局限于单一国家,资本在全球范围内"用脚选择",跨国企业在全球范围内布局生产,实现其全球经营目标的最大化。在这一进程中,国家相关企业和组织及个人等国际金融服务的需求也在不断增加,特别是跨国公司的全球布局更加需要稳定的金融服务的支撑。金融服务需求的激增伴随金融从业人员更加频繁的交往合作,从而衍生出更大的需求,因此,金融服务贸易的发展不仅可以满足日益增长的国际金融服务的需求,还可以创造出更为广泛的新的需求,为国家间更加深度的经贸合作创造良好的环境。根据 CBInsights 发布的《2019 全球金融科技趋势报告》显示,2018 年全球金融科技领域投融资数量创历史新高,全球范围内共有1 707个项目获得总计 390.57 亿美元的融资,比上一年增长 15%。同时,在传统被认为是金融科技核心市场的美国、英国、中国三大市场之外的投融资数量占到整体数量的 39%。从地域分布上看,亚洲地区已取代北美,成为金融科技领域新的投资热土。2018 年,亚洲地区金融科技创业公司获得融资的数量比上一年增长 38%,共计有 516 个项目获得220.65亿美元的融资。可见国际金融服务需求,特别是科技金融需求都有了显著提升。

(二) 创新国际金融服务供给模式,提升国家金融的软实力

现代经济发展进程中,金融服务供给已经成为支撑经济发展和社会前进的重要力量。金融对于社会经济的发展,国家的经济安全发挥着极为重要的作用。全球化大势下,开放成为大势,建设具有强大的资源配置能力的经济强国首先要将金融业的发展作为战略着力点。老牌西方发达的经济强国在金融服务供给能力和水平方面都有着明显的竞争优势和垄断优势。以老牌国际金融中心伦敦为例,由于金融服务业的高度发达,伦敦集聚大量金融机构及相关服务产业,这些金融机构开展国际资本借贷、债券发行、外汇交易保险等金融服务。随着科技的发展,金融服务贸易让各类金融资源在更为广阔的空间集聚和分配,国际金融中心更是在全球范围内配置相关的金融资源,分配社会生产所需的资金,而人才等要素在交互中实现更加深入的交流,金融创新更加频繁,因此,促进国际金融服务贸易可以通过多样化的金融服务,增强国家金融服务供给能力,促进国际金融服务中心的建设,推进国家金融资源配置能力的提升。

(三) 扩大国际金融服务市场,促进经济全球化的持续深入推进

国际金融市场是由国际性的资金借贷、结算、汇兑,以及有价证券、黄金和外汇买卖活动所组成的市场。国际金融服务市场是经济全球化的产物,国际金融服务贸易扩大对国际金融服务市场的形成和发展发挥着巨大作用。服务贸易中商品与劳务的国际性转移输入输出、外汇的买卖以及国际货币体系的运转等各方面的国际经济交往,都离不开国际金融市场。金融服务贸易有效地促进各国开放国内金融市场,加速各国金融体系的完善。全球化下,国际分工逐渐改变了原有的国际格局,无论是老牌金融强国还是新兴发展中国

家,都纷纷参与到国际金融服务贸易中,国际金融机构的竞争愈加激烈,在这一进程中,资金的流通效率不断提升,筹资成本降低。金融服务贸易对于调节投资方向和产业结构发挥了重要的作用,国际金融服务贸易的繁荣也促进经济全球化的持续深入推进。

第二节 国际金融服务贸易发展

一、全球金融服务贸易的发展概况

(一)金融服务贸易总体呈快速扩张的趋势

第二次世界大战后,全球经济秩序重塑,布雷顿森林体系的建立促进了战后资本主义国家经济的恢复和发展。国际金融服务贸易得到迅速发展的机会。20世纪70年代以后,国际货物贸易大规模扩张,国家间的经贸往来加速,加之科学技术的进步,在各国政府的大力扶持和推动下,国际金融服务贸易额逐年递增。根据WTO的数据统计,2003年全球金融服务贸易出口占世界服务贸易出口总额比重的5.6%,2008由美国次贷危机引发的全球金融危机对战后发展的国际金融体系和世界经济造成巨大冲击。各国纷纷推出应对经济和刺激经济的方案,加强对金融系统风险的监管,建立并完善风险管控举措,推进国际金融监管政策协调机制。全球金融危机后,世界经济呈现缓慢复苏的态势,随着科技的不断进步,金融服务贸易占世界服务贸易的比例不断提高,呈现加速发展的态势。

(二)金融衍生产品不断丰富

20世纪70年代汇率制度的变化、国际资本流动、国家政策放松等为金融衍生工具提供了良好的环境。加之科技的迅猛发展,银行业在科技助力下愈发繁荣,这些都为金融衍生工具创新提供了有力的外部条件,催生了如股票、债券等有价金融、证券及证券咨询、投资服务、融资顾问等新兴的金融服务形式。而这些金融衍生品的快速扩张直接带动了国际金融服务贸易的增长,许多金融衍生品从问世便得到市场的世界性认同。从1982年第一份股指期货合约诞生起,股指期货经历了40多年的发展历程,期间形成了不少对市场有较大影响力的股指期货品种。由于股指期货能够为股票市场提供有效的避险工具,顺应了市场管理系统性风险的要求,主要发达国家在20世纪80、90年代陆续推出了股指期货:英国在1984年5月、中国香港在1986年5月、新加坡在1986年9月、日本在1988年9月、法国在1988年11月、德国在1990年9月均相继推出了各自的股指期货品种。1990年代中后期以来,新兴市场也加快了股指期货市场建设的步伐:韩国在1996年5月、中国台湾地区在1998年7月、印度在2000年6月都相继推出了各自的股指期货品种。时至今日,股指期货已成为现代资本市场不可或缺的重要组成部分。2007年,股指期货/期权交易量达到56.168亿张,占全球场内衍生品交易量的36.5%,占全球金融期货/期权交易量的40.31%。特别在2008年美国次贷危机中,由于市场避险需求的激增,股指期货的成交量呈现了大幅度的增长,有时甚至达到正常情况下交易量的两倍多。金融衍生工具的发展也催生对金融相关专业人才的需求,促进金融领域相关学科的长足发展。

(三) 强强兼并的集团化特征显著

全球化背景下,各国在金融领域逐步开放,20世纪90年代以来,各国纷纷放宽了对金融机构经营业务范围的限制,允许不同金融机构之间业务交叉,特别是放宽了对商业银行兼营证券业务的限制。银行作为金融业最大的主体,业务不再局限于传统业务,开始趋向多元化和全能化。银行间的界限也不再分明,全球化背景下银行强强兼并愈演愈烈,其中尤以美国的银行并购最为突出,1998年4月,花旗集团和旅行者集团合并,两家形成世界超级"金融航空母舰"——花旗集团公司。在美国银行业并购浪潮的巨大压力下,欧洲各国也加快了并购重组的步伐。1997年12月,瑞士联合银行与瑞士银行合并,1998年11月30日,德意志银行收购美国第八位的信孚银行,成为当时以资产排名的全球最大的银行和金融服务性公司,这是横跨大西洋的世界最大的一次跨国并购事件。在日本,日本的三和、朝日、东海三家银行也宣布合并,成为世界第三大银行。新的兼并收购的浪潮使金融集团的规模越来越大,金融服务的供给端日益集中化,集团化发展有效地促进了银行等金融机构的业务范围,众多中小银行通过合并组建金融集团,以发挥各自优势,增强整体竞争力,进而促进了金融服务贸易发展日益集中化和集团化。

二、世界金融服务贸易的发展特征

(一) 金融服务贸易区域差异化显著,发达国家占据主导地位

第二次世界大战后,国际金融秩序主要是以美元为中心的布雷顿森林体系,布雷顿森林体系是第二次世界大战后美国在国际货币体系实施霸权的产物,以美元为中心的固定汇率制体现了美国的霸主地位。由于该体系内部的固有矛盾,"美元危机"下该体系迅速崩溃。布雷顿森林体系虽然瓦解了,但到目前为止,美国在国际货币基金组织和世界银行中的地位仍占主导地位。国际金融服务大多集中于发达国家,区域不平衡特征非常显著,并且发达国家的竞争优势在一定程度上加剧了不平衡性,使金融服务贸易的区域化差异更加明显。世界金融中心多处于发达国家的很多地区。欧洲、东北亚的中、日、韩和北美三个地区的银行资产占全球的七成以上。以美国为例,银行服务业是美国金融服务跨境贸易中的中流砥柱。2015年,美国金融服务跨境出口总额达1 196亿美元,进口总额729亿美元,贸易顺差467亿美元。银行服务(包括除零售银行以外的金融管理,信用卡处理和信用相关服务)共占2015年美国金融服务出口总额的62%(743亿美元)和进口总额的25%(179亿美元)。[①] 证券服务(包括佣金、核保、贷款)共占2015年美国金融服务出口的24%(282亿美元)和同年进口总额的10%(73亿美元)。保险服务占2015年美国金融服务出口总额的14%(171亿美元)和进口总额的66%(478亿美元)。2014年,英国

---

① 《美国国务贸易2016年度最新趋势报告》,美国国际贸易委员会(USITC)发布。

(17%),加拿大(7%)和卢森堡经济联盟(4%)是银行和证券服务最大的出口市场,而美国保险服务的出口市场前三位分别是百慕大(20%)、加拿大(17%)和英国(11%)。美国金融服务主要通过关联交易进行。美国海外的金融服务机构(在海外的美企)占美国2013年所有海外美企销售总额的20%(2 595亿美元)。在金融服务中,证券服务占2013年关联销售的39%(近1 023亿美元)。保险服务占2013年关联销售的25%,紧随其后的是银行(21%)。由此可见,以美国为首的西方发达国家仍在国际金融服务贸易中占据主导地位。

(二) 金融工具不断创新,科技赋能效应显著

金融服务创新突出体现在新的金融工具和新型交易方式。早期的金融创新主要是基于逃避金融管制的需求,而当代的金融创新是为了满足经济发展对金融多方面的需求,目前,国际上的金融衍生产品多不胜数,超过千种,且在不断创新中,期货和期权交易的发展,以及银行国际业务中货币和利率的互换票据发行便利和远期利率协议等新的交易技术,都是其中最为典型的代表。随着互联网技术的深度发展,科技赋能效应日益显著,微电子技术,计算机技术,通信技术和信息技术赋予了金融工具更为广阔的应用空间,一大批安全高效的新型工具为金融变革的发展提供物质技术基础,科技赋能现代金融业向着信息化和智能化的方向推进。

专栏 9-1

网上银行——科技让银行业焕然一新

网上银行又称网络银行、在线银行或电子银行,它是各银行在互联网中设立的虚拟柜台,银行利用网络技术,通过互联网向客户提供开户、销户、查询、对账、行内转账、跨行转账、信贷、网上证券、投资理财等传统服务项目,使客户足不出户就能够安全、便捷地管理活期和定期存款、支票、信用卡及个人投资等。2017年12月1日,《公共服务领域英文译写规范》正式实施,规定网上银行的标准英文名为Online Banking Service。1995年10月18日,全球首家以网络银行冠名的金融组织——安全第一网络银行(Security First Network Bank, SFNB)打开了它的"虚拟之门"。到1997年年末,美国可进行交易的金融网站有103个,其中包括银行和存款机构,到1998年年末跃升至1 300个。网络银行将凭借着自己存款利息高和实时、方便、快捷、成本低、功能丰富的24小时服务获得越来越多客户的喜爱,其自身数目也会迅速增长,成为未来银行业非常重要的一个组成部分。1996年2月,中国银行在国际互联网上建立了主页,首先在互联网上发布信息。目前,工商银行,农业银行,建设银行,中信实业银行,民生银行,招商银行,太平洋保险公司,中国人寿保险公司等金融机构都已经在国际互联网上设立了网站。越来越多商业银行设立互联网金融部、数字金融部等,引入金融科技公司开放合作,打造数字化银行。中国银行业总体上数字化程度不断加深,从2010年的14.83%增长至2018年的73.78%。

资料来源:徐昕,赵震翔.西方网络银行的发展模式及启示[J].国际金融研究,2000(5):69-72.

（三）国际金融环境不确定性提升

20世纪80年代后期，全球化浪潮促使各国打破各自壁垒，成为全球价值链中的一环。经济全球化势不可挡，国际经济合作组织、区域经济合作组织也如雨后春笋般地涌现。特别是21世纪以来，其数量呈现井喷态势，相关数据显示，到2017年为止，向WTO通报的区域贸易协定（RTA）累计达到647个，生效的有433个。WTO与大量的区域贸易协定构筑了全球多边贸易体制。在这一体制下，打破壁垒、共享全球化红利成为各国共识。然而，2016年以来，"逆全球化"思潮抬头，以"特朗普入主白宫"和"英国宣布脱欧"为标志性事件，美国一系列如"退出巴黎气候协定""制造业回流"等"逆全球化"举措更使得复苏步履蹒跚的世界经济充满变数。第二次世界大战以来构筑的全球多边贸易体制遭遇前所未有的挑战。在贸易保护主义抬头、"逆全球化"思潮泛起的形势下，国际金融市场面临更多的不确定性因素。而国际金融危机暴露的诸多金融体系弊病，仍未找到明确的改革路径，发达国家银行业体系坏账问题仍未完全解决，不良资产损失处置方式仍存在不确定性，从而加剧了保护主义。金融服务贸易作为贸易种类，同样收到贸易保护主义的重大影响，如包括市场准入壁垒和业务经营限制的贸易壁垒。对境外金融服务商设立分支机构的市场准入壁垒，主要涉及以法律形式禁止其他国家金融机构的介入，或通过现行的各种行政管理措施限制外国金融机构的介入。以法律形式禁止任何外国银行通过分支机构介入本地市场，禁止外国银行购买本地银行的股权，对外国银行获得本地银行的股权有一定数量的限制。就业务经营限制而言，主要涉及市场服务范围的限制、资产增长及规模的限制。此外，东道国政府还可以用其他方式来限制外国金融机构的竞争，如电信网电力供应、交通和邮政服务等都可以附加限制影响经营。

三、世界金融服务贸易的发展趋势

（一）金融服务贸易自由化将持续深化

现阶段，全球经济秩序正处于新旧动能、新旧格局的转换时期，全球经济不确定性增强，美国、欧盟等发达国家和经济体基于自身利益提出各自的全球贸易领域治理方案，旨在抢夺贸易领域的话语权。虽然"逆全球化"暗潮涌动，然而经济全球化和基于多边体制的贸易自由是不可抗拒的历史潮流。金融自由化是相对于金融管制的对应概念，金融管制是政府管制的一种形式，是伴随着银行危机的局部和整体爆发而产生的一种以保证金融体系的稳定、安全及确保投资人利益的制度安排，是在金融市场失灵（如市场脆弱性、外部性、不对称信息及垄断等）的情况下由政府或社会提供的纠正市场失灵的金融管理制度。尽管金融管制对稳定金融秩序起到一定作用，但随着全球化的不断深入发展，这些早期形成的金融法规已经限制了金融业的进一步发展。推进国际金融服务贸易自由化成为各国政府的共识。国际金融服务贸易自由化是指一国政府在对外金融服务贸易中，通过立法和国际协议，消除或减少对金融服务和与金融服务有关的人员资本信息等在国家间流动的行政干预,包括金融价格的自由化或市场化,扩大各类金融机构的业务范围和经营权,让其公平竞争。《金融服务贸易协议》将金融服务贸易自由化的进程带入新的历史阶段,金融服务贸易自由化必将持续深化发展。

(二) 国际金融证券化的趋势明显

国际金融证券化是近10年来国际金融发展的一个重大特征和趋势,金融证券化包括融资证券化和资产证券化,融资证券化指的是资金需求者采取发行证券的方式,而不是采取向金融机构借款的方式筹集资金,这也就是所谓的资金非中介化或者脱敏现象,资产证券化指的是缺乏流动的资产,通过金融技术转化为可以在金融市场上出售的证券的行为,融资证券化意味着银行在贷款方面的优势逐渐丧失,银行资产占全部金融资产的比重及非金融企业负债占企业总资产的比重不断下降。随着金融服务的不断创新发展,国际金融服务贸易领域证券化的趋势将更加明显。

(三) 虚拟经济成分不断提升,脱实向虚的倾向日益显著

传统意义上,金融是实体经济的支撑和助力,离开实体经济,金融即为无根之水。金融服务贸易的快速发展,特别是金融衍生产品的快速扩张及其结构的迅速变动,助推了虚拟经济的发展,不断推动全球虚拟经济的发展。这种迅速扩张让国际金融市场成为一个具有自我配套服务、自我支撑和运转能力的庞大体系。金融服务贸易的自身结构也发生重大变革,虚拟经济成分不断提升。虚拟经济比例的上升一方面促进了金融业对整个经济运行的重大功能和作用,金融业自身所创造的产值和财富开始构成对国内生产总值的一个越来越重要的组成部分。但同时,"脱实向虚"倾向也加剧了国际社会财富的重新分配,社会分化加剧。此外,国际金融服务贸易和国际金融活动对国际贸易和物质经济的不断背离,虚拟经济份额的不断提升,使得国际经济体系日益脆弱化,金融危机爆发的概率提高。

第三节　中国金融服务贸易发展

一、我国金融服务贸易的发展概况

(一) 金融服务贸易处于初级水平

改革开放初期,我国的金融服务贸易主要是为了吸引更多的外资,国内金融服务机构数量少且很少开拓国际市场。在我国金融服务贸易的对外贸易中,进口贸易占比较大。其规模从2011年的230.7亿美元上升到2014年的359.2亿美元,总体呈增长态势。2015年大幅下降,降至183.4亿美元,2016—2019年回升,2019年的总规模为220.5亿美元。尽管我国已经连续十年成为世界货物贸易第一大国,然而相较于发达国家而言,我国在国际金融秩序中的话语权较低,金融服务贸易尚处于初步发展阶段,存在服务水平较

低、产品竞争力较弱等问题。国内银行等金融机构参与国际业务的时间尚短,人民币国际化的进程仍然在不断推进中。因此,从我国金融服务贸易的数据中可以明显看出,我国金融服务在相当长的一段时间内依赖于进口,金融贸易长期处于逆差格局。但自我国加入世界贸易组织以来,尽管金融服务贸易出口规模远低于进口,但一直处于稳定增长的态势。从金融服务贸易的出口规模来看,当前我国出口增长速度已逐渐赶上进口,逆差情况逐渐改善,金融服务行业逐渐走向健康发展。

2020 年新冠肺炎疫情肆虐全球,国际金融市场波动加剧,政治等非经济因素对金融市场的冲击明显。中国在中国共产党的领导下,依托制度优势,上下一心,率先实现本土抗击疫情的阶段性重大胜利,然而,受到疫情等因素的重大影响,加之趋势性、阶段性、中期性的矛盾相互交织,我国经济发展面临严峻挑战,金融风险加剧。面对新的更为复杂的经济金融环境,金融业要不断丰富金融产品,增强金融服务的普惠性,有序推进金融改革,不断推进人民币国际化和金融双向开放,持续改进金融监管,守住不发生系统性金融风险的底线,增强金融治理能力的效能。

(二) 开放水平持续提升,我国金融业务不断发展

经济全球化和金融全球化是当今世界经济发展的大趋势,深化金融改革、扩大金融对外开放是建立社会主义市场经济体制的客观要求。按照 GATS 的要求,自 2001 年加入世贸组织以来,我国履行承诺,稳步推进金融业对外开放。外资银行更广泛地介入我国银行业,为外资金融机构提供了平等的发展机遇,在推进我国金融业快速发展与国际接轨的同时,也有效推动了我国金融市场业务的发展。2002 年,我国主动实施了 QFII 制度,允许合格的境外机构投资者进入 A 股市场;2006 年,实施的 QDII 制度,允许合格的境内机构投资者到境外投资;2007 年,我国又宣布取消了 QDII 对外投资的限制,在资本项目进一步开放的同时,一系列推动投资贸易便利化、鼓励人民币跨境使用的制度不断深入推进。人民币正式纳入国际货币基金组织特别提款权(SDR)货币篮子,成为新的 SDR 五种构成货币中唯一的新兴经济体货币,这标志着人民币又向着国际化的方向迈出了重要一步。2019 年年末,我国金融业机构总资产为 318.69 万亿元,同比增长 8.6%,其中,银行业机构总资产为 290 万亿元,同比增长 8.1%;证券业机构总资产为 8.12 万亿元,同比增长 16.6%;保险业机构总资产为 20.56 万亿元,同比增长 12.2%。全球 10 大系统性银行[①]中,中国占据了 4 家,利润和资本指标都居于前列,中国股票市场的市场总值居全球第 2 位,债券的市值居全球第 3 位,仅次于美国和日本,整个资本市场和发达国家趋于一致,保险业保费收入已经居于全球第 2 位。中国的移动支付和许多金融创新在全球居于领先

---

① 全球系统重要性银行,是指全球银行业监管机构于 2011 年 7 月 21 日圈定的 28 家具有"全球系统重要性的银行",并建议对其实施 1%—2.5%的附加资本要求。在特定条件下,最具系统重要性的银行可能面临最高 3.5%的附加资本,以避免金融危机重演。巴塞尔委员会发布的咨询文件中,将系统重要性银行分成 4 类,最高级别要求拥有超过巴塞尔Ⅲ下限(7%)2.5%的普通股一级资本缓冲。其他级别依次分别为超过 7%下限 2%、1.5%和 1%。如果无法达到资本金要求,监管者有权暂停其股息派发,并施加限制措施。2011 年,国际化程度最高的中国银行最早入选,随后,中国工商银行、中国农业银行和中国建设银行分别在 2013 年、2014 年和 2015 年入选。四大行 2019 年在前十位的全球系统重要性银行中榜上有名。

水平。总体来看,我国金融服务贸易开放程度在不断提高,且随着人民币国际化进程的不断加速,我国金融开放度还将进一步提升。

(三)贸易竞争力较低,发展潜力巨大

虽然我国金融服务贸易规模不断扩大,但长期以来处于逆差状态,2001年,金融服务贸易逆差只有24.62亿美元,2014年这一数值达到183亿美元,这表明我国金融服务贸易总量的增长还是以进口为主,出口贡献较少,致使逆差逐步扩大,以银行业为例,中国银行业将面临着来自外资银行的激烈竞争,按照中美双边协议,外资银行办理人民币业务不再有地域和客户限制,享受国民待遇。这将意味着外资银行从业务领域到空间范围与我国商业银行展开全方位竞争,发达国家的外资银行在许多方面具有明显的优势,而且早已关注我国巨大的市场潜力。把我国商业银行的发展现状与外资银行相比较,外资银行具有多方面的优势,而我国银行与迎接挑战和竞争的要求还存在很大的差距,无论是国有商业银行,还是其他商业银行,目前仍主要采用传统的业务方式,实行分业经营,主要从事信贷业务和其他服务性中间业务,提供的金融商品少,盈利渠道单一。相比之下,许多外资银行采取混业经营,开展信贷、投资甚至证券业务,利用多种渠道获得盈利以弥补某方面的亏损。同时,我国商业银行的信息科技手段相对滞后,难以满足市场需求,也难以为客户提供适时和个性化服务。

二、我国金融服务贸易的发展特征

(一)人民币国际化推动金融服务贸易发展

当前,全球经济不确定性增强,在贸易领域的博弈上,中国的崛起和对治理权力的诉求必然激起西方大国的反应,中国制造的强势发力也势必引起美国的警惕和压制,从竞争合作转向竞争遏制将是相当长一个时期的博弈格局。再度被动参与发达国家所制定的国际贸易规则,我国的比较优势和后发优势都将难以发挥,相应的参与成本也大大增加,这既不符合我国贸易高质量发展的内在要求,也不符合世界发展趋势。积极参加全球经济治理,提升中国贸易领域的话语权,不仅仅是应对全球贸易治理体系变革的外在要求,更是中国贸易高质量发展的内在要求。加速推动人民币国际化正是积极参与国际金融领域治理的重要举措。我国金融发展有两大战略目标:一个是人民币的国际化让人民币成为重要的国际性储备货币;另一个是让中国金融市场成为国际金融中心。人民币国际化是我国金融国际化及金融服务贸易竞争力提升的重要推动力量。依据中国银行公布的2019年度《人民币国际化白皮书》,2019年人民币国际化继续保持较快增长的势头。全年人民币跨境结算规模较2018年同期增长24%;2019年四季度,权衡人民币跨境使用活跃度的中国银行跨境人民币指数攀升至304点,靠近3年来的新高。境内外市场主体对人民币的国际货币职能预期向好。约有82%的受访境外工商企业表示,当美元、欧元等国际货币的流动性较为紧张时,将思考使用人民币作为融资货币,这一比例创下2016年以来的新高,说明人民币作为国际融资货币的吸引力正在逐步显现。75%的受访境外工商

企业愿意考虑在与中国的经贸往来中使用人民币作为商业融资货币。这说明人民币的国际融资货币职能正有力地促进商业便利化,在服务实体经济中发挥更加重要的作用。离岸人民币市场基础设施越发完善。境外金融机构可提供人民币结算、融资、存款、资金、投资、现钞等金融产品,产品和服务种类较前几年更为丰富。境外工商企业对金融服务的满足度提升,说明其金融需求能够被更好满足。财富500强群体的人民币产品需求较其他类型企业更为多样化,既涉及跨境人民币收支,也涉及跨境人民币资产欠债业务。财富500强群体继续动员跨境人民币业务平衡生长。

(二)金融服务贸易结构不平衡特征突出

尽管我国的金融服务贸易发展迅猛,然而金融服务贸易占服务贸易的总比重仍然非常小,尚未发挥金融服务贸易的重要作用。金融服务贸易内部结构不平衡,保险服务贸易占比大,其他金融服务贸易占比小,结构单一。长期存在金融服务贸易类型与进出口不平衡的现象。尽管近10年来我国金融服务贸易的总体规模保持一定的增长态势,但不管是在金融服务贸易类型还是在进出口构成方面,我国的金融服务贸易结构仍然存在不平衡之处,且呈逐年增长态势。区域发展不平衡主要体现为外资方大多在经济特区沿海城市或北京这一类一线城市设立分行,很少有内陆城市能吸引外资银行设立代表处。

(三)科技赋能效应显著

科技已经成为国际贸易竞争中最为关键的要素,科技赋能效应愈发显著。大数据、云计算、区块链、人工智能等新技术快速发展,推动金融科技公司迅速崛起,金融和科技融合促进金融服务进入空前繁荣的时代,同时也为金融安全带来了重大机遇和挑战。

当前,我国金融服务贸易正在积极推动与科技的深度融合,形成金融体系智能化的发展态势。例如,银行借助大数据分析更加精准地判断客户需求,从灌输营销转向精准营销,提高销售服务的效率,深挖客户价值。利用云计算提供更加低成本、高效率的财务和运营支持,推动互联网金融的蓬勃发展等。如图9-1所示。

在金融科技方面,我国发展可比肩发达国家,甚至在部分领域从跟跑者转变为领跑者。尤其是在移动支付和第三方支付领域,中国的普及程度是全球最高的。此外,互联网企业也加入金融业务的争取中,在过去若干年纷纷开设或投资各种各样的金融公司,如蚂蚁金服,从阿里巴巴的支付宝业务开始逐步扩张版图,业务范围涵盖银行,保险,证券等,腾讯、百度等已开设金融板块并拿到相关牌照,此外,实体企业也利用它们在上下游的核心地位开展金融业务及供应链金融业务。

(四)金融创新能力与人才匮乏制约明显

国际经验表明,一国金融企业自身所拥有的自主创新能力直接关系该国金融服务贸易的发展水平。自主创新能力主要包括业务市场监管制度和互联网技术的创新。我国金融服务贸易起步较晚,尽管我国服务贸易发展迅速,但贸易多集中于低端的传统金融服务业务,缺乏创新性的高端金融服务,中资银行缺乏金融产品的发明专利,国内商业银行仍

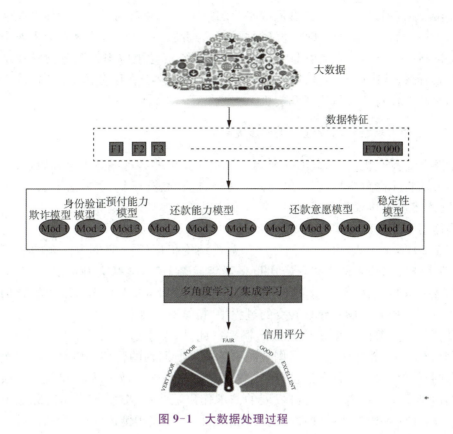

图 9-1 大数据处理过程

主要采用传统的业务方式,实行分业经营,主要从事信贷业务和其他服务性中间业务,提供的金融商品少,盈利渠道单一。

创新的主体是人,高层次复合型金融人才缺乏成为制约金融创新能力的最重要因素。尽管国内相关高校加强了相关学科建设,金融人才的培养力度不断提升,但高层次复合型人才仍然匮乏,从业人员面临复杂的金融服务,贸易市场缺乏创新能力,高层次、高水平、高基础的从业人员十分稀缺,人才的匮乏导致国内金融服务贸易长期处于被动地位。

三、我国金融服务贸易的发展趋势

(一)国家战略与政策促进力度持续加大

WTO 在 2017 年的统计表明,自 2008 年金融危机以来,其成员国已经推出 2 100 多项限制贸易的措施,第二次世界大战以来建立的多边化全球经济治理机制遭遇严峻挑战、特别是 WTO 的功能被严重削弱,全球贸易秩序面临新一轮重构。作为发展中国家的代表,中国是全球化的重要受益者和多边贸易体制规则的重要参与者。自加入世界贸易组织以来,中国秉持负责任大国的态度,成为多边贸易体制的推动者和维护者。因此,我国金融服务贸易要以服务国家战略为导向,认真贯彻十九大以来的相关政策,切实促进金融领域的供给侧改革,促进金融创新,不断提升金融服务贸易的国际竞争力。供给侧改革、"一带一路"倡议、三大地区发展战略等国家重大发展布局需要金融体系及金融创新的大力支持。后疫情时期,实体经济领域的金融诉求更加强烈,实体企业需要金融体系及时提供高效的供给。在此背景下,我国金融服务贸易更应当以服务国家战略为基本出发点,为促进我国应对经济的不确定性提供有力支撑,在服务国家战略、落实相关政策的同时迎来自身的发展机遇和契机。

(二) 金融市场结构与管理将进一步完善

2008年金融危机爆发后,国际金融监管中暴露出的各种问题倒逼监管新政的出台。2008年灾难性金融危机后,巴塞尔成员国对金融监管进行理念和方法上的革新,最终形成了《巴塞尔资本协议Ⅲ》。根据巴塞尔Ⅲ的规则文本要求,全球应于2013年1月1日正式实施巴塞尔Ⅲ的资本要求,全球系统重要性银行和国内系统重要性银行的监管要求也将于2016年正式实施。当前,社会融资结构仍以银行信贷为代表的间接融资为主,以股票债券为代表的直接融资比重将逐年显著上升,从社会融资规模、存量结构变化的趋势来看,直接融资存量的比重将逐年增加,因此,未来我国金融市场结构可能处于从银行主导型向市场主导型转变的过程中,持续有效地加强对系统性银行的监管,将有效降低系统重要性金融机构的破产概率。此外,金融过度自由化将得到矫正,强监管、严监管将持续并成为常态,我国金融服务贸易所面临的管理环境将进一步改善。面对复杂的国际形势和各种不确定因素,我国金融业对外开放的步骤和节奏将根据风险管控的形势变化和国内实体经济发展的需求作出适当的调整,人民币国际化也将更加稳健发展,在注重风险防范和评估的前提下,加快人民币国际化的速度和规模。

(三) 金融组织与机构的发展优势逐步彰显

亚投行成立于2015年12月25日,2016年1月16日正式开业,法定资本为1 000亿美元,是由我国倡议设立的多边金融机构,旨在满足亚洲地区基础设施和互联互通建设的资金需求。自开业以来,亚投行一直以合作共赢的姿态,积极地与其他多边开发银行开展务实合作,先后与世界银行、亚洲开发银行、欧洲复兴开发银行、欧洲投资银行等签署了合作协议,2017年5月,亚投行等5个多边金融开发机构与中国财政部还就参与"一带一路"建设签署了合作备忘录,亚投行的成立与运作,对我国金融服务贸易的发展极具重要意义。此外,多元化的小型金融机构将会蓬勃发展,小微企业、创新企业只能由创新型小微金融机构来对接,这些蓬勃发展的小型金融机构,完全有可能纳入政府的大监管范畴之内,而这些机构能够为不同类型的客户提供多元化有特色的金融服务,其在金融国际化及金融服务贸易发展过程中的优势将逐步显现。

本章小结

本章首先从国际金融服务贸易包括的活动、国际金融服务的提供者、国际金融服务的提供方式这三个方面来阐述国际金融服务贸易的概念。服务贸易总协定(以下简称GATS)的《金融服务附件》明确规定了国际金融服务贸易包括的活动,金融服务是一成员和金融服务提供者提供的任何金融性质的服务。金融服务包括所有保险和与保险有关的服务以及所有银行和其他金融服务(保险除外)。国际金融服务的提供者主要包括两类,即金融中介机构以及货币和证券市场上的直接金融机构。国际金融服务贸易的提供方式,则从跨境提供、国外消费、商业存在和人员流动四个方面加以介绍。进而介绍了国际金融服务贸易的多边法律架构、特点及国际服务贸易在全球经济发展中的重要作用。

随着全球一体化,全球金融贸易发展也呈现出快速扩张、金融衍生产品丰富和强强兼并的集团化特征,通过对金融服务贸易现状分析,对全球金融服务贸易的趋势也进行合理预期,即金融服务贸易自由化将持续深化,国际金融证券化趋势明显及虚拟经济成分不断提升,脱实向虚倾向日益显著。本章最后介绍了中国金融服务贸易发展情况,我国金融服务贸易处于初级水平并结合中国国情和国际外部环境的不确定性,对中国的金融服务贸易发展趋势进行预测,随着国家战略与政策促进力度持续加大,我国金融服务贸易将持续快速增长。

 基本概念

1. 国际金融服务贸易活动

服务贸易总协定的《金融服务附件》明确规定了国际金融服务贸易包括的活动:金融服务是一成员和金融服务提供者提供的任何金融性质的服务。金融服务包括所有保险和与保险有关的服务以及所有银行和其他金融服务(保险除外)。

2. 国际金融服务的提供方式

GATS第1条第2款规定了服务贸易的四种方式,即跨境提供、国外消费、商业存在和人员流动。

3. 金融服务的跨境提供

金融服务的跨境提供是指从一缔约方境内向其他缔约方境内提供金融服务,如一国银行向另一国客户提供贷款或吸收另一国客户存款。

4. 金融服务的国外消费

金融服务的国外消费是指在一缔约方境内向任何其他缔约方的服务消费者提供金融服务,如一国银行对外国人提供信用卡服务等。

5. 金融服务的商业存在

金融服务的商业存在是服务提供者通过在消费者所在国设立机构(包括设立办事处、分行、子行等)提供服务。

6. 金融服务的人员流动

金融服务的人员流动指一缔约方的金融服务提供者在其他缔约方境内提供服务,此种服务的提供者来自另一个国家,但在接受国境内无商业存在,如金融咨询服务的提供、风险评估、跨国银行内部高级管理人员的移动等。

复习思考题

1. 简述国际金融服务贸易的概念。
2. 国际金融服务贸易有哪些特征?
3. 国际金融服务贸易的作用有哪些?
4. 请简述国际金融服务贸易的发展特征。
5. 请简述我国金融服务贸易的发展特征。

第十章

国际旅游服务贸易

学习目标

- 掌握国际旅游服务贸易的概念。
- 熟悉国际旅游服务贸易的特点。
- 了解国际旅游服务贸易的发展特点。
- 了解中国旅游服务贸易的发展特点。

第一节 国际旅游服务贸易概述

一、国际旅游服务贸易的相关概念

(一) 旅游服务的定义

旅游服务是指为实现一次旅游活动所需要的各种产品与服务的组合,这些服务包括咨询服务、交通服务、注册服务、餐饮服务、导游服务、购物服务、文体娱乐、服务手续、专项服务以及委托服务等。

(二) 国际旅游服务贸易的定义

1. 国际旅游的定义

对于旅游的定义,目前尚未形成统一的说法。被誉为旅游研究奠基人的瑞士学者克拉普夫和汉泽克尔在1942年合著的《普通旅游学纲要》中,将旅游定义为:"非定居者的旅行和暂时居留所引起的现象和关系的总和。这些人不会导致永久定居,并且不从事任何赚钱的活动。"这一定义是被国际上普遍接受的定义。

随着各国交通、通信等基础设施的不断完善、生活水平的提高和国家间相互交往的增多,人们不再满足于一般的旅游,国际旅游便日渐繁荣起来。自1885年英国托马斯浑克旅行社成为世界上第一家为旅游者办理出境旅游业务的专业服务机构开始,旅游服务贸易进入了崭新的时代。从20世纪50年代,全球进入了大众化的国际旅游繁荣新时代。国际旅游与国内旅游相比,具有如下三个方面的特征。

(1) 跨国性。国际旅游是指某一国家或地区的旅游者离开惯常居住国,在居住国以外进行的旅行、游览活动,因而在地域上具有跨国性。这是国际旅游与国内旅游最显著的差别所在。

(2) 时间、目的的特殊性。从在居住国以外停留的时间看,旅游者一般停留时间在24小时以上,至于在两国交界的边境地区进行旅游活动,一般也划归国际旅游之列。同时,旅行者在此段时间内的活动是为了实现旅游、游览和观光的特定目的。

(3) 服务的无形性。从性质上看,国际旅游是一种跨国的经济、文化交流活动,其实质是一种国际服务贸易活动。它是一种与有形贸易无关,由旅游消费者单独所购买并能为旅游消费者提供核心效用的服务,一般需要经过旅游服务提供者和旅游者的面对面接触才能实现其服务。

因此,国际旅游可以概括为:人们为实现旅行目的并且不为获取经济利益而从事的各种跨越国界的旅游活动。其包括入境旅游和出境旅游。

2. 旅游服务贸易的含义

旅游服务贸易是指一国(地区)旅游从业人员向其他国家(地区)的旅游服务消费者提供旅游服务并获得报酬的活动,既包括本国旅游者的出境旅游,即国际支出旅游,又包括外国旅游者的入境旅游,即国际收入旅游。

《服务贸易总协定》关于旅游贸易的界定包括四项:宾馆与饭店(包括供应饭菜);旅行社及旅游经纪人服务社;导游服务;其他。应当说,旅游及相关服务是WTO各成员在各服务行业中开放程度最高的行业。实际上,旅游服务仅仅是一般性服务活动的一部分,其中,以包含许多运输服务为标志,但也包括某些商品性服务、分销服务及休闲、文化和运动服务业等。值得注意的是,GATS关于服务业分类表将一些被世界旅游组织视为相关的产业(诸如计算机订位系统、运输、旅馆的兴建和汽车租赁等许多服务活动)排除在旅游服务之外。

二、旅游服务贸易的特点

旅游服务贸易在产业划分上属于第三产业,在国民经济中的地位已越来越高。它除了具备第三产业的共同特征外,还具有以下特点。

(一) 旅游服务贸易是综合性的服务产业

旅游服务贸易要向旅游者提供吃、住、行、游、购、娱等全方位的服务,多种多样的旅游产品满足旅游者多样化的需求,这就决定了众多从事旅游服务贸易的企业有着不同的企业类型、不同的服务范围和不同的服务方式。全方位的服务决定了旅游服务贸易综合性的构成:饭店、餐馆、交通运输、商业、通信等;多样化的产品是由旅游资源、旅游设施和旅游服务共同组成的,不仅包括物质资料部门生产的劳动产品,还包括非物质资料部门生产的精神产品。随着旅游服务贸易的发展,旅游服务贸易的综合性会越来越显著。

(二) 旅游服务贸易是敏感性的产业

旅游服务贸易对本国的政治、经济、社会乃至自然因素等都很敏感。这些因素产生的影响使旅游服务贸易在某一特定时期或地区内有很大的波动性,影响旅游需求。2003年,中国暴发"非典"疫情,由于中国是重灾区,人员流动受到了限制,旅游服务贸易由于其敏感性遭到了重创,其业务量比2002年同期下降70%以上。此外,旅游服务贸易对季节也格外敏感,旅游目的地的旅游经济多有明显的淡季和旺季之分。

(三) 旅游服务贸易是世界性的产业

旅游是一种跨地区、跨国界的世界性的人际交往活动,因此,从事旅游服务贸易的企业所提供的产品是面向来自世界各国、各地的旅游者的。旅游服务贸易的世界性决定了相关企业应根据世界市场的需求开发旅游产品,广泛开展跨区域、跨国界的旅游服务合作,促进国际友好往来。旅游服务贸易的世界性还使相关企业面临着来自国际市场的竞争,竞争的激烈要求企业开发出符合市场需要的独具特色的旅游产品。

三、旅游贸易对国民经济的重要影响

(一) 增加外汇收入,平衡国际收支

旅游服务贸易的发展不仅能吸引国际闲置资金的投入,还能吸引国外大量旅游者入境增加非贸易外汇收入。与其他产业相比,旅游服务贸易在非贸易创汇中具有明显的优势:①换汇成本低。由于旅游服务贸易是无形贸易,旅游者必须在旅游产品的生产地进行消费,因此,与一般的商品出口相比,旅游服务贸易可节省运输费用、仓储费用等,从而使换汇成本降低;②就地出口。两国间的商品贸易会受到进口国家或地区贸易保护政策的限制,而旅游服务贸易是就地消费,避开了贸易保护措施及关税的限制;③创汇方便。经旅游服务贸易出口的产品无须包装、储运、办理保险,也不涉及办理繁琐的进出口手续,创汇简单快捷。此外,通过旅游服务贸易换取的外汇收入,在弥补外贸逆差、平衡国际收支方面也发挥着巨大的作用。

(二) 加快资金回笼,促进经济运行

旅游服务贸易的发展有利于拓宽货币资金的回笼渠道,加速回笼速度,增加回笼货币量。旅游服务贸易通过提供多样化的旅游产品、别具特色的旅游项目吸引广大的旅游者,鼓励旅游者在当地进行消费,从而促进货币资金的回笼。从宏观角度看,旅游服务贸易的发展还能减少人们持币待购而造成的市场压力和风险,促进市场的稳定和繁荣。

(三) 创造更多的就业机会

旅游服务贸易作为第三产业的重要组成部分,是劳动密集型行业,在创造就业机会方面比其他行业更具优越性。旅游服务贸易要满足旅游者在旅游活动中的多方面需要,需

容纳大批具有各种技能和水平的劳动力,因此,旅游服务贸易的发展必将带动为旅游服务贸易直接、间接提供服务的各行各业的发展,从而提供大量的就业机会。据世界旅游组织的资料显示,旅游服务贸易直接就业人数同其所带来的其他行业就业人数之比为 1∶5。联合国世界旅游组织亚太部预计,到 2030 年全球旅游总人数将达到 18 亿,亚洲的市场份额预计可达 30%。

(四)优化产业结构,带动相关产业发展

作为一个综合性的行业,旅游服务贸易既对相关行业有较强的依托性,又有突出的关联带动作用,在国民经济和第三产业群中,对相关产业具有很大的联结与凝聚功能,发挥着带动其他产业发展的核心作用。旅游服务贸易的带动功能不仅表现为直接给航空、交通、饭店、餐饮服务、商业、景区等带来客源和市场,而且表现为间接地带动和影响了农村和城市建设、加工制造、文化教育等行业的发展。因此,大力发展旅游服务贸易,有利于促进资源的综合利用,优化产业结构,带动相关产业的发展。

(五)提高区域经济水平,缩小地区差异

一个国家的不同地区的经济发展存在着一定的差异。旅游服务贸易的发展能带来财产再分配,促进经济发达地区的财富向欠发达地区转移,促进区域间经济和社会的协调发展。以我国为例,多数贫困地区出于交通不便、产业基础薄弱等客观原因,保存了较为原始的地形地貌、人文景观和特色鲜明的风土人情,蕴藏了值得开发的丰富的旅游资源,因地制宜地发展贫困地区的旅游服务贸易,以其得天独厚的自然资源和独具特色的旅游服务项目吸引广大的旅游者,不仅能大大改善当地的投资环境,还能创造出很好的经济效益,提高当地的经济发展水平,缩小普遍存在的地区差异。

(六)改善投资环境,促进对外开放

旅游服务贸易的发展,可以从多方面改善本地区的投资环境,加快与旅游相关的通信、交通等市政基础设施和饭店、娱乐场所等旅游设施的建设。同时,旅游服务贸易吸引了许多外国游客到中国观光、游览,使他们目睹了改革开放以来中国经济建设取得的伟大成就,加深了他们对中国的认识,增强了他们与中国经济合作的信心,从而促进了对外贸易的发展。

可见,旅游服务贸易作为一个具有生机和活力的新兴产业,对国民经济起到了积极的促进作用。但随着旅游服务贸易的发展,一些消极作用也日益凸显出来,例如,旅游服务贸易的发展通常会引起旅游目的地国家或地区通货膨胀,物价上涨,损害旅游目的地居民的切身利益;旅游服务贸易的过度发展,也会使旅游目的地经济向单一方向发展,导致产业结构失衡,引发经济发展的不稳定。此外,由于旅游服务贸易作为一个易受冲击的敏感型行业,这从美国"9·11"事件,2003 年的"非典"疫情中旅游业受到的冲击可见一斑。长远角度看,会影响国民经济的稳定。这无疑会影响旅游目的地地区经济的稳定。特别是对一些发展中国家而言。因此,扬长避短,提高旅游服务贸易的经济效益对国民经济的发展是大有裨益的。

第二节 国际旅游服务贸易发展

一、世界旅游服务贸易的发展状况

(一) 贸易规模迅猛发展

世界旅游城市联合会(WTCF)与中国社会科学院旅游研究中心共同发布的《世界旅游经济趋势报告(2020)》显示,2019年,全球旅游总人次(包括国内旅游人次和入境旅游人次)为123.1亿人次,较上年增长4.6%;全球旅游总收入(包括国内旅游收入和入境旅游收入)为5.8万亿美元,相当于全球GDP的6.7%,这一比例较上年下降0.1%。全球主要国家的经济形势普遍向好,各国消费者信心指数持续提高,各主要经济体的旅游业稳步增长。跨国旅游基础设施不断完善,旅游成本持续降低,各国签证便利化程度日益提高,在此背景下,全球旅游总人次和全球旅游总收入保持强劲的增长势头,成为全球经济增长的重要动力。

这一势头主要表现在以下三个方面:一是全球旅游总人次快速增长,全球范围内参与旅游的群体不断扩大,旅游消费也成为全球民众的重要生活方式;二是全球旅游总收入激增,旅游对推动全球经济的增长作用更加明显;三是旅游消费水平的提升。全球旅游经济进入快速增长期,且旅游消费水平不断提升,2018年全球旅游总收入和旅游总人次的增速持续高于GDP的增速。随着人民对生活品质要求的提高,旅游逐渐成为人们生活中的重要组成部分,世界旅游价格水平在长期发展中大体保持稳定,伴随着人们工资收入的不断增加,每次出国游的必须支出在人均收入的比例将趋于降低,人们将具有越来越充裕的支付能力来出国度假,国际旅游业创新的新一轮高速增长推动国际旅游服务贸易的重大发展。

(二) 各地区旅游贸易发展趋势呈现显著差别,新冠肺炎疫情为未来旅游贸易发展带来不确定性

全球入境旅游收入与国内旅游收入波动趋势放缓。从地区来看,在欧洲,占入境旅游半壁江山的地位有所松动。欧洲入境旅游领先优势逐渐缩小。1995—2011年,欧洲入境旅游收入占全球入境旅游收入的比例保持在50%左右,但是2012年以后,欧洲入境旅游收入占全球入境旅游总收入的比例与之前相比明显下降,至2019年,这一比例下降为39%。在亚太,三个增速位居全球五大区域之首。第一,国内旅游人次增速和稳定性排名第一。2019年,亚太地区国内旅游人次为76.08亿人次,同比增长5.2%。2020年受疫情影响,全球旅游业短期内将受到较大冲击。亚太地区作为旅游贸易增速最快的地区,旅游业也受到较为严重的影响。第二,国内旅游收入增速趋势排名第一。但从长期趋势来看,亚太地区国内旅游收入总量和增速均领先于其他四个地区。第三,旅游总收入相当于

GDP 的比重增速排名第一。欧洲旅游总收入相当于 GDP 的比重从 2005 年的 8.0% 下降到 2019 年的 7.6%，下降 0.4 个百分点；亚太地区旅游总收入相当于 GDP 的比重从 6.4% 增长到 7.0%，增长 0.6 个百分点；美洲地区旅游总收入相当于 GDP 的比重从 6.1% 下降到 5.5%，下降 0.6 个百分点；非洲地区旅游总收入相当于 GDP 的比重从 6.7% 下降到 5.1%，下降 1.6 个百分点；中东地区旅游总收入相当于 GDP 的比重从 5.9% 增长到 6.2%，增长 0.3 个百分点（见表 10-1）。美洲地区"一稳二降"，旅游发展日渐式微。从长期趋势来看，其国内旅游人次长期平稳低速增长，2006 年以来，美洲地区国内旅游人次增速在 −5.4%—−1.2%；入境旅游收入增速处于下降趋势，2019 年增速仅为 0.2%；旅游总收入相当于 GDP 的比重长期以来处于下降趋势，2019 年这一比例下降到 5.5%。非洲和中东地区则呈现出不稳定性。从接待规模上来看，中东和非洲接待入境旅游人次之和不足全球入境旅游总人次的 1/10，且其发展波动性较强。2006—2019 年，中东入境旅游人次增速的最高峰值出现在 2008 年，增速为 19.4%，最低峰值出现在 2011 年，增速为 −17.6%，两者相差 37 个百分点；非洲入境旅游人次增速的最高峰值（2010 年，8.7%）和最低峰值（2015 年，−3.3%）相差 12 个百分点。

表 10-1　五大区域旅游总收入相当于 GDP 的比重的变化——2005—2019 年的增长

	欧洲	亚太	美洲	非洲	中东
增长百分点（个）	−0.4	0.6	−0.6	−1.6	0.3

资料来源：世界旅游经济趋势报告（2019）。

新兴经济体入境旅游人次占比趋近一半，入境旅游收入占比接近四成。2019 年，新兴经济体接待入境旅游人次占全球接待入境旅游人次的比例为 46.2%，2019 年，新兴经济体入境旅游收入占全球旅游总收入的比例为 39.3%。新兴经济体拉动社会经济发展的作用更强。2019 年，新兴经济体旅游总收入增速为 2.0%，高出发达经济体 1.4 个百分点，旅游总收入相当于 GDP 的比重为 7.0%，高出发达经济体 0.5 个百分点。2020 年，受新冠肺炎疫情的影响，新兴经济体旅游总收入将大概率下降。此外，全球旅游经济的 80% 集中于 T20 国家，如表 10-2 所示，2013—2020 年 T20 国家排名上，美国、中国和德国稳居前三位，印度上升较快，在 2020 年上升至第四位，国内游是 T20 国家的旅游经济支柱，旅游稳步促进 T20 国家的经济发展。

旅游服务贸易出口与服务贸易出口增速波动趋同，两者峰值均出现于相同的年份。2006 年以来，旅游服务贸易出口相当于全球服务贸易出口的比例较为稳定，均在 30% 左右。美国和中国在服务贸易出口国和旅游服务贸易出口国中均位列前两位。英国、德国、法国、日本、意大利、印度、墨西哥、西班牙也是重要的服务贸易出口国和旅游服务贸易出口国。近年来，美国挑起的中美贸易摩擦也波及中美旅游服务贸易的发展。2017 年，美国对中国旅游服务贸易的出口为 353 亿美元，同比增长 4.1%，增速较 2016 年下降 6.3 个百分点，这一增速近 10 多年来首次降到 10% 以下，2018 年，美国对中国旅游服务贸易出口增速继续下降至 3.0%。

表 10-2　2013—2020 年旅游总收入排名全球前 20 的国家

序号＼年份	2013	2014	2015	2016	2017	2018	2019	2020
1	美国	美国	美国	美国	美国	美国	美国	美国
2	中国	中国	中国	中国	中国	中国	中国	中国
3	德国	德国	德国	德国	德国	德国	德国	德国
4	英国	英国	英国	英国	英国	英国	英国	印度（+1）
5	日本	日本	日本	日本	日本	印度	印度	英国（-1）
6	法国	法国	印度	印度	印度	日本	日本	日本
7	意大利	意大利	法国	法国	意大利（+1）	意大利	意大利	意大利
8	印度	印度	意大利	意大利	法国（-1）	法国	法国	法国
9	墨西哥	墨西哥	墨西哥	墨西哥	墨西哥	墨西哥	墨西哥	墨西哥
10	西班牙	巴西	西班牙	西班牙	西班牙	澳大利亚	澳大利亚	澳大利亚
11	巴西	西班牙	澳大利亚	澳大利亚	澳大利亚	西班牙	西班牙	西班牙
12	澳大利亚	澳大利亚	巴西	巴西	巴西	巴西	巴西	巴西
13	加拿大	加拿大	加拿大	加拿大	加拿大	加拿大	加拿大	加拿大
14	俄罗斯	俄罗斯	韩国	韩国	泰国（+1）	泰国	泰国	泰国
15	土耳其	韩国	土耳其	泰国	韩国（-1）	韩国	韩国	韩国
16	韩国	土耳其	泰国	土耳其	菲律宾	土耳其	土耳其	土耳其
17	泰国	奥地利	俄罗斯	菲律宾	土耳其	俄罗斯	菲律宾	菲律宾
18	瑞士	瑞士	瑞士	俄罗斯	俄罗斯	菲律宾	俄罗斯	俄罗斯
19	瑞典	瑞典	奥地利	瑞士	瑞士	奥地利（+1）	奥地利	奥地利
20	阿根廷	马来西亚	菲律宾	奥地利	奥地利	瑞士	瑞士	瑞士

资料来源：世界旅游经济趋势报告（2019）。

（三）国际市场竞争更加激烈

全球旅游市场的拓展和一体化正促进各国家旅游业发展，发展旅游业已作为很多国家的国家层面发展战略。旅游饭店连锁集团和航空公司积极在世界五大洲寻找自己的企业目标，建立全球性销售网络。任何一个国家的旅游市场都不可避免地有旅游业发达国家的资本渗透进来。跨国企业都力图在北美、西欧、东亚建立自己的稳固阵地，这三个地区已经成为国际竞争的战略要地。当前，世界各国都在对经济结构进行优化调整，控制污染产业、重型产业和发展服务业已经成为大的趋势。在服务业中,旅游是具有牵引性、带动性的产业,受到各国和地区的重视。美国、俄罗斯、法国、德国、日本等纷纷将旅游业作为国家战略加以优先发展。提升旅游业发展质量,塑造国际旅游品牌,各新兴经济体加大旅游质量的提升步伐,全球范围内的市场竞争将更加激烈。

二、世界旅游服务贸易发展的特征

(一)旅游服务贸易日益受到各国的重视

旅游服务贸易的长足发展已经引起了各国的广泛重视。一些传统的旅游大国(如法国、埃及等)都不断推出新的旅游产品,以保持其优势地位;新兴的旅游市场(如亚洲的越南、韩国、中国等)则结合本国的民族特点,以独特的民族风情吸引境外的旅游者。许多国家(特别是发展中国家)已把旅游业作为其实现经济腾飞的重点产业来扶持,加大资金投入,推出别具特色的旅游项目,完善相关配套设施,加强旅游管理。此外,许多国家还从出入境手续的办理着手,简化签证手续,缩短签证时间,实施落地签证甚至取消签证政策,以鼓励国际旅游服务贸易的发展。

(二)旅游需求结构多样化

知识经济时代的到来使旅游服务贸易的需求结构日益多样化。首先,生产自动化和劳动生产率的提高使人们的闲暇时间越来越多,从总量上增加了对旅游的需求;其次,科学技术日新月异,经济快速发展,也使人们的价值观念和消费模式发生了变化,一些新的旅游需求随着时代的发展应运而生,如探险旅游、生态旅游、体验旅游等,在旅游服务贸易中所占的比重日益增加;再次,人们对知识文化的热情使旅游产品的文化气息愈来愈浓,旅游产品不断推陈出新。各种展览馆、影视中心、迪斯尼乐园、文化艺术长廊等与文化相关的旅游产品特别受国外旅游者的青睐;最后,信息高速公路和互联网的普及,使旅游销售信息的传播和旅游产品的网上销售成为可能,从而形成了旅游服务全球化,使旅游消费者的需求得到全方位的满足。

(三)旅游服务贸易的抗风险性增强

旅游服务贸易作为一个敏感型的产业,易受国际政治、经济形势变化的影响。随着旅游服务贸易的不断发展与完善,20世纪90年代后,其抗风险的能力得到了加强。1997年,源于东南亚的国际金融危机逐步蔓延到亚太地区,形成了影响全球经济的金融危机。在金融危机中,国际旅游服务贸易虽然受到了负面影响,但并没有想象中的严重。1997,1998两年,国际旅游服务贸易的收入增长有所放缓,但两年内接待人数的增长幅度却不小,分别为3.33%和2.51%。这充分说明了国际旅游服务贸易抗风险能力的增强。

(四)旅游者的人均消费增长较快

随着世界经济的发展,旅游者在旅游目的地的人均消费也呈现出较快的增长速度。

据世界旅游组织的统计表明,20世纪90年代国际旅游接待人数的增长要小于国际旅游总收入的增长。纵观国际旅游服务贸易的发展,国际旅游服务贸易已经日益受到各国政府的重视,旅游需求日趋个性化、多样化,旅游者人均消费的增长使旅游服务贸易保持着持续增长的势头。

(五)旅游服务贸易的国际合作加强

旅游服务贸易规模的扩大,全球旅游市场的扩展,要求各国在旅游服务贸易领域进一步加强国际合作,以深入推动国际旅游市场的繁荣,并能够积极应对影响旅游服务贸易发展的各种问题和风险,包括旅游服务贸易人员移动、资本移动等各种壁垒的限制,以及疾病、局部战争和冲突、社会治安状况恶化等,特别是为了推动国际服务贸易的繁荣发展,在多边贸易体制下,各国正在积极促进旅游服务贸易领域的深度合作。

三、世界旅游服务贸易的发展趋势

(一)全球旅游市场将进一步扩大

尽管2020年新冠肺炎疫情对全球旅游业造成严重冲击,然而可以预见,全球化大势是不可逆的,后疫情时代旅游业复苏也是必然的,全球旅游市场将进一步扩大。世界旅游服务秘书处曾对私人消费和旅游增长的相关性进行过统计,统计结果显示,如果价格不变,私人消费的增长率为1%或低于1%,旅游的增长率为0或为负数;私人消费增长率为2.5%,旅游消费增长率为4%;私人消费的增长率为5%,旅游消费的增长率为10%,由此可见,可自由支配收入的额度越多,旅游消费的比例就越大。随着人们收入水平的不断提高,每次出国旅游的必需支出占人们收入的比例将继续降低,国际旅游越来越具有充裕的支付能力。随着发展中国家国民消费水平的不断提升,尤其是中产阶级的家庭产生了巨大的出境旅游需求。可以预见,随着后疫情时代全球经济的复苏,全球性各大洲区域性统一旅游市场仍然会获得新的发展机遇,国际旅游业新一轮的高速增长推动着国际旅游服务贸易的更大发展。

(二)科技驱动旅游方式多样化和产业链的延伸

旅游方式更加灵活多变,是当今世界旅游服务贸易发展的重要特征,这一特征在旅游服务不断创新及国际旅游服务贸易繁荣发展中将更加突出。科技驱动带来旅游创投积极布局。科技与旅游的融合创造了许多新的旅游产品和服务。越来越多的企业成立孵化器、加速器、投资基金,试图借助其品牌影响力、行业资源、资金支持吸引创业公司入驻,并对其进行培育和孵化。同时,科技也促进旅游产业链的不断延伸,从整个旅游过程来看,提供旅游产品的不同行业组成的一个链状结构,游客从旅游过程的始端到终端,需要众多的产业部门提供产品和服务,其中不仅包括旅行社、交通部门、餐饮、酒店、景区景点、休闲娱乐设施等旅游核心企业,还涉及农业、园林、建筑、金融保险、通信、广告媒体以及政府和协会组织等辅助产业和部门。前者构成了产业链条上的要素,后者为产业链的动态衔接与正常运营提供必要的保障和支持。科技的发展,特别是互联网技术的应用使得产业链条上的各个环节连接得更为紧密,每一个旅游环节均能进行瞬间智能优化的选择,可谓说走就走,说有就有,而你作出的选择的决定因素,在很大程度上取决于网络大数据的基础上的推荐指数和口碑排名,从而使国际旅游服务的产业链基础更加坚实。

专栏 10-1

智慧博物馆

智慧博物馆是近年来在数字博物馆的基础上发展起来的概念。狭义地说,智慧博物馆是基于博物馆核心业务需求的智能化系统;广义地讲,智慧博物馆是基于一个或多个实体博物馆(博物馆群),甚至是在文物尺度、建筑尺度、遗址尺度、城市尺度和无限尺度等不同尺度范围内,搭建的一个完整的博物馆智能生态系统。智慧博物馆对藏品保存状况、环境变化等更加"耳目通达""反应敏捷"。通过实时动态监测,及时发现"病情",对症下药。文物保护正在从抢救性保护向抢救性与预防性保护并重,从文物本体保护向文物本体与周边环境的整体性保护转变。重庆中国三峡博物馆、上海博物馆、金沙遗址博物馆等初步建成文物预防性保护监测系统,运用多种手段,实现对文物保存微环境的精准调控以及文物保存环境质量监测与评估集成应用。智慧博物馆旨在搭建完整的博物馆智能生态系统,将藏品、展品、库房、展厅、游客等融为一个有机整体,博物馆内外部信息更加融会贯通。智慧博物馆为实现博物馆从传统的"以物为核心"的工作状态转而向人性化的发展、"运筹帷幄"提供了可能。南京博物院、广东省博物馆、成都博物馆等结合自身需求,建成综合信息管理平台、业务项目管理平台等,大幅提升工作效能。智慧博物馆运用智能导览、虚拟漫游等智能手段,推动"人+物+应用+管理"多端融合,博物馆更加"知识渊博"与"善解人意"。故宫博物院、山西博物院、苏州博物馆等,推出一批多样化的文化产品和服务,全方位、多层次地满足观众需求,带来了智慧化、沉浸式、个性化的博物馆体验。可以说,智慧博物馆是科技创新带来的必然变革,是当前和今后一个时期推动文物"活"起来的重要方向,必将大有可为、大有作为。

资料来源:王春法.智慧博物馆建设中的机遇和挑战[J].中国国家博物馆馆刊,2019(1).

(三)旅游投资的时代拐点已经到来

巨头破产标志着一个时代的终结。"20世纪的经济和组织模式"无法满足"21世纪消费者旅游的私人订制需求",导致英国 Thomas Cook、法国蓝色海岸航空公司(Aigle Azur)、特大航空(XL Airways)和在线酒店预订平台爱遨网(Amoma)等企业先后宣布倒闭或破产。多领域巨头开始回归聚焦主业。迪士尼在财报中披露 2019 年投资性现金支出将主要用于投资美国本土和海外的迪士尼乐园建设;默林娱乐投资马来西亚和韩国的乐高公园;银河集团计划投资 15 亿美元改造其澳门银河项目;拉斯维加斯金沙集团计划耗资 22 亿美元在澳门建设四季酒店;六旗集团购买 Premier Parks 的五座公园租赁运营权。酒店和 OTA 并购犹热,但风格迥异。2018 年酒店业并购案例占据旅游业并购

top10 的六席,OTA 并购频度更高,5 亿美元以下"小而美"的并购大受青睐。万物互联的时代,OTA 公司并购整合会继续活跃。

第三节 中国旅游服务贸易发展

一、我国旅游服务贸易的发展状况

我国的旅游服务贸易自 1964 年 7 月 22 日中国旅游游览事业管理局成立时开始起步,1978 年,邓小平提出要发展中国的旅游服务贸易,并把优先发展国际旅游作为重要目标。1984 年,中国政府将旅游业正式纳入国民经济和社会发展的总规划之中,后来又把旅游服务贸易列入第三产业优先发展的第一序列。我国服务贸易正处于发展的上升期,发展动力强劲,在服务贸易大力发展的背景下,以旅游为代表的传统服务贸易将具有更广阔的发展空间。此外,经济发展方式转变、科技创新能力增强以及管理经验的提升,都将推动我国旅游服务贸易迈上新的台阶。我国旅游业已经进入快速发展的黄金期,从小众市场向大众化转变,从单一入境游向出境游并重的格局转变,旅游业发展由局部拓展到全国,形成了国家与地方、政府与企业共同推进的格局。国家旅游局数据中心发布的统计数据显示,2019 年全年国内游客 60.1 亿人次,比上年增长 8.4%(见图 10-1);国内旅游收入57 251 亿元,增长 11.7%。入境游客 14 531 万人次,增长 2.9%。其中,外国人 3 188 万人次,增长 4.4%;香港、澳门和台湾同胞 11 342 万人次,增长 2.5%。在入境游客中,过夜游客 6 573 万人次,增长 4.5%。国际旅游收入 1 313 亿美元,增长 3.3%。国内居民出境16 921 万人次,增长 4.5%。其中,因私出境 16 211 万人次,增长 4.6%;赴港、澳、台出境10 237 万人次,增长 3.2%。

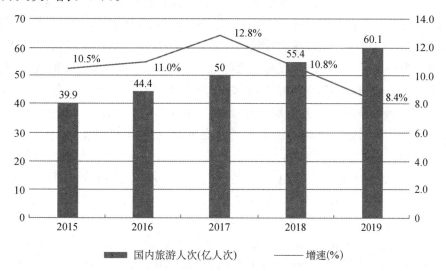

图 10-1 2015—2019 年国内游客人次及增长速率

资料来源:国家统计局、中商产业研究院整理。

2019年,旅游业对GDP的综合贡献为10.94万亿元,占GDP总量的11.05%。旅游直接就业2 825万人,旅游直接和间接就业7 987万人,占全国就业总人口的10.31%。扣减国人海外留学、就医、务工、置业和金融投资等非旅游花费①,近年来我国国际旅游服务贸易始终保持顺差,但顺差额呈阶段性收窄的趋势。根据旅游服务贸易收入与支出,2014—2018年旅游服务贸易差额分别为157.4亿美元、91.5亿美元、102亿美元、81.1亿美元、67.5亿美元等(见图10-2)。

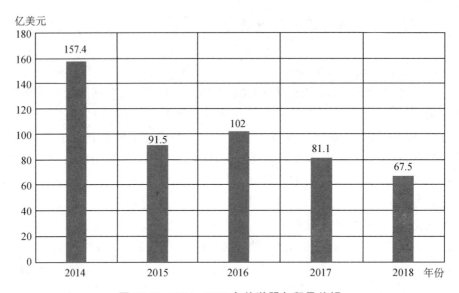

图10-2　2014—2018年旅游服务贸易差额

(一) 入境游

入境游是国际旅游服务贸易的重要组成部分,对旅游目的国而言,入境游属于旅游服务出口贸易,它是衡量一个国家旅游综合实力与国际竞争水平的基础指标。1949年11月,中国第1家旅行社诞生,标志着我国旅游业的起步。改革开放前,我国旅游业发展规模小,结构单一,1978年我国入境游总人数仅为180.9万人次,旅游外汇收入为2.63亿美元,位于世界第41位。1978年以后,旅游业作为我国改革开放的标志性产业,进入了新的发展时期,无论是从规模上还是增长速度上都有了重大的发展。《2019年旅游市场基本情况》的统计数据显示,入境旅游人数1.45亿人次,比上年同期增长2.9%。其中,外国人3 188万人次,增长4.4%;香港同胞8 050万人次,增长1.4%;澳门同胞2 679万人次,增长6.5%;台湾同胞613万人次,与上年同期基本持平。入境旅游人数按照入境方式分,船舶占2.9%,飞机占17.4%,火车占2.6%,汽车占21.2%,徒步占55.8%。入境过夜旅游人

---

① 目前,外管局将所有中国属地银行卡在外刷卡金额、相关外汇申报金额合计除以0.6(假定我国旅行者境外花费中的40%为现金支付)作为我国旅游服务贸易支出,这使得在境外求学、医疗、务工、海外置业、境外金融理财等群体,并且停留时间超过1年的旅客的所有类型花费全部被计入其中,旅游服务贸易支出被显著放大,应进行逐项科学扣减。

数6 573万人次,比上年同期增长4.5%。其中:外国人2 493万人次,增长5.5%;香港同胞2 917万人次,增长3.5%;澳门同胞611万人次,增长10.4%;台湾同胞552万人次,下降0.2%。入境外国游客人数中(含相邻国家边民旅华人员),亚洲占75.9%,美洲占7.7%,欧洲占13.2%,大洋洲占1.9%,非洲占1.4%。其中:按年龄分,14岁以下人数占3.8%,15—24岁占13.9%,25—44岁占49.3%,45—64岁占28.1%,65岁以上占4.9%;按性别分,男性占58.7%,女性占41.3%;按目的分,会议商务占13.0%,观光休闲占35.0%,探亲访友占3.0%,服务员工占14.7%,其他占34.3%。按入境旅游人数排序,我国主要国际客源市场前20位的国家如下:缅甸、越南、韩国、俄罗斯、日本、美国、蒙古、马来西亚、菲律宾、新加坡、印度、泰国、加拿大、澳大利亚、印度尼西亚、德国、英国、朝鲜、法国、意大利(其中,缅甸、越南、蒙古、印度、朝鲜含边民旅华人数)。

(二) 出境游

出境游同样在国际旅游服务贸易中占有重要地位,对旅游目的国而言,出境游属于旅游服务进口贸易。20世纪80年代中期,港澳探亲旅游启动,我国的出境旅游发展出现端倪,1988年,除港澳地区外,泰国成为我国出境旅游的第一个目的地国家,我国出境旅游起步于上世纪90年代,1990年起,我国政府允许新加坡、马来西亚、泰国、菲律宾成为中国公民探亲旅游的目的地国家。1997年,我国发布了《中国公民自费出国旅游暂行管理办法》,这是我国第1部关于出境游管理的法规,标志着出境探亲旅游正式转变为公民自费出国旅游。中国旅游研究院国家旅游数据中心发布的数据显示,2019年,中国公民出境旅游人数达到1.55亿人次,比上年同期增长3.3%,我国已经连续多年保持世界出境游第一客源国的地位。2019年上半年,中国旅行支出1 275亿美元,其中,银行卡刷卡消费仍是主要的支付方式,但移动支付快速提升,上半年移动支付方式的境外消费额较2018年同期翻番。根据消费目的地来看,超五成旅行支出发生在亚洲地区,占比54%,其次是美洲和欧洲,分别占24%和13%。在收入增长和旅游消费升级推动,以及签证、汇率、航班等便利因素的影响下,我国出境旅游热度依然持续,截至2018年,持普通护照中国公民可以享受入境便利待遇的国家和地区增加到66个,其中包括12个可互免普通护照签证的国家、15个单方面允许中国公民免签入境的国家和39个单方面允许中国公民办理落地签证的国家。近5年来,中国国际航班由381条增至784条,国际定期航班通航国家由52个增至61个,通航城市由121个增至167个,国际航空旅客运输量年均增长18.8%。根据携程出境旅游订单的统计,2019年出境旅游者中59%是女性,41%是男性,"70后""80后"依然是出境游的中坚力量,"80后"占31%,"70后"占17%,中老年人占24%,但越来越多的"90后""00后"加入出境游的队伍,分别占16%和13%。

二、我国旅游服务贸易的发展特征

(一) 贸易规模增大,成为旅游服务贸易大国

随着旅游服务贸易的发展,其产业规模不断扩大。《旅行社管理条例》《导游人员管理

条例》《旅行社质量保证金制度》和《旅行社经理资格认证制度》等的颁布和实施,使国内旅游市场和出、入境游市场的专项治理更趋规范化。在经济转型的升级过程中,旅游服务贸易已经成为我国经济社会发展的重要组成部分。习近平总书记在党的十九大报告中指出:"推动形成全面开放新格局",指明了中国特色社会主义新时代我国对外开放的前进方向。在此基础上,我国旅游服务贸易规模不断提升,早在20世纪90年代,世界旅游组织就预计21世纪中国将成为世界主要的旅游中心之一。目前,我国已经成为世界上最大的旅游目的地和世界上最主要的客源输出地。从我国旅游服务贸易的发展情况来看,我国已经迈入旅游服务贸易大国的行列,随着我国构建全方位开放的新格局,以及经济结构进一步升级转型,旅游服务贸易规模及在经济总量中的占比将持续提升。

(二)贸易结构变化显著,出境游显著提升

改革开放以来,出于对创汇和国际影响力等方面的考虑,我国旅游服务贸易遵循着大力发展入境旅游,以入境旅游带动国内旅游和出入境旅游全面发展的非常规路径发展。随着我国人均可支配收入的不断增加,公民旅游休闲意识的增强,以及我国对出境旅游限制的逐步放松,公民出境旅游渐成时尚,旅游业从入境旅游发展开始向出入境旅游同时发展的方向转变,而且出境市场更加活跃,具有更大的发展空间。虽然我国的旅游业发展比较晚,但是近年来中国公民出境旅游量剧增。作为旅游业国际化的重要标志,促进旅游的快速增长,对于促进国家外交关系融洽、拓宽国民国际视野、提升国家软实力等方面的作用凸显,同时,随着我国出境旅游目的地的拓展,我国旅游企业为我国公民出境旅游提供服务的空间和范围总量规模都不断扩大,加快了我国旅游企业跨国经营的步伐。未来,我国旅游服务贸易的结构仍将发生变化,并逐步向更加有序平衡、相互促进的方向发展。

(三)服务贸易模式更加丰富,发展方式更加集约

从服务贸易的四种贸易模式来看,我国旅游服务贸易从境外消费贸易单一的提供模式逐步转变为跨境支付、商业存在等多种服务贸易模式并存的发展局面。从20世纪80年代单方面以"引进来"战略模式到目前"引进来"和"走出去"相结合的战略模式,鼓励我国旅游企业深入学习国际旅游企业先进的管理经验、管理模式和技术,加快旅游立法进程,加大旅游基础设施建设,健全旅游产业政策体系,综合利用产业政策及规划、财税、信贷、土地等手段对旅游产业进行扶持,将政策扶持与统筹协调旅游产业、重点区域和重大项目建设结合起来,积极引导食、住、行、游、购、娱六要素的相关企业和单位形成旅游产业集群。完善已出台的行业扶持政策,明确具体适用范围和实施细则。优先支持旅游业重点区域的发展,支持具有显著经济拉动作用的旅游项目建设。同时,在科技的助力下,旅游服务贸易的提供方式更加多元高效。在经济发展方式上,从政府主导到政府引导,政府让位于市场的角色转变,使得旅游服务贸易的发展更加高效,从简单关注入境旅游人次数到旅游外汇收支,到更加关注旅游者的满意度,更加关注以人为本、出境游和入境游相互促进以及旅游服务贸易更加广泛的作用功能,从对资源的掠夺性、破坏性的开发和利用到更加注重旅游资源的综合利用和开发旅游服务贸易可持续发展

的优势逐步强化。

三、我国旅游服务贸易的发展趋势

（一）旅游服务贸易领域的竞争更加激烈

尽管我国已经迈入旅游大国的行列，但相较于世界旅游强国来说尚有很大进步空间。我国旅游服务贸易依旧存在产业结构失衡、行业管理不规范、企业竞争缺乏竞争力等问题。随着我国开放程度的不断提升，中国将以更加开放的姿态迎接全球旅游业企业。特别是在"一带一路"倡议下，我国的旅游服务贸易迎来了更加广阔的发展空间。随着我国对外开放水平的提升，旅游市场将进一步对外开放，国外有实力的旅行企业将不断涌入我国的旅游市场。这些企业凭借高效的营销网络和丰富的市场经验，占据较大的市场份额，使旅游市场的竞争更加激烈。这种环境之下，我国旅游服务贸易要实现资源集约优化利用，通过资金投入和技术创新，充分挖掘国内景区资源，实现资源的可持续发展和高效利用。在开发旅游资源的同时进行合理的配置，对已经开发的资源进行合理保护，有利于旅游经济的可持续发展。旅游企业需要转变思路，与时俱进，不断开发旅游资源和产品，开发出具有更高品质和思想内涵的产品，吸引更多的客源，激发旅游服务需求，更有针对性地开展国外旅游服务市场，在竞争中赢得发展的空间和动力。

（二）科技与旅游产业融合发展加强

科学技术特别是互联网技术的发展为旅游业的发展带来新的助力。随着旅游需求的多样化、个性化发展，传统旅游产品已经无法对旅游者产生持续的吸引力，旅游产品开发应根据市场需求的变化，开发出更多的新品种，满足多样化的需求。"旅游＋互联网"的融合发展为旅游插上翅膀，提升旅游服务的发展水平和综合价值。在融合发展不断深化的背景下，旅游与其他行业的结合愈发紧密，"旅游＋"成为旅游服务贸易发展的重要动力。"旅游＋"是指充分发挥旅游业的拉动力、融合能力以及催化集成作用，为相关产业和领域发展提供旅游平台，旅游融合科技发展已经成为我国旅游服务贸易创新的重要途径，对于我国旅游服务贸易竞争力的提升具有重要意义。

（三）旅游企业组织集团化加强

从目前的旅游投资结构看，旅游投资的主体将出现多元化趋势，呈现出国有投资、外商投资、私人投资等共舞的格局，换言之，市场竞争更加激烈。面对日益激烈的市场竞争压力，旅游企业要提升自身的国际竞争力，向集团化方向发展。当前，旅游企业集团化已经成为世界旅游企业发展的趋势。我国旅游企业起步较晚，相较于发达国家的旅游企业，我国旅游企业的竞争力偏弱。面对对外开放带来的外部压力，我国旅游企业的集团化势在必行，要通过并购和控股等手段，实现旅游企业集团化的经营战略，提升企业的资产质量，强化企业的抗风险能力，降低成本，从而获得规模效应，是我国旅游企业发展壮大，增强市场竞争力，更好地走向国际旅游市场的必然选择。

（四）旅游贸易的国际合作将更加紧密

后疫情时期，全球经济贸易一体化进程受到全球经济低迷的严重影响。当全球经济低迷、消费动能不足的时候，全球化下增加的产出将无法被市场需求消化，无法实现价值，最终导致产能过剩，商品价格大跌，全球经济发展失速，全球化红利减退。贸易保护主义都有抬头趋势，第二次世界大战后建立的多边化全球经济治理机制遭遇严峻挑战。然而，全球化大势不可逆转，在多边贸易体制下，伴随着全球化的深入发展，各国和地区之间的旅游服务贸易领域的合作更加紧密，利益协调将更加广泛。未来30年仍然是我国旅游业保持高速快速发展的黄金期，国内企业要根据旅游产品、旅游区域、旅游特色，整合旅游资源，避免过度竞争，树立自身独特的旅游整体形象，实现双赢和多赢的策略。特别是在"一带一路"倡议下，我国要加强与"一带一路"沿线国家的旅游合作，我国旅游服务贸易将迎来提质增效的新阶段。

本章小结

本章首先介绍了国际旅游服务贸易的概念，《服务贸易总协定》(GATS)关于旅游贸易的界定包括四项，即宾馆与饭店（包括供应饭菜）、旅行社及旅游经纪人服务社、导游服务及其他。详述了国际旅游服务贸易的综合性、敏感性和全球性的特点。旅游服务贸易作为一个具有生机和活力的新兴产业，对国民经济起到了积极的促进作用。如增加外汇收入、平衡国际收支、创造更多就业机会、带动相关产业发展等。进而介绍了全球旅游贸易发展的概况，当前国际旅游贸易规模迅猛发展，各地区旅游贸易发展趋势呈现显著差别，新冠疫情为未来旅游贸易发展带来不确定性，国际市场竞争更加激烈，长期来看，随着疫情得到控制，全球旅游市场将进一步扩大，科技驱动旅游方式多样化和产业链的延伸。作为旅游资源丰富的发展中大国，近年来我国旅游服务贸易发展迅猛，贸易规模持续增大，贸易结构变化显著，出境游显著提升，旅游服务贸易模式更加丰富，可以预见，我国旅游服务将持续增长，科技与旅游产业融合发展加强，旅游企业组织集团化加强，与其他国家国际合作将更加紧密。

基本概念

1. 国际旅游

国际旅游是指人们为实现旅行目的并且不为获取经济利益而从事的各种跨越国界的旅游活动，包括入境旅游和出境旅游。

2. 旅游服务贸易

旅游服务贸易是指一国（地区）旅游从业人员向其他国家（地区）的旅游服务消费者提供旅游服务并获得报酬的活动，既包括本国旅游者的出境旅游，即国际支出旅游，又包括外国旅游者的入境旅游，即国际收入旅游。

复习思考题

1. 什么是国际旅游服务贸易?
2. 国际旅游服务贸易有哪些特点?
3. 国际旅游服务贸易有哪些作用?
4. 简述世界旅游服务贸易的发展特征和趋势。
5. 我国旅游服务贸易的发展状况如何?
6. 简述我国旅游服务贸易的发展特征和趋势。

第十一章 国际电信服务贸易

> **学习目标**
> - 掌握电信服务贸易的基本概念。
> - 了解国际电信服务贸易的发展现状。
> - 熟悉国际电信服务贸易自由化进程及其相关内容。
> - 理解中国电信服务贸易的现状及发展前景。

电信业已成为当代世界发展最快的高新技术产业。西方发达国家电信业的收入目前大多已占到其国民生产总值的 5% 左右。随着全球信息化融合发展和社会经济一体化进程的加快,通信技术的高速发展以及电信政策环境的演变,国际电信业务需求急剧增长,各国电信运营商进入"全球网络、全球运营"的国际化运营新阶段,纷纷拓展互联网覆盖范围和通达地域。根据国际电信联盟的数据,2019 年全球使用互联网的人口达 41 亿,比 2018 年上涨 5.3%,全球渗透率从 2005 年的 16.8% 上升到 2019 年的 53.6%。[①] 国际电信服务贸易的重要性日益凸显出来。

第一节 国际电信服务贸易概述

一、国际电信服务贸易的基本概念

电信(Telecommunications)是一种资本和信息的传递方式或分配系统,它对广告、银

---

① ITU. Measuring Digital Development Facts and Figures 2019[EB/OL]. https://www.itu.int/en/ITU-D/Statistics/Documents/facts/FactsFigures2019_r1.pdf, 2019.

行、保险、数据处理和其他专业服务起着决定性的作用。按照乌拉圭回合服务贸易总协定电信服务附录的定义,电信是通过电磁方式传递和接收信号。从技术角度而言,电信实质上是一种电子传导,用于一端到另一端的声音或数据传输,或进行大众传播,如广播等。电信服务则是指通过电信基础设施,为客户提供的实时信息(声音、数据、图像等)传递活动。国际服务贸易中的电信服务一般系指公共电信传递服务,它包括明确而有效地向广大公众提供的任何电信传递服务,如电报、电话、电传和涉及两处或多处用户提供信息的现时传送,以及由用户提供的信息,不论在形式或内容上两终端不需变换的数据传送。

电信服务业包括基础电信服务和增值电信服务两种。基础电信包括公共电信传送网络和公共电信传送服务,也就是我们所说的基础电信网和基本电信业务。基础电信业务包括语音电话业务、分组转换数据传输业务、电路交换数据传输业务、用户电报业务、电传业务、传真业务、专用租用电路业务;增值电信业务指在凭借对公共网络基础设施的利用而提供的附加通信业务,从而增加原有电信网络的经济效益如语音信箱、电子信箱、电子数据交换、在线信息检索、在线数据处理、增值传真、代码规程转换。增值电信业务的出现是由于通信技术的不断更新,同时离不开互联网技术和计算机技术的发展与融合。增值业务的发展不仅扩大了基础通信设施的外延,而且对基础电信业务的要求越来越高,促进了基础电信业务的更新换代。然而,计算机技术、互联网技术和通信技术的不断进步、相互融合促使原始的电信网进入一个多元化的时代,绝大多数的电信服务可能汇集在一个多元的网络中,以至于增值电信业务与基础电信业务的分类标准将会变得模糊不清。

国际电信服务贸易的产生就是将电信服务的提供范围从地域上由国内扩张到全球范围,是电信服务跨越国境进行交换,涉及跨越国境的交易活动。国际电信服务贸易的概念有狭义和广义之分,狭义的国际电信服务贸易是指设立在不同国家的电信局(站)之间提供电信服务的活动,以及属于不同国家任何性质的电信局(站)之间提供电信服务的活动,如国际长途。广义的国际电信服务贸易不仅包含狭义的概念,还包含外商直接投资而进行的贸易,如外商收购股权、建立合资企业、在外国设立分支机构等。①

二、国际电信服务贸易的主要模式

按照《服务贸易总协定》第 1 条第 2 款对服务贸易的定义,电信服务贸易也可以分为四种模式:①跨境提供;②境外消费;③商业存在;④自然人流动。具体如表 11-1 所示。

表 11-1　国际电信服务贸易四种模式

贸易模式	含义	主要形式	意义
跨境提供	一国的电信运营商在一国领土向其他国家提供电信服务	国际长途电话、电子函件、数据传输	在电信服务贸易中产生收入

---

① 王艳晨.国际电信服务贸易法律问题研究[D].河北经贸大学,2015.

(续表)

贸易模式	含义	主要形式	意义
境外消费	提供电信服务给在国外旅游的人或者是临时居住在国外的人,并且在国内结算费用的方式	呼叫移动国际漫游、呼叫电话卡	通过地面和卫星手段促进全球移动通信的发展
商业存在	一国的电信运营商通过在其他国家建立分支机构、对国外电信运营商全部或部分控股、以设立合资企业或结盟等方式,在他国直接提供电信服务	外资所有的企业提供电信服务	为外国投资留有空间,提高电信服务的开放程度
自然人流动	电信运营商将其雇员派到国外,向该国的电信运营商提供咨询服务以及管理、技术等方面的操作指导	电信咨询活动、技术援助	开拓海外新市场、提升企业绩效水平

资料来源:王艳晨.国际电信服务贸易法律问题研究[D].河北经贸大学,2015.

三、国际电信服务贸易的基本特征[①]

国际电信服务贸易作为服务贸易的一种,具有国际服务贸易的一般特性,如服务商品的不可感知性或贸易标的的无形性,生产过程与消费过程的不可分离性,贸易主体地位的重要性,服务贸易的差异性、不可储存性,服务贸易市场的高度垄断性,贸易保护方式的隐蔽性,以及国际服务贸易约束条例的相对灵活性等。同时,由于电信服务部门的特殊性,特别是其作为经济活动的独特部门和作为其他经济活动的基本传输手段而起到双重作用,国际电信服务贸易还有一些特有的基本特征。

(一) 全程全网和互联互通

全程全网和互联互通作为电信服务网络性的主要特征,成为国际电信服务贸易基本特征的重要组成部分。国际电信服务贸易的基本特点主要是通过国际电信网络系统的互联互通来实现的,需要各国电信企业的通力合作。随着电信全球竞争的日趋激烈,跨国企业对全球"一站式电信服务"的需求膨胀以及以互联网和电信服务为基础的全球电子商务的逐渐升温,国别的概念变得越来越模糊。本国内现有的电信服务已经远远不能满足实际需求,各国的电信网络的互联和操作显得日趋重要和迫切。国家电信经营者拥有并运行着各自的国内电信基础设施,包括用于交互连接传输的设备。那些远程海底电缆和国际卫星等国际电信基础设施则通过双边协议或共同所有而由两国共同使用。这些国际设

---

① 商务部.国际电信服务贸易[EB/OL]. http://tradeinservices.mofcom.gov.cn/article/zhishi/jichuzs/201703/20938.html,2017-03-27.

施的特点是各国共担成本风险,向得到授权的经营者开放,并且在向非所有方提供过境设施服务时,具有极高的互惠性。不同国家电信经营者间签署的双边协议是依照国际电联电报电话咨询委员会推荐的多边框架所拟定的。

在一国地域内,大型电信运营商总是担心网间互联为其带来的利益不足以弥补其在网间互联中的成本支出。这反而为一些小型运营商的规模和业务扩张创造了条件。而且,通常情况下,政府在互联互通方面也总采取向小型运营商倾斜的非对称管制。然而,在国际电信服务贸易中,情况恰恰相反。国际互联互通不仅不会使原有业务量分流,还会不断提高业务量。试想,当甲、乙两国用户跨境使用电信服务时,甲、乙两国的运营商都只有借助相互的电信网络才能实现两用户之间的信息传递。甲、乙两国运营商为了实现国际电信服务贸易,通常需要预先议定好价格,即所谓的国际核算费率。由于信息的流出方要付费给信息的流入方(与商品贸易的进出口方向相反),因此,两国运营商往往是以相同的费率计征,当双方电话相互传递的信息量相等时,费用抵消就无需划拨资金了。

(二) 技术标准的锁定性

电信服务贸易与其他服务贸易或商品贸易最大的不同点在于技术标准的垄断性。电信行业是典型的网络型企业,网络结构的一个基本问题是沟通和协调,而标准则是沟通和协调的基础。在赢者通吃(Winners Take All)的网络结构下,掌握标准的企业将会成为行业中的主导者和行业利润的主要攫取者。许多电信跨国公司通过创造和制定隐藏着知识产权的技术标准和规则,迫使竞争对手成为追随者,从而控制游戏规则和市场竞争格局,并通过跟随者对技术标准的依赖而将其永远牢牢地锁定在技术跟随者的角色上。电信技术标准在竞争中很大程度上决定了电信行业领导权的兴衰。在信息社会,电信作为主导性技术产业领域,通过标准竞争获得的产业领导能力可以转化为持久的产业比较优势,进而影响到上下游产业的竞争绩效。而产业结构和绩效又会影响到国家竞争优势。发达国家的跨国公司继续以技术优势控制和支配国际生产体系,控制和支配产业价值链和供应链的价值实现。在当前全球电信产业新型的跨国生产体系中,一条是依靠跨国公司母公司的直接投资和公司内贸易形成母子企业之间的价值链体系,另一条是通过非股权安排的企业间交易网络形成由核心企业主导的供应链体系。核心企业通过掌握技术、市场标准和销售渠道,便可以控制整个供应链和产品的价值实现,在全球化过程中获取巨大利益。

四、国际电信服务贸易的作用

国际电信服务贸易的作用主要体现在以下四个方面。

第一,有利于对信息的传输和交换。生产、贸易、国防、科技等社会生活各方面都离不开电信服务,它是现代社会的重要支柱。在当今社会中,竞争的胜利在很大程度上取决于对信息的掌握。生产者掌握了正确的市场信息,就能以更适销、价格比对手更有竞争力的商品占领市场;投资者掌握了金融市场、证券市场的走向,就能选择正确的投资渠道以获取高额利润。

第二,有利于节约人力和资金。电信业的发展,缩短了社会化大生产中的信息传递时间,社会交易成本得到大幅降低,促进了经济水平的提高。例如,充分利用电话,就可大大减少差旅费和会议支出,还可大大减轻交通运输的压力。据美国预测,利用现代化的电信手段,实现新型的分散式形式,每年可节约 300 亿—470 亿美元的交通运输投资费用。日本电信界认为,用电信手段代替业务面谈,可节省 60% 的交通能源。

第三,有利于促进世界经济全球化的进程。电信业的发展促进了世界经济全球化的进程,国际电信的发展使得方便、及时地组织跨国生产经营成为可能。

第四,有利于促进相关产业的发展。电信服务的发展有利于国际贸易、国际金融和国际运输等业务的开展,电信服务贸易的发展更是大大促进了这些业务的发展。

五、国际电信服务贸易的发展

电信业已成为当代世界发展最快的高新技术产业。目前,一些电信产业发达的国家的企业正在策划开发和争夺中低轨道卫星电信服务市场。电信产业对于所有发展中国家而言,都属于幼稚产业,主要表现为:产业规模小,电信技术水平低,企业的产品研究开发能力低,大多数发展中国家国内的电信网络建设处于刚刚起步阶段,电信服务水平远远落后于经济发达国家,根本就不具有国际市场的竞争能力。

世界电信产业新技术的发展,促使电信领域新的服务技术不断出现和服务范围不断扩大。电信产业的发展要求电信服务贸易市场的扩大。根据 WTO 统计,2019 年,世界 ICT 服务贸易的总出口额为 6 782.22 亿美元①,其中,电信服务贸易的出口额为 895.32 亿美元。欧盟、美国分别为 325.48 亿美元和 78.25 亿美元②,遥遥领先于其他国家。

由于当今世界通信产业和通信技术发展越来越快,因而国际电信产业和服务的竞争也日益激烈。市场的垄断竞争已成为当今世界电信市场竞争的主要特征。竞争的焦点是电信的传统市场和新技术、新业务服务市场。美、欧、日、加等过去曾一度实行电信管制的发达国家,也开始放松政府管制,引进竞争机制,开放国内市场。

专栏 11-1

5G 对经济发展的影响有多大

第五代移动通信(5G)是当前代表性、引领性的网络信息技术,将实现万物泛在互联、人机深度交互,是支撑实体经济高质量发展的关键信息基础设施。党中央高度重视 5G 发展,中央经济工作会议提出加快 5G 商用步伐。近期,工业和信息化部正式发放了 5G 商用牌照,我们要以此为契机,加快建设 5G 网络,推动 5G 与各行业、各领域融合赋能,有力支撑实体经济高质量发展。

---

① 根据经合组织和联合国贸发会议的报告,ICT 服务包含计算机服务、电信服务和信息服务三大类。
② 资料来源于 WTO 数据库。

一、我国5G创新发展全球领先

我国高度重视5G发展,将5G作为优先发展的战略领域。早在2013年,工业和信息化部、国家发展和改革委员会、科技部支持产业界成立了IMT-2020(5G)推进组,组织移动通信领域产、学、研、用单位共同开展技术创新、标准研制、产业链培育及国际合作。在各方的共同努力下,我国5G发展取得明显成效,创新发展成果全球瞩目。

在标准制定方面,我国企业全面参与5G国际标准制定,加强5G国际合作,推动形成全球统一的5G标准。我国提出的5G愿景、概念、需求等获得了国际标准化组织的高度认可,新型网络架构、极化码、大规模天线等多项关键技术被国际标准组织采纳。截至2019年5月,全球共有28家企业声明了5G标准必要专利,我国企业声明专利数量占比超过30%,位居全球首位,5G国际标准话语权大幅提升。

在产品研发方面,我国率先启动5G技术研发试验,组织华为、中兴、诺基亚、爱立信、高通等国内外企业构建了全球最完整的室内外一体化公共测试环境,分阶段有序推进相关测试工作,加快5G关键技术研究和系统、芯片研发进程。目前,华为、中兴等企业的中频段系统设备全球领先;海思率先发布全球首款5G基站核心芯片和多模终端芯片;华为、小米、OPPO等终端企业已经推出商用手机。

在频率资源方面,我国主推的3.5 GHz中频率已经成为全球产业界公认的5G商用主要频率。2018年12月,工业和信息化部发放了5G系统中低频段试验频率使用许可,每家基础电信企业获得100 MHz以上连续试验频率,保障了5G商业应用必需的频率资源。

在融合应用方面,积极推动5G在工业互联网、车联网、超高清视频、智慧城市等领域应用,加快推动5G应用产业发展。连续两年举办5G应用征集大赛,发挥行业需求引领和企业创新主体作用,孵化一批5G特色应用,助力5G商用发展。

与此同时,我们也要清醒地认识到,我国5G发展仍面临产业基础短板突出、融合应用程度不深、国际竞争日趋激烈等诸多挑战,需要产、学、研、用各方协同努力、共同应对。

二、5G是推动经济高质量发展的重要支撑

移动通信技术每十年演进升级、代际跃迁。每一次技术进步,都极大地促进经济社会发展。从1G到2G,实现了模拟通信到数字通信的过渡,降低了应用成本,使移动通信走进千家万户。从2G到3G、4G,实现了语音业务到数据业务的转变、窄带通信到宽带通信的跃升,促进了移动互联网的全面普及和繁荣发展。5G具备超高带宽、超低时延、超大规模连接数密度的移动接入能力,其性能远远优于4G,服务对象从人与人通信拓展到人与物、物与物通信,不仅是量的提升,更是质的飞跃,在支撑经济高质量发展中必将发挥更加重要的作用。

发展5G有利于提升产业链水平。与4G相比,5G的高速率、高可靠、大连接、低功耗等性能,对元器件、芯片、终端、系统设备等都提出了更高要求,将直接带动相关技术产业的进步升级。而且,我国具有全球规模最大的移动通信市场,5G商用将形成万亿级的产业规模,有利于推动核心技术攻关突破和带动上下游企业发展壮大,促进我国产业迈向全球价值链中高端。

发展5G有利于形成强大的国内市场。5G商用将创造更多适应消费升级的有效供给，催生全息视频、浸入式游戏等新模式新业态，让智能家居、智慧医疗等新型信息产品和服务走进千家万户，推动信息消费扩大升级。中国信息通信研究院测算，2020—2025年，我国5G商用带动的信息消费规模将超过8万亿元，直接带动经济总产出达10.6万亿元。

发展5G有利于传统产业转型升级。与4G相比，5G应用场景从移动互联网拓展到工业互联网、车联网、物联网等更多领域，能够支撑更大范围、更深层次的数字化转型。5G与实体经济各行业、各领域深度融合，促进各类要素、资源的优化配置和产业链、价值链的融会贯通，使生产制造更加精益、供需匹配更加精准、产业分工更加深化，赋能传统产业优化升级。欧盟将5G视为"数字化革命的关键使能器"。国际咨询公司马基特预测，到2035年，5G有望在全球各行业中创造12.3万亿美元的经济价值。

三、5G赋能实体经济高质量发展

今年6月6日，工业和信息化部向四大运营企业发放了5G商用牌照，这预示着我国5G网络建设与应用发展将进一步加速。当前，我国经济正由高速增长阶段转向高质量发展阶段，正处在转变发展方式、优化经济结构、转换增长动力的攻关期，亟须发挥网络信息技术覆盖面广、渗透性强、带动作用明显的作用，推动经济发展质量变革、效率变革、动力变革。我们要紧紧抓住5G发展的重要机遇，利用好大国大市场的规模优势，加快5G商用部署，全面推动5G与实体经济深度融合，促进实体经济高质量发展。

加快网络建设，夯实高质量发展新基础。推动基础电信企业加快建设5G网络，坚持集约建网、绿色建网的原则，深化电信基础设施共建共享，努力建成覆盖全国、技术先进、品质优良、全球领先的5G精品网络，构建新型信息大动脉。加快完善5G网络建设保障措施，将站址、机房、管道等信息基础资源纳入城乡规划，推动路灯、信号灯、电线杆等公共基础设施开放共享，推动地铁、机场等公共场所为网络部署预留足够的基础资源，切实降低网络建设成本。

推进技术创新，增强高质量发展新动力。核心技术是国之重器，必须下定决心，加大投入，补齐短板。要把提升原始创新能力摆在更加突出的位置，进一步加强5G增强技术研发及标准化。聚焦5G产业链的突出短板和关键环节，抓好以需求为导向、以企业为主体的产、学、研、用一体化创新机制建设，推动更多创新要素投向核心技术攻关。坚持"商用引导、整机带动"的原则，以5G整机带动核心器件技术进步，加快面向行业应用的5G终端、网络、平台、系统集成等领域的研发和产业化，发展壮大5G产业集群。

深化融合应用，拓展高质量发展新空间。5G应用呈"二八定律"分布，即用于人与人之间的通信只占应用总量的20%左右，80%的应用是在物与物之间的通信，由此可见，5G应用前景广阔、潜力巨大。要大力推动5G与实体经济在更广范围、更深程度、更高水平的融合应用，探索构建可复制、可推广的融合应用推进机制。支持5G在工业互联网、车联网、现代农业、智慧能源等领域的应用突破，促进传统产业数字化、网络化、智能化转型。推动5G在教育、医疗、养老等公共服务领域的深度应用，不断增强人民群众的获得感、幸福感、安全感。

> 加强开放合作,构建高质量发展新环境。习近平总书记强调,中国开放的大门不会关闭,只会越开越大。5G发展本身就具备全球化分工、协同化推进的特征。深化合作、扩大开放是发展的必由之路。要继续推动国内外企业积极参与我国5G网络建设和应用推广,共同分享5G发展的成果。深化5G标准制定、技术研发、产业协同、数字治理等方面的国际合作,不断增进共识,共同维护5G发展的良好生态。积极开拓"一带一路"沿线国家市场,支持通信运营企业"走出去"。
>
> 资料来源:刘多.5G对经济发展影响有多大[N].学习时报,2019-07-03.

第二节 国际电信服务贸易自由化

一、电信服务贸易自由化与管制

目前,世界电信市场的新结构、新秩序逐步形成确立,电信服务的发展呈现出以下趋势:自由化浪潮不可逆转;高科技成为决定电信服务竞争力的首要因素;全球基础电信自由化协议正逐步得到实施;美国、欧盟、日本已共同宣布全面开放电信市场,取消电信管制。以下将介绍电信服务贸易的国际规则和国际管制机构。

(一)电信服务贸易的国际规则

1.《基础电信协议》

《基础电信协议》是与电信服务贸易有关的重要国际规则。1997年2月15日,占世界电信90%以上份额的69个WTO成员方达成了《基础电信协议》,正式名称为《服务贸易总协定第四议定书》,1998年2月5日,协议正式生效,缔约方共计72个,占世界93%的市场份额。协议由两部分组成:一是WTO服务贸易理事会于1996年4月30日通过的《服务贸易总协定第四议定书》,规定了参加基础电信开放的减让表作为其附件;二是各国关于基础电信开放的减让表以及对WTO基础电信谈判小组的"参考文件"所作的承诺。协议涉及语音电话、数据传输、传真、电话、电报、移动电话、移动数据传输、企业租用私人线路以及个人通信等各项电信服务。其主要内容在于督促各成员向外国公司开放其电信市场,并结束在国内电信市场上的垄断行为。

《基础电信协议》作为服务贸易的重要组成部分,在WTO框架下,运用最惠国待遇、透明度、市场准入、国民待遇等原则来规范,并以国内管制、反补贴、反不正当竞争(如垄断权的滥用)等来保证实施,体现了贸易自由化的要求。协议的条款要点包括保护竞争、互联互通、普遍服务、许可证审批标准的公开性、独立的管制机构以及稀缺资源的分配和使用等方面。考虑到电信具有作为涉及国家主权和安全保密的公共事业的特性,以及各国发展情况、模式等千差万别的客观现状,《基础电信协议》在公共电信网及其服务的接入和使用以及在普遍服务等具体实施条款中,允许各国保留一定的例外,或者根据缔约国自身的情况作出有限的承诺。在国家主权和安全保密等最为敏感的方面,《基础电信协议》列出了专门的例外条款,如政府采购、一般例外和安全例外等,并进一步予以明确和强调。对于与此有关的国家对一些业务的垄断经营权,则通过垄断及专营服务提供者条款从另一角度给予了默认。对一些关键的但有助于进一步建立良好贸易环境的方式,如服务提供者的资历、许可证相互承认等提出了承认等指导性条款,给各方面更多的自决权。

《基础电信协议》考虑了发展中国家的特殊地位。在框架协议中通过承担义务谈判条款对发展中国家逐步开放市场给予更多的灵活性、通过补贴条款确认发展中国家在这一领域的灵活性需要通过发展中国家更多的参与,条款还促进发展中国家商业技术的获取等,以及在电信附件中通过技术合作条款鼓励和支持发展中国家尽可能地利用有关国际电信服务和信息技术等内容,给予发展中国家更多的优惠,为发展中国家平等地与发达国家进行服务贸易奠定了一定的基础。

2.《服务贸易总协定》中有关电信服务的附件

在《服务贸易总协定》中,有涉及电信服务的附件。附件中的条款对中国电信服务业应对加入世界贸易组织所面临的挑战有重要意义。附件第1条讨论了达成电信产业附件的目标,即"认识到电信服务部门的特殊性,特别是其作为经济活动的特殊部门和作为其他经济活动的基本传输措施而起到的双重作用,各成员就以下附件达成一致,旨在详述本协定中有关影响进入和使用公共电信传输网络和服务的措施的规定。因此,本附件为本协定提供注释和补充规定。"

附件第2条阐述了附件的管辖范围。第3条对有关概念进行了定义和说明。第4条涉及WTO原则中的一个关键性的原则,即透明度原则。第5条讨论了公共电信传输网络和服务的进入和使用。第6条和第7条分别讨论了成员的技术合作及其与国际组织协定的关系问题。

在附件中,第6条特别讨论了有关发展中国家电信产业发展的问题。发展中成员拥有高效、先进的电信基础设施,对于成员的其他服务贸易的开展是至关重要的。总协定赞成并且鼓励发达成员和发展中成员以及它们的公共电信传输网络和服务的提供商和其他的国际和地区性组织发展项目中的实体更多地参与。这些组织包括国际电信联盟、联合国发展项目以及国际复兴开发银行。附件第6条第2款提供了在国际性、地区性和子地区性水平上对于发展中成员之间的电信合作的鼓励和支持。在第6条第3款中,陈述了成员应当使发展中成员获得所需要的信息,以帮助加强它们国内的电信服务部门。这个目的可以通过和相关的国际组织的合作来达到。这些信息不但和电信服务有关,而且和电信与信息技术的发展有关。第6条第4款讨论了将给予最不发达国家特殊的考虑,给这些最不发达国家以机会,鼓励电信服务的外国提供商在电信技术的转移、培训和其他支持它们电信基础设施发展与电信服务贸易扩展的行为中提供帮助。

在附件的第5条中,专门有一款(第7款)提到了有关发展中国家公共电信传输网络和服务的准入与使用的问题,即一个发展中成员可在与其发展水平相一致的情况下,对公共电信传输网络和服务的进入与使用设置必要的合理条件,以增强其国内电信基础设施和服务能力,并增加其对国际电信服务贸易的参与。

(二) 国际电信管制机构

国际电信管制机构的代表是国际电信联盟(ITU),其前身是成立于1865年5月17日的国际电报联盟。1932年,70个国家的代表在西班牙的马德里召开会议,决定把国际电报联盟改称为国际电信联盟。1947年,在美国大西洋城召开国际电信联盟会议,经联合国同意,国际电信联盟成为联合国的一个专门机构,总部由瑞士伯尔尼迁至日内瓦。另外,还成立了国际频率登记委员会。1972年12月,国际电信联盟在日内瓦召开了全权代表大会,通过了国际电信联盟的改革方案,国际电信联盟的实质性工作由国际电信联盟标准化部门、国际电信联盟无线电通信部门和国际电信联盟电信发展部门等三个部门承担。我国于1920年加入国际电报联盟,1932年派代表参加了马德里国际电信联盟全权代表大会,1947年在美国大西洋城召开的全权代表大会上被选为行政理事会的理事国和国际频率登记委员会委员。中华人民共和国成立后,我国的合法席位一度被非法剥夺。1972年5月30日,在国际电信联盟第27届行政理事会上,正式恢复了我国在国际电信联盟的合法权力和席位,我国积极参加了国际电信联盟的各项活动。

二、电信服务贸易自由化与开放

(一) 电信服务业的开放度

在《基础电信协议》中,各成员方在语音电话、数据传输等方面作出了开放的承诺。在语音电话方面,几乎所有的成员方都承诺立即或逐步开放至少一种公用语音电话业务。其中,55个成员方承诺开放本地电话业务;51个成员方承诺开放国内长途业务;56个成员方承诺开放国际长途业务。在59个承诺提高公用语音电话业务竞争市场程度的成员方中,有42个成员采用部分出售现有专营公用语音电话系统的方式。在数据传输方面,有63个成员方承诺开放;在蜂窝移动电话方面,共有60个成员方承诺开放;在线路租用方面,共有55个成员方承诺开放;在其他移动通信业务(个人通信、移动数据传输或寻呼)方面,有59个成员方承诺开放;在卫星通信业务方面,有51个成员方承诺开放移动卫星通信或数据传输业务,有50个成员方承诺开放固定装置的卫星通信或数据传输业务。

截至目前,随着新成员加入和现有成员单方面改进承诺,已有101个世贸组织成员将参考文件纳入其减让表,其中,94个成员已完全或基本接受了参考文件。[1] 同时,越来越多的区域贸易协定设置了单独的电信章节,这些章节广泛借鉴了《服务贸易总协定》关于电信服务的附件和参考文件的内容,同时增加了新的监管内容。与《服务贸易总协定》的规定一样,区域贸易协定的电信监管规定大多数也是围绕如何促进和维护健康的竞争环境展开的。因此,对于那些在关于电信服务的附件和参考文件中宽泛处理的监管新内容,区域贸易协定以更明确的方式纳入,并进一步进行了澄清,例如,要求移动服务部门允许携号转网和促进竞争。目前,101个区域贸易协定含有电信服务的独立章节,还有12个

---

[1] WTO. World Trade Report 2019: The Future of Services Trade[EB/OL]. https://www.wto.org/english/res_e/booksp_e/00_wtr19_e.pdf, 2019.

区域贸易协定在服务章节中援引《服务贸易总协定》关于电信服务的附件,并将其作为该协定的组成部分。发展中经济体和发达经济体都缔结过一个或多个包含独立电信章节的区域贸易协定。所有缔结了含独立电信章节的区域贸易协定的世贸组织成员中,高收入国家占61%,中高收入和中低收入国家的比重分别为25%和13%。[①]

在《基础电信协议》中,包括保护竞争、互联互通、普遍服务、独立的管制机构以及稀缺资源的分配和使用等主要条款要点。以这些条款为分析基础,可以构建电信开放度指数。Aaditya Mattoo,Randeep Rathindran 和 Arvind Subramanian(2001)通过三个指标——基础电信市场结构、是否允许外资进入以及是否具有独立的电信管制机构的有关信息,构建以下的指标体系,进行开放度的分析(见表11-2、表11-3)。

表11-2　一国电信产业的开放度指数

排名	市场结构	所有权	是否有独立的管制机构
1	非竞争性	不允许FDI	否
2	非竞争性	不允许FDI(公共)	是
3	非竞争性	不允许FDI(私人)	是
4	非竞争性	允许FDI	否
5	非竞争性	允许FDI	是
6	竞争性	不允许FDI	否
7	竞争性	不允许FDI	是
8	竞争性	允许FDI	否
9	竞争性	允许FDI	是

资料来源:(1) Aaditya Mattoo,Randeep Rathindran 和 Arvind Subramanian,2001。
(2) 利用世界银行的服务数据库,Aaditya Mattoo,Randeep Rathindran 和 Arvind Subramanian 绘制了各国(地区)的电信自由度指数数据表。

在表11-2中,如果市场结构是竞争性的,允许外国直接投资,而且具有独立的管制机构,则开放度为9,依次类推。在市场结构的确定上,由于基础电信市场结构中包括子市场,而这些子市场的市场结构并不统一,所以,给所有的子市场以相等的权重,然后通过加权平均计算开放度指数。

表11-3　各国(地区)的电信自由度指数

国家/地区	电信开放度指数	国家/地区	电信开放度指数
安哥拉	2	以色列	5.33
阿根廷	5	牙买加	4
澳大利亚	9	肯尼亚	1

[①] WTO. World Trade Report 2019: The Future of Services Trade[EB/OL]. https://www.wto.org/english/res_e/booksp_e/00_wtr19_e.pdf, 2019.

(续表)

国家/地区	电信开放度指数	国家/地区	电信开放度指数
贝宁	1	韩国	8
玻利维亚	5	莱索托	4
巴西	5	马拉维	4
加拿大	9	马来西亚	9
智利	8	马耳他	5
哥伦比亚	9	毛里求斯	5
哥斯达黎加	2.5	墨西哥	9
塞浦路斯	1	摩洛哥	2.5
多米尼亚共和国	9	莫桑比克	5
欧盟	9	新西兰	8
厄瓜多尔	5	尼加拉瓜	5
埃及	5	尼日利亚	2
萨尔瓦多	9	挪威	9
加蓬	1	巴基斯坦	5
赞比亚	1	巴拿马	5
加纳	9	秘鲁	7.67
圭亚那	5	菲律宾	9
洪都拉斯	7.67	新加坡	5
中国香港	9	南非	5
匈牙利	5	斯里兰卡	7.67
冰岛	5	瑞士	9
印度	6.33	泰国	4
印度尼西亚	6.67	突尼斯	1
中国(不含港、澳、台地区)	4.33	波兰	4.33

资料来源：世界银行服务业数据库。

从电信开放度指数表可以看出，大多数发达国家的开放度指数为8或者9，如美国、加拿大和挪威等，电信开放度普遍比较高，发展中国家恰恰相反，如突尼斯、加蓬、赞比亚等。这是发达国家电信产业在新的技术发展以及其他因素的共同推动下造成的。

研究市场开放度和开放时间可以发现，发达国家和发展中国家的差异非常明显。各国和地区承诺的开放度由强到弱可以分三种类型：在几乎所有电信设施和业务上对外国投资无限制、在部分电信设施和业务上对外国投资有限制、对外国所有投资均限制控股比例。其中，发达国家(或高收入国家)对应三种类型承诺的国家数分别为22、3和0，分别占《基础电信协议》签字国(地区)总数的88%、12%和0%；发展中国家(除发达国家之外的其他国家)相应三类承诺的国家数为 25、8 和 11,分别占其签字国(地区)总数的 56.8%、18.2%和 25%。1998 年开放所有业务的发达国家达 19 个,占已签字发达国家总数的 76%,1999 年以后才开放的发达国家比例小于 24%,1999 年之后才开放所有业务的发展中(地区)数就达 25 个,占签字发展中国家或地区总数的 56.8%,远高于 1999 年之后才开放的发达国家比例。所以,发达程度越高的国家和地区,市场开放的积极性越高;发达程度越低的国家(地区),越不愿开放。发达国家的市场开放度总体上大于发展中国家。

(二)全球基础电信市场的未来格局

随着全球电信市场的逐步自由化,各国国内电信垄断将逐渐销声匿迹,竞争成为市场的主要特征,涌现大批新兴的电信公司,市场结构在重大振荡变革后逐渐形成新的市场平衡。全球电信市场将出现以下竞争格局。

(1)数量有限的寡头电信公司提供综合性一体化的全球性业务,分割国际通信市场。小公司通过专业化经营在大公司的夹缝中生存,成为市场补缺者,即在被大公司忽略的市场进行专业化经营获得生存和发展的小公司。缺乏创新、技术落后、不思进取的老电信公司在竞争中败北,逐渐淡出市场,这种情况最有可能发生在机构庞大、效率低下且又怯于开放和锐意改革的发展中国家的国营电信公司中。

(2)在寡头竞争市场的丰厚预期的驱动下,众多通信公司将源源不断地出现,新的竞争者将主要面向投资少、见效快的移动业务市场和增值业务市场,技术优势是其参与竞争的最主要资本。但在弱肉强食的竞争中,绝大多数或者破产,或者成为"大鱼吃小鱼"的牺牲品,只有极少数的公司能通过正确的市场定位,凭借技术优势和先进的经营管理,开始抢占大公司的市场份额。

(3)国营电信公司面临冲击,原来由国家垄断经营的电信企业,凭借着沉淀下来的发达的电话网络仍可能在一国或地区范围内的基本电话业务市场占据主要地位,但不断受到外国电信以及移动电信业务的巨大冲击。

专栏 11-2

CPTPP 下电信服务贸易规则及其与 GATS 的差异

电信服务规定在 CPTPP 第 13 章依次明确了定义、设定了适用范围、规定和明确了监管方式、公共电信服务的接入和使用、公共电信服务供应商的义务、国际移动漫游、主要电信服务供应商的待遇、竞争保障、转售、主要供应商的网络元素非捆绑、与主要供应商的互联互通、主要供应商对电路租赁服务的供应和定价、主要供应商的物理地址共享、主要供应商拥有或控制的电杆、管线、管网和路权的接入、国际海底电缆系统、独立监管机构和政府所有权、普遍服务、许可程序、稀缺资源的分配和使用、执行、电信争端的解决、透明度、技术选择的灵活性、与其他章的关系、与国际组织的关系、电信委员会。

在 GATS 文本中,适用于电信服务的贸易规则首先包括框架条款,如最惠国待遇和透明度要求。电信服务是作为服务贸易的附件出现,即《关于电信服务的附件》(简称电信附件)且仅包含七条。另外,1997 年谈判达成了《基础电信协议》,即《服务贸易总协定》第四议定书,其所附的《各成员承诺减让表》《最惠国待遇豁免清单》和《参考文件》构成了主要内容,《参考文件》所列保护竞争、互联互通、普遍服务、许可证发放保持透明、独立监管和稀缺资源分配与使用公正的六大原则尤为重要。整体来说,GATS 中关于电信服务的规定较少、较为原则性。而在 CPTPP 文本中,电信服务不仅单独设章,条款增加至 26 条,还附 2 个附件。其与 GATS 的差异具体表现在以下四个方面。

一、谈判方式由正面清单模式转向负面清单模式

GTAS 对电信服务贸易采取了正面清单谈判模式,即各缔约国对其电信服务递交了市场开放的承诺表。CPTPP 则是负面清单的谈判模式,这意味着,缔约方市场向其他 CPTPP 缔约方服务提供者完全开放,但不包括第 10.7 条的"不符措施"设立的两个附件,分别为:现有措施,即一方接受该类措施在未来不再加严的义务,并锁定未来任何自由化措施;一方在未来保留完全自由裁量权的部门和政策。在负面清单以外的所有跨境服务,都须得符合国民待遇、最惠国待遇和市场准入。

二、随技术的更新新增电信服务类型

GATS 签署时尚处在 20 世纪 90 年代,彼时以移动通信等为代表的新兴电信服务类型尚未出现。电信服务脱胎于信息技术,是近 30 年发展最为迅猛的服务类型,CPTPP 电信规则从某种意义上讲就是意在弥补法律的滞后性,追赶技术发展的速度。在 CPTPP 文本中,服务除了一些基本概念的界定外,还对电信服务出现的一些新服务作了界定,如 13.1 条商业移动服务、国际移动漫游服务、号码携带、物理共址、互联网互通参考报价、虚拟共址等。更进一步,GATS《电信附件》中关于公共电信传输网络和服务的实质性规定仅有第 5 条,《参考文件》则规定六大原则,内容抽象。在 CPTPP 条款中,除了对主要电信网络的接入和使用进行规范和承诺外,还对互联互通(13.11)、国际移动漫游(13.6)、主要供应商的共址服务(13.13)、海底光缆系统(13.15)、许可证的申请程序以及电信稀缺资源的分配和使用(13.18)等进行了具体的规范和承诺,内容具体,符合技术发展的现状。

三、监管主体和措施的确立

CPTPP13.26 条规定各缔约方特此设立电信委员会(专门委员会),专门委员会由每一缔约方政府代表组成。职能是保证 CPTPP 第 13 章有效实施,审议和监督第 13 章的实施和运用,通过对电信业技术和监管的发展作出回应,保证第 13 章与缔约方、服务供应商和终端使用者持续相关;讨论有关第 13 章的任何问题及可由缔约方决定的有关电信业的其他任何问题;向 CPTPP 委员会报告专门委员会讨论的结果和成果;以及执行 CPTPP 委员会委任的其他职能。可见,电信委员会作为专门的监督实施机构,负责监督、审议,并持续关注现实技术更新情况,使 CPTPP 电信服务章适时更新,这在 GATS 中是完全没有的。

四、多元化的电信争端解决机制

GATS 下的电信争端解决机制并无特殊所在,同样适用 WTO 争端解决机制。但在 CPTPP 中,除却普适性的 26.3 条"行政程序"以及 26.4 条"复审和上诉",还有 13.21 条规定的三个独属于电信服务贸易的争端解决措施即"援用"(Recourse)、"复议"(Review)

> 和"司法审查"(Judicial Review)。"援用"指企业可直接向缔约方的电信监管机构或其他相关机构援用 CPTPP 第 13 章的有关条款以解决涉及该条款规定事宜的争端;"复议"指如另一缔约方的公共电信服务供应商已要求与该缔约方领土内的主要供应商实现互联互通,则可在其提出互联互通请求后,在合理且公开特定的期限内,向其电信监管机构申请复议,以解决与主要供应商有关互联互通条款、条件和费率的争端;"司法审查"则是企业直接通过行政诉讼诉诸缔约国国内法院。
>
> 资料来源:方瑞安.CPTPP 电信服务贸易规则对中国的挑战[J].对外经贸实务,2019(10):18-20.

第三节 中国的电信服务贸易发展

一、中国的电信服务贸易现状

(一)中国的电信服务贸易呈现波动性增长

2010—2018 年,中国的电信服务贸易总体呈增长势头,出口额从 2010 年的 12.2 亿美元上升到 2018 年的 20.98 亿美元,其间有 3 个年份增长速度较快,分别为 2011 年的 41.5%,2015 年的 27.8% 以及 2018 年的 17.8%;同期进口额从 11.37 亿美元上升至 15.77 亿美元,其中也有 3 个年份增长较快,分别是 2012 年的 38.3%,2016 年的 12% 和 2017 年的 52.5%(见图 11-1)。从电信服务贸易的进出口增长情况看,并没有出现一个非常明显的持续上升趋势,而是处在不断上升、下降的波动之中。

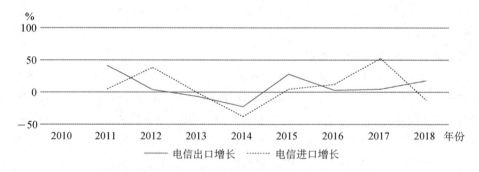

图 11-1 2010—2018 年中国的电信服务进出口增长情况

资料来源:WTO 数据库。

(二)中国的电信服务贸易多年略有顺差

从中国的电信服务进出口差额来看,近 10 年整体相对比较平衡,略有顺差。除 2017 年电信服务贸易出现 2 100 万美元的逆差之外,其他年份均保持顺差状态,2018 年顺差额为 5.21 亿美元,相对于我国服务贸易整体处于逆差的现实来看,这一点是值得欣慰和期待的。

然而,电信服务贸易出口额在中国服务贸易出口总额中的占比较小,2010年为0.68%,2018年增加到0.79%,虽有明显提升,但也仍然具有较大的上升空间(见图11-2)。

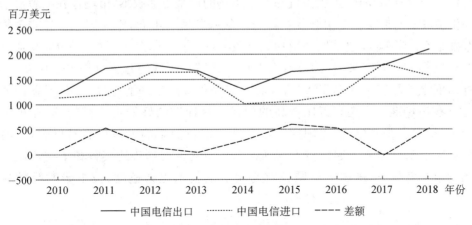

图11-2　2010—2018年中国电信服务贸易的进出口额

资料来源:WTO数据库。

二、中国电信服务贸易发展中存在的问题

(一) 中国电信服务贸易的国际竞争力较弱

2010—2018年,中国电信服务贸易的竞争力有明显提升,以国际市场占有率来看,2010年中国电信服务贸易出口额仅占世界电信服务贸易出口额的1.35%,2018年上升为2.25%,这说明中国电信服务贸易在世界市场中的地位有所改善,但不可否认,与欧元区34.61%和美国10.7%的市场占有率来比,中国的电信服务贸易整体上仍然处于较低水平,与发达国家和地区之间存在很大差距(见图11-3)。

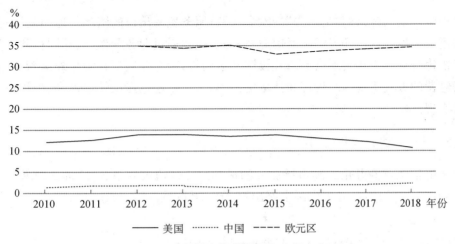

图11-3　电信服务贸易的国际市场占有率

资料来源:WTO数据库。

(二) 通信服务贸易对外开放水平较低，市场环境有待改善[①]

与传统的货物贸易相比，服务贸易对于市场的壁垒更加敏感，市场存在的贸易壁垒也更容易抬高其贸易成本。电信服务贸易与一般服务贸易不同，作为国家信息安全战略的重要基础基石，各国对于电信服务贸易高度重视，政府对市场的干预力度大，设置的规矩与壁垒也更多。一直以来，我国政府在电信服务贸易领域的开放也是小心翼翼，以保障国家通信安全。尽管加入WTO以后，对电信服务贸易减少了行政干预，但管控依然严格，比如，在市场准入上还有着比较高的门槛。这样做的好处是明显的，既保护了国家通信安全、信息安全，又保护了国内电信企业。但负面影响也是显而易见的，国内电信服务贸易企业对全球先进通信技术和通信服务贸易发展趋势的接触和了解不深。在没有市场竞争的背景下，国内电信服务贸易企业的技术更新速度、技术研发等都会受到影响。

(三) 中国电信服务企业"走出去"面临的现实困难[②]

中国电信服务企业走向国际市场最大的困难体现在两个方面。首先，中国电信服务企业在海外开展业务普遍的"痛点"是受制于所在地区的网络连接和服务能力，随着业务量增长，数据呈现几何级增长的趋势，跨国带宽费用迅猛增长。其次，中国电信服务企业在海外运行IT系统，需要IT专家在现场部署、调试、维护，需要本土化的服务支撑，导致公司的运营成本增加。但随着技术的不断更新，云服务可以解决上述难题，使得IT的部署更为简便，远程控制可以大幅减少本地支持人员。因此，云计算是中国电信运营企业全球化发展的一个重要业务方向。在海外部署云节点，通过"云网融合"形成服务运营的支点，在全球范围内提供安全、便捷和优质的云服务。

三、中国电信服务贸易出口的路径选择

纵观中国电信运营商"走出去"的发展实践，服务贸易出口的国际化道路是渐进式的，主要采用三种模式：(1)开展国际通信业务模式，主要通过业务合作、国际同行联盟以及设立海外销售分支等方式实现；(2)海外投资和运营模式，主要通过并购海外运营商、直接绿地投资经营的方式实现；(3)管理和技术输出模式，主要通过提供管理咨询、工程技术服务等方式实现。[③]

(一) 通过双边合作开展国际业务

中国电信运营商开拓国际市场业务的最初路径是通过双边合作，即通过签订双边国际业务合作及结算协议，开展国际电路出租、国际互联网、国际长途电话等业务。例如，中

---

① 刘忠印.中国通信服务贸易出口研究[J].改革与战略,2017(7):182-185.
② 汤婧.电信服务贸易出口：现状、路径选择与发展前景[J].国际经济合作,2017(7):87-90.
③ 同上。

国移动和中国联通分别与231和209个国家/地区的运营商签订了国际漫游合作协议。中国电信在收购原联通的CDMA网络和业务后，通过实施CtoG的漫游方式，使CDMA的漫游国家和地区增加到213个。为深化国际业务合作，中国运营商还选择与国际领先的运营商结成战略合作伙伴关系，针对国际通信业务集中的区域通过设立销售分/子公司，不断拓展国际业务种类和规模。

（二）通过海外直投获得运营资源

随着对国际市场的逐步了解，特别是中国运营商的财务实力显著增强，在海外进行直接投资以及在当地运营逐步被提上中国运营商的议事日程。其形式表现为在海外取得基础电信运营牌照并建网运营，或收购海外运营商，开拓本地市场业务。

中国电信服务行业的海外并购要追溯到2002年，但是大多数并购项目的谈判遭遇阻力并以失败告终。近几年来，中国运营商的海外直投众多，但仅有的几项成功项目集中在香港市场。直到2007年，中国移动成功收购巴基斯坦电信运营商Paktel，这是中国移动海外扩张的第一步。2014年，中国移动通过竞拍成功同时获得巴基斯坦3G和4G移动网络运营权。作为电信服务贸易出口的主力军，中国移动还肩负着将具有中国自主知识产权的4G通信标准——TDD-LTE模式——在全球推广商用的重任。截至2016年第三季度，全球已有46个国家开通85个TD-LTE商用网络，TD-LTE全球用户规模超过8亿。相较之下，中国联通和中国电信的发展重点在国际光缆的建设上，通过在当地建设POP节点和网络，逐步拓展海外市场。

（三）真正实现技术和管理海外输出

中国运营商进行技术和管理输出主要包括工程技术服务和运营管理咨询两大类。近些年来，随着中国电信运营商在海外业务的不断拓展和深化，其下属的工程技术服务实体，如设计院、工程公司等，通过采用管理合同、工程技术解决方案等形式向海外市场成功输出管理和运营经验。例如，中国电信通过其控股的上市公司中国通信服务公司与中国设备厂商合作，在亚洲、非洲、东欧、拉美等地的几十个国家提供设计、施工、维护等服务。

值得注意的是，面对纷繁复杂、竞争激烈的海外市场，中国运营商顺应当前电信产业的变革方向和互联网发展规律转型。为促进国际电信服务贸易的出口，中国运营商加速了转型步伐，以创新思维发展新兴业务，即由主要依靠海外直投获取跨境资源为主，向构建海外平台整合资源转变。2016年，分享通信集团收购尼日利亚电信运营商80%的股权，以其先进的技术"SIM＋"平台整合模块化操作系统，带动当地移动通信技术的升级换代。这是中国虚拟运营商的首次海外收购，也是中国民营企业收购海外电信运营商，它并非简单地建基站发展用户，而是真正意义上实现技术服务的输出。

四、中国电信服务贸易的发展前景

从对外和对内两个方面来看，中国电信服务业的未来发展均面临着机遇和挑战。从对外开放的角度来看，中国电信服务业开放的业务范围在不同时期体现了不同的开放度。

从时间上来看,可大致分为三个阶段:第一阶段是在 WTO 框架下电信服务首次作出开放承诺,并在 2010 年全部履行所有承诺。第二阶段是高于 WTO 框架的开放承诺推进阶段。2010 年,离岸呼叫中心试点取消了外资股比限制;2014 年,上海自贸区从地域限制、持股比例、业务范围等方面为增值电信业务"松绑"。同年,在 CEPA 项下开放政策又进一步推进,成为目前中国电信领域内针对外商投资最为优惠的开放政策。第三阶段是对标国际深度开放阶段。显然,中国电信服务的开放水平仍十分有限,与发达国家甚至一些发展中国家仍有较大差距。与"金砖国家"相比,中国电信服务的开放水平也远低于其他四国。可以说,中国电信服务业开放阶段仍处于上述第二阶段。未来,对于增值电信业务开放政策必将根据 2015 年版《电信业务分类目录》新增的业务类型有所突破,尤其是当前基于互联网的相关业务在持股比例上存在进一步开放的可能性。同时,上海自贸区和 CEPA 项下的开放政策也具有在全国范围内可复制、可推广的改革试点经验。

从电信服务"走出去"的角度来看,当前中国"一带一路"倡议为电信服务出口提供了新的国际化发展机遇,这主要体现以下三个方面:首先,"一带一路"沿线的多数国家的经济发展水平相对较低,尤其是中亚、南亚、东南亚、中东、非洲等地区的多数国家通信发展水平相对落后,宽带以及移动电话的普及率普遍较低,中国电信服务出口有巨大的业务发展空间。其次,新战略为消化过剩产能和去库存提供了契机,中国电信行业相关产能过剩,如光纤光缆行业产能过剩率已超 50%,拓展国际市场将是最佳出路。更重要的是,凭借电信基础设施建设"走出去"的良好契机,推动电信服务包括成熟技术标准、网络建设及运营能力的输出,为整个电信产业链的可持续发展提供全面保障。最后,中国电信服务运营商能够借势把先进互联网及电商企业"带出去",把沿线国家碎片化的利益吸附在统一平台上,并加速整合升级。

五、 发展中国电信服务贸易的对策建议[①]

(一) 主动开放,有序吸收外资参与国企混合所有制改革

正如前面所述,电信服务业属于敏感度高、竞争力弱的部门,是服务业扩大开放的难点领域。中国电信业应主动加大扩大开放的压力测试,鼓励外资有序参与国企混合所有制改革。所选择的合作对象应是在相关领域有丰富经验、能够形成优势互补、可推动我国电信服务企业深度参与国际竞争和全球产业分工、提高资源全球化配置能力的企业。

(二) 紧抓"一带一路"倡议带来的重大机遇,提供"畅通无阻"的电信服务

首先,电信服务"走出去"应紧抓"一带一路"倡议带来的重大机遇,着重加强政策沟通,主动对接"一带一路"沿线国家通信业的发展政策、标准、战略规划、监管等,减少企业海外投资政治性和非商业性因素的干扰,进一步提升互联互通水平,营造更加开放和公平

---

① 汤婧.电信服务贸易出口:现状、路径选择与发展前景[J].国际经济合作,2017(7):87-90.

的发展环境。其次,在落实"一带一路"倡议方面,着力解决电信服务"通而不畅"的问题,尤其在信息化水平相对落后的西亚、中亚、南亚地区,存在业务单一、价格偏高、网络接入速度慢等问题。因此,中国电信运营商需要根据"一带一路"沿线国家和地区的电信服务发展水平,以客户需求为导向,提高通信服务的多样性、质量、价格及活跃度。

(三)转变业务拓展理念,以高质量、差别化、综合性的电信服务提升国际市场竞争力

促进电信服务贸易的出口,核心要素是服务质量。中国的电信服务企业亟需转变国际业务拓展理念,实现以下四个方面的转变:一是从资源销售为主向提供高质量、差异化的产品与服务转变;二是从以自营自建为主向灵活运作共享资源转变;三是从基本依靠销售跨境资源的中国运营商向开拓多元合作路径的全球竞争者转变,积极探索国外股权投资和通信本地化经营新模式;四是从传统的跨国电信运营商向移动互联网时代的跨国信息服务提供商转变,聚焦基础通信能力、云计算、物联网、车联网、工业互联网等重点领域,积极开展业务创新合作,构建具有全球优势的网络平台,提供跨国通信服务、IT解决方案、移动运营、媒体运营等业务,最终成为面向移动互联网、能够提供全球解决方案的电信服务企业。

(四)加强自主创新能力和知识产权保护,不断提升中国通信技术标准的影响力和软实力

目前,中国的电信服务产业提升自主技术标准的国际影响力,需要从以下三个方面攻坚:一是跟踪国外最新技术。通过研究、引进、消化吸收,最终实现超越,但这种做法的最大弊端在于无法解决关键技术自给率低、核心产业落后等核心问题。二是鼓励自主创新。客观而言,中国电信行业在研发和投入上均显不足,对国际电信服务的影响力还十分有限,当务之急是提升关键技术的自给能力。同时,通信网络的构建也包含了无数的专利应用,在用户操作终端,知识产权方面的竞争更加激烈。中国电信服务企业在无线移动通信领域的专利数量正逐年增长,企业加强知识产权保护是电信服务国际化得以实现的技术保障。三是积极推动行业标准体系互认,发起成立电信技术服务标准化联盟,打造电信技术服务标准合作平台。在此基础上,加快电信领先技术向国际标准转换,扩大中国电信服务技术标准的国际影响力。

(五)开辟新的合作运营模式,构筑牢固、稳定、长远的国际电信服务战略伙伴关系

目前,合作运营模式在全球通信业界受到了普遍关注和认同。第一,在国家战略方面,加快与国际电信联盟签署《关于加强"一带一路"框架下电信和信息网络领域合作的意向书》,主动挖掘与"一带一路"沿线国家的合作潜力。第二,需要根据中国的实际情况,通过与国内外各大电信运营商的合作,加强在资源共享、产品研发、用户服务、信息沟通等方面的同业合作,进一步完善电信服务产业链各环节的跨国合作,发展综合型融合的全方位业务。第三,利用金融手段,与潜在伙伴探索研究成立产业基金,促进海外业务规模发展。第四,从国家安全角的度来看电信领域发展,由于各国对技术、软件、网络维护、信息安全等需求上升,中国应重视加强国际安全电信合作,有效抵御信息技术安全领域的国际威胁。

专栏 11-3

2019年中国电信行业国际业务发展现状分析

一、电信行业国际业务参与企业

目前,只有中国电信、中国移动、中国联通3家基础电信企业具备国际电信业务经营资质,第三方企业不得从事国际专线(包括虚拟专网)的线路资源租售等电信业务经营活动。

近年来,中国的基础电信运营商投入较多资源拓展国际互联网市场,在基础设施方面,通过自建/合建国际海陆缆系统和海外POP节点,将国内大网延伸,并结合海外节点的互联互通实现其拥有的国际互联网区域覆盖及路由通达不断扩展(表11-4)。

表11-4 三大基础电信行业国际业务发展现状

企业	电信行业国际业务发展现状
中国电信	在全球27个国家和地区设立了分支机构;建设海外POP节点63个;拥有国际传输出口带宽及跨洲容量超过9 T;在33条海缆上拥有资源,其中参建海缆10余条,与超过10个接壤的周边国家和地区有陆缆直联;基本形成服务网点与网路能力的全球布局
中国移动	在全球18个国家和地区开展业务;海外POP点已达近百个,并且将全面加速全球自建类POP点的建设;目前已在25条海缆上拥有资源;在全球布局超过10个实体数据中心,建成新加坡、美国、欧洲三大数据中心。在2019年实现国际业务收入95亿元,LTE漫游全球开通量位列第一,与国际电信运营商合作,相互开通国际漫游"牵手计划",覆盖全球客户超过29亿
中国联通	截至2019年年底,国际海缆资源容量达到34 T;互联网国际出口容量3.2 T,回国带宽2.8 T;国际漫游覆盖253个国家和地区的625家运营商

资料来源:智研咨询整理。

但总体而言,由于国内电信的国资背景,以及中国企业国际电信业发展起步相对较晚,中国电信业的国际业务占总体比例相对较小,且主要以国际互联网数据服务为主。

二、中国国际出口带宽数

到"十二五"期末,我国跨境陆地光缆连通11个陆上邻国和地区,国际海缆直接延伸到30多个国家和地区,建成8个区域性国际通信业务出入口局,国际出入口业务带宽接近3.8 Tbps。我国电信业国际化水平持续提升,中国的国际出口带宽也保持稳定的增长态势,2019年达到8 827 751 Mbps,较2018年年底增长19.8%(表11-5)。

从主要骨干网络国际出口带宽数来看,中国电信、中国联动、中国移动占比最大,其次是中国科技网,中国教育和科研计算机网的占比相对较小。

表 11-5　2019 年中国主要骨干网络国际出口带宽数

骨干网络名称	国际出口带宽数（Mbps）	占比（%）
中国电信、中国联通、中国移动	8 651 623	98.0
中国科技网	114 688	1.3
中国教育和科研计算机网	61 440	0.7
合计	8 827 751	100.0

资料来源：CNNIC、智研咨询整理。

2015 年之后，"一带一路"加速推进，在很大程度上促进中国电信行业国际业务的增长。截至 2019 年年底，我国大陆地区已建有山东青岛、上海南汇、上海崇明、广东汕头 4 个国际海缆登陆站和 9 条在中国大陆地区登陆的国际海缆，与世界主要国家和地区实现网络互联，但在海缆通信方面与美、日本等海洋强国仍存在较大差距。

三、中国电信行业国际业务收入变化情况

根据 WTO 及中国商务部的统计数据：2019 年中国电信服务贸易进出口总金额约为 288.98 亿元（41.89 亿美元）。其中，进口金额约为 113.4 亿元（折合 16.44 亿美元）；电信服务贸易出口金额为 175.6 亿元（折合 25.45 亿美元）。

四、中国电信行业国际业务市场地位分析

2019 年，中国电信业务收入累计完成 1.31 万亿元，比上年增长 0.8%。从同比增长的数字来看，电信业务收入只增长 0.8%，远低于 GDP 的增幅。

根据智研咨询发布的《2020—2026 年中国电信行业国际业务市场运营态势与产业竞争格局报告》显示：2018 年，我国电信服务贸易出口金额占国内电信业务总收入的 1.07%，进口金额占国内电信业务总收入的 0.80%；2019 年，我国电信服务贸易出口金额占国内电信业务总收入的 1.34%，进口金额占国内电信业务总收入的 0.87%（表 11-6）。

表 11-6　2016—2019 年我国电信行业国际业务在行业总收入的份额分析

年份	电信服务进口（%）	电信服务出口（%）
2016	0.79	0.84
2017	0.97	0.95
2018	0.80	1.07
2019	0.87	1.34

资料来源：WTO、商务部、工信部、智研咨询整理。

资料来源：中国产业信息网.2019 年中国电信行业国际业务发展现状分析[EB/OL]. http://www.chyxx.com/industry/202007/886206.html，2020-07-31.

本章小结

1. 由于世界通信产业和通信技术发展越来越快，国际电信产业和服务的竞争日益激烈，市场的垄断竞争已成为当今世界电信市场竞争的主要特征。竞争的焦点是电信的传统市场和新技术、新业务服务市场。美、欧、日、加等过去曾一度实行电信管制的发达国家，也开始放松政府管制，引进竞争机制，开放国内市场。

2. 电信市场的新结构、新秩序逐步确立，自由化浪潮不可逆转，高科技成为决定电信服务竞争力的首要因素，全球基础电信自由化协议正逐步得到实施。WTO《基础电信协议》是与电信服务贸易有关的重要国际规则。作为服务贸易的重要组成部分，在WTO框架下，运用最惠国待遇、透明度、市场准入、国民待遇等原则来规范，并以国内管制、反补贴、反不正当竞争等来保证逐步实现自由化。GATS中有关电信服务的附件也对有关影响进入和使用公共电信传输网络和服务的措施作了规定。

3. 通过研究电信市场开放度和开放时间可以发现，发达程度越高的国家和地区，市场开放的积极性越高；发达程度越低的国家（地区），越不愿开放。发达国家的市场开放度总体上大于发展中国家。

4. 随着全球电信市场的逐步自由化，各国国内电信垄断将逐渐销声匿迹，竞争成为市场的主要特征，涌现大批新兴电信公司，市场结构在重大振荡变革后逐渐形成新的市场平衡。

5. 中国电信服务贸易呈现波动性增长，近年来都略有顺差，然而，电信服务贸易出口额在中国服务贸易出口总额中的占比较小。同时，中国电信服务贸易发展中也呈现出国际竞争力较弱、通信服务贸易对外开放水平较低、市场环境有待改善、电信服务企业"走出去"面临现实困难等问题。

6. 纵观中国电信运营商"走出去"的发展实践，主要采用三种模式：(1) 开展国际通信业务模式，主要通过业务合作、国际同行联盟以及设立海外销售分支等方式实现；(2) 海外投资和运营模式，主要通过并购海外运营商、直接绿地投资经营的方式实现；(3) 管理和技术输出模式，主要通过提供管理咨询、工程技术服务等方式实现。

基本概念

1. 电信服务

电信服务是指通过电信基础设施，为客户提供的实时信息（声音、数据、图像等）传递活动。国际服务贸易中的电信服务一般是指公共电信传递服务，它包括明确而有效地向广大公众提供的任何电信传递服务，如电报、电话、电传和涉及两处或多处用户提供信息的现时传送，以及由用户提供的信息，不论在形式或内容上两终端不需变换的数据传送。

2. 基础电信服务

WTO 电信谈判文件中所说的基础电信,包括公共电信传送网络和公共电信传送服务,也就是我们所说的基础电信网和基本电信业务。基础电信业务包括语音电话业务、分组转换数据传输业务、电路交换数据传输业务、用户电报业务、电传业务、传真业务、专用租用电路业务。

3. 增值电信服务

WTO 关于电信服务贸易谈判承诺表中列出了七种增值电信业务,如语音信箱、电子信箱、电子数据交换、在线信息检索、在线数据处理、增值传真、代码规程转换。

复习思考题

1. 国际电信服务贸易的特征有哪些?
2. 国际电信服务贸易的作用是什么?
3. 简述《基础电信协议》的主要内容。
4. 中国的电信服务贸易发展中存在哪些问题?
5. 中国应采取怎样的政策发展电信服务贸易?

第十二章

国际文化服务贸易

> **学习目标**
>
> - 掌握国际文化贸易的概念和分类。
> - 了解国际文化服务贸易的研究内容。
> - 了解国际文化服务贸易的基本理论。
> - 熟悉世界主要国家的文化服务贸易促进政策。
> - 熟悉中国文化服务贸易的发展现状及问题。

  随着经济全球化的深入推进和现代信息技术的快速发展,各国不仅仅重视经济、军事和科技实力,更多地关注文化对提升国家综合国力、增强民族凝聚力和创造力的重要作用。文化产业具有低成本和高利润的特点,已成为西方发达国家的支柱产业,其产值占GDP的比重相对较高。近年来,中国文化产业总量持续快速增长,占GDP比重日益上升,在推动经济发展、优化经济结构中发挥越来越重要的作用。中国政府高度重视并出台了扶持文化产业发展的政策,"十二五"规划和中共十八届三中全会都明确指出要加快扶持文化产业的发展。2014年,国务院发布《关于加快发展对外文化贸易的意见》,其中指出:要加快发展传统文化产业和新兴文化产业,扩大文化产品和服务出口,力争到2020年,培育一批具有国际竞争力的外向型文化企业,形成一批具有核心竞争力的文化产品,打造一批具有国际竞争力的文化品牌,搭建若干具有较强辐射力的国际文化交易平台,使核心文化产品和服务贸易逆差状况得到改善,对外文化贸易额在对外贸易总额中的比重大幅提高,中国文化产品和服务在国际市场的份额进一步扩大,我国文化整体实力和竞争力显著提升。中共十九大报告强调,要推进国际传播能力建设,讲好中国故事,展现真实、立体、全面的中国。十九届五中全会公报也提出繁荣发展文化事业和文化产业,提高国家文化软实力。

  随着各国对文化产品和文化服务的需求以及重视程度与日俱增,文化贸易成为国际贸易中不可或缺的组成部分,对文化贸易的研究也引起社会各界的关注。不同于传统的工业品贸易,文化贸易的发展壮大具有很强的政治、经济和文化效应,是国际文化软实力的重要体现,而文化贸易中最牵动核心价值和文化软实力的是文化服务贸易。目前,我国文化服务贸易存在总量和比重较低、持续高逆差、国际总体竞争力较弱、贸易结构发展不均衡等问题,与我国贸易大国的地位不匹配,因此,如何推动我国文化服务贸易的发展,成为当前国际贸易和文化产业研究的焦点。本章首先阐述国际文化贸易的概念、分类和特征,接着介绍国际文化服务贸易的发展概况以及主要经济体文化服务贸易促进政策,最后结合我国文化服务贸易发展现状及面临的主要问题,提出相应的促进文化服务贸易发展的对策建议。

第一节 国际文化服务贸易概述

一、国际文化贸易的基本概念

(一) 国际文化贸易的定义

第二次世界大战后,文化产业的迅速发展以及全球贸易一体化的逐渐显现,促进了文化贸易的初步形成和发展。国际文化博览会、知识产权交易、文化产品及服务贸易、国际创意产业园区等兼具文化与经济功能的发展模式在世界范围内得到迅速推广。随着全球文化趋同的趋势明显加快,英美等国作为世界范围内的文化"霸主"大力支持文化自由贸易,而法国、中国、印度等历史文化较为深厚的国家,提出文化多样性理论和文化例外原则来保护本国特有的文化产业。① 由于每个民族和国家有其特定的文化,民族文化多样性增加了对文化定义的难度。关于国际文化贸易的定义,国内外政府机构和学者众说纷纭,尚未达成统一定论,理论体系也有待完善。一般认为,国际文化贸易是指世界各国(地区)之间所进行的与知识产权有关的文化产品和文化服务的贸易活动。

1. 政府机构对国际文化贸易的界定

国际货币基金组织在《国际收支手册》中将国际文化贸易定义为:居民与非居民之间有关个人、文化和娱乐的服务交易。具体划分为两类:一是声像及有关服务,二是其他文化和娱乐服务。联合国中央产品分类(CPC)认为文化服务由信息服务以及文化、娱乐和体育服务两个大类构成,其中,属于信息服务分支的视听服务包含几个子类,新闻服务未包含在文化服务中,体育服务有待商榷。联合国教科文组织(UNESCO)在《1994—2003年文化商品和文化服务的国际流动》报告中,给出了关于文化产品和文化服务的定义。文化产品一般是指传播思想、符号和生活方式的消费品。它能够提供信息和娱乐,进而形成群体认同并影响文化行为。文化产品在产业化过程以及世界范围销售过程中不断复制和增值,例如电影、软件、多媒体产品、视听节目、图书杂志、时装设计和手工艺品等构成了形式多样的文化产品。文化服务则是指政府、企业和相关组织为满足人们文化兴趣

---

① 程相宾.中国文化贸易的经济学解释研究[M].社会科学文献出版社,2020:1-133.

和需要,提供的各类文化支持,包括各种文化信息推广、文化活动组织以及文化产品收藏等(如图书馆、博物馆和文献资料中心)。WTO三大协议并没有独立于经贸规则之外的文化贸易规定,相关规则大都包含于《服务贸易总协定》和《与贸易有关的知识产权协议》。

2. 国内外学者对国际文化贸易的界定

国内外学者对国际文化贸易的概念持不同观点,至今未形成一致性描述。有些学者将文化贸易划分为硬件贸易和软件贸易,其中,文化硬件是指用于生产、储存和传播文化内容的物态载体,而文化软件是指承载文化内容的产品和文化服务。Grasstek(2005)认为文化贸易可被定义为能生产或分配物质资源的产品和服务,通过音乐、舞蹈、戏剧、文学、绘画、摄像和雕塑等艺术形式娱乐大众或激发人们思考。① 这些艺术形式可采取现场表演方式(如舞台剧和音乐厅)、事先存储记录方式(如压缩光盘),或者通过存储和分配文化产品的公共服务机构(如图书馆和博物馆)或商业机构(如电视台和美术馆)展示给大众。

高洁(2005)认为文化贸易主要包括与知识产权有关的文化产品和文化服务的贸易活动。② 徐嵩龄(2005)进一步将国际文化产品贸易划分为国际性文化演示与展示、文化产品与用品跨国销售、国际文化旅游以及产权跨国转让等4种类型。③ 周成名(2006)指出文化产品贸易同时兼具商品属性和精神、意识形态属性,是与知识产权有关的文化产品和文化服务的贸易活动。④ 李怀亮和闫玉刚(2007)指出,国际文化产品贸易是指世界各国(地区)之间进行的以货币为媒介的文化交换活动,同时包括有形商品(如音像制品和纸质出版物)和无形商品(如版权和关税等)。⑤ 李小牧和李嘉珊(2007)认为国际文化贸易是指国家间文化产品与文化服务的输出和输入或者文化产业的对外贸易。⑥ 与多数国内学者一致,王倩(2015)认为文化产品贸易同时具备商品属性和意识形态属性,不仅包括纸质出版物、工艺品、多媒体产品和录音等有形产品,还包括电视节目、艺术表演、娱乐等无形服务。

(二) 国际文化贸易的分类

梳理国际文化贸易的各种分类及其标准,有助于我们透过概念外延更加准确地理解内涵。目前,国内外对于国际文化贸易的分类纷繁复杂,比较权威和流行的包括以下三类。

1. 以文化产品和文化服务为划分标准

《服务贸易总协定》涉及的服务范围有14个大类,其中,与文化服务相关的有7类。第一类是商业服务,包括法律服务、软件服务、数据处理和数据库服务、广告服务、包装服务、摄影服务、印刷和出版服务等。第二类是通信服务,主要涉及视听服务等。第三类是分销服务,包括与文化有关的批发零售服务、与销售有关的代理、特许经营及其他销售服

---

① V. Grasstek. Treatment of Cultural Goods and Services in International Trade Agreements[M]. Oxford University Press, 2005.
② 高洁.从文化贸易看我国文化产业的发展[D].首都经济贸易大学,2005.
③ 徐嵩龄.第三国策:论中国文化与自然遗产保护[M].科学出版社,2005:1-323.
④ 周成名.关于中国对外文化贸易的思考[J].湖南涉外经济学院学报,2006(3):12-14.
⑤ 李怀亮,闫玉刚.国际文化贸易教程[M].中国人民大学出版社,2007:1-345.
⑥ 李小牧,李嘉珊.国际文化贸易:关于概念的综述和辨析[J].国际贸易,2007(2):41-44.

务。第四类是教育服务，涵盖各成员方之间在各类教育中的交往。第五类是健康及社会服务，包括医疗服务、其他与健康相关的服务等。第六类是旅游及相关服务，主要涉及旅馆、饭店提供的住宿餐饮服务，旅行社和导游服务等。第七类是文化、娱乐和体育服务，包括剧场、表演娱乐服务、新闻机构服务、图书馆等其他文化服务、体育及其他娱乐服务。此外，近年来涌现出的文化咨询服务、文化中介服务、文化会展服务等新型服务及相关文化产品，也属于文化服务的范畴。

国际货币基金组织在《国际收支手册》中提及，国际文化服务贸易是指居民与非居民之间有关个人、文化和娱乐的服务交易。细分为声像及有关服务、其他文化和娱乐服务两大类。前者包括电影、收音机、电视节目和音乐录制品，租用费用的收入和支出，以及演员、导演和制片人等从作品播放、出售等交易中获得的报酬。后者包括同其他文化、体育和娱乐有关的活动，以及国外医生或教师提供函授课程的费用等。

在商品名称及编码协调制度（HS）分类法中，没有明确的所谓文化产品类别，涉及文化产品贸易的包括 99 个类别中的其中几类。与文化软件相关的主要是 49 类和 97 类，与文化硬件相关的则涵盖从 37 类到 92 类的几乎每个类别。联合国中央产品分类（CPC）涉及的文化服务主要包括在信息服务与文化、娱乐和体育服务两大类别中。

联合国教科文组织的文化统计框架（FCS）是目前国际上通行的文化贸易统计标准。根据交易对象性质将文化产品和文化服务划分为 10 大类，分别为文化遗产、印刷品及文学作品、音乐、表演艺术、视觉艺术、电影和摄影、广播电视、社会文化活动、体育及游戏、环境和自然。由于获取数据的局限性以及国际贸易统计标准的不断修订，文化贸易的内涵在不同时期表现出一定差异。2001 年，UNESCO 对文化产品和文化服务的概念进行了界定，但未将第 0 类、第 3 类、第 7 类和第 9 类商品包括在内。2005 年，UNESCO 的统计范围覆盖了第 0—6 类商品和部分相关文化服务，并且在文化贸易分类和统计描述上进行创新，根据贸易对象反映文化内容的差异程度划分为核心层和相关层。其中，核心文化产品更多来自传统文化产业，兼具文化内容和有形组成部分；而相关文化产品更多与创意产业相关，是支撑、生产、配送核心文化产品的活动、设备和支持要素（见表 12-1）。

除上述主要文化产品和服务分类标准外，2008 年联合国贸易与发展会议（UNCTAD）等五家机构联合发布《创意经济研究报告》，指出创意产业是国际贸易中最具活力的新型产业之一。报告在参考联合国教科文组织文化统计框架、联合国贸发会和国际中心秘书处分类方法的基础上，第一次对各国创意产品和创意服务数据进行统计分析，并将创意产业贸易涵盖的服务领域划分为遗产、艺术、媒体和功能创意四大类。

表 12-1　国际文化贸易的主要分类

分类标准	内容
服务贸易总协定（GATS）	WTO 三大协议中与国际文化贸易相关的规则，包含于《服务贸易总协定》（GATS）和《与贸易有关的知识产权协议》（TRIPS）中。GATS 将服务业划分为 14 个大类，其中与文化相关的有 7 类，即商业服务、通信服务、分销服务、教育服务、健康及社会服务、旅游及相关服务、文化、娱乐和体育服务。TRIPS 中涉及文化贸易的是第 11 条和 14 条，其中，第 11 条是对计算机程序和电影作品的相关规定，第 14 条是有关表演者、录音制品和广播组织者的保护

(续表)

分类标准	内容
国际货币基金组织（IMF）	(1) 声像及有关服务，主要包括电影、收音机、录制品以及各交易的支出与收入； (2) 其他文化和娱乐服务，主要包括与图书馆、博物馆、档案馆等相关的文娱活动以及国外教师提供函授课程的费用
协调制度（HS）	(1) 文化软件主要涉及49类（书籍、报纸、图画及其他印刷品）和97类（艺术品、收藏品和古董）； (2) 文化硬件涉及从37类（摄影和录像产品）到92类（乐器）
联合国中央产品分类（CPC）	(1) 信息服务的分支（视听服务）被分为几个子类； (2) 文化服务包括图书馆、博物馆和文档馆等，新闻服务未包含在文化服务中，体育服务有待商榷
联合国教科文组织的文化统计框架（FCS）	FCS将当前国际流通中的文化产品和文化服务划分为10大类，编码依次为第0—9类：文化遗产、印刷品及文学作品、音乐、表演艺术、视觉艺术、电影和摄影、广播电视、社会文化活动、体育及游戏、环境和自然。UNESCO有关研究机构发布的文化贸易数据是在FCS的基础上从国家间商品贸易数据库（COMTRADE）中统计得到的

资料来源：张蹇.国际服务贸易与国际文化服务贸易之辨析[J].江南大学学报：人文社会科学版，2011(2)：70-76.
李墨丝.文化服务贸易文献综述[J].上海对外经贸大学学报，2010，17(2)：49-57.

2. 以文化硬件和文化软件为划分标准

国际上一些贸易研究机构和专家将文化贸易划分为硬件贸易和软件贸易。这种分类方法最初源自Grasstek（2005）的论文，指出可交易的文化实体可被定义为能生产或分配物质资源的产品和服务。根据交易对象的属性将文化贸易对象分为文化硬件和文化软件，其中，文化硬件是指用于生产、储存和传播文化内容的器物工具或物态载体，如影视器材、摄影器材、视听设备、游戏和娱乐器材等；文化软件是指承载文化内容的产品和文化服务，如电影、广播电视节目、表演艺术、印刷出版物、娱乐会展等。有些学者对这种分类方法提出质疑，认为硬件本质上属于制造业，独特之处在于它是用来生产、储存和传播文化内容的。因此，在实际贸易统计中将文化硬件纳入制造业还是文化产业容易引起混乱，缺乏明确的划分标准。因为产业贸易的计算是以产品的贸易量为依据，而非其使用的用途为依据划分。

3. 我国相关法律文件对文化贸易的分类

国家统计局2004年印发了《文化及相关产业分类》，首次对文化及相关产业进行分类。文件指出，文化及相关产业是指为社会公众提供文化、娱乐产品和服务的活动，以及与这些活动有关联的活动的集合。文化及相关产业活动主要包括六类：文化产品及相关文化产品的制作销售、文化用品及文化设备的生产销售、文化传播服务、文化休闲娱乐服务等。该文件只涉及产业分类，对文化产品的准确分类没有十分重要的指导意义。2007年，商务部等六部门共同制定了《文化产品和服务出口指导目录》，该文件没有细分文化商品和文化服务，而是将文化产品划分为新闻出版类、广播影视类、文化艺术类和综合类四大类。其中，文化产品的具体内容既涵盖文化商品，也涵盖文化服务。2012年，国家统计局颁布了修订的《文化及相关产业分类》，沿用已有分类原则和方法，调整类别结构并增加了与文化生产活动相关的软件设计、创意和新业态等内容,删减了少数与文化及相关产业定义无关的活动类别。该文件将文化及相关产业界定为"为社会公众提供文化产品和文化相关产品的生产活动的集合",并将其范围划分为五层。由此可见,上述两个文件的目的不在于界定文化产品,其分类种类也各不相同,但在文化产品界定方面起到一定参考作用。①

为优化对外文化贸易统计体系并进一步落实国务院关于加快发展对外文化贸易的指示,2015年,商务部等五部门联合发布了《对外文化贸易统计体系(2015)》。新的统计体系修订了我国现行的文化产品和服务进出口统计目录,在分类上实现了与国家统计局《文化及相关产业分类(2012)》和海关总署《商品名称及编码协调制度(2015)》的有效衔接,涵盖了更广范围的文化产品和文化服务类别。其《产品目录》和《服务目录》借鉴了联合国教科文组织的文化统计框架,更好地与国际接轨,两个目录都划分核心层和相关层,并配有国民经济行业分类名称及代码。但相较而言,两个目录文化产品和文化服务核心层范围偏窄。联合国教科文组织提出文化领域的最小核心范围应包括7个领域:书籍和出版物、音像和交互媒体、视觉艺术品和手工艺品、设计和创意服务、文化与自然遗产以及无形文化遗产。结合我国新的统计体系,《产品目录》仅包括出版物(如图书、报纸、期刊、音像制品和电子出版物等),其他手工艺品和收藏品等均纳入相关层;《服务目录》核心层仅包括广播影视服务、新闻出版服务、文化信息传输和文化艺术服务四大类。虽然两个目录的统计框架基本完整,但关于核心层与相关层的划分有待进一步商榷。2018年,国家统计局发布新修订的《文化及相关产业分类》,将文化核心领域界定为6个大类和25个中类,文化相关领域界定为3个大类和18个中类,并为文化创意产业园区提供参考。

(三)国际文化贸易的特征

1. 贸易对象的特殊性

国际文化贸易的对象极为特殊,既涉及文化产品也涉及文化服务,从而兼具货物贸易和服务贸易的特征。一方面,文化贸易标的具有精神属性和商品属性,在一定范围内影响受众的思想和价值取向。例如,我国传统绘画在很大程度上受儒家、道家思想的影响,在相当长时间里对我国居民思维习惯和价值观念以及世界其他国家都产生深远影响。另一方面,国际文化贸易不仅在文化领域内交互渗透,与其他产业和行业也有高度融合性。具有丰富文化内涵的文化产品和文化服务几乎渗透至所有产业和贸易领域,涉及人们衣食住行的各个方面,如服饰、饮食、居住和旅游等。伴随以信息和互联网技术为核心的数字技术发展,出现了以"文化+互联网""文化+金融""文化+旅游"等为代表的新型融合发展模式,推动了文化的传播速度且拓宽了文化的服务范围。文化贸易的快速发展更好地满足了消费者日益丰富的精神文化需求,使文化产品和文化服务的可贸易性进一步提升。

2. 贸易市场的高度垄断性

由于世界各国历史传统、文化背景、区域位置、技术资源水平等不同,使各国在文化生产和文化服务方面的能力存在差异。在国际文化贸易推进的过程中,英美等发达国家逐

---

① 佟东.国际文化贸易[M].经济管理出版社,2016:1-234.

渐在文化贸易中占据主导地位,发达国家和发展中国家表现出严重的不平衡性。例如,美国电影出口、英国纪录片出口以及韩国综艺节目出口都在各自文化贸易领域有绝对优势。根据联合国教科文组织提供的数据,美英等国文化服务贸易呈现顺差,其他国家则出现严重的贸易逆差。文化产品贸易主要发生在发达经济体之间,文化产品的最大需求也集中于北美、欧洲和东亚。从2009年起,中国文化产品出口额大幅度上升且呈指数级增长,现已位居世界第一。美国、中国香港、德国、印度、英国等都是世界主要的文化产品出口大国,但撒哈拉以南非洲、加勒比海和阿拉伯等低收入国家在国际文化产品流动中微不足道。因此,需要缓解文化贸易发展的区域不均衡,加强文化贸易的南南合作,促进欠发达经济体文化产品和文化服务的流动。

3. 贸易自由的例外性

文化贸易除具有经济价值之外,更重要的是具有文化价值。图书杂志、广播影视、演出服务、网络服务、版权和教育等文化产品及服务,直接影响到国家安全、主权和意识形态等敏感领域。当前,各国政府对文化贸易开放持谨慎态度,极大地阻碍了国际文化贸易的自由化发展。全球范围内形成以美英为代表的主张文化自由主义贸易政策的阵营,以及以法国、加拿大和印度为代表的主张文化保护主义贸易政策的阵营。前者认为WTO有关自由贸易的协定和规则同时适用于文化商品和普通商品,后者则认为两者应进行区别对待。为保护本国文化不被其他文化侵袭,法国在关贸总协定谈判中最先提出"文化例外"的主张,被世贸组织成员所接受并广泛运用于文化贸易政策中。由于文化贸易对象的特殊性,各国无法采取统一的国际标准或关税进行限制,更多地通过国内的政策法规对文化出口及开放程度进行限制和保护,如市场准入制度以及非国民待遇等非关税壁垒。

4. 贸易统计的复杂性

国际文化贸易统计的复杂性体现为概念内涵和分类标准的不统一。已有研究机构和学者对文化贸易的定义尚无统一定论,多数认为文化贸易是与知识产权相关的贸易,还有文化有形与无形、商品与服务、硬件和软件的争论。文化服务贸易的分类标准主要有《服务贸易总协定》、国际货币基金组织、联合国中央产品分类(CPC)以及扩大的国际收支服务分类(EBOPS),文化产品贸易的分类标准有商品名称及编码协调制度(HS),而同时对文化产品和文化服务进行分类的有联合国教科文组织的文化统计框架(FCS)。EBOPS对文化服务的统计存在大量缺失和技术上的局限性。联合国贸易与发展会议将文化贸易定义为创意经济,分为创意商品和创意服务,其概念范围大于文化概念,这也导致了与教科文组织统计数据的范围不同。由此可见,文化贸易概念和分类标准的复杂性体现为"难界定、难协调、难调整",因此,有待正确界定文化贸易的内涵、调整文化贸易的分类标准和统计框架,使之不仅能够反映国内文化贸易的发展现状,还能够客观地进行国际比较,以便准确地评判我国文化贸易在国际贸易中的地位和发展趋势。

二、国际文化服务贸易的研究内容

国外学者对文化服务贸易的研究主要集中于文化服务贸易的国际竞争力方面。部分学者认为文化服务业外部规模经济对降低文化服务企业生产成本、提升产品质量和培养价格竞争优势、促进文化服务贸易发展产生积极作用(Siweck,1989;Wildman,1991;Frank,1993)。Hoskins(2005)提出第一行动者优势理论,认为规模经济会使美国文化服务贸易获得领先竞争优势。① 克里斯托弗·穆勒和契斯·埃克森(2008)从文化服务产业的经济特点和组织结构、独特文化竞争力、文化主导权争夺等三方面对美国与加拿大的文化服务贸易竞争力进行深入分析。国内学者对文化服务贸易的研究围绕文化服务贸易模式、文化服务贸易细分行业、文化服务贸易国际竞争力等方面展开。首先,对文化服务贸易模式的研究集中于产业间贸易和产业内贸易的争论。黄文迁(2017)采用测度文化服务产业内贸易的修正 G-L 指数,发现 2002—2015 年该指数平均值为 0.66,表明我国文化服务对外贸易主要是产业内贸易模式。② 谢洪浩(2018)提出不同观点,认为我国文化服务产业属于劳动密集型产业,技术落后和创新不足等问题使得文化服务产业主要是产业间贸易。③ 其次,对文化服务贸易细分行业的研究聚焦于某一类或某几类文化服务贸易,得出的结论差异性较大,间接反映了我国不同文化服务产业具备不同的比较优势。王爽等(2016)认为我国广告、民意调查在国际市场中具有出口比较优势,但版权、音像及相关服务几乎没有比较优势。④ 周渊媛和乔雯(2016)通过对文化服务贸易细分行业的研究得出相似结论,即视觉艺术、表演艺术和工艺品设计等具备较强的比较优势,出版和视听等处于比较劣势地位。⑤ 再次,对文化服务贸易国际竞争力的研究大都采取可视化分析型指标或理论分析型指标。冯毅和石瀚文(2017)采用贸易竞争力指数和国际市场占有率对我国文化服务贸易竞争力进行国际比较分析,发现我国文化服务产业处于相对弱势。⑥ 高晗和闫理坦(2017)采用赫芬达尔指数测算我国文化创意服务产业的市场集中度,发现我国对日本出口的文化创意服务产业向专业化发展,且在未来具有出口比较优势。⑦ 郭晓婧(2018)通过显示性比较优势指数、贸易竞争力指数、出口市场占有率以及波特钻石模型分析我国文化服务贸易竞争力,同样得出我国文化服务贸易竞争力较弱的结论。⑧

三、国际文化服务贸易的基本理论

当前,文化服务贸易在社会经济发展中发挥至关重要的作用,学术界研究文化服务贸易的论文和专著逐渐增加,但对文化服务贸易理论的系统研究较为欠缺,大多是基于管理学、社会学理论的角度进行分析,从经济学或国际贸易学的角度分析问题的文献较少。

---

① C. Hoskins, R. Mirus. Reasons for the US Dominance of the International Trade in Television Programs[J]. Media, Culture & Society, 2005, 10(4): 499-504.
② 黄文迁.中国文化贸易增长与结构研究[D].华东师范大学,2017.
③ 谢洪浩.中美文化贸易政策国际比较[D].山东大学,2018.
④ 王爽,邢国繁,王涛.中美文化服务贸易国际竞争力比较研究[J].对外经贸,2016(10):4-7.
⑤ 周渊媛,乔雯.中国文化创意产品出口结构与竞争力的实证研究[J].黄冈师范学院学报,2016(2):22-25.
⑥ 冯毅,石瀚文.我国文化服务贸易发展现状、问题与对策[J].国际贸易,2017(6):62-67.
⑦ 高晗,闫理坦.中日文化创意产业国际竞争力比较分析——基于创意产品及服务贸易变化的新测度[J].现代日本经济,2017(1):66-80.
⑧ 郭晓倩.基于"钻石模型"的中国文化服务贸易竞争力分析与评价——中国与部分国家文化服务贸易的对比分析[D].天津工业大学,2018.

(一) 公共选择理论

20世纪60年代的公共选择理论基于市场经济背景,以个人利益为导向并采取民主投票方式,最终对公共经济进行科学统筹地规划。邓肯·布莱克(1958)创造性地将公共选择理论应用于公共文化服务领域,建议政府与非政府机构作为文化服务的共同供给者,应多元化完善公共服务体系建设并提高公共文化质量。20世纪80年代以来,国外学者对公共文化服务领域的研究经历了由新公共管理理念向新公共服务理念的转变。20世纪90年代至今,国外学者对公共文化服务开展进一步研究,指出政府主导公共文化服务供给存在较大的缺陷,主张发挥非政府组织对公共文化服务建设的关键作用。当前,国内学者把公共选择理论应用于国内公共文化供给和需求领域。蔡凌霄(2013)认为,法定公共选择程序会过滤个体化、多样性和多种偏好性的公众文化服务需求,加之政府关于文化建设的意见,最终汇总公共需求并交由文化服务机构进行公共文化服务的生产和提供。① 王大为(2007)认为,公共文化服务的基本特征决定其提供者必须为政府,政府应做好公共文化服务的领导、规划建设和管理,满足公民精神文化需求并推动公共文化事业可持续发展。② 毛寿龙(2008)认为,政府在公共文化服务领域无法发挥某些独特作用,非政府组织或个人成为公共服务供给的多元主体之一。

(二) 交易成本理论

交易成本理论是指企业在完成贸易过程中所耗费的时间成本和费用成本等。例如,两国间存在文化差异及交易规则不一致,文化距离导致的文化交易成本会影响两国文化服务贸易的总量。国内外学者对文化距离通过交易成本影响双边贸易持不同观点。Marvasti(1994)③、Felbernay(2010)④均认为两国间文化距离越短,即文化差异程度越低,达成交易所花费时间会缩短,耗费成本也越低,有利于促进两国间的进出口贸易。Linders(2005)则持不同观点,认为如果一国消费者对外界文化持积极包容的态度,更加追求文化多样性和产品丰富性,文化距离的积极效应就会超过文化距离带来的负面影响,进而对双边贸易开展最终产生正向作用。⑤ 因此,文化距离对文化贸易的影响会根据国情变化呈现不同结果。国内学者研究发现,文化距离主要通过交易成本或消费者偏好来影响双边贸易,并且文化距离对文化贸易的影响作用并非一成不变。黄玖立和周泽平(2015)认为,文化距离与中国文化贸易出口量之间呈负相关关系。⑥ 许和连和郑川

---

① 蔡凌霄.农民工公共文化服务需求研究[D].中南大学,2013.
② 王大为.公共文化服务的基本特征与现代政府的文化责任[J].齐齐哈尔师范高等专科学校学报,2007(5):32-41.
③ A. Marvasti. International Trade In Cultural Goods: A Cross-Sectional Analysis[J]. Journal of Cultural Economies, 1994, 18(2): 135-148.
④ G. J. Felbermayr, F. Toubal. Cultural Proximity and Trade[J]. European Economic Review, 2010, 54(2): 279-293.
⑤ G. J. M. Linders, et al. Cultural and Institutional Determinants of Bilateral Trade Flows[J]. Tinbergen Institutu Discussion Papers, 2005.
⑥ 黄玖立,周泽平.多维度距离下的中国文化产品贸易[J].产业经济研究,2015(5):93-100.

(2014)同样认为文化距离与文化产品贸易成交量呈负线性关系,并且不同维度下的影响作用不完全相同。① 蒙英华和李艳丽(2013)指出文化距离对加拿大文化贸易出口产生正向作用,但对加拿大文化贸易进口无明显影响。② 王云飞和景瑞琴(2017)对不同文化维度的贸易数据研究发现,文化距离对文化服务贸易的最终影响结果存在差异性且作用机理也不一致。③

(三) 钻石模型理论

波特在《国家竞争优势》一书中提出了著名的国家竞争优势理论,从要素供给状况、市场需求、相关及辅助产业的表现、企业战略及竞争对手行为、政府和外部机遇等六个方面解释了影响一国特定产业竞争力的主要因素。国内学者应用钻石理论模型来分析我国文化服务贸易的发展现状。孙妙凝(2012)利用波特钻石理论模型分析我国文化服务贸易竞争力,发现高级人力资源要素缺乏、部分企业粗放发展且规模经营程度不高,但我国国内需求层次高且具有超前性、政府支持力度大、信息技术发展促进了传统文化产业与互联网文化的有机融合,为提升文化服务贸易竞争力提供了有力条件。④ 方慧和尚雅楠(2012)将动态钻石模型的六种影响因素划分为短期和长期,研究发现我国文化服务贸易竞争力整体较弱,其中,短期要素对竞争力的影响效应较大,长期要素影响不明显。⑤ 郭晓婧(2018)认为,相较于文化服务贸易发达国家,我国的自然文化资源保护措施不足、专业人才缺乏、文化企业规模经营程度较低,但得益于我国文化服务消费需求大、政府支持政策完备、互联网产业发展迅猛、全球化机遇等因素,我国文化服务贸易的发展前景较好。

(四) 制度变迁理论

制度变迁理论起源于20世纪70年代前后,该理论将制度因素纳入经济增长的解释中。从一般意义上来说,制度变迁仅指某一特定制度发生变化,而非整体制度结构中全部制度安排的变化。国内学者将制度变迁理论应用于公共文化服务供给变化的分析。许秦田(2017)通过对湖南省石门县"一乡一镇"的实地调查,认为当地乡村公共文化服务体系建设更多地表现为强制性制度变迁,存在政府包办、村民参与不足、服务内容同质等问题。⑥ 建议在保证服务公共性前提下引入市场机制,积极引导社会参与,建立多元化的合作机制。

---

① 许和连,郑川.文化差异对我国核心文化产品贸易的影响研究——基于扩展后的引力模型分析[J].国际商务(对外经济贸易大学学报),2014(4):32-43.
② 蒙英华,李艳丽.文化货物贸易与文化服务贸易决定因素差异的实证研究[J].经济经纬,2013(3):52-57.
③ 王云飞,景瑞琴.文化距离会阻碍文化服务输出吗?基于2006—2012年跨国数据的经验[J].国际商务研究,2017(6):74-84.
④ 孙妙凝.基于钻石模型的中国文化服务贸易竞争力分析[J].国际商贸,2012(6):192-193.
⑤ 方慧,尚雅楠.基于动态钻石模型的中国文化贸易竞争力研究[J].世界经济研究,2012(1):44-50.
⑥ 许秦田.文化资本视角下优化乡村公共文化服务:动因、空间、策略[D].湖南师范大学,2017.

第二节　国际文化服务贸易发展

一、国际文化服务贸易发展概况

(一) 文化服务贸易总体呈高增长趋势

21世纪以来,国际文化服务贸易发展势头强劲,根据《国际统计年鉴》等相关资料显示,2005—2015年国际文化服务贸易总额年均增速为10.97%左右,高于同期货物贸易增速5.5个百分点。由于金融危机的影响,2009年世界贸易急剧萎缩,其中,商品贸易总额降幅超过23%,文化服务贸易降幅大大低于商品贸易,仅为3.74%,表现出较强的抗金融危机和逆势而上的能力。由于文化服务的消费替代弹性较小且受周期影响不明显,金融危机后,世界各国特别是发达国家尤其重视文化服务产业的发展,努力提升其在国民经济中的地位。已有研究表明,当一个产业的产值占GDP的比重达5%以上时,该产业就会成为该国的支柱性产业。目前,文化产业已成为许多国家的支柱产业,例如,发达国家文化服务贸易额占本国GDP的10%左右,特别是美国,该比重已达到25%。文化产业基础日趋成熟促使文化服务"走出去"步伐加快,各国纷纷将文化服务贸易作为提高国际竞争力的战略突破口,采取各种有效措施来推动文化贸易的不断发展。具有成熟文化产业基础的美、日、韩三国,在世界文化服务贸易出口总额中的比重达到56%,其中,美国占比最大,为42.23%,日本和韩国分别为7.09%和6.89%。随着日本动漫产业和游戏产业、韩国电影业、音乐和游戏业的崛起,两国文化产业得到迅猛发展。金融危机后,日本和韩国非常重视科技与文化的创新与融合,使文化服务成为出口贸易增长的重要引擎。2010—2015年,日本和韩国的文化服务贸易出口年均增速分别为10.95%和18.78%,成为两国主要贸易盈余的来源。文化服务贸易的发展还可以带动相关文化产品的出口,2005—2015年,国际相关文化产品出口年均增速为8%,文化附属产品进出口与文化服务贸易的发展趋势相同。

(二) 全球文化服务贸易发展不均衡

吉布森等(2002)通过对澳大利亚文化产业的研究发现,文化经济具有"地理维度"特征,即城乡之间的当代文化生产形式存在巨大差别。这种文化经济地域分布上的不平衡性不仅存在于澳大利亚,几乎在世界各国或地区都是如此。文化产业作为一种知识密集型的高端新兴产业,其形成和发展需要一定经济基础的支撑。根据马斯洛需求五层次理论,人们在满足生存、安全、社交和尊重等基本权利需求之后,会主动寻求更高层次的精神文化需求。与经济欠发达国家或地区相比,发达国家或地区拥有较高的居民收入、文化生产和需求能力、商业化水平、知识产权保护力度和数字化水平等综合条件,因此在文化服务贸易中占据主导地位。根据世界银行按收入水平划分的最新国别分类,世界 204 个国家可划分为低收入、中等偏下收入、中等偏上收入和高收入国家四个大类。① 根据 UN Comtrade 数据库的相关统计,1990—2018 年,世界文化服务贸易额的 90% 集中在高收入国家之间,中等偏下收入及低收入国家占比不足 4%,包括中国在内的中等偏上收入国家占比为 5% 左右。仅美国一国的文化服务贸易额占世界出口总额的 45%,足以看出文化服务贸易参与者的高度集中性。相比发达国家在文化服务贸易中的主导地位,发展中国家也在不断追赶发达国家的步伐。发展中国家主要依靠传统工艺和特有历史文化来拓展国际文化市场,例如,中国、印度和土耳其等国借助其特有工艺和文化精髓成为世界重要的文化产品出口国。

(三) 跨国公司成为文化服务贸易的主体

20 世纪 90 年代以来,跨国公司逐渐发展成为全球文化服务贸易的主体。由于跨国公司拥有雄厚的资金实力、先进技术和管理方式,可以利用遍布全球的信息、生产和销售网络、资本融通系统等优势进行文化资源的全球化配置和文化服务的全球化供给。跨国公司将原本地区之间或企业之间的外部合作,变成隶属于同一公司下属分支机构之间的内部合作,加深了经济和文化的合作交流。此外,跨国公司还可推行全球本土化原则,根据自己的规则来开发国际文化资源,逐步将文化服务贸易中采用的系列标准打造为文化企业的国际性标准。近年来,随着数字化进程推进和数字经济发展,各国或地区在文化政策方面进行相应调整,导致世界范围内原有的文化产业格局发生较大变化。当前,发达国家拥有大批跨国公司,包括名列《财富》杂志世界 500 强的十大文化、娱乐、媒体和印刷业巨头等。文化服务市场被大型跨国媒介集团所垄断,例如,美国、西欧和日本的跨国公司占据世界文化服务贸易量的 2/3,其中,时代华纳、迪士尼集团、新闻集团等大多数集团公司将基地设在美国,还有部分原本不在美国但目前迁址美国的大型跨国公司。

(四) "互联网+文化" 的趋势特征明显

文化服务贸易不仅在相关行业内交互渗透,而且与其他产业或行业具有较强的交融性,丰富的文化内涵几乎融入所有产业和贸易领域。② 随着互联网、大数据、人工智能与实体经济的深度融合,出现了以"互联网+文化内核"为代表的文化产业融合发展新业态,诸如新传媒产业、新文旅产业、新公共文化服务、共享娱乐产业、影视文化服务等。其中,新传媒产业需借助互联网、大数据、云计算、人工智能等先进技术,整合和集成适用于各类人群和时间地点的新时代传媒产业;新文旅产业搭建"互联网+文化旅游"的平台,推动文化资源和旅游资源全面整合利用,并带动文创开发、产业链延伸、文化消费升级和扩大就业等;新公共文化服务依托"互联网+大数据技术",以提升公民精神文化素养为目标,实现公共文化产品服务整合供给、精准配置和高效运行的新格局;共享娱乐产业借助云平

---

① 按阿特拉斯法的计算,人均 GDP 低于 995 美元的,为低收入国家;人均 GDP 位于 996—3 895 美元的,为中等偏下收入国家;人均 GDP 位于 3 896—12 055 美元的,为中等偏上收入国家;人均 GDP 高于 12 055 美元的,为高收入国家。
② 李小牧.国际文化贸易[M].高等教育出版社,2014:1-225.

台,推进线上线下娱乐资源共享;影视文化服务依托"互联网+",加强影视产品进出口申报、遴选、版权贸易等关键环节,扩大电影进出口产业的溢出效应。综上所述,"互联网+文化"产业具有超级大平台融合、各产业要素联合、线上商业模式和线下实体资源整合等三大特征。① 经过近年来互联网界和文化界的创新实践,互联网和文化产业的融合将取得更广泛、深入和长远的发展。

二、世界主要国家的文化服务贸易促进政策

文化产业的迅速发展是文化服务贸易发生的基础和前提,因此,文化服务贸易政策与文化产业政策密切相关。本书选择美国、日本、韩国、英国和法国等文化服务贸易发达国家,围绕贸易附加值较高的影视、动漫和艺术品授权领域的产业及贸易促进政策展开分析,试图发掘发达国家的特色政策并为中国文化服务产业及贸易政策的制定提供借鉴。②

(一) 影视领域的产业及贸易政策

美国在影视领域通过建立和完善税收和法律体系,营造自由的市场竞争环境,扶持本国具有国际领先地位的企业成为国际巨头,以此引领产业集群聚集发展,在形成一定产业规模的基础上实现全球范围的对外扩张。过去十年间,美国各州政府积极开展"进军好莱坞"计划,颁布了多项电影制作鼓励措施,包括税收减免、现金返回、拨款和其他优惠政策等。其中,美国28个州通过税收减免措施来减少部分企业所得税,但电影制作公司需在消费数量、雇佣员工数量和当地基础设施投资方面满足一定要求。部分州还实施可退还或可转让的税收抵免措施,允许制片公司将超额税收抵免直接出售给政府,或者将获得的抵免额度转售给其他希望获得退税优惠的公司。此外,还通过直接现金返还、拨款补贴、提供各种专属福利等方式来激励电影制作公司。得益于政府出台的各种激励措施,美国涌现出大量电影作品并形成电影产业聚集,世界电影中心好莱坞聚集了华纳兄弟、环球影片公司、哥伦比亚影视公司、21世纪福克斯电影公司等行业巨头。好莱坞电影凭借雄厚的产业实力和一系列成熟的运营机制,推行电影产业全球化和电影贸易自由化战略。通过加大海外市场的布局和输出,扩大好莱坞电影文化的影响力和竞争力,逐步形成以美国为核心的新型世界电影市场格局。

与美国相比,法国影视业更注重自身文化内核和文化传统,采取市场准入限制来保护国家影视特色。例如,自1928年开始实行电影进口配额制,在乌拉圭回合谈判中提出"文化例外"原则来限制影视领域的贸易自由度,为本土电影提供充足的发展空间。同时,积极推动法国电影产业国际化,通过成立专项资金以及专门电影事务办公室等,向海外市场输出法国影视作品和文化。韩国影视业实施电影振兴计划,首先,从制度法律层面保障电影从审查至上映过程的充分自由和资金支持。其次,通过采取进口配额和银幕配额来保护

---

① 中国经济网.正视新时代的"互联网+文化"[EB/OL].http://www.ce.cn/culture/gd/201807/31/t20180731_29895887.shtml,2018-07-31.
② 孙铭壕.文化服务贸易促进政策国际比较[D].中国社会科学院,2020.

本国的幼稚产业,提高本国电影的国内市场占有率。再次,在行业具备服务出口能力后逐步开放本国电影市场,通过出口补贴、专项资金和税收优惠等出口促进手段扩大海外市场。目前,韩国影视业在国际市场占有重要席位,2020年2月,韩国当代题材电影《寄生虫》获第92届奥斯卡最佳影片、最佳导演、最佳国际影片和最佳原创剧本四项重磅奖项。

各国影视领域贸易政策的制定需与本国影视产业发展状况相匹配。目前,中国电影业在市场主体准入、内容审查等方面存在一定限制,国内电影市场由中影集团占据垄断地位。中国可以学习和借鉴美国影视领域贸易自由化的措施,放松对市场准入门槛、内容审查等诸多限制,通过市场自由竞争推动电影产品制作和文化海外输出。此外,韩国实施的文化立国政策、电影播放配额与市场开放相结合等措施也值得中国电影业学习。法国通过市场准入限制和"文化例外"原则等保护本土影视文化,对历史文化深厚的中国具有借鉴意义。

(二)动漫领域的产业及贸易政策

2016年,全球动漫产业的总产值为2 200亿美元,其中,美国所占份额最大,为38%。美国动漫产业的迅速发展归因于完善的法律保障体系、多轮次核心品牌开发、适当的并购引导策略以及全球化扩张战略。在法律体系方面,美国政府陆续出台了《反不正当竞争法》《反垄断法》《文娱版权法》《合同法》等相关法律,从规范市场竞争、产权保护、资金支持等多渠道助推动漫产业发展。在核心品牌开发方面,以迪士尼为代表的动漫企业在市场上打造自有品牌,通过衍生产业链不断增加市场份额,采取利润乘数模式扩大影响力并发展成为行业巨头。在并购引导策略方面,自20世纪80年代以来,为培育本土文化产品的国际竞争力和垄断优势,对文化产业并购采取宽松政策。2019年,迪士尼公司收购了福克斯的娱乐有限电视网络、电视节目制作部门、电影以及国际电视业务,通过流媒体和多元化节目挖掘动画产品的品牌价值。与美国相比,日本动漫产业更侧重从制度设计、管理方式、顶尖人才培养战略等方面来提升行业发展水平。根据动漫产业成熟度将国际市场划分为幼稚和成熟两大类,对不同的市场类别实施出口差异化战略并逐步扩大海外市场。

纵观美国和日本动漫领域的产业及贸易促进政策,发现两国的政策定位有较大差异。美国侧重于构建完善的法律保障体系和自由竞争环境,扶持本国动漫企业成为行业巨头,再通过并购引导政策以及区域协议中加入文化扩张条款等,实现行业巨头对外扩张。日本侧重于从多方位来推动动漫产业发展,结合国际市场需求实施出口差异化战略。中国可以借鉴美国的做法,对有潜力成为行业巨头的企业,采取并购引导或将动漫出口加入经贸合作协议条款等措施,帮助企业提高国际市场地位和获得垄断优势。此外,可以学习日本严格人才选拔、缩减专业招生的措施,集中优势资源培育动漫行业的精英人才。同时参考日本的市场差异化战略,探索将中国动漫产品出口市场划分为幼稚型和成熟型,对"一带一路"沿线的东南亚、中亚和南亚等国家实行无偿或低价出口,在积累一定的消费基础后逐渐提升至正常价位,对欧美等成熟市场考虑将高质量动漫产品出口纳入协议并通过外交手段拓宽国际市场。

(三)艺术品授权领域的产业及贸易政策

艺术品创作者通过将版权、再创作权等权利以合同形式授予被授权者,前者可以获得权利金并提高艺术品的大众认知度,后者可以进行再加工以实现商业价值。法国是最早进行艺术品授权交易的国家,其艺术品授权服务发展繁荣归因于文化制度保障、文化基础设施完善以及艺术欣赏普及等。在文化制度保障方面,20世纪90年代初,法国提出"文化例外"原则,认为政府文化政策的重点是保护文化遗产,不应将文化列入一般性服务贸易。2003年,法国提出文化多样性的概念,认为各民族应保持自己文化的独立性。2005年在联合国教科文组织第33次会议上,通过了由法国和意大利倡导的《保护文化多样性国际公约》。此外,法国为保障古典文化行业创作者的经济利益,还先后出台了《保护及修复历史遗迹法》《古迹保护法》《遗产捐赠与基础抵偿法》《建筑法》《图书单一价格法》《著作法》等相关法规。在文化基础设施完善方面,法国注重对文化基础设施建设的投入,每年投入56亿元法郎交由文化部按需分配至各施工部门。艺术设施遍布中心城市和地方各省市,确保文化艺术品的曝光率并推动文化艺术行业的可持续发展,相关数据显示,法国80%的艺术品授权交易发生在艺术展览平台。2012年,法国政府宣布废除艺术品财产税,在一定程度上激发了本国的文化创造力,法国依靠较低的授权交易成本和艺术品多样性成为世界艺术品授权交易中心。在艺术欣赏普及方面,法国政府采取多种措施来提升国民的艺术素养,进而营造艺术欣赏的全民化氛围。例如,有针对性地开展各年龄阶段的文化欣赏教育,文化机构公务员在特定场所进行文化教育宣传,根据家庭条件设置不同费用的文化课程,艺术中心或非营利机构为艺术从业者提供艺术表演或个人艺术品展示等。

与法国相比,英国艺术品授权服务的发展有赖于拍卖行业的高度自治。拍卖行通过公开竞价将艺术品的版权、艺术形象使用权等给予竞价最高者。英国还出台了保护消费者利益的相关法律,如1977年的《不公平合同条款法》、1979年的《货物买卖法》、1999年的《消费者合同不平等条款规章》等。拍卖行在对卖方相关行为进行规范时衍生出"有限责任条款",以更细化的条款保护消费者权益,为艺术品版权和形象使用权的交易提供良好的法律支撑。此外,对于艺术品授权服务贸易,英国政府鼓励进出口贸易,实行进口艺术品及版权零关税和50%增值税出口退税政策。目前,中国文化公共资源区域分配不均衡,大型文化服务设施主要集中在人口密集的中心城市。中国拍卖行业具备一定的行业自治基础,2018年有7 494家拍卖行,但有关文化艺术品及版权拍卖仅占2.13%,大多涉及房地产、土地使用权、机动车、股权、债券等业务。一方面,中国可以借鉴法国的做法,将文化服务设施向文化公共资源较薄弱的地区延伸,将"文化例外"和"文化多样性"原则加入双边或多边贸易谈判,多渠道地推动艺术欣赏的大众化。另一方面,可以学习英国的做法,细化艺术品及版权拍卖条款和细则来保障买卖双方利益,根据文化资源丰裕度实施差别化的艺术品进口免税和出口退税。

专栏 12-1

新时期我国版权贸易发展现状及路径探索

一、我国版权贸易规模的发展趋势

随着我国版权制度的不断完善及版权产业的迅速发展,我国与世界主要国家的版权贸易日益密切,版权贸易逐渐成为对外文化贸易发展的重要组成。2008年以来,我国版权贸易除个别年份有所下降,总体呈平稳增长的态势。2017年,我国版权贸易规模为 31 936 种，约为 2007 年（13 694 种）的 2.3 倍。其中，受全球金融危机的影响，2009 年版权贸易规模同比下降 7.34%；2015 年起，我国经济进入"新常态"，加快经济发展方式转变，积极推动贸易大国向贸易强国转变，我国的经贸发展速度不断放缓，当年版权贸易规模同比下降 16.44%。随着文化企业逐步适应经济"新常态"，2016 年起，我国版权贸易继续保持增长势头，2016 年和 2017 年的增长率分别为 5.37% 和 12.51%。我国版权输出规模近年来快速增长，版权引进规模除 2008 年增长明显外，其余年份呈现小幅波动的趋势。在版权贸易差额上，我国版权贸易以"引进来"为主并表现出贸易逆差，2017 年的逆差规模达 4 304 种。我国版权贸易逆差反映出图书、软件、电影等行业的国际竞争力偏低，版权贸易竞争力不强，国内市场对国外核心文化产品的依赖度较高。

二、我国版权贸易的结构特点

我国版权输出主要以图书版权和电视节目版权为主，2017 年两者分别占版权输出总规模的 77.23% 和 8.3%。此外，录音制品、录像制品和电子出版物的版权输出近年来出现稳步增长，软件和电影版权的输出偏低，基本保持在个位数，说明我国软件和电影企业有待提升文化产品内容的吸引力，提高文化竞争实力和扩大影响力。与版权输出类似，版权引进仍以图书版权为主，且引进规模总体保持增长趋势。2017 年，图书版权引进规模占引进总规模的 94.67%，同比增长 3.42%。从贸易合作伙伴看，我国（大陆）版权贸易合作伙伴以发达国家或中国港、澳、台地区为主。2017 年，美国、英国和日本是我国版权贸易排名前三的合作国家，规模分别占 25%、11% 和 8%。此外，德国、法国、韩国、新加坡、加拿大、俄罗斯与我国的版权贸易合作频繁，也是排名前 10 的版权贸易伙伴国。

自"一带一路"倡议以来，我国与"一带一路"沿线国家的版权贸易保持高速增长，2014—2016 年版权贸易年均增幅达 20%。在合作国家上，一直以来与东南亚、南亚国家保持紧密合作。在版权贸易渠道上，我国采取选题联合开发、出版作品合作翻译等方式，推动与沿线国家的版权贸易发展和出版交流。截至 2017 年 9 月，我国与沿线 50 多家出版机构合作翻译并出版图书 300 多种，在俄罗斯、波兰和土耳其等国建立出版分支机构 20 家，中国书架在沿线国家落地 4 家，尼山书屋在海外落地 25 家。

三、我国版权贸易存在的问题与挑战

我国版权贸易取得显著成绩的同时，仍存在国际市场集中度过高、贸易结构不均衡、面临数字化技术冲击、中华文化海外认同度偏低和贸易主体"走出去"动力不足等诸多挑战。其一，数字出版要求新内容和新技术融合以及更多的资本支持，无疑会对传统出版产业的贸易方式产生深刻影响。其二，中华文化与欧美国家及部分"一带一路"国家的文化存在较大差异，导致文化产品核心价值观认同度较低；此外，我国部分海外宣传活动内容主题单一，文化交流活动未能与旅游业、文化创意等产业有机融合，文化产品内容翻译质量参差不齐。其三，我国版权贸易主体缺乏"走出去"的明确激励机制。

四、我国版权贸易发展的路径探索

探索新时代我国版权贸易发展的路径，对坚定文化自信、实现文化强国具有重要意义。第一，发挥政府在版权贸易上的重要作用，例如，围绕国家"一带一路"倡议等重大政策，积极搭建各类文化产品展览、交易的信息共享平台；设立版权贸易发展基金或专项

基金,通过财税和金融优惠政策支持出版企业和版权代理机构"走出去"。第二,加快我国版权企业实施国际化战略,例如,立足国际市场,从海外市场的需求来统筹和规划产品的内容和形式;实施传统文化与新媒体技术深度融合提升版权输出的内容和质量。第三,加强中华文化海外传播,增进全球民众对我国文化的认同。第四,着力培养更多翻译和版权贸易人才,既注重对国际文化贸易理论和规则的培养,也加强对跨国文化传播经营能力的培养。

资料来源:李小牧,李嘉珊.中国国际文化贸易发展报告(2019)[M].社会科学文献出版社,2020:158-174.

第三节 中国文化服务贸易发展

一、中国文化服务贸易的发展现状

(一) 中国文化服务贸易呈波动性增长

近年来,在"文化强国"战略的推动下,文化服务贸易总量逐渐增加。① 2010—2018年,中国文化服务贸易总体呈增长态势,出口额从 2010 年的 38.4 亿美元上升到 2018 年的 72.9 亿美元,其间有 4 个年份增长速度较快,分别为 2010 年的 35.2%、2011 年的 27.1%、2012 年的 21.3%以及 2018 年的 18.2%;同期进口额从 130.5 亿美元上升至 273.4 亿美元,其中有 5 个年份增长较快,分别是 2011 年的 23%、2013 年的 27.7%、2014 年的 25.6%、2016 年的 30.1%和 2018 年的 17.7%。从文化服务贸易进出口的增长情况看,没有出现非常明显的持续上升趋势,而是处于不断上升和下降的波动之中(见图 12-1)。

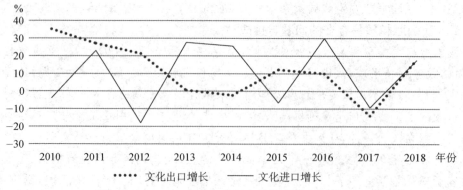

图 12-1 2010—2018 年中国文化服务进出口增长率

资料来源:UNCTAD 数据库、中国统计年鉴及商务部服贸司。

---

① 参考冯毅和石瀚文(2017)、胡红傲(2019)的做法,鉴于数据获取条件和便于比较,研究对象文化服务贸易主要包括版权转让和许可、广告和市场调查、文化休闲娱乐等文化服务。

（二）中国文化服务贸易持续高逆差

从中国文化服务贸易进出口的差额来看，近 10 年间贸易逆差较严重且表现持续逆差，这表明我国文化服务贸易一直处于净输入阶段，文化服务贸易的竞争力有待提升。除了 2010 年、2012 年、2015 年和 2017 年这 4 年的差额有微弱的缩小外，总体仍呈现逆差不断扩大的趋势，2018 年的逆差额高达 200.5 亿美元，这也是我国文化贸易中亟需重视的短板（见图 12-2）。

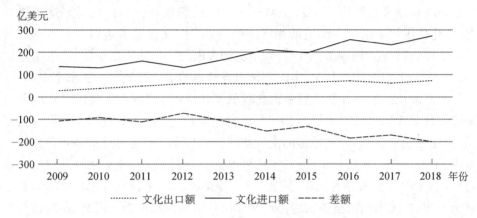

图 12-2　2009—2018 年中国文化服务贸易进出口额

资料来源：UNCTAD 数据库、中国统计年鉴及商务部服贸司。

（三）中国文化服务贸易的结构不断优化

近年来，我国文化服务贸易的总体结构在不断优化。从出口角度看，2018 年我国文化服务出口总额为 72.9 亿美元，同比增长 18.2%，增幅较往年提高 22.1 个百分点。其中，核心的文化及娱乐服务、著作权等研发成果使用费、视听及相关产品许可费三项服务的出口额为 18.7 亿美元，同比增长 21.4%，高于总体出口增幅 3.2 个百分点。从进口角度看，2018 年我国文化服务进口 273.4 亿美元，同比增长 17.7%，增幅比上年下降 2.8 个百分点。其中，视听及相关产品许可费、文化和娱乐服务、广告服务进口分别增长 37.5%、23.2% 和 22.4%，占比分别提升 1.6、0.6 和 0.4 个百分点，均高于总体进口增幅。① 受大数据、工业互联网以及人工智能等先进技术的影响，中国知识密集型服务贸易表现突出，大大带动了数字文化服务贸易方式和内容的创新与发展。据商务部的统计数据显示，2019 年 1—8 月，中国知识密集型服务出口额和进口额分别同比增长 13.5% 和 7.6%。从具体领域看，个人文化娱乐服务、电信计算机和信息服务、金融服务等增长较快，进出口增速分别为 23%、19.7% 和 15.2%。

---

① 刘昕.我国文化贸易结构持续优化[N].国际商报，2019-03-21.

二、中国文化服务贸易发展中面临的主要问题

(一) 结构、区域和国别等方面存在不均衡性

尽管近年来中国文化服务贸易规模不断扩大,增长速度相比文化产品贸易更快,但是在结构、区域和国别等方面仍存在一定的不均衡性。首先,在结构方面,中国对外文化服务贸易以进口贸易为主,贸易逆差逐年增加。文化服务出口主要集中在广告和市场调查领域(自2009年以来比重达75%以上),排位第二的版权转让和许可呈现逐年缓慢升高的趋势,文化休闲娱乐服务占比最低并逐年缓慢下降。文化服务进口主要集中在版权转让和许可领域,进口比例一直高于广告和市场调查以及文化休闲娱乐服务,进出口贸易结构体现出一定的不均衡性。其次,中国文化服务贸易的主要区域集中在东部沿海城市,中西部地区和东北地区的对外服务贸易占比较低。2018年,我国东部地区文化服务出口占我国整体文化服务出口额的比例达94.6%。同比增长16.6%;中西部地区呈现高速发展的势头,同比增长60.6%,东北地区的出口额同比增长22.5%。文化服务出口额排名前五位的北京、上海、广东、江苏和浙江,占比达到91.5%。最后,中国文化服务贸易的地理集中度过高,主要的贸易伙伴为美国、欧盟、日本等国家。文化服务进出口市场以发达国家和地区为主,与发展中国家整体的进出口文化服务贸易规模较小。因此,在保持与发达国家进行文化经贸往来的同时,应不断加大对共建"一带一路"国家和地区的文化服务贸易力度,优化文化资源的海外布局,逐步改善中国对外文化服务贸易发展的不均衡性。

(二) 国际竞争力总体偏低

目前,衡量国际竞争力的常用指标有国际市场占有率、显示性比较优势指数(RCA指数)、贸易竞争力指数(TC指数)等。冯毅和石瀚文(2017)采用国际市场占有率和贸易竞争力指数对中国、美国、英国、德国和韩国进行横向比较,发现中国文化服务产业无论从规模还是从竞争力的角度都处于相对弱势地位。胡红傲(2019)同样采取贸易竞争力指数进行测度,发现该指数长期为负值,表明中国文化服务贸易处于净输入状态且竞争力较弱。① 刘红玉(2019)将文化服务贸易划分为旅行、知识产权和个人文化娱乐三类,通过国际市场占有率、进出口差额、贸易竞争力指数与显示性比较优势指数等测度指标,发现旅行稍具比较优势,知识产权和个人文化娱乐服务比较优势不突出。② 郭晓婧(2018)通过显示性比较优势指数、贸易竞争力指数、出口市场占有率以及波特钻石模型综合评价我国文化服务贸易的竞争力,同样得出竞争力较弱的结论。苏晨晨(2020)通过RCA指数和TC指数测度我国文化服务贸易竞争力,发现竞争力整体较为薄弱,但总体规模持续扩大且市场结构不断优化。③

---

① 胡红傲."文化强国"视角下我国文化服务贸易的发展——基于贸易结构角度[J].现代商业工业,2019(14):53-55.
② 刘红玉.我国文化服务贸易国际竞争力现状分析及提升策略[J].文化软实力,2019(2):80-90.
③ 苏晨晨.中国文化服务贸易现状及影响因素分析[J].对外经贸,2020(3):11-15.

（三）科技水平和创新能力有待进一步加强

文化服务贸易的高质量发展离不开科技与创新，加强文化服务与数字技术的高度融合，对文化服务贸易快速发展有重要作用。当前，中国尚缺乏对具有中国特色的文化资源的整合与再造，文化服务的科技水平、创新性和品牌建设能力较低，与外部市场对接尚存在困难。例如，在以舞台剧和书法等为代表的传统文化服务出口中，文化呈现形式、方法和内容等方面创新不足；在文化产品外包加工类服务中，如动漫、网游、电影和视听领域，中国企业提供素材搜集、中间制作服务、供应服务和承接产品外包服务等，大多处于供应链的低端位置，服务科技含量和附加值均不高。① 此外，中国文化服务贸易与数字技术的深度融合力度还不够，一方面体现在出口产品上，文化服务贸易出口主要集中在广告和市场调查领域，对于一些以传统广告业务为主的广告公司而言，创新广告方式、发展数字业务成为当前最主要的突破口。另一方面，中国文化服务出口渠道和平台与先进数字技术的结合有待进一步加强，线上和线下相融合的对外文化贸易平台和中国文化推广渠道亟须进一步拓展。只有将文化服务与教育、科技、互联网等多元化要素高度融合，才能良性地推动中国文化"走出去"，提高中国文化的国际影响力，促进文化服务贸易高质量、多元化快速发展。

（四）复杂严峻的国际环境带来新挑战

在经济全球化不断推进的过程中，世界经济正处于逐步复苏的重要阶段，与此同时，当今世界正面临"百年未有之大变局"。2019年及今后一段时期，国际关系中不确定与不稳定性因素明显增加，国际环境将更趋于复杂多变。就中国而言，除了面临复杂多变的国际环境和国际经济新形势之外，中美贸易摩擦愈演愈烈，国际贸易中各种非关税壁垒层出不穷，给中国对外贸易整体发展带来新压力和新挑战的同时，也影响了中国文化服务贸易的高质量发展。首先，全球经济下行压力不断积累，世界主要经济体自身发展形势严峻，为中国文化服务走出去增加了很大的不确定性和障碍，也影响了国际文化投融资市场。其次，全球治理供求失衡以及大国战略竞争和博弈将现长期化等问题，给中国文化服务贸易发展带来新挑战，不仅包括宗教、文化及社会制度等方面的差异和矛盾所导致的传统安全问题，也包括环境、气候、难民等因素所导致的非传统性安全问题。

三、发展中国文化服务贸易的对策建议

面对中国特色社会主义新时代发展需求以及"百年未有之大变局"的战略机遇，中国文化服务贸易发展需要新动能、新空间和新布局。根据上述对我国文化服务贸易发展现状以及存在问题的分析，拟从国家政策层面、产业层面、企业层面等角度提出相应的对策建议。

---

① 石佩霜.新常态下我国文化服务贸易结构优化的问题与提升路径[J].对外经贸实务，2017(12)：80-82.

(一) 实施文化服务贸易领域的精准政策扶持

纵观欧美等发达国家文化产业及对外贸易发展的实践,发现这些国家在发展初期借助文化产业发展战略、政策推动作用以及法律制度体系等,健全和完善现代文化服务市场。政府应遵循行业发展规律,对文化服务产业的不同发展阶段及领域给予相应的精准政策扶持,为中国文化服务企业"走出去"营造良好的政策环境。首先,各级政府对文化服务产业进行多维度的政策支持,包括产业政策、财税支持、项目审批、外汇管理、投融资渠道拓展等,不断创新和完善对外文化服务贸易发展的体制机制及政策措施。其次,在政策精准性方面实现因地制宜与点面结合相统一,在行业相关政策普惠性的基础上,对于具备一定发展规模和较好发展潜力的初创型企业及小微企业,采取抚育式综合政策手段助力企业快速成长。对于真正推动中国文化"走出去"的企业,特别是具有自主文化资源特性以及较高文化服务创新特性的企业,应在文化内容研究和版权输出等方面给予特殊扶持,例如,通过设立专项政府资助或专项低息贷款等方式进行精准政策扶持。

(二) 持续优化文化服务贸易结构

中国文化服务贸易在结构、区域和国别等方面存在不均衡性,为进一步促进文化服务贸易快速发展,持续优化文化服务贸易结构至关重要。首先,不断推动文化新业态的发展,充分发挥其对中国文化服务贸易的带动作用。据国家统计局的数据显示,2019年文化新业态特征较为明显的16个行业小类表现出强劲的发展势头,实现营业收入19868亿元,同比增长21.2%,所占比重为22.9%,较上年提高2.1个百分点,主要包括互联网搜索服务、互联网其他信息服务、数字出版、其他文化艺术业、动漫、游戏数字内容服务等。同时,不断提升文化新业态对外贸易的比重,促进中国先进文化服务"走出去",对优化文化服务的贸易结构具有十分重要的意义。其次,加强不同区域文化服务贸易协同联动发展,优化区域贸易结构,不断发掘和利用中西部地区的优势文化资源,结合当地的民族文化特色,发展具有比较优势的文化产业并融入国际文化产业链和价值链,加快文化服务"走出去"步伐。再次,中国文化服务贸易伙伴国主要集中在欧美发达国家,较高的地理集中度有助于贸易规模放大和品质提升,但贸易依存度过大极易带来文化服务贸易的被动异常波动。借助"一带一路"发展战略,加快实现文化服务贸易伙伴多元化,助力我国文化软实力国际投送和国家战略实现。①

(三) 提高风险应对能力和国际竞争力

复杂多变的国际经济形势及全球新冠肺炎疫情的发生,为中国文化服务贸易发展带来前所未有的压力和挑战,因此,亟须提高文化服务贸易的风险应对能力。首先,加强和完善中国文化产业链,优化文化产业结构,缓解各种突发事件及风险对文化产业链的冲击和影响。其次,加强国家文化出口基地建设,重点发挥其在文化服务贸易中的引领、聚集

---

① 李嘉珊.中国国际文化贸易发展报告(2020)[M/OL].社会科学文献出版社,https://xianxiao.ssap.com.cn/reader/?resource_id=17811&resource_type=1,2020.

和辐射作用,总结适当的文化服务贸易创新发展的模式和经验,培养一批更具国际竞争力的文化企业,形成更多具有更强联动性的国际文化交易平台。这些交易平台不仅为中国文化服务贸易发展提供机遇,也有利于增强文化产业抵抗和应对各种风险的能力。再次,加强文化领域数字技术创新能力,促进数字技术与传统文化服务的深度融合。随着数字虚拟技术的发展,打破了传统文化艺术形式的限制和束缚,极大地推动了文化产业的创新发展。例如,2020年上半年,很多线下演出开始尝试与先进数字虚拟技术如AR、VR等结合,实现了线上和线下的有效配合,"云演唱会""云音乐节""云剧场"等创新演出模式应运而生。对于中国文化服务贸易总量较少、占比较低和竞争力较弱的现实,一方面,通过服务内容创新和科技创新来提升综合竞争力,扩大文化服务贸易的规模,提高文化服务贸易的质量,提升文化服务在全球文化产业链和价值链中的地位;另一方面,逐步形成和打造具有中国特色的文化服务品牌,如美国好莱坞、日本动漫和韩国电视剧等具有国际影响力和竞争优势的知名项目,不断提高文化服务中蕴含的附加值,满足国际文化服务市场多样化需求,加快文化软实力的海外传播,进一步促进中国文化服务贸易多元化发展。

(四)加强专业人才队伍建设

文化服务贸易的国际竞争从根本上讲是人才的竞争。目前,中国在人才培养方面的工作尚有不足,在文化服务贸易领域专业人才队伍建设中应积极吸纳国际高端人才培养经验,提升我国文化产业的内生动力,增强文化自信,培养一批具有前瞻性的文化团队和国际竞争力的文化企业。首先,高校作为全国人才培养和聚集的重要平台,应建立跨学科、多领域的人才培养机制,营造管理知识、文化艺术知识、国际贸易知识等各学科联合培养的氛围,为文化贸易专业人才培养创造良好的孵化环境。其次,高校应与企业建立联合培养机制,使文化服务贸易领域的学生不仅学习专业理论知识,还能够深入该行业进行社会实践,一方面对于提升学生实践能力和鼓励其未来从事相关工作具有重要的实际意义,另一方面对提高文化服务企业员工的整体素质也产生极大的促进作用。再次,应建立健全人才创新培养激励制度,为高校提供人才考核机制借鉴,增加人力和资本等要素投入,为培养创新型外向人才提供大力支持,提高人才培养质量。最后,应注重对人才创新能力的保护,落实惩罚措施,加大知识产权保护力度,塑造具有国际影响力的中国特色文化品牌。

专栏 12-2

我国文化出口重点企业调查分析

为培育我国文化产业骨干企业,鼓励和支持文化企业参与国际竞争,积极开拓国际文化市场,扩大文化产品和服务出口,提高文化企业的国际竞争力,商务部、外交部、文化部和国务院新闻办等十部委于2012年共同修订《文化产品和服务出口指导目录》。在符合目录要求的企业中认定一批具有国际文化贸易专门人才、较强国际市场竞争力、守法经营、信誉良好的国家文化出口重点企业。北京第二外国语学院于2018年12月起对相关国家文化出口企业进行电子问卷调查和统计分析。

一、我国文化出口重点企业的统计概况

调查共采集国家文化出口重点企业样本300家,分布于25个省(直辖市和自治区),填报数量主要集中于首都和沿海地区,西部地区分布较少。从资产规模看,大部分文化出口重点企业的资产规模介于1000万至10亿元,占比37.7%,含50亿元及以上大规模企业和1000万以下中小微企业比重较小。从人员规模看,除极少数10人以下的小微型企业,其他规模企业分布较均匀且差距较小,主要以中型及大型企业为主。从企业类型看,有限责任公司的数量最多,占据主体,占比约为36%;国有企业与股份有限公司数量的占比相当,股份合作企业、外商及港澳台投资企业数量较少。从入选对企业影响的选项内容看,绝大多数企业认为入选增强企业自信(占比97.7%)和政府认可度(占比91.7%)。

二、我国文化出口重点企业的贸易概况

从企业出口规模看,介于1000万和1800万美元以及2万美元以下的企业占比较少,介于100万和1000万的企业数量较多(占比约34%),其他规模企业数量分布较均匀。从出口方式看,重点企业以服务出口为主(占比58.3%),主要集中在新闻出版、动漫网游、广播影视等行业领域。从出口目的地看,欧洲、北美、东南亚、港澳台等传统地区分布较多。从与"一带一路"国家合作情况看,300家企业中有184家与沿线国家有经贸合作,112家尚未开展经贸合作,4家企业未填报信息。由此可见,大部分出口重点企业还未从政府间协议签订中直接受惠,因此,后续签订协议时需给予更多关注(见表12-2)。

表12-2 国家文化出口重点企业受惠于"一带一路"国家政府间协议情况

是否受惠于沿线国家政府间协议	数量(家)
是	60
否	226
未知	14

三、我国文化出口重点企业面临的挑战与困难

问卷中重点企业填写的扩大出口过程中面临的重要挑战主要为:税收负担、行政审批、政策限制、人才、资金、土地、工资上涨、环境成本提高、原材料价格上涨、汇率波动、国际贸易保护、其他共12类。根据面临挑战的程度进行排序,发现制约企业扩大出口最主要的因素分别是人才、资金和税收。所以,人才的培养与孵化、文化出口资金支持及国家税收政策优惠力度等都是现阶段急切需要改善的问题。从希望政府提供相关扶持情况看,重点企业亟需政府提供出口市场政策信息、其次是潜在客户信息及政府推荐的需求,最后是出口培训、融资支持和其他方面的实际性需求。从亟待解决的问题看,国家政策、营销渠道和资金周转是重点出口企业自身经营过程中需要解决的首要问题。

资料来源:李小牧,李嘉珊.中国国际文化贸易发展报告(2019)[M].社会科学文献出版社,2020:8-30.

 **本章小结**

1. 各国对文化产品和文化服务的需求以及重视程度与日俱增,使文化贸易成为国际贸易中不可或缺的组成部分,对文化贸易的研究也引起社会各界的关注。关于国际文化贸易的定义,国内外政府机构和学者众说纷纭,尚未达成统一定论,理论体系也有待完善。一般认为,国际文化贸易是指世界各国(地区)之间进行的与知识产权有关的文化产品和文化服务的贸易活动。

2. 目前,国内外对于国际文化贸易的分类纷繁复杂,比较权威和流行的包括以下几类:以文化产品和文化服务为划分标准、以文化硬件和文化软件为划分标准以及我国相关法律文件对文化贸易的分类。国际文化贸易的特征表现为贸易对象的特殊性、贸易市场的高度垄断性、贸易自由的例外性和贸易统计的复杂性。

3. 学术界对文化服务贸易的研究主要集中于文化服务贸易国际竞争力、文化服务贸易模式、文化服务贸易细分行业等方面。对文化服务贸易理论的系统研究较为欠缺,大多是基于管理学、社会学理论的角度,从经济学或国际贸易学的角度分析问题的文献较少,主要包括公共选择理论、交易成本理论、钻石模型理论和制度变迁理论四大类。

4. 21世纪以来,国际文化服务贸易发展势头强劲,主要表现以下特征:文化服务贸易总体呈高增长趋势、全球文化服务贸易发展不均衡、跨国公司成为文化服务贸易主体以及"互联网+文化"的趋势特征明显。美国、日本、韩国、英国和法国等文化服务贸易发达国家,在贸易附加值较高的影视、动漫和艺术品授权领域的产业及贸易促进政策,对中国文化服务产业及贸易政策的制定具有一定的借鉴意义。

5. 中国文化服务贸易呈波动性增长,文化服务贸易结构在不断优化,但贸易逆差较严重且呈现不断扩大的趋势。同时,中国文化服务贸易发展中也面临结构、区域和国别的不均衡性、国际竞争力总体偏低、科技水平、创新能力以及与数字技术的深度融合有待进一步加强、复杂严峻的国际环境带来新挑战等问题。

6. 中国文化服务贸易发展需要新动能、新空间和新布局,通过实施文化服务贸易领域的精准政策扶持、持续优化文化服务贸易结构、不断提高文化服务贸易国际竞争力、提高文化服务贸易风险应对能力、加强专业人才队伍建设等途径来加快文化服务贸易发展。

 基本概念

1. 国际文化贸易

一般认为,国际文化贸易是指世界各国(地区)之间进行的与知识产权有关的文化产品和文化服务的贸易活动。

2. 文化产品

联合国教科文组织在《1994—2003年文化商品和文化服务的国际流动》报告中给出了关于文化产品的定义,即传播思想、符号和生活方式的消费品。它能够提供信息和娱乐,进而形成群体认同并影响文化行为,例如,电影、软件、多媒体产品、视听节目、图书杂志、时装设计和手工艺品等构成了形式多样的文化产品。

3. 文化服务

联合国教科文组织在《1994—2003年文化商品和文化服务的国际流动》报告中给出了关于文化服务的定义,即政府、企业和相关组织为满足人们文化兴趣和需要而提供的各类文化支持,包括文化信息推广、文化活动组织以及文化产品收藏等。

4. 文化创意产业

文化创意产业是在经济全球化背景下产生的以创造力为核心的新兴产业,主要包括广播影视、动漫、音像、传媒、视觉艺术、表演艺术、工艺与设计、雕塑、环境艺术、广告装潢、服装设计、软件和计算机服务等方面的创意群体。

5. 文化例外

为保护本国文化不被其他文化侵袭而制定的一种政策,法国在关贸总协定谈判中最先提出"文化例外"的主张,被世贸组织成员接受并广泛运用于文化贸易中。

复习思考题

1. 阐述国际文化贸易的概念及特征。
2. 国际文化贸易的分类有哪些?
3. 简述主要经济体的文化服务贸易促进政策对中国的启示。
4. 中国文化服务贸易发展中面临哪些机遇和挑战?
5. 中国应采取怎样的政策发展文化服务贸易?

第十三章 其他领域的国际服务贸易

> **学习目标**
> - 熟悉医疗服务贸易的概念。
> - 熟悉教育服务贸易的概念。
> - 熟悉体育服务贸易的概念。

第一节 医疗卫生服务贸易

专业服务一般是指当事人一方运用自己的知识、技术、经验和有关信息,采取科学的方法和先进手段,根据委托人的要求对有关事项进行调查、研究和分析等,并提供可靠的数据、法律依据、客观的论证、判断和具体意见。

WTO把专业服务贸易列为商业服务贸易的一种,具体包括以下几个方面:医疗与牙科服务;兽医服务;助产、护士、理疗与护理人员提供的服务,如会计师、审计师等;税收服务;建筑服务;工程服务;综合工程服务;城市规划与风景建筑服务;其他专业服务等。

有关专业服务的法律规范,主要体现在GATS下设的第2个附件(《根据本协定自然人提供服务活动的附件》)和部长级会议达成的《有关专业服务的决定》中。

医疗卫生服务是专业服务贸易的重要组成部分。它关系着国民健康、社会稳定和经济发展的全局,改善和发展医疗服务贸易,既可以增加外汇收入,又可以改善投资环境,促进经济繁荣,加强国际友好往来与合作。因此,医疗服务贸易受到各国特别是发展中国家的高度重视。

一、医疗卫生服务贸易的基本内容

(一) 公共卫生与医疗服务贸易

1. 公共卫生的基本概念

公共卫生(Public Health)也译为公众卫生,是从社会意义上理解卫生的,它涉及的是与社会公众健康有关的问题,而且也与政府的职能有关。

在《WTO与公共卫生协议案》中,公共卫生分为八大类:第一类是传染病的控制;第二类是食品的安全;第三类是烟草的控制;第四类是药品和疫苗的可得性;第五类是环境卫生;第六类是健康教育与促进;第七类是食品保障与营养;第八类是卫生服务。

2. 医疗卫生服务贸易的含义

医疗卫生服务贸易,是指国际交易的商品在医疗业方面劳务的交换,是一种特殊商品的交易,既包括本国病人的出境治疗,又包括外国人的入境治疗。

在医疗服务领域,跨境交付、境外消费、商业存在和自然人流动这四种服务贸易提供方式均存在,以后两者为主要服务方式。

(1) 跨境交付。是指服务的提供者在一成员的领土内向另一成员领土内的消费者提供服务。跨境交付使患者有机会向他国医师购买咨询服务,同时也使医师之间实现国际交互咨询服务,可以通过交互式音频、可视、数字通信等媒体进行。例如,通过互联网进行的医疗咨询、诊断、治疗和医学教育等。

(2) 境外消费。是指服务的提供者在一成员方领土内向来自另一成员的消费者提供服务。主要特点是消费者到境外去享用境外服务提供者提供的服务。某个国家的出入境人员只要利用对方境内的卫生服务,就是境外卫生服务的消费者。

(3) 商业存在。是指一成员的服务提供者在另一成员领土内设立商业机构或专业机构,为后者领土内的消费者提供服务。这种方式既可以是在一成员领土内组建、收购或维持一个法人实体,也可以是创建、维持一个分支机构或代表处。商业存在有两个主要特点:一是服务的提供者和消费者在同一成员的领土内;二是服务提供者到消费者所在国的领土内采取了设立商业机构或专业机构的方式。商业存在可以完全由在当地雇佣的人员组成,也可以有外国人参与。有外国人参与时,外国人是以自然人流动的方式提供服务。外来的医疗服务提供者大多选择与当地合作伙伴共同投资的方式建立医疗机构。

(4) 自然人流动。是指一成员的服务提供者以自然人身份进入另一成员的领土内提供服务。自然人流动与商业存在的共同点是服务提供者到消费者所在目的领土内提供服务;不同之处是,以自然人流动方式提供服务,服务提供者没有在消费者所在国的领土内设立商业机构或专业机构。

(二) 医疗卫生服务贸易的主要对象和特点

1. 医疗卫生服务贸易的主要对象

依据不同标准,医疗服务贸易的主要对象可分为以下三类。

一是依身体状态差异可划分为健康者或认为自己健康的境外人员,以及患者或认为自己患病的境外人员。例如,某境外人员由于工作劳累而认为自己患有某种疾病,但经检查证实并没有患病。

二是依逗留时间长短不同可划分为过境、短期、长期和永久居留。例如,长期居住境外的人员需要计划免疫、定期进行健康检查等医疗服务。

三是依入境的不同可划分为工作、学习、经商、治病等。例如,某境外病人为治疗某种疾病而慕名专程到某国去接受医疗服务。

2. 医疗卫生服务的特点

(1) 运行的综合性和整体性。医疗卫生服务运行的综合性,是指在医疗过程中支付货币购买医疗商品和非医疗商品,以满足其医疗消费的需要。这些医疗商品包括询问病史、检查、化验、诊断、处方、治疗、住院、转院、体检、计划免疫等;非医疗商品包括饮食、交通游览、娱乐等。医疗服务包含物质和非物质的多种产品的组合,因此,提供治病的需要,无论是有病无病、大病小病、急性病还是慢性病,均必须从服务质量和服务内容满足患者的需要。

(2) 就地商品出口。在提供医疗服务的国家或地区,国际病员及家属用于医疗、食、住、行、游、购、娱等方面的开支均用外汇支付。这种获得外汇收入的方式,实质上是一种就地出口贸易。

(3) 就地服务出口。病员及其家属除了要购买和消费医疗物质产品外,还要消耗其他活动形式的服务产品,这是因为医疗产品本身所含的服务劳动比重很高。比如,药房供应药品的服务,需要消耗医生开处方、药剂师配药、护士发药打针等其他活动。病员用外汇支付医疗服务费用,这样的医疗服务劳动就具有就地服务的性质。

二、国内外医疗卫生服务开放概况

(一) 国际上其他 WTO 成员医疗服务开放概况

WTO 共覆盖 160 个服务部门,包括电信、交通、邮政、零售、保险、环境、旅游、娱乐和其他服务。由于卫生服务的特殊性,尤其是在多数欧洲国家和发展中国家,卫生服务由政府负责向本国居民提供,因此,有些国家并不认为诸如卫生服务、教育、住房及其他由政府经管的各种公共服务也应包括在 WTO 贸易开放的服务领域内。

WTO 认为私立服务部门的扩大意味着传统公立服务部门的开放,因而同世界银行一起制定了若干相关政策来促进公共部门的私有化,但在卫生服务领域中,公共服务私有化进展缓慢。1995 年,GATS 签订时,只有 27% 的成员国同意向国外服务提供者开放医疗市场。

GATS 将受保护服务界定为政府服务,根据其第 1 条第 3 款,"服务"包括"任何部门提供的任何服务,但在政府行使职权时所提供的服务除外",后者是指"不依据商业基础提供,也不与一个或多个服务提供者竞争的任何服务",因而医疗服务属于可自由提供的服务的范畴。GATS 规定,许多国家的医院是政府所有和私人所有的实体,两者都以商业运行为基础,由病人或其保险方支付费用,并从社会和地区获得附加补助,若继续引用GATS关于"政府服务"的条款作为保护医疗服务不开放的依据,或认为在两种服务提供者之间不存在竞争关系,都是不现实的,其第15条关于服务补贴的规定中表示:"在某些情况下,补贴可对服务贸易产生扭曲作用。各成员应进行谈判,以期制定必要的多边纪律,以避免此类贸易扭曲作用",但同时应"考虑到发展中国家成员在该领域需要灵活性"。

我们对1995年乌拉圭回合谈判时约50个国家医疗服务市场开放的情况作简单的分析,涉及的国家包括欧盟成员国、马来西亚、墨西哥、南非、澳大利亚等。

(1)在跨境交付方面,没有限制的有17国,占34%;作部分承诺的有7国,占14%;未作承诺的有26国,占53%。目前,一些国家正重视发展商业性远程医疗服务,如美国、法国、英国、澳大利亚、泰国及阿拉伯海湾国家等。

(2)在境外消费方面,没有限制的有44国,占68%;作部分承诺的有4国,占8%;不作承诺的有2国,占4%。一些患者到境外寻求医疗服务、境外医学教育消费等境外消费现已成为普遍现象。

(3)在商业存在方面,没有限制的有15国,占30%;作部分承诺的有32国,占64%;不作承诺的有3国,占6%。

印度尼西亚规定,采取合资方式建立医院,外资股权限49%以下,合资医院有土地使用权和建设权,即可以租借土地,但不能占有土地。泰国的合资医院中,外方可拥有不到49%的股权。泰国的贸易部控制合资医院的建设,外方不得购买或占有泰国土地,可以租借土地并拥有土地建设权。泰国允许外国人从事医院行政管理或医院经营活动,其中,医师必须是泰国国民。

(4)在自然人流动方面,没有限制的仅1国,占2%;作部分承诺的有46国,占92%;不作承诺的有2国,占6%。

印度尼西亚允许建立外国所有制医院,提供的服务必须是印度尼西亚人能从事的医疗服务。外方人员可以做医院业务管理或行政管理工作,不得从事医疗服务,必须交付代扣所得税率为20%的利润、版税、股息和服务费用。

泰国境内的医师都必须通过泰国专业考试。曾接受国外医学教育的泰国本地医师也必须参加考试,获得行医执照后才能行医。考试由各专业理事会或国家委员会用泰语命题。来自发达国家的专科医师,必须获得短期行医执照并在政府医院工作两年后,才能参加泰国专业考试以获得长期执照。加拿大的教育和卫生等服务一直作为社会福利和公共产品长期由政府提供,在西雅图会谈中,加拿大没有承诺开放医疗服务市场。中国目前医疗卫生服务市场开放的范围和开放力度已经较大,对于外方来华举办合资合作医疗机构和短期来华行医的政策已经比较优惠,与我国目前医疗服务市场的发展程度和监管水平是相适宜的。今后,关键是如何利用医疗卫生服务市场开放的契机,促进国内医疗卫生服务机构加快改革、提高效率、改善服务,提高我国医疗卫生服务工作的整体水平。

(二)我国医疗服务的改革趋势

20世纪80年代以来,卫生部制定了"鼓励社会力量多渠道、多层次举办医疗卫生事业"的政策,以解决长期以来"看病难、住院难和手术难"的问题,进一步满足社会多层次的医疗服务需求。一些国外以及港澳台地区(以下简称国外)的企业、组织和个人希望到我国开办医疗机构,沿海开放城市出现了中外合资开办的医院、诊所等。国内许多医疗机构出于追踪国际医疗技术的发展、提高医疗技术和医院管理水平的目的,也要求聘请国外的医学专家来华工作,越来越多的国外医学专家来华短期教学或工作。

20世纪90年代以来,卫生体制改革以及对内、对外开放的力度不断加大。1997年《中共中央国务院关于卫生改革与发展的决定》和2000年国务院体改办等8部委《关于城镇医药卫生体制改革的指导意见》提出了改革的目标、原则和总体思路等,各有关部委又相继出台了一系列改革的配套文件。

目前,我国城镇医药卫生体制改革进入了一个新时期,改革涉及医疗卫生服务体系、管理体制、运行机制、法制建设和政府职能等深层次问题,改革政策涵盖了城镇医疗机构改革、卫生监督和疾病预防控制体制改革、卫生事业单位人事制度改革等各个领域,标志着城镇医药卫生体制改革进入了全面启动、整体推进的攻坚阶段,并在一些重点领域取得突破。

根据我国加入世界贸易组织时的《中国服务贸易承诺减让表》,对"跨境交付和境外消费"的市场准入和国民待遇"没有限制"。在市场准入方面的承诺是:"允许外国服务提供者与中方合作伙伴一起设立中外合营医院和诊所,允许外方控股"。《中外合资、合作医疗机构管理暂行办法》中不允许外商独资举办医疗机构符合本次中方承诺。

(1) 商业存在的市场准入方面的限制性条款是:"根据我国的实际需要,有数量限制"。关于数量限制的表述说明,卫生行政部门根据"区域卫生发展规划"和"医疗机构设置规划",规定某地区设立何种规模、数量、性质、专业的中外合资、合作医疗机构及其选址,以及对上述规定的调整,符合我国对WTO所作的承诺,不违反WTO的原则。但是,根据"透明"原则,数量限制及其调整方案应该及时予以公布。鉴于数量公布需要完善的医疗服务利用信息、较高的需求预测技术、较高的管理水平,因此,数量限制的确定和公布需逐步实现。

(2) 商业存在的国民待遇方面的限制性条款是:"合营医院或诊所的医师和医务人员大多数应为中国公民。"

(3) 自然人流动的市场准入方面的限制性条款是:"除水平承诺和以下内容外,不作承诺。""允许具有本国颁发的专业证书的外国医师,在获得卫生部的许可后,在中国提供短期的医疗服务。短期医疗服务的期限为6个月,并可以延长至1年。"根据WTO的惯例,国内外的专业技术人员从业标准,不能相差太大,造成国外的专业技术人员没有从业的可能。卫生部应制定外国医师来华短期行医的许可条件、考试和注册制度。

(4) 在自然人流动的国民待遇方面的限制性条款是:"除水平承诺中的内容外,不作承诺"。也就是说,在外籍医务人员进入我国提供医疗服务方面,除了遵守适用于我国各个服务贸易领域的自然人流动的规定外,我国政府可以作出有别于我国医务人员的规定。

(5) 根据我国加入世界贸易组织的《中国服务贸易承诺减让表》规定,在医疗和牙医服务方面,"对于目前给予国内服务提供者的补贴,不作承诺。"也就是说,对中外合资合作医疗机构不给予我国政府的财政补贴。按照世贸组织的规定,以后医疗服务市场的开放程度,不能在此基础上后退,只能进一步开放。否则,要对有关WTO成员进行补偿。

(三) 医疗卫生服务领域的关键问题以及 GATS 的影响

1. 医疗卫生服务领域的关键问题

我国在医疗服务领域的具体承诺包括医疗和牙科服务，其他专科服务、妇幼保健服务、救护车服务等不在承诺范围之内。对照 GATS 的原则要求和我国加入世界贸易组织时的承诺，医疗卫生服务领域的关键问题包括以下五个方面。

(1) 跨境交付。

远程医疗是医疗服务跨境交付的主要实现形式。卫生部 1999 年《关于加强远程医疗会诊管理的通知》明确规定："远程医疗会诊是应用计算机及网络、通信技术进行异地医疗咨询活动，属于医疗行为，必须在取得《医疗机构执业许可证》的医疗机构内进行。各级卫生行政部门依据管理权限，审定入网医疗机构；医疗机构应在能够取得清楚影像资料的条件下，方可开展远程会诊工作。"同时指出："具有副高职称以上的医疗卫生专业人员可利用远程医疗会诊系统提供咨询服务。"在我国加入世界贸易组织时的卫生承诺减让表中，明确表示对跨境交付"没有限制"，则该规定应同样适用于境外医疗机构。关键问题是如何评价境外医疗机构和医务人员的资质以及远程医疗的质量等。

(2) 境外消费。

在我国加入世界贸易组织时的卫生承诺减让表中，对境外消费的表述是"没有限制"，即在市场准入和国民待遇方面，对在华求医的外籍患者没有区别于我国公民的限制性规定，外籍人员在中国具有与我国公民同等的医疗条件和医疗选择机会。

(3) 商业存在(医疗机构)。

改革开放以来，我国政府始终鼓励社会资金投入医疗服务领域，包括境外资金的进入。境外资金进入我国建立医疗机构，将依据《医疗机构管理条例》《区域卫生规划》《医疗机构设置规划指导原则》和《中外合资、合作医疗机构管理暂行办法》进行设置审批和管理。根据中方承诺，境外资本投资我国的医疗服务允许外方控股，但保留给予数量限制的权利，并及时公开有关数量限制的信息。对中外合资、合作医疗机构不给予任何财政补助。

(4) 自然人流动(医务人员)。

医疗服务领域的自然人包括医师(包括口腔医师)、护士、助产士、物理治疗师等。我国将逐步制定有关政策，核验在我国境内提供医疗服务的外籍专业技术人员的资质和能力。

(5) 与医疗服务相关的其他关键领域的承诺可能带来的问题或变化：①外籍职业医院管理人员不在医疗服务领域承诺之中，但有可能通过商务咨询管理领域的开放进入我国的医疗管理实践中来。②医疗器械关税水平降低和取消对大型医疗设备进口的配额限制，可能使 CT、MRI 甚至更尖端的大型医疗仪器设备进入我国，应防止出现新一轮的高新设备竞争。③我国保险市场的开放，使境外保险公司的健康险、旅游险、意外险等保险项目进入我国，这些险种都可能与我国的医疗服务提供有关。④儿童计划免疫、妇女卫生保健、计划生育、传染病的防治和监测、职业病的预防和监测、食品卫生和环境卫生的卫生监督执法等公共卫生工作是政府依照职权提供的服务，不属于开放范畴。加入 WTO 后，将对这些领域的工作提出更高的要求。

2. GATS对我国医疗卫生服务的影响

加入WTO对我国社会、经济、文化和管理等各个方面都将产生深刻影响，对于医疗卫生服务领域的影响包括对医疗机构、医务人员、医疗技术和卫生管理、药品等的直接影响和通过社会经济发展、人民收入水平提高、生活方式和思想观念改变等对医疗保险和卫生服务带来的间接影响。

（1）对医疗服务管理的影响。

第一，促进医疗服务市场监管模式的转变。加入WTO以后，对于医疗服务市场的管理将更多地依据法律法规进行，行政管理要公开、透明，政策的制定和执行要具有可预见性，因此，对于卫生行政部门提出了更高的要求。

第二，促进医疗卫生改革的深化。加入WTO将促进《关于城镇医药卫生体制改革的指导意见》及其配套政策、区域卫生规划、医院分类管理等的贯彻实施。

第三，增加了医疗服务市场监管的难度。医院产权多元化与经营多样化将给我国医疗市场的监督管理带来许多新问题。卫生部门在行政职能上应逐步从"办"机构向"管"服务转化，在市场准入上既要严格把握医疗机构、人员、设备、技术等服务要素的入口，又要遵循国民待遇的原则。

（2）对医疗卫生服务供给方的影响。

加入WTO将有利于加强中外医学技术交流，引进适宜的、先进的医疗设备和医疗技术，促进学科建设和医学发展。中外合资、合作医疗机构的发展，将增加医疗服务市场的竞争，对国内各类医院尤其是公立医院带来压力，有利于提高我国公立医院的管理水平。但公立医院在人员、财务、物资等方面缺少独立的决策权，尚未成为自主经营、自负盈亏的法人实体，中外合资、合作医疗机构和公立医院之间的竞争，可能使一部分公立医院处于劣势。

公立医院高级专业人才有可能纷纷流向条件好、待遇高的中外合资、合作医疗机构，一部分公立医院业务技术水平下滑，市场份额减少，经营状况更为艰难。

（3）对医疗服务需求的影响。

随着社会主义市场经济的发展，人民生活水平提高，健康观念转变，人口老龄化进程加快以及医疗消费支付能力的提高，医疗服务需求将呈现出多样性与多层次性，对医疗服务的水平、质量和态度等持有更高的预期，对卫生服务的提供提出更高的要求。

（4）对医疗保险筹资的影响。

国外保险公司凭借其强大的经济实力、成熟的市场运作手段、优质的服务和良好的信誉保证，将吸引更多的高收入人群加入商业医疗保险或补充医疗保险，提高了医疗保险的筹资水平，通过不断改进支付方式和结算手段，促进医疗机构降低成本、提高效率，加剧医疗服务市场的竞争，但应防止医疗费用的过快攀升。

（5）对药品及健康相关产品生产和消费的影响。

由于《与贸易有关的知识产权协定》（TRIPS）的执行，加入WTO后将对新药的生产和供应产生影响，甚至导致部分药品可及性的降低。

我国大部分医疗设备、医疗器械和医用材料生产企业缺乏国际竞争力，加入WTO后由于关税大幅度降低、取消进口配额等，将影响这类企业产品的市场占有率和企业效益。

三、进一步完善中国医疗服务贸易的政策选择

加入世界贸易组织对我国卫生事业的改革与发展将带来新的机遇与挑战。进入新时代,我们要深入研究和分析其利弊得失,制定切实可行的对策,促进我国卫生事业的健康发展。

(一)进一步明确我国医疗服务对外开放的目标和策略

1. 促进我国卫生事业的健康发展,提高人民健康水平,为社会主义现代化建设服务

加入 WTO 对于我国的卫生事业发展来说,既是挑战也是机遇。《中共中央、国务院关于卫生改革与发展的决定》明确指出:"扩大对外开放,加强国际卫生领域的交流与合作,积极利用和借鉴国外先进科学技术和管理经验"。我们应该把握时机,积极进取,争取主动,明确我国医疗服务对外开放的目标,确定开放的范围、步骤和方式,促进卫生事业的发展和人民健康水平的提高。

2. 稳步开放、积极应对

各级卫生行政部门和医疗机构要解放思想,更新观念,振奋精神,冷静思考,既要抓住医疗服务市场开放带来的机遇,又要积极应对产生的影响,兴利除弊,保证卫生事业的健康发展;应在一定时期内保持开放政策的连续性和稳定性,通过实践评价我国医疗卫生服务市场开放的成效,总结经验,调整相应的政策。

(二)调整政府职能与相关法律法规

1. 调整政府职能,依法行政,规范管理

WTO 首先是一整套规范国际经济贸易行为的国际法律体系,其绝大部分内容与政府行政管理体制和运行机制有关,几乎影响行政管理的各个层面。加入世界贸易组织意味着我们要全面遵循 WTO 的规则,因此,从这个意义上说,加入世界贸易组织首先是对政府行为的规范和约束。卫生行政部门应增加法律、法规、规章、政策的透明度,实现管理的规范化、法制化,注重监管,加强宏观调控,建立统一开放、公平竞争的国内市场,创造和维护规范有序、公平竞争的市场环境。

2. 清理、调整、完善相关法律、法规

根据 GATS 和我国的承诺,整理、修改、完善有关规定,并及时通过公共途径向社会发布,提高依法行政的能力和水平,规范卫生行政部门的管理行为,增加管理行为的可预期性。对有关法律、法规、规章及各种行政审批事项进行清理,公布与医疗机构和医务人员有关的法律、法规和规章,尽快建立和完善符合要求的行业中介组织承担咨询联络的大量具体工作职能。

有待调整的法律法规可分为三类:第一类为需要废止的;第二类为需要修订完善的;第三类为目前尚缺乏,加入世界贸易组织后,我国对相应法律法规进行调整完善,如《外国医师来华短期行医暂行管理办法》于 2015 年进行修改。《医疗机构管理条例》于 2016 年修改完善。而《中华人民共和国护士管理办法》及各地《医疗机构设置规划》等都需要随着

新形势的变化而进行调整。

3. 各级地方卫生行政部门统一实施WTO的有关协定

我国加入WTO对各级地方政府有同样的约束力和法律效力。因此,各级卫生行政部门应根据WTO的基本原则、我国的"入世"承诺及国家对相关政策的清理、修订,同样按照废止、修订、制定三种类型,及时清理、修订、完善地方的各种法规及政府文件,使各地对医疗服务的行政管理符合WTO的精神和原则以及我国的"入世"承诺。

(三) 进一步加快我国医疗卫生体制改革

坚持市场经济体制取向是与WTO接轨的基本要求。市场经济体制从直接和间接两个方面对医疗服务体系产生影响,市场规则、市场机制、市场手段、市场配置资源的作用将更加明显。

1. 加快医疗机构管理体制改革与创新

加快我国医疗机构管理体制、运行机制和产权制度改革,特别是公立医疗机构管理体制、经营模式的改革与创新。政府要明确职责,转变政府职能,更好地发挥政府在医疗服务领域的宏观调控作用。探索建立责权明晰、富有生机的管理体制,使医疗机构真正成为自主管理、自我发展、自我约束的法人实体。充分估计并主动应对医疗服务体系可能产生的变化以及对我国卫生事业的潜在影响。

2. 建立适应改革开放形势的监管体系

目前,我国对医疗服务进行监管的法律法规体系和监管队伍都还难以适应改革开放形势的需要,应逐步建立有效的监管法律法规体系和监管队伍,保护公平竞争的市场环境,保障医疗服务质量,保证人民群众能够得到有效、及时的医疗服务。在加强监管的同时,充分发挥医疗服务领域中中介组织的行业自律和监管作用。

3. 正确认识医疗服务市场对内开放和对外开放的关系

在我国医疗服务领域对外开放的过程中,应处理好对内开放与对外开放的关系,加快医疗服务市场的对内开放,打破垄断和保护,全面引入竞争机制,完善相应政策,促进国内医疗机构顺利完成转型和过渡。

4. 加快公立医疗机构人事制度改革,建立合理的人才流动机制

中外合资、合作医疗机构的开办以及外籍医师进入我国的医疗服务领域,会促进我国医务人员的流动和医疗机构人事制度及分配制度改革。应进一步推进医疗机构人事制度改革,加快卫生人才市场的形成,提高应对能力,使得人员流动既不会对公立医疗机构造成损害,又不致因为人员流动困难而形成不必要的服务贸易开放障碍。

(四) 抓住机遇,推动我国医药产业尤其是中医药走向世界

加入世界贸易组织有利于吸引国外的患者到我国寻求中医药服务,也有利于我国的中医药服务进入其他成员国的医疗服务市场。通过研究其他成员方医疗机构的准入、医务人员的资格认定等,掌握不同国家传统医学医疗市场的准入条件,为我国进一步开放医疗服务市场提供参考。通过谈判,促使其他成员方逐步消除对我国医疗服务出口的贸易壁垒,特别是对中医药服务的种种限制,促进其走出国门,积极参与国际竞争。

第二节　教育服务贸易

一、教育服务贸易的基本内容

(一) 教育服务贸易的基本概念与形式

1. 教育服务贸易的基本概念

国际教育服务贸易,是指世界各国(或地区)之间进行的教育输出与输入。教育服务贸易在《服务贸易总协定》涵盖的12类服务部门中被列在第5类。世界贸易组织按照联合国暂定的主要产品分类将教育服务产品分为初等教育服务、中等教育服务、高等教育服务、成人教育服务、其他教育服务。

2. 教育服务贸易的形式

(1) 跨境交付(Cross-border Supply)。主要是提供远程教育课程与教育培训服务。

(2) 境外消费(Consumption Abroad)。主要指一方国家公民到另一国去留学进修和接受外国留学生等。

(3) 商业存在(Commercial Presence)。主要指一方国家的教育机构到另一国去开设学校和其他教育机构,从事教育培训等活动。

(4) 自然人流动(Presence of Natural Persons)。主要指一国公民到另一国从事专业教学培训工作。

(二) 教育产品的特性

1. 教育产品具有外部经济性

外部经济性是指当一个经济主体的活动对社会或其他人产生了有利的影响,而且这个经济主体又没有从受益者那里得到任何补偿时,该活动就具有外部经济性。教育活动提高了公民的文化知识水平,不仅会增加公民个人的生产力和收入能力,同时提高了整个社会发展生产力的潜力,从而具有外部经济性。

2. 教育产品的准公共产品性

由于教育活动有着巨大的外部经济性,在实践中,各国都将正规的教育机构划定为非营利性机构,并向这些机构提供不同程度的政府资助,这是与教育服务产品的准公共产品的性质有关。公共产品性是指产品具有非竞争性和非排他性,教育并不是纯粹的公共产品,作为一种准公共产品主要体现在以下两个方面。

第一,教育产品是一种具有"价格排他"的公共产品。教育服务产品的效用虽然可以被全社会享用,但产品可以定价,在技术上能实现排他,那些不愿支付费用的消费者被排除在消费范围之外。

第二,教育产品具有一定的竞争性。教育服务产品的效用虽然可以被全社会享用,但由于消费者数量的增加会导致每个消费者从中所获得的效益下降,这使得教育服务产品具有一定的竞争性。

二、GATS中各国的教育服务贸易开放程度比较

由于教育服务强烈的外部经济性,关系到国家主权、社会道德和民族文化的继承等重大问题,各国政府在开放各自的教育市场时,态度一般都十分慎重,比较各国的"入世"承诺,特别是对教育发达国家的借鉴,对于正在发展中的我国教育服务贸易大有裨益。

(一)教育发达国家市场开放的承诺情况

1. 欧盟教育服务市场的承诺情况

欧盟是作为一个成员国签订教育服务承诺的,欧盟各国中只有意大利和希腊在高等教育领域市场准入限制上做了某些限定,初等教育、中等教育、成人教育领域无限制。在国民待遇限制上,只有希腊对初等教育和中等教育领域作了限制,要求大多数董事会成员必须为希腊公民,其余国家未作任何限定,可见欧盟国家总体上承诺开放的力度很大(见表13-1)。

表13-1 欧盟国家对教育服务贸易所作的具体承诺

具体部门	市场准入	国民待遇
初等教育	无限定	希腊:大多数董事会成员需为希腊公民
高等教育	意大利:对于开办被授权颁发得到承认的文凭或学位的私立大学需要测试;希腊:对教育机构颁发国家承认的文凭不作承诺	无限定
成人教育	无限定	无限定

2. 美国教育服务市场的承诺情况

同大多数WTO成员国一样,美国对境外消费方式下的市场准入没有限制,即准许其他成员国成员来美留学,也不采取任何限制美国公民出境留学或者接受培训的措施。但在国民待遇方面有一定的限制,即外国服务提供者不能享受与美国公民完全同等的待遇。主要表现在成人教育和其他教育上有限制,具体的承诺表如表13-2所示。

表13-2 美国签订的WTO教育服务贸易的承诺减让表

	服务方式	市场准入	国民待遇
成人教育	跨境交付	没有限制	奖学金和助学金限于美国公民和(或)特殊州的居民,某些情况下仅用于特定的州的机构,或在美国特定的辖区内
	境外消费	没有限制	同上

（续表）

服务方式		市场准入	国民待遇
成人教育	商业存在	肯塔基州美容学校的许可证数量在48以内，每个选区最多允许8份开设此类学校的许可证	同上
	自然人流动	除水平承诺外,不作承诺	同上
其他教育	跨境交付	没有限制	同上
	境外消费	没有限制	同上
	商业存在	没有限制	同上
	自然人流动	除水平承诺外,不作承诺	同上

3. 澳大利亚教育服务市场的承诺情况

作为留学生大国的澳大利亚,对境外消费方式下的市场准入和国民待遇没有限制,即准许其他成员国成员来澳留学,也不采取任何限制澳大利亚公民出境留学或者接受培训的措施。这与大部分WTO成员国就该方式的承诺相一致。但在具体部门的承诺上,澳大利亚主要限制在中等教育、高等教育、其他教育服务领域,而初等教育、成人教育不包括在内。根据《豁免清单》中的规定,澳大利亚的教育服务承诺如表13-3所示。

表13-3 澳大利亚签订的WTO教育服务贸易的承诺减让表

部门或分部门		市场准入	国民待遇
中等教育、高等教育及其他教育服务	跨境交付	没有限制	没有限制
	境外消费	没有限制	没有限制
	商业存在	没有限制	不作承诺
	自然人流动	除水平承诺外,不作承诺	除水平承诺外,不作承诺

从上面的分析可以看出,在已经承诺教育服务贸易开放的国家中总体呈现以下特征。

第一,市场准入限制多于国民待遇限制。

从纵向上看,美、澳签订的教育服务承诺减让表,总体而言,市场准入方面的限制多于国民待遇。例如,各国对教育商业存在在市场准入限制方面无限制承诺的比例,低于在国民待遇限制方面无限制承诺的比例。各国在执行过程中,都设有一些技术门槛,尤其对境外消费独资办学进行限制和引导,对教育服务贸易影响较大的商业存在形式,各国都采取了较多的限制措施。从横向上看,美、澳等教育服务贸易大国对教育商业存在特别是市场准入的承诺开放力度普遍高于我国。

第二,商业存在和自然人流动的限制多于跨境交付和境外消费方式的限制。

在对四种服务提供方式作出承诺时,较之跨境交付和境外消费,以上几个国家在商业存在和自然人流动的教育服务贸易上施加更多的限制。境外消费是四种方式中承诺最多的方式(以上几个国家均就境外消费作出了承诺)。自然人流动是四种方式中限制最严格的方式(以上几个国家尚未就自然人流动方式作出具体部门承诺,而仅仅作了水平承诺)。

第三,基础教育限制多于高等和成人教育限制。

从总体上看,以上国家和地区对中等教育、高等教育、成人教育等部门的开放程度均较高,在基础教育方面设置的限制多于高等教育和成人教育。另外,英国等高收入国家更倾向于将承诺限制在私人资助的教育领域,尤其是初等教育、中等教育和高等教育。美国作为教育服务贸易的最大输出国,相比之下,开放的教育部门最少。

(二) 我国教育服务市场的承诺情况

2001年12月11日,中国正式成为世界贸易组织的成员,这是中国政府面对世界多极化、经济全球化和科学技术突飞猛进的国际形势,从国内进一步改革开放的需要出发,审时度势,作出的重大战略决策。我国对教育服务的承诺是部分承诺,有条件、有步骤地开放服务贸易领域和进行管理、审批。具体承诺如表13-4所示。

表13-4 我国的教育服务贸易的承诺减让表

承诺开放的教育服务领域	提供方式	市场准入	国民待遇
(不包括特殊教育服务、如军事、警察、政治和党校教育) A. 初等教育(CPC921)不包括CPC92190的国家义务教育) B. 中等教育(CPC922)不包括CPC92210的国家义务教育) C. 高等教育(CPC923) D. 成人教育(CPC924) E. 其他教育服务(CPC929包括英语语言培训)	跨境交付	不作任何承诺	不作任何承诺
	境外消费	没有限制	没有限制
	商业存在	允许中外合作办学,外方可持多数股权	不作任何承诺
	自然人流动	不作承诺,但以下情况除外: (1) 外国教育服务个人提供者受中国学校和其他教育机构的邀请或雇用时,可入境提供教育服务; (2) 在水平承诺下自然人入境和临时居留有关的措施	外国教育服务个人提供者应具备以下资格: (1) 具有学士或以上学位; (2) 具有相应的职称或证书; (3) 具有2年以上专业工作经验

资料来源:《中国加入世界贸易组织法律文件》。

三、进一步完善中国教育服务贸易的政策选择

(一) 中国教育服务贸易的发展概况

在与教育发达国家比较研究的基础上,我们发现,我国的高等教育服务贸易取得了重大进步。

1. 来华留学生规模稳步提升,中国政府奖学金规模持续扩大

2018年,来华留学生规模稳步增长,生源结构不断优化,全年共有来自196个国家和地区的492 185名各类外国留学人员在全国31个省(自治区、直辖市)的1 004所高等院校学习,比2017年增加了3 013人,增长比例为0.62%(以上数据均不含港、澳、台地区);接受学历教育的外国留学生总计258 122人,占来华生总数的52.44%,比2017年增加了16 579人,同比增加6.86%;硕士和博士研究生共计85 062人,比2017年增加12.28%,学历结构不断优化。2019年,中国政府奖学金规模持续扩大,助力来华留学。2018年有

63 041人享受中国政府奖学金在华学习,占来华生总数的12.81%,中国政府奖学金对来华留学的引领作用持续显现,青海、宁夏、贵州、云南、江西、四川和广西等中西部地区和边境省区的留学生规模显著扩大,奖学金对周边国家生源的拉动作用明显。

2. "一带一路"①沿线国家成为来华留学的发力点

根据教育部的统计数据显示,亚洲、欧洲、非洲、大洋洲来华留学生总人数分别为295 043、73 618、81 562、35 733、6 229名。非洲留学生的数量显著增加。北京、上海、江苏位列吸引来华留学生人数省份的前3位。前10位生源国格局稳中有变,依次为韩国、美国、泰国、印度、俄罗斯、巴基斯坦、日本、哈萨克斯坦、印度尼西亚和法国。前10大生源国中,韩国、印度、巴基斯坦和哈萨克斯坦4国的生源数均有所增长,其中,印度、巴基斯坦和哈萨克斯坦同比增长均超过10%。来自亚洲和非洲的生源较上一年分别有6.5%和19.47%的增幅。"一带一路"沿线国家成为来华留学的发力点。

 专栏13-1

留学新风向:"一带一路"沿线国家渐成留学"黑马"

随着"一带一路"建设的推进,"一带一路"建设参与国成为中国学生赴海外留学的新选择,非英语国家如法国、德国、西班牙、马来西亚等悄然成为留学"黑马"。截至2018年,自2012年以来,我国共有35万余人赴"一带一路"沿线国家留学,其中,国家公派人员1.19万人。2017年,中国赴"一带一路"沿线国家留学人数为6.61万人,比上一年增长15.7%,超过了整体出国留学人员的增速。据统计,中国先后与46个国家和地区签订了学历学位互认协议。其中,"一带一路"国家24个,包括中东欧8国(波兰、立陶宛、爱沙尼亚、拉脱维亚、匈牙利、罗马尼亚、保加利亚、捷克);东南亚5国(泰国、越南、菲律宾、马来西亚、印度尼西亚);中亚5国(哈萨克斯坦、土库曼斯坦、吉尔吉斯斯坦、乌兹别克斯坦、亚美尼亚);独联体3国(俄罗斯、乌克兰、白俄罗斯);南亚1国(斯里兰卡);东亚1国(蒙古);北非1国(埃及)。同时,在实施"丝绸之路"留学推进计划方面,实施《留学行动计划》,仅2016年,就选拔226名国别区域研究人才赴34个国家,选派908名涉及37门的非通用语种人才出国培训进修。据我国商务部的统计,仅2018上半年,我国企业在"一带一路"沿线对55个国家直接投资76.8亿美元,主要投向新加坡、老挝、马来西亚、越南、巴基斯坦、印度尼西亚、泰国和柬埔寨等国家。而赴"一带一路"沿线国家留学的中国留学生,便成为各个国家中外合资企业寻找当地员工的首选目标。

资料来源:李钰.留学目的国日趋多元化"一带一路"沿线国家渐成新宠[J].留学,2019(20):30-31.

---

① "一带一路"(The Belt and Road,缩写B&R)是"丝绸之路经济带"和"21世纪海上丝绸之路"的简称,2013年9月和10月由中国国家主席习近平分别提出建设"新丝绸之路经济带"和"21世纪海上丝绸之路"的合作倡议。依靠中国与有关国家既有的双多边机制,借助既有的、行之有效的区域合作平台,"一带一路"旨在借用古代丝绸之路的历史符号,高举和平发展的旗帜,积极发展与沿线国家的经济合作伙伴关系,共同打造政治互信、经济融合、文化包容的利益共同体、命运共同体和责任共同体。

3. 留学中介市场不规范,缺少政府督导作用

我国的个别行政部门与事业单位办的中介机构,仍然存在政企不分、事企不分的不足,非法留学中介服务活动仍未杜绝,中介机构普遍缺乏留学全过程的服务,留学中介机构从业人员的专业水平参差不齐,缺少必要的专业知识和责任心。在规范行业服务行为上,一方面,政府不能完全披露虚假信息、及时发布留学预警;另一方面,留学中介没有行业协会,缺少行业自律。

(二) 进一步发展教育服务贸易的政策选择

1. 提升留学生政策法治化水平,加强留学生人性化管理

(1) 提高我国留学生政策的法治化水平。

当前,国际教育服务贸易正处于快速扩展阶段,伴随着教育市场的开放,教育服务贸易逐步成为竞争性贸易领域,所以,有效的法律政策环境是支撑教育服务贸易发展的关键。结合我国的教育现状,建立起一套既符合我国国情又与国际惯例接轨的教育法律法规体系,为我国教育参与国际竞争和开展国际合作交流提供法律保障。值得我国借鉴的是澳大利亚。从 2000 年起,澳大利亚开始加强教育服务的各项立法。2001 年,澳大利亚制订了《海外学生教育服务法》和其他相关的法规,分别规定了"国家运用法律手段监督国际教育服务提供者的权利""建立国家的国际教育服务机构的认证、注册制度";为了保障海外学生当前和长远经济利益,政府设立"海外学生保障基金"等八部分内容。利用法律手段对国际教育服务者的权力进行监督,保护外国留学生的合法利益,政府对整个过程进行监督和控制。目前,澳大利亚已成为世界第五大外国留学生接受国,留学生占在校大学生比例的 12.6%,排位世界第二。澳大利亚在 2002 年华盛顿"国际教育服务贸易论坛"上赢得了"教育出口大国"的赞誉。其中,政府有效的法律支持起到至关重要的作用。

(2) 加强留学政策中的人性化管理,创设一个适合留学生的相对宽松的环境。

大量接收留学生是一项社会系统工程,要创造一个适合来华留学生相对宽松的生活和学习环境。这个环境包括社会对外国留学生的容纳程度、留学生的社会居住问题、医疗保险问题、交通安全问题等。扩大外国留学生教育的规模,不仅意味着已经接受外国留学生的高等院校外国留学生规模的扩大,也意味着需要有更多的院校参与到接受留学生的工作作中来,这对接受留学生的高等院校以及对此院校所在的城市和区域来说都是一个新的问题和挑战。尤其是留学生的社会居住和医疗保险问题更是难以解决,急需政府尽快出台相应的切实有效的措施,以解决留学生的后顾之忧,使他们能放心踏实地生活和学习。各保险公司在建立健全相应的保险制度的同时,正在积极开发新的险种,专门为留学生提供服务。据统计,外国留学生来华留学最担心的问题是医疗问题。

2. 发挥现有比较优势,增强教育服务贸易的整体竞争力

(1) 积极同其他国家合作,互相承认学历和学位。

我国高等教育学历学位的国际认同度较差,是制约我国国际教育服务出口贸易发展的瓶颈,也是进口贸易规模居高不下、教育服务贸易逆差的主要原因。加入 WTO 后,我国政府已先后与 28 个国家和地区正式签署了《关于相互承认高等教育学历和学位的协议》,大大克服了我国的学历国际认同度低的问题。双边协议的签署,为来往于中国与签

约国家的留学人员和其他人员在学位学历互认以及继续学习就业等方面提供了一定的便利。

(2) 深化教育体制改革,转化管理方式,增强教育服务的竞争力。

长期以来,人们习惯于把教育服务仅仅视为公共产品,排斥市场机制的作用,即使举办各类民办学校也主要是针对政府对教育投资的不足。出于产权制度和竞争机制的缺失,在教育处于卖方市场的条件下,教育服务提供者就既无动力又无压力去提高效率和改善品质,这是我国教育服务低效和优质教育供给匮乏的基本原因。面对竞争的、开放的国际教育服务市场,我国似乎并没有做好足够的市场准备。所以,我国政府继续深化办学体制改革,积极鼓励多种形式的社会办学加快教育体制改革步伐,不断探索教育发展的新机制。进一步转变政府职能,着重创造有利于教育发展的政策环境和体制基础,打破政府包揽办学的格局,广泛动员和筹措一切可利用的社会资源,逐步建立起政府办学与社会各界参与办学相结合的新格局。强化政府对义务教育的责任,加大各级财政对公共教育的投入,调动社会各界的积极性,以多种方式参与办学,完善有利于民办教育健康发展的激励政策,鼓励建立民办学校,积极促进国际合作与联合办学,实现与国际接轨。

(3) 加强高校之间的协作机制,增强高等教育的国际竞争力。

经过多年的建设,我国高等教育已经形成规模,但是,目前我国专业教育缺乏协作机制,各个高校之间、高校与职业学校之间没有建立协作关系,资源利用率很低,并且在高校内部造成恶性竞争,极大地影响了我国高等教育的整体实力,降低了我国高等教育在国际教育市场上的综合竞争能力。所以,国家教育管理部门要加强宏观管理,协调各高等院校之间的关系,制定相应的规范,提高教育资源的利用率,从而提高我国高等教育服务的对外开放能力和综合竞争力。充分借鉴日本在这方面的经验,实行校际学分认证和转化制,除此之外,日本还与美国、德国、法国、英国和部分发展中国家的高校开展共同研究,定期向国外寄发学术信息资料,以增进国际学术交流与合作。

(4) 发挥现有优势,促进教育服务贸易的国际竞争力。

充分利用国内教育比较优势,向国际市场输出教育服务,虽然我国的教育竞争力在一定程度上还比较弱,但在国际教育服务贸易市场,我国所能提供的教育服务在要素禀赋方面还是有一定的比较优势的。我们要在仔细分析的基础上,充分理解并利用我们的优势来输出教育服务。首先,汉语是我国教育的一大特色。随着我国经济的发展、国力的强盛和国际贸易的开展,国际上学习汉语的需求越来越大,主要消费群体有:与中国有经常性贸易往来国家的留学生、中国传统文明的崇拜者和海外华侨的子女。我们可以利用这一契机,大规模地接受来华留学的学生,还可以在海外设立语言学院。其次,我国的工业专业技术在一定程度上具有优势。随着我国信息产业和高新技术的发展,在工业生产能力和产业结构升级方面,我们比部分比较落后的第三世界国家要发展得快一些。我们可以利用技术上和专业上的优势,向这些国家输出具有相对优势的专业培训和技术培训服务。

发挥比较优势,加强特色专业的发展。独具特色的专业是吸引更多的高层次外国留学生的重要条件。目前,我们应充分发挥传统领域的优势,多创设一些"适销对路"的名牌专业和名牌课程,在留学生教学方面创出一些特色来。随着科学技术的迅猛发展,大量边缘学科、交叉学科、中介学科、横断学科应运而生,大学科、宽专业已成为国际上通行的学科设置方法。我们应在新一轮的学科目录调整中强化一级学科,淡化二级学科,尽早实施按一级学科招收培养留学生,按一级学科统一制定留学生招生计划和培养方案。

3. 借鉴发达国家的经验,增强政府在留学市场中的督导作用

(1) 增强政府对留学中介市场的规范作用。

我国的留学中介市场,参差不齐,留学中介机构从业人员的专业水平参差不齐。对此,我国政府应采取措施规范中介市场,尽快出台具有操作性的法规细则,加强对从事留学中介服务工作人员的培训,健全留学中介的广告审查与查处制度,建立留学中介投诉中心,总结和推广成功经验,尽快建立行业协会等机构,规范留学中介市场。

(2) 对高等学校的教育服务贸易实施监管。

法律授予高等学校办学自主权,同时也授权政府对高等学校进行监管。根据法律规定,政府可以对留学生管理方面进行监管。出于国际教育服务贸易中的各种形式都涉及国家主权问题,不同于一般货物贸易,因此,严格和有序的监管是非常必要的。许多学校为了在数量上多引进留学生,而忽视教学质量的提高,如不加以监管则可能泛滥成灾。有质量才能有生存,加入WTO以后,高等教育面临的是更大规模的竞争。目前,我国的高等教育质量保证机制不容乐观。加入WTO以后,高等教育的国际合作机会增多,迫切需要提高高等教育质量、加强相关的管理,我们不妨借鉴澳大利亚的经验。澳大利亚政府在高等教育质量保证中的责任是:确认大学资格,审核外国大学的运作及资质,认证没有自我认证资格的大学的课程。2000年,建立了澳大利亚大学质量机构(AUQA),对自我认证权利的大学以及州和地方认证机构进行检查,并公布检查结果。同时,根据检查结果对大学以及非大学高等教育的认证标准进行修改,报告澳大利亚大学在国际中的地位以及澳大利亚教育质量保证的程序和标准。我们可以得到以下两点启示:一方面,要加强高等教育评估;另一方面,要促进高等教育评估的民间化、专业化,突出评估机构的独立身份。同时,我国高校之间建立行政之外的其他自律协会或组织,防止学校间的恶性竞争,造成教育市场的混乱。

第三节 体育服务贸易

体育之所以成为产业,是因为在竞技比赛与商业运作中找到了一个最佳的契合点。自1984年洛杉矶奥运会起,奥运会开始盈利,体育产业这一概念从那时起诞生,而体育产业所生产(或提供)的产品就是体育服务。

一、体育产业与体育服务贸易概述

(一) 体育产业

1. 体育产业的概念

体育产业是指为社会提供体育产品的同一类经济活动的集合以及同类经济部门的总

和。这里指的体育产品包括体育用品与体育服务两个部分。

在体育产业的概念形成以前,国家以"体育事业"的方式经营管理体育。体育事业是由政府或其他部门出资从事公共产品生产的部门。1980年的莫斯科奥运会就完全是在计划经济下由政府或其他部门出资的体育事业。原苏联政府为此投入了90亿美元的巨额投入,毫无经济利益可言。

体育产业是从事非公共产品生产并形成利润的部门。在我国体育理论与实践中,存在着一个可以涵盖学校体育、高水平竞技运动、社会体育以及社区体育、职工体育、老年人体育、妇女体育、全民健身等概念的总体概念——体育,即《中华人民共和国体育法》所管辖的体育。这个体育中包含了公共产品与非公共产品,也就是说其中的一部分到任何时候也不可能改变其公益福利性质,如公共体育设施的兴建;另一部分则可用以经营并形成产业,如职业俱乐部。因此,可以认为体育是由产业与事业两个部分组成的。有的国家采取适当政策,以体育产业的收入直接供给发展体育公益事业,如用体育彩票的公益金资助社区体育设施的建设;有的国家则将体育产业的部分收入以税金的形式收回,再以财政支出的形式返回给体育公益事业。

体育产业是国民经济产业体系中的组成部分。体育产业之所以与其他产业不同,就是因为根据社会分工,体育产业生产了自身特定的体育产品和自身特定的体育服务,这种特定的产品和服务可以与其他产业的产品和服务区别开来。

2. 体育产业的特点

(1) 体育产业的发展可以产生关联效应和正的外部性。

人们对体育的需求是多种多样的,只依靠直接生产和提供体育产品和服务的体育产业是难以满足的。因此,各种各样的体育活动除了依赖体育产业之外,还需依赖其他与体育产业相关联的产业。因此,体育产业可以带动纺织、机械、建筑、电子、营养品、食品等制造业以及旅游、保险、博彩等相关产业的发展。这一特点也决定了体育产业的发展不能单靠自身,而必须与其相关联产业同步发展。

同时,在体育产业发展过程中,会有一些附属效应产生,比如提高了全民的身体素质,减少医疗卫生的投入,间接地还可以推动社会文化发展和精神文明建设,带动相关产业(如传媒业)的发展等,可以产生正的外部性。

(2) 体育产业是污染较小、产值高的朝阳产业。

体育产业形成规模是现代经济发展的结果。社会的分工、经济的发展,使体育产业从非独立行业逐渐成为独立行业,在国民经济中发挥特定的功能。随着社会经济的发展,人们进行各种体育活动的需求在不断增长,体育产业的产值在大幅度提高。同时,体育产业还是一种"无烟工业",消耗能源少,不会造成环境污染,符合转变经济增长方式的要求。因此,体育产业是一个可以长期存在和持续发展的产业。

(3) 体育产业是劳动密集型、提供多种就业机会的第三产业。

体育产业是一种劳动密集型行业,可以提供较多的就业机会。有关数据表明:1995年美国体育产业提供了466万个直接和间接的就业机会,就业人口增加2个百分点;1 270亿美元的家庭收入,家庭收入增加24个百分点;1996年澳大利亚在体育行业工作的人员达到95万人,其中,44%的人从事的是全职工作,体育为人们提供的就业机会与其他一些主要行业相近或稍高。目前,我国体育产业还属于劳动密集型产业,尤其是体育用品制造业就业人数占了较大的比例,随着体育服务业的发展,必将对增加社会就业产生直接的推动作用。

(4) 体育产业是进入全球经济的国际化产业。

体育运动是一种规则性很强、国际化程度很高的文化形态,体育运动的国际性决定了体育产业必定具有同样的国际性。竞技体育的国际化趋势,注定了体育产业必定要突破国界成为一项全球性的经济活动。体育产业的国际化使体育人才的国际流动性加大,体育竞赛的国际竞争性增强,体育产品与服务更加面向国际市场,体育产业背后的金融活动更具有国际流动的性质。

3. 体育产业的基本内容与分类

(1) 按体育产业现行管理体制进行分类。

第一,主体产业。是指那些以体育资源为开发基础直接进行的生产与经营活动,它是体育自身的经济功能和价值的发挥与体现。在计划经济时代,体育资源基本控制在政府手中,在转入市场经济后,这类产业实际是指政府体育行政部门与直属单位直接管理或经营的产业,称为主体产业。这类产业包括体育竞赛表演业、体育健身娱乐业、体育培训咨询业、体育资产经营业等。

第二,相关产业。是指那些以体育娱乐作为载体,向消费者间接提供各种用品与服务的生产与经营活动。主要有体育用品、体育经纪与代理、体育新闻与媒介、体育广告、体育旅游、体育建筑等相关产业。这些产业现在基本上不在体育行政管理部门的控制下,因此称它为相关产业。

第三,体办产业。是指体育行政部门或单位利用某些体育资源为弥补经费不足所进行的各种生产和经营活动。如体育场馆出租、餐饮、宾馆、航空票务代理等。

(2) 按体育产品种类进行分类。

第一,体育用品业。具体包括体育服装业、体育建筑业、体育设施业、运动饮料业、体育科研仪器业。

第二,体育服务业。包括体育竞赛表演业、体育健身活动业、体育空间服务业、体育培训教育业、体育信息咨询业、体育会展业、体育养殖业。

(3) 按消费者的参与动机进行分类。

第一,体育健身业。这类产业包括健身指导业、健美减肥业、体育旅游业、体育疗养业、体育康复业等。

第二,休闲娱乐业。这类产业提供的是场地和器材设备以及维修和管理等服务,包括运动游戏业,如各种球类游戏、车船运动等;极限运动业,如蹦极、攀岩、滑翔伞等;棋牌活动业,如各种棋院、麻将馆等;水上、冰雪活动业;特殊娱乐业,如枪械活动、垂钓狩猎业。

(4) 按经营、集资方式进行分类。

第一,体育彩票业。体育彩票是指以筹集国际和全国性大型体育运动会举办资金、资助社会体育活动等名义,所发行的印有号码、图形或文字的、供人们自愿购买并能够证明购买人拥有按照特定规则获取奖励权利的书面凭证。国家发行彩票的目的是筹集社会公众资金,资助体育等社会公益事业的发展。体育彩票是市场经济社会中的一种特殊商品,它既具有一般商品的共性,又有自己鲜明的特性,即社会性、公益性、娱乐性、计划性、市场性和经济性,它是计划行为和市场行为、行政手段和经济手段的对立统一,不能完全市场化。

第二,体育赞助业。赞助指赞助者与被赞助者之间以支持(金钱、实物、技术或劳务等)和回报(冠名、广告、专利和促销等权利)交换为中心,平等合作、共同得益的商业行业。体育赞助是以体育部门、体育活动为对象的赞助。

第三,体育广告业。利用国际国内各种运动会或赛事作为广告载体,将企业、产品名称与运动会联系起来,通过树立企业形象、促销产品、拓展国际国内市场等使厂商获取实际利益,使体育部门获得竞赛费用的业务活动。广告收入是大型运动会的主要经济来源之一。

第四,体育节目电视转播业。电视转播权指举行体育赛事、文艺演出、集会等公众活动时,许可他人进行电视转播,主办方由此可能获得报酬的权利。电视转播权属著作权的范畴,受著作权法的保护。体育节目的电视转播权是体育场馆、运动赛事、体育俱乐部的重要收益来源之一。

第五,体育经纪人业。以获取佣金为目的,与体育相关人员或组织签订委托合同,充当委托人与第三人之间有关职业运动、体育竞赛等事宜的订约媒介,或为委托人提供通过体育获益机会的自然人、法人或其他经纪组织。从组织形态上看,体育经纪人有如下几种:经纪公司、经纪事务所、个体经纪人,体育经纪人可为运动员个人、体育组织或体育比赛从事经纪活动,可采用体育推销、体育代理、法律咨询等方式开展经纪活动。体育经纪人的主要业务范围是:一是从事体育比赛的策划、组织、宣传、代理各种与体育比赛有关的商务活动,如赛场广告、电视转播权;二是作为运动员的代理人,帮助运动员开展各种商务活动,如签约、转会、形象开发、财务收支等;三是参与体育活动中各种经济纠纷的调停、仲裁、法律诉讼等过程。

(二) 体育服务贸易

在体育产业中,占很大比重的体育服务与体育娱乐业都属于国际服务贸易行业,在12大类服务贸易中,体育属于第10类,即娱乐、文化与体育服务。

GATS通过定义服务的四种方式,界定了服务贸易的范围,这四种提供方式是跨境交付、境外消费、商业存在和自然人流动。与此相对应,体育服务贸易也包括以下四种方式。

1. 跨境交付

例如,奥运会、世界杯赛、世界锦标赛等的国际转播。服务提供者与服务消费者分别处在两个不同的国家,只是服务内容的跨国界流动,不涉及人员、物资和资金的流动。

2. 境外服务

例如,在国外举办的奥运会,期间我国公民到举办国旅游、观看比赛,或我国公民到国外体育院校留学等。这种方式的主要特点是消费者到了服务提供者所在国的境内。

3. 商业存在

例如,国外的球队或财团到我国开设体育学校或俱乐部,提供教学、训练、培训服务。

4. 自然人流动

这里所说的自然人主要包括运动员、经纪人、教练和裁判员。

体育作为一项服务贸易,要受到GATS的约束,必须承诺WTO关于服务贸易自由、国内公平和开放的基本原则。凡是承诺开放体育市场的国家,除了政府完全资助的体育活动外,凡带有商业性的体育活动,所有协定签署国都有权参加竞争。

世界贸易组织成员对各服务行业的开放采取承诺制。各成员国的服务开放承诺情况表中,已列出对体育及其娱乐服务承诺开放的国家达57个,其中,发达国家20个,欠发达国家1个,经济转型国家36个。

二、我国体育服务业的发展现状

(一) 我国体育产业发展历程

从我国体育产业发展的实践过程来看,大体可以分为三个阶段。

1. 第一阶段(1979—1991年)

党的第十一届三中全会提出"以经济建设为中心"后,在有计划的商品经济的改革思想指导下,国家体委提出了体育社会化发展的方针,通过不断拓宽投资渠道,使过去由体委一家办转变为各行各业大家办,由单纯依靠国家投资转向以国家投资为主、向社会多方筹资的办法,对体育场馆的经营提出了"以体为主、多种经营""由事业型转变为经营型"的要求。体育开始涉及场馆出租、土地转让、兴办公司等经营创收活动。

2. 第二阶段(1992—1996年)

党的十四大以后,随着社会主义市场经济体制的确立,体育发展也逐渐转变为面向市场以产业化为目标的发展方向。为了适应这一转变,首先,国家体委机构进行了较大的改革,所有运动项目管理职能从政府管理中分离出来,成立了20个运动项目管理中心。尤其是以足球改革为突破口,推进协会实体化的进程,将足球运动推向市场,与此相适应,各足球运动队都按照职业俱乐部组建的要求,成为自负盈亏、自主经营的市场主体,带动了中国足球产业的发展;其次,国家体委制定了《1995—2000年中国体育产业发展纲要》和相应的体育产业发展的法规。在体育产业发展纲要中,明确了中国未来15年体育产业发展的指导思想、重点和目标以及发展体育产业的基本政策和基本措施,中央和地方政府都制定了相应的体育产业发展法规;办起了中国体育博览会,开放了体育竞赛市场;此外,还发行了中国体育彩票,成立体育基金等。国家体委在重庆市和长春市确定了两个体育产业开发实验区,这一切都标志着中国体育经济已突破单纯的创收增资的模式,开始走向立体化的产业开发阶段。

3. 第三阶段(1996年至今)

1998年2月25日,随着"中体产业"公司股票在上海证券交易所的成功上市,使中国体育产业的发展开启了新篇章。截至2020年年末,在A股、港股和美股上市的中国33家体育公司总市值为8 134.18亿元(港股、美股公司货币单位均换算为等值人民币),3家公司市值破千亿元,9家公司市值过百亿。通过证券市场的直接融资,实行资本运作,极大地促进了我国体育产业的发展规模,形成规模效益,规范体育分产业企业的经营管理。这从另一方面也说明政府对体育产业发展的有力扶持,最终将使体育产业的发展摆脱政府的干预,形成以市场调节为主的运行机制。

(二) 我国主要体育产业门类的发展状况

我国体育产业分为体育服务业和体育用品制造业两个主要部分。

1. 我国体育服务业的发展状况

我国体育产业起步晚，基础差，但发展速度较快。2018年，全国体育产业总规模为26 579亿元，增加值为10 078亿元，体育产业增加值占国内生产总值的比重达到1.1%。其中，体育服务业保持良好发展的势头，增加值为6 530亿元，在体育产业中所占比重达到64.8%，比2017年有所提高。

在计划经济时期，我国的体育产业多被作为纯粹的消费部门看待，发展受到严重的制约。改革开放以来，在政府、社会、企业的共同努力下，我国逐步形成了体育产业的各项门类，包括了体育物质消费和体育服务消费两大门类。特别是在20世纪90年代以后，随着体育服务业市场体系的不断完善，各种体育服务业市场因素的变异性增强，体育服务业市场开始呈现个性化、多样化、多元化等特征，具体表现在以下三个方面。

(1) 以本体市场为主体的体育服务业市场形成了一定规模，市场体系的框架基本形成。体育服务业是以精神和服务产品为主的产业，它的发展是以体育服务市场的发展为前提的。随着市场经济的发展，体育改革的不断深入，体育服务业的需求不断扩大，体育服务业市场逐步由过去的零星、单一、主次不清逐步向层次分明、全面发展推进。目前，基本框架已趋清晰，即体育健身娱乐服务市场、体育竞赛表演服务市场、体育教育培训服务市场等已发展成为市场的主体，体育用品经营服务市场、体育旅游用品服务市场、体育音像制品服务市场、体育建筑服务市场等作为体育服业相关的各种体育服务市场也在持续发展之中，体育服务市场体系初步形成，核心体育服务业市场、中介体育服务业市场和外围体育服务业市场三者互动。

(2) 体育服务业开发的领域不断拓宽，体育服务业的服务质量和生产效益逐步提高。许多体育服务业资产和资源显示了巨大的开发潜力和潜在市场的优势。社会投资办体育服务业的形式发展很快，涌现出一大批符合现代体育产业制度的体育服务企业和企业集团。

(3) 确立和形成了保证体育服务业发展的多渠道、多层次、多形式的筹资机制，如体育产业股市融资、体育彩票业、体育赞助业、体育广告业、体育传播业等筹集了部分资金用于体育服务业，填补了一定的资金缺口，有效地推动了体育服务业的发展。

2. 我国体育用品制造业的发展状况

体育用品制造业是改革开放以来我国新兴的产业门类，在我国体育产业发展中占有十分重要的地位。2018年，我国体育用品及相关产品制造总产值为13 201亿元，比2017年略有下降，但基本保持了稳定发展的态势。同时，体育用品及相关产品制造增加值为3 399亿元，呈现小幅度的增长，占全部体育产业增加值的比重为33.7%。①

---

① 中国体育用品业联合会.2018年度全国体育产业统计数据重磅出炉:体育用品制造业基本保持稳定展[EB/OL]. https://www.sohu.com/a/368211179_99916289,2020-01-21.

(三) 体育产业的结构特点

1. 以体育服务业和体育用品制造业为主导，多业并举的产业格局正在形成

体育服务业在我国大多数省份已经成为体育产业的主导产业，体育用品制造业则主要分布于沿海及东部省份。我国体育产业已形成以体育服务业和体育制造业为主导、多业并举的产业格局。在我国体育产业经济结构中，非公有制经济已经逐步占据主导，形成与公有制经济共谋发展的多元化投资格局。

2. 我国体育产业主要分布于经济发达地区和体育运动水平较高的地区

在我国，经济发达地区与体育运动水平较高的地区，体育产业发展水平明显高于经济欠发达地区和体育相对落后地区。总体而言，我国体育产业发展地区差距很大，体育产业主要集中于北京、上海等直辖市以及沿海经济发达地区和大中城市。中西部地区及中小城市体育产业发展水平远不及沿海经济发达地区和经济发达、现代化水平较高的大中城市。

三、进一步发展我国体育贸易的政策选择

(一) 我国体育产业发展中存在的问题

1. 从业者缺乏市场观念

市场观念缺乏是发展我国体育产业首先要面对的一个根本性问题。发展体育产业完全不同于在计划经济条件下进行体育工作。要以市场为基础配置体育资源，要明确树立体育赞助商、电视台、观众等服务对象就是上帝的观念，具备专业策划、专业设计、专业运作、专业推销、专业服务的能力，提供规范化和专业化的体育服务和体育产品。

2. 权责明确的场馆管理与经营体制还未建立

我国的体育场馆大多由国家投资兴建，国有资产的基本性质决定了这些体育场馆首先面临的是管理体制问题。在国际上也有多种体制模式。例如，美国得克萨斯州政府投资建造的大型体育馆交给休斯敦火箭队作为主场经营，该篮球俱乐部每年向政府交纳一定数量的费用。法国的国家体育场承包给一家专业体育经营公司管理和经营。我国各地也有不同的管理体育场馆的模式和方式，但效益好并以体育为主的并不多。

3. 体育产业人才缺乏

体育产业的经营者需要具备市场经营和体育运动两方面的知识和经验。由于长期在计划经济条件下办体育，在我国具备体育知识的人才往往缺乏应有的经营意识和知识，而一般经营者又缺乏体育运动知识。就我国体育产业发展而言，缺乏三类人才：一是负责体育产业、体育市场规划、监管职能的行政干部；二是高素质的体育企业家和体育经纪人；三是体育营销人才和体育产品研发人才。

(二) 发展我国体育服务业的政策建议

1. 树立和提高体育产业意识

伴随着社会主义市场经济体制的确立，必须转变观念，站在我国经济发展的新阶段来正确

认识我国体育产业的开发问题。明确体育产业在国民经济和社会发展总体战略中的重要位置，明确政府在体育产业化发展过程中的作用与职责，加强对体育产业的行业管理、宏观指导及调控力度。把体育产业作为国民经济新的经济增长点来培育。通过体育产业产生的经济效益，使人们逐渐认识和接受体育产业观念，为体育产业的发展奠定坚实社会的基础。

2. 实行政企分开，深化体制改革

进行体制改革，改变过去政府既管理体育又办体育产业的模式，形成真正意义上的"小政府大社会"体育产业。既然国家已将体育向产业化发展，就应该放手让体育按市场规律去运行。体育管理部门应从体育产业中解放出来，进行有效的监管和宏观调控，促进市场良性运行，做到"政府搭台，企业唱戏"。进行政府体制改革，一方面，体育行政部门将属于产业范畴的事业单位彻底分离出来，加强市场化力度，使其成为具有独立主权、自主经营、自负盈亏的企业实体。体育俱乐部、体育彩票业等应从现在事业单位向企业转化，通过市场规律来调节，促进其健康发展。另一方面，改变过去的政府既是运动员又是裁判员的角色，政企分离，彻底消除部门所有与地方所有的观念，当好裁判员，制定规范市场管理的法规，促进市场有效竞争，引导行业发展。

3. 加强法治建设，依法保护体育产业投资者的合法权益

通过立法，制定和完善体育产业发展的政策和法规，使政府和企业行为规范化，促进体育产业有序发展。打破行业垄断，引入竞争机制，给各类投资主体以平等的投资、收益机会。要实现投资主体多元化，实行国家、集体、个人和外资相结合，最大限度地吸引社会资金对体育产业的投资。同时，创造良好的投资环境，依法保护投资者的合法权益，促进体育产业的良性发展。

4. 培养体育产业市场，促进人们对体育产业的需求，促进体育产业的发展

改革开放以来，我国经济迅速发展，国家统计局发布的2020年国民经济和社会发展统计公报显示，2020年全国居民恩格尔系数为30.2%，其中城镇为29.2%，农村为32.7%。居民消费不断升级，这为体育产业的发展提供了经济基础。城市体育产业的发展将是未来的重点领域，应以大众强身健体、延年益寿、欢度余暇为目的提供服务的体育健身、休闲、娱乐产品的市场供应为重点，坚持常规体育健身娱乐消费项目（如足球、篮球、游泳、羽毛球、网球、乒乓球等）与新兴体育健身娱乐消费项目并举的开发方针。同时，随着国家公休假日的延长，人们有更多的闲暇时间参与各种体育健身活动，这些因素刺激了人们对体育健身的需求，为我国体育健身业的发展提供了广阔的市场。根据这种趋势，在发展体育产业时，必须把体育健身娱乐业作为体育产业发展的重点。

5. 重视体育人才的培养，建设高素质体育产业人才队伍

面对国际市场的竞争，国内体育产业的发展要形成竞争优势，就必须加快建立起适应体育产业发展的研发队伍、管理人才队伍和企业家队伍，通过专业培养、岗位培训、引进等多条渠道来培养和造就一大批体育产业人才。从我国体育市场的实际出发，体育经营管理专门人才的培养，可以通过组织并鼓励体育经营单位的有关人员岗位培训、在职进修，通过招聘引进一些非体育部门的经营管理人才到体育经营单位从事体育的经营管理工作，以及通过在有关的体育院校设立体育经营管理专业，或与财经类大学合作，开设体育MBA系列课程等途径，集中培养适应我国体育产业化发展需要的主要从事体育市场经营

管理工作的高层次专门人才。

6. 因地制宜,满足不同市场的需要

体育产业要发展,必须充分利用市场机制,合理配置体育资源,培育体育市场的消费主体。近几年,有些地方不考虑城乡消费需求的变化和地区的实际情况,一哄而起,盲目建设了很多高档的体育娱乐设施,造成不同程度的资源闲置和浪费,原因就在于离开了市场需求,脱离了我国广大人民群众的消费水平。要看到,我国虽然人口众多,但能享受高消费者毕竟是少数,绝大多数人尚不具备大量消费高档体育产品的条件。另外,由于我国地区之间、城乡之间的经济发展不平衡,居民在收入水平上存在很大差距,消费者对体育产品的需求必然呈现多元化、个性化的特点,体育用品的消费档次也会进一步拉开。为此,体育产品的生产应以市场为导向,充分考虑到各地区经济发展不平衡的现实。在东南沿海经济比较发达的地区,可以把建设高水平的体育场馆、高档次的娱乐设施和举行观赏性的体育比赛作为重点,来满足高水平的消费需求;在经济比较落后的地区,则应以开发中、低档体育产品和大众化的体育健身娱乐活动为主,满足中、低档水平的体育消费需求。

7. 国家要给体育产业以政策扶持,促进体育产业平衡发展

各级政府要把体育产业纳入经济和社会发展的统一规划,在税收、金融等方面给予政策上的倾斜。一方面,不断加大对公共体育设施建设和各级学校体育事业的投入,促进和扶持基础性的体育设施和体育事业的发展,为体育产业发展提供保证;另一方面,根据各地区经济发展水平和体育消费水平,选择适合本地区体育消费市场要求的体育产业和不同种类、不同档次的体育产品作为扶持对象,因地制宜地促进体育产业的发展。为改变体育产业发展不平衡的状况,对不同地区要采取不同的措施。对经济落后、体育产业发展滞后的地区,实行"体育扶贫"政策,尤其应提倡和鼓励经济发达地区向经济落后地区进行体育投资,加大对贫困地区体育产业的投入,缩小这些地区与经济发达地区体育产业发展的差距,使我国的体育产业走向平衡发展的轨道。

本章小结

1. 按照 BOP 的行业划分,本章对医疗卫生服务贸易、教育服务贸易和体育服务贸易这三个比较关键的领域进行了介绍。

2. 自加入世界贸易组织以来,我国已经在医疗服务贸易领域取得进展,新时代可以利用 WTO 的平台、机制和规则,大力发展我国的医疗服务贸易。

3. 在教育服务贸易领域,"一带一路"成为新时代我国教育服务贸易的新的发力点。

4. 在体育服务贸易领域,应明确体育产业在国民经济和社会发展总体战略中的重要位置,把体育产业作为国民经济新的经济增长点来培育。

 基本概念

1. 医疗卫生服务贸易

医疗卫生服务贸易是指国际交易的商品在医疗业方面劳务的交换,是一种特殊商品的交易,既包括本国病人的出境治疗,又包括外国人的入境治疗。

2. 教育服务贸易

国际教育服务贸易是指世界各国（或地区）之间进行的教育输出与输入。

3. 体育产业

体育产业是指为社会提供体育产品的同一类经济活动的集合以及同类经济部门的总和。这里指的体育产品包括体育用品与体育服务两个部分。

 复习思考题

1. 医疗卫生服务贸易有哪些特点？
2. 国际教育服务贸易有哪些作用？
3. 简述体育服务贸易的发展特征和趋势。

第十四章 国际服务外包

> **学习目标**
> - 了解国际服务外包的基本概念。
> - 熟悉国际服务外包的分类。
> - 掌握国际服务外包的发展趋势。
> - 掌握我国国际服务外包的发展趋势。

生产性服务业已成为发达国家的支柱产业,生产性服务业的迅速发展与升级使国际竞争从成本和价格的竞争过渡到技术与品牌的竞争,再演变到产品供应链之间的竞争,成为决定各国在世界产业链和价值链地位的关键因素。由此,生产性服务业跨国转移成为新一轮国际投资的突出特征,生产性服务业与第二产业相互融合,创造出全新的产业发展模式,促进服务外包的发展。服务外包已经成为经济全球化的重要标志和全球产业转移的重点。特别是拥有低成本、高素质人才优势的发展中国家的离岸服务外包发展迅猛,而且外包业务种类也逐步扩大到软件、后台服务、呼叫中心、研发设计等业务,服务外包可以丰富产品供应链的内涵,已成为服务转移的重要形式。

第一节 服务外包的界定

一、服务外包的内涵

(一)服务外包

服务外包是指企业为了将有限的资源专注于其核心竞争力,以信息技术为依托,利用外部专业服务商的知识劳动力,来完成原来由企业内部完成的工作,从而达到降低成本、提高效率、提升企业对市场环境迅速应变能力并优化企业核心竞争力的一种服务模式。

因此,服务外包是基于信息网络技术,将非核心服务活动交给其他企业操作完成,并采用现代通信手段进行交付,使企业通过重组价值链、优化资源配置,以降低成本、提高效率、增强核心竞争力、提升企业对市场环境迅速应变能力一种服务模式。

(二) 服务外包企业

服务外包企业是指根据其与服务外包发包商签订的中长期服务合同,向客户提供服务外包业务的服务外包提供商。

(三) 服务外包业务

服务外包业务是指服务外包企业向客户提供的具体服务内容,主要包括信息技术外包(ITO)、业务流程外包(BPO)和知识流程外包(KPO)等,具体包括商业应用程序外包(如业务改造外包、业务流程服务外包、应用管理和应用服务外包等)、基础技术外包(IT、软件开发设计、技术研发、基础技术平台整合和管理整合等)。

二、服务外包的类型

按不同的划分标准,服务外包可划分为不同的类型。

(一) 按内容进行划分

按内容进行划分,服务外包主要分为信息技术外包、业务流程外包和知识流程外包。其中,信息技术外包强调技术,更多涉及成本和服务;业务流程外包更强调业务流程,解决有关业务的效果和运营的效益问题。

1. 信息技术外包服务

(1) 软件研发及外包:①软件研发及开发服务,主要适用于金融、政府、教育、制造业、零售、服务、能源、物流和交通、媒体、电信、公共事业和医疗卫生等行业,为用户的运营、生产、供应链、客户关系、人力资源和财务管理、计算机辅助设计、工程等业务进行定制软件开发、嵌入式软件、套装软件开发和系统软件开发、软件测试等。②软件技术服务,主要包括软件咨询、维护、培训、测试等技术性服务。

(2) 信息技术研发服务外包:①集成电路设计,主要包括集成电路产品设计以及相关技术支持服务等。②电子商务平台,主要指为电子贸易服务提供信息平台等。③测试平台,主要指为软件和集成电路的开发运用提供测试平台。

(3) 信息系统运营维护外包:①信息系统运营和维护服务,主要包括客户内部信息系统集成、网络管理、桌面管理与维护服务;信息工程、地理信息系统、远程维护等信息系统应用服务。②基础信息技术服务,主要包括基础信息技术管理平台整合等基础信息技术服务,如IT基础设施管理、数据中心、托管中心、安全服务、通信服务等。③企业运营数据库服务,主要包括为客户企业提供技术研发服务、为企业经营、销售、产品售后服务提供的应用客户分析、数据库管理等服务。主要包括金融服务业务、政务与教育业务、制造业务和生命科学、零售和批发与运输业务、卫生保健业务、通信与公共事业业务、呼叫中心等。
④企业供应链管理数据库服务,主要包括为客户提供采购、物流的整体方案设计及数据库服务。

2. 业务流程外包服务

（1）企业业务流程设计服务。主要包括为客户企业提供内部管理、业务运作等流程设计服务。

（2）企业内部管理数据库服务。主要包括为客户企业提供后台管理、人力资源管理、财务、审计与税务管理、金融支付服务、医疗数据及其他内部管理业务的数据分析、数据挖掘、数据管理、数据使用的服务;承接客户专业数据处理、分析和整合服务。①

3. 知识流程外包服务

知识流程外包是围绕对业务诀窍的需求而建立起来的业务,指把通过广泛利用全球数据库以及监管机构等的信息资源获取的信息,经过即时、综合的分析研究,最终将报告呈现给客户,作为决策的借鉴。

知识流程外包主要涉及和包括知识产权研究、医药和生物技术研发和测试、产品技术研发、工业设计、分析学和数据挖掘、动漫及网游设计研发、教育课件研发、工程设计等领域。

知识流程外包的流程可简单归纳为:获取数据-进行研究、加工-销售给咨询公司、研究公司或终端客户。因此,知识流程外包旨在通过提供业务专业知识而不是流程专业知识来为客户创造价值,即将业务从简单的"标准过程"执行演变成要求高级分析和准确判断的"专业过程"。②

（二）按交付方式划分

按交付方式划分,服务外包可分为在岸服务外包和离岸服务外包。③

1. 在岸服务外包

在岸服务外包(Onshore Service Outsourcing)也称为境内服务外包,是指服务外包的承接商与发包商来自同一个国家或地区,因而服务外包工作在一国(或地区)境内完成。

在岸服务外包更强调核心业务战略、技术和专门知识、从固定成本转移至可变成本,重视规模经济和价值增值的程度高于降低成本。

2. 离岸服务外包

离岸服务外包(Offshore Service Outsourcing)指服务外包的发包商与承接商位于不同的国家或地区,服务外包工作须跨境完成。离岸服务外包是企业充分利用国外资源和企业外部资源进行产业转移的一种形式,主要是指跨国公司利用发展中经济体的低成本优势将服务外包到发展中经济体。

与外商直接投资相比,离岸服务外包在降低生产成本、强化核心优势、发挥规模效应

---

① 唐秀红.济南市长清区服务外包产业发展问题研究[D].山东大学,2011-5.
② 张恒杰.什么是服务外包[EB/OL].http://blog.sina.com,2020-08-24.
③ 张蕊.中国服务外包发展研究[D].天津财经大学,2011.

等方面更具有优势,且日益成为跨国公司国际化经营的重要战略途径。

专栏 14-1

我国金融服务外包的发展机遇、挑战与对策

过去 30 年,全球价值链不断演变给全球经济带来巨大影响,引发深度变革,其中,国际金融融合日益明显,跨国金融机构不断通过建立境外子公司或离岸发包来实施其国际经营。当前,我国金融外包的市场规模仅次于软件信息服务业和制造业,在进一步融合开放背景下将迎来金融服务外包的更大发展。

一、我国金融服务外包发展面临的机遇

(一)政策机遇

随着更多境外金融机构进入中国市场,金融服务外包的发包群体进一步壮大,叠加国内多项鼓励支持服务外包发展的政策举措,金融服务外包面临良好的政策机遇。

(二)需求机遇

在国内金融改革的深化、数字普惠金融计划的实施以及金融科技迅猛发展的背景下,金融体系建设及改造需求将增加。混业经营的全能型金融集团、互联网金融等新兴业态都在业务内容和服务模式方面提出创新要求,也将释放更多的外包需求。

(三)信心机遇

中国经济的长期稳定增长、人民币加入 SDR 一揽子货币、"一带一路"倡议和人类命运共同体倡议实施等因素增强了金融发包企业对华发包的信心。

二、我国金融服务外包发展面临的挑战

(一)全球经济增长的不确定性

全球经济长期的不确定因素可能破坏包括外包在内的全球价值链合作。2020 年 1 月,世界银行表示,2019 年全球经济扩张速度为 2008 年全球金融危机爆发以来最慢,2020 年的情况虽略有改善,但仍易受到贸易和地缘政治紧张局势等方面的不确定性影响;2020 年 4 月,G20 财长和央行行长会议认为,当前全球经济增长依然缓慢,下行风险犹存,主要风险包括地缘政治和贸易紧张局势、政策的不确定性和公共卫生安全问题等;2020 年 4 月 20 日,世贸组织预计相对乐观的前景是世界商品贸易量在 2020 年收缩 13%,相对悲观的前景是下降 32%,而 2021 年全球贸易增长率将接近 5%,远低于疫情前的增长率;2020 年 6 月,国际货币基金组织最新警告称,2020 年全球经济可能萎缩近 5%、国际贸易紧张情势升温引发多边贸易体系崩溃的危险、保护主义的盛行和长期存在对包括服务外包在内的全球价值链分工的破坏等,致使令人担忧金融市场预期的 V 型复苏可能面临风险;惠誉则认为 2020 年全球 GDP 萎缩 4.6%。①

(二)发包企业社会责任管理的压力引发跨国企业内部化发包

跨国企业面临 NGO 等组织各类 CSR 相关检查的压力日增,亟须加强可持续供应链

---

① 张佳男.世界经济月评[J].中国远洋海运,2020(7):76.

管理,强化对接包企业在环境污染、健康安全、劳动权益、人权和反腐实践等方面的合规管理。一些跨国发包企业会通过书面和现场审计等方式督促服务接包企业遵守与自己同一水平的国际合规要求,另一些企业则会通过内部化发包来降低风险、保护商誉。

（三）技术变更带来的价值链重构或引发外包回流

数字化、自动化,机器人和3D打印技术的应用正在重构全球价值链,新技术的采用使得劳动成本与生产的关联度不如之前紧密,离岸发包不如之前诱人。当前,重大外包回流的迹象还不明显,但呼声很多,不少跨国企业认为回流有助于提高质量和品牌形象。

（四）国内积存的风险和强监管背景或导致部分接包企业出局

一方面,国内金融体系存在的诸如非金融企业杠杆率高企下"僵尸企业"占据信贷资源、债务积累难以消化、金融机构资产质量下降、金融产品创新无序发展等问题都可能影响金融发包企业发展。另一方面,在金融强监管背景下,对金融服务外包企业的资质规模、合规设施措施等各方面的要求也将更为严格,从事金融服务外包业务的门槛更高,中小型企业或面临出局。

三、我国金融服务外包发展的策略

（一）市场微观主体——企业层面

金融外包企业亟须加强对风险管控、监管技术、资产管理、支付清算等金融业务领域知识和技术能力的把控,提高专业解决方案交付能力;探索技术和商业合作模式创新,提升业务层级;积极配合金融机构的可持续供应链管理计划,注重品牌形象,合规守法经营,提高CSR建设水平,为金融业竞争力提高和稳定性保驾护航。

（二）市场宏观政策——国家层面

国家需要大力创造良好和公平竞争的营商环境,在加强有效监管和防范系统性风险的前提下,提高金融机构和金融外包企业的创新力、竞争力。

第一,进一步改善金融接发包企业发展的营商环境,吸引更多有国际竞争力、运行稳健的境外金融机构入驻。加大金融监管和风险防范力度,整治无序竞争乱象,从教育培训投入和税收政策等方面思考对策,扩大和提高金融外包从业者的规模、技能和从业意愿,减小金融外包企业的成本压力。

第二,对接金融科技创新研发,提高金融外包的价值含量。服务外包主要是基于IT网络交付的服务,金融外包能级的提升与企业在金融科技领域创新和研发关系密切。我国金融科技领域近年来蓬勃发展,创新活跃,政策体系和工作机制初步形成。2018年金融科技领域人工智能、区块链等技术的创新和应用将继续快速发展,全球金融机构将建立各自的数字银行,建议建立金融外包与金融科技的有效对接机制,加大研发创新的支持力度。

第三,对标国际,提高对外包企业的金融服务水平。在印度,金融机构有面向外包企业的优惠贷款和专业服务部门,IT企业在注册一年内就允许上市,金融外包企业在规模、资质、从业人员素质等方面都有一定的比较优势,我国应该对标国际,支持轻资产的金融外包企业通过多层次的资本市场直接融资。

参考资料:朱华燕.新形势下发展金融外包的对策[N].国际商报,2018-6-27.

三、 服务外包发展的趋势与特征

在新一轮科技革命和产业变革的推动下,经济服务化和服务融合化、外包化、高端化的趋势突显。随着大数据、云计算、区块链、人工智能、机器人等创新应用,数字技术日益成为通用技术,服务业的内涵更加丰富,新业态、新模式不断涌现。服务外包也正由以降低成本为特征做减法的 1.0 时代、以价值创造为特征做加法的 2.0 时代快速迈向以合作竞争为特征做乘法的 3.0 时代,呈现出标准化、数字化、智能化、融合化的发展趋势和特征。①

(一)标准化是服务外包业务转型的关键

标准化具有质量可靠性、传递便捷性、内容保真性等重要功能,已成为抢占全球价值链高端地位、获取核心竞争力、占据市场主导地位的重要途径。国际标准化认证既有助于企业规范经营管理流程和业务环节,为开拓国际市场、承接离岸服务外包业务提供基础性支撑,也通过技术外溢效应、关联效应、示范效应促进服务外包产业发展跃上新台阶。

(二)数字化是服务外包业务转型的基本要求

服务外包兴起于 20 世纪 90 年代的信息技术领域,是资源优化配置的新方式,业态上是数字经济的有机组成。随着数字技术创新发展与广泛应用,传统产业数字化与数字技术产业化交互促进,数据成为新生产要素,数字经济蓬勃发展,培育了经济转型新动能,拓展了经济增长新空间,加速了服务经济新发展。服务产品数字化、个性化、多样化,推动要素资源流动加速,对供需匹配效率的要求提高,服务供应商唯有加快数字化转型,掌握丰富的数据资源,提升数据挖掘与分析能力,才能实质性地提升服务供给的质量与能力,加快适应需求端的新变化,在市场竞争中赢得主动。②

(三)智能化是服务外包业务转型的必然趋势

深度学习和大数据正在引领第三次人工智能(AI)热潮,人工智能技术在语音识别、机器视觉、数据挖掘等应用场景,与自动驾驶、智慧金融、智慧生活、智慧医疗等商业模式紧密结合,解决了实际问题,展现了商业价值。按照高德纳技术成熟度曲线,人工智能技术进入了成熟上升期,将保持持续增长的势头,已成为各主要国家科技战略的核心方向。人工智能领域的创新与创业发展将对现有业务流程、商业模式带来根本性改造,服务供应商应尽早在业务流程中引入"AI+"思维方式,努力实现流程自动化、数据自动化、业务自动化,加快确立清晰的领域界限,积极构建闭环和自动标注的大数据资源,强化超大规模计算能力,争取人工智能领域顶尖人才,抢占产业变革的先机。

---

① 李西林.新时期中国服务外包如何转型升级[N].上海证券报,2017-10-20.
② 张琼.中国服务外包发展趋势与展望[J].服务外包,2019(4):64-66.

(四)融合化是服务外包业务转型的基本特征

服务外包本质上是信息技术驱动下社会生产组织方式变革的产物,与以业务对象为划分标准的传统行业不同,具备融合发展的自然属性。随着信息技术向其他领域的不断渗透,越来越多的行业领域及产业链、价值链的服务环节细分化、模块化、产品化,实现了供需分离,服务可贸易性提高。从实践上来看,服务外包迅速向垂直行业深度拓展,跨界融合成为产业发展的突出表现。面对激烈的市场竞争,服务供应商不仅要具备软件及信息技术服务能力,行业专属经验和知识日益成为满足客户需求的前提和基础。特别是在服务外包 3.0 时代,服务供应商与客户往往形成战略伙伴,发挥各自优势,实现合作共赢发展。①

第二节　国际服务外包的发展

服务外包的快速增长已成为全球服务贸易增长的主要动力之一。互联网的广泛应用,大数据、物联网、移动互联、云计算等新一代信息技术的快速研发与运用,引发全球服务外包的市场需求增加、技术创新和服务模式创新,推动服务贸易的快速增长。

在数字技术创新应用和数字经济的驱动下,服务外包日益向高端化、数字化、多元化战略转型,成为各经济体参与全球产业分工和分享全球化成果的新途径。

一、国际服务外包发展的现状

(一)规模持续扩大

2009 年,受金融危机的影响,全球服务外包的规模有所下降,但 2010 年就已开始走出低谷,步入恢复阶段。2016 年,全球离岸服务外包市场规模达 2 137.9 亿美元,同比增长 6.9%,增长速度超过全球服务外包市场。其中,信息技术外包、业务流程外包和研发服务外包规模分别为 1 019.6 亿美元、465.2 亿美元和 653.1 亿美元,占比分别为 47.4%、21.8% 和 30.5%,增长速度分别为 6.0%、7.5% 和 7.8%。

当前,以数字技术和数字经济为重要代表的全球新一轮科技革命和产业变革兴起,深度推进服务全球化,服务业外包化趋势稳定,发展前景更加广阔。2019 年,全球服务外包市场规模达 13.96 万亿美元,同比增长 6.4%,美、欧、日等发达经济体发包规模继续增长,新兴经济体的发包潜力逐步释放②。

---

① 李西林.中国服务外包产业转型升级方向、路径和举措[J].国际贸易,2017(9):9-14.
② 智研咨询.2021—2027 年中国服务外包产业竞争现状及投资方向研究报告[EB/OL].www.chyxx.com/industry/202102/929762.html,2021-02-05.

(二) 涉及行业日益广泛,但以信息技术行业为主①

2019年,全球离岸服务外包中,信息技术外包(ITO)增长最快,占比也最高达41.5%;知识流程外包(KPO)平稳增长,占比达38%;业务流程外包(BPO)占比最少,仅达20.5%。

2016年,从全球离岸外包百强企业离岸业务所涉及的行业分布看,金融行业所占比重最大,为69%,其次是电信(占47%)、软件产业(占41%)、制造业(占33%)与健康护理(占28%),零售与消费、政府服务也占有相当份额,分别为21%和15%,基础设施为6%,物流为5%,休闲娱乐为4%,石油、天然气等能源产业为3%。

2016年,美洲地区的服务外包业务以信息技术外包服务为主,占比达70%。金融、制造、电信媒体、医疗健康、商业服务业是该地区最主要的发包行业,如银行金融服务发包增长12%,医疗健康、商业服务领域发包规模也增长良好。

2016年,欧洲服务外包主要行业是银行与金融服务、电信行业、政府部门、能源与公共事业部门、旅游与物流业以及制造业。

2016年,亚太地区以金融服务业、电信和媒体、制造业等为主要发包行业,其中,制造业发包规模增长60%,电信和媒体行业发包增长12%,而金融服务业、旅游和运输行业发包业务出现下滑。

2019年,新冠疫情爆发,并激发出线上经济对线下经济的替代需求,以"互联网+"为代表的新兴消费模式快速普及和发展。智研咨询预测,在后疫情时代,生物医药研发服务外包和信息技术服务外包将有望迎来更为广阔的发展前景。

(三) 全球主要发包方市场由美、日、欧等发达经济体主导

全球外包业务的离岸发包市场由美国、欧洲和日本等发达经济体主导,其离岸业务发包规模约占全球市场的90%。

根据国际数据公司资料,2015年,全球服务外包市场规模达1 267.8亿美元,同比增长9.2%。其中,美国是全球最主要的离岸服务发包经济体,其占全球市场的55.3%,成本、人才、信息安全、市场拓展、文化法律及风险控制是美国企业选择接包商的主要考虑因素。② 欧洲占据第二位,市场份额为25.5%,成本和人才是企业外包的主要动因,IT、研发是主要的外包领域。日本是离岸发包市场增长最快的经济体,约占全球发包份额的10%。③

2016年,在全球信息技术服务市场中,美洲是规模最大的市场,占据51.7%的份额,增长率为3.2%;欧洲、中东和非洲地区(EMEA)占据31.3%的份额,增长率为1.7%;亚太地区是增速最快的市场,占据17%的份额,增长率为6.8%。在全球业务流程外包服务市

---

① 敬艳辉.全球服务外包产业发展现状和趋势[J].全球化,2018(12):41-52.
② 方虹,王旭,李静.全球软件贸易的发展现状与趋势[J].全球化,2017(12):44-45,134.
③ United States International Trade Commission. Recent Trends in U.S. Services Trade: 2016 Annual Report[R]. United States International Trade Commission,2016(11).

场中,美洲依然是规模最大的市场,占据62%的份额;欧洲、中东和非洲地区占据21%的份额,增长率为2%;亚太地区份额为16%,但增速最快。在全球IT离岸服务外包市场中,美国占比67%;其次是英国,占比9.2%;整个欧洲、中东和非洲地区发包金额占比达到23%,亚太地区则接近10%。

2019年,美国仍是全球最大的离岸发包国,同比增长3.1%;德国位居第二,增速达2.6%;法国位居第三,但增速为−1.8%;荷兰位居第四,增速达3.5%;日本位居第五,增速达3.9%;中国虽然位居第六,但增速却达11.1%。

(四)承包方呈现梯度转移

服务外包是各国在互联网信息时代发展中参与全球化分工的重要形式,也是提升全球价值链地位的重要途径。互联网的广泛应用和新一代信息技术的快速发展,大幅提升全球服务外包的市场需求,快速推动技术创新和服务模式创新,越来越多的发展中经济体将发展服务外包作为参与全球价值链的重要战略,使得国际市场竞争日益激烈。目前,全球有70多个经济体将承接国际服务外包作为战略重点,市场竞争日趋激烈。

但总体而言,全球服务外包承接方呈现出梯度转移特点——第一阶段:承包方主要由美国、日本、欧盟等国家向加拿大、俄罗斯等国家和地区转移;第二阶段:承包方由加拿大、俄罗斯等向印度、中国、越南、菲律宾等国家和地区转移(见图14-1)。

图14-1　全球服务外包承接方梯度转移图

截至2015年年底,印度、爱尔兰、加拿大和中国组成软件接包国家的第一梯队,合计市场占有率约为66.9%;菲律宾、墨西哥和俄罗斯组成第二梯队,合计市场占有率约为12.7%;澳大利亚、新西兰和马来西亚等国家组成第三梯队,合计市场占有率约为7.9%。

2017年,美国管理咨询公司A. T. Kearney通过金融吸引力、人才技能和可获得性、商业环境三个方面对55个国家进行分析研究,发布全球离岸服务外包目的地指数(Global Services Location Index)排名,印度、中国和马来西亚保持前3位。

智研咨询《2021—2027年中国服务外包产业竞争现状及投资方向研究报告》显示:2019年,全球服务外包主要接包国有印度、中国、爱尔兰、菲律宾、越南及马来西亚。①

研究表明,政治风险、地缘远近、市场潜力、政府政策、人才结构、综合成本、信息安全、文化包容、营商环境等是发包国家选择离岸目的地国家的主要因素。因此,各国(地区)应从这些方面改进本国(地区)服务外包承接的营商环境。

---

① 智研咨询.2021—2027年中国服务外包产业竞争现状及投资方向研究报告[EB/OL]. www.chyxx.com/industry/202102/929762.html,2021-02-05.

> 专栏 14-2

印度服务外包发展的经验借鉴

目前,印度已成为世界最大的服务外包承接国,承接了全世界近 50% 的服务外包市场业务以及 50% 以上的软件外包市场业务,主要承接北美和西欧市场外包业务,业务领域涵盖应用软件开发和维护、证券研究、生物技术研发、法律服务等①。

统计数据显示,2002—2003 年度印度服务外包出口额仅 90 亿美元,2011—2012 年度为 610 亿美元,九年之内提高 6 倍多,基本维持年均 30% 以上的增速,并在国际市场一直占有较高的份额——2002—2003 年度印度的业务流程外包服务份额占全球比重为 40%,而 2006—2007 年度上升到 47%,2010 年达到 55%,2011 年更是达到 58%。2013 年印度信息技术业务流程外包服务在岸收入 140 亿美元,离岸收入 497 亿美元。预计到 2020 年印度的信息技术业务流程外包服务收入将翻两番,达到 2 700 亿美元②。

此外,印度的业务流程外包服务和信息技术外包服务企业世界闻名,如 Tata 和 Infosys 一直位居世界服务外包企业前十强,特别是很多印度服务外包企业得到国际性质量认证体系的认可,企业形象和口碑优良。

一、印度迅速发展服务外包的原因

印度政府为促进其服务外包产业崛起,从四方面采取扶持措施。

(一)重视教育事业

确保服务外包产业蓬勃发展,关键在于培养精通计算机的人才。自独立以来,印度政府对高校的经费投入一般都维持在全年教育经费的 20%,为高级人才的培养与储备打下坚实基础。在职业教育领域,印度私人信息技术培训学校每年为该国直接贡献的人才比率高达 85.2%,成为印度发展服务外包产业的有力保障。

(二)完善知识产权立法

欧美软件发包商在选择承包商时,对于东道国的商务法律规范,尤其是知识产权保护有着很高的要求。因此,印度政府曾在 20 世纪 90 年代两次修改《版权法》,使得其对知识产权的保护力度基本适应了 WTO 相关法规条例的要求。此外,印度在 1999 年还颁布了《国际版权规则》,将版权的保护扩展至 WTO 所有成员。③

(三)鼓励中介组织参与协调工作

印度服务外包产业受到其国内各种商业和贸易协会、信息技术协会之类的中介组织支持,它们或者专门帮助印度企业搜集国际服务外包市场信息,或者为印度企业和别国政府之间的沟通联络提供渠道,或者负责组织有利于印度企业的展览会和研讨会,在印度服务外包发展进程中扮演了很活跃的角色。值得一提的是,印度政府正是这些中介组织活动的背后指挥者。

---

① 邓茜.印度软件与服务外包业经验可鉴[N].中国现代企业报,2007-09-18.
② 王旭.中外服务外包对比研究——以菲律宾、印度为例[J].经济研究导刊,2016(3):166-169.
③ 张林锋,修红义.印度知识产权制度浅析及启示[J].中国发明与专利,2011(12):111-113.

（四）吸引外商投资服务产业

印度政府高度重视服务业的招商引资工作，并取得不俗的成就。据了解，全球十大信息业巨头中的微软、英特尔和德州仪器早已在印度投资成立分支经营机构和科技研发中心，为印度企业带来显著的技术溢出效应。同时，发达经济体的企业在印度设置服务业网点后，也给印度国内服务企业一定的压力感，通过竞争效应而提升自身竞争力。

二、印度服务外包的借鉴意义

印度服务外包的崛起，为中国转变贸易模式、发展高附加值的服务贸易提供了借鉴。

（一）加大政策支持力度

政府应制定明确的产业发展目标和产业规划，从战略上对产业发展进行指导；将服务外包的发展作为对外经贸关系的重要组成部分，有策略地将其推向国际市场，助其壮大。

（二）创造良好的产业环境

政府应有规划地设立软件科技园和产业集中带。印度的经验显示，软件产业崛起在地缘经济上来说就是印度南方海岸三角各邦软件业的崛起，其中，印度软件科技园区的建立起到很强的示范和带动作用。政府应加强离岸外包行业的软环境建设，尤其是加强知识产权保护。

（三）积极培养专业化的高级人才

人力资源是离岸外包行业最重要的生产要素，同时也是该行业的核心竞争力。中国要发展软件外包，首要的问题就是培养人才。现有的大专院校应提高学科专业与市场的结合度，加强对外交流，设计制定与国际接轨的课程体系，大力培养高级人才；政府可通过各种形式加强外包人才的培养，学习国外先进的服务外包人才培训模式。

资料来源：中国商务部.中国服务贸易发展报告2019[M].中国商务出版社，2020.

二、国际服务外包发展的新趋势

（一）服务外包从成本驱动向价值导向转移

随着服务专业性的提升，服务外包的目的逐渐多元化，开拓市场、提高效率、缓解资本压力、提升技术水平、降低运营风险、探索转型发展等成为企业发包的重要考量因素，服务外包的价值逐渐提升。跨国公司外包的内容已扩展到关键技术研发、财务、人力等核心业务环节，其中，高附加值的知识流程外包与提供商业解决方案的业务流程外包占比日益提高，服务外包供需双方已逐步建立长期、深度的战略合作伙伴关系。

（二）信息技术推动服务外包变革

在大数据、云计算、区块链、移动互联网为代表的新技术变革驱使下，技术模式、服务模式、运营交易模式、交付定价模式、商业模式等都将发生颠覆性变化，这种服务外包范式的转变将对服务贸易外包行业产生颠覆性的"破坏"，会挤压、替代部分传统的服务外包业务，[1]其中人

---

[1] 夏星，黄赛燕，杜衡.国际服务外包产业发展形势分析及对策探讨[J].服务外包，2016-07-05.

工智能的影响最为深刻,未来十年内,信息技术外包服务领域应用开发程序员、测试工程师等的部分岗位将被机器程序员代替。另一方面,随着云计算、物联网、区块链、大数据及人工智能等新技术的发展和更迭,将推动服务外包企业在技术创新、人力资源、商务模式等方面增加投入,形成新的服务外包业务内容、业务流程和交付模式,为服务外包产业发展提供新的动力。

(三) 发展中经济体的承接市场竞争更加激烈

金融危机后,全球众多经济体加快产业结构调整,不约而同地大力发展服务业和服务贸易。以印度为例,有些外包企业规模已达十几万、二十几万人。前10家公司就占据整个印度40%以上的IT收入。

企业规模的扩大带来了行业的垄断和集中对于服务外包起步较晚的发展中经济体,产生了一定的冲击。印度外包业务的成功,则为更多的经济体树立了典范,围绕服务外包的竞争更加激烈。菲律宾、马来西亚、泰国等服务外包产业凭借低成本优势正在加速崛起,成长迅速。传统外包业务已经不足以在目前的业务竞争格局中取胜。一方面,一国的特色和另一国几乎相同,其近岸外包地区之间的差别也就微乎其微;另一方面,客户公司的关注点从只注重节约成本转变为更加强调合作伙伴关系、服务价值链定位和技能,外包产业的焦点正在转移到能够提供更高价值的地区。①

随着经济全球化的发展,服务外包承接方已从中等发达经济体向新兴发展中经济体扩展,也从近岸向远岸经济体扩展,服务外包承接方数量急剧增多。同时,服务外包多元化发展趋势日益明显,部分跨国公司在拓展自身业务时,也把眼光转向服务外包本身,开拓服务外包业务。IBM通过一系列兼并重组,已转型为大量承接IT专业外包业务的巨型服务型公司。随着服务外包企业的规模日益扩大,大型服务外包企业市场份额将逐步提高,并产生马太效应,加大竞争难度。

(四) 数字贸易规则将成发包目的地选择的重要因素②

当前,一些国家对数据实施本地化政策,要求服务供应商的数据服务器须在本国领土内,数据在本国数据中心存储、优先选择本国服务供应商。对于国际发包企业而言,数据能否跨境自由流动已经成为其发包考虑的重要因素。减少数据本地化、对数据跨境流动的合理限制的数字贸易规则的落地将对国际服务外包发包目的地选择产生深远影响。

一旦类似数字贸易规则在区域或多边贸易协定中达成,国际服务外包发包目的地的选择因素将增加第四个重大因素,即发包经济体和承接经济体是否受共同的数字贸易规则约束,通常发包企业将更愿意与本国签署贸易协定的承接经济体的企业合作。

三、国际服务外包发展的新模式

近年来,大数据、云计算、移动互联网、智能化以及区块链技术快速崛起,正在颠覆传

---

① 伊兰·奥斯瑞,孙铭壕.新型近岸外包活动[J].服务外包,2016(8):42-44。
② 朱华燕.数字贸易激活新型服务外包模式[J].服务外包,2016(12):74-75。

统服务外包以信息网络为主的基本技术,导致生产性服务业、科技性服务业、生活性服务业以及正在应用区块链技术的金融业,逐渐成为国际服务外包的新内容和新主体。因此,国际服务外包既充满机遇,也面临挑战,只有创新才能发展,尤其是模式创新。①

(一) 融合模式的创新——整合产品供应链

随着数字经济与平台经济的发展,资源整合能力成为企业面临的最大挑战,智能化、数字化、互联化导致服务外包企业必须从整合内部资源发展到整合外部资源,即只有融合于其他产业才是最佳发展途径,即不仅要开展价值链的整合,还要拓展企业链整合。

(二) 盈利模式的创新——寻找长期合作战略伙伴

目前的大部分服务外包项目承接方与发包方正由合同关系转变为战略伙伴关系。在合作中,要具有换位意识、危机意识,要善于发现自身在技术实力、信息渠道、产品同质化竞争中的弱势,才能不断提高技术创新能力,去寻求新的盈利点开发新的盈利模式。因此,服务外包企业要善于研究产业生态,从市场驱动向驱动市场转变,要树立"众创、众包、众扶、众筹空间"的意识。

(三) 交易模式的创新——"线上+线下+服务"的模式(简称"O2O2S"模式)

线上技术创新,即在岸与离岸项目通过互联网建立网上交易平台,国内承接方基于自身的产品、服务及技术,可以通过平台与发包方进行在线沟通、磋商,最终达成项目在线交易。平台在提供服务项目资源的同时,根据需要可提供交易双方的信用认证情况(若条件成熟,可推广区块链技术的应用),满足合作双方或多方合作的信息需求,确保信息安全可信,最后促成项目对接成功。线下服务创新则主要为服务供应方(承接方)提供相关行业数据、测评标准、技术认证、人才培训等增值服务,同时为引进先进技术提供渠道和载体,以及提供人力资源服务和投融资服务,以提高项目交易成功率。

专栏 14-3

全球服务外包创新金融服务外包新业态

一、价值链延长使金融服务外包获得更多的嵌入空间

在数字化技术的支持下,一个金融服务环节往往能够带动和延伸出许多其他潜在的金融服务环节,这就使得金融服务的价值链条被大大拉伸了。以大数据、物联网、区块链、移动互联网、云计算为代表的新一代信息技术正在与传统产业加速融合发展,推动服务外包模式创新,提高运营效率。随着越来越多的企业将内部应用和基础设施转移到云端,基于云计算的服务模式被广泛认可,传统服务外包也将会大量采用云端交付模式,交付模式的创新有助于服务效率的大幅提升。伴随数字化金融的发展,不论精准

---

① 孟妮.服务外包转型升级关键在模式创新[N].国际商报,2018-05-09.

的金融服务营销、个性化的金融产品设计,还是智能化的客户信用分析和保险审核等,都离不开海量数据和分析手段的支撑。当前,金融业对数据的重视已经达到前所未有的程度,与之相关的数据存储、数据处理、数据分析挖掘等金融外包服务也获得了空前的发展机会。

二、数字贸易的发展将促进金融服务外包合作模式和内容更趋多样

数字经济社会中,企业纷纷用互联网思维来进行产品和服务的创新。企业的互联网转型使得发包方在能力和合作模式方面对承接方提出新要求。数字贸易的发展丰富金融服务外包的合作模式和内容,服务外包形式更趋多样。以驱动互联网和数字经济发展为目标的数字贸易规则,将对电子认证和电子签名、电子商务网络的接入和使用、跨境信息电子传输、互联网互通费用分摊、计算设施的位置、源代码等诸多方面都有详细约定。这些数字贸易规则将有力激发新型金融服务外包业务内容和合作模式的产生,并为其发展壮大提供机制保障。

三、中小型外包企业创新扩展金融服务外包的发展机会

中小型供应商将会得到更多的重视、青睐与机会。无论是技术的发展,还是全球化深入导致的市场变化,全球服务外包发包方将更看重服务商的灵活度、行业经验和解决方案能力。目前,具有行业经验与行业解决方案的服务外包供应商将会最受追捧,而服务外包企业的规模大小、外包团队技能的多样性、Ramp-Up/Ramp-Down 的可适性等将慢慢退出买家评估供应商体系中的核心评估要素,中小型企业在创新优化流程、提高交付灵活性、应用新技术、提高人力资源效能等方面较快反应,未来可能获得更多机会。企业的员工数量不再是供应商实力的绝对标志,甚至成为制约因素:员工多了意味着企业的人工成本和管理成本上升,进而导致接包项目要价较高。

四、围绕客户关系维护的金融外包服务获得新的发展

数字化金融普及,改变的不仅是价值实现手段,还包括价值的来源。对金融机构来说,不仅是传统优质大客户具有价值,客户规模、客户的稳定性所产生的价值也不可忽视。尤其是在金融业市场化程度日益提升、竞争愈加激烈的情况下,现代金融业正在由供方市场向需方市场转变,传统的精英式客户维护模式受到挑战,拥有 IT 技术手段的金融外包服务商在大规模、社交化客户维护方面的优势得到显现。

资料来源:张耘.全球服务外包市场的新趋势和新业态[EB/OL].www.istis.sh.cn/list/list.aspx?id=11801,2018-11-30.

第三节　国际服务外包在中国

近年来,我国抓住全球服务外包较快发展的机遇,开拓创新,推动我国服务外包产业快速发展,服务外包规模集聚壮大,对服务贸易增长的贡献度明显提升,成为推动新兴服务贸易增长的主要动力——我国新兴服务贸易通过服务外包方式出口已占 70%,我国更

是成为全球离岸服务外包第二大目的地,对稳增长、调结构、促就业的作用不断增强。①

一、我国服务外包的发展政策

2009年1月,国务院办公厅下发了《关于促进服务外包产业发展问题的复函》,批复商务部会同有关部委共同制定的促进服务外包发展的政策措施,将北京、天津、上海、重庆、广州、深圳、武汉、大连、南京、成都、济南、西安、哈尔滨、杭州、合肥、长沙、南昌、苏州、大庆、无锡20个城市确定为中国服务外包示范城市,深入开展承接国际服务外包业务,促进服务外包产业发展试点。

2009年,《海关总署关于开展国际服务外包业务进口货物保税监管试点工作的公告》(公告〔2009〕85号)规定:自2009年12月24日起,在上海、大连、深圳、南京、苏州、无锡、哈尔滨、大庆、西安、长沙市等10个服务外包示范城市,对国际服务外包业务进口货物实施保税监管试点,并逐步推广到服务贸易创新发展试点地区和10个新增服务外包示范城市;适用企业范围为上述地区内经主管部门认定的技术先进型服务企业。

2015年,《中共中央国务院关于构建开放型经济新体制的若干意见》(中发〔2015〕13号)明确提出:"促进服务外包升级,提升服务跨境交付能力"。

2016年5月11日,商务部发布《关于新增中国服务外包示范城市的通知》,提出根据服务外包产业集聚区布局,统筹考虑东、中、西部城市,将中国服务外包示范城市数量从21个有序增加到31个;为充分发挥产业政策激励示范、淘汰落后的作用,经国务院同意,将研究制订服务外包示范城市末位淘汰的动态调整机制。

2017年,商务部会同发展改革委、教育部、科技部、工业和信息化部制定《国际服务外包产业发展"十三五"规划》。

2018年3月15日,商务部会同发展改革委、教育部、科技部、工业和信息化部、财政部、人力资源和社会保障部、税务总局和外汇局等部门研究制订《中国服务外包示范城市动态调整暂行办法》,以充分发挥中国服务外包示范城市在产业集聚、引领示范、创新发展方面的积极作用,激发发展活力,形成主动作为、竞相发展的良好局面,促进我国服务外包产业更好、更快地发展。

2019年1月14日,商务部办公厅发布《关于印发〈服务外包统计调查制度〉的函》(商办服贸函〔2019〕15号),明确了服务外包的定义:"专业服务提供商根据企业、政府、社团等组织委托或授权,完成组织以契约方式定制的内部服务活动或服务流程,为组织创造价值、提升价值的一种生产性经济活动",清晰地界定了服务外包的内涵和外延,为我国统计、分析和支持服务外包发展提供标准。

2020年1月14日,商务部等8部门联合发布《关于推动服务外包加快转型升级的若干意见》,确立了我国服务外包发展的战略目标:到2025年,我国离岸服务外包作为生产性服务出口主渠道的地位进一步巩固,高技术含量、高附加值的数字化业务占比不断提高,服务外包成为我国引进先进技术、提升产业价值链层级的重要渠道,发展成为具有全

---

① 查贵勇.服务外包发展背后的保税监管模式创新[J].中国海关,2020(11):52-54.

球影响力和竞争力的服务外包接发包中心;到2035年,我国服务外包从业人员年均产值达到世界领先水平。《意见》从加快数字化转型进程、推动重点领域发展、构建全球服务网络体系、加强人才培养、培育壮大市场主体、推进贸易便利化6个方面为我国服务外包产业指明了发展方向。

2020年6月1日,中共中央、国务院发布《海南自由贸易港建设总体方案》,明确海南将以发展旅游业、现代服务业、高新技术产业为重点,并提出积极发展设计、维修、咨询、检验检测等领域的服务外包,促进生产性服务贸易发展。

专栏14-4

2020年《政府工作报告》与服务外包产业发展

2020年《政府工作报告》对服务外包产业发展的利好主要体现在四个方面:

第一,《政府工作报告》提出,要强化对企业的金融支持,大型商业银行普惠型小微企业贷款增速要高于40%,要让综合融资成本明显下降。服务外包企业多属于科技型中小企业,具有轻资产特性,这将有效解决服务外包企业融资难、融资贵等问题,助力企业更好发展。

第二,随着中国经济的快速发展,服务外包企业的劳动力和运营成本快速上升。《政府工作报告》提出,要加大减税降费力度,推动降低企业生产经营成本。这将助力我国服务外包企业有效降低运营成本,进而提升国际竞争力。①

第三,随着全球数字化进程的不断加快,跨境交付模式在服务贸易中所占的比重也在不断提高。从本质上讲,服务外包归属于服务贸易跨境交付模式项下。《政府工作报告》提出,推进新一轮服务贸易创新发展试点,出台跨境服务贸易负面清单。国家对服务贸易特别是跨境服务贸易的高度重视,体现党中央、国务院对国际贸易发展趋势准确的判断力和前瞻性,这将为我国服务外包产业发展带来重大利好。

第四,服务外包转型升级离不开数字技术、人工智能、新一代信息网络等现代科技的支撑。《政府工作报告》提出,加强新型基础设施建设,发展新一代信息网络,拓展5G应用,全面推进"互联网+",打造数字经济新优势。国家对现代科技的高度重视和大力投入,将有效推动服务外包产业高质量发展。

资料来源:根据2020年《政府工作报告》整理而得。

二、我国服务外包的发展态势分析

2020年以来,商务部全面贯彻落实党中央、国务院决策部署,积极支持服务外包企业应对疫情影响,会同各部门、各地区认真落实《关于推动服务外包加快转型升级的若干意见》,推动服务外包企业实现全面复工复产,业务发展持续向好,服务外包保持增长。

---

① 孟妮.今年服务外包平稳增长可期[N].国际商报,2020-05-28.

(一)我国服务外包起步较晚,但发展迅猛

2019年,我国内地企业承接服务外包合同额15 699.1亿元,执行额10 695.7亿元,同比分别增长18.6%和11.5%,执行额首次突破万亿元,再创历史新高。

虽然受新冠肺炎疫情影响,但2020年我国承接服务外包获得逆势增长,表明我国服务外包发展具有较强的风险承受能力,成为稳外贸的重要力量,而且未来总体仍能保持平稳增长(见表14-1)。

表14-1 我国承接服务外包发展情况(亿元)

		2018年		2019年		2020年	
		金额	同比	金额	同比	金额	同比
承接服务外包	合同额	13 233.4	8.6%	15 699.1	18.6%	17 022.7	8.4%
	执行额	9 597.4	12.9%	10 695.7	11.4%	12 113.2	13.3%
承接离岸服务外包	合同额	7 966.0	6.3%	9 207.9	15.6%	9 738.9	5.8%
	执行额	5 866.7	9.3%	6 555.8	11.7%	7 302.0	11.4%

资料来源:商务部.服贸司负责人谈2020年1—6月我国服务外包产业发展情况[EB/OL]. http://tradeinservices.mofcom.gov.cn/article/lingyu/fwwbao/202007/107686.html,2020-07-27.

(二)高端业务持续快速发展,行业结构将进一步优化

服务外包产业结构明显优化,信息技术外包、业务流程外包、知识流程外包三大业务领域发展更加均衡,并呈现向价值链高端跃升的态势,特别是知识流程外包成为主要增长引擎——服务外包企业承接的高增值业务日益增加,推动产业向研发设计、数据分析和挖掘、整体解决方案、系统设计服务等高端业务领域发展。

我国承接服务外包不仅三大类型结构升级,各类型内部结构也向高端细分类型升级。2019年,我国承接信息技术外包的主要领域是信息技术研发服务,执行额达2 327.8亿元,占信息技术外包执行总额的80.4%;承接业务流程外包的主要领域是业务运营服务,执行额达763.8亿元,占业务流程外包执行总额的64.5%;承接知识流程外包的主要领域是设计服务,执行额达1 574.2亿元,占知识流程外包执行总额的63.5%;特别是以医药和生物技术研发服务、检验检测服务、互联网营销推广服务、电子商务平台服务等为高端生产性服务外包更是快速增长,分别增长15.3%、20.5%、37.1%和53.2%。

2020年,我国数字化程度较高的集成电路和电子电路设计业务离岸执行额490.9亿元,同比增长41%;知识密集的医药和生物技术研发业务离岸执行额488.1亿元,同比增长25%。① 因此,预计未来我国承接BPO、KPO所占比重将继续提升,数字技术、生物医药、测试研发等产业将加速发展(见表14-2)。

---

① 商务部.2020年1—12月我国服务外包发展情况[EB/OL].www.mofcom.gov.cn,2021-01-21.

表 14-2 我国承接离岸服务外包执行额结构分析(亿元)

类型	2018 年			2019 年			2020 年		
	金额	同比	占比	金额	同比	占比	金额	同比	占比
ITO	2 655.6	—	45.3%	2 894.3	8.9%	44.1%	3 204.1	10.7%	43.0%
BPO	1 014.4	—	17.3%	1 183.9	16.7%	18.1%	1 176.5	−0.6%	16.1%
KPO	2 196.6	—	37.4%	2 477.6	12.8%	37.8%	2 921.4	17.9%	40.0%

资料来源:商务部.服贸司负责人谈 2020 年 1—6 月我国服务外包产业发展情况[EB/OL].http://tradeinservices.mofcom.gov.cn/article/lingyu/fwwbao/202007/107686.html,2020-07-27.

(三)承接项目地区来源更为均衡,亚洲地区呈现赶超趋势

2019 年,我国内地企业承接美国服务外包业务执行额为 1 325.8 亿元,同比增长 10.3%,增速加快 5.6 个百分点;承接欧盟服务外包执行额 1 111.9 亿元,同比增长 17.6%,增速加快 10.7 个百分点;承接"一带一路"沿线国家离岸服务外包执行额 1 249.5 亿元,同比增长 12.4%,增速加快 4.4 个百分点,占全国的比重达 19.06%。从业务规模看,美国、欧盟和中国香港是前三大发包市场,合计占 54.5%。

2020 年,美国、中国香港、欧盟为我国内地企业承接离岸服务外包执行额的前三大市场,占比达 53.8%——我国内地企业承接美国、中国香港、欧盟离岸外包执行额分别为 1 550.6 亿元、1 198.3 亿元和 1 176.8 亿元,同比分别增长 17%、5.7% 和 5.8%。此外,承接"一带一路"国家离岸外包执行额 1 360.6 亿元,同比增长 8.9%。

未来,受各个国家或地区经济政策和双边经贸关系的影响,欧美国家服务外包市场存在较大的不确定性,东盟、东北亚、"一带一路"沿线国家(地区)或将成为我国重点接包市场。

(四)产业转移加快,区域布局进一步优化

随着数字服务出口基地、服务外包示范城市、服务贸易创新发展试点等平台建设不断走深走实,中国服务外包产业逐步形成区域错位、协同发展的格局。

从区域看,长三角区域 2019 年承接离岸服务外包执行额 3 246.6 亿元,约占全国一半,是我国服务外包产业的主要集聚区。粤港澳大湾区、京津冀和东北三省离岸服务外包执行额分别为 824 亿元、642.7 亿元和 246.2 亿元,同比分别增长 4.9%、26.3% 和 10.8%,占全国的比重分别为 12.6%、9.8% 和 3.8%。[1]

2020 年,长三角区域承接离岸服务外包执行额 3 678.6 亿元,同比增长 13.3%,占全国的 50.4%;京津冀地区承接离岸外包执行额 697.7 亿元,同比增长 8.6%;粤港澳大湾区承接离岸服务外包执行额 838.8 亿元,同比增长 1.8%。31 个服务外包示范城市承接离岸外包执行额 6 039.5 亿元,同比增长 8.3%,占全国的 82.7%。受自贸港建设的带动,2020 年海南承接离岸服务外包执行额 2 亿元,同比增长 751.7%。[2]

---

[1] 龚晨霞.服务外包:灵活用工下一个风口[J].服务外包,2020(10):48-49.
[2] 商务部.2020 年 1—12 月我国服务外包发展情况[EB/OL].www.mofcom.gov.cn,2021-01-21.

未来,我国承接服务外包区域发展将更趋均衡,珠三角、长三角地区仍将保持发展优势,京津冀、中西部、东北地区将继续呈现快速发展的态势。

(五)民营企业和外资企业是发展主力

2020年,我国民营企业承接离岸服务外包执行额1 825.6亿元,同比增长20.9%,高于全国平均增速9.5个百分点。外商投资企业承接离岸服务外包执行额3 187.5亿元,同比增长4.2%,占全国的43.7%。[①]

(六)就业数量扩张效应明显

稳定就业是党中央和国务院的重要部署,也是最大的民生。作为知识密集型产业,我国服务外包产业吸纳大学生就业数量逐年增长,对促进就业,特别是稳定大学生就业发挥出重要作用,在新增和存量就业中大学生占比就超过六成(见表14-3)。

表14-3 我国服务外包就业数量扩张效应(万人)

	新增就业			就业存量		
	总量	大专及以上学历	占比	总量	大专及以上学历	占比
2018年	140	94.9	67.8%	1 068.9	689.5	64.5%
2019年	103	60.6	58.8%	1 172	750.1	64.0%
2020年	119.0	69.2	58.2%	1 290.9	819.3	63.5%

资料来源:商务部.服贸司负责人谈2020年1—7月我国服务外包产业发展情况[EB/OL]. http://tradeservices.mofcom.gov.cn/article/lingyu/fwwbao/202008/108308.html,2020-08-14.

(七)就业质量提升效应初显

我国服务外包不仅就业吸纳能力强,吸纳高端人才就业能力更是不断增强,就业人才素质不断提升。随着服务外包培训规模不断扩大,以外包企业、培训机构、职业学院为主体的人才培训体系的形成和完善,将推动就业人才不断高端化。特别是随着数字化的深入发展和人工智能等信息技术的广泛应用,服务外包领域对诸如研发、设计、管理、咨询等创造型人才的需求不断增大,为服务外包就业人员尤其是年轻就业人员提供出更多个性化、成长型的就业机会。据测算,大学毕业生在服务外包企业工作2—3年后有40%的人转向互联网、大数据和人工智能等领域,不仅提升自身的就业层次,也为我国加快步入数字经济强国提供人才支撑。

但需注意,我国服务外包产业的国际竞争力仍较薄弱,主要体现在:我国服务外包企业以中小规模为主,多数以国内业务为主,缺乏高端服务供给能力,创新投入不足导致自主创新能力较弱;综合成本上升导致增收不增利,影响企业创新能力和市场竞争力;中高端人才供给严重不足,制约承接高端价值链业务的能力;公共服务体系建设较薄弱,如技术研发、信息服务、市场交易、大数据、云计算等平台建设不完善而难以实现资源共享;行

[①] 商务部.2020年1—12月我国服务外包发展情况[EB/OL].www.mofcom.gov.cn,2021-01-21.

业协会在国际市场中缺乏影响力,行业标准制定不完善和服务标准参差不齐;知识产权服务体系不够健全等。

三、我国服务外包发展趋势分析[①]

中国服务外包正面临重要的发展机遇期。一方面,经济全球化仍是世界大势,习近平主席在博鳌亚洲论坛上再次强调:"中国开放的大门不会关闭,只会越开越大","一带一路"建设加快推进,为中国服务外包发展提供了广阔空间;另一方面,大数据、人工智能等新技术蓬勃发展,推动传统产业转型升级,为服务外包企业依托技术优势支持制造企业转型升级提供了便利,也为服务外包企业开展业务提供了技术手段。

(一) 发展空间更加广阔

世界经济进入服务经济时代,服务业跨国转移成为经济全球化的新特征,服务外包日渐成为各国参与全球产业分工、调整经济结构的重要途径。据国际权威机构预测,2020年全球服务外包市场规模预计达到1.65万亿—1.8万亿美元,其中,离岸服务外包规模约4 500亿美元。服务型经济发展"互联网+"产业融合将释放服务外包的新需求,国内在岸市场规模将进一步扩大,为服务外包产业离岸在岸协调发展提供有力支撑。

(二) 跨界融合日益明显

信息技术发展成为服务外包产业的技术基础,数字交付成为服务外包交付的重要方式。信息技术外包、业务流程外包和知识流程外包的边界将不断被打破,逐步融合发展,服务外包将呈现出技术更智能、领域更广泛、价值链更高端等趋势。

(三) 创新成为核心驱动力

大数据、物联网、区块链、移动互联、云计算等信息技术的应用,既创造出广泛的服务需求,又带来技术模式和交付模式的新变革。传统的以人力资源为关键要素的人工服务时代逐步进入智能服务时代,服务效率不断提升。发包企业的主要关注点从降低成本向获取专业服务拓展,对接包企业信息技术和专业服务能力的要求越来越高。劳动密集型的外包将平稳增长,高技术、高附加值的综合性服务外包将快速增长。

(四) 市场竞争日趋激烈

美、欧、日等发达经济体服务发包规模仍将继续增长。为争取更多的市场份额,并抢占全球价值链高端环节,全球70多个国家(地区)均将承接国际服务外包确立为战略重点,并不断加大对企业能力建设的政策支持力度。印度、爱尔兰等国仍将努力维持服务外包的竞争优势地位,马来西亚、墨西哥、越南、菲律宾等国的承接能力正快速提升。

[①] 商务部.国际服务外包产业发展"十三五"规划[EB/OL].www.mofcom.gov.cn/article/guihua/201705/20170502570117.shtml,2017-04-28.

综合判断,虽然我国服务外包产业面临的国际市场环境严峻复杂,但发展基础和条件依然坚实,空间广阔,仍将处于大有作为的重要战略机遇期。

四、我国国际服务外包发展的促进措施[①]

(一) 加快数字化转型进程

1. 支持信息技术外包发展

将企业开展云计算、基础软件、集成电路设计、区块链等信息技术研发和应用纳入国家科技计划(专项、基金等)的支持范围,培育一批信息技术外包和制造业融合发展示范企业。

2. 培育新模式、新业态

生产性服务外包催生服务型制造新业态,加快推进先进制造业与现代服务业深度融合是我国经济结构调整的现实需要,也是实现制造业高质量发展的有效路径。因此,依托5G技术,大力发展众包、云外包、平台分包等新模式;积极推动工业互联网创新与融合应用,培育一批数字化制造外包平台,发展服务型制造等新业态。

3. 打造数字服务出口集聚区

依托服务贸易创新发展试点地区和国家服务外包示范城市,建设一批数字服务出口基地。

4. 完善统计界定范围

将运用大数据、人工智能、云计算、物联网等新一代信息技术进行发包的新业态、新模式纳入服务外包业务统计。

(二) 推动重点领域发展

1. 发展医药研发外包

除禁止入境的以外,综合保税区内企业从境外进口且在区内用于生物医药研发的货物、物品,免于提交许可证,进口的消耗性材料根据实际研发耗用核销。

2. 扶持设计外包

建设一批国家级服务设计中心。支持各类领军企业、科研院校开放创新设计中心,提升设计外包能力,支持国家级工业设计中心和工业设计研究院开展设计服务。

3. 推动会计、法律等领域服务外包

通过双边和区域自贸协定谈判,推动有关国家和地区的会计、法律市场开放。支持会计、法律等事务所为国内企业走出去开展跟随服务,积极研究支持事务所境外发展、对外合作的政策。

4. 支持业务运营服务外包

各级政府和部门要在确保安全的前提下,不断拓宽购买服务领域。鼓励企业特别是

[①] 商务部等 8 部门.关于推动服务外包加快转型升级的指导意见(商服贸发〔2020〕12 号)[EB/OL].www.gov.cn/zhengce/zhengceku/2020-01/16/content_5469182.htm,2020-01-06.

国有企业依法合规剥离非核心业务,购买供应链、呼叫中心、互联网营销推广、金融后台、采购等运营服务。

(三)构建全球服务网络体系

1. 有序增加示范城市

完善服务外包示范城市有进有出的动态管理机制,支持更多符合条件的中西部和东北地区城市创建服务外包示范城市。

2. 加大国际市场的开拓力度

将更多境外举办的服务外包类展会纳入非商业性境外办展支持范围。支持服务外包企业利用出口信用保险等多种手段开拓国际市场。鼓励向"一带一路"沿线国家和地区市场发包,支持中国技术和标准"走出去"。

3. 评估优化出口信贷优惠措施

评估服务外包示范城市服务外包企业承接国际服务外包项目享受的出口信贷优惠措施实施效果,适时向全国推广。

(四)加大人才培养力度

1. 大力培养和引进中高端人才

推动各省市将服务外包中高端人才纳入相应的人才发展计划。鼓励符合条件的服务外包企业对重要技术人员和管理人员实施股权激励。

2. 鼓励大学生就业创业

对符合条件的服务外包企业吸纳高校毕业生就业并开展岗前培训的,或为高校毕业生提供就业见习岗位的,按规定给予相应补贴。支持办好相关创新创业大赛,对获奖人员、团队或项目在相关政策方面按规定予以倾斜。

3. 深化产教融合

完善包括普通高等院校、职业院校、社会培训机构和企业在内的社会化服务外包人才培养培训体系,鼓励高校与企业开展合作,加快建设新工科,建设一批以新一代信息技术为重点学科的服务外包学院。

(五)培育壮大市场主体

1. 创新金融支持手段

按市场化原则,充分发挥服务贸易创新发展引导基金的作用,带动社会资本加大对服务外包产业的投资。支持符合条件的综合服务提供商上市融资。

2. 降低企业经营成本

经依法批准,对提高自有工业用地容积率用于自营生产性服务业的工业企业,可按新用途办理相关手续。

3. 积极培育国内市场

及时修订《服务外包产业重点发展领域指导目录》,完善重点发展领域的支持政策,引导地方和企业因地制宜地发展服务外包业务。

4. 大力打造公共服务平台

利用外经贸发展专项资金布局建设一批辐射全国的服务外包公共服务平台。支持服务外包领域智库和行业协会发展，充分发挥其在理论研究和贸易促进中的积极作用。将中国国际服务外包交易博览会办成具有国际影响力的精品展会。

（六）推进贸易便利化

1. 优化海关监管

逐步将服务外包有关事项纳入国际贸易"单一窗口"。加强对服务外包企业的信用培育，引导更多规范守法的服务外包企业成为经海关认证的经营者企业。

2. 拓展保税监管范围

在确保有效监管和执行相关税收政策的前提下，研究支持对服务外包示范城市"两头在外"的研发、设计、检测、维修等业态所需进口料件试点保税监管。

专栏 14-5

海关深化保税监管模式，助力服务外包发展

为降低国际服务外包企业税负和经营成本，缓解企业现金压力和资金运营成本，海关总署推出国际服务外包业务货物保税监管试点。

一、政策规定

（一）政策依据及演进

《海关总署关于开展国际服务外包业务进口货物保税监管试点工作的公告》（公告〔2009〕85号）规定：自2009年12月24日起，在上海、大连、深圳、南京、苏州、无锡、哈尔滨、大庆、西安、长沙10个服务外包示范城市，对国际服务外包业务进口货物实施保税监管试点。

《海关总署关于全面推广实施国际服务外包业务进口货物保税监管模式的公告》（2010年第39号）规定：自2010年7月1日起，在全国21个服务外包示范城市全面推广实施海关保税监管模式。适用范围为服务外包示范城市（含所辖区、县〈县级市〉等全部行政区划）内。

《海关总署关于进一步推广实施国际服务外包业务进口货物保税监管模式的公告》（2016年第36号）规定：将国际服务外包业务进口货物海关保税监管模式推广到服务贸易创新发展试点地区和10个新增服务外包示范城市；适用企业范围为上述地区内经主管部门认定的技术先进型服务企业。

（二）总体规定

1. 适用区域：17个服贸创新发展试点地区和21个服务外包示范城市。

2. 适用企业：海关管理类别为一般信用及以上、且被适用区域内主管部门依据《财政部、国家税务总局、商务部、科技部、国家发展改革委关于技术先进型服务企业有关税收政策问题的通知》（财税〔2009〕63号）认定为技术先进型服务企业的服务外包企业。

3. 适用货物:纳入保税监管的国际服务外包业务进口货物是指服务外包企业履行国际服务外包合同,由国际服务外包业务境外发包方免费提供的进口设备,但国家不予减免税的商品除外。

(三) 审批备案

1. 注册登记:服务外包企业在外包进口货物进口备案前,应在隶属海关办理报关注册登记手续。

2. 手册备案:服务外包企业在外包进口货物进口前,须向隶属海关办理国际服务外包进口货物暂用加工贸易设备手册(手册编号首位为D)备案手续。手册以合同为单元进行监管,一个合同对应一本手册,手册备案有效期1年。

3. 手册延期:手册如需延期,服务外包企业应在到期前30天内提出申请。海关审核后同意的,每次延期不超过1年,最长不能超过服务外包合同期限。

4. 资质失效:第一,服务外包企业不再具备技术先进型服务企业资质的,新手册不予备案,已备案手册不予延期,已备案未进口的货物,不再予以保税进口。

第二,服务外包企业的管理类别降为失信企业类的,手册不予延期,已备案未进口的货物,不再予以保税进口;已进口的货物,海关征收全额风险担保金。

5. 手册核销:手册到期后,服务外包企业应在30天内持申请核销报告、手册、进出口报关单及相关单证等向海关申请核销。

6. 合同变更:外包业务合同发生变更,服务外包企业应持变更合同等有关单证向海关办理变更手续。

(四) 通关监管

外包进口货物通关监管主要涉及进境申报、退运出境申报和内销补税申报,重点是报关单相关栏目填制的规范性(见表14-4)。

表14-4 外包进口货物保税监管之报关单填报要求

	备案号	监管方式	征免性质	标记号码及备注	商品项征免栏	其他栏目
进境申报	D手册编号	加工贸易设备0420	加工设备501	国际服务外包进口货物	全免	按规定
退运申报	D手册编号	加工设备退运0466	加工设备501	按规定	全免	按规定
内销申报	D手册编号	加工设备内销0446	加工设备501	按规定	照章征税	按规定

资料来源:根据中国海关总署《中华人民共和国海关进出口货物报关单填制规范》整理。

(五) 后续监管

1. 外包进口货物属于海关监管货物,限于服务外包企业履行外包合同使用,未经海关核准,企业不得将外包进口货物抵押、质押、留置。

2. 外包进口货物在外包业务的合同执行完毕后应退运出境。

3. 外包进口货物如销往国内或到期不退运境外的,须经海关批准后按规定办理进口征税手续,涉及许可证件的,还须提供许可证件。

二、海关创新助推国际服务外包发展的策略建议

当前,以大数据、物联网、云计算、人工智能引领的数字经济快速发展不断引发产业变革,推动传统产业数字化转型步伐,为服务外包产业向价值链高端发展拓展了空间。因此,我国政府应精准发力,聚焦鼓励服务外包企业加大创新投入,在技术研发、交付模式、业务流程、经营管理等方面积极创新;加强服务外包园区的创新能力建设,发挥好园区的企业集聚功能和产业示范带动功能;强化服务外包标准体系建设,积极对接发达国家标准,并力争制定一批具有国际领先水平的标准。我国海关也应深化国际服务外包保税监管,提升贸易便利化水平。

(一)拓展国际服务外包保税监管适用产品的范围

当前,适用服务外包保税监管的产品仅包括服务外包企业履行国际服务外包合同,由国际服务外包业务境外发包方免费提供的进口设备。但在承接服务外包业务时,除进口设备外,还可能需要进口其他商品,如医药、生物技术研发与检测服务外包中的检测剂、培养液、培养基等,芯片设计服务外包中的芯片基板、芯片检测服务外包中的芯片等,因此,可适当地拓展服务外包保税监管适用产品的范围。

(二)探索推行电子账册和企业自主选择核销周期

当前,对国际服务外包进口货物暂用加工贸易设备手册(手册编号首位为D),该手册以合同为单元进行监管,一个合同对应一本手册,手册备案有效期为1年。如果国际服务外包企业规模大、业务量大,外包合同多,则需要建立多个手册,在逐步将保税监管适用货物的范围从进口设备拓展到其他符合保税监管的货物的情形下,企业合同、手册和关务管理任务和合规风险加大,不利于贸易便利化程度提高。因此,海关可在深入实地调研的基础上,对于符合实行以企业为监管单元的国际服务外包企业,可鼓励采用电子账册;并以国际服务外包合同周期为基础,由企业自主选择确定核销周期,以提升贸易的便利化程度。

(三)探索对国际服务外包保税监管产品实行分类通关管理

考虑到如果将国际服务外包保税监管货物由设备拓展到其他符合保税监管的货物,则对通关时效提出较高要求。因此,建议海关借鉴保税研发贸易监管方式,在进出境环节对服务外包保税监管货物采取"合格假定、信用放行"的监管新模式,对进口保税料件实施风险分类监管,加强事中事后监管,即将传统的"事前产品信息登记+口岸抽查检验"监管模式转为"合格保证+风险评估+事后监管"管理模式,大大缩减服务外包保税监管货物的通关时间,大幅降低综合进口成本。

(四)探索国际服务外包保税监管"分送集报"监管模式

随着国际服务外包保税监管货物拓展到其他符合条件的非设备类进口货物,加之可能涉及境内区外原材料采购和向境内区外企业分送保税货物等业务,将会出现国际服务外包所需原材料批次多、单量少、时效要求高等特点,建议探索"分批进出、集中报关"和汇总征税监管模式。

(五)与保税料件交易试点相结合,提升保税研发料件的流通与使用效率

通常,国际服务外包业务中未使用的保税料件一般不能以保税状态转给其他企业,

只能将料件退运到境外或按进口价格补税后内销。但实行保税料件交易试点,在特定区域内,加工贸易企业可选择以保税货物的方式,或按实际成交价格征税的方式,将剩余料件交付给有需求的其他企业,从而能提高保税料件的流通。

（六）探索国际服务外包保税监管设备的异地使用监管模式

实践中,往往出现因各种原因导致保税监管设备暂时不能在既定场所使用,但又不能转用其他场所,加之设备单价较高,从而导致过度重复投资、资源未有效利用等弊端。因此,建议海关对单价较高的国际服务外包保税监管设备的监管应注重设备使用主体及用途,而非场所。

资料来源:查贵勇.服务外包发展背后的保税监管[J].中国海关,2020(11):52-54.

本章小结

1. 当前,服务外包已成为全球服务转移的重要形式,主要包括信息技术服务外包、业务流程服务外包和知识流程服务外包,并呈现标准化、数字化、智能化、融合化等发展趋势。

2. 当前,全球服务外包具有规模持续扩大、涉及产业日益拓展、发达经济体主导发包方市场、承包方兼具梯度转移和竞争加剧等特征,并不断创新融合模式、盈利模式和交易模式。

3. 在战略性、系统性政策的支持下,我国服务外包虽起步较晚,但发展势头迅猛,业务结构逐步高端化、技术化,承接来源地、承接省市和企业主体布局日趋多元化,就业效应显著,并呈现出发展空间巨大、跨界融合日益明显、创新驱动凸显、市场竞争日趋激烈等发展趋势。因此,我国要通过加快数字化转型、推动重点领域发展、构建全球服务网络体系、加大人才培育力度、培育壮大市场主体、提升贸易便利化等措施推动服务外包发展。

基本概念

1. 服务外包

服务外包是指企业为了将有限的资源专注于其核心竞争力,以信息技术为依托,利用外部专业服务商的知识劳动力,来完成原来由企业内部完成的工作,从而达到降低成本、提高效率、提升企业对市场环境迅速应变能力并优化企业核心竞争力的一种服务模式。

2. 服务外包企业

服务外包企业是指根据其与服务外包发包商签订的中长期服务合同,向客户提供服务外包业务的服务外包提供商。

3. 服务外包业务

服务外包业务是指服务外包企业向客户提供的具体服务内容,主要包括信息技术外包服务、业务流程外包服务和知识流程外包等。

4. 信息技术外包

信息技术外包是指企业以长期合同的方式委托信息技术服务商向企业提供部分或全部的信息功能,主要涉及信息技术设备的引进和维护、通信网络的管理、数据中心的运作、信息系统的开发和维护、备份和灾难恢复、信息技术培训等。

5. 业务流程外包

业务流程外包是指企业检查业务流程以及相应的职能部门,将这些流程或职能外包给供应商,并由供应商对这些流程进行重组。业务流程外包是将职能部门的全部功能(如事务处理、政策服务、索赔管理、人力资源、财务)转移给供应商,外包供应商根据服务协议在自己的系统中对这些职能进行管理。

复习思考题

1. 阐述对服务外包、服务外包企业、服务外包业务的理解。
2. 服务外包有哪些类型?试举例说明。
3. 简述服务外包发展的趋势和特征。
4. 简述国际服务外包发展的现状与特征。
5. 简述国际服务外包发展的新趋势和新业态。
6. 简述我国服务外包发展的现状和特征。
7. 简述我国服务外包发展的趋势。
8. 简述推进我国服务外包发展的措施。

数字服务贸易

学习目标

- 了解数字贸易、数字服务贸易的基本概念。
- 熟悉数字贸易、数字服务贸易的表现形式、核心范畴。
- 掌握国际和国内数字服务贸易的发展政策。
- 掌握国际和国内数字服务贸易的发展现状与趋势。
- 掌握我国数字服务贸易的发展策略。

当今的人类社会正在发生深刻的变化,以互联网、大数据、人工智能、区块链量子信息等为技术突破口的第四次工业革命正极大地改变社会。数字技术是第四次工业革命的主要竞争领域,采用数字技术可以加速提高制造业在产品研发、质量以及生产率方面的国际竞争。

随着数字经济广泛普及和数字技术迅速发展,制造业服务化、服务业数字化的趋势越来越明显。服务贸易的数字化则推动了服务贸易多样性发展,改变了服务的生产和交付模式,不仅使服务的可贸易性大幅增强,也催生了服务贸易领域诸多新业态、新模式,如数字旅游、数字教育、数字医疗、数字金融等数字服务贸易。

第一节 数字服务贸易的内涵

目前,国际上对数字服务贸易尚未形成统一定义,主要国家和国际组织对数字服务贸易的界定都包含在数字贸易中。

一、数字贸易

当前,信息通信技术的发展与运用不断推动国际贸易的方式和内容发生变革,人类社会正迈入以数字贸易为核心的第四次全球化浪潮,国际贸易呈现出高度数字化的特征,从而促进数字贸易蓬勃发展。

(一) 定义

目前,全球对数字贸易还没有一个统一的解释,主要国家和国际组织都有各自的界定。

1. 国际组织的界定

世界贸易组织在1998年通过的《电子商务工作计划》中采用"电子商务"诠释数字贸易:通过电子方式生产、分销、营销、销售或交付货物和服务,即更倾向将"数字贸易"与"电子商务"相结合,突出技术仅仅提供了一个将产品和服务进行销售和推广的平台和渠道。①

联合国和世界贸易组织等六个国际组织共同制定的《国际服务贸易统计手册》,将数字贸易定义为:通过线下订货的交易,并区分为有形商品数字贸易和无形商品数字贸易。

2. 美国的界定②

2013年7月,美国国际贸易委员会在《美国和全球经济中的数字贸易Ⅰ》中首次提出数字贸易的概念:通过信息网络传输完成产品和服务的商业活动,即数字贸易既包含辅助数字贸易的手段(如互联网平台和应用),也包含数据流动等。

2014年8月,美国国际贸易委员会在《美国与全球经济中的数字贸易Ⅱ》中扩大数字贸易的范围,将实体货物纳入数字贸易的交易标的,强调数字贸易是由数字技术实现的贸易。

2017年,美国贸易代表办公室发布《数字贸易的主要障碍》,进一步拓展数字贸易的外延,认为数字贸易不仅包括个人消费品在互联网上的销售以及在线服务的提供,还包括实现全球价值链的数据流、实现智能制造的服务以及无数其他平台和应用,并将数字贸易分为数字内容、社交媒介、搜索引擎和其他等四大类。

3. 我国的界定

国内研究机构对数字贸易的定义有三种代表性的观点。③

(1) 数字贸易是依托有线或无线数字网络,通过数字交换技术提供的一种以数字化电子信息为贸易标准的创新商业模式。

(2) 数字贸易是以数字形式或以数字技术作为基础工具所实现的有形产品、货物和无形服务的跨境交付,包括数字化的贸易、数字支持的贸易和数字驱动的贸易。

(3) 数字贸易是不同行业的企业通过相关设备在网络上进行产品和服务的交易。

---

① 王晓红,谢兰兰.我国数字贸易与软件出口的发展及展望[J].开放导报,2019(10):19-28.
② 马述忠,房超,梁银锋.数字贸易及其时代价值与研究展望[J].国际贸易问题,2018(10):16-30.
③ 盛欣.数字贸易背景下个人信息跨境传输的国际法保护[D].湖南师范大学,2020.

4. 综合界定

综上所述,数字贸易是指信息通信技术发挥重要作用的贸易形式,不仅包括基于信息通信技术开展的线上宣传、交易、结算等促成的实物商品贸易,还包括通过信息通信网络(语音和数据网络等)传输的数字服务贸易,如数据、数字产品、数字化服务等贸易。①

(二) 表现形式

(1) 贸易方式的数字化。信息技术与国际贸易各领域深度融合渗透,电商平台成为国际贸易的重要枢纽,产品与信息展示、贸易磋商、支付结算、税收通关等环节向线上迁移,国际贸易的固定成本大幅降低、贸易效率显著提升。

(2) 贸易对象的数字化。互联网为国际数据流通提供高效便捷的传输渠道,数据和以数据形式存在的商品和服务可贸易程度大幅提升,成为重要的贸易商品,对各国生活、生产等诸多领域的影响不断扩大,极大地拓展了现有服务贸易的深度和广度。

综上,数字贸易不仅仅是将传统贸易搬到线上,还应包含贸易相关的宣传、交易、结算等环节,是集数据、数字技术、数字产品为一体的整体转型,即数字贸易的发展涵盖数字服务对外开放及数字技术应用的方方面面。②

(三) 核心范畴

鼎韬产业研究院认为,数字贸易应该包括数字化的贸易、数字支持的贸易和数字驱动的贸易三个核心范畴。③

(1) 数字化的贸易。以数字技术为基础实现的完全或主要通过数字形式交付的服务或物理产品数字对应品的跨境贸易形态,即狭义上数字贸易的定义。

(2) 数字支持的贸易。通过数字技术(特别是互联网技术)实现的产品和在线服务的跨境贸易以及电子支付,即传统意义上电子商务所提供的服务范畴。

(3) 数字驱动的贸易。通过数据流实现的全球价值链、通过数字技术实现的智能制造等所有商业模式的可数字化操作的部分,以及所有行业中能利用数字技术去实现国际化的部分所形成的跨境贸易交付。

二、数字服务贸易

(一) 定义

联合国和世界贸易组织等六个国际组织共同制定的《国际服务贸易统计手册》中所谓的无形商品的数字贸易,就可视为数字服务贸易,即数字服务贸易主要体现为贸易对象数

---

① 中国信通院.数字贸易发展与影响白皮书[EB/OL]. https://www.sohu.com/a/363556545_405262,2019-12-29.

② 张钰梅.服务贸易加快数字化进程[EB/OL]. www.comnews.cn/article/ibdnews/201905/20190500005343.shtml,2019-05-28.

③ 鼎韬产业研究院.数字贸易定义、范畴和特征[EB/OL]. www.devott.com/2019/0422/201.html,2019-04-22.

字化。

我国商务部、中央网信办、工业和信息化部在《关于组织申报国家数字服务出口基地的通知》(商办服贸函〔2019〕245号)中将数字服务贸易界定为:"采用数字化技术进行研发、设计、生产,并通过互联网和现代信息技术手段为用户交付的产品和服务。"[1]

我国商务部在《2018年中国数字服务贸易发展报告》中指出,数字服务是指"采用数字进行研发、设计、生产,并通过互联网和现代信息技术手段为用户交付的产品和服务"。数字服务出口包括软件、社交媒体、搜索引擎、通信、云计算、大数据、人工智能、区块链、物联网、卫星定位等信息技术服务出口,数字传媒、数字娱乐、数字学习、数字出版等数字内容服务出口,以及其他通过互联网交付的离岸外包服务。[2]

综合这两个定义,数字服务贸易应至少满足以下两个标准。

(1) 数字服务贸易包含在数字贸易中,是数字贸易的重要组成部分。

(2) 数字技术是数字服务贸易赖以实现的载体。即运用数字技术将传统服务嵌入到不同的数字化载体以实现交付和销售,赋予无形的数据流以可贸易的价值。

因此,数字服务贸易既包括传统服务产业的数字化,也包括技术迭代后所催生的全新经济模式和业态,即数字产业化。

(二) 核心范畴

(1) 信息技术服务贸易。包括软件、社交媒体、搜索引擎、通信、云计算和卫星定位等。

(2) 数字内容服务贸易。包括数字传媒、数字娱乐、数字学习和数字出版等。

(3) 离岸服务外包。包括除信息技术服务贸易和数字内容服务贸易以外的其他通过互联网交付的服务贸易。

数字服务贸易的核心范畴如图15-1所示。

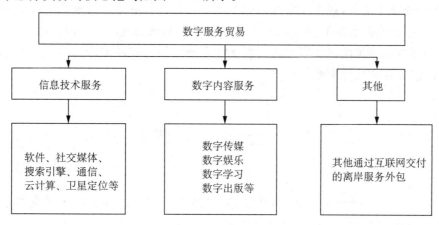

图15-1 数字服务贸易的核心范畴

资料来源:商务部.中国数字服务贸易发展现状、机遇和展望[EB/OL].www.199it.com/archives/941255.html,2019-09-22.

---

[1] 何曼青,高振华.推进数字贸易高质量发展的对策[J].服务外包,2020(12):21-23.

[2] 王晓红,谢兰兰.我国数字贸易与软件出口的发展及展望[J].开放导报,2019(10):19-28.

（三）特征①

1. 虚拟化

虚拟化主要体现在要素、交易和流通三个方面。其中，要素虚拟化是指生产过程中使用数字化的知识和信息；交易虚拟化是指在虚拟化的互联网平台上进行交易，并使用虚拟化的电子支付方式；流通虚拟化是指通过虚似化的方式来完成数字产品和服务的传输。

2. 平台化

互联网平台是协调和配置资源的基本经济组织，平台化运营已经成为互联网企业的主要商业模式，不仅是汇聚各方数据的中枢，更是创造价值的核心，在局部市场治理中具有显著优势，能够以技术和信息为政府监管赋能并形成良性互动。②

3. 普惠化

数字技术的推广大幅降低贸易门槛，中小微企业、个体商户和自然人都可通过互联网平台面向全球消费者提供服务，传统贸易中的弱势群体也能够便利化参与并从中获利。

4. 个性化

针对消费者的个性化需求提供相应定制化服务成为提升服务贸易企业竞争力的关键。

5. 生态化

互联网平台、入驻企业、消费者遵循共同的契约精神，共享数据资源、共创价值、共担责任与风险形成一个互利、互助、共赢的生态体系。

6. 全球化

数字化大大削弱服务产品低效率、高成本、不可贸易的判断特性，大大提高服务业的生产效率和全球化水平，规模经济和范围经济极为显著。由数字技术搭建的全球网络空间将来自各国的产品和服务内容面向全球市场提供，且效益递增几乎没有边界，使服务的供给方、消费方和相关生产要素均成为服务业全球化的内在动力，推动服务生产全球化、消费全球化、投资全球化不断加速。③

第二节　数字服务贸易政策

数字服务贸易作为新生事物，各个经济体都在探索制定新的政策，既要支持发展也要加强监管，既要包容也要审慎，努力做到兼顾激励与监管。

---

① 王晓红,谢兰兰.我国数字贸易与软件出口的发展及展望[J].开放导报,2019(10):19-28.
② 江小涓.网络时代的政府与市场:边界重组与秩序重构[J].比较,2019(2):1-2.
③ 江小涓,罗立彬.网络时代的服务全球化:新引擎、加速度和大国竞争力[J].中国社会科学,2019(2):68-91.

一、 国际数字服务贸易政策

(一) 推动数字服务贸易自由化①

以美、欧、日为代表的发达经济体,凭借技术领先的优势主导全球数字贸易规则的方向,并在国内政策导向和国际谈判中坚持数字贸易开放原则。在2019年G20大阪峰会上,日本提出基于信任的跨境数据流动,建立数据流通联盟在与会国间达成广泛共识,24个国家和地区在《大阪数字经济宣言》上签字,承诺致力于推动全球数据的自由流通并制定可靠规则。

(二) 重视分散化数字服务贸易监管

基于数字贸易对现有国际贸易内容与方式的冲击,数字贸易问题成为各贸易协定中的重要内容。2017年7月,美国贸易代表办公室(USTR)宣布在北美自由贸易协定谈判中纳入数字贸易,推进数据流动,防止在贸易中强制数据本地化和防止政府规定披露计算机源代码或算法,并确保对数字产品的非歧视性处理。2018年以来,数字贸易也成为中美贸易摩擦与谈判中的重要内容。2018年,联合国举办全球数字贸易(跨境电商)大会。2018年9月,美、欧、日发表《美、欧、日贸易部长三方会议联合声明》,共同商讨数字贸易和数字经济合作。2019年,WTO启动电子商务等监管法规的相关谈判。

在数字贸易呈现战略性竞争的背景下,不少经济体正在追求分散化和自适应的数字贸易政策,主要体现在监管方法、适用监管等领域。发展中经济体在数字经济政策、跨境数据流动规则等方面处于被动与防御地位。如印度、印尼、南非等国对全球电子商务谈判持反对意见,特别是对跨境数据自由流动,均拒绝在《大阪数字经济宣言》上签字,印度更是主张数据存储本地化。

(三) 数字贸易监管趋于严格②

1. 对跨境数据流动与数字服务贸易实行限制

一些国家出于数据隐私保护、国家主权维护以及国家安全保障等公共利益的考虑,不同程度地对跨境数据流动加以政策或法律法规的限制,主要表现如下。

2018年,印度颁布新《消费者保护法》,要求电商公司在消费者事务部登记平台进行登记,必须披露业务细节和卖家协议以及存储消费者数据的意图和用途。

2018年3月,欧盟委员会发布两项提案,提出数字化业务活动征税的新方式。

2018年5月,欧盟生效《通用数据保护条例》,加强对欧盟个人信息保护及监管,适用于非欧盟公司。

2019年3月,欧盟通过《数字化单一市场版权指令》,大大强化版权保护,增加互联网公司的成本;美国、澳大利亚等也相继提出个人隐私数据的保护措施。

---

① 王晓红,谢兰兰.如何推进数字贸易与软件出口[J].服务外包,2019(11):14-24.
② 汤莉.加快构建跨境数据流动治理体系[N].国际商报,2020-8-3.

综上，无论是在多边的 WTO、G20 框架内，还是在双边自由贸易协定中，跨境数据流动都呈现出"有限"特征，"本地化"的诉求也从未消失。经合组织（OECD）开发的数字服务贸易限制性指数显示，中国、印度尼西亚、南非、巴西、印度、俄罗斯等非 OECD 国家限制指数偏高，瑞士、澳大利亚、美国、挪威等 OECD 国家限制指数偏低。

2. 对涉及国家安全利益的数据采取"灵活化"策略

鉴于个人数据与重要敏感数据涉及的风险和所需保护的权益各有不同，许多经济体都在尝试分级分类监管，通过灵活多样的监管模式确立宽严不同的数据跨境流动管理政策。例如，法国规定政府管理、商业开发、税收数据需要本地存储；澳大利亚明确禁止与健康医疗相关的数据出境；美国不允许属于安全分类的数据存储在任何链接公共云数据中，特别是对公民敏感数据，美国的安全审查标准不低于欧盟。

3. 围绕数据主权与"长臂管辖权"博弈呈现加剧化态势①

美欧数据主权战略属于"进攻型"，通过"长臂管辖"扩张其跨境数据执法。中国、俄罗斯等新兴经济体的数据主权战略为"防守型"，通过数据本地化解决数据治理与本地执法问题。因此，"长臂管辖"在允许跨越一国传统地域主权限制获取境外数据的同时，也加剧与他国关于数据管辖权和执法权间的冲突。

（四）构建电商领域的国际合作机制

1. 制定和完善相关标准

当前，发达经济体正在全力推动构建全球数字贸易规则，试图在数字贸易中继续抢占制高点。但发展中经济体也积极发声，如中国服务贸易协会与 Shopee、Wish、PingPong 公司宣布启动《跨境电子商务平台分级备案规范团体标准》及《跨境电子化交易规范团体标准》两项标准制定，将尝试实现跨境电商平台与跨境支付机构的协同管理，引导跨境电商行业自律运行。

2. 逐步形成多边合作机制

如中国与"丝路国家"建立电商合作制度，"金砖国家"发起电子商务合作倡议等，欧盟则一直致力于构建数字单一市场。最具代表性的案例则是：2017 年 12 月，中国、埃及、老挝、沙特、塞尔维亚、泰国、土耳其和阿联酋等经济体代表共同发起《"一带一路"数字经济国际合作倡议》，倡导从提高宽带质量、数字化转型、电子商务合作、互联网创业、中小企业发展、数字化培训、通信投资、数字包容性等方面为数字服务贸易跨国合作奠定基础。

3. 国际组织强化电商领域合作和推动全球普惠发展

2018 年，联合国宣布启动数字合作高级别小组；2019 年，联合国先后推出非洲电商周、E-trade for All 计划、eFounders Fellowship Programme 等，为不发达地区电子商务行业的发展提供电子基础设施的建设、电子商务市场评估、发展中国家电商创业者培育等各种促进措施；世贸组织、世界经济论坛、电子世界贸易平台（eWTP）共同推动数字贸易项目（Digital Trade Project），以实现电商赋能。

---

① 张莱楠.加快出台数据跨境流动规则体系[N].联合时报，2020-09-01.

(五) 全球贸易摩擦对电商市场产生一定影响

2018年,各国之间日益频繁的贸易摩擦不仅为国际贸易蒙上阴影,也对全球电商市场发展产生一定影响。在贸易争端中,电子商务标准被列入贸易纠纷和谈判内容之一,部分贸易商品被列入关税提高清单,其他一些贸易保护措施无形中提高了贸易壁垒。2018年3月,包括沃尔玛、好市多等在内的20多家美国零售商及美国零售业协会致信美国政府,表达对增加关税的担忧。然而,目前贸易摩擦仍在不断升级中。这使得全球贸易需求的前景进一步变得不确定,中短期发展受到一定影响,尤其是跨境电子商务。

突出体现就是中美贸易摩擦中有关电子商务的议题①:2020年3月,美国国土安全部发布《打击仿冒盗版非法交易报告》,对电商平台作出专章论述,内容大量涉及中国;随后,特朗普发布总统行政令,众议院和参议院分别就"互联网销售市场公正法案"和"阻止电商平台销售假冒商品法案"进行审议,意图修改法律以获取对大型电商平台和第三方卖家的司法"长臂管辖权";4月,美国贸易代表办公室发布"301特别调查报告"和"全球恶名市场清单",对跨境电商中的侵权货物重点关注。美国边境保护局和海关修改了一系列内部制度,扩大执法权力,将打击侵权货物进口的优先级提高到与毒品犯罪并列,增加企业停业、公布不合格国际快递服务商名单、强制企业报送电商供应链数据、追溯电商平台第三方卖家交易信息等措施,针对中国跨境电商近年来快速发展,明显加强了防范。

(六) 多边规则滞后制约全球数字服务贸易发展

总体来看,全球数字贸易规则制定严重滞后于数字贸易发展实践。在多边层面,目前WTO并无专门规则规范数字贸易,相关规则多散见于WTO框架下的一些协定文本及其附件。如《服务贸易总协定》、《信息技术协定》(ITA)、《与贸易相关的知识产权协议》(TRIP)、《全球电子商务宣言》等。由于缺乏对数字技术发展变革的预见性,加上多哈回合谈判效率低下,这些多边数字贸易规则在文本内容和操作细则层面都面临新的挑战。

二、我国数字服务贸易的发展政策

(一) 强化数字服务贸易发展的顶层设计

2019年11月,中共中央、国务院《关于推进贸易高质量发展的指导意见》正式提出要加快数字贸易发展,提升贸易数字化水平,推进文化、数字服务、中医药服务等领域特色服务出口基地建设,确立了数字服务贸易发展的顶层设计。

2020年7月15日,国家发展改革委等13个部门联合印发《关于支持新业态、新模式健康发展、激活消费市场、带动扩大就业的意见》,提出加快发展数字经济15种新业态、新

---

① 柴海涛.促进新旧动能转换需提升知识产权保护水平[J].中国机电经贸,2020(8):12-13.

模式的支持举措,为我国数字经济和数字贸易发展按下"快进键"。

(二)认定国家数字服务出口基地,推动服务出口数字化转型

2020年4月16日,商务部、中央网信办、工业和信息化部联合发布公告,认定12家国家数字服务出口基地,其中,中关村软件园、大连高新技术产业园区、上海浦东软件园、中国(南京)软件谷、厦门软件园和成都天府软件园数字服务出口园区,凭借自身的良好基础、较强竞争力和影响力,成为首批国家数字服务出口基地。认定和建设国家数字服务出口基地,旨在把握数字经济发展的重大机遇,加快我国数字贸易发展和数字技术应用,积极扩大数字服务出口,加快服务出口数字化转型,打造数字服务出口支撑平台,培育数字服务出口新主体、新业态、新模式,支持数字服务行业对外开放,推动服务贸易高质量发展。①

未来,商务部将会同中央网信办、工业和信息化部,组织各基地所在省市制定基地建设的实施方案,研究出台具体支持政策,加快服务出口数字化转型,培育数字服务出口新主体,积极推动数字服务行业扩大对外开放,努力将基地打造成我国发展数字贸易的重要载体和数字服务出口的集聚区。

专栏 15-1

中国首批数字服务出口基地任重而道远

2020年4月16日,商务部、中央网信办、工业和信息化部联合发布公告认定12家国家数字服务出口基地。综观最终入选的名单,12家基地可谓"高手云集"。以位于北京海淀西二旗的中关村软件园为例,这里聚集包括腾讯、联想、百度、新浪、亚信、滴滴等知名企业在内的700多家高科技企业,就业人员达9万余人。再如中国(南京)软件谷,各类软件企业超2 400家,其中,世界500强及世界软件百强企业15家,中国软件百强、中国电子信息百强及中国互联网百强企业就有30家。

综合而言,首批国家数字服务出口基地将会从三方面进一步激发基地的发展潜能。

一、夯实产业发展基础

12家基地本身就以高新技术企业为主,此次入选意味着未来更多的外部资源支持及更大的集聚效应,将推动产业持续快速发展。

二、提升技术应用效率

数字产业发展将更要注重技术的实际应用,技术研发将更具有针对性,特别是有关数字贸易的技术研发和应用,最终将提高技术对经济社会发展的贡献。

三、增强人才聚集能力

目前,我国数字贸易存在较大的人才缺口,这些基地或可发挥产业集聚形成的人才虹吸作用,帮助实现人才的聚集、培养与提升。

---

① 孙亚慧.数字服务出口按下"快进键"[N].人民日报海外版,2020-05-06.

> 因此,建设国家数字服务出口基地最重要的意义在于打造数字产业高地,各地在基地建设中要继续稳扎稳打,在保证数字产业发展的同时,思考如何培育新模式和新业态。
> 孙亚慧.数字服务出口按下"快进键"[N].人民日报海外版,2020-05-06.

(三)高度重视电子商务发展,持续优化电子商务发展环境[①]

大力宣传贯彻《电子商务法》,逐步完善配套法规。强化示范引领,遴选首批60家数字商务企业,新增13家电子商务示范基地。深化电子商务诚信建设,大力推动企业开展诚信承诺,完善诚信档案。细化公共服务,开通全国电子商务公共服务平台,印发关于加强电子商务统计监测分析工作的指导意见,深入推进部省电商大数据共建共享,指导行业健康发展。

(四)不断完善跨境电商支持与监管政策,持续优化跨境电商发展环境

2018年11月,中国发布《关于完善跨境电子商务零售进口监管有关工作的通知》,规定跨境电子商务零售进口商品的单次交易限值和年度交易限值。

2019年,新增24个跨境电商综合试验区,截至2019年年底,试验区总数达59个,成熟的经验做法加快向全国复制推广,跨境电商政策体系不断完善。

截至2019年年末,中国已与巴西、意大利等22个国家签订双边电子商务合作备忘录,并建立双边电子商务合作机制。

2020年3月27日,海关总署正式实施《关于全面推广跨境电子商务出口商品退货监管措施有关事宜的公告》(公告〔2020〕44号),进一步优化营商环境,促进贸易便利化,推动跨境电子商务出口业务健康快速发展。

2020年3月28日,正式实施《海关总署关于跨境电子商务零售进口商品退货有关监管事宜的公告》(公告〔2020〕45号),以确保海关总署2020年第44号公告落地。

2020年4月7日,国务院常务会议决定增设46个跨境电商综合试验区,总数增至105个,形成陆海内外联动、东西双向互济的发展格局,有利于稳住外贸基本盘。

2020年6月12日,海关总署发布2020年第75号公告《关于开展跨境电子商务企业对企业出口监管试点的公告》,自7月1日起,在北京海关、天津海关、南京海关、杭州海关、宁波海关、厦门海关、郑州海关、广州海关、深圳海关、黄埔海关开展跨境电商企业对企业(B2B)出口监管试点,进一步释放改革红利,为跨境电商行业注入复苏动力。

(五)构筑数字服务贸易促进平台,推动服务贸易数字化进程,扩大数字服务出口

为推动数字服务贸易发展,我国充分发挥自由贸易试验区、服务贸易创新试点地区、服务外包示范城市跨境电商综合试验区国际服务贸易交易会的示范带动作用,加快推动数字服务贸易平台建设。特别是2021年中国国际服务贸易交易会将主题确定为"数字开启未来,服务促进发展",并在主题、展会内容、展览题材等方面突出数字经济。

---

① 步欣.中国电子商务规模持续引领全球[N].国际商报,2020-07-01.

（六）加强数字经济的国际合作

倡导发起《二十国集团数字经济发展与合作倡议》《"一带一路"数字经济合作倡议》；网信企业加快"走出去"，参与全球170多个国家信息基础设施建设；与16国签署"数字丝绸之路"建设合作谅解备忘录；与"一带一路"沿线国家和地区构建30余条跨境陆缆和10余条国际海缆，强化互联互通。

第三节　全球数字服务贸易发展

数字经济快速发展带动国际贸易方式创新变革，数字贸易成为国际贸易发展新趋势。目前，全球50%以上的服务贸易已实现数字化，超过12%的跨境货物贸易通过数字化平台实现。预计今后10—15年全球货物贸易、服务贸易分别呈2%、15%左右的增长，数字贸易则呈25%左右的高速增长，20年后世界贸易将形成货物贸易、服务贸易、数字贸易三分天下的格局[①]；其中，融合数字贸易和服务贸易的数字服务贸易将快速发展。

一、全球数字服务贸易稳步增长

2008—2018年，全球数字交付贸易出口规模从18 379.9亿美元增长到29 314亿美元，增长接近60%，年平均增长率约为5.83%，在服务贸易出口中的占比从45.66%提高到50.15%。[②]

2018年，从服务构成看，全球数字服务贸易中占比最高的3类数字服务贸易是工程研发、保险金融、知识产权；从国别结构来看，发达国家在数字服务贸易的影响力超过货物贸易，发展中国家面临新的发展挑战。[③]

二、全球跨境电商的发展现状与趋势

信息通信技术推动传统货物和服务贸易方式升级改造，跨境电商平台、智慧物流、智能监管等新模式、新业态给国际服务贸易注入新活力，特别是作为重要的数字贸易方式的跨境电商正在快速发展。

（一）全球跨境电子商务保持高增长的态势

埃森哲测算，2014—2020年全球跨境电商B2C将保持27%的年均增长。2019年

---

① 黄奇帆.在长三角地区协同建设开放新高地[J].全球化,2019(2):1-5.
② 戴慧.跨境数字贸易的发展与国际治理[J].中国发展观察,2021(5):63-69.
③ 中国信通院.中国数字经济发展白皮书(2020)[EB/OL].www.sohu.com/a/406064030_642249,2020-07-06.

4月27日,联合国贸发会议发布的《2018年全球电子商务评估报告》显示:2018年,全球电子商务规模达25.6万亿美元,同比增长8%;其中,面向消费者的电子商务销售和跨境采购快速增长——B2C电子商务销售额4.4万亿美元,同比增长16%;B2C跨境电子商务销售额达4 040亿美元,同比增长7%;2019年全球电子商务规模达26.7万亿美元,同比增长4%。① 据咨询公司Statista的数据,2018年全球电子商务市场销售额达到2.84万亿美元,同比增长23%;在全球零售业中的比重持续上升到11.9%。国内知名电商智库网经社电子商务研究中心发布的《2019年全球电子商务数据报告》显示:2018年,美洲地区美国、加拿大、墨西哥、巴西4国的电子商务交易额总计10.55万亿美元,网络零售交易额总计6 280.3亿美元;非洲地区的南非电子商务交易额40.76亿美元,网络零售交易额32.5亿美元;大洋洲地区的澳大利亚电子商务交易额2 980亿美元,网络零售交易额116亿美元。根据阿里研究院的预测,2020年全球跨境电商B2C市场规模将达9 940亿美元,年平均增速接近30%,远超传统贸易的增长速度。

(二)全球电子商务仍以发达国家为主,但更趋均衡

2018年联合国发布的全球电子商务发展指数为55,比上年增长1.9个百分点;其中,发展指数较高的仍然是发达经济体,四项指标均全球领先;但转型经济体东亚与东南亚、非洲地区均比2017年有不小的进步,全球结构日趋均衡(见表15-1)。

表15-1 2018年联合国全球电子商务发展指数

	互联网用户个人比重(%)	账户中15岁以上用户比重(%)	每百万人安全互联网服务器	万国邮政可靠性分数	2018年发展指数	2017年发展指数
非洲	26	40	29	24	30	28
东亚与东南亚	48	62	57	62	57	54
拉丁美洲与加勒比海地区	54	53	54	24	46	47
西亚	71	58	51	42	57	58
转型经济体	65	59	65	71	65	59
发达经济体	84	93	88	81	86	87
全球	54	60	56	49	55	54

注:表中2018年指数资料来源为2017年或最新数据。
资料来源:United Nations. Unctad B2C E-commerce Index 2018 [EB/OL]. https://unctad.org/en/PublicationsLibrary/tn_unctad_ict4d12_en.pdf., 2019-05-30.

1. 发达经济体B2C电子商务发展环境更佳

联合国贸易与发展会议发布的B2C电子商务指数是国际上反映B2C电子商务服务

① 第一财经.联合国:全球电子商务销售额急剧增长[EB/OL]. https://new.qq.com/omn/20210504/20210504A02CTW00.html, 2021-05-04.

体系的重要指标。根据2018年的数据显示,排在前10位的国家依次为荷兰、新加坡、瑞士、英国、挪威、冰岛、爱尔兰、瑞典、新西兰、丹麦,均为发达经济体;俄罗斯、巴西、中国、南非、印度等金砖国家则分别分列第42、第61、第63、第77、第80位。《2020年全球B2C电商指数》排名前10位的分别是瑞士、荷兰、丹麦、新加坡、英国、德国、芬兰、爱尔兰、挪威和中国香港;中国仅排名第55位。①

2. 电子商务市场规模相对均衡

eMarketer 的数据显示,2017年,中国、英国、韩国、丹麦等网络零售占比均已超过10%,中国位居首位。《2019年全球电子商务数据报告》显示:2018年,电子商务交易规模排名前5的国家为:美国97 760亿美元、中国47 311亿美元、日本32 400亿美元、德国16 210亿美元、韩国14 740亿美元;网络零售交易规模排名前5的国家分别为:中国13 095亿美元、美国5 200亿美元、英国2 910亿美元、日本1 790亿美元、德国1 305亿美元。

3. 发展中国家展现出极高的增长潜质

据 Statista 预测,2018—2022年,印度、印尼、南非、墨西哥等发展中国家电子商务平均复合增长率约为15%,特别是中东地区——根据国际评级机构 Fitch 旗下公司 Fitch Solutions Macro Research 的一份报告,中东电商市场增速全球最快,其中,阿联酋的电商支出从2017年的97亿美元增至2022年的271亿美元,成为全球电商市场领先的国家之一。美国、加拿大、韩国、日本等发达国家则大约为7%左右。

(三) B2B 模式占主导地位,但仍以发达国家为主

据 eMarketer 的数据显示,2014—2017年,全球电子商务交易额中企业对企业(B2B)模式占比超过70%,并从2014年76.9%升至2017年82.8%;2018年,全球B2B电子商务销售额达21万亿美元,占比进一步提升到83%,成为全球电子商务的绝对主导模式;其中,美国占据全球36%的B2B销售额,其后是英国(18%)、日本(14%)、中国(10%)。

(四) 消费分层和渠道下沉引发全球电子商务新模式

随着电子商务的发展,先发区域或群体的电商渗透率增长迟缓,并且因贫富分化导致消费分层,全球电子商务出现增长瓶颈。为推动业务发展,全球电商行业开始推动电商渠道下沉,新兴电子商务公司和已有的电商巨头均得益于下沉区域的增长,并积极实践联合国等提出的普惠式电子商务、拼购模式、农村电商、亲情模式等。

(1)在全球区域分布发展上,由发达国家向不发达国家发展,发达国家和地区的电子商务渗透率已经较高,新兴地区的电子商务蓬勃发展,尤其是联合国等提出普惠式电子商务发展,进一步促使转型经济体、非洲等国家的电子商务发展指数提升。

(2)在区域内部空间分布上,由中心城市向二三线城市扩散,由城市向农村地区发展。全球最大的电子商务公司阿里巴巴2019财年的年报显示,截至2019年3月底,阿里

---

① 日经亚洲.中国作为全球最大的互联网市场仍有充足的增长空间[EB/OL]. http://asean.mofcom.gov.cn/article/jmxw/202102/20210203039847.shtml,2021-02-19.

平台年度活跃消费者达 6.54 亿,同比增长 1.02 亿,新增客户中有 77% 来自下沉市场。近年来,阿里巴巴更是将乡村战略定为未来 20 年三大发展战略之一。2018 年年底,阿里淘宝村已经达到 3 202 个,覆盖中国 330 个县,年销售额达到 2 200 亿元人民币。

第三,在用户群体上,由高收入群体向低收入群体拓展,由传统活跃的年轻人群体向以往不活跃的老年人群体发展,如拼多多、日本电商老人专区、阿里亲情账号的推广和崛起等。

(五) 全球跨境电商呈现出发展新特征

当前,全球跨境电子商务正在从单中心辐射向多中心扩张,从平台主导向政府协同转变,从信息展示等服务向金融等领域延伸。

三、全球数据要素成为新贸易产品

2018 年,大数据市场总体价值约 420 亿美元,其中,大数据软件市场价值约 140 亿美元。美国、英国、荷兰、瑞典、韩国、中国等多个国家提出大数据相关战略,通过加大技术研发投资、强化基础数据库、推动数据开放等途径促进大数据产业发展。同时,这也使得跨国数字化治理矛盾凸显,急需依赖区块链等手段解决信息不对称、安全性等问题。

四、全球软件市场以美国为主导

目前,全球软件市场形成以美国、欧洲、印度、日本、中国等国为主的国际软件产业分工体系,全球软件产业链的上游、中游和下游链条分布逐渐明晰,但软件产业领域的核心——操作系统、中间件和数据库都为美国企业所占领。

(1) 在全球操作系统市场,XP 等 Windows 系列占据市场份额的绝大部分,达 87.9%;其次是苹果的 MacOS,市场份额占比达 9.7% 左右。近些年来,国产 Linux 操作系统在易用性等方面基本具备 XP 的替代能力,但还存在生态环境差等各种问题。[1]

(2) 在全球数据库软件市场,美国公司占据大部分市场份额。2019 年 5 月,DB-Engines 公布最新排名,甲骨文公司旗下的 Oracle 和 MySQL 分别得分 1 285.55、1 218.96,包揽前两名。作为软件产业中的核心子系统之一,数据库行业具有极高的壁垒和用户粘性,短期内很难打破美国公司的市场垄断地位。

五、全球社交媒体和搜索引擎加速发展

We Are Social 和 Hootsuite 合作发布的《2020 年全球数字报告》显示:2020 年年初,全球互联网用户已增至 45.4 亿,增加 2.98 亿新用户,同比增长 7%;全球手机用户数量增至 51.9 亿人,增加 1.24 亿人,同比增长 2.4%;全球社交媒体活跃用户达 38 亿,增加

---

[1] 杜振华,王勃,朱硕.中国软件出口状况及未来展望[J].全球化,2020(9):49-62,135.

3.21亿新用户,同比增长9.2%,且98%为移动端用户。其中,WhatsApp、Facebook、微信、Instagram、抖音海外版(TikTok)都是排名居前的全球移动应用类社交平台。

庞大的社交媒体规模正在催生全新的商业模式并逐渐成为最大的互联网用户市场,对企业品牌塑造、广告营销、电商交易带来不可估量的价值。

六、数字内容贸易异军突起

在数字娱乐领域,国际唱片协会IFPI发布的《2019年全球音乐产业报告》统计数据显示,在线音乐服务(或音乐流媒体)在这10年中已逐步占据美国及全球市场的主导地位;2019年,数字音乐收入已经占全球音乐产业收入的58.9%;在线音乐收入更是占据美国整体音乐市场的80%以上,已比2010年7%的比例发生巨大变化。

据Statista预测,全球数字图书市场规模的复合年均增长率(CAGR)达4.1%,到2021年规模预计达到131.4亿美元;全球数字图书用户到2021年将增至6.06亿人。

在数字广告市场领域,普华永道发布的报告:2017年全球数字广告市场规模达880亿美元,其中,移动广告占56.7%。eMarketer和前瞻产业研究院统计数据显示:2019年全球网络广告市场规模高达3 332.5亿美元,其中,移动广告市场规模达1 902亿美元,占比达57.1%。[1]

七、全球云服务快速增长

数字化转型浪潮驱使越来越多的企业将业务从本地数据中心搬到云端,全球云计算市场规模迅速扩张。Synergy Research Group的统计数据显示:截至2020年第二季度末,全球超大规模数据中心增至541个,比2015年同期增长一倍有余;其中,EMEA(欧洲、中东和非洲地区)和亚太地区的增长率最高,但美国仍占据近30%的市场份额,虽然比2018年年末降低10个百分点。

2009—2019年,全球云基础设施服务年度支出已从几乎为零增至将近1 000亿美元,年均增长56%;市场调研机构Canalys发布的《2018年度全球云计算市场调研报告》显示:2018年全球云计算市场总体规模超过800亿美元,同比增长46.5%;2019年,云基础设施服务总支出将达970亿美元,同比增长38%[2];2020年第一季度,全球云基础设施服务收入同比增长36%,其中,PaaS的增长率最高,其次是IaaS和托管私有云,增长最快的细分市场是IoT-PaaS和Analytics-PaaS;亚太地区云基础设施服务的整体收入同比增长约44%。中国信息通信研究院数据显示:2020年全球云计算市场虽然受到新冠疫情和经

---

[1] eMarketer,前瞻产业研究院.2020年全球数字广告行业发展现状[EB/OL]. https://wenku.baidu.com/view/f06024d5fe4ffe4733687e21af45b307e871f987.html,2021-02-17.

[2] 云智时代.2019年企业云基础设施服务支出首次超越传统数据中心[EB/OL].www.sohu.com/a/365234348_100159565,2020-01-07.

济大幅萎缩的冲击,但同比仍增长 13.1%,市场规模达 2 083 亿美元。①

全球云服务需求的快速增长推动云提供商加大投资力度,亚马逊、苹果、谷歌、Facebook 和微软在 2019 年建立新数据中心方面起到带头作用,所有这些中心都在建设超大型设施,其中容纳着成千上万的服务器和硬件以及数百万的虚拟机。

第四节　中国数字服务贸易发展

数字服务贸易已成为各国贸易市场和规则竞争的焦点。依托庞大的信息技术产业、制造业和消费市场,我国已成为全球数字经济大国,发挥优势,加快数字服务贸易发展将为建设经贸强国增添新的动力。

一、我国数字服务贸易的发展现状

2020 年 10 月 22 日,商务部研究院发布的《中国数字贸易发展报告 2020》指出:随着数字技术与服务贸易的加速融合,国家对数字服务贸易促进政策的力度加大,我国数字服务贸易行业的规模逐渐扩大。2019 年,我国数字服务进出口总额达 2 718.1 亿美元,较 2005 年增长 4.56 倍,占服务贸易总额的 35%。

(一) 我国电子商务规模持续引领全球②

2019 年,中国以电子商务为代表的数字经济取得长足进步,在推动国内经济社会发展方面发挥了重要作用。

1. 电子商务规模加速提升

2019 年,中国电子商务市场规模持续引领全球:全国电子商务交易额达 34.81 万亿元,其中,网上零售额 10.63 万亿元,同比增长 16.5%,实物商品网上零售额 8.52 万亿元,占社会消费品零售总额的比重升到 20.7%;电子商务从业人员达 5 125.65 万人。③

eMarketer 的《2019 全球电子商务报告》显示:2019 年中国零售市场规模将达 5.64 万亿美元,占全球电商份额的 54.7%,占物流快件份额的 40%;2022 年,中国占全球电商市场的比重将有望超过 63%,而美国将下降到全球市场的 15%。

第一财经商业数据中心(CBN-Data)联合 1688 跨境专供发布的《2019 中国跨境电商出口趋势与机遇白皮书》显示,2014—2018 年,中国跨境电商零售出口占外贸出口的比重从 2.2% 升至 7.7%,2018 年达 1.2 万亿元,主流电商平台已覆盖全球 200 多个国家和地

---

① 马秋月.2020 年全球云计算市场增速放缓[EB/OL]. https://new.qq.com/rain/a/20210727A05GVH00, 2021-07-27.
② 步欣.我国电子商务规模持续引领全球[N].国际商报,2020-07-01.
③ 商务部电子商务司.中国电子商务报告 2019[EB/OL].www.mofcom.gov.cn,2020-07-21.

区;2019年达1.85万亿元,增长超30%;2020年,预计将超过2万亿元,并保持30%以上的年均增速。

海关统计数据显示:2020年,我国跨境电商进出口额达到1.69万亿元,增长31.1%,跨境电商规模5年增长近10倍。①

2. "一带一路"倡议推动跨境电商爆发式增长

京东大数据研究院发布的《2019"一带一路"跨境电商消费报告》显示:通过跨境电商,中国商品已经成功销往俄罗斯、以色列、韩国、越南等100多个"一带一路"沿线国家与地区,线上商贸关系从欧亚地区拓展到欧洲、亚洲、非洲多国。

3. 农村电子商务异军突起

2019年,农村电商进入规模化、专业化发展阶段,跨境电商成为外贸转型升级的重要方向:全国农村网络零售额达1.7万亿元,同比增长19.1%;农产品网络零售额达3 975亿元,同比增长27%。截至2019年,电子商务进农村综合示范对全国832个国家级贫困县实现全覆盖,电商扶贫对接、"三品一标"认证深入实施,工业品下行、农产品上行的双向渠道进一步畅通,下沉市场的消费潜力得到释放。②

4. 电子商务模式与业态持续创新

2019年,人工智能、大数据、小程序、5G、云服务等技术广泛应用,直播电商、社交电商、跨境电商海外仓等模式深化创新,顺应多元化、个性化、重视体验的消费需求。同时,电子商务带动线上线下融合发展的趋势更加明显,餐饮企业、零售门店主动拓展线上市场空间,传统实体经济不断探索与试水数字化转型。网络零售向智能制造领域延伸,电子商务平台与产业链中的各主体建立数字化连接,提升供应链运营效率和助推产业转型升级成效明显。

5. 电子商务引领作用不断凸显

在政府和市场的共同推动下,中国经济主动适应数字化变革,抢抓产业数字化、数字产业化的机遇,电子商务发展成果丰硕。从国内市场来看,2020年全国实物商品网上零售额为9.8万亿元,同比增长14.8%,占社会消费品零售总额的比重为24.9%,同比提升4.2个百分点,③电子商务在促消费、稳外贸、助扶贫、扩就业和带动产业数字化转型等方面作出了积极贡献,成为稳定经济增长和高质量发展的重要动能。从国际市场看,中国已与五大洲的22个国家建立双边电子商务合作机制,"丝路电商"成为贸易合作的新渠道,带动了伙伴国数字经济发展,在世界舞台上受到越来越多的关注。④

(二)我国软件服务出口整体态势平稳,结构不断优化

软件出口是数字服务出口的重要组成部分,是衡量一个国家数字化服务出口竞争力的重要标志,也是决定数字经济时代服务贸易竞争力的关键领域。近年来,我国软件行业

---

① 罗珊珊.2020年我国跨境电商进出口额同比增长超三成[N].人民日报,2021-07-13.
② 商务部电子商务司.中国电子商务报告2019[EB/OL].www.mofcom.gov.cn,2020-07-21.
③ 智研咨询.2020年中国网络零售行业发展现状及趋势分析[EB/OL]. www.chyxx.com/industry/202104/948694.html,2021-04-30.
④ 丁莹.规模品质加速提升,引领作用不断凸显[N].中国质量报,2020-07-09.

的政策红利不断释放,国家相继出台《软件和信息技术服务业发展规划(2016—2020年)》《大数据产业发展规划(2016—2020年)》《推进互联网协议第六版(IPv6)规模部署行动计划》等一系列法规和政策,从投融资体制、税收、产业技术、软件出口、收入分配、人才吸引与培养、知识产权保护、行业组织与管理等多方面为软件行业发展提供政策保障和扶持,①特别是兴盛的大数据、云计算、人工智能、物联网、区块链等新技术正在赋予软件业以新的内涵,推动软件企业技术创新和跨境交付模式创新,我国须抓住机遇提升软件业的创新能力和出口竞争力。

1. 我国软件出口呈现波动增长态势,但企稳可期

"十三五"以来,我国软件出口规模明显提升,价值链持续向高端跃升,软件业务出口金额基本维持稳定,软件业务结构不断优化,其中,以知识和研发为主要特征的知识流程外包比重稳步提升。虽受新冠肺炎疫情影响,2020年我国软件出口微幅下滑,但随着各国经济逐步企稳和复苏、我国软件业稳步崛起和海外市场业务不断拓展,我国软件出口将延续波动增长的态势,2024年我国软件出口总额预计将增长至642亿美元左右(见表15-2)。②

表15-2　2015—2020年中国软件出口规模与增速(亿美元)

	2015年	2016年	2017年	2018年	2019年	2020年	2021年1—6月
金额	494.9	499.5	541.2	511	569.4	478.7	240.0
增速	1.6%	1.0%	8.3%	−5.5	11.4%	−2.4%	12.2%

资料来源:(1) 工业与信息化部.2020年软件和信息技术服务业统计公报[EB/OL]. www.miit.gov.cn/gxsj/tjfx/rjy/art/2021/art_f6e61b9ffc494c099ea89faecb47acd2.html,2021-01-26.
(2) 工业和信息化部.2019年软件和信息技术服务业统计公报[EB/OL]. www.miit.gov.cn/n1146312/n1146904/n1648374/c7663865/content.html,2020-02-03.

2. 我国软件行业外包服务出口持续增长

通常,软件出口可分为软件外包服务出口、嵌入式系统软件出口和软件产品出口三类。其中,软件外包服务持续增长,占软件出口的比重有所提高(见表15-3)。

表15-3　2013—2020年中国软件外包服务出口规模与增速(亿美元)

	2013年	2014年	2015年	2016年	2017年	2018年	2019年	2020年	2021年1—6月
金额	89	103	103	109	114	119.8	—	106	68.6
增速	17.6	15.9%	0.0%	5.0%	5.1%	5.1%	—	0.1%	19.8%

资料来源:工业与信息化部.2021年上半年软件业经济运行情况[EB/OL]. www.miit.gov.cn/gxsj/tjfx/rjy/art/2021/art_0615364d0b374090bce7df52f132a3fd,2021-07-21.

3. 美欧是主要出口目的地市场,但"一带一路"沿线国家增长加快③

2018年,我国软件出口前5位的国家和地区为美国、欧盟、中国香港、日本和韩国,占

---

① 周东洋.软件行业高质量发展支撑强国建设[N].中国贸易报,2020-01-21.
② 智研咨询.2020—2026年中国软件行业市场研究分析及投资策略报告[EB/OL].https://www.chyxx.com/research/201910/795623.html,2019-10-24.
③ 杜振华,米师悦.中国软件出口现状及趋势展望[J].全球化,2019(12):66-78.

我国整个软件出口额的70.1%;其中,美国、欧盟和日本合计占比达50.6%;欧盟、中国香港、日本、韩国、德国和印度均实现两位数的高速增长(见表15-4)。

表15-4　2018年我国软件出口目的地执行金额前10位的国家和地区(亿美元)

目标市场	美国	欧盟28国	中国香港	日本	韩国	新加坡	中国台湾	德国	英国	印度
金额	92.09	68.81	56.10	47.60	24.31	23.06	15.34	15.23	10.84	8.11
占比	22.30%	16.70%	13.60%	11.50%	5.90%	5.59%	3.72%	3.69%	2.63%	1.97%
同比	4.20%	15.50%	26.60	16.20%	24.50%	5.10%	−31.70%	26.40%	7.70%	34.90%

资料来源:工业和信息化部.2019年中国软件业务收入前百家企业发展报告[EB/OL].http://tradeinservices.mofcom.gov.cn/article/lingyu/rjckou/202001/97449.html,2020-01-19.

2012—2018年,我国对全球软件出口执行额从194.17亿美元增至412.27亿美元,年均增速为16%;同期对"一带一路"沿线国家出口执行额由26.87亿美元增至69.71亿美元,年均增速达22.7%;①致使我国在"一带一路"沿线国家和地区的软件接单量全球占比由16.56%提高至19.73%,执行金额全球占比由13.84%提高至16.91%,但单项合同规模效应有待提升——2018年我国软件出口全球单位合同规模69万美元,"一带一路"沿线国家和地区为59万美元,低于全球平均水平14个百分点。

4. 软件出口(创新)基地城市的集聚引领作用显著

软件出口(创新)基地以骨干企业为核心,发挥集聚效应,扩大软件出口,形成规模化优势,并建立与完善软件出口中介机构等,以便为基地的发展创造良好的人才、技术、资金和市场环境,为我国软件产业的振兴作出贡献。2003年12月9日,北京、上海、天津、西安、深圳、大连被认定为首批6家软件出口基地;2006年12月1日,广州、南京、杭州、成都、济南5个城市被认定为第2批国家软件出口创新基地;2007年,11个基地的软件出口协议额超过16.5亿美元,占出口总额的88.4%;2017年,该比例虽然降至63.5%,但软件出口(创新)基地仍保持着软件出口的主体骨干队伍,聚集引领作用仍较显著。

5. 我国软件出口还面临诸多挑战

(1) 软件出口企业面临的数字化转型任务艰巨。

数字能力建设已经成为软件出口企业面临的主要挑战,绝大多数企业还没有适应数字经济快速发展的形势。埃森哲2018年发布的《中国企业数字转型指数》显示,在企业数字化转型进程中,仅有7%的企业突破业务转型困境成为"转型领军者"。

(2) 软件出口的标准化体系和法律制度建设相对滞后。

首先,面向工业软件、云计算、大数据、信息安全等领域的标准比较欠缺,在软件和信息技术服务外包领域还未建立标准化的系统平台。其次,与软件出口相关的法律制度尚不完善。目前,涉及软件出口监管的规定散见于《对外贸易法》《海关法》《软件出口管理和统计办法》等不同的法律法规。随着中国软件创新能力不断提升,越来越多的自主知识产权软件产品需要保护。例如,加密软件及技术管制在各国出口管制条例中都有严格标

---

① 王晓红,谢兰兰.我国数字贸易与软件出口的发展及展望[J].开放导报,2019(5):19-28.

准和申报程序,其中,美国的《出口管制条例》(EAR)是最为复杂完善的法规之一。

(3) 新一代信息技术对软件工程师的知识更新和转型提出必然要求。①

据估算,未来 20 年,76%的工作岗位会受到人工智能技术的冲击。人工智能的应用推广将取代低端编码人员,夺走一部分软件外包业务。因此,软件工程师需要加强新技能的学习,拓展国际化视野,向国际注册软件工程师发展。

(4) 云服务硬软件存在制约。

云服务成为数字贸易的关键基础设施,但海量存储的基础设施投入、"云平台"的异地存储和下载、信息安全、个人隐私保护和知识产权保护等问题仍然突出。

(5) 底层基础软件、工业软件对外依存度居高不下。

与美日本相比而言,我国在软件产业发展模式上存在底层基础软件、工业软件设计能力薄弱,尚不具备国产化条件,导致对外依存度高和市场竞争力薄弱。

(三) 其他数字服务出口崭露头角

1. 我国卫星导航与位置服务出口增长迅猛②

中国卫星导航定位协会发布的《2020 中国卫星导航与位置服务产业发展白皮书》显示:2019 年我国卫星导航与位置服务产业总体产值达 3 450 亿元,同比增长 14.4%;其中,与卫星导航技术研发和应用直接相关的核心产值占 33.8%,衍生带动形成的关联产值保持较高速度的增长,达 2 284 亿元,有力支撑新产业、新业态的经济效益提升。

特别是随着北斗全球系统建设和产业发展的快速推进,北斗应用向深度和广度拓展,并服务全球,特别是与"一带一路"沿线国家和地区以及国际组织的合作更加广泛。2019 年国产北斗基础产品已出口 120 余个国家和地区,基于北斗的土地确权、精准农业、智慧施工、智慧港口等,已在东盟、南亚、东欧、西亚、非洲等地得到成功应用;作为系统的独特与优势功能,北斗三号短报文等应用服务有望补充完善"一带一路"沿线通信基础设施不完备、不发达国家和地区的通信体系,为北斗系统开启更多应用,带来更多国际化市场。

2. 数字内容贸易进入快速发展期,并以美、日、韩为主要市场

近年,我国从网络游戏、数字出版、数字音乐等为主体的数字内容服务出口规模迅速扩大。

随着我国网络游戏自主研发能力的迅速提升,海外游戏市场成为我国游戏企业重要的收入来源:2009—2018 年,我国自主研发网络游戏海外市场实际销售收入从 1.1 亿美元迅速增至 95.9 亿美元,10 年间增长 87 倍;2019 年,更是增至 115.9 亿美元,增长率 20.9%;2020 年,中国自主研发游戏海外市场实际销售收入达 154.50 亿美元,同比增长 33.25%,继续保持稳定增长;其中,美国占比 27.55%,连续两年成为我国游戏企业出海的重要目标市场,日本占比 23.91%,韩国占比 8.81%,合计占比达 60.27%,同比 2019 年下降近 10 个百分点。③

---

① 清华大学中国科技政策研究中心.2018 中国人工智能发展报告[M].清华大学出版社,2018.
② 乔思伟.我国卫星导航与位置服务产业总产值达 3 450 亿元[N].中国自然资源报,2020-05-22.
③ 中国音数协游戏工委(GPC),中国游戏产业研究院.2020 年中国游戏产业报告[EB/OL]. http://news.uuu9.com/analysis/202012/63726.shtml, 2021-01-18.

数字出版领域相对薄弱：2019年，我国出版物出口额为6285.6万美元，同比增长5.9%；其中，图书、报纸和期刊等传统出版物出口额为6079.7万美元，同比增长6.2%；音像制品及数字出版物等电子出版物出口额为205.9万美元，同比下降2.97%，在出版物出口中的占比仅3.28%，同比下降0.3个百分点；数字出版物出口额为149.6万美元，同比下降15.02%。①

3. 社交媒体和搜索引擎加速拓展海外市场

(1) 我国社交媒体正在加速扩展海外市场，构建全球社交媒体平台网络。

We are Social和Hootsuite合作发布《2019年全球数字报告》显示：2019年全球社交媒体用户达34.8亿，在活跃用户数量排名前8位中，我国社交媒体占据3席，分别为微信（10.83亿人）、QQ（8.03亿人）和Qzone（5.31亿人）。《2020年全球数字报告》显示：2020年初全球社交媒体用户已突破38亿，同比增长9.2%；Alexa在最新列表中，将中国天猫在全球网站排名中排在第三位，领先于Facebook和百度，比其西方最大竞争对手亚马逊高出10位。在前20个站点中，Alexa包括5个中国电子商务站点。

(2) 我国社交媒体品牌多元化拓展海外市场成为重要趋势。

在短视频、直播、通信等领域发展势头良好，海外业务突飞猛进。根据互联网数字咨询中心Apptopia发布的2018年全球App下载量排行，抖音海外版（TikTok）仅次于WhatsApp和FB Messenger，排在社交应用类第三位。App Annie报告称，2019年全球使用量最大的10个非游戏应用程序中，有6个属于中国公司，排名前10位的游戏中有4个由中国公司开发。

4. 云服务外包有望成为新的增长点

(1) 我国云服务供应持续增长。

工信部《软件和信息技术服务业统计公报》显示：2019年，我国云服务、大数据服务共实现收入3 460亿元，同比增长17.6%；2020年，共实现收入4 116亿元，同比增长11.1%。

(2) 在全球市场中，我国公共云服务商规模和实力仅次于美国。

我国拥有阿里云、百度云、腾讯云等全球领先的公共云提供商，云服务有望成为我国数字服务出口的新增长点：2019年，中国云计算市场规模达1 334亿元，同比增长38.6%；2020年，更是呈爆发式增长，整体规模达2 091亿元，同比增长56.6%，远高于全球增速；2022年，我国云计算市场规模有望达到2 900亿元；预计到2023年将接近4 000亿元。②

在此基础上，我国云服务外包有望成为数字服务贸易新的增长点。2018年，我国云服务外包执行金额为4.53亿美元，在信息技术外包中占1%；2019年1—9月，我国离岸云服务外包同比增长195%。

---

① 中国国家统计局. 2020年中国统计年间[EB/OL]. www.stats.gov.cn/tjsj/ndsj/2019/indexch.htm，2020-04-05.

② 中国信通院. 2021年云计算发展白皮书[EB/OL]. www.donews.com/news/detail/1/3164473.html，2021-07-29.

专栏 15-2

杭州"网展贸"服务新模式凸显服务贸易数字化

数字化在改变服务的生产和交付方式的同时,也推动服务贸易的多样化发展,催生出服务贸易领域诸多新业态、新模式。杭州融合线下线上优势创新推出的"网展贸"服务新模式,无疑引领当下贸易展会线上化的潮流。

一、创新背景

依托米奥兰特国际会展公司,杭州打造了跨境贸易服务境外推广平台,平台以杭州市政府在"一带一路"沿线重点国家主办的线下展览为载体,为企业提供"展览+互联网+供应链"三位一体的跨境贸易服务。

二、具体运作

"网展贸"中的"网"即互联网——在线上平台及移动 APP 分设买家客户端和卖家客户端,利用大数据分析进行买卖双方匹配推荐,支持多语种人工翻译,解决双方语言交流的障碍,提供展前线上邀约见面。

"展"即数字展览——进行数字预展的供应商在展中可线上线下邀约到达展会现场的匹配买家,买家在进行"数字参展"过程中可生成二维码名片、启动 APP 即时聊天和谈判事项记录功能等,帮助展后订单跟进。

"贸"即供应链服务——米奥兰特会展公司已在迪拜建立当地海外仓,极大地缩短了外贸业务往来时长和物流成本。

三、创新效应

"网展贸"模式一经推出就获得快速发展,2019 年分别在墨西哥、巴西、尼日利亚、南非、肯尼亚、埃及、波兰、土耳其、约旦、哈萨克斯坦、印度、阿联酋等 12 个全球商贸中心、区域贸易节点国家完成布局,全年展览面积超过 20 万平方米,服务 26 个省、直辖市和港澳地区的 4 315 家参展企业。其中,波兰、土耳其、墨西哥、巴西、南非、约旦、埃及、哈萨克斯坦、印度、阿联酋展获得国际展览联盟 UFI 认证,年展览面积超过 15 万平方米。经过多年深耕,该平台贸易辐射全球 50 个国家、8 万亿美元市场,有效地帮助中国品牌企业产品和服务"走出去",提高中国品牌在"一带一路"沿线国家的知名度。

参考资料:张钰梅.数字化催生服务贸易新业态[N].国际商报,2020-06-17.

二、我国数字服务贸易存在的问题[①]

(一)中国数字贸易尚处于起步阶段

数字贸易企业规模小,数字内容、社会媒介、搜索引擎等领域发展不均衡,产品质量和服务水平有待进一步提高。

---

① 商务部.中国数字服务贸易发展报告 2018[R].2019(6):232-242.

（二）法律政策和监管手段不完善

涉及数字产品和服务的生产、交付、存储、使用、定价、监管、税收及交易合同签订、商业秘密、个人隐私权保护、版权保护、打击犯罪、内容审查等方面的相关基础立法尚不完善，相关标准规范发展滞后，跨境数据流动监测的手段不足。

（三）数字贸易统计体系不完善①

目前还没有建立相应的统计制度，更缺乏分类统计，造成对我国数字贸易发展情况难以精准把握、科学施策。

（四）参与数字贸易国际规则标准制定方面的话语权较弱

重点表现在数据跨境自由流动、市场准入、隐私保护、消费者权益维护、知识产权保护、争端解决机制等方面与高标准国际经贸规则还存在差距。

三、我国数字服务贸易的发展策略

我国应该将全力提升数字服务贸易竞争力作为提升中国服务贸易竞争力的重要内容，既要全力促进计算机软件和信息服务、数字文化等数字内容服务贸易，也要大幅提升传统服务贸易的数字化水平，大力发展数字旅游、数字教育、数字医疗等服务贸易，以数字技术赋能服务贸易为重点，不断提升服务业的可贸易性和国际竞争力。

（一）夯实数字贸易创新发展基础，提高技术供给能力

不断强化基础性研发设计和前沿性、基础性技术的创新能力，重点加大对5G、云计算、区块链、人工智能、工业机器人、工业互联网等关键性基础技术的支持力度。围绕数据科学理论体系、大数据计算系统等重大基础研究进行布局，突破大数据核心技术。加快构建自主可控的大数据产业链、价值链和生态系统。鼓励基于数据的新业态、新模式发展，坚持数据开放、市场主导的原则，形成数据驱动型创新体系和发展模式。

（二）把握发展潮流，加速服务外包数字化转型

为顺应数字变革的潮流大势，数字化已成为服务外包发展的新趋势之一。② 因此，我国政府和企业应着力推动服务外包产业的数字化转型。

第一，依托服务贸易创新发展试点和服务外包示范城市，建设一批数字服务贸易出口基地，大力培育以数字技术为支撑、以高端服务为先导的"服务＋"新业态和新模式，以引领新形势下服务外包的发展方向，把握参与全球数字经济合作竞争的主动权。

第二，大力发展众包、云外包、平台分包等新模式，发挥我国在5G等数字科技领域领

---

① 王晓红,谢兰兰.如何推进数字贸易与软件出口[J].服务外包,2019(11):14-24.
② 李西林.推动服务外包产业量质并举发展[N].国际商报,2020-05-19.

先优势,推动工业互联网创新与融合应用,加快信息技术外包和知识流程外包承接企业向数字服务提供商转型,培育一批数字化制造外包平台,发展服务型研发与制造等新业态。

第三,抢抓工业互联网掀起的数字经济发展新机遇,培育一批信息技术外包和制造业融合发展示范企业,培育一批数字化制造外包平台,发展服务型制造等新业态,使服务外包成为建设"数字中国"的重要力量。因此,我国要立足提升制造业创新能力、服务型制造水平和全球价值链分工层次,大力发展研发、工业设计、咨询、检验检测、维护维修、技术服务、商务服务、供应链管理、人力资源、培训、品牌营销等生产性服务外包,增强对制造业自主创新、品牌塑造、价值链升级和境外投资等支撑作用,提升产业综合竞争力。①

(三) 强化数字化引领、融合创新培育国际竞争新优势

发展数字服务贸易,互联网和数字技术是技术支撑,数字经济是产业基础。因此,数字化转型已经成为当前各国战略布局的重点。为此,要完善数字技术与产业的融合渗透机制,重点培育一批服务业和制造业融合发展的示范企业,形成以数据为核心、以平台为支撑、以商产融合为主线的数字化、网络化、智能化发展新模式。

第一,加大企业在数字技术领域的研发、人才培训等方面的支持力度,并将企业开展云计算、基础软件、集成电路设计、区块链等信息技术研发和应用纳入国家科技计划支持范围。

第二,依托数字技术创新服务贸易交付模式,促进服务贸易与互联网、物联网、大数据、人工智能、区块链等信息技术的有机融合。

第三,拓展软件、社交媒体、通信、云计算、大数据、人工智能、区块链、卫星定位、搜索引擎、物联网等信息技术服务出口,增强数字教育、数字医疗、数字金融、数字娱乐、数字学习、数字传媒、数字出版等数字内容服务的出口能力;积极发展远程医疗、远程教育、远程维修等服务贸易新业态。

第四,充分发挥自由贸易试验区、服务贸易创新试点地区、服务外包示范城市、跨境电商综试区的示范带动作用,加快推动数字服务贸易平台建设,不断完善网络数字的基础设施建设,探索发展数字服务贸易的新路径、新模式和新经验。

(四) 推动中国软件和信息技术服务业转型调整以及与制造业融合发展②

第一,以龙头企业为试点,加速引导软件企业逐步向综合化服务与整体解决方案转型;以推动制造业数字化转型为抓手,提升软件对制造和服务的渗透力和支撑力,构筑合作共赢的数字产业生态。

第二,加速完善工业互联网基础设施和智能制造标准体系,打造智能制造平台,推出一批引领性强的试点示范项目和企业,培育一批服务能力强的系统解决方案供应商。

第三,积极实施百万工业企业上云、百万工业 APP 培育等重点工程;深化工业大数据、工业互联网创新应用,引导工业企业数字化、网络化、智能化发展。

---

① 王晓红.重塑外包业竞争新优势[N].国际商报,2020-05-19.
② 王晓红,谢兰兰.如何推进数字贸易与软件出口[J].服务外包,2019(11):14-24.

第四，建立面向工业软件、云计算、大数据、信息安全等领域的标准，建立软件和信息技术服务外包领域的标准化系统平台，力争以标准化推动行业发展。

（五）加强数字贸易伦理建设与国内规范创新

第一，积极利用媒体与社交媒体开展数字贸易伦理讨论，从数字贸易内在机理的本质认知出发，营造良好的数字贸易文化创新氛围。既开展数字贸易本身的伦理问题讨论，也包含数字贸易的从业者及参与者的伦理问题讨论，极大地提升、改观与重树中国数字贸易（特别是电子商务从业者伦理素质）整体的国际形象。

第二，同步降低各行业的准入门槛，完善服务体系、事先限制与事后处理相分离，加速制订与健全新数字贸易规范与法律体系。

第三，加速制定数字服务贸易相关技术标准；完善个人数据保护立法和数据跨境流动的审核管理机制，制定和修订《个人信息法》《电信法》《征信管理条例》《互联网信息服务办法》《数字签名法》等基础立法，为数字服务贸易奠定法律基础。[1]

（六）以建设"数字丝绸之路"为重点，拓展数字服务贸易市场新空间

第一，通过推动我国数字企业对外投资和服务外包，提高"一带一路"沿线国家和地区的数字基础设施联通水平，构建现代化网络信息服务系统，以消除发展中经济体的"数字鸿沟"和贸易不平衡，推动开放型世界经济和人类命运共同体构建。

第二，借助已形成的"六廊六路多国多港"的互联互通架构，以及与东盟、非盟、欧盟、欧亚经济联盟等经济体的战略对接，在沿线经济体推广中国技术和标准，为数字企业拓展沿线国家市场创造有利条件，不断扩大数字服务新兴市场，同时输出技术、品牌、标准和服务。

（七）加强国际数字服务贸易合作和引领

第一，深化"单一窗口"服务项下的革新与国际化。逐步将"单一窗口"应用引向深度服务与引向国际应用，特别是向"一带一路沿"岸各国延伸。

第二，争取国际数字贸易规则的主动权。积极利用WTO、WCO等国际机构、区域经济合作组织和多边贸易框架体系，争取国际数字贸易规则制订参与权及FTA数字贸易谈判的主动权，以减少贸易壁垒带来的数字贸易发展阻碍。

第三，引导企业和民间组织共同参与国际数字贸易规则的制订。数字贸易与普通贸易不同，很大程度上数字贸易是建立在平台的基础上，往往实际的数字贸易规则转化或嵌入在平台的规则之中，如亚马逊、GOOGLE等实际就是通过平台服务规则而掌握该领域的数字贸易规则。因此，建议政府重视培育与大力扶持民间国际化市场综合服务平台，帮助平台实现数字贸易规则的自主政策主张。[2]

第四，重视培育与大力扶持民间的国际化市场综合服务体系。由于数字贸易的国际

---

[1] 商务部.2018年中国数字服务贸易发展报告[EB/OL].www.199it.com/archives/941255.html,2019-09-22.

[2] 张为志.数字贸易与结构创新[EB/OL].www.mofcom.gov.cn/article/shangwubangzhu/201901/20190102823717.shtml,2019-01-02.

市场化特征,原本单纯的政府主导不能解决国际市场主体带来的问题,很多问题需要市场化运作主体去完成和争取国际市场运行的主导地位。

第五,重视与积极推广国际电子证据链。如借助于加密算法、接力式责任传导、电子单证统一标签、分布式数据存储、共识机制、区块链等计算机技术,将数字贸易链透明化、可追溯化,使得数字贸易参与单位之间实现高自由度、低摩擦率连结,实现跨境数字贸易的全程全量可视化监管。

(八)通过推动自由贸易协定,引导数字贸易规则制定

我国数字经济和数字贸易市场需求规模大,为我国参与国际数字贸易规则制定赢得话语权优势。尽管目前已商定相关的国际标准或范本,但不同经济体的文本模式及执行方式仍差异很大,需要加快探索建立相对统一的国际执法协作机制以及面向未来的全球数字贸易规则及数字治理框架。因此,中国应致力于建立统一、透明、公平的全球数字贸易规则框架,积极推动WTO多边体制改革和自由贸易协定升级。同时,加强关于数字贸易壁垒、知识产权保护、数据安全保护、数字贸易统计、数字贸易反垄断、争端解决机制等问题的研究,以应对未来可能出现的"数字贸易摩擦"。

专栏 15-3

上海市数字贸易发展行动方案摘要(2019—2021)

一、总体思路

打造"数字贸易国际枢纽港"作为国际贸易中心建设的核心功能,形成与国际接轨的高水平数字贸易开放体系。打造创新创业、交易促进和合作共享中心,形成"独角兽培育—核心区域—资金配套—公共服务"联动的主体培育生态环境,依托技术创新和流程创新,发展新型数字贸易,围绕新模式、新业态打造云服务、数字内容、数字服务、跨境电子商务等基础好、潜力大、附加值高的特色领域,培育数字贸易持续增长的核心竞争力。

二、发展目标

到2021年,上海数字贸易进出口总额达到400亿美元,其中,数字贸易出口额达到260亿美元,年均增速达到15%左右。打造5家估值超过百亿美元,有全球影响力、资源配置力和创新驱动力的数字贸易龙头企业。培育一批国际竞争力强、发展潜力大的独角兽级创新企业,规模以上的数字贸易企业达到500家,力争将上海加快建设成为全球范围内要素高效流动、数字规则完善、总部高度集聚的"数字贸易国际枢纽港"。积极完善数字贸易的要素流动机制,探索形成高效、透明、便利的跨境数据流动体系。不断提升数字贸易各领域的开放度,形成与国际通行规则相接轨的高水平开放体系。

三、重点领域

(一)云服务

重点发展基础设施即服务(IaaS)、平台即服务(PaaS)以及软件即服务(SaaS)等模式。集聚一批具有全球服务能力的公共云服务商,支持本土跨国企业架设出海云平台。

推动平台即服务的广泛应用,为中小型创新企业降低开发成本。推动软件即服务模式的多元化应用,发展业务流程即服务(BPaaS)、数据即服务(DaaS)、统一通信即服务(UCaaS)、安全即服务(SECaaS)、人工智能云集成服务等专业化、创新化服务模式。

(二) 数字内容

聚焦游戏、动漫、演艺、网络视听、数字阅读等领域,集聚一批全球领先的数字内容平台和在线应用商店。鼓励发展搜索引擎与社交媒体服务,加快培育专业化的垂直搜索平台以及满足用户细分需求的社交媒体平台,发展流媒体、电子竞技内容分发、微交易、视频点播、订阅式音乐流等新领域、新模式、新业态。通过数字化手段推动"上海文化"品牌建设,鼓励通过数字载体和形式讲述"上海故事"。

(三) 数字服务的行业应用

推动数字服务赋能垂直行业,积极运用大数据、物联网、机器人、自动化、人工智能等先进技术,推动数字技术在运输、旅游、专业服务、文化创意、医疗、金融、制造业、建筑业、农业等行业的应用,加快提升服务外包和技术贸易数字化业务占比。推动数字服务赋能商业流程,发展数字赋能流程外包等创新业务,加快推动知识密集型服务,在生产、管理、市场销售、分销售后等环节探索新技术、新服务模式,探索打造数字服务合作生态圈,全面提升数字服务能级。

(四) 跨境电子商务

推动跨境电商和新技术、新模式的深度融合发展,大力发展"社交+电商"的商业模式,加快从"流量经济"向"信任经济"转变。推动跨境电子商务平台和社交媒体、搜索引擎、数字内容平台的合作,健全上海跨境电子商务公共服务平台的服务功能,推动电子商务国际合作,推进一批电商平台开拓国际市场。进一步推动数字支付技术发展,进一步应用电子档案技术,包括区块链和数字签名技术,增强跨境电商的交易安全。

四、保障措施

(一) 建立工作机制

由市推进国际贸易中心建设领导小组负责本市数字贸易推进工作。积极向商务部争取数字贸易相关开放和支持政策,争取由商务部认定浦东新区和长宁区为国家级数字贸易示范区,推动设立数字贸易发展基金。

(二) 开展科学规划

出台《上海数字贸易中长期发展规划》,完善数字贸易统计和指标体系,提出发展目标,对新领域、新业态和新模式的发展进行规划和引导,明确中长期发展的战略和举措。

(三) 完善基础设施

加快推进城市新一代信息基础设施建设,着力开展5G网络规模部署和试商用,推进5G、物联网、IPv6等应用部署。探索建设虹桥商务区至国际通信出入口局的国际互联网数据专用通道,积极推动建设快速响应的国际通信服务设施。

(四) 加大资金支持

在上海市服务贸易发展专项资金以及相关资金中扩大对数字贸易企业的专项扶持数额和对重点区域项目的扶持力度,通过升级《上海市服务贸易促进指导目录》将数字贸易纳入支持重点。

（五）加强人才建设

综合运用居住证积分、居转户和直接落户等梯度化人才引进政策，积极引进数字贸易发展所需的各类优秀人才。建立数字贸易多元化人才培育机制，加快形成"一个培训平台＋多个专业化培训机构"的培训体系。

（六）做好法制保障

加快完善数字贸易争议解决机制，支持实力较强的仲裁机构探索设立数字仲裁院。开展数字贸易立法课题研究。

（七）加强风险防控

全面落实《网络安全法》，加强对跨境数据流动的安全性评估，实施个人信息和重要数据储存本地化以及出境传输规范化管理。推动我国与欧盟等相关经济体数据治理规则对接。

资料来源：上海市商务委.上海市数字贸易发展行动方案（2019—2021年）[R].（沪商服贸〔2019〕201号），2019-08-12。

本章小结

1. 随着数字经济广泛普及、数字技术迅速发展、制造业服务化和服务业数字化，数字服务贸易蓬勃兴起，并呈燎原之势。虽然全球对于数字服务贸易还没有统一的定义，但都认为其应至少满足两个标准——数字服务贸易包含在数字贸易中，是数字贸易的重要构成部分；数字技术是数字服务贸易赖以实现的载体，并包含信息技术服务贸易、数字内容服务贸易和离岸服务外包三个核心范畴。

2. 当前，为推动数字服务贸易可持续发展，并兼顾发展与安全，全球数字服务贸易管理政策体现出自由、便利和监管、合规并重的特性。

3. 近年来，全球和国内数字服务贸易均呈现蓬勃发展态势，突出体现就是跨境电子商务和软件贸易以及数字内容贸易、云服务的兴起。

4. 我国数字服务贸易尚处于起步阶段，存在法律政策和监管手段不完善、数字贸易统计体系不完善、参与数字贸易国际规则标准制定方面的话语权较弱等弊端，亟需采取夯实数字贸易创新发展基础以提高技术供给能力、加快服务外包产业数字化转型进程、强化数字化引领及融合以创新培育国际竞争新优势、推动中国软件和信息技术服务业转型调整以及与制造业融合发展、加强数字贸易伦理建设与国内规范创新、以建设"数字丝绸之路"为重点来拓展数字服务贸易市场新空间、加强国际数字服务贸易合作和引领、通过推动双边和多边自由贸易协定而引导数字贸易规则制定等策略，来推动我国数字服务贸易发展规模、提升数字服务贸易质量和改善数字服务贸易利得。

基本概念

1. 数字贸易

数字贸易是指信息通信技术发挥重要作用的贸易形式,不仅包括基于信息通信技术开展的线上宣传、交易、结算等促成的实物商品贸易,还包括通过信息通信网络(语音和数据网络等)传输的数字服务贸易,如数据、数字产品、数字化服务等贸易。

2. 数字服务

数字服务是指采用数字进行研发、设计、生产,并通过互联网和现代信息技术手段为用户交付的产品和服务。

3. 数字服务出口

数字服务出口包括软件、社交媒体、搜索引擎、通信、云计算、大数据、人工智能、区块链、物联网、卫星定位等信息技术服务出口,数字传媒、数字娱乐、数字学习、数字出版等数字内容服务出口,以及其他通过互联网交付的离岸外包服务。

复习思考题

1. 阐述对数字贸易、数字服务贸易、数字服务业务的理解。
2. 简述数字贸易的层次,并举例说明。
3. 简述数字贸易的核心范畴,并举例说明。
4. 简述数字服务贸易的特征,并举例说明。
5. 简述数字服务贸易的核心范畴,并举例说明。
6. 简述国际数字服务贸易的基本政策。
7. 简述国内数字服务贸易的基本政策。
8. 简述国际数字服务贸易发展的现状与趋势。
9. 简述我国数字服务贸易发展的现状和趋势。
10. 简述我国软件跨境贸易发展的现状和存在的问题。
11. 简述我国跨境电商发展的现状与趋势。
12. 简述全球电子商务发展的现状与趋势。
13. 简述推进我国数字服务贸易发展的措施。

参 考 文 献

1. 曹建明,陈治东.国际经济法专论(第1版)[M].法律出版社,2000.
2. 陈宪.国际服务贸易:原理、政策、产业[M].立信会计出版社,1995.
3. 陈已昕.国际服务贸易法(第1版)[M].复旦大学出版社,1997.
4. 程相宾.中国文化贸易的经济学解释研究[M].社会科学文献出版社,2020.
5. 丁维香等编著.国际服务贸易与中国服务业[M].中国对外经济贸易出版社,1995.
6. 何平平,车云月.互联网金融[M].清华大学出版社,2017.
7. 李怀亮,闫玉刚.国际文化贸易教程[M].中国人民大学出版社,2007.
8. 李小牧.国际文化贸易[M].高等教育出版社,2014.
9. [美]迈克尔·波特.国家竞争优势[M].华夏出版社,2002.
10. 世界贸易组织.2019年世界贸易报告[M].中国世界贸易组织研究会译.上海:人民出版社,2019.
11. 陶凯元.国际服务贸易法律的多边化与中国对外服务贸易法制(第1版)[M].法律出版社,2000.
12. 王海文.国际服务贸易[M].清华大学出版社,北京交通大学出版社,2019.
13. 汪尧田,周汉民主编.关税和贸易总协定[M].中国对外经济贸易出版社,1992.
14. 吴必虎,黄潇婷等著.旅游学概论(第3版)[M].中国人民大学出版社,2019.
15. 薛荣久.国际贸易[M].四川人民出版社,1993.
16. 徐嵩龄.第三国策:论中国文化与自然遗产保护[M].科学出版社,2005.
17. 杨丽艳.区域经济一体化法律制度研究:兼评中国的区域经济一体化法律对策(第1版)[M].法律出版社,2004.
18. 杨圣明等编著.服务贸易——中国与世界[M].民主与建设出版社,1999.
19. [英]弗兰西斯·斯奈德.欧洲联盟法概论(第1版)[M].宋英编译.北京大学出版社,1996.
20. 赵春明,蔡宏波.新编国际服务贸易教程[M].清华大学出版社,2019.
21. 邹春萌.东盟区域服务贸易自由化研究[M].社会科学文献出版社,2012.
22. D. Burgess. Services as Intermediate Goods: the Issues of Trade Liberalization, Political Economy of International Trade[M]. Basil Blackwell, 1990.
23. K. Tucker, M. Sundberg. International Trade in Services[M]. Routledge, 1988.
24. V. Grasstek. Treatment of Cultural Goods and Services in International Trade Agreements[M]. Oxford: Oxford University Press, 2005.

图书在版编目(CIP)数据

国际服务贸易/陈霜华主编. —上海：复旦大学出版社，2021.10(2024.1重印)
国家双万一流本科建设计划：国际经济与贸易新系
ISBN 978-7-309-15828-1

Ⅰ.①国… Ⅱ.①陈… Ⅲ.①国际贸易-服务贸易 Ⅳ.①F746.18

中国版本图书馆 CIP 数据核字(2021)第 146777 号

国际服务贸易
GUOJI FUWU MAOYI
陈霜华　主编
责任编辑/王雅楠

复旦大学出版社有限公司出版发行
上海市国权路 579 号　邮编：200433
网址：fupnet@fudanpress.com　http://www.fudanpress.com
门市零售：86-21-65102580　团体订购：86-21-65104505
出版部电话：86-21-65642845
常熟市华顺印刷有限公司

开本 787 毫米×1092 毫米　1/16　印张 31　字数 716 千字
2024 年 1 月第 1 版第 2 次印刷

ISBN 978-7-309-15828-1/F·2815
定价：68.00 元

如有印装质量问题，请向复旦大学出版社有限公司出版部调换。
版权所有　　侵权必究